审图号：图苏E审（2021）42号

苏州吴文化地名研究所　江苏图博地理信息科技有限公司 编制

图书在版编目（CIP）数据

太仓年鉴. 2021 / 太仓市史志办公室编. --北京：方志出版社，2021.11
ISBN 978-7-5144-4844-3

Ⅰ. ①太… Ⅱ. ①太… Ⅲ. ①太仓—2021—年鉴 Ⅳ. ①Z525.34

中国版本图书馆CIP数据核字（2021）第226086号

太仓年鉴（2021）

编　　者：太仓市史志办公室
责任编辑：刘方圆
出 版 者：方志出版社
地址　北京市朝阳区潘家园东里9号（国家方志馆4层）
邮编　100021
网址　http://www.zgfzcb.cn
发　　行：方志出版社图书经销中心
电话（010）67110500
经　　销：各地新华书店
印　　刷：南京凯德印刷有限公司
开　　本：889 × 1194　　1/16
印　　张：25.25
字　　数：989千字
版　　次：2021年11月第1版　2021年11月第1次印刷
印　　数：0001~1200册
ISBN　978－7－5144－4844－3　　定价：200.00元

编辑说明

一、《太仓年鉴》以马克思列宁主义、毛泽东思想、邓小平理论、“三个代表”重要思想、科学发展观、习近平新时代中国特色社会主义思想为指导，坚持辩证唯物主义和历史唯物主义的立场、观点和方法，全面、系统、准确、客观地记载太仓自然、政治、经济、文化、社会和生态等方面现状，发挥年鉴为领导决策所用、为一线工作所用、为百姓知情所用、为学术研究所用、为宣传交流所用的功能，为社会各界了解太仓、建设太仓和续修志书提供地情资料。

二、《太仓年鉴（2021）》记述时间原则上为2020年1月1日至2020年12月31日，部分内容适当上溯或下延。年鉴采用分类编辑法，基本结构分类目、分目（副分目）、条目三个层次，部分类目增设子目，以条目为基本单位，其中条目以黑体字加【 】表示。全书设封面故事、年度便览、视觉太仓、特别报道、大事纪要、太仓概况、人居环境、太仓港、高新区及中德合作示范区、区域经济、公共服务、社会治理、地方组织机构、城镇街道、附录及索引等类目16个，共有分目65个、副分目173个、子目7个、条目1140个，图表104张，随文图片194幅，约99万字。

三、《太仓年鉴（2021）》在保持编写框架相对稳定的基础上进行适当微调，在“特别报道”类目中设有关新冠肺炎疫情防控、脱贫致富奔小康工程、太仓“十三五”发展成就等内容的专文。在“公共服务”类目的“教育”分目下，设立“西北工业大学太仓校区”“西交利物浦大学太仓校区”2个副分目；将“地方组织机构”类目下“群众团体”分目中的“社科联”移至“公共服务”类目下“文化”分目，将“关工委”移至“中共太仓市委”分目，并在该分目下新设“全面深化改革”“老区开发建设”2个副分目，将“工商联”移至“群众团体”分目下。

四、《太仓年鉴（2021）》卷首图片专题中，“封面故事”以“太仓迈入高铁时代”为主题，简要介绍伴随沪苏通铁路的正式开通运营，太仓2个高铁站——太仓站、太仓南站正式启用，太仓结束“地无寸铁”的历史。“年度便览”收录“数说太仓·2020”和“重要荣誉”。“视觉太仓”收录“驰援湖北、最美逆行”“年度掠影”“精神文明建设十佳新人、十佳新事”等内容。卷首专题共选用图片97幅。

五、“附录”中“年度荣誉”分目以有关表彰文件（证书）为准，并经编者筛选，一般收录获评省条线（含）以上的先进集体和先进个人。

六、《太仓年鉴》资料、数据均由各部门、各镇（区、街道）和部分协会、企业提供，并经各单位领导审核确认，同类数据若有出入，则以统计资料为准。部分表格数据因四舍五入原因，导致分项数与合计数不一致，不再一一说明。

2020 年 8 月 12 日，一列和谐号动车经停沪苏通铁路太仓南站　　计海新　摄

沪苏通开启太仓高铁时代

巨龙飞驰娄东大地，高铁通达神州南北。2020年7月1日，在太仓人民的翘首期盼中，沪苏通铁路正式开通运营。太仓站、太仓南站正式启用，这意味着太仓结束“地无寸铁”的历史，将敞开胸怀拥抱高铁新时代。沪苏通铁路是国家中长期铁路网规划“八纵八横”高铁网中沿海通道的重要组成部分，工程建设分一期和二期推进，该次通车运营的一期工程正线全长137.5千米，设计时速200千米，设赵甸、南通西、张家港北、张家港、常熟、太仓港、太仓、太仓南、安亭西9个车站。

时光流转、岁月更迭。从2008年立项到2012年获国家发改委批复，从2014年铁路开建，到铁路通车，太仓人终于如愿。沪苏通铁路的通车，是太仓市提升城市能级、融入长三角一体化发展过程中具有里程碑意义的大事，不仅结束太仓“地无寸铁”的历史、为群众出行提供极大便利，同时也为太仓市加快高质量发展按下“快进键”、加速融入长三角一体化织就“金丝带”。

太仓站、太仓南站是2个客运站，分别位于太仓市规划建设中的娄江新城和科教新城，将成为太仓开放再出发的新门户，放大沪太同城效应、强化太仓地处长三角“C位”的新地标，是对“上海下一站、下一站上海”的生动诠释。太仓站、太仓南站的启用，进一步拉近太仓与上海交流合作的时空距离，巩固和强化太仓地处长三角核心区域的优势地位，为太仓经济社会高质量发展增添强劲动能。

上海下一站　下一站上海

(摘自2020年7月2日《太仓日报》记者：戴周华 王倩)

数说太仓·2020

总面积：**809.93** 平方公里

户籍人口：**51.05** 万人

常住人口：**83.11** 万人

地区生产总值：**1386.09** 亿元

其中

第一产业增加值：**26.96** 亿元

第二产业增加值：**666.53** 亿元

第三产业增加值：**692.60** 亿元

人均（常住）地区生产总值：**16.74** 万元

公共财政预算收入：**171.12** 亿元

工业总产值：**3033.19** 亿元

其中

规模以上工业总产值：**2504.53** 亿元

全社会固定资产投资：**468.59** 亿元

其中

工业投资：**160.35** 亿元

服务业投资：**307.01** 亿元

商品房新开工面积：**235.81** 万平方米

商品房施工面积：**1088.63** 万平方米

商品房竣工面积：**97.62** 万平方米

社会消费品零售总额：**425.04** 亿元

注册外资及港澳台资：**19.46** 亿美元

实际利用外资及港澳台资：**8.15** 亿美元

进出口总额：**133.35** 亿美元

其中

出口总额：**63.36** 亿美元

服务外包接包合同额：**11.02** 亿美元

其中

离岸执行额：**4.13** 亿美元

引进内资实际到账资金：**318.21** 亿元

旅客运输量：**1867** 万人次

货物运输量：**2101** 万吨

太仓港国际国内航线：**211** 条

太仓港集装箱吞吐量：521.2 万标箱

太仓港货物吞吐量：2.16 亿吨

接待境内外游客：464.8 万人次

旅游业总收入：75.83 亿元

私人汽车保有量：22.9 万辆

金融机构人民币存款余额：1867.10 亿元

其中

住户存款余额：761.21 亿元

金融机构人民币贷款余额：1851.64 亿元

小学：39 所

其中

民办小学：8 所

普通初中：15 所

普通高中：4 所

特殊教育学校：1 所

中等专业学校：1 所

高等职业技术学院：1 所

老年大学：1 所

授权专利：7722 件

各类医疗机构：298 所

卫生机构拥有床位：4335 张

卫生技术人员：5638 人

人均期望寿命（户籍人口）：84.09 岁

甲乙类传染病报告发病率：123.27/10 万

儿童免疫规划建卡率（常住人口）：100%

居民健康档案建档率（常住人口）：88.56%

城镇居民人均可支配收入：70592 元

城镇居民人均生活消费支出：38584 元

农村居民人均可支配收入：37521 元

农村居民人均生活消费支出：22912 元

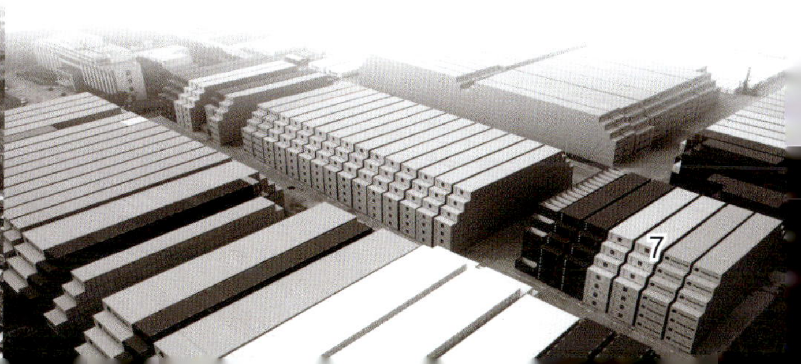

全国文明城市

国家卫生城市（2019—2021 年）

中国最具幸福感城市县级市榜单首位

全国双拥模范城市（两连冠）

全国县域经济综合竞争力百强县第六位

中国县级市全面小康指数第三位

第四批国家生态文明建设示范市县

第三批节水型社会建设达标县（区）

赛迪营商环境百强县（2020年）第六位

港口型国家物流枢纽

全国秸秆全量利用示范县

驰援湖北 最美逆行

2020年年初，面对突如其来的新型冠状病毒感染的肺炎疫情（以下简称“新冠肺炎疫情”或“疫情”），太仓市贯彻习近平总书记关于疫情防控系列重要指示批示精神以及中央、省和苏州市决策部署，先后于1月27日、2月9日抽调两批共计42名医护人员支援湖北疫情防控，分别在武汉市江夏区第一人民医院和同济医院光谷院区参与抗疫工作。经过50多天的日夜奋战，3月29日，同济医院光谷院区重症病区“清零”。星夜兼程、舍命拼搏，太仓驰援湖北医护人员共参与治愈重症患者75人。3月31日，太仓援鄂医疗队顺利完成工作，安全返回太仓。4月15日，太仓市在行政中心广场举行欢迎仪式，庆祝援鄂英雄凯旋，致敬最美逆行者。

2020年1月27日

由周锦桃（中）、陈凯伦（左二）、顾晓雯（左一）、王言颂（右一）、朱红林（右二）等5名医护人员组成的太仓市首批驰援湖北医疗队奔赴武汉开展抗疫工作。图为首批医疗队出征前合影

2020年2月9日

由37名医护人员组成的太仓市第二批援鄂医疗队奔赴武汉开展抗疫工作。图为第二批医疗队出征前合影

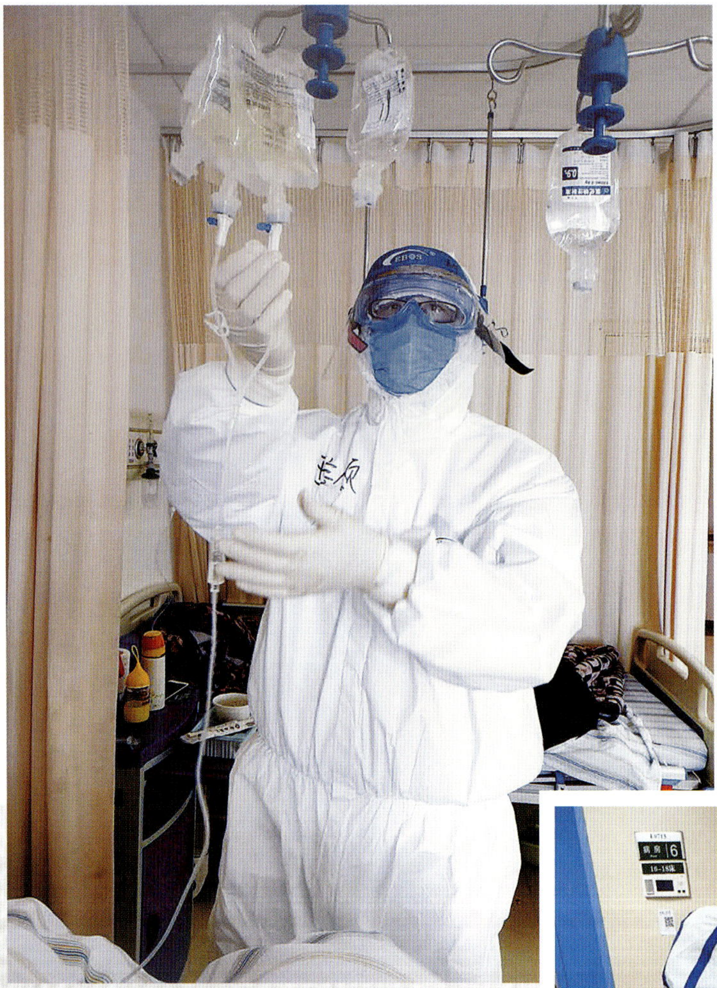

◀ 2020年2月13日
太仓市首批驰援湖北医疗队队员王言颂在武汉市江夏区第一人民医院为患者补液

▼ 2020年2月14日
太仓市医疗队3名队员在武汉市同济医院光谷院区一起熟悉当地医院的信息管理系统，开医嘱写病史

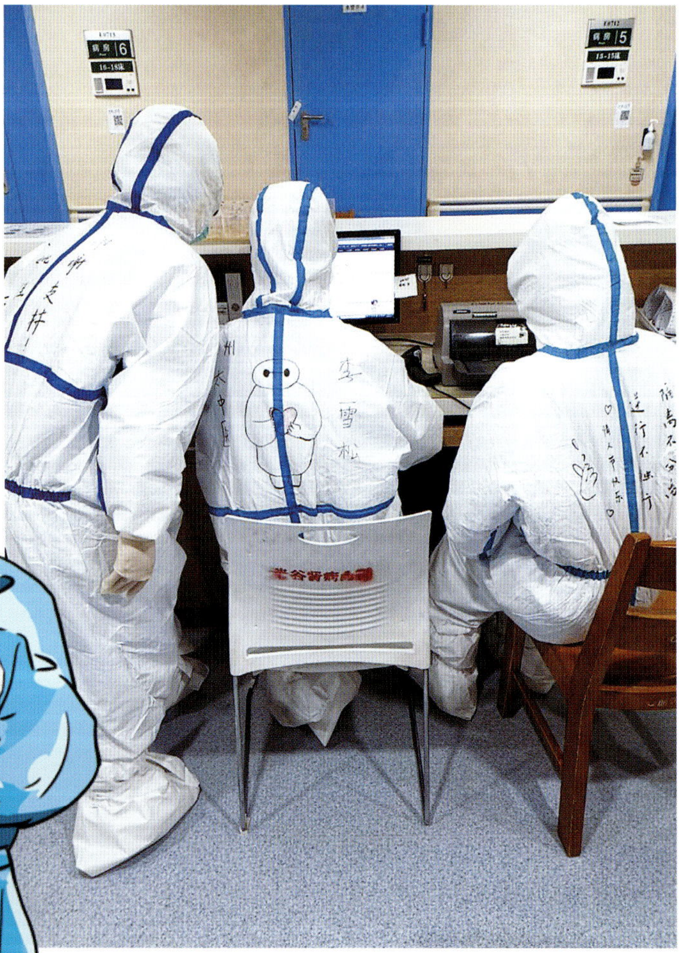

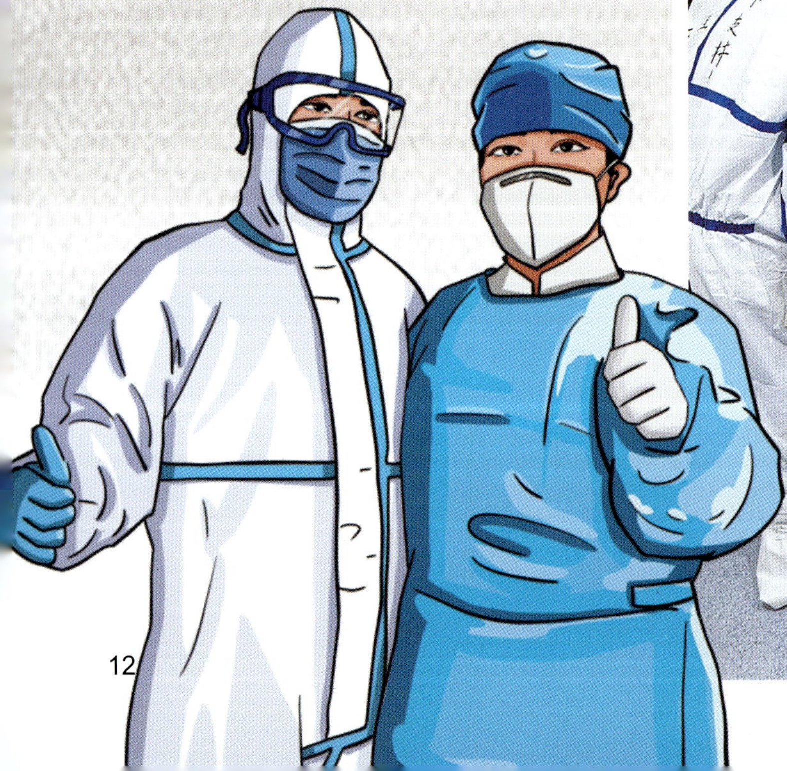

◀ 2020年2月17日
太仓市第二批援鄂医疗队队长陆兵使用无创呼吸机救治危重症病人

▼ 2020年2月19日
一名新冠肺炎患者治愈出院，与太仓医疗队李雪松（左一）、陆蕴樱（右一）合影

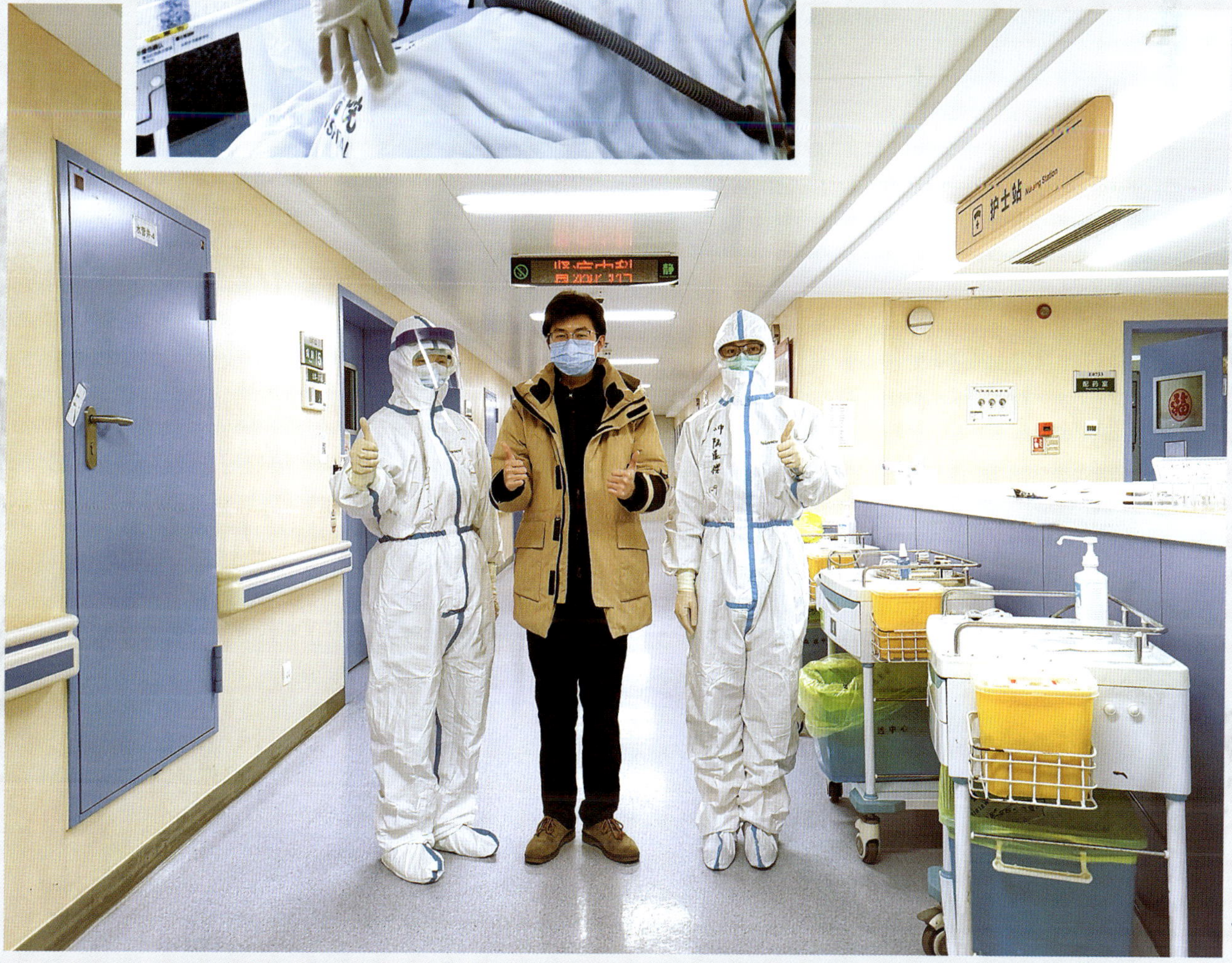

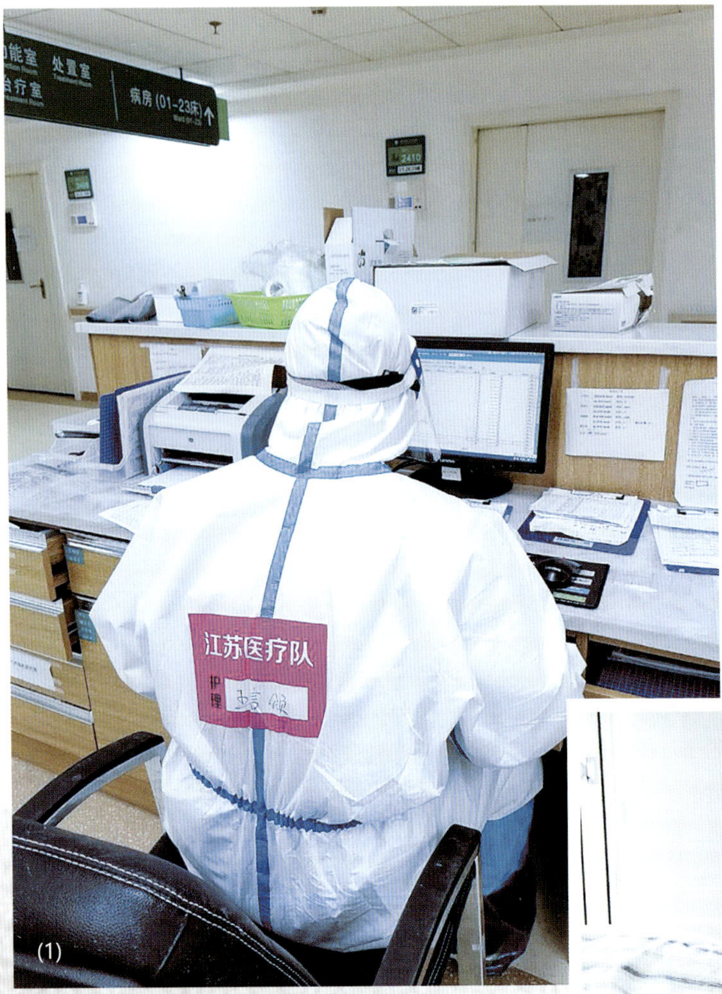

◀ 2020年3月10日
太仓市医疗队队员王言颂在电脑上录入患者生命体征数据

（2）（3）
太仓市医疗队在武汉抗疫一线紧张工作

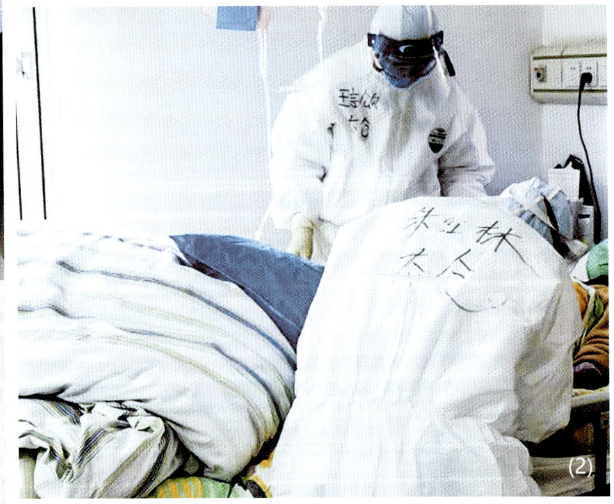

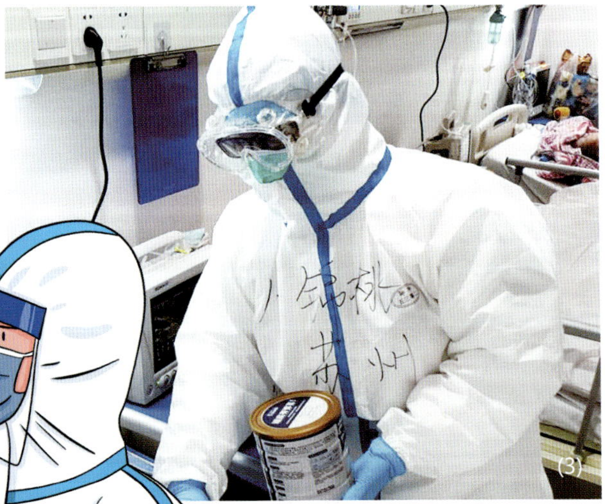

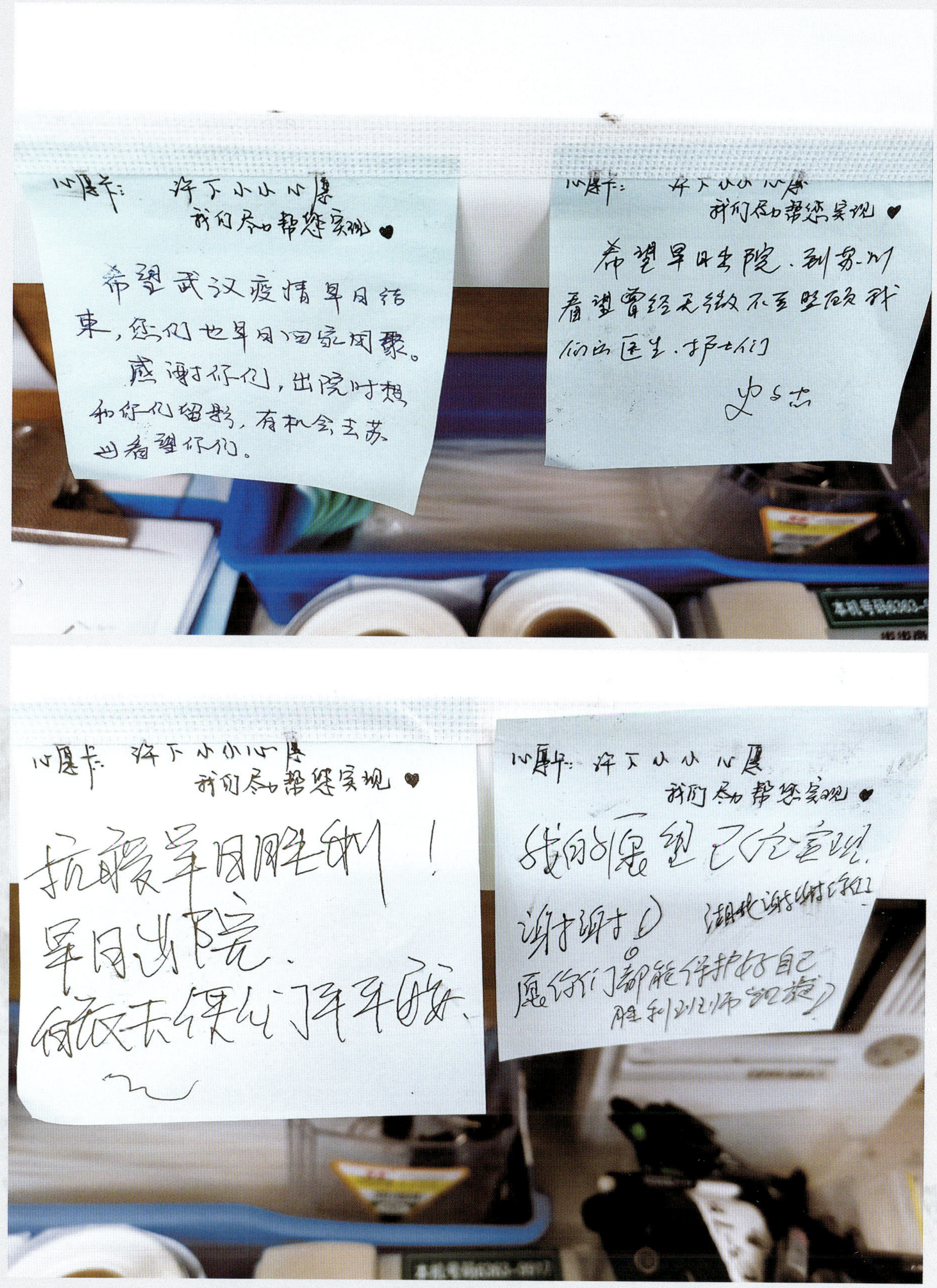

病患写给太仓医疗队医护人员的感谢言语

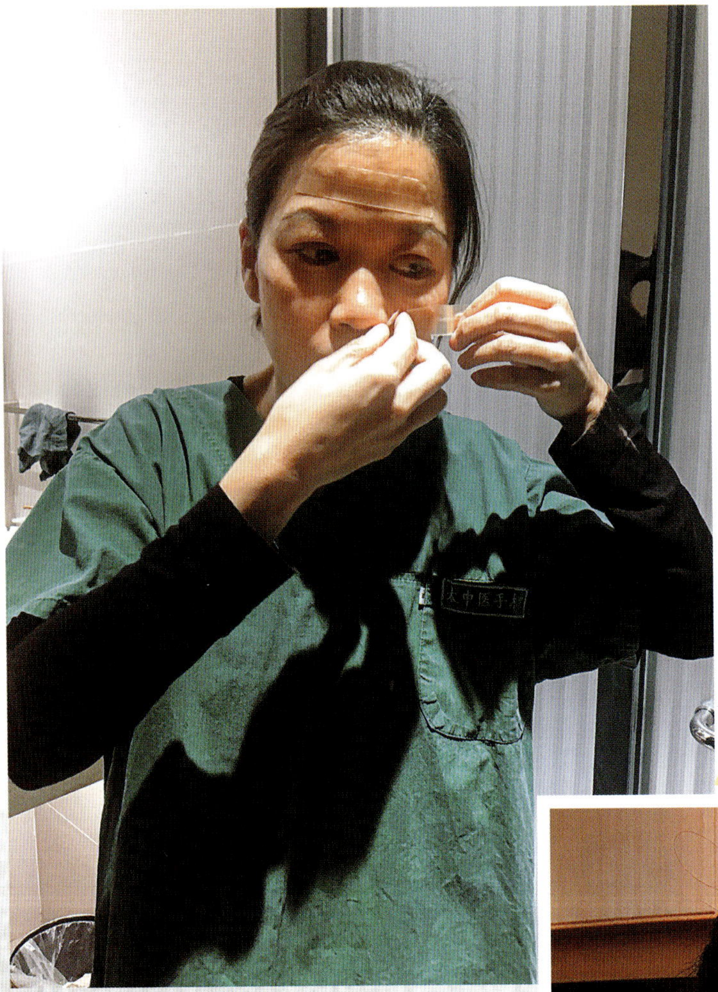

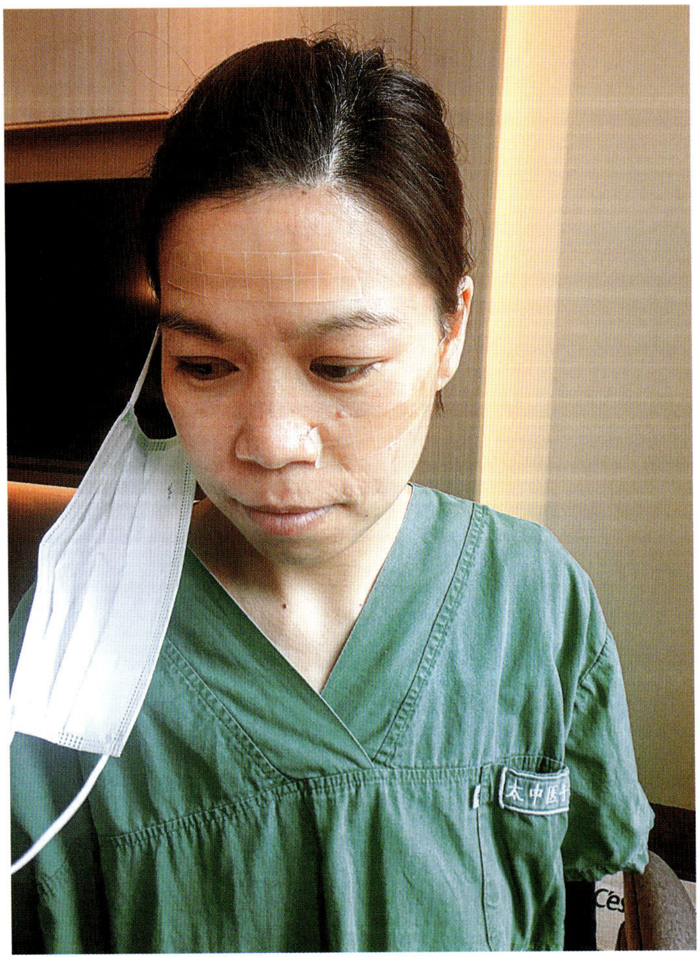

2020年3月6日
太仓市医疗队队员冯亚萍进行上班前的准备工作

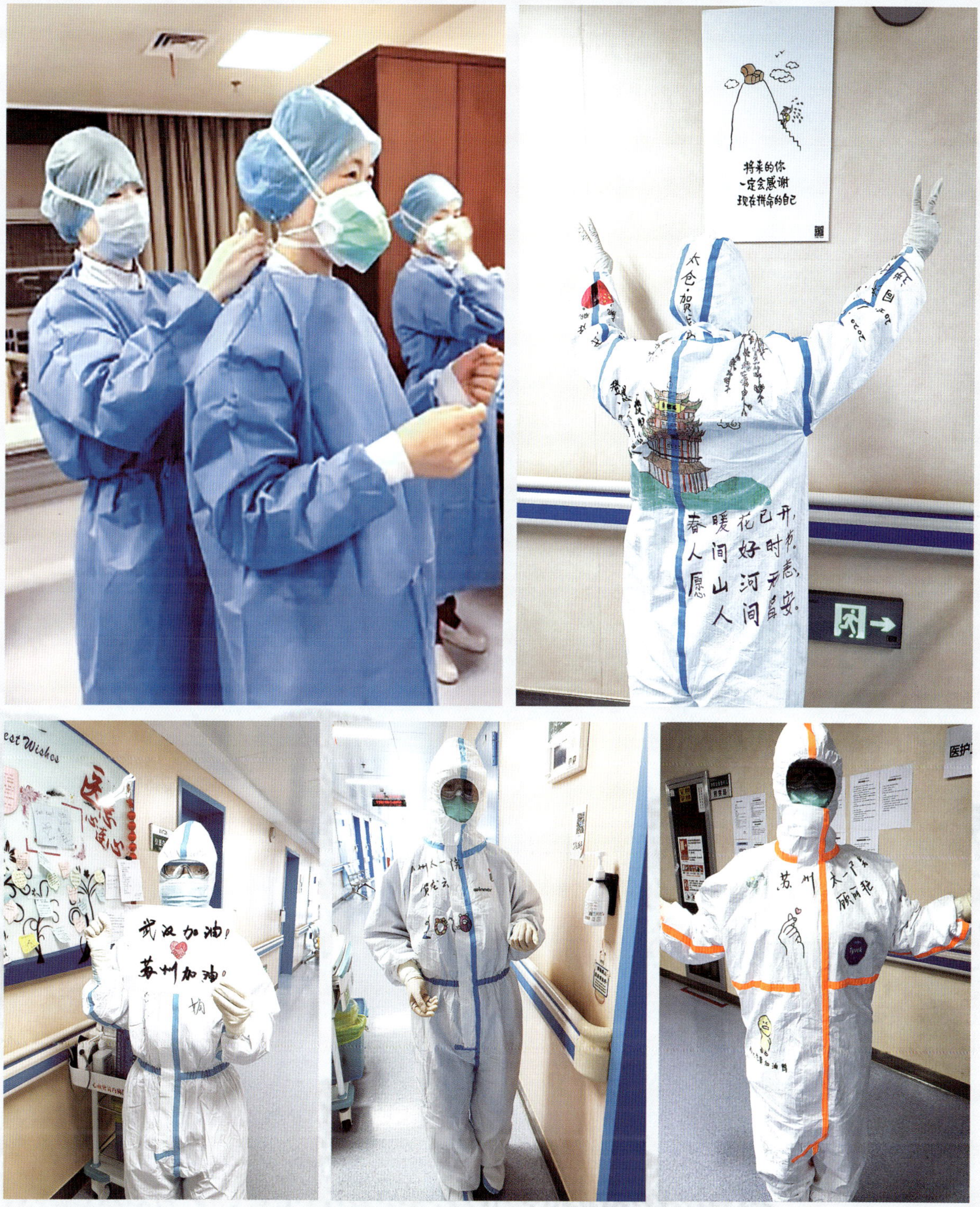

医护人员做好自身防护后进入病区工作

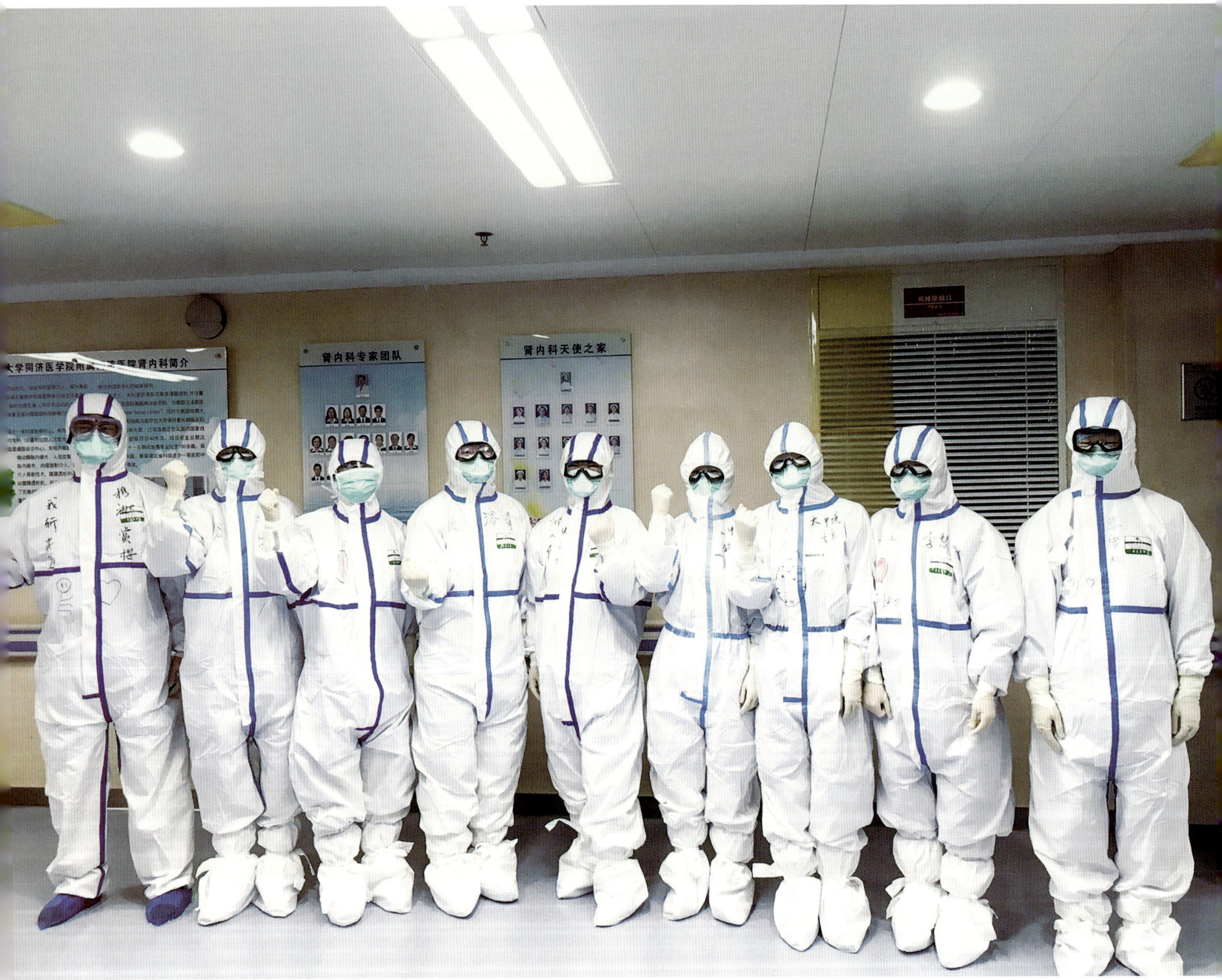

(1)

(2)

(1)(2) 医疗队员们互相加油鼓劲，为抗疫而战

欢迎回家

白衣执甲 逆行出征 山河无恙 英雄回家

(1) | (3)
(2) | (4)

(1) (2) (3) (4)
平安归来的援鄂英雄受到亲朋好友最热烈的欢迎和拥抱

白衣执甲 逆行出征
热烈欢迎太仓援

2020年4月15日
太仓市举行欢迎仪式，庆祝援鄂英雄凯旋

2020年1月10日
太仓市爱心商家联合会志愿者在市客运总站开展志愿服务
姚建平摄

2020年1月14日
城厢镇梅园社区举办“共叙邻里情、欢喜过大年”新春百家宴活动
姚建平摄

2020年1月15日
城厢镇中区社区的大学生志愿者看望社区90岁以上老人，开展送关爱社会实践活动 姚建平摄

2020年1月18日
市民在图书馆年庆活动上免费领取红灯笼和年历 姚建平摄

2020年2月1日
防疫人员在党旗下严把高新区交通卡口关
姚建平摄

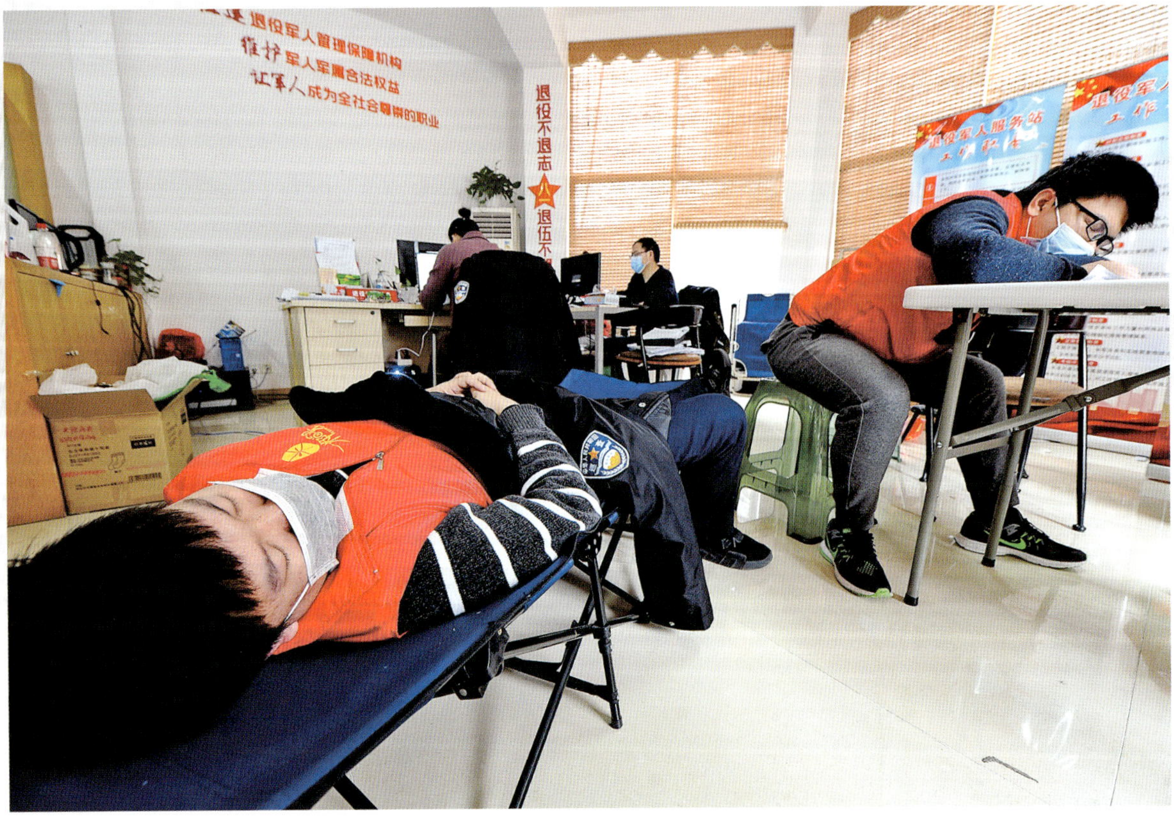

▲ 2020年2月6日
坚守在防疫岗位的中区社区志愿者连续多日值勤后在工作现场休息
姚建平摄

2020年2月6日

交运、公安、城管等部门工作人员坚守在沪宜高速太仓双凤出口处，为过往人员测量体温，做好相关人员信息数据登记备案

计海新摄

▲ 2020年2月7日

科教新城常丰社区志愿者上门为防疫特殊家庭送汤圆

姚建平摄

2020年2月9日
西区社区志愿者为因疫情隔离的住户购买货物，被大家爱称为“红色代购员” 姚建平摄

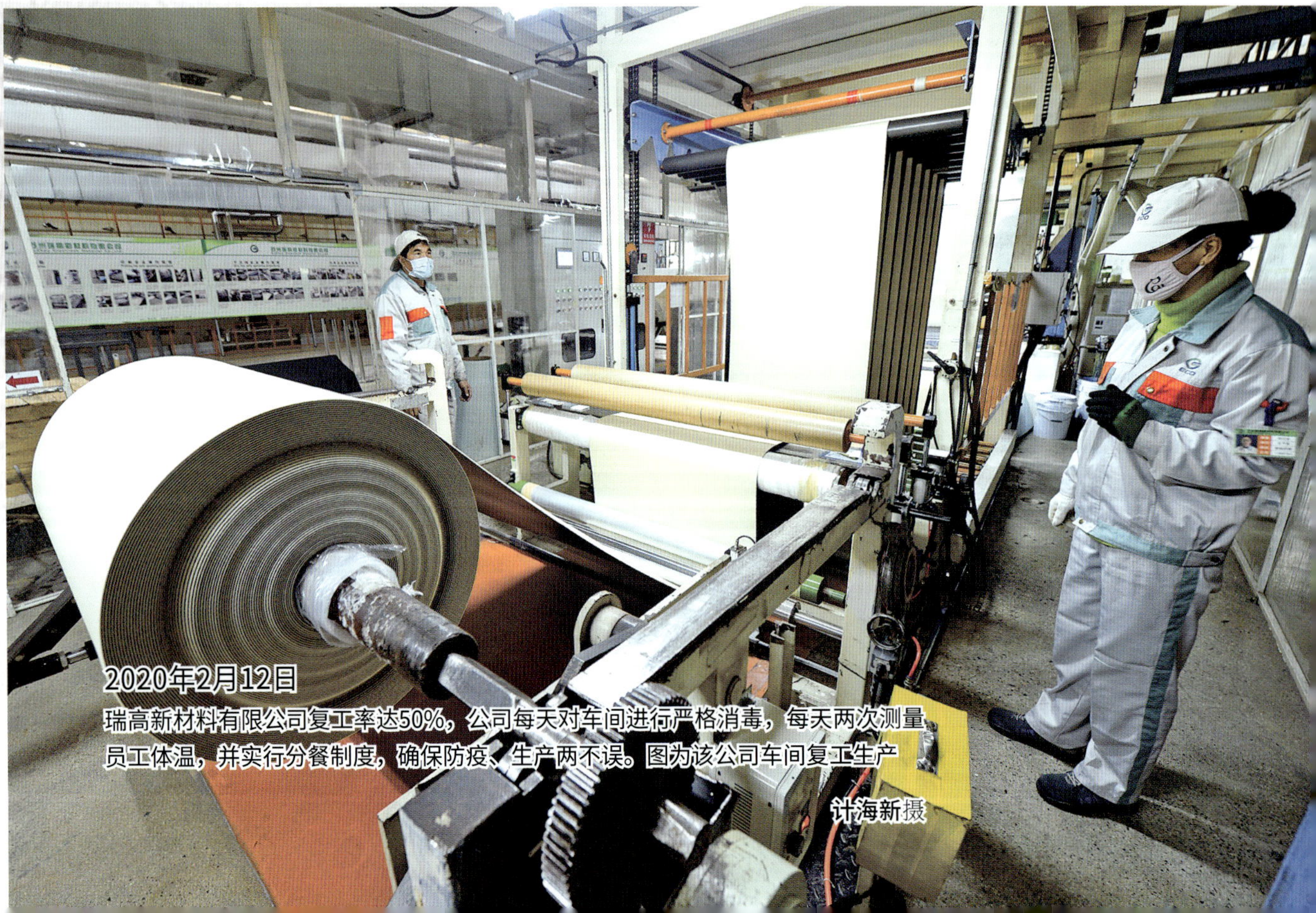

2020年2月12日
瑞高新材料有限公司复工率达50%，公司每天对车间进行严格消毒，每天两次测量员工体温，并实行分餐制度，确保防疫、生产两不误。图为该公司车间复工生产
计海新摄

2020年2月17日
太仓市浏河检查站一名女性志愿者为过往驾乘人员测量体温 计海新摄

2020年2月18日
璜泾工业园区一家企业领到2000只口罩，用于企业复工复产 计海新摄

2020年2月20日
双凤镇一家汽配企业每天3次为员工测量体温，确保复工复产安全先行　计海新摄

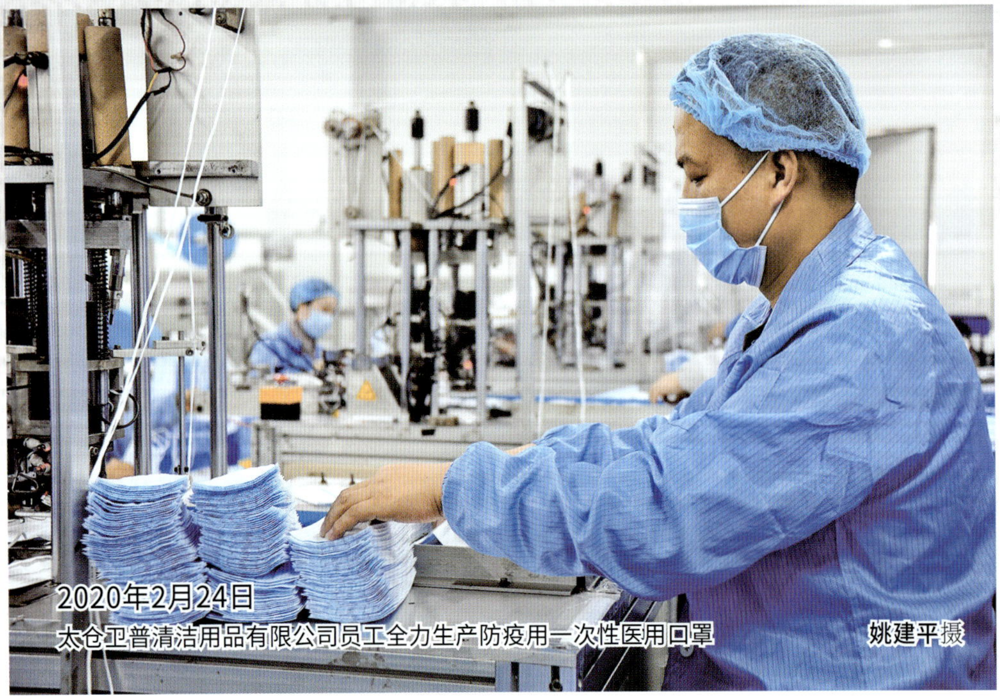
2020年2月24日
太仓卫普清洁用品有限公司员工全力生产防疫用一次性医用口罩　姚建平摄

2020年2月25日
弇山园、南园、金仓湖公园、郑和公园等恢复开放，各公园落实“登记、测温、消毒、戴口罩”等防疫措施，确保公园开放、防疫两不误。图为市民在公园赏春游玩

姚建平摄

▲ 2020年3月4日
浮桥镇丁泾村青年志愿者开展防疫知识宣传、“苏城码”申领、信息登记等志愿服务

计海新摄

2020年3月5日

南沿江城际铁路项目部在坚持疫情防控的同时，加快铁路建设。图为南沿江城际铁路浏河镇境内建设工地

计新海摄

▲ 2020年3月9日

太仓市举行位洪明同志先进事迹报告会

姚建平摄

2020年3月12日
市四套班子领导在娄江新城科教创新区一期地块参加植树活动 姚建平摄

2020年3月18日
苏州佳电飞球电机有限公司全力生产大型防爆电机、优效电机等产品，该公司2月12日复工，至3月中旬复工率达100% 姚建平摄

2020年3月25日
西康果园果农在盛开的桃花树下给鸡喂食。该果园种植黄桃、油桃等果树2.7公顷，林间养殖鸡、鸭、鹅等家禽，提高果园生态种养经济收益
姚建平摄

2020年3月29日
南沿江城际铁路浏太路建设现场，施工人员在30余米高的架子上搭制现浇梁钢架
姚建平摄

▲ 2020年4月2日

铁路建设单位在沪苏通铁路太仓段进行接触网工程静态验收、路基铺设等后期施工，确保沪苏通铁路按期运营

姚建平摄

2020年4月2日
航拍太仓境内建设中的沪苏通铁路　姚建平摄

2020年4月11日
科教新城常丰社区开展幸"盔"有你安全进社区活动 姚建平摄

2020年4月14日
沪苏通铁路南通至安亭段接触网送电成功，开展热滑试验 计海新摄

2020年4月14日
一艘满载货物的集装箱货轮离开太仓港，驶往目的地日本。随着太仓港全面复工复产，港口货物吞量迅速回升
姚建平摄

2020年4月28日

研茂智能装备（苏州）有限公司赶制全自动智能口罩生产设备　姚建平摄

2020年5月12日

太仓港集装箱四期码头主体完工。该工程建成5万吨级集装箱泊位4个及相关配套设施，设计年通过能力200万标箱

姚建平摄

2020年5月8日
航拍位于科教新城的开放式月季公园　　姚建平摄

▲ 2020年5月19日
城厢镇南园社区和东区社区联合开展“久伴最长情、最美夕阳红”金婚主题摄影活动，为15对结婚50年以上的老年夫妻免费拍摄婚纱照
姚建平摄

▲ 2020年5月19日

航拍璜泾镇新明村农民集中居住小区新鹿花园。该小区入住农户600多户，拥有海绵公园、幼儿园、健身步道、会所等配套设施　　计海新摄

2020年5月24日

浏河镇桃源农场开始收割小麦，确保夏粮颗粒归仓　　计海新摄

▲ 2020年6月1日

《苏州市生活垃圾分类管理条例》正式实施。图为5月29日，城厢镇在中心广场开展垃圾分类宣传，通过现场设摊、发放资料、分类游戏、文艺演出等方式，宣传垃圾分类知识

姚建平摄

2020年6月4日

航拍金仓湖湿地公园及周边景色，尽显城市生态底色 姚建平摄

2020年6月9日
太仓万方国际码头有限公司工人吊装销往芜湖、扬州、镇江等地的钢卷。截至6月初，该公司完成钢材吞吐量101万吨，较上年同期增长150%　计海新摄

▲ 2020年6月16日
沪苏通铁路一期通过初步验收，具备开通运营条件。图为6月17日，一列和谐号动车经停沪苏通铁路太仓站
计海新摄

2020年6月28日
太仓岳鹿公路至嘉定城北路对接通车　　计海新摄

▲ 2020年7月1日
沪苏通铁路开通运营。太仓市举行太仓站、太仓南站启用仪式　　市交运局供稿

2020年7月16日
航拍港城新貌　　计海新摄

2020年8月2日
成群的白鹭在双凤镇勤力村一片荷塘间栖息、觅食，尽显自然和谐的生态美景 计海新摄

2020年8月6日
自走式喷雾机在沙溪镇中荷合作农场为稻田喷洒农药，防治病虫害 计海新摄

2020年8月14日
航拍晨光下的金色太仓港
姚建平摄

2020年8月15日
中国垂钓电视直播精英赛在双凤开赛，来自全国的300名垂钓高手展开竞技
计海新摄

2020年8月31日
城厢镇新建成的乡村振兴学院成为青年人的学习新阵地
姚建平摄

2020年9月28日

城厢镇西区社区与城厢镇第一小学联合开展“迎国庆、展国旗”活动，激发学生爱国情怀

姚建平摄

▲ 2020年9月30日

浏河古镇张灯结彩，迎接中秋国庆长假

计海新摄

2020年10月13日
航拍金色娄东大地 计海新摄

2020年10月19日
港区平江路附近一片数百亩的格桑花迎风开放，吸引市民游客观赏、游玩 计海新摄

2020年10月20日
航拍太仓市生物医药产业园
计海新摄

2020年10月28日
城厢镇东林村生态饲料厂加工水稻秸秆。
该厂每天可加工秸秆100多吨，成为牛、羊等牲畜的饲料
计海新摄

2020年10月29日
航拍改扩建后的沈海高速沙溪服务区
计海新摄

2020年11月7日
浏河镇举办稻香文化艺术节，丰收的喜悦写在群众的笑脸上
姚建平摄

2020年11月12日
收割机在通港公路沿线一片稻田间进行水稻收割作业 计海新摄

2020年11月13日
航拍晨光下永丰村金色田野，沪苏通铁路横穿其间 姚建平摄

2020年11月13日
太仓市最大规模的工厂化养鱼项目在城厢镇永丰村基本建成 姚建平摄

2020年11月19日
浮桥镇丁泾村菜农采收水芹菜 计海新摄

2020年12月7日
南沿江城际铁路太仓段跨太浏快速路预制箱梁架设成功。
该箱梁长32.6米，单片重714.7吨
计海新摄

2020年12月9日
园林绿化工人在璜泾镇江滩边采收草坪
计海新摄

2020年12月10日
“双十二”前夕，双凤镇新闾村启泓锦鲤养殖专业合作社通过网络直播销售锦鲤，带动养殖户增收
计海新摄

2020年12月11日
“双十二苏州购物节——乐购太仓”活动在太仓万达广场启动
市商务局供稿

2020年12月15日
城厢镇东区、南园、府东等社区联合开展“党建引领新发展、全面小康展幸福”主题党日活动，一批优秀志愿者受表彰 姚建平摄

2020年12月18日
城厢镇县府、南区、弇山、桃园等社区联合开展“厢融金秋”开放式主题党日活动。图为社区居民参观新建成的城厢镇为民服务中心，体验现代政务和社区管理新模式 姚建平摄

2020年12月21日
新大洲本田摩托（苏州）有限公司工作人员在车间组装摩托车。
该公司年产摩托车约70万辆，其中出口约28万辆　　计海新摄

2020年12月24日
南沿江城际铁路建设者摆出“2021新年快乐”字样，迎接新一年的到来　　计海新摄

▲ 2020年12月25日

全长172米、载重2.4万吨的“中谷渤海”轮驶离太仓港，开启太仓港首航之行　计海新摄

2020年12月30日
一场小雪笼罩娄东大地，迎接新一年的到来

姚建平摄

太仓市第十八届（2020年度）精神文明建设十佳新人、十佳新事

1. 助人为乐十佳新人：汪大维

十载心系留守儿童，编织“大爱”同维

汪大维，男，1944年6月出生，中共党员，深圳市共进电子股份有限公司、太仓市同维电子有限公司董事长、党委书记。2012年7月，汪大维成立同维爱心公益基金会，2018年3月升级为慈善组织。2010年起，基金会共在中国西部贫困区捐建10所同维希望小学，并创设同维希望小学“持续关爱系列活动”公益品牌。汪大维践行企业社会责任，身体力行扶贫救灾，主动向重大灾害（新冠疫情、雪灾、地震等）捐款捐物，累计捐款4000余万元，累计捐物价值500余万元。

2. 助人为乐十佳新人：沈建同

退休后化身“老师”，赴贵州冬妹小学支教七年

沈建同，男，1948年出生，中共党员，浏河镇复兴社区居民。他退休后到贵州贞丰县者相镇冬妹小学支教7年。在冬妹小学，为了教好学生，没有教学经验的沈建同翻熟课本，认真备课，并通过观摩聆听其他老师上课的方式学习如何教学。支教第一年，他带领的班级在全县统考中获得年级第一名。沈建同到各个学生家中家访，其中有2名学生家距离学校15千米，他翻过3座山，花费两个半小时到达学生家中。7年中，沈建同除寒暑假回到太仓外，平时都在冬妹小学。2020年，因冬妹小学关闭和身体原因，沈建同回到太仓，但他仍非常想念那边的孩子，计划养好身体后继续回到贵州的学校当志愿者。

3. 助人为乐十佳新人：姚品良

扎根基层美育，义务辅导十九载

姚品良，男，1942年8月出生，中共党员，璜泾镇永乐村校外教育辅导站教师。虽退休19年，姚品良仍以传道授业解惑为己任，将自己的人生感悟、毕生所学全部奉献给青少年，启迪青少年用手中的画笔去实现梦想。累计举办各类讲座330多次，受教育人数1.2万人次；组织各项活动140多次，参加学生1万多人次。他创办的永乐村假期学校从2012年至2019年皆被评为“全国少儿美术教育示范单位”，2015年被评为“全国少儿美术教育先进单位”。2017年，永乐村校外辅导站获评省校外教育优秀辅导站。

4. 见义勇为十佳新人：杨德勇

献血达人不顾安危，奋力协助共救落水者

杨德勇，男，1962年11月出生，家住城厢镇梅园新村。2019年9月16日早上6点左右，他在204国道新浏河大桥附近晨炼并准备游泳，突然听到景观桥上有人大声呼叫，原来有一辆汽车不慎驶入新浏河。他赶紧下水，奋力游到事发地，一名十来岁的小孩已被人救起，他马上查看车里是否有人，还同水上派出所的同志一起在河里打捞，经过十来分钟的打捞，大家一起把一位溺亡者打捞上岸。此外，他坚持18年无偿义务献血，获2010年度苏州市无偿献血奉献银奖、2014—2015年全国无偿献血奉献铜奖。

5. 见义勇为十佳新人：胡春来

危急时刻，他奋不顾身勇救落水儿

胡春来，男，1986年1月出生，科教新城城南社区居民。30多岁的他为人和善，邻里关系融洽，在亲朋好友眼中，是一位认真踏实、热心仗义的小伙。2020年8月24日晚上7时许，胡春来照例到海运堤新浏河风光带散步，当走到海运堤一期靠近太平路的亲水平台时，他听到不远处有人喊救命。借着路边一点点亮光，胡春来看到水池中有个孩子在不停挣扎，呛了好几口水。救人要紧！胡春来想都没想就跳进水池里抓住孩子，一把将孩子抱上了岸。胡春来救完孩子才想到自己也不会游泳，万一水深的话就麻烦了。由于是直接跳下水的，身上的衣服和物品都被浸湿，手机也因浸水而损坏。

6. 诚实守信十佳新人：彭华

用一碗“爱心粥”温暖环卫人的火锅店老板

彭华，女，1984年1月出生，城厢镇古堰火锅店投资人兼经理。在彭华的带领下，古堰火锅店为环卫工人提供爱心早餐有一年多时间。火锅店又把爱心早餐的提供群体扩大到附近一些65岁以上的老人，每天早上，在店里享用爱心早餐的环卫工人和老年人约有30人。为保证爱心早餐的质量，店里专门排出值班表，每天由店员轮流负责。“真的只是举手之劳！”彭华说，环卫工人们为整座城市的干净、整洁辛苦工作，店里会一直把爱心早餐坚持做下去，哪怕只有一人来吃，“我们已经通过行动给环卫工人做出了无声的承诺，未来我们也要继续用行动来践行承诺，毕竟诚信经营是商家的本分！”

7. 孝老爱亲十佳新人：闵建良

好父亲30年如一日照顾瘫痪女儿

闵建良，男，1965年9月出生，家住沙溪镇白云花园小区。他用博大的父爱和刚强毅力照顾全身瘫痪的女儿30年。女儿8岁那年查出患有染色体异变的疾病，此后，原本幸福的家庭便不停奔波在求医路上，但最终女儿还是变成一级肢体残疾。夫妻俩商量后决定不再生育，把全部的爱都给瘫痪的女儿。闵建良是沙溪镇环卫所的一名铲车驾驶员，负责全镇区的建筑垃圾清运，工作量非常大。仅靠工资不够女儿吃药的开销，工作之余他每天凌晨一两点就去水产市场批发水产、送货，再辛苦也没有抱怨过。单位得知他的困境，想要伸手援助，都被他回绝，他说：“我有劳动能力来养活、保护我的妻女。”

8. 敬业奉献十佳新人：关日新

工匠“半边天”，芳华别样红

关日新，女，1982年9月出生，中共党员，华能太仓电厂检修部炉控班技术员。2005年，关日新参加工作，通过不懈努力，从一名热控专业的门外汉成为专业技术能手。她勤于思考、勇于创新，提出的2号机组智能优化吹灰技术改造方案，每年节约标煤1433吨，减少燃料成本110万元；她工作严谨细致，多次发现并成功处理DCS系统扩展柜卡件、脱硝CEMS分析仪等重大设备缺陷，确保机组安全稳定运行。她成为华能电厂热控专业名副其实的技术骨干，获“中国华能集团有限公司技术能手”称号、“苏州市五一劳动奖章”及江苏省省部属企业“五一巾帼标兵”称号。

9. 敬业奉献十佳新人：孙惠栋

以车为家，安全热情服务的客运排头兵

孙惠栋，男，1973年11月出生，中共党员，太仓交通运输集团有限公司旅游客运分公司安全机务员。2008年起，孙惠栋先后获得太仓市及苏州市“五一”劳动奖章、苏州市劳动模范、江苏省交通技术能手、江苏省劳动模范、全国“五一劳动奖章”等荣誉，2020年，荣获“全国劳动模范”称号。孙惠栋自1995年进入公司，从未发生大小事故，累计安全行驶200万千米。20多年来，孙惠栋把企业当作自己的家，调度派车时，不管是半夜临时驳客到外地，还是冰天雪地送农民工返乡，他都是接受任务最坚决、完成任务最出色的那个。他总说：“乘客坐上车，就要全身心驾驶好车辆，让每一位乘客安全、舒适，这就是我的动力。”

10. 敬业奉献十佳新人：赵思宇

“95后”最美逆行者，勇担当的消防战斗班班长

赵思宇，男，1996年6月出生，中共党员，太仓市消防救援大队朝阳东路特勤站二班班长。2019年上半年，赵思宇代表苏州支队在江苏省消防救援总队比武竞赛中获得负重上十楼第三名、团体第四名的成绩。下半年代表江苏总队参加全国首届“火焰蓝”消防救援技能对抗比武竞赛暨国际消防救援技术交流竞赛，以创造江苏消防历史最佳成绩夺得全国团体第三名，并在国际技术交流竞赛中获得金牌1枚。2020年2月初，新冠肺炎疫情防控期间，赵思宇主动放弃休假，留守岗位。由赵思宇等骨干力量组成的太仓市消防救援大队抗疫青年突击队承担全市执勤巡逻、防火巡查、协助搬运物资、处置突发安全事故等急难险重任务。

1. 高新区“山村小书柜”公益助学

2020年，高新区党工委持续精准帮扶广西金秀县和陕西周至县的山村小学，连续四年开展“山村小书柜”项目，让更多的山村孩子改善阅读环境，拥有自己的小书柜，让“山村小书柜”成为启迪孩子成长的金钥匙。该项目发起后，得到高新区“两新”组织积极响应，欧亚瑟、国信集团、裕克施乐等多家单位及各界爱心人士踊跃捐赠，共计募集书柜5个、图书4547本、书包246个、文具2363套、体育用品690件、电脑40台、衣服353件、投影仪1台、爱心捐款14万元，筹集的所有资金都用于当地采购书柜、电瓶车和电器设备等。同时高新区组织志愿者赴广西开展助学之旅，用实际行动响应党中央精准扶贫号召，助力山区教育事业发展。

2. 老旧小区焕新“厢”色

城厢镇持续改善老小区面貌。实行网格式划分、闭环式管理、销号式推进，用足用好督查反馈排名机制，制定《创建全国文明城市开放式老小区整治提升管理工作方案》，建立“党建引领、网格化、专班、先锋队”等多项机制，纳入文明城市创建验收的156个居民小区全部通过第三方验收。全镇以党建“+”打造阵地，成立行动支部23个，组织140多名机关党员干部下沉基层一线，发挥党支部战斗堡垒作用和党员先锋模范作用。探索基层微网格治理，打造楼栋长志愿服务队、“楼·文明积分共享”等载体，提升老旧小区每一个细胞的文明程度。

3. 艺术墙绘话文明

2020年7月，梅园社区对社区内南门街两侧的旧墙进行粉刷，打造近450米长的文明宣传彩绘墙，根据该路段两侧房屋情况，绘制讲文明树新风、生态文明、倡导邻里和睦、关爱未成年人、弘扬健康生活、邻里互助等主题的“文明街景”，文明传统的寓意，搭配鲜艳生动的画面，不仅扮靓南门街街景，还传播正能量，带给人们一股文明新风气，得到广大群众认可。除南门街外，在文明城市创建时期，恒洋花园部分楼道、三农新村私房外墙都粉刷一新，还添上漂亮的墙绘，让大家每天都有一个好心情。社区内部分无物业、开放式的老旧小区面貌也焕然一新。

4. 新风起沙溪，乡俗化民心

2020年，沙溪镇积极推进移风易俗工作，举办“新风起沙溪，乡俗化民心”移风易俗奔小康试点工作暨家庭诚信积分推广活动，推广《沙溪镇进一步“推进移风易俗、建设文明乡风”指导意见》，设立移风易俗试点10个，发放一批志愿服务工作证，推广一波家庭诚信积分，开设一个“身后一件事一次办”服务，建立一支“时代红娘”志愿队伍，宣传“相亲角”“零彩礼”“节俭风”等一系列移风易俗内容，引导广大党员干部和群众更新思想观念，遏制陈规陋习，树立文明新风，不断提升农村精神文明建设水平。

5. 双凤成立“德润福地”文明实践基金

2020年12月3日，“德润福地、大爱无疆”2020年双凤镇大型慈善晚会暨国际志愿者日主题活动在双凤镇凤雅社区服务中心举行。在镇商会号召带领下，双凤镇130家爱心企业捐款175.9万元，成立双凤镇慈善会及双凤镇“德润福地”新时代文明实践基金。涓涓爱心细流，成为注入双凤镇“德润福地”文明实践基金的首批善款，该基金用于资助慈善事业、新时代实践活动创新、时代新人及模范集体奖励、志愿者积分兑换及创新项目补助等，为弘扬新时代精神、发展公益事业增添新动能。

6. 德育新时空：共聚多元合力，共育时代新人

为实现太仓教育“三聚三争”（聚焦人民满意、聚焦立德树人、聚焦活力教育，争当优质均衡排头兵、产教融合领航者、教育现代化示范区）目标，弘扬“活力教育”主张，增强德育工作主动性，拓展德育工作广度和深度，推进德育工作内涵发展和特色发展，太仓市教育局发布德育工作品牌——德育新时空。以《中小学德育工作指南》为遵循，以“德育新时空”电子刊物为展示平台，强化“立足传统—提炼新智—面向未来”的活力德育发展策略，通过“四个突出”（突出德育与智育、体育、美育、劳动教育相结合；突出“学、思、践、悟”相一致；突出家、校、政、社相协同；突出学生自我发展、自我管理和自我关怀相统一）体现育时代新人的新理念和新方法，形成“新时空·家力量”“新时空·心课堂”“新时空·心助力”“新时空·活力娃”等活动系列，从线上线下、校内校外、个体团体等方面拓展德育工作的领域和维度，彰显以“活教活学，力行力臻”为指向的活力教育品牌强大的生命张力，加快构建方向正确、内容完善、学段衔接、载体丰富、常态开展的德育工作新格局。

7. “娄城益帮扶”品牌项目

2020年，市民政局联合市慈善总会（基金会）推出“娄城益帮扶”服务项目，投入近80万元，开展系列项目8个。针对太仓市低保、低保边缘、特困人员以及困难残疾人、低收入家庭帮扶项目，主要开展困难群众身心健康、家庭微改造、协助就医等活动。项目从单一性物质类救助延伸至多样化服务类救助，完成家庭微改造20余户，入户走访建册、发放防疫物资、宣传册、测血压等近400户，提供多种助困服务活动近30场次，受惠人群1000余人次。

8. 下足绣花功夫，守护城市文明

为全力治理城市管理轻微违法行为，有效解决动态性市容环境秩序问题轻微违法行为，2020年8月起，太仓城管全面启动城市管理轻微违法行为快速查处专项行动。城管执法大队通过建立健全“大数据+网格化+铁脚板”治理模式，不断完善“部门监管、市民自律、社会参与”管理新格局，常态化开展全覆盖行走执法，截至年底，累计查处28类轻微违法行为4943起，引导市民养成文明习惯和提升文明素养，推动城市文明由“盆景”变“风景”，由“风景”转“风尚”。

9. “一件事”改革助力企业群众少跑腿

2020年，太仓市行政审批局以企业群众办事“找最少部门、交最少材料、跑最少路程、花最少时间”为目标，围绕企业、个人办事全生命周期，在原有60个“一件事”主题事项上，发布10个高频“一件事”。在“太e办”微平台上线“一件事”专栏，“入学一件事”率先实现“掌上办”，仅6天时间为23713名新生线上完成入学信息采集；“新房入住一件事”实现水、电、天然气、有线电视4个部门事项“掌上办、零跑腿”；“军人退役一件事”整合4个部门14个事项25份材料一次填报，仅需“跑一次”即可办理落户手续领取身份证。以“一件事”改革为支撑，全年全市行政审批事项办理材料缩减50%，环节缩减30%，真正实现“让数据多跑路，让群众少跑腿”。

10. 安全诚信一体化，守法经营新风尚

近年来，太仓港迎来迅猛发展，为苏州高质量发展蓄积强劲动力。随着“放管服”改革深入，船公司管理水平、运营状况参差不齐，安全监管、船舶污染防治面临巨大挑战。为激励诚信守法经营，净化市场秩序，引领社会文明风尚，太仓海事局联合太仓港口管委会创新推出太仓港安全诚信一体化管理，构建涵盖船舶、码头、船员、代理、货主、港口辅助作业单位等水上安全六大核心要素的安全诚信一体化管理体系。与港口、口岸、太仓信用办等相关单位、码头企业，对诚信、规范经营者实施联合激励，对失信者采取加强检查、暂停作业、严格审批、吊销资质、拒绝合作、限制融资等联合惩戒措施，让诚信守法者畅通无阻，让失信违法者寸步难行。社会影响深入广泛，在全港形成诚信守法经营新风尚。

（本专题图文由市文明办供稿）

要　目

目 录

封面故事

年度便览

视觉太仓

特别报道

大事纪要

太仓概况

人居环境

太仓港

高新区及中德合作示范区

区域经济

公共服务

社会治理

地方组织机构

城镇街道

附　录

索　引

Contents

Profiles of Taicang

Inhabitation Environment

Taicang Port

High-tech Zone and Demonstration Area of Sino-German Cooperation

Regional Economy

Public Services

Social Governance

Local Organizations

City, Towns and Communities

Appendix

Index

专　文

2020 年太仓市新冠肺炎疫情防控工作专记

2020 年，太仓市深入贯彻习近平总书记关于疫情防控系列重要指示批示精神以及中央、省和苏州市决策部署，按照“坚定信心、同舟共济、科学防治、精准施策”的要求，坚决做到思想上极端重视、措施上实而又实、机制上高效有力，做好全市疫情防控工作。截至 12 月底，全市累计报告确诊病例 3 例，无症状感染者 2 例，均为输入性病例，全部治愈出院，无二代病例和聚集性疫情发生。

一、高度重视，强化组织保障

太仓市第一时间成立以市委书记、市长为主要负责人的市应对疫情工作领导小组、市疫情防控指挥部，指挥部下设办公室、预防控制组、医疗救治组、交通管控组、社会及社区防控组、农村防控组、学校防控组、企业防控组、新闻宣传组、保障保供组、涉外指挥中心以及进口冷链食品工作专班、进口非冷链货物专班等“一办九组一中心两专班”，各镇（区、街道）成立相应工作机构。市应对疫情工作领导小组、市疫情防控指挥部第一时间传达上级精神并抓好贯彻落实，研究部署全市疫情防控工作，建立高效协调的指挥系统。市领导深入一线、靠前指挥。全市领导干部坚守岗位、履职尽责，检查指导疫情防控工作，压实疫情防控责任，守住“太仓防线”。 市防控办及各专业组组织开展多轮次督导，压实属地、部门、单位、个人四方责任，完善全社会共同防控体系。市、镇两级严格值班制度，设立 24 小时热线电话并向社会公布，接受群众来电咨询。

二、迅速行动，打好疫情防控阻击战

初期疫情来势汹涌，太仓市果断决策，迅速部署各项防控举措，取得良好成效。

（一）筑牢防线，严防外部输入和内部扩散。初期，全市重点排查从武汉、温州等疫情重点地区返回太仓的人员和暂未返回太仓的人员，实施“红黄牌”管理，严控重点疫区人员到太仓。一是严防外部输入。对高速公路、国省道等 15 个卡口、乡间小道以及长途客运站等严格执行 24 小时检查制度，发现重点地区返回太仓人员、发热人员由“120 专车”送至集中医学观察点。派出专班做好苏州查控点分流接收工作，在汽车站等人员密集场所严格落实旅客体温筛检等防控措施，及时消毒运输企业车辆。同时，实施长江及内河水上交通管控，检查内河船舶。二是内部筑牢防线。发挥网格化治理优势，推进“综治网格 + 警务网格”双网融合，将防控责任压实到 504 个网格中，建立全覆盖、无盲区排查体系。精细化小区封闭管理工作，按照“四个见底”（来自疫情高发地区人员、确诊患者密切接触人员、居家隔离人员、社区常住及外来人员）的要求，选派机关干部 1554 人进村（社区）参加疫情防控工作，形成民警、机关干部、网格员、社区工作人员、医护人员为组合的一线疫情防控力量，做好排查登记、宣传引导、报告联络等工作，及时排摸掌握动态情况。广大干部群众齐心抗疫，涌现出位洪明等一批先进典型。加强群防群控工作，采取“村民自治 + 群防群治”方式，实行地毯式排查，切实做到底数清、家底明。加强农贸市场、商超等公共场所疫情防控工作的检查，落实测温查码及防疫消杀等工作，暂停对外开放电影院、网吧、宗教活动场所等公共场所，取消庙会、集会等聚集性活动。三是维护社会稳定。加强疫情防控工作法律保障，市指挥部向全社会公开发布《关于“九个坚决”依法严厉打击疫情防控期间违法犯罪的通告》，列举相关违法行为及相关处罚措施，维护疫情期间防控工作顺利开展。检查

市场、药店、商场、超市等公共场所，查办防疫物资价格违法案件。打击散布谣言行为，辟谣涉及太仓疫情的不实言论。

（二）狠抓落实，加强预防控制和医疗救治。严格落实早发现、早报告、早隔离、早治疗的要求，按照“四集中”原则，组织和调配医务人员、医疗资源。全市共设立发热门诊单位3家、发热病人预检分诊点18个、定点收治医院1家。市发热门诊累计接诊人员8000余人次。加强医院感染控制，开展医务人员医院感染培训，做好医疗废物转运、医院感染监测、环境消杀等工作。设立市级密切接触人员集中观察点1处、市级集中隔离医学观察点1处，区镇同步设置集中隔离医学观察点10个。集中隔离医学观察点和居家隔离医学观察分别由专人负责，出现发热等症状的集中或居家医学观察人员，由区镇联系“120专车”送至医院，做到全程“零接触”。同时，做好协查函的调查处置，密接人员全部协查到位，并落实医学观察或排除。先后抽调两批42名医务人员支援湖北疫情防控，分别在武汉市江夏区人民医院和武汉市同济医院光谷院区工作。加强关爱措施保障，援鄂队员顺利完成工作，全部安全返回太仓。

（三）突出重点，守好农村、企业、学校阵地。加强重点机构防控，做好养老机构、福利院、监所、精神卫生医疗机构等风险防范，落实人员进出管理、人员防护、健康监测、消毒等防控措施。一是加强农村防控。加强农村地区疫情防控工作，建立健全三级网格分包体系。排查农业生产基地、合作社、种养户等农业生产单位的外来用工，加大农村环境治理，开展疫情防控知识宣传。统筹抓好春季农业生产、农村疫情防控，以落实精准补助、减免新型农业经营主体租金等举措保障生产运营。二是加强企业管控。落实关于延迟企业复工的要求，开展关于复工企业、返回太仓员工相关信息排查。建立企业复工审核制度，分类制定企业复工事项清单，开发运用“速复通”“来太人员健康登记”App平台，促进企业有序复工。开辟复工人员入太专用通道，采取专列专车支持企业员工返太返岗。与上海市普陀区、宝山区、嘉定区建立疫情联防联控机制，助力跨区域通勤。出台“支持中小企业共渡难关的十二条”“支持外贸企业稳定发展的十五条”等“惠企”“惠外”系列政策意见，及时实行延长企业授信、减免房产租金、缓缴土地款滞纳金等举措，助力企业纾困减负。中央电视台《新闻直播间》等多档栏目报道太仓支持企业复工复产的做法和经验。三是做好学校管理。假期延长期间，通过“名师空中课堂”实现教师线上教学、学生家中自主学习。加大健康教育力度，鼓励引导学生理性认识疫情。排查梳理教职工和学生的假期出行、接触人员、健康状况等信息，夯实开学教学安全基础。按照开学批次对全市学校进行拉网式检查验收，开展学校复学卫生学培训、演练。切实加强学生健康监测，落实学生因病缺课管理。3月30日起，全市各类学校有序分批开学，开学学校运行平稳。

（四）优化统筹，强化各项保障服务工作。一是优化物资保障。全力做好口罩、防护服等物资采购、储备和发放工作。开辟生产物资运输绿色通道，支持疫情防控相关企业恢复产能。畅通生活物资运输和销售渠道，各类农产品保供持续平稳，生猪、蔬菜、水产品、粮油等供应正常。市慈善总会、市红十字会共收到捐赠款物约1200万元。二是强化监督保障。建立疫情防控工作落实督导机制，由市领导挂钩对各镇（区、街道）疫情防控工作情况进行督导。制定疫情防控督察（暗访）工作方案，对各镇（区、街道）居家观察家庭、企业、交通卡口和医院等开展暗访督导，推动疫情防控措施落实落细。三是深化宣传保障。市融媒体中心电视新闻及时播发相关报道，市广播电台每个整点、半点插播疫情防控知识。通过户外广告屏、“两微一端”和手机短信推送等载体宣传防疫信息。采取流动电台、移动功放喇叭、发放宣传单和倡议书等方式加强防控宣传。组织全市志愿者开展公益服务，累计开展志愿服务2万人次。推进爱国卫生运动，开展健康知识普及，倡导文明健康、绿色环保的生活方式，提高个人防护意识。

三、抓实抓细，落实常态化疫情防控

疫情进入常态化防控后，太仓市按照防控工作要求，落实各项防控措施，完善防控机制，提升防控能力。

（一）做好重点人群健康管理工作。一是内防反弹。及时排查国内中高风险地区到太仓人员并加强健康管理，对重点地区、重点场所等人员开展核酸检测工作，累计检测15.63万人次。开展常态化疫情防控背景下大型活动备案工作，对确需举办的活动严格落实疫情防控各项措施。二是外防输入。加强入境人员健康管理，截至12月28日，累计隔离医学观察入境人员2222人。成立驻省昆山中转交接基地工作专班，接转由省统一转运自上海浦东国际机场和上海虹桥国际机场入境且目的地为太仓市的中外人员。做好入境人员全流程闭环管理工作，集中隔离期满人员落实居家隔离医学观察，按时完成2次核酸检测。持续深化口岸联防联控机制，制定太仓口岸中国籍船员出入境流程，妥善做好国际航行船舶在船船员的换班安排，对快速通关到太仓的国外人员，按照要求落实管控措施，有效控制潜在的涉外疫情传播风险。三是人物同防。开展经营性冷库和进口冷链食品从业人员的排查工作，全面动态掌握监管底数。设立进口冷链食品集中监管仓，排除新冠病毒传播风险。组织冷链食品从业人员每周一次核酸检测，落实个人防护和健康监测，确保“应检尽检”。对全市涉及进口冷链食品的企业、单位开展环境、食品的抽样监测工作，累计采集核酸检测样本1357份。做好进口集装箱货物消毒预防工作，在口岸查验、交通运输、属地装卸等关键环节严格实施货物外包装检测、人员检测、环境监测、预防性消毒等措施。四是疫苗接种。自2020年12月21日起，全市启动重点人群新冠疫苗紧急接种工作，根据既定接种计划，分批有序开展接种。截至12月底，累计接种1073人次。

（二）提升疫情防控能力。一是预警监测能力。市第一人民医院感染大楼完成改扩建，发热门诊被苏州市卫健委确认为规范化发热门诊。市中医医院和沙溪人民医院发热门诊完成改造，经验收确认为基本合格发热门诊。浏河人民医院规范化发热门诊加紧建设。开展对流感样病例、不明原因肺炎病例、新冠肺炎的监测，做好社会面疫情防控、入境人员接驳转运、水路口岸防控风险隐患评估指导培训。二是核酸检测能力。出台《太仓市新冠病毒核酸检测扩大检测工作方案》，做好可能发生的疫情局部扩大应急处置工作。至年底，全市有开展新冠病毒核酸检测机构7家（含第三方检测机构2家），共有PCR扩增仪13台（共1248孔），最大核酸检测能力达到9165份/日。市疾控中心PCR实验室通过省疾控中心现场验收，浏河人民医院、沙溪人民医院核酸检测设备均按要求配备到位。市核酸检测基地建设加紧推进，建成后基地常规检测能力可达1万份/日，通过增加班次可提升至3万份/日。按照网格化管理模式，规范设置应急检测采样点141个，实现所有镇（区、街道）全覆盖。三是流调溯源能力。在全市范围内组建120人的流行病学调查队伍，开展多次专题技术培训，确保所有队员在短时间内熟练掌握相关专业技能。对疑似阳性病例或阳性样本，在接报后2小时内开展精准追踪，查找流调对象，快速开展流行病学调查、处置，24小时内完成流调并形成初步报告并上报。四是物资保障能力。全市严格按照实物储备和合同储备相结合的原则，做好医用外科口罩、防护服等必需的防护物资储备工作，确保检测工作不间断。五是隔离保障能力。全市启用集中隔离点4个，开放隔离房间353间，并且按照疫情防控要求，各镇（区、街道）储备应急隔离酒店17个、隔离房间1545间，达到20间/万人的要求。六是应急处置能力。制定《太仓市秋冬季新冠肺炎疫情防控应急预案（试行）》，强化辖区内疫情防控措施。组建核酸检测队伍（82人）、采样队伍（363人）、环境消杀队伍（100人）、心理救援队伍（20人）等，并分级分批次开展专业培训、实战演练。

（市新冠肺炎疫情防指办）

太仓市脱贫致富奔小康工程任务完成情况

2020年，根据省、苏州市关于开展脱贫致富奔小康工程任务完成情况全面督查自查的要求，太仓市开展“十三五”期间脱贫致富携手奔小康自查回顾工作，完成情况如下：

一、聚力强村富民，提升群众生活水平

村级集体经济水平提升。太仓市巩固壮大农村劳务合作社、合作农场等集体经济组织，结合“三优三保”（以优化建设用地空间布局保障发展，以优化农用地结构布局保护耕地，以优化镇村居住用地布局保护权益）行动，盘活低效闲置用地，高标准推进富民载体项目建设，拓展村级经济发展空间。运作联合发展载体平台，引领更多村（社区）抱团发展、异地发展，做大集体经济总量。开展“万企联万村·共走振兴路”行动，搭建村企对接平台，截至2020年11月，共有村企联建项目27个，助推集体经济发展。

经济薄弱村帮扶。太仓市提升帮扶资金使用效率，选好选准帮扶项目，优先投入联合抱团发展项目或载体，用足用好各类帮扶资金，增强村级经济造血功能，提升各村发展内生动力，促进村级经济可持续发展。2018—2020年，全市5个薄弱村共申报续建载体项目3个，项目连续总投资5024万元，年收益约470万元，实现薄弱村脱贫转化。

“阳光扶贫”工程深入开展。太仓市建立健全“阳光扶贫”每月动态调整和各部门联动制度，加强对帮扶措施的实施监督和指导，定期更新副科级以上领导干部结对名单，市民政局按时提供低保、特困人员基础数据，市扶贫办每月将全市副科级以上领导干部与城乡低保、特困人员及家庭挂钩结对，研究制定切实可行的帮扶措施，确保“一个不少，一户不落”。截至2020年10月底，全市784户低保户、特困户退出系统496户。

二、突出精准施策，巩固扶贫攻坚成果

困难“二无老人”救助。2017年年底，太仓市印发《太仓市困难二无老人救助办法（试行）的通知》，将困难“二无老人”（无生活自理能力且无法定赡养、扶养义务人或其法定义务人无履行义务能力的本地户籍60周岁以上老年人）纳入政府救助范围，明确医疗救助、护理补助和陪护照料保险三方面救助内容，补充特困人员认定办法，衔接做好退出特困供养人员的保障工作，保障“二无老人”的基本生活。

困难家庭救助力度持续加大。太仓市制定《太仓市困难家庭收入弹性评定办法》《太仓市支出型困难家庭救助基金使用办法》等政策文件，对困难家庭中有老弱病残幼的，在核算家庭收入时给予收入扣减，成立“太仓市支出型困难家庭救助基金”，保障支出型困难家庭基本生活，进一步扩大全市救助覆盖面，提升社会救助补助力度。

慈善公益扶贫作用发挥。太仓市通过“善爱娄城”“情暖苏城”“益路书香”“一米阳光筑梦书屋”等活动项目，帮助慰问困难群众，关爱外来民工子女和困境儿童。组织女企业家开展“康乃馨”行动，关爱贫困单亲母亲家庭。创新搭建残疾人就业“云服务”平台。成立“党建助残联盟”，打造太仓党建助残品牌，常态化开展各类助残公益活动。

三、加强帮扶协作，保障小康路上携手同行

帮扶方向系统谋划。太仓市制定东西部扶贫协作三年行动计划，党政主要负责人每年带队互访1次以上，主持召开高层联席会议2次以上，研究部署和协调推进对口帮扶相关工作。统筹使用对口帮扶资金，做到资金帮扶精准，优先用于帮扶重点领域、重点项目，提升脱贫攻坚实效。2017—2020年，共向贵州省玉屏县、陕西省周至县拨付帮扶资金2.44亿元，社会帮扶资金2358万元，消费扶贫2.18亿元，东部企业投资落地6.71亿元。

人才支援力度加大。太仓市采用双向挂职、两地培训、委托培养等方式，加大卫生、农业、科技、文化、社会工作等领域人才支持力度。2018年起，选派教育骨干60人开展

支教工作，教育“组团式”帮扶管理团队通过定制度、选班子、建联盟等一系列措施，对帮扶共建学校进行全方位改革，太仓·玉屏教育“组团式”帮扶入选2019年全国东西部扶贫协作典型案例，国家发改委将太仓·玉屏教育“组团式”帮扶作为第二批新型城镇化试点经验在全国推广；选派农业专技人才44人赴玉屏、周至，围绕农技、园艺、动防、养殖、绿色循环、区域发展等方面开展帮扶交流工作；选派支医队员97人，采取“传、帮、带”等形式有针对性地培养当地医护人员，加强专科能力，完善管理理念。

产业合作推进力度加大。太仓市按照“园区＋产业”一体化联动模式，签订农业产业示范园区协议，合作共建“太仓—玉屏”农业产业示范园区，规模66.67公顷。加速推进太仓玉屏共建产业园区合作，双桥产业园完成土地收储36.6公顷。组织超30家东部企业赴玉屏考察，苏州锦超服装有限公司、苏铜鲜生农业科技有限公司、太仓戈林农业科技有限公司3家企业先后落户玉屏，总投资超1亿元。助推玉屏县33.33公顷以上坝区及农产品仓储物流中心建设，拟建成面向太仓市农产品直供基地166.67公顷，带动当地就业3000余人。太周创新产业园区建设有序推进。江苏利百川环保科技、中安集团、伊莱机械等落户周至的产业类项目11个，就近带动当地劳动力就业290余人。

消费扶贫品牌打造。太仓市深入推进产销对接，引导一批企业入驻国家贫困地区农副产品网络销售平台，开展扶贫产品认定，推荐申报扶贫产品22个，在太仓设立绿色农产品旗舰店和展销中心3处，带动玉货出山。截至2020年11月，销售额1863.21万元，“太仓助推贵州玉屏主导产业由弱变强”入选全国案例。签订太仓·周至2020年度消费扶贫合作框架协议，周至县农特产品沙溪销售店揭牌，其他销售店加紧建设。截至2020年11月，销售周至农产品1200万元，带动贫困人口212人增收脱贫。

太仓市贯彻落实省委、省政府关于“南北五方挂钩”和“精准脱贫”的指示和部署，抓住产业园区共建、精准扶贫两大抓手，发挥太仓灌南两地资源禀赋等优势，与灌南县委、县政府开展共建工作，为灌南县产业转型升级实现强县富民助力。至2020年11月，太仓灌南南北共建园区形成“一区三园”模式，即南北共建园区包括化工园、高新技术产业园、宏达循环经济产业园。2016年年底，园区正式运营，两地广泛互动，拓宽共建领域，积极招商，储备优质项目。连续5年进入全省45家共建园区前20名，获省政府以奖代补资金1000万元。开展“万企联万村·共走振兴路”行动，太仓南北挂钩企业与灌南县11个村联建项目11个，涵盖产销合作、公共服务、产业发展等多个领域。

（市政府扶贫办）

太仓“十三五”发展成就

“十三五”时期（2016—2020年）是太仓发展史上具有划时代意义的关键五年。太仓市以习近平新时代中国特色社会主义思想为指引，全市人民在市委、市政府的正确领导下，以担当实干、顽强拼搏的精神，应对错综复杂的宏观环境和新冠肺炎疫情带来的严峻考验，坚持稳中求进工作总基调，自觉践行新发展理念，高质量建设“两地两城”（临沪科创产业高地、临江现代物贸基地、现代田园城市样板、中德合作城市典范），大力实施“1115”（到2020年，实现高端装备制造产值1000亿元，新材料产业产值1000亿元，物贸总部经济营业收入1000亿元，用3—5年实现生物医药产值500亿元）产业三年行动计划，经济社会高质量发展，决胜高水平全面建成小康社会取得决定性成就，胜利完成“十三五”规划确定的主要目标任务，为开启全面建设社会主义现代化新征程奠定坚实基础。

高质量发展走在前列。2020年，太仓市位列全国综合实力百强县第六、县级市全面小康指数第三。连续两年获评省“推进高质量发展先进县（市、区）”。实现地区生产总值1386.09亿元，年均（“十三五”期间，下同）增长6.5%；人均地区生产总值19.3万元，年均增长6.2%。实现一般公共预算收入171.12亿元，年均增长8.4%；占地区生产总值比重12.3%。全社会固定资产投资468.59亿元。

产业结构优化升级。2020年，太仓市三次产业结构比重调整优化至2.5∶47.5∶50。先进制造业优化提升。实现规模以上工业产值2505亿元，年均增长4.7%。其中，高端装备制造、新材料产业产值突破1000亿元，生物医药产业产值超100亿元。航空产业加快培育。新兴产业产值占规模以上工业产值比重58.2%，较“十二五”（2011—2015年，下同）末提高8.1个百分点。“十三五”期间，新增省级示范智能车间29家、科技小巨人企业4家、专精特新产品4个、首台套产品7个。太仓汽车关键核心零部件产业基地获评国家新型工业化产业示范基地。现代服务业加速发展。服务业增加值占地区生产总值比重较“十二五”末提高3.7个百分点。生产性服务业增加值占服务业增加值比重68%。入选长三角县域商业十强县（市）。获批港口型国家物流枢纽。物贸总部经济规模突破1200亿元。拥有省级跨国公司地区总部和功能性机构12家。市级总部企业34家。斯凯奇、似鸟等物贸项目建成投运，恒大、复星文旅项目加快建设。现代农业稳中提质。建成高标准农田2800公顷，认定绿色优质农产品基地1.02万公顷。新增农民合作社、家庭农场等新型经营主体35家。获评国家级粮食生产全程机械化示范县。璜泾镇入选全国农业产业强镇示范建设名单。城厢镇电站村获评全国休闲农业与乡村旅游三星级精品园区。蔬菜种植面积保持稳定，粮食、猪肉收储和供应力度加大。

创新要素加速集聚。2020年，太仓市全社会研发经费支出占地区生产总值比重3.34%，较“十二五”期末提高1.04个百分点。高新技术产业产值占规模以上工业产值比重50%，较“十二五”期末提高14.8个百分点。累计拥有高新技术企业674家，较“十二五”期末增加459家，新增苏州市“独角兽”培育企业1家。引进建设西北工业大学太仓校区、西交利物浦大学太仓校区，西北工业大学太仓长三角研究院、中科院上海硅酸盐研究所苏州研究院建成投运。新增国家级科技创新载体4个、省级载体24个，新认定省级以上各类研发机构82家。获评国家知识产权强县工程示范县，万人有效发明专利拥有量72件，较“十二五”期末增加45.5件。新增国家级重大人才培育工程1人、省“双创人才”34人，省“双创团队”1支。高新区获评省级双创示范基地。

改革开放亮点纷呈。各项改革持续深化。太仓市党政机构改革全面完成，陆渡街道挂牌成立。高新区获批省级高新区。沙溪、浏河经济发达镇行政管理体制改革走在全省前列。“放管服”改革深入推进，位列营商环境百强县第六、信用城市监测全国第五。获评全国农村集体“三资”管理示范县。对外开放深入拓展。“十三五”期间，全市累计引进内资项目1.31万个，新增注册资本1060亿元；实现注册外资及港澳台资55.8亿美元、实际使用外资及港澳台资28亿美元，引进超亿美元项目32个；实现进出口总额650.6亿美元。太仓港跨越式发展。跃居全球百强集装箱港口第30位。2020年，实现集装箱吞吐量521.2万标箱、货物吞吐量2.16亿吨。共有各类码头泊位91个，其中集装箱泊位10个；开通航线211条（班）。“沪太通关一体化”全面落地。集装箱码头四期工程交工验收，疏港铁路开工建设。沪太同城效应不断放大。沪苏通铁路一期开通运行，岳鹿路对接上海嘉定城北路，并顺利通车。“十三五”期间，累计引进上海项目1223个，注册资本208亿元。嘉昆太协同创新深入推进。与上海高校院所深化合作。开通跨省城际快速公交线路5条。交通、医保率先实现“一卡通”。对德合作全面深化。全市集聚德企364家，建成投运全球第六家、全国第二家德国中心。中德（太仓）合作创新园加快建设。与德国于利希市缔结友好城市，与莱茵—内卡地区建立地区性友好伙伴关系。“双元制”教育、生态环保等领域合作不断加强。

城市能级显著提升。太仓市成功创建全国文明城市。获评国家卫生城市、国家生态园林城市和国家生态文明建设示范市。构建沪苏通铁路一期、沪苏通铁路二期、南沿江铁路、北沿江铁路、苏锡常城际铁路和上海嘉闵线组成的“5+1”铁路网络。娄江新城拉开框架，“1222”重大项目（一座娄江新城，恒大、复星两大文旅项目，西北工业大学、西交利物浦大学太仓校区，西北工业大学太仓长三角研究院、中科院上海硅酸盐研究所苏州研究院）加快建设。主城区全面提档。被撤并镇整治提升三年行动计划圆满完成。城市智慧化建设和管理取得成效。乡村振兴战略有效实施，村容村貌整洁有序。污防攻坚推进有力，长江大保护成效显著。“一心两湖三环四园”城市生态体系［以市民公园为一心；以金仓湖和天镜湖为两翼；以盐铁塘、新浏河、娄江河、城北河，盐铁塘、湖川塘、十八港、新浏河，吴塘河、新浏河、石头塘、杨林塘三层水系绿道为三环，以现代农业园（植物园）、萩园、西庐园、独溇小海湿地公园为四园，打造田园城市生态体系］不断完善，生态环境明显改善，空气质量优良天数比例提升至85.2%，地表水国省考断面达到或优于Ⅲ类比例100%，自然湿地保护率全省领先。

民生福祉持续增进。太仓市获评中国最具幸福感城市，位列县级市榜首。实现全国双拥模范城“两连冠”。2020年，城镇、农村居民人均可支配收入分别为70592元和37521元，年均分别增长7.2%和7.9%；城镇登记失业率1.77%。公共服务水平持续提升，“大病医保”“政社互动”等诸多创新实践开全国先河，义务教育均衡发展、多元化养老服务、公共法律服务等“太仓模式”全国推广，教育、卫生、文化、体育事业软硬件水平全面提升，救助、保障体系不断优化，安全生产形势保持稳定，社会治理创新推进，各项民生实事如期落实，百姓获得感、幸福感、安全感全面提升。

太仓市“十三五”规划指标执行情况表

表1

指标类别	序号	指标名称	“十三五”目标值	“十三五”完成值	指标属性
经济强	1	地区生产总值增长速度（%）	7左右	6.5	预期性
	2	规模以上工业全员劳动生产率（万元/人）	26	38	预期性
	3	城镇化率（%）	70	68.5	预期性
	4	全社会研发经费支出占地区生产总值比重（%）	3左右	3.34	预期性
	5	科技进步贡献率（%）	65	72	预期性
	6	万人发明专利拥有量（件）	38	72	预期性
	7	最终消费率（%）	40左右	40	预期性
	8	服务业增加值占地区生产总值比重（%）	50左右	50	预期性
	9	高新技术产业产值占规模以上工业产值比重（%）	40	50	预期性
	10	高层次人才总量（人）	12000	20500	预期性

续表 1

指标类别	序号	指标名称	“十三五”目标值	“十三五”完成值	指标属性
经济强	11	现代农业发展水平指数	95	86.24（监测体系调整）	预期性
	12	货物吞吐量（亿吨）	2.5	2.16	预期性
	13	集装箱吞吐量（万标箱）	600	521	预期性
百姓富	14	城镇居民人均可支配收入年均增速（%）	高于 GDP 增速	7.2	预期性
	15	农村居民人均可支配收入年均增速（%）	高于 GDP 增速	7.9	预期性
	16	人均预期寿命（岁）	居全国前列	84.7	预期性
	17	城镇登记失业率（%）	<3.5	1.77	预期性
	18	五年新增城镇就业（万人）	6	超 6	预期性
	19	城乡基本社会保险覆盖率（%）	99 以上	99 以上	约束性
	20	新增保障性住房完成率（%）	100	100	预期性
环境美	21	耕地保有量（万亩）	完成省政府下达目标	完成省政府下达目标	约束性
	22	万元 GDP 能耗下降率（%）	完成上级下达任务	超额完成苏州下达任务	约束性
	23	万元 GDP 二氧化碳排放削减率（%）	完成上级下达任务	超额完成苏州下达任务	约束性
	24	单位工业增加值用水量（吨/万元）	13 以下	12.69（按原口径）	约束性
	25	单位 GDP 建设用地占用（公顷/亿元）	14.32	14.3	预期性
	26	地表水全要素监测断面达到或优于Ⅲ类水质的比例（%）	完成上级下达任务	完成苏州下达任务	约束性
	27	生态红线区域占国土面积比重（%）	9 以上	18.1	约束性
	28	林木覆盖率（%）	19	19	约束性
	29	主要污染物排放削减率（%）：化学需氧量	完成上级下达任务	超额完成上级下达任务	约束性
		二氧化硫			约束性
		氨氮			约束性
		氮氧化物			约束性
	30	空气质量达到二级标准的天数比例（%）	70	85.2	约束性
社会文明程度高	31	每千人口执业医师数（人）	2.3 以上	3.27	约束性
	32	每千名老人养老床位数（张）	45 以上	45	约束性
	33	每千人口医疗卫生机构床位数（张）	6	6	预期性
	34	人均公共文化设施面积（平方米/人）	0.4	0.5	预期性
	35	人均公共体育场地面积（平方米/人）	4.2	5.2	预期性
	36	高等教育毛入学率（%）	75	75.66	约束性
	37	人民群众对法治建设满意率（%）	90 以上	90	预期性
	38	城乡和谐社区建设达标率（%）	100	100	预期性

“十三五”实践为太仓积累发展经验。一是始终坚持用习近平新时代中国特色社会主义思想领航定向。对标对表习近平总书记对江苏、对苏州工作系列重要讲话指示精神，勇于破除思维定式和路径依赖，在解放思想中统一思想，确

保上级各项决策部署在太仓落地落实。二是始终坚持因势而谋主动作为。把握长三角一体化发展、长江经济带等多重国家战略机遇，锚定“现代田园城、幸福金太仓”总目标和高质量建设“两地两城”目标定位，突出做亮特色、提升能级、补齐短板工作路径，坚持系统谋划、靶向发力、狠抓落实，推动“强富美高”美好蓝图在太仓转变为现实图景。三是始终坚持聚焦聚力高质量发展。坚持稳中求进工作总基调，以供给侧结构性改革为主线，以改革开放和创新驱动为着力点，坚定不移转方式、调结构、促转型，推动经济发展质量变革、效率变革、动力变革，实现发展质量和效益不断提升。四是始终坚持以人民为中心的发展思想。重视群众关切，回应群众期盼，加大民生事业投入力度，补齐基本公共服务短板，全力阻击新冠肺炎疫情，深入开展扫黑除恶专项斗争，人民群众获得感、幸福感、安全感不断提升。五是始终坚持以党建工作统领全局发展。全面加强党的领导，纵深推进全面从严治党，提升党的建设质量，锻造勇当先锋、善于落实的高素质干部队伍，始终保持凝心聚力、敢为人先的干事创业精神状态。以上经验弥足珍贵，也为“十四五”乃至更长时期的发展奠定基础。

（市发改委）

拥抱高铁时代　开启全新征程

2020年7月1日12时15分，首趟从南通西开往上海的C3839次和谐号列车抵达太仓站。随着沪苏通铁路的正式开通运营，太仓告别不通铁路的历史，昂首迈入高铁时代，迎来发展腾飞的全新历史机遇。

开通高铁，太仓历史开启新篇章。曾几何时，太仓人民早也盼，晚也盼，盼望铁路快快修到自己的家乡。可不巧的是，铁路总是与太仓擦肩而过。厚积薄发，后发先至。如今，沪苏通铁路的通车运营，使太仓结束“地无寸铁”历史，阔步迈入高铁时代，这是太仓发展史上具有开创性、里程碑、划时代意义的大事。不仅如此，锦上添花的是南沿江铁路、太仓港疏港铁路专用线建设正快马加鞭；大手笔的是上海嘉闵线、苏锡常城际铁路将向太仓延伸，太仓构建“5+1”铁路网络又蓄势待发。

高铁风驰电掣，巨轮扬帆远航。铁路的开通，将太仓融入了全国高铁网中，极大地缩短太仓与全国各地乃至中亚欧国家之间的时空距离。位居“海洋之襟喉，江湖之门户”的太仓，从水路，跨洋越海可通日韩和中国台湾；逆江而上可达重庆、宜宾；沿海而行，北上可联京津冀，南下能到广深珠、东南亚。“水陆铁”综合交通体系日渐完善，太仓高质量发展有了上下腾挪的空间、左右逢源的机遇，迸发无限潜力，开启历史新的篇章。

书写历史，太仓逐梦新时代。沪苏通这条黄金通道搅活一池春水，加速人才、科技、物流、资金流、信息流等资源要素向太仓汇聚。市委、市政府高瞻远瞩，顺势而为、借势而进、造势而起、乘势而上，秉承“一带一路”倡议、长江经济带、长三角一体化等国家战略在太仓叠加实施的“天时”，催化与上海、长三角、长江经济带的全方位融合，不断提升发展紧密度、协同度、融合度。借助太仓沿江临沪、通江达海的“地利”，内联外拓，进一步拓展对外开放的广度和深度。营造稳定公平透明的营商环境“人和”，持续推进“以港强市、融入上海、对德合作”既定战略目标，推动产业转型升级，做大做强主导产业，布局新型产业，抢战前沿产业。在长三角一体化等国家战略部署下，对标世界顶级创新发展高度，伴随“1221”涌入太仓的高铁、高校、高层次人才、高质量项目等，将聚合出更加全方位、立体化的发展能量，为太仓擘画全新的追梦空间。

同心逐梦，太仓未来拥有新前景。娄江潮涌，千帆竞发，借势谋远，借“利”做优。当然，梦想不会自动成真，奋斗是其桥梁；目标不会自动抵达，奔跑才有远方；同心逐梦，梦想才能次第花开。面对多重机遇叠加的时代赋能，面对区域间新一轮追赶超越的激烈竞争，太仓正以更大的热情和勇气投身高质量建设“两地两城”发展实践，全面吹响赶超跨越的“冲锋号”；正以时不我待的责任和担当、舍我其谁的勇气和魄力，激情奔跑，一往无前。凭借着绝佳的地理位置，依托着国之大计战略推进的机遇，太仓这座古老而又年轻的江南田园新都市，正以翻天覆地之势“而今迈步从头越”。

太仓前景可待，未来可期！

（摘自2020年7月2日《太仓日报》 作者：太仓日报社评论员）

媒体眼中的太仓

从苏州透视中国对外企吸引力

600多年前，明代航海家郑和在苏州起锚，七下西洋，开辟了中国对外开放史上崭新的一页；600年后的今天，放眼全球，苏州依然是中国外向型经济最活跃的地区之一。

向来有着“开放”基因的苏州，仍在孜孜以求地打造国内外企业投资首选地。在新冠肺炎疫情与复杂的国际环境叠加影响下，苏州通过“开放创新合作热力图”等措施，

2020 年实际利用外资涨幅翻倍，创改革开放以来新高。

苏州缘何筑起外资高地？通过其与德国、日本和美国的合作，可以一见端倪，看苏州如何诠释“大家一起发展才是真的发展”。

同心同德的秘诀

回望 1993 年，斯坦姆博士感叹于自己直觉的准确。那年秋天，当他来到太仓的时候，看到浏河沿岸的一片水杉林，“终于找到了回家的感觉”。

斯坦姆博士来自江苏省的友好省份德国巴登符滕堡州，是一家弹簧制造企业的传承者，在他的家乡有大片的黑森林。那一年，他在这个宛若自己家乡的中国江南小城，“试探”着投下 50 万马克，创建克恩—里伯斯（太仓）有限公司，自此拉开太仓中德合作的序幕。

处于江海交汇处的太仓，是古代的皇家粮仓。然而在许多太仓人眼中，这个与上海仅一步之遥的小城，在德国的知名度或许比在中国更高。

当年斯坦姆博士撒下的那颗种子，已结出“中德合作”的累累硕果。企业集聚不断加速，德企数量从 1 到 100 历经 14 年，而到 200 家只跨越 5 年，至 2020 年落户德企累计逾 350 家，年工业产值超 500 亿元。

克恩—里伯斯（太仓）公司也从只有不到 10 个人的小作坊，发展成为销售破 10 亿元、纳税超 1 亿元的“隐形冠军”，其生产的安全带弹簧占世界份额的 70%。

1998 年，斯坦姆博士的女儿到太仓公司实习 3 个月也爱上了这里，随后鼓动丈夫到太仓投资。“我 30 岁的时候一心想去美国发展，女儿 30 岁的时候却一心往中国跑。”斯坦姆博士说，这就是两代人的“区别”。

这样的“区别”缘何而来？“无事不扰，有求必应”，这简单的八个字是太仓高新区管委会主任李刚眼中与德国人打交道的秘诀，而太仓与德国相得益彰的内在共性，双方携手共进的岁月里不断打磨的“软环境”，成就了中国“德企之乡”。

气质相通，才能心手相连。巴伐利亚中德友好协会经常协助中国城市组织友好交流活动，但大多提前两周才通知，常常措手不及，活动质量也可想而知。“太仓人做事非常德国化，很有计划性，他们会提前 5 个月就确定活动的细节。”该协会执行主席施改革（Stephan Geiger）说——这是他在南京留学时老师起的名字，他非常喜欢。

德式风情，令人流连忘返。自 2006 年开始，太仓每年都举办德国啤酒节。啤酒节上，既有原汁原味的德国啤酒，还有浓郁德国风情的文娱表演。“申德勒加油站”的招牌在具有德国风情的商业街区上颇为显眼，名为“加油站”，实际是一家西餐厅，外脆里嫩的德式猪肘、小麦香醇的黑啤，还有种类繁多、鲜香味美的香肠，德国人在这里就能品尝到地道的家乡风味。51 岁的德国人欧文开了一家传统德式面包烘焙工坊，“面包之于德国人就像米饭之于中国人，希望更多太仓人喜欢上德式面包。”不仅有面包和啤酒，太仓中德友好幼儿园等生活配套设施愈发完备，越来越多的德国人将太仓当作“第二故乡”，超 1000 名德国人常年在太仓工作生活。

人才培育，植入“德国基因”。2001 年，太仓率先引入德国“双元制”教育模式，学生既从职业学校学习知识，又深入企业进行实训，九大培训中心输出高素质技能人才 1 万多人。2017 年，国内首创中德合作太仓“双元制”本科开班，开启中德“双元制”教育“2.0 时代”。

企业孵化，入驻“德国之家”。2016 年，全球第八家德国中心，也是继北京、上海后在中国的第三家德国中心在太仓正式投入运营，为德国企业进入中国开展投资合作、科技创新架起全新桥梁。德国中心既是德国中小企业探索中国市场的平台，也是中小企业的孵化器，能为企业提供市场分析、财务管理、法律咨询等全方位的服务，企业能充分享受到专业团队的支持，逐步发展壮大。

在太仓规模最大的德企舍弗勒集团，正式投产中国市场上首款实现量产的两挡电驱动桥，并开工建设电驱动及航空部件新基地项目，让企业发展与太仓产业升级目标同频共振、同向发力。

半数以上德企在太仓开展本土化研发创新，通快等多家德资企业将中国区总部或研发中心等功能型总部放在太仓，近 50 家德企在太仓申请专利。“我们坚持全球化和多边主义，也坚定看好中国市场。”通快中国财务总监杨光立说。

（节选自 2020 年 12 月 2 日新华社《参考消息》 记者：刘　亢　杨丁淼　何磊静）

太仓　上海下一站·下一站上海

2020 年 7 月 1 日，沪苏通铁路正式开通运营。自此，太仓结束“地无寸铁”的时代，开启迈向高铁时代新征程。

沪苏通铁路一期北起宁启铁路赵甸站，过南通通州，跨越长江，经苏州张家港、常熟、太仓等地，进入上海接京沪铁路安亭站。沪苏通铁路是“八纵八横”高速铁路主通道之一“沿海通道”的重要组成部分，是促进长三角经济一体化的战略性工程。

于太仓而言，高铁时代呼啸而来，不仅打开了空间上的通道，更会带动太仓以大视野、大格局融入新时代，在新的历史坐标上，太仓也正借势发力，迈向高质量发展新征程，加快跑出“太仓速度”。高铁时代的太仓，城市定位是“上海下一站·下一站上海”，背后是太仓这座城抓住新机遇，融入大上海的决心与信心。

打造江苏入沪重要枢纽门户城市

近年，太仓紧紧围绕“以港强市、融入上海”战略，积极打造“江苏进入上海的重要枢纽门户城市”，加快构建以公路为基础、铁路为支撑、水路为纽带的综合交通运输网络，构筑综合交通运输体系，实现“公铁水齐头并进、江海河互联互通”。

铁路作为国民经济大动脉、关键基础设施和重大民生工程，是经济社会发展的先行官。根据《国家中长期铁路网发展规划（2030年）》和《江苏省沿江城市群轨道交通网发展规划（2018—2025年）》，未来太仓一大批基础性、功能性、战略性项目即将实施，太仓铁路数量、里程、投资规模位居苏州县市前列。对太仓而言，将全面把握多条铁路汇集的历史性机遇，力争将规划建设的沪苏通铁路、南沿江铁路、太仓港港口支线铁路，规划的北沿江铁路、苏锡常城际铁路和上海嘉闵线延伸线在太仓站交会，形成“5+1”轨道交通网络和东西南北相互贯通的交通枢纽，全面提升太仓在苏州、全省、长三角综合交通网中的区位优势，进一步提升区域通达性。

其中，沪苏通铁路、南沿江城际铁路等将使太仓融入“沪宁一小时高铁圈”。未来的太仓，无论是向西到省会南京参加公务活动，还是向东到上海洽谈国际业务，甚至跨江北上开拓广阔市场，都极为便利。高铁以其“大运量、高速度、公交化”运输方式，将让太仓与更多城市实现快速通达，未来沪太“双城生活”也将更为便利，“打个高铁”去上班，“打个高铁”去吃饭，“打个高铁”去看景，或“打个高铁”去看演出，都将说走就走。

多条铁路在太仓交会，使得太仓深度融入国家铁路网，将为太仓在长三角城市群之间搭建起东西南北相互贯通的交通大动脉和“高铁经济走廊”，带动城际区域协同发展，促进各类生产要素的快速流动和集聚，为太仓城市能级的提升和经济社会高质量发展提供了重要支撑和有力保障。更为重要的是，坐拥“5+1”轨道交通网的太仓，未来在长三角一体化、长江经济带以及“一带一路”等国家建设中的意义，将更为重大。

太仓城市能级提升蓝图加速落地

“为了迎接新一轮轨道交通的大时代，太仓已经做出大布局。”太仓市委副书记、市长汪香元说。沿着逐步密织的交通线，太仓提升城市能级的蓝图正在加速落地。就在太仓站周边50平方千米的范围内，太仓规划建设一座娄江新城。

作为引领太仓未来城市高质量发展的新城区，娄江新城将构建“一心两轴三核四区”的空间布局结构，“一心”是主城东部副中心；“两轴”是白云渡路融沪发展轴和学院路科创发展轴；“三核”分别是商务中心、科教中心、市民中心；“四区”则是临沪国际社区、科教创新区、高铁商务区、高端智造区。这样的空间布局结构，将共同构成娄江新城的长三角国际开放先行区、临沪科创智造示范区、现代田园城市样板区的战略罗盘。

两座高水平大学的开工建设，则让娄江新城建设迈出关键一步。2019年，西交利物浦大学和西北工业大学太仓校区先后开工建设。对此，太仓市文化教育投资发展有限公司董事长、总经理金丽萍介绍，围绕两所大学，科教创新区将配套建设近40万平方米的创新孵化平台载体，娄江新城还将规划建设智能制造区。

紧邻沪苏通铁路太仓南站，与上海嘉定区近在咫尺，有一座对华东地区消费人群来说极具吸引力的冰雪主题旅游项目，也正在建设。2017年，复星旅游文化集团牵手太仓，打造国际顶级的旅游综合项目，涵盖度假村、文化演艺、冰雪世界、主题乐园、商业街区、康养医疗服务等多种功能，将打造对接上海、辐射华东的食住行游购娱一站式国际性旅游目的地。除了复星旅文外，恒大集团文旅项目也在太仓加快推进。事实上，这些旅游综合体将极大丰富太仓的全域旅游产品与线路，提高游客的旅游深度与过夜率，提升太仓旅游综合效益。

谈及落户原因，复星旅文给出的答案是，太仓即将突显的“5+1”轨道交通网交通优势；太仓作为中国中小型德企数量最多的城市，本土拥有大量外企深厚产业基础；西北工业大学、西交利物浦大学以及西北工业大学太仓长三角研究院的引入带来大量高素质人才。不难看出，太仓独有的产业基础、教育科研、交通网络等巨大优势，也正与新的旗舰项目一同，让这座城市更具吸引力，也让这座城市的能级得以加速提升。

打造营商环境“苏州最舒心”太仓样本

近年，江苏太仓大力发展开放型经济，加快落实创新政务改革，从企业商业注册、建设审批、物流通关、电力供应、税务办理等关键环节入手，打造利企便民营商环境。与此同时，随着太仓进入“高铁时代”，高质量项目落地也实现井喷。

为了更好服务项目，现在，太仓针对重大项目实施全生命周期管理，对项目的净地、征地、取得土地、施工许可证、结构封顶、竣工验收、设备安装、投产运营等八个节点实施全程管理，全市上下从重大项目建设的全局出发，一切围绕项目转，一切围绕项目办，排好“时间表”，列好“作战图”，提速推进，分秒必争。

其中值得一提的是“交地即开工”这一做法。2020年5月27日，太仓举行首个“双信三即”项目“交地即开工”仪式。汪香元要求，坚持“用户思维、客户理念”，主动把握企业诉求，积极开展政企互动，深入打造“最舒心”营商服务品牌。其中，“双信”模式核心为签订土地出让合同，到企业领取建设工程施工许可证，整个时间跨度由原来的100天左右压缩到30天。“双信”制遵循成交即发证，交地即开工，竣工即登记，同时，“双信”出让模式体现了双向信用。

土地“双信三即”出让模式，是太仓积极挑战审批效能极限的创新之举，集成模拟审批、多验合一、“互联网＋不动产登记”等改革举措，大幅压降企业从拿地到开工建设的时限，为项目实施架起“高速通道”。3月，太仓市资规局相关负责人在走访企业时，了解到计划搬迁企业面临从拿地到入驻新厂房需等待时间较长的问题，而这期间另租厂房，则需支付不少租金，给企业带来一定负担。为此，太仓市资规部门立即研究如何在企业从拿地到建设新厂房的审批流程中，帮助企业压缩时间和资金成本，最终打造出“双信”模式。

太仓市资规局相关负责人表示，今后太仓将持续优化土地出让市场营商环境，将“双信”出让模式形成可复制的经验，更好激发市场主体活力和社会创造力。也正是这样一项项具体的营商服务举措的出台，让太仓有信心打造营商环境“苏州最舒心”太仓样本。

（摘自2020年7月2日《解放日报》）

以奋斗之姿让“幸福金太仓”含金量更足更高更纯
太仓：“最具幸福感城市”成高水平全面小康最佳注脚

对一座城市来说，获得“全国文明城市”称号，就是对这座城市至高无上的嘉奖。多年努力，一朝梦圆。2020年11月20日，全国精神文明建设表彰大会在北京举行，太仓摘得“全国文明城市”称号，这个历来被认为是含金量最高的城市荣誉，成为太仓发展软实力的生动注脚。

就在太仓摘得“全国文明城市”称号前两天，“2020年中国最具幸福感城市”调查推选结果在2020年中国幸福城市论坛上发布，太仓再度蝉联县级市榜单第一。“中国最具幸福感城市”调查推选活动连续举办14年，是目前中国最具影响力和公信力的城市调查活动之一。

该评选活动由《瞭望东方周刊》、瞭望智库共同主办，以城市精细治理、人民共建共享、助力全面建成小康社会为主线，调查采集包括100个地级及以上城市、100个县级市（区）的城市画像及人的行为数据，对中国城市幸福感进行调查，采集样本超10万亿条。

历时3个月的遴选，太仓在县级市中脱颖而出。细分到具体指数上，太仓在公共安全指数、医疗健康指数、居民收入指数、生活品质指数、城市吸引力指数、就业指数、教育指数等细分指标中领先。

风正劲，帆高悬。当前，太仓围绕“现代田园城、幸福金太仓”的发展目标和愿景，全力打响“幸福品牌”，把握多重叠加战略机遇，高质量推进“两地两城”建设，努力创造高品质生活，实现高效能治理，确保现代化建设开好局、起好步，让“幸福金太仓”的含金量更足更高更纯。

文明之风劲吹　提纯金太仓“含金量”

“在道德星空下前行，最朴实的笑容，饱含最炽热的真情，微言大爱细叶繁荫，首首好人之歌，咏唱出生活最动听的福音……”2020年12月2日晚，太仓传媒中心演播大厅内，“德润太仓·幸福娄城”江苏省道德模范与身边好人（苏州·太仓）现场交流活动，以一曲《在道德的星光下前行》落下帷幕。现场发布2020年11月江苏好人榜和新时代江苏好少年名单，并以讲述、情景剧、歌舞表演、短视频的形式抒发对道德模范的真情礼赞，这些身边好人的故事让人赞叹、钦佩，更让人充满力量。

“国无德不兴，人无德不立。”道德模范是时代的先锋、社会的楷模。全国公安系统二级英模、江苏省最美抗疫先锋位洪明，护学岗上一站就是十年的施宝常，35年如一日照顾瘫痪病妻的王耀宏，为救车祸受伤者、自己遭受二次车祸的魏晓云……一个事迹就是一座丰碑，也彰显着太仓精神文明的亮丽底色。

太仓开展寻找“身边的感动”、“我推荐我评议身边好人”、精神文明建设十佳新人新事、道德模范评选活动，引导广大市民自觉追求讲道德、尊道德、守道德的生活方式，涌现出一批道德模范。截至12月，太仓市上榜“江苏省道德模范提名奖”1位、“中国好人”12位、“江苏好人”16位、“苏州好人”81位和“太仓道德模范”30位（组）。

走进位于太仓市图书馆二楼的新时代文明实践中心，大屏上实时滚动着全市各区镇发布的新时代文明实践活动数量。自启动新时代文明实践中心建设工作以来，太仓打造理论宣讲、教育服务、文化服务、科技与科普服务、健康促进与体育服务五大平台，通过整合基层公共服务阵地、人才、资金等各类资源，高质量开展各类文明实践活动。

作为新时代文明实践中心建设的国家级试点城市，太仓积极开展群众性精神文明创建活动，努力探索出一条新时代文明实践中心建设的“太仓路径”，让新时代文明实践越来越深入地浸润娄城市民的日常生活。

璜泾镇永乐村就是太仓新时代文明实践建设的一个成功典范。在11月20日举行的全国精神文明建设表彰大会上，永乐村获评全国文明村，这是继获得全国民主法治村、全国乡村治理示范村后，永乐村成为太仓第3个国家级文明村。

结合移风易俗、文明创建、文明新风等内容，永乐村构建家庭诚信积分制管理体系和千分制正面清单，通过积分引导村民“崇德向善”，让文明内化于心、外化于行。同时，依靠乐意先锋志愿团队、老骥追梦志愿团队等4支服务队，永乐村每年开展爱心呵护、连心惠民、诚信创新等50余次志愿活动，乡村文明新风吹遍每个角落。

一个拥有魅力的城市，“秀外”“慧中”兼并。太仓深耕挖掘城市幸福内涵，让这座城市不仅有“颜值”，更在骨子里透露出文明“气质”。

产业经济攀高　夯实“幸福感”根基

2020年11月初，太仓港三期码头一片繁忙景象，高大的红色桥吊，正不间断地往两艘并排靠泊的轮船上装集装箱。近日，国家发改委、交通运输部联合公布2020年国家物流枢纽建设名单，苏州（太仓）港口型国家物流枢纽成为22个入选项目之一，且是江苏省唯一入选项目。

“这两艘船将发往上海洋山港，货物通过远洋轮船运往其他国家。”太仓港口管委会发展服务局负责人介绍，“一台桥吊同时往两艘轮船上装货，是这段时间的常态。现在港口吞吐量不断增长，码头泊位不够用，很多船都不得不停在锚地等待进港装卸货。”

一直以来，太仓把项目建设作为抓经济发展的“重中之重”。当前，太仓倡导开放包容、兼容并蓄，已经与160多个国家建立经贸往来，特别是专注于做好融入上海、对德合作、以港强市“三篇文章”，用高水平开放为幸福太仓赋能。

二十世纪七八十年代，太仓社办工业、乡镇工业崛起，呈现出“村村点火、处处冒烟”之势。开放春潮中，作为大都市上海的近邻，太仓抓住浦东开发开放、黄浦江两岸综合开发、上海五大中心建设等发展机遇，并积极拥抱全球资本，成为各国资本竞相追逐的投资高地，实现由单一所有制结构向民营、外资、国资等形式多样、多种经济成分共同发展的转变，成为颇具知名度的德企之乡。

2008年，商务部和德国经济部在太仓设立了全国首个“中德企业合作基地”。多年来，太仓持续做亮对德合作品牌，全力打造中德合作城市典范，太仓成为全国德企投资最密集、发展最好的地区之一。截至2020年12月，在太仓的德企总数超360家，总投资超50亿美元，年工业产值超500亿元，亩均产值、利润、税收分别为1400万元、150万元和110万元，半数以上的德资企业在太仓开展本土化研发创新，多家德资企业将中国区总部或功能型机构放在太仓，集聚了近50家世界“隐形冠军”企业，460多家本地企业与德企建立合作关系。

经济实力的显著提升，最直观的是表现在数字上。1978年太仓地区生产总值为2.31亿元，2019年为1410亿元。太仓人口基础相对较小，人均地区生产总值在长三角城市群中十分亮眼。成绩的取得，重大产业项目功不可没，仅以“2020年太仓金秋经贸月”为例，全市开工竣工开业项目共217个，总投资710亿元。竣工开业项目预计新增年产值450亿元，预计新增年税收31亿元。

今天的太仓，以新发展理念为引领，深化供给侧结构性改革，转变发展方式，重点推进高端装备制造、新材料、物贸经济+总部经济、生物医药等战略性新兴产业发展，加快推动新一代信息技术、智能装备和航天航空等产业发展，推动经济在高质量轨道上逐浪前行。

依托良好的制造业产业基础、德企稳定经营带来的就业岗位、一二三产融合发展的产业格局，太仓积极打造良好的就业生态、可持续的增收机制，让人民群众共享改革开放的成果。

科学规划布局　绘就“田园城市”之美

站在娄江新城规划展示馆屋顶，向西远眺，可以直观感受太仓布局这座新城的手笔。偌大的建设工程在太仓大道两侧铺陈开来，西北工业大学太仓校区和西交利物浦大学太仓校区施工建设正酣，数个塔吊矗立在施工区域，不远处，西交利物浦大学太仓校区宿舍区全面封顶。

作为科教创新区，这是太仓正在落地成景的娄江新城一隅。50平方千米的新城连通太仓城区和浏河镇区，在夜色下与主城区交相辉映。漫步在新建成的娄江新城滨河公园，怡人的绿意让人流连忘返。对外，把娄江新城作为融入上海先行区来规划打造，对内，把娄江新城放在全市整体空间布局中去规划设计；坚持城市、产业、人才融合发展，聚焦四大功能区，前瞻谋划布局一批提升功能品质与发展活力的重点工程、重点项目。

随着沪苏通铁路正式开通运营，太仓正式告别“地无寸铁”的历史，昂首迈入高铁时代。沪苏通铁路的开通，意味着太仓聚焦“上海下一站、下一站上海”的城市发展战略向前迈出了关键一步，同时也为太仓谱写“现代田园城、幸福金太仓”的美丽画卷增添了浓墨重彩的一笔，为太仓实现更高水平的小康生活开辟了一条幸福大道。高铁太仓站所在地域是太仓正倾力打造的未来新城——娄江新城，这是太仓城市生长的肌理延伸。

在“十四五”规划中，明确写明太仓城区不建高架，保持田园城市、江南水乡风貌，营造疏朗氛围。城市布局形态上，大量植树铺绿，保留大片农田，推进城乡公共配套优质均衡，构建有机疏散、层次分明的城乡空间布局和人性化、生活化的城市空间结构；交通路网上，强化与邻市路网衔接，推进市域快速公路，贯通沿江、沿海通道，基本形成内通外联、安全可靠、便捷高效、绿色智能的现代化综合交通运输体系；城市管理上，全面形成集数字城管、公共自行车管理、停车管理、物业管理等多功能于一体的城市信息化实战基地，城市管理向精细管理、智慧管理迈进；城市特色上，立足对德合作优势，在规划布局、功能定位、建筑风格等方面融入更多德国元素，让居民享受高品质宜居环境。

2020年11月30日，第四批国家生态文明建设示范市县在生态环境部授牌，太仓榜上有名。此前，太仓已获得中国人居环境奖，获评国家生态园林城市，三次荣获世界卫生组织健康城市最佳实践奖。一次次荣誉加身，一次次描绘太仓“城在田中，园在城中，人在画中”的精致画卷。蓝天、碧水、绿树交相辉映，江南水乡风韵与城市现代化相得益彰的生态之美，在这座小城尽显无遗。

在太仓市行政中心前核心地块，投入3亿元建设总面积20公顷的市民公园已经投入使用。每天晚上，公园里跳广场舞、健步、打太极拳、玩耍的居民多不胜数。这个2019年建成投运的公园，是一个名副其实的城市“绿肺”，对市中心环境提升起到极为重要的作用。在2020年中国最具绿意百佳县市排行榜上，太仓位列全国第十二名、江苏省第二名，太仓致力实现“城乡一体、产城融合、城在田中、园在城中”的美好景象。

太仓城市发展面临新的重大机遇，凭借身处长三角核心位置的优势，谋划建设娄江新城作为城市发展新增长极。这里的高铁站，将成为长三角区域“5+1”轨道交通网络的枢纽站，太仓将成为江苏进入上海的重要枢纽门户城市。这里正在建设西北工业大学、西交利物浦大学两所高校校区，带来丰富的人才科研资源。这里将建设临沪国际社区、高铁商务区、科教创新区，落子体育中心、综合医院、市民中心、国际学校等项目，将太仓的城市提升至新台阶，刷新“城市让生活更加美好”的高度。

社会治理创新　刷新平安和谐底色

在城市里生活，平安和谐是百姓最基本的期盼，祥和稳定是人心向往的乐土。太仓就是这样的地方，平安建设实现全国社会治安综合治理“三连冠”，捧得“长安杯”，成为首个获此殊荣的县级市。这是太仓长达10多年的平安建设取得的荣誉，如今正向着更高质量的平安太仓建设迈进。

多年来，太仓积极适应新时代新要求，深入推进“技防城”建设，全面营造以人民为中心的共建共治共享社会治理格局，作为人口流入型城市，太仓流动人口占常住人口一半，虽然外来人员多，但违法犯罪警情却连续10年保持下降，公众安全感持续领跑江苏省，打破了“外来人口增多，发案增长”定律。

此外，太仓还深入探索社会治理创新，走出了一条契合时代特点、具有太仓特色的善治之路。在全国率先探索实践“政府行政管理与基层群众自治有效衔接和良性互动”即“政社互动”，形成党委领导、政府负责、社会协同、公众参与、法治保障的社会治理新格局。先后获评“中国法治政府奖”“中国社区治理十大创新成果”，核心举措被写入国家《关于加强和完善城乡社区治理的意见》。

太仓瞄准打造江苏一流的社会治理网格化联动机制目标，构建起市镇村三级贯通的大网格大联动大平安工作体系，90%以上的社会问题和矛盾纠纷被化解在基层，极大地促进了社会治理观念理念的转变、体制机制的调整、布局格局的重构和方法手段的创新，走出了一条独具太仓特色的社会治理之路。

在太仓城厢镇万丰村38组中间，坐落着一个名为“桂雨陇驿站”的小游园，自建成后，村民们都管它叫“小公园”。这个游园面积并不大，曲折的步道把小游园分成了几块，里面既有绿地，也有健身场地，还安置了一些休闲座椅，给村民们提供了一块休闲场地的同时，也给这个自然村增色不少。

曾几何时，这里是当地一户村民预拆迁的宅基地，上面杂草丛生，还有一些杂物乱堆放，前年村里把这里改造成了小游园，把原来的10多棵香樟树都保留了下来，同时增种了一些绿化，修了休闲步道，安装了体育健身设施，受到了村民的好评和欢迎。

除了居民口口相传的“小公园”，近年来，太仓把加快建设美丽宜居村庄作为“三农”工作的重点，打造出一批“生态优、村庄美、产业特、集体强、农民富、乡风好”的美丽村庄。截至2019年年底，累计建成苏州市及以上三星级康居乡村212个（含示范点）、康居特色村4个。2020年计划建设三星级康居乡村68个和康居特色村2个。近年，太仓推进三批共8个特色田园乡村试点建设，实施项目166个，总投资1.34亿元。

一座城市的幸福感，生活在这里的老百姓感受最真切，也最有发言权。太仓所追求的幸福城市，不仅要有丰富的物质生活，更要有社会的全面进步和人的全面发展；不仅是高铁交汇、高校矗立、人才云集、游客如织，城市充满国际化、现代化气息，也要有吴歌浅唱、丝竹悠扬，有田园村庄、古镇风光，让市民看得见田、望得见水，体味到诗意。在太仓这片低调务实、厚积薄发的大地上，定能描绘出更精彩的幸福画卷。

（摘自2020年12月28日《新华日报》）

融入上海

【概况】 2020年，太仓市抢抓长三角一体化等国家战略叠加机遇，以错位发展、协同发展谋划“率先同城”，在产业经济、科技创新、社会民生、道路交通等领域实现紧密对接、深度融合，彰显“上海下一站、下一站上海”城市标识。举办2020年沪太协同发展推进会，签约项目55个，涉及枢纽建设、科创载体、产业融合、民生事业、生态共享和战略合作六大领域，总投资568.8亿元。

【沪太深度融合发展】 2020年，太仓市突出规划引领，推动沪太深度融合发展。提升规划融合度。持续加密与沪上板块交流对接频次，主动融入对上、对沪规划，贯彻落实国家规划纲要、省实施方案和苏州三重清单要求，对接《虹桥国际开放枢纽建设》等国家、省专项规划。上海市域铁路嘉闵线北延项目列入国家发改委、交通运输部《长江三角洲地区交通运输更高质量一体化发展规划》。提升城市匹配度。围绕上海“五大中心”（国际经济、金融、贸易、航运和科技创新）建设，推进“1222”重大项目建设（一座娄江新城，恒大、复星两个文旅项目，西北工业大学、西交利物浦大学太仓校区，西北工业大学太仓长三角研究院、中科院上海硅酸盐研究所苏州研究院），推进长三角一体化发展先行区规划建设，在引入高端城市功能配套、提高城际通勤效率、接通城市生活圈等方面发力，提升太仓城市能级。成立娄江新城建设指挥部，推进各项规划建设，西北工业大学、西交利物浦大学太仓校区加快建设，恒大、复星文旅项目提速运行。

【交通枢纽贯通】 2020年，太仓市加快轨道交通建设，构建贯通南北、连接东西的“5+1”轨道交通网络（沪苏通铁路一期、沪苏通铁路二期、南沿江铁路、北沿江铁路、苏锡常城际铁路等5条铁路和1条上海市域铁路嘉闵线延伸线）。沪苏通铁路一期建成通车，26分钟可达上海虹桥。加快建设南沿江铁路，开展沪苏通铁路二期、北沿江铁路前期工作。《嘉闵线（含北延伸）至太仓段项目合作备忘录》签署。公路网络持续织密。太仓省际主线收费站撤销，开展沪武高速拓宽前期工作。岳鹿路对接嘉定城北路贯通通车，推进东仓路对接嘉定北和公路等通沪“断头路”建设。

2020年11月20日，以“融入大上海·共促一体化”为主题的沪太协同发展推介会在上海举行　（市发改委供稿）

加密对沪客运班次、公交线路频次，开通沪太健康医疗专线，嘉太4条公交线路日发班车267班。江海联运国际物流园、集装箱码头四期等竣工。率先开展“沪太通”业务，洋山—太仓港“联动接卸”模式运行，实现跨省通关一体化。累计开辟长三角航线100条(班)。

【科创产业发展】 2020年，太仓市突出协同协作，激发转型升级活力动能。牵住产业协同“牛鼻子”。承接上海产业溢出效应，沪工机器人、新大洲本田等优质项目落户，博泽、保捷等与特斯拉、上汽加强配套协作，长三角汽车产业创新联盟、长三角产业升级股权投资基金等合作成立。抢抓苏州与中国商飞合作契机，依托德企制造基础、航空产业园承载能力，发挥太仓—德累斯顿航空新材料创新中心、西北工业大学及其长三角研究院等研发优势，融入上海大飞机产业链和生态圈。优化营商环境，打响“太舒心”营商服务品牌，塑造“5E”国际版营商服务品牌。实施“大院大所”战略，发挥中科院上海硅酸盐研究所苏州研究院等重大科创载体支撑引领作用，长三角生物医药和医疗器械材料创新中心、复旦张江创业汇太仓中心等科创平台揭牌运营。与上海高校院所合作建立“8+1”国家技术转移联盟太仓工作站，签约共建上海交通大学航空航天学院—太仓高新区空天技术联合创新中心，构建与上海协同配套、互为促进的研发和人才引育体系。擦亮对德合作“大品牌”。借助上海国际化窗口，以全球视野集聚高端要素资源，推动产业深度对接、企业合作创新。博可层压机等“隐形冠军”、通快集团亚太总部等总部企业落户太仓，在太仓德企超360家，400多家本土企业与德资企业开展配套协作，全国首个中德职教合作标准化成果《双元制职业教育人才培养指南》发布，中国德国商会首次离沪在太仓召开，中德智能智造峰会、第15届太仓啤酒节、第四届中德中小企业合作论坛暨第13届“太仓日”等活动举办，打造国家级对德合作平台。

【民生合作交流】 2020年，太仓市突出共建共享，提升普惠共享幸福感受。聚焦公共服务共享。推动长三角“一网通办”再升级，实现电子证照跨区域互认。加强与上海学校和教育机构联系合作，举办“嘉昆太温”家校合作论坛，探索“嘉昆太”校企协同双师队伍建设。推动医疗资源共享，与上海九院、上海儿童医院、上海妇幼保健中心等推进跨区域医联体建设，长三角地区率先开通异地就医“自主转诊”划卡结算。与嘉定、宝山等地共建公共法律服务联盟。与虹口、昆山签订长三角区域养老一体化服务区市协作协议，与上海智库养老研究院、上海“长三角”区域养老服务促进中心合作成立“智库养老太仓研究院”。聚焦生态环境共保。加强与上海及周边地区环保协作，建立区域污染联防联控、环境应急等机制，联合开展污染隐患排查与固体废物监管，共建清水通道维护区及“嘉太生态区”。持续完善“一心两湖三环四园”城市生态体系［以市民公园为一心；以金仓湖和天镜湖为两翼；以盐铁塘、新浏河、娄江河、城北河，盐铁塘、湖川塘、十八港、新浏河，吴塘河、新浏河、石头塘、杨林塘三层水系绿道为三环，以现代农业园（植物园）、菽园、西庐园、独溇小海湿地公园为四园，打造田园城市生态体系］，打造沿江万亩绿廊，构建以田为底、以水为脉、以园为心的“城在田中、园在城中”环境。聚焦诚信体系共建。嘉昆太三地共同签署《市场监管领域社会信用体系建设合作协议》《社会信用体系建设先行示范区项目合作协议》，定期互推红黑名单，实现“一地失信，三地受限”，打造失信行为标准互认、信用信息共享互动、惩戒措施路径互通的跨区域信用合作模式。聚焦社会治理共治。建立完善跨区域社会治理联动机制，健全巩固跨区域疫情联防联控机制，加快与嘉定、宝山共建互联互通信息服务平台。优化嘉太两地警务协作，开展治安卡口共建、交界区域巡防联控等工作。与嘉定签订联合治超执法合作协议，两地首创“一地两检”查控勤务模式，开展交通联合执法，打造长三角区域警务一体化省际检查站样本。　（龚　岚）

2020年十大新闻

1. 疫情防控和经济社会发展取得“双胜利”

2020年年初，新冠肺炎疫情影响太仓，市委、市政府高度重视，第一时间周密部署，细化落实各项联防联控措施，保障市民健康和城市公共安全。太仓医疗队驰援武汉，经过50多个日夜的奋战，完成任务平安返回太仓，抗疫英雄位洪明的事迹感动社会各界。面对疫情影响和经济下行压力，太仓出台政策，与企业共渡难关，开展“项目建设提速年”活动，全年新引进项目664个，总投资1831亿元，123个市级以上重点项目年度投资任务提前完成，项目建设取得丰硕成果，为高质量发展积蓄新动能。

2020年4月15日，太仓市举行欢迎援鄂医疗队凯旋仪式（姚建平摄）

2. 沪苏通铁路正式开通运营

2020年7月1日，沪苏通铁路正式开通运营，太仓站、太仓南站启用。太仓结束“地无寸铁”的历史，迈入高铁时代。除通车的沪苏通铁路一期，在建的南沿江城际铁路、北沿江城际铁路、沪苏通铁路二期、苏锡常城际铁路以及上海市域嘉闵线延伸线等将在太仓市境内密织成网，形成“5+1”轨道交通枢纽。

2020年7月1日，太仓市举行太仓站、太仓南站启用仪式（市委宣传部供稿）

3. 娄江新城建设指挥部成立

2020年9月25日，娄江新城建设指挥部挂牌成立。自娄江新城规划建设启动，娄江新城规划体系不断完善。娄江新城滨河公园正式开放，高铁场站配套基础设施建成投用，岳鹿公路对接嘉定城北路通车，西北工业大学、西交利物浦大学2所大学太仓校区建设加快推进，道路市政工程、公共基础设施建设有序推进。

4. 全国首创“双信地”出让模式

2020年9月28日，太仓市首宗“双信地”出让模式商品住宅用地签约，太仓团溪碧桂园房地产开发有限公司通过“双信地”出让模式签约一处商品住宅用地。该地块是

2020年9月28日，太仓市举行“双信地”出让模式首宗商品住宅用地“成交即发证”仪式　（市委宣传部供稿）

全国首宗“双信地”出让模式签约的商品住宅用地。“双信地”出让模式通过“政企互信+政企守信”，以“出让合同+监管协议”模式，实现“成交即发证、交地即开工、竣工即登记”，构建企业“拿地—开工—竣工领证”全流程“高速通道”。企业从签订土地出让合同到领取施工许可整个时长由原来的100天最快提速到30天，从项目立项到拿地开工建设由原来的半年左右最快提速至60天。通过发挥社会信用体系作用，扫清实体经济发展的堵点和难点，为企业提供更便捷、更专业的服务。

5. 太仓港跻身国家级物流枢纽

2020年10月，国家发展改革委和交通运输部联合印发《关于做好2020年国家物流枢纽建设工作的通知》，苏州（太仓）港口型国家物流枢纽入选2020年国家物流枢纽建设名单，为全省唯一。截至年底，太仓港开辟航线211条（班），集装箱吞吐量突破520万标箱，居全省第一位、全国第十位、全球第三十位。2020年8月，太仓港集装箱吞吐量一举刷新开港以来3项历史纪录，太仓港第四期集装箱码头竣工验收，沪太通关一体化全面落地。

2020年9月25日，第15届太仓啤酒节在海运堤二期美食广场开幕　（市委宣传部供稿）

6. 对德科技创新合作迈入新境界

2020年5月，全国首个中德在职业教育领域合作的标准化成果——《双元制职业教育人才培养指南》发布，中国德国商会（上海）旗舰活动——“商会之夜”26年第一次走出上海在太仓举行，中德智能制造峰会暨太仓先进制造业创新合作交流会上，15家企业签约合作项目，投资总额累计10.15亿美元；太仓与德国德累斯顿工业大学合作设立的新型研发机构——太仓—德累斯顿航空新材料创新中心揭牌；第四届中德中小企业合作论坛暨第13届“太仓日”活动在上海举行；BVMW太仓服务中心和德国中小企业（太仓）孵化中心揭牌……截至年底，太仓聚集德企超360家，其中“隐形冠军”50多家，工业总产值超500亿元。

7. 获评全国文明城市

2020年11月10日，中央文明办公布第六届全国文明城市入选城市名单，太仓成功上榜。“全国文明城市”是含金量最高、影响力最大的城市品牌，反映一座城市的发展水平、综合实力和市民素质。近年，太仓市始终以创建全国文明城市为目标，提升市民文明素质、城市文明程度、城市文化品位和群众生活质量，建设崇德向善、文化厚重、和谐宜居、人民满意的文明城市，增强人民群众的获得感、幸福感、安全感。太仓成功跨入全国文明城市行列，是全市上下长期以来万众一心、齐心协力奋斗的结果。

2020年11月，太仓市获评全国文明城市　（市委宣传部供稿）

8. 入选“中国最具幸福感城市”榜首

2020年11月18日，由新华社《瞭望东方周刊》与瞭望智库共同主办的“2020年中国幸福城市论坛”在杭州举行。论坛发布第14届中国最具幸福感城市榜单，太仓位列县级市榜单第一，这也是太仓市第9次获评“中国最具幸福感城市”。“中国最具幸福感城市”调查推选活动连续举办14年，是中国最具影响力和公信力的城市调查活动之一。

9. “上海下一站、下一站上海”成为城市新名片

2020年，太仓至上海的健康医疗专线开通，长三角一体化交通重点对接项目——太仓岳鹿路对接上海嘉定城北

2020年11月20日，沪太协同发展推介会在上海举行，会上发布苏州对接上海枢纽门户城市暨嘉闵线太仓段项目
（市委宣传部供稿）

路正式通车；沪苏通铁路二期规划获批，从太仓站可直达上海东站和浦东机场。11月20日，沪太协同发展推介会在上海举行，苏州对接上海重要枢纽门户城市暨嘉闵线太仓段项目发布，太仓将真正纳入上海“1小时都市圈”，现场签约长三角一体化发展项目55个，总投资568.8亿元。全方位对标上海、对接上海、融入上海、服务上海，太仓在具备条件的领域率先实现与上海的同城化。

10. 获评国家生态文明建设示范市

2020年11月30日，生态环境部对第四批国家生态文明建设示范市县表彰授牌，太仓市获评“国家生态文明建设示范市”（2019年，太仓市获“国家生态园林城市”称号）。近年，太仓先后获评中国人居环境奖、国家生态园林城市，3次荣获世界卫生组织健康城市最佳实践奖。

（市委宣传部）

2020年政府实事工程

【概况】 2020年，太仓市共安排政府实事工程8个大类、22项，年内全部启动。至年底，14项工程全部完成，8项跨年度工程持续推进。

【教育基础设施提升工程】 该工程由市教育局负责，主要任务包括直塘幼儿园迁建工程、双凤小学扩建工程、东方幼儿园新建工程、市民公园小学（暂定名）新建工程、港城二小和港区幼儿园新建工程。至2020年年底，直塘幼儿园迁建工程主体完工，市政工程施工持续推进；双凤小学扩建工程正式投用；东方幼儿园新建工程主体完工；市民公园小学（暂定名）新建工程主体结构完成，内外装基本完成；港城二小和港区幼儿园新建工程主体结构完成。

【苏州线上教育中心太仓市分中心项目】 该项目由市教育局负责，主要任务包括苏州线上教育中心太仓市分中心硬件平台升级、三线接入带宽扩容及2020年分中心综合运维。至2020年年底，硬件升级全部完成，并验收合格；软件应用上线试用，验收合格；运维服务投入使用，平台二级等保测评工作完成。

【太仓美术馆新建项目】 该项目由市文体广旅局负责，主要任务包括建设美术馆主展厅、文创商店、多功能报告厅、陈列展厅、创作工作室等。至2020年年底，美术馆主体结构部分封顶。

【村（社区）校外教育辅导站建设项目】 该项目由市关工委负责，主要任务是建设规范化校外教育辅导站20个。至2020年年底，20个“娄城关爱”班课程结束，惠及两期学员共计1550人。

【健康综合管理平台升级工程】 该工程由市卫健委负责，主要任务是全科医生工作站升级项目，在基层医疗机构设立全科医生工作站50个，升级建设健康管理中心；全科服务能力提升项目，分别建设市级全科医生实训基地1个和基层全科医生实训基地2个；专科联盟建设项目，建设区域防治指导中心2个和专科联盟社区防治点5个。至2020年年底，投入使用全科医生工作站50个；沙溪、浏河实训基地建设完成，市级实训基地建设持续推进；专科联盟建设完成点位7个。

【基层医疗卫生机构提档升级工程】 该工程由市卫健委负责，主要任务是对直塘、归庄等11家社区卫生服务中心实施新改扩建。至2020年年底，岳王、科教新城社区卫生服务中心投入使用；直塘社区卫生服务中心完成墙体粉刷、门窗安装；归庄社区卫生服务中心进入内装施工阶段；王秀社区卫生服务中心主体结构封顶；金浪社区卫生服务中心完成墙体粉刷；新湖、新塘、牌楼社区卫生服务中心动工建设；陆渡社区卫生服务中心进入方案设计阶段。

【职业技能提升行动工程】 该工程由市人社局负责，主要任务是开展各类补贴性职业技能培训1万人次，培训企业新型学徒500人，建设高技能公共实训基地2个，举办太仓市职业技能大赛。至2020年年底，完成补贴性职业技能培训8.85万人次；建成港区“太仓市信息技术公共实训基地”和高新区“太仓市德国双元制教育4.0公共实训基地”等高技能公共实训基地2个；举办第二届职业技能大赛，参赛人员共12个工种、369人。

【太仓市“双创”综合服务平台（线下）项目】 该工程由市

科技局负责，主要任务是建设科技创新展厅、综合服务窗口、梦工场项目，场地规模 2353.7 平方米。至 2020 年年底，该工程全部完工，并通过专家组项目验收。

【太仓市救助管理站新建工程】 该工程由市民政局负责，主要任务是建设受助人员用房、管理用房等，总建筑面积 2500 平方米。至 2020 年年底，该工程开工建设。

【养老服务提质增效工程】 该工程由市民政局负责，主要任务是新建日间照料中心（助餐点）10 家、提档升级 10 家，建设助浴点 2 家，实施 20 户困难老年人家庭无障碍设施改造。至 2020 年年底，该工程全部完成并通过验收。

【公交运行网络优化工程】 该工程由市交通运输局负责，主要任务是新增更新公交车 50 辆，优化调整各类公交线路 20 条。至 2020 年年底，购置和投放纯电动公交车 50 辆，优化调整公交线路 24 条。

【"四好农村路"建设工程】 该工程由市交通运输局负责，主要任务是提档升级市级农村公路 6.37 千米，改建毛柴线等农路 4 条；提档升级区镇农村公路 6.28 千米，新建、改建城厢电站生态路等农路 5 条。至 2020 年年底，该工程全部完工。

【沪苏通铁路太仓站、太仓南站配套基础设施工程】 该工程由市交通运输局负责，主要任务是新建沪苏通铁路太仓站、太仓南站配套道路、广场以及公交车、出租车、社会车辆停车场等设施。至 2020 年年底，太仓站、太仓南站道路、地库及广场等配套设施全部完工。

【智慧城市"双网"融合工程】 该工程由市公安局负责，主要任务是在全市范围安装二维码门牌，并配套建设后台管理系统。至 2020 年年底，二维码门牌全部安装完成，并推进二维码门牌服务功能拓展。

【城市出入口照明改造工程】 该工程由市城管局负责，主要任务是改造 G15 沈海高速公路出入口路灯，涵盖 S339 省道、沙溪出入口匝道等，拆除原有路灯，重新安装中杆 LED 路灯。至 2020 年年底，该工程全部完工。

【生活垃圾分类全覆盖工程】 该工程由市城管局负责，主要任务是实现全市域垃圾四分类全覆盖，市镇两级小区全面推行垃圾分类"定时定点、撤桶并点"模式，增设分类运输设备，确保垃圾分类收运"四不同"，开展垃圾分类"三示范"建设，评选示范小区、示范单位、示范宣教点。至 2020 年年底，该工程全部完成。

【美丽宜居乡村建设项目】 该项目由市农业农村局、市住建局负责，主要任务是建设三星级康居乡村 50 个左右、康居特色村（整村推进）1 个以上；建设沙溪镇庄西村庄西、浮桥镇三市村三家市和双凤镇勤力村水溇等特色田园乡村试点工程 3 个。至 2020 年年底，该项目全部完成，并通过苏州验收。

【主城区水质提升工程】 该工程由市水务局负责，主要任务是建设活动堰 14 座，实施雨污分流改造小区 17 个。至 2020 年年底，14 座活动堰加快施工，17 个小区雨污分流改造工程全部完工。

【高质量城乡生活污水治理三年行动计划 2020 年度项目】 该项目由市水务局负责，主要任务是建设璜泾镇永乐新村—新联村污水主管、古浦路污水主管 7 根及雨污分流改造小区 7 个。至 2020 年年底，该项目全部完工。

【一环优化提升工程】 该工程由市住建局负责，主要任务是提档改造滨河公园（盐铁塘—十八港）绿地，建设透水绿道，种植驳岸垂直绿化，增加相关配套设施等；更换维修城北河湿地公园（盐铁塘—常胜路）损坏的园路、栈道、公用设施等，建设透水绿道；一环内统一配置各类绿道驿站。至 2020 年年底，完成国家生态园林城市现场考核点范围内滨河公园和城北河湿地公园配套维修工作。

【保障房建设项目】 该项目由市住建局负责，主要任务是建设保障房 3 万平方米。至 2020 年年底，该项目开工建设。

【餐饮场所燃气安全保障项目】 该项目由市住建局负责，主要任务是在主城区范围内餐饮场所安装可燃气体报警器。至 2020 年年底，该项目全部完成。（市政府办）

2020 年大事记

1 月

3—6 日 中国人民政治协商会议太仓市第十四届委员会第四次会议在市行政中心举行。会议审议通过十四届四次会议期间提案审查情况的报告，通过市政协十四届四次会议决议。

4—7 日 太仓市第十六届人民代表大会第四次会议在市行政中心举行。大会通过《关于太仓市人民政府工作报告的决议》《关于太仓市2019年国民经济和社会发展计划执行情况与2020年国民经济和社会发展计划草案的报告》《关于太仓市2019年预算执行情况与2020年预算草案的报告》《太仓市人民代表大会常务委员会工作报告》《关于太仓市人民法院工作报告的决议》《关于太仓市人民检察院工作报告的决议》《关于"实施主城区水质提升工程、切实改善城市水环境质量"议案的决议》7项决议，选举汪香元为市人民政府市长。

13日　苏州市委常委、组织部部长陆新，苏州市政协副主席周晓敏到太仓走访慰问部分困难群众、困难党员、经济相对薄弱村及养老福利机构。

21日　太仓市"BEGI·N"金融沙龙暨"BEGI·N"品牌活动启动，该活动是政府搭建的一个企业、银行、投资方紧密联系的平台，帮助技术含量高、信誉足、订单多的企业融资，帮助银行和投资方打通贷款发放、投资资金投放渠道，让更多资金进入实体经济。"BEGI·N"金融沙龙的B代表银行，E代表企业，G代表政府，I代表投资方，N代表其他主体。

27日　周锦桃、陈凯伦、顾晓雯、王言颂、朱红林5名医护人员组成的太仓市首批援鄂医疗队奔赴武汉开展抗疫工作，至3月17日完成医疗救治任务返回苏州，并接受14天集中隔离休养。

28日　太仓市召开全市新型冠状病毒感染的肺炎疫情防控工作会议，传达贯彻上级最新指示精神，总结分析前一阶段全市疫情防控工作及当前形势，对做好下一步全市疫情防控工作进行再研究、再部署、再动员。

2月

3日　太仓市发布《关于应对新型冠状病毒感染的肺炎疫情支持中小企业共渡难关的十二条政策意见》（简称"太'惠'十二条"），分别从加大金融支持、稳定职工队伍、减轻企业负担、港口政策支持等方面，给予中小企业帮助。

4日　太仓市志愿者顾海波、陆玮和孙旦祎应江苏蓝天救援协调中心要求，赴武汉进行防护服、口罩、消毒用品等医疗、防疫物资的接车、装卸、转运及公共场所洗消等志愿服务。

5日　太仓市行政审批局印发《关于应对新型冠状病毒感染的肺炎疫情为企业精准高效服务的实施意见》，升级"网上办""预约办""帮代办"九项措施，帮助企业共渡难关。

7日　太仓市发布《关于在新型冠状病毒疫情期间支持外贸企业稳定发展的十五条政策措施》（简称"太'惠外'十五条"），包括加大金融支持力度、保障外贸企业的生产和运输、鼓励外贸企业开拓国外市场、推进贸易便利化等四个方面，支持外贸企业发展。

9日　太仓市参加第五批江苏援鄂医疗队的37名医护人员奔赴武汉，支援武汉华中科技大学同济医学院附属同济医院光谷院区，救治重症患者。3月31日，37名医护人员返回苏州，并接受14天集中隔离休养。

10日　太仓市发布《关于应对新型冠状病毒感染的肺炎疫情支持新型农业经营主体共渡难关的意见》（简称"太仓'惠农'十二条"），该政策支持对象为受新型冠状病毒感染的肺炎疫情影响，生产经营遇到困难的新型农业经营主体，包括种养大户、农民专业合作社、家庭农场、涉农企业等。

11日　太仓市政府印发《太仓市应对新型冠状病毒感染的肺炎疫情支持企业发展金融政策实施细则》，加大金融扶持力度，支持中小微企业共渡难关。

22日　太仓市正式启用疫情防控"苏城码"。"苏城码"是苏州市疫情防控指挥部指定的通行服务码，作为疫情防控期间市民日常出行的重要凭证和防疫人员查验的主要依据。

24日　省委常委、苏州市委书记蓝绍敏到太仓市部分企业，调研督查疫情防控及复工复产工作。

△　2020年太仓市春季产业项目集中开工开业活动举行，总投资665.4亿元的88个重大项目集中开工开业。

29日　苏州市委副书记、市长李亚平到太仓市检查调研疫情防控和企业复工复产情况。

3月

3日　副省长马秋林到太仓调研督查企业复工复产情况。

4日　第一批江苏省传统村落名单公布，浮桥镇三市村三家市、沙溪镇泥桥村安里街入选。

6日　省人社厅联合省卫健委发布奖励决定，太仓市3名医护人员获"记功"奖励，分别是市第一人民医院陈龙，市中医医院陆兵、李执。

△　省发改委副主任王显东一行到太仓调研全市省重大项目落实情况。

9日　太仓市举行位洪明同志先进事迹报告会，弘扬位洪明先进事迹、优秀品质和可贵精神，激励全市广大党员干部向先进看齐、向先进学习，汇聚夺取疫情防控和实现经济社会发展目标双胜利的强大正能量。位洪明是太仓市公安局浏河派出所三级警长，2月20日下午3时许，在办理一起口罩诈骗案时突发心源性心脏病，经抢救无效牺牲，年仅35岁。

20日　中办国办复工复产调研工作组到太仓调研全市复工复产情况，要求尽快恢复正常生产生活秩序，恢复社会活力。

23日　西交利物浦大学附属太仓实验学校开工建设，学校坐落于太仓高新区内，占地面积7.45公顷，规划建筑总面积约11万平方米，实施从早教、幼儿园、小学、初中到高中各学段全覆盖的16年一贯制教育模式。

△　省农业农村厅副厅长季辉率督导组到太仓督导恢复生猪生产工作，了解规模猪场建设、扩大产能等情况。

4月

1日　省民政厅副厅长王小华一行到太仓督查指导全

市养老等社会服务机构安全生产和疫情期间清明节祭扫工作，肯定全市社会服务机构在疫情防控、消防安全、人员安保等方面的工作成绩。

14日　苏州市政协主席周伟强、苏州市政协党组成员浦荣皋一行到太仓调研全市经济社会发展情况和市政协工作情况。

15日　2020年长三角一体化及区域发展论坛在太仓举行。江苏省城市发展研究院副院长王兴亚、上海社会科学院城市与人口发展研究所区域经济研究室主任李健等出席论坛。论坛就太仓如何对接国家战略、把握机遇、发挥优势，加快融入上海、推进国际化进程等重要问题展开讨论，王兴亚、李健作主题演讲。

16日　省人大常委会副主任、党组副书记陈震宁一行到太仓调研推进长三角一体化发展和市人大常委会工作。

17日　2020年中国·太仓旅游文化美食节开幕式暨消费促进季启动仪式在海运堤二期广场举行，该届旅游文化美食节暨消费促进季旨在推动文旅、商贸等领域复工复产，促进消费，拉动需求。

20日　太仓市第十六届人民代表大会常务委员会第27次会议决定任命吴敬宇为太仓市人民政府副市长。

△　第24届"中国青年五四奖章"抗疫追授个人名单公布，新冠肺炎疫情防控期间殉职在办案一线的太仓民警位洪明入选。

21日　"学习强国"苏州学习平台首场线下活动在太仓市举办，全省首创、苏州首个"学习强国"阅享空间授牌。

24日　中国共产党太仓市第十三届纪律检查委员会第五次全体会议召开。全会审议通过《坚守初心使命、忠实履职尽责，为太仓高质量建设"两地两城"提供坚强保障》工作报告。

28日　国家税务总局太仓市税务局团总支获"全国五四红旗团总支"称号，是团中央授予基层团组织的最高荣誉。

30日　省委常委、苏州市委书记蓝绍敏到其担任河长的七浦塘巡查河长制工作开展情况。

本月　2020年3月"江苏好人榜"发布，新冠肺炎疫情防控期间殉职在办案一线的太仓民警位洪明上榜。

△　省妇联、省全民阅读办联合公布第四届江苏省"书香家庭"名单，太仓市余成强家庭上榜。

5月

9日　海门市党政代表团到太仓考察，太仓·海门工作交流会召开，太仓市人民政府与海门市人民政府签订《共同推进高质量跨江融合发展战略合作协议》。

11日　省委常委、苏州市委书记蓝绍敏赴太仓港开展专题调研。

14日　由苏州市市场监管局和太仓市人民政府主办的中德标准化合作交流大会发布全国首个中德职业教育领域合作标准化成果——《双元制职业教育人才培养指南》，英文版、德文版同步上线，并在苏州和德国同步推进该成果应用。

19日　太仓—玉屏2020年党政联席会议在太仓召开，深化巩固扶贫协作成果。

20日　由市纪委监委、市文体广旅局共同打造的太仓市家风馆落成开馆，家风馆位于南园内，共设序厅、王氏家训厅、太仓历史名人家风厅、"廉砖"和"廉砖精神"厅四大主题展厅。

21日　省委组织部副部长、省委"两新"工委书记周为号到太仓调研，实地考察太仓复游城、西北工业大学太仓长三角研究院、中德（太仓）创新合作园、太仓市城市党建融合服务中心，听取全市经济社会发展情况介绍，了解全市人才引进、"两新"党组织建设、城市党建"融合力"工程推进等情况。

27日　苏州市委常委、副市长王翔，苏州市副市长蒋来清到太仓调研河长制工作、长江太仓段防汛、水路疫情防控等工作。

28日　太仓·周至2020年东西部扶贫协作联席会议在太仓召开，深化帮扶协作。

△　太仓首家园区公共法律服务中心——市生物医药产业园公共法律服务中心成立。

29日　太仓市第十六届人民代表大会常务委员会第28次会议决定任命周强为太仓市人民政府副市长。

本月　2020年全国县级市公共资源交易平台奖项评选结果公布，苏州市公共资源交易中心太仓分中心获"全国县级市十佳公共资源交易机构"称号和"全国县级市公共资源交易优化营商环境奖"。

6月

2日　省新闻出版局公布江苏省出版传媒融合发展优秀案例评选结果，太仓市融媒体中心（《太仓日报》）报送的《全国首个县级乡村振兴大数据中心》入选，该项目是唯一一个县级报刊媒体项目。《太仓日报》成为全省唯一一个连续两年获媒体融合创新优秀案例的县级报刊媒体。

8日　新版太仓英文网上线，设置主要栏目5个，分别为走进太仓（About）、媒体中心（Media Center）、太仓商务（Business）、太仓文旅（Culture&Travel）和太仓服务（Services），为外国友人提供了解太仓的窗口。

13日　苏州市委副书记、市长李亚平一行到沪苏通铁路太仓站调研，督查铁路保开通各项工作推进情况。

16日　上海市科协副主席梁兆正一行到太仓，考察调研科技战疫、加强区域科普合作、推动沪太科普工作一体化协同发展等内容。

17日　中央、上海、江苏省和苏州市主要媒体到太仓，针对高铁时代太仓如何抓住机遇、发挥作用进行采访。

18日　太仓港与上海港外高桥港区、上海黄浦江港区之间开辟的"太申快航"精品航线首航，首次实现太仓港与上海港所有港区点对点直航全覆盖，增强长三角港口一体化对太仓港明确的"上海港远洋集装箱运输的喂给港"定位，对优化长江航运体系及促进苏南地区集装箱“陆改水”具有重要意义。

23日　副省长马欣一行到太仓了解全市经济社会发展情况，重点走访调研挂钩联系服务的省重大项目。

28日　上海嘉定城北路至太仓岳鹿公路对接通车仪式举行，沪太两地新添一条便捷通道。

29日　苏州市2020年第二季度重大项目开工现场会在太仓举行。省委常委、苏州市委书记蓝绍敏出席活动并讲话，苏州市委副书记、市长李亚平主持现场会并作具体部署。

7月

1日　沪苏通铁路正式开通运营，太仓站、太仓南站正式启用。太仓结束“地无寸铁”的历史。

△　太仓市委党校新校区启用揭牌，太仓市行政学校揭牌。新校区位于科教新城子冈路6号，建筑面积3.5万平方米。

2日　西北工业大学党委书记张炜、校长汪劲松一行到太仓考察交流，深化校地合作，推进共赢发展。

△　太仓市举行2020年“郑和杯”中德青年创新创业大赛决赛，全球各地的创新创业青年通过线上直播形式展开对决。大赛设中德大学生创客组、中德青年人才创新创业组2个组别，重点支持高端装备制造、新材料、生物医药、新一代信息技术等领域。

7—9日　2020年全国高考举行，太仓市报名参加考试1782人，实际参加考试1779人。全市设置考点1个，共有普通考场60个、日语考场3个、备用考场1个、备用隔离考场6个。

8日　太仓清洁能源数字产业园项目签约，项目总投资100亿元，由华能集团、中信集团、宝武集团3家世界500强央企共同在太仓港经济技术开发区投资。该项目主要建设高效能燃气机组电力基地、高性能机柜大数据中心、超算中心，具有清洁能源电力保障优势，以高性能机柜大数据中心、高算力超算中心为服务平台，计划引进互联网企业、金融客户、智能研发及数据服务运营商。

10日　港区夏季重点项目开工开业活动暨苏宁环上海电商产业园项目开工奠基。苏宁环上海电商产业园项目是江苏省重大项目，由苏宁易购投资建设，计划总投资35亿元，其中一期项目投资12亿元。

11日　2020年（第12届）苏州国际精英创业周太仓会场开幕，智能制造、生物医药等领域的海内外精英人才齐聚太仓。活动现场举行人才项目集中签约仪式，签约人才项目35个，总投资15.77亿元，涵盖智能制造、生物医药、新材料等领域，海外项目占比57%。

△　太仓市生物医药产业育成联盟启动，签署“上海交通大学——太仓空天技术创新中心”投资合作协议。签署太仓市科技人才基金投资协议，推动成立规模2亿元的科技人才基金。启动太仓人才服务生态圈，首批招募服务单位20家，提供涵盖政务、金融、住房、科技等领域的服务产品120余项。

13日　太仓市党建引领社会组织发展创新周活动暨社会组织创新发展学院成立仪式在娄东宾馆举行。

13—15日　太仓市中考举行，全市报名人数4911人，设置考点14个、考场170个。

28日　《2020年中国县域经济百强研究》发布，太仓市位列第七，较上年上升两位。

29日　太仓市首个公益助残共同体“同心助残党建联盟”成立。

本月　太仓高新技术开发区总部企业集聚区和太仓市生物医药产业园获评省级生产性服务业集聚示范区。

△　太仓市首条城市快速路——太浏快速公路（陆新路—346国道）新建工程路基桥涵、路面、交安监控工程完成交工验收，具备通车条件。

8月

1日　中国共产党太仓市第十三届委员会第十次全体会议举行。全会听取并审议通过市委常委会作的《坚定信心向前进、乘势而上求突破，奋力夺取疫情防控和经济社会发展“双胜利”》的报告。全会审议通过《中国共产党太仓市第十三届委员会第十次全体会议决议》。

6日　太仓市委书记沈觅率市党政代表团赴陕西省周至县交流考察苏陕扶贫协作工作开展情况，出席2020年西安周至—苏州太仓东西部扶贫协作联席会议，实地考察高新集贤园太周创新产业园项目建设情况。沈觅希望太仓、周至两地继续在招商引资、项目开发等方面深化合作。

13日　由科教新城、太仓市文联、苏州市音乐家协会和太仓市文化馆联合主办的“夜太美·美在新城”天镜湖演唱会暨科教新城第11届七夕文化艺术节开幕式举行。

14日　双凤镇通过国家卫生镇复审。

15日　“汇聚大资本、构建大产业”太仓市产业引导基金揭牌成立。

17日　苏州市政协主席周伟强到太仓专题调研长江沿岸生态保护情况。

19日　太仓市陕西商会成立并举行一届一次会员大会。

27日　中国德国商会（上海）“商会之夜”在太仓举行。德国驻上海总领事欧珍，苏州市委副书记、市长李亚平，中国德国商会上海董事会主席柯曼，太仓市委书记沈觅，市委副书记、市长汪香元等出席活动。中国德国商会是德国商会全球网络中的重要组成部分，是德国企业在中国的官方会员组织，为旗下超过2300家会员企业服务，中国德国商会（上海）代表上海及周边地区的德国企业，拥有会员企业1500家，德企克恩—里伯斯、博泽为旗下会员企业。

27日　苏州市首家村级供销合作社——太仓市电站村供销合作社揭牌成立。

28日　科教新城医疗养老服务中心和双凤镇养老服务中心揭牌启用。

本月　中欧先进制造产业园开园启用，占地11.2公顷。园区内建有工业厂房 6 幢、配套用房 1 幢，总建筑面积 7.4 万平方米。

△ 太仓港经济技术开发区入选 2020 年度江苏省知识产权示范园区创建单位名单。

△ 太仓天镜湖智能互联众创社区入选全省第四批众创社区备案试点名单，成为全市首家省级众创社区。

△ 太仓市护家家事调查中心成立，构建家事纠纷联动合作机制。

2020 年 11 月，航拍电站村 （姚建平摄）

9月

1日 沃尔沃汽车华东物流中心、中邮物流华东供应链营运中心太仓物流中心在港区基创物流园揭牌。

△ 2020 年度太仓市创新人才首年生活补贴申报工作启动，这是《太仓市创新人才引进三年行动计划（2020—2022 年）》中的优惠政策之一。

4日 2020 年度"慈善一日捐"活动在市行政中心举行。市四套班子领导、市镇两级机关、部门所有与会人员依次进行现场捐款，共募集善款 3.8 万元。

8日 竞争力智库、中国信息协会信息化发展研究院、北京中新城市规划设计研究院等机构联合发布《中国乡镇综合竞争力报告（2019 年）》，城厢镇入选 2019 年百强镇。

9日 首批入区企业苏州国信恒昌供应链有限公司开出第一张赋予特殊监管区域一般纳税人资格试点的增值税发票，标志太仓港综合保税区一般纳税人资格试点启动，成为全省第一家以进出口贸易为特点获批一般纳税人资格试点政策的综合保税区。

10日 雅鹿集团股份有限公司、香塘集团有限公司入选中国民营企业制造业 500 强榜单，分别位列榜单第 242 位、433 位。

11日 上海市嘉定区和江苏省昆山市、太仓市三地网信部门共同签订《嘉昆太网络安全战略合作协议》，携手共筑网络安全防线。

23日 第六届"江南画风"中国书画摄影名家邀请展在浏河镇开幕。全国各地 129 位书画家、摄影家参与创作，共展出美术作品 39 件、书法作品 35 件、摄影作品 68 件，展期 1 个月。

△ 浏河镇被上海市文联和长三角文艺发展联盟授予"长三角书画名镇"称号。

24日 中德智能智造峰会暨太仓先进制造业创新合作交流会在太仓召开。大会以"融中德智慧 · 创智造太仓"为主题，对标德国先进制造业，交流产业发展趋势，探讨政产学研金如何助力中德智能制造创新发展，引导中德合作创新发展，为太仓树立中德产业合作标杆、打造中德高端产业聚集地注入新动力。

△ 2020 年江苏省水上搜救综合演习在太仓长江水域开展。

25—26日 2020 年第 15 届太仓啤酒节在海运堤二期美食广场举行，中国德国商会上海总经理温歌乐与太仓市委副书记、市长汪香元共同为啤酒节开桶，活动包括开幕式和"夜太美 · 中德合作之夜"，共计 1500 人次参加。

28日 太仓市首宗"双信地"（"双信"是指"政企互信 + 政企守信"，政府通过引导和增强企业之间的信任，打通政府为企业服务的高速通道；企业通过遵守承诺和信用，及时按协议约定投产投工，诚信经营，达产达标）出让模式商品住宅用地签约，该地块也是全国首宗"双信地"出让模式签约的商品住宅用地。

本月 城厢镇电站村入选江苏省乡村旅游重点村名录（2020 年）。

△ 江苏省民政厅公布 2019 年度省社会组织评估结果，市德颐善社会工作发展中心获社会组织评估最高等级 AAAAA 级认证，是太仓首家 AAAAA 级社会组织。

△ 太仓市红十字应急救援队成立，标志太仓市正式拥有第一支红十字专业救援队伍。

△ 太仓市入选 2020 年度江苏知识产权强省建设示范县（市、区）创建单位名单。

△ 璜泾镇杨漕村草庙获评省级特色田园乡村。

10月

12日 太浏快速路连接线（浏河段）改造工程开工，总投资 1.3 亿元。工程西起 346 国道，东至浮浏线，沿线与听海路交叉，全长 1.4 千米，为老路拓宽改造项目，双向六车道，设计时速 60 千米，按照城市主干路兼一级公路标准实施。

16日 人民网、新华网、中国网、中国江苏网、交汇点、荔枝网等网站媒体人赴太仓港集装箱码头四期工程，采访关于推进港口建设、服务长三角一体化发展等方面内容。

20日 太仓市再次被命名为"全国双拥模范城"，实现争创"两连冠"。

21日 2020 年对话太仓——中日韩经贸合作交流会在北京举行。活动主题"创新发展、合作共赢"，日本韩国驻华使馆、商协会和企业代表等出席交流会。活动现场举办太仓各区镇与中日韩重点项目签约仪式，签约项目 9 个，总投资 93.7 亿元。

24 日　2020 年中国（太仓）航空航天产业峰会暨“新产业新动能”太仓高新区项目集中签约活动举行。中国航空航天工业部首任部长林宗棠，中国工程院院士、增材制造专家卢秉恒，中国科学院院士、南京航空航天大学纳米科学研究所所长、纳米智能材料器件教育部重点实验室主任郭万林，中国商用飞机有限责任公司总设计师陈迎春等 300 余名航空航天领域专家学者、企业家齐聚太仓出席活动。会上，太仓—德累斯顿航空新材料创新中心、太仓高新区（北京）创新中心、太仓高新区（深圳）创新中心揭牌。

27—28 日　国务院扶贫办公布“携手奔小康”行动案例选编，太仓玉屏东西部教育帮扶案例《创新支教“组团式”打造帮扶全国“样板县”》和太仓玉屏构建劳务协作长效机制案例《两地携手稳就业 · 东西协作战贫困》入选。

31 日　2020 年太仓金秋经贸月开幕，现场集中签约项目 27 个，总投资 415.13 亿元。

本月　太仓市娄东街道人民调解委员会获评“江苏省优秀人民调解委员会”。

△　沙溪人民医院内分泌代谢病科通过国家标准化代谢病管理中心（简称 MMC）认证，沙溪人民医院 MMC 分中心揭牌。

△　科技部发布 2020 年国家高新技术产业化基地认定名单，太仓国家汽车核心零部件高新技术产业化基地入选。

△　中国生产力促进中心协会发布《关于表彰 2019 年度“生产力促进奖”获奖单位和个人的决定》，太仓市生产力促进中心获评“2019 年度生产力促进服务贡献奖”。

11 月

4 日　省委常委、苏州市委书记许昆林到中德（太仓）创新合作园、太仓复游城项目现场等地调研，并主持召开企业座谈会。

5 日　2020 年“创赢未来”国际创客大赛海外云端赛 · 英国赛区决赛活动在太仓双创综合服务平台（线下）梦工厂举行。

6—8 日　第 31 届华夏友好城市老年桥牌赛在陆渡宾馆开赛。全国各地 60 个代表队 300 多人参赛。徐州市汉风桥牌俱乐部、上海长寿快乐队、武汉老年队分获前三名。

10 日　中央文明办公布第六届全国文明城市入选城市名单和复查确认保留荣誉称号的前五届全国文明城市名单，太仓上榜第六届全国文明城市入选城市名单。

△　太仓市第九届创新创业推进月活动开幕式暨“临沪科创产业高地”建设思想荟举行。中国工程院院士杨胜利、中国科学院院士施剑林、中国科学院院士朱美芳、中科院上海硅酸盐研究所副所长苏良碧等出席开幕式。杨胜利、施剑林、朱美芳 3 位院士获颁太仓市创新发展顾问聘书。高新区获国家级火炬特色产业基地授牌。太仓智能互联众创社区获省级众创社区授牌，中科智能科创中心、太仓 · 苏和空间站获省级众创空间授牌。西北工业大学太仓长三角研究院获省级新型研发机构授牌。

13 日　太仓获颁港口型国家物流枢纽奖牌。

17 日　赛迪顾问县域经济研究中心在北京发布《赛迪营商环境百强县（2020 年）》榜单，太仓市位列第六，较上年上升一位。

18 日　由新华社《瞭望东方周刊》、瞭望智库共同主办的“2020 年中国幸福城市论坛”发布第 14 届中国最具幸福感城市榜单，太仓位列县级市榜单第一，该次为太仓市第九次获评“中国最具幸福感城市”。

19 日　太仓市获评 2019 年度苏州市人才科技工作创新进步地区，进步指数位居苏州各板块第一。

20 日　中央文明委在北京召开全国精神文明建设表彰大会，表彰第六届全国文明城市、文明村镇、文明单位，第二届全国文明家庭、文明校园和新一届全国未成年人思想道德建设工作先进。会上，太仓获评“全国文明城市”；璜泾镇永乐村获评全国文明村；国家税务总局太仓市税务局、太仓海关获评全国文明单位；华能太仓电厂、城厢镇、璜泾镇雅鹿村、沙溪镇中荷村通过全国文明单位、文明镇、文明村复评。

△　以“融入大上海、共促一体化”为主题的 2020 年沪太协同发展推介会在上海举行，现场发布苏州对接上海重要枢纽门户城市暨嘉闵线太仓段项目；签约长三角一体化发展项目 55 个，总投资 568.8 亿元。推介会上，太仓市与上海铁路建设指挥部签署合作备忘录：加快推进上海市域铁路嘉闵线（含北延伸）与苏锡常快线在太仓境内对接，做到上海段和太仓段同步规划、建设、运营。

△　西北工业大学联合太仓市人民政府、中国教育在线共同主办的首届长三角设计教育论坛在西北工业大学太仓长三角研究院举行。论坛以“创新 · 融合 · 未来”为主题，旨在打造开放的设计专业教育交流平台。

24 日　太仓市交运集团驾驶员孙惠栋获评全国劳动模范称号。全市全国劳模总数增至 9 人。

26 日　江苏省抗击新冠肺炎疫情表彰大会举行，大会表彰全省抗击新冠肺炎疫情先进个人、先进集体等。太仓市疾病预防控制中心获评先进集体；市第一人民医院呼吸科主任、副主任医师周锦桃，市中医医院副院长、副主任中医师陆兵，沙溪镇直塘卫生院院长、社区副主任医师胡春江，市公安局交通警察大队大队长胡昊，市交通运输局副局长、太仓邮政管理局局长陈艇，市委政法委副书记、市社会综合治理联动中心主任徐向明等 6 人获评先进个人。

△　东软太仓信息产业学院揭牌暨东软数字工场启用仪式在港区举行。

△　太仓市湖南商会一届一次会员大会举行，首批会员单位 124 家。

27—28 日　第四届中德中小企业合作论坛暨第 13 届“太仓日”活动在上海举行，活动由 BVMW 德国联邦中小企业联合会和太仓市人民政府联合主办。活动期间，太仓市人民政府与 BVMW 德国联邦中小企业联合会签订战略合作协议，BVMW 太仓服务中心和德国中小企业（太仓）孵化中心揭牌。

28 日　市委常委会召开会议，传达学习贯彻习近平总书记考察江苏重要指示和全面推动长江经济带发展座谈会重要讲话精神。

△　中国前驻德大使、中德友好协会会长史明德到太仓调研中德合作、太仓城市建设等情况。

30 日　第四批国家生态文明建设示范市县在生态环境部正式授牌，太仓获评第四批国家生态文明建设示范市。

2020 年 12 月，航拍城厢镇金仓湖湿地公园　（姚建平摄）

12 月

1 日　中国社会科学院财经战略研究院发布 2020 年《中国县域经济发展报告》，太仓位列 2020 年全国综合竞争力百强县（市）第六，较上年上升一位。

4 日　中国信息协会信息化发展研究院、竞争力智库等单位在北京联合发布《中国城市全面建成小康社会监测报告（2020 年）》，太仓市位列“2020 年中国县级市全面小康指数前 100 名”榜单第三名，并入选“2020 中国城市高水平全面建成小康社会和高质量发展典型案例”。

8 日　太“政”奋、太“金”彩、赋能长三角、共促一体化暨第十期“BEGI · N”金融沙龙活动举行。会上，太仓市政府与国家开发银行苏州分行、农发行太仓市支行、工商银行太仓支行、农业银行太仓分行、中国银行太仓分行、建设银行太仓分行、交通银行太仓分行、邮储银行太仓市支行等 8 家银行签署太仓市“十四五”金融合作框架协议；与浦发银行太仓支行、江苏银行太仓支行、苏州银行太仓支行、宁波银行太仓支行、浙商银行太仓支行、上海银行太仓支行等 6 家长三角地区银行签署长三角一体化金融框架协议。太仓市普惠融资担保有限公司揭牌成立，太仓市政府增信产品——“娄城贷”正式发布。

11 日　苏州市人大常委会召开全市人大工作座谈会，与会人员考察太仓经济社会发展情况。苏州市人大常委会主任陈振一，副主任叶兆伟、沈国芳参加考察活动。

△　苏州全市同步开展的“双十二苏州购物节”开幕，“乐购太仓”购物节在太仓万达广场同步启动，活动持续至 2021 年元宵节。其间，全市参加活动商家 3000 多家，政府补贴 600 万元，商家让利 3.5 亿元。

16 日　太仓中德专业技术人才评价体系融合推进会召开。会上，太仓市人社局、德国海外商会联盟·大中华区、太仓高新区欧商投资企业协会三方签约《专业技术人员中德联合培养与评价战略合作协议》。

17 日　2020 年太仓市外商投资企业迎新会在太仓大剧院举行。会上，获颁“太仓荣誉市民”4 人、获颁“太仓之友”12 人、获颁“太仓市外商投资企业突出贡献人士”6 人。

△　城厢镇慈善会成立，29 家企业会员单位向慈善会合计捐赠慈善金 170 余万元。城厢镇慈善会是由热心慈善事业的自然人、法人及其他组织自愿参加的公益性、非营利性社会组织。

20 日　由省委宣传部组织的“践行嘱托开新局”全媒体新闻行动走进太仓。20 余家中央、省、苏州市的媒体记者，围绕太仓市改革创新助推高质量发展等方面的典型做法、创新经验及取得的新进展、新成效，进行实地采访调研。

30 日　中共太仓市委十三届十一次全体会议在市行政中心举行，市委常委会主持会议，会议审议通过《中共太仓市委关于制定太仓市国民经济和社会发展第十四个五年规划和二〇三五年远景目标的建议》。

本月　太仓市入选 2020 年度姑苏创新创业领军人才计划 27 个，较上年增长 145.45%。

△　太仓市双凤镇获评省生态文明建设示范镇，城厢镇电站村、双凤镇庆丰村、沙溪镇香塘村获评省生态文明建设示范村。全市各镇全部成为省级生态文明建设示范镇。

△　城厢镇太丰社区花墙、浮桥镇三市村三家市、沙溪镇庄西村庄西获评省级特色田园乡村。　（市史志办）

太仓概况

自然理

【位置面积】 太仓位于江苏省东南部，长江口南岸。地处北纬31°20′～31°45′、东经120°58′～121°20′。东濒长江，与崇明岛隔江相望，西连昆山市，南临上海市宝山区、嘉定区，北接常熟市。总面积809.93平方千米，长江水域面积143.97平方千米，陆地面积665.96平方千米。

【地形地貌】 太仓属长江三角洲冲积平原。全境地势平坦，自东北向西南略呈倾斜。东部为沿江平原，西部为低洼圩区。

【水运口岸】 太仓港地处长江入海口南侧，太仓市东部。口岸位于长江白茆沙南水道，上至白茆河口，下至浏河口下游浏黑屋，中心位置在七丫口，即北纬31°37′、东经121°14′。拥有长江岸线38.8千米，其中深水岸线25千米，距吴淞口13海里，是距长江入海口最近的港口。港区范围内岸线基本平直且边滩稳定，终年不冻不淤，深水区开阔、稳定，能满足10万吨级船舶回转水域的要求，是长江下游地区最佳港址之一。2013年1月1日起，太仓港作为沿海港口管理，执行相关行政事业性收费政策。太仓港为全国第一个获批享受海港待遇的内河港。

（市史志办）

【气候】 气候特点。太仓属亚热带季风性湿润气候区，四季分明。冬季受北方冷高压控制，以少雨寒冷天气为主；夏季受副热带高压控制，天气炎热；春秋两季为季风交替时期，天气冷暖多变，干湿相间。2020年，太仓市年平均气温17.1℃。四季转换日期，入冬、入春偏晚，入夏、入秋则偏早。年内极端最高、最低气温分别为37℃、-6.7℃。年降水量1520.9毫米，较常年（1981—2010年，下同）偏多。年降水日数141天，较常年偏多14天。年日照时数1834.6小时，接近常年。年蒸发量912.5毫米。全年出现寒潮天气过程2次、持续阴雨天气过程5段。全年暴雨日7天，8级以上大风日2天，高温日17天。入梅略偏早，出梅偏晚，梅雨期偏长，梅雨量较常年异常偏多。全年受台风影响3次，均为外围影响，无明显灾情。

基本气候概况。2020年，太仓市平均气温17.1℃，与常年相当，属正常年份。其中冬季较常年异常偏高，春季较常年偏高，夏、秋季正常。全市各气象自动监测站平均气温最高18.1℃（城厢四小站），平均气温最低17℃（沙溪岳王站）。市域地理空间分布中间低四周高。年极端最高气温37℃，出现在8月14日[历年（1959—2019年，下同）极值40.2℃，出现在2017年7月24日]。年极端最低气温-6.7℃，出现在12月31日（历年极值-11.5℃，出现在1977年1月31日）。全市各气象自动监测站极端最高气温38.9℃（8月14日，娄东街道站），年极端最低气温-7.3℃（12月31日，沙溪直塘站）。

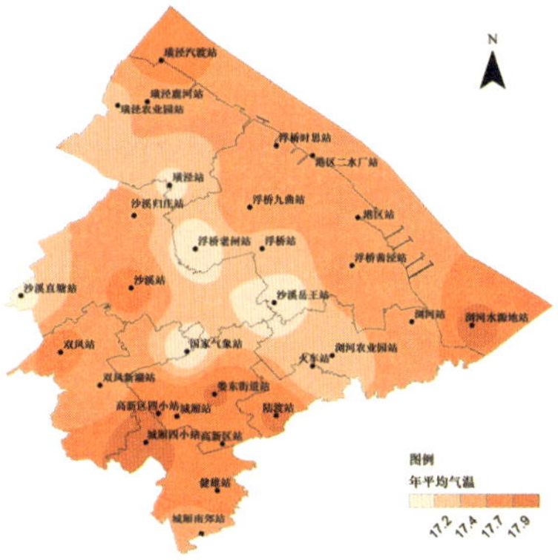

图1　2020年太仓市各气象自动监测站年平均气温分布图（℃）

2020年，太仓市年降水量1520.9毫米，较常年偏多，属偏多年份。四季分布不均，春季偏少，夏、冬显著偏多，秋季正常。全市各气象自动监测站年降水量最多1819.2毫米（沙溪岳王站），年降水量最少1269.5毫米（璜泾汽渡站）。市域地理分布中间高四周低。全年降水日数141天，较常年偏多14天。其中春季比常年偏少，秋季接近常年，冬、夏季比常年偏多。全市各气象自动监测站年降水日数最多为163天（璜泾站和双凤新湖站），年降水日数最少133天（浏河水源地站和城厢南郊站）。降水日数地理空间分布不均匀。年内最长连续降水日数9天，出现在7月13—21日，过程雨量114.4毫米。全市各气象自动监测站连续降水日数最长21天（7月1—21日，璜泾站），最短8天（陆渡站等8个站点）。

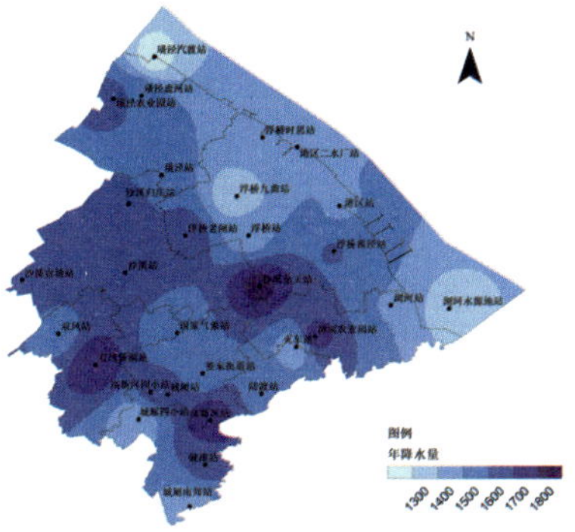

图 2　2020 年全市各气象自动监测站年降水量分布图（毫米）

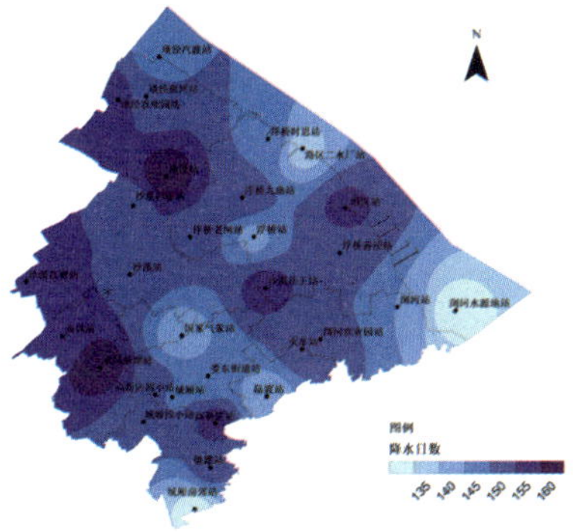

图 3　2020 年全市各气象自动监测站年降水日数分布图（天）

2020 年，太仓市年日照时数 1834.6 小时，与常年相当，属正常年份。四季中夏季比常年偏少，其他季节正常。

四季评述。冬季（2019 年 12 月—2020 年 2 月）平均气温 7.4℃，较常年同期异常偏高，其中 2019 年 12 月显著偏高，2020 年 1 月异常偏高，2 月异常偏高。2019 年 11 月 25 日入冬，较常年偏晚。极端最高气温为 23.6℃（2020 年 2 月 24 日），极端最低气温为 -2.9℃（2 月 1 日）。全市各气象自动监测站冬季平均气温最高 8.3℃（璜泾汽渡站），最低 7.3℃（沙溪岳王站和浮桥老闸站）。冬季降水量 243 毫米，较常年同期显著偏多，其中 2019 年 12 月异常偏多，2020 年 1 月显著偏多，2 月正常略偏少。全市各气象自动监测站冬季降水量最多 290.8 毫米（健雄站），最少 157 毫米（璜泾汽渡站）。冬季降水日数 40 天，较常年同期偏多 14 天。全市各气象自动监测站冬季降水日数最多 49 天（双凤新湖站），最少 39 天（璜泾汽渡站）。冬季日照时数 346.6 小时，与常年同期相当，其中 2019 年 12 月正常略偏多，2020 年 1 月显著偏少，2 月偏多。

春季（3—5 月）平均气温 16.2℃，较常年同期偏高，其中 3 月异常偏高，4 月正常，5 月显著偏高。3 月 15 日入春，较常年偏晚。极端最高气温 32.9℃（4 月 3 日），极端最低气温 0.3℃（3 月 5 日）。全市各气象自动监测站春季平均气温最高 17.2℃（城厢四小站），最低 15.9℃（沙溪岳王站）。春季降水量 203.2 毫米，较常年同期偏少，其中 3 月正常，4 月、5 月偏少。全市各气象自动监测站春季降水量最多 301.3 毫米（沙溪岳王站），降水量最少 126.5 毫米（健雄站）。春季降水日数 33 天，较常年同期偏少 2 天。全市各气象自动监测站春季降水日数最多 42 天（健雄站），最少 28 天（城厢南郊站）。春季日照时数 531 小时，与常年同期相当，其中 3 月正常，4 月偏多，5 月正常。

夏季（6—8 月）平均气温 27.1℃，与常年同期相当，其中 6 月偏高，7 月显著偏低，8 月异常偏高。极端最高气温 37℃（8 月 14 日），极端最低气温 18.2℃（6 月 7 日）。5 月 14 日入夏，较常年偏早。全市各气象自动监测站夏季平均气温最高 27.9℃（城厢四小站），最低 26.9℃（沙溪岳王站和璜泾站）。夏季降水量 899.2 毫米，较常年同期显著偏多，其中 6 月显著偏多，7 月异常偏多，8 月偏多。全市各气象自动监测站夏季降水量最多 1082.2 毫米（高新区站），最少 744 毫米（城厢四小站）。夏季降水日数 48 天，较常年同期偏多 10 天。全市各气象自动监测站夏季降水日数最多 62 天（璜泾站），最少 43 天（陆渡站）。夏季日照时数 443.2 小时，较常年同期偏少，其中 6 月偏少，7 月显著偏少，8 月偏多。

秋季（9—11 月）平均气温 18.4℃，与常年同期相当，其中 9 月、10 月正常，11 月显著偏高。极端最高气温 34.8℃（9 月 8 日），极端最低气温 3.7℃（11 月 29 日）。9 月 23 日入秋，较常年偏早。全市各气象自动监测站秋季平均气温最高 20℃（浏河水源地站），最低 18.5℃（沙溪直塘站和沙溪岳王站）。秋季降水量 250 毫米，与常年同期相当，其中 9 月、10 月正常，11 月显著偏多。全市各气象自动监测站秋季降水量最多 333.4 毫米（浏河农业园站），最少 174 毫米（浮桥九曲站）。秋季降水日数 26 天，与常年同期持平。全市各气象自动监测站秋季降水日数最多 39 天（火车站站），最少 21 天（浏河站）。秋季日照时数 516.8 小时，与常年同期相当，9 月、10 月、11 月均正常略偏多。

【主要气象事件及影响】 2020 年，太仓市主要天气气候事件有寒潮、梅雨、连阴雨、暴雨等。

寒潮。2020 年，全市有寒潮天气 2 次，分别出现在 2 月 14—16 日、3 月 26—28 日。2 月 14—16 日受寒潮影响，48 小时最低气温降幅为 11.8℃，16 日早晨最低气温降至 -0.3℃。15 日夜间至 16 日早晨出现 5~7 级西北大风，极大风速 15.2 米 / 秒。全市各气象自动监测站 48 小时最低气温降幅最大为 12.8℃（高新区站），最小为 10℃（浏河水源地站）。各自动站极大风速最大值 20 米 / 秒，出现在璜泾汽渡站。3 月 26—28 日受寒潮影响，48 小时最低气温降幅为 13.6℃，28 日早晨最低气温低至 3.7℃，极大风速 11.7 米 / 秒。全市各气象自动监测站 48 小时最低气温降幅最大为 14.3℃（沙溪直塘站和双凤站），最小为 10.9℃（浏河水源地站）。各自动站极大风速最大值 15.7 米 / 秒，出现在港区二水厂站。

梅雨。2020 年 6 月 9 日太仓入梅，7 月 21 日出梅，入梅较常年偏早，出梅比常年偏晚。梅雨期长，梅雨量大，梅长 42 天，较常年偏多 18 天，梅雨量 531.1 毫米，为常年梅雨量的 2.2 倍。梅雨量空间分布不均，其中最大 673.1 毫米（科教新城站），最少 531.1 毫米（国家站）。梅雨期出现强降水过程 6 轮、区域性大暴雨 1 次、区域性暴雨 2 次、连阴雨天气 2 段。

连阴雨。2020 年，全市共出现连阴雨天气 5 段，分别在 1 月 21—27 日、3 月 26 日—4 月 1 日、6 月 9—16 日、7 月 13—21 日和 11 月 22—27 日。1 月

21—27 日，出现持续阴雨天气 7 天，累积雨量 68.7 毫米。其间，仅 1 天有日照，日照时数 3.6 小时。该时段中全市各气象自动监测站最大累积降水量 88.8 毫米（健雄站），最小 33.3 毫米（璜泾汽渡站）。3 月 26 日—4 月 1 日，出现持续阴雨天气 7 天，累积雨量 62.4 毫米。其间，4 天有日照，日照时数 6.6 小时。该时段中全市各气象自动监测站最大累积降水量 85.9 毫米（沙溪岳王站），最小 43.4 毫米（浮桥九曲站）。6 月 9—16 日，出现持续阴雨天气 8 天，累积雨量 71.7 毫米。其间，6 天有日照，日照时数 11.7 小时。该时段中全市各气象自动监测站最大累积降水量 116.5 毫米（高新区站），最小 51.2 毫米（城厢四小站）。7 月 13—21 日，出现持续阴雨天气 9 天，累积雨量 114.4 毫米。其间，4 天有日照，日照时数 8.5 小时。该时段中全市各气象自动监测站最大累积降水量 214.7 毫米（璜泾鹿河站），最小 91.1 毫米（浏河水源地站）。11 月 22—27 日，出现持续阴雨天气 6 天，累积雨量 74.1 毫米，其间，无日照。该时段中全市各气象自动监测站最大累积降水量 101.6 毫米（浏河农业园站），最小 58.6 毫米（璜泾汽渡站）。冬季持续 6 天的阴雨寡照，对蔬菜及初冬作物生长较为不利。

暴雨。2020 年，全市暴雨日数 7 天，分别出现在 6 月 3 日、6 月 15 日、7 月 5 日、7 月 6 日、7 月 15 日、8 月 5 日和 8 月 28 日。最大日降水量 146.7 毫米（7 月 6 日）。最大小时雨强 38.8 毫米（7 月 6 日）。全市各气象自动监测站暴雨日数最多 11 天（高新区站），最少仅 4 天（港区站、璜泾汽渡站和浮桥九曲站）。最大日降水量 162.2 毫米（7 月 6 日，沙溪岳王站）。最大小时雨强 66 毫米（6 月 23 日，高新区站）。

高温。2020 年，全市高温日数 17 天，其中 7 月 3 天、8 月 14 天，较常年同期偏多 7 天。8 月 11—17 日，全市出现持续高温天气。年最高气温 37℃（8 月 14 日）。全市各气象自动监测站高温日数最多 31 天（健雄站和沙溪归庄站），最少 10 天（浏河站）。市域日极端最高气温 38.9℃（8 月 14 日，娄东街道站）。

台风。2020 年，全市先后受台风影响 3 次，分别是第 4 号台风“黑格比”、第 8 号台风“巴威”和第 9 号台风“美莎克”。3 次台风均为外围影响，有风雨但无明显灾情。8 月 4—5 日，受台风“黑格比”影响，全市普降暴雨，雨量 56.8 毫米。风力最高达 8 级，极大风速 18 米 / 秒。8 月 26 日，受台风“巴威”影响，全市出现阵雨天气，日最大雨量 20.0 毫米。期间风力较弱，极大风速 12.4 米 / 秒。8 月 31 日—9 月 2 日，受台风“美莎克”影响，全市出现小雨，期间降水量 8.6 毫米。极大风速 15.1 米 / 秒，出现在 9 月 2 日。

大风。2020 年，全市共有 8 级以上大风 2 天，分别出现在 7 月 6 日和 8 月 5 日。极大风速 18.0 米 / 秒（8 月 5 日）。全市各气象自动监测站大风日数最多为 17 天（璜泾汽渡站），璜泾鹿河站等 8 个站大风日数为 0 天。极大风速 31.3 米 / 秒（7 月 6 日，浏河水源地站）。7 月 6 日受暴雨和大风共同影响，造成农作物倒伏、房屋受损，浏河镇受影响最大。据调查，共转移安置 92 人，受伤 2 人，房屋倒塌 2 间、受损 51 间，农业经济损失 893 万元，受淹农作物 1055.8 公顷，倒伏树木 1100 棵。

低温冰冻。2020 年，全市最低气温 -6.7℃，出现在 12 月 31 日。全年日最低气温≤ 0℃的日数 21 天。全市各气象自动监测站年最低气温最小值为 -7.3℃（12 月 31 日，沙溪直塘站）。全年日最低气温≤ 0℃的日数最多 23 天（沙溪岳王站）。全年结冰日数 23 天。

雾和霾。2020 年，全市有雾日 65 天（大雾 16 天、浓雾 14 天、强浓雾 2 天）。最小能见度最低值 33 米（1 月 13 日）。全市各气象自动监测站雾日最多为 82 天（城厢南郊站），最少 21 天（浏河水源地站）。大雾天气常出现在秋冬月份，对交通运输造成不利影响。

2020 年，全市有霾日 30 天，占全年总天数 8.2%，较上年减少 8 天。总体各月分布不均，其中 1 月 10 天为全年最多，4 月、8 月、9 月和 10 月均未出现霾天气。

2020 年，全市颗粒物监测显示 PM_1 浓度 12 月最高（34.87 微克 / 立方米），8 月最低（13.62 微克 / 立方米）。$PM_{2.5}$ 浓度 1 月最高（52.49 微克 / 立方米），8 月最低（21.57 微克 / 立方米）。两种颗粒物浓度年变化均表现为冬高夏低。全年大气成分监测显示，臭氧浓度 5 月最高（90.04 微克 / 立方米），12 月最低（32.69 微克 / 立方米）。二氧化氮浓度 12 月最高（65.06 微克 / 立方米），2 月最低（27.95 微克 / 立方米）。二者在秋冬季呈负相关，春夏季则呈正相关。

（市气象局）

【土地资源】 2020 年，太仓市做好土地变更调查工作，掌握 2020 年度全市地类、面积、属性及相关单独图层信息变化情况。根据 2020 年土地变更二上数据，截至 2020 年年底，太仓市土地总面积 80992.92 公顷。其中，耕地 23246.51 公顷，占总面积 28.70%；园地 1553.57 公顷，占总面积 1.92%；林地 4206.93 公顷，占总面积 5.19%；草地 1332.63 公顷，占总面积 1.65%；工矿用地 7714.71 公顷，占总面积 9.53%；住宅用地 7869.31 公顷，占总面积 9.72%；商业服务业用地 1433.33 公顷，占总面积 1.77%；公共管理与公共服务用地 1654.91 公顷，占总面积 2.04%；交通运输用地 6402.81 公顷，占总面积 7.91%；水域及水利设施用地 24870.71 公顷，占总面积 30.71%；其他土地 707.5 公顷，占总面积 0.87%。

（市资规局）

【水资源】 2020 年，太仓市水域面积 256 平方千米，其中内陆水域面积 112 平方千米。全市河道分六级，共有 4640 条、3402.25 千米，其中流域性河道为长江 36.2 千米；区域性河道 5 条，分别为东西向的浏河塘、杨林塘、七浦塘、新荡茜河 4 条通江河道，南北向的盐铁塘，共 123.42 千米；太仓市级河道 20 条、209.5 千米，镇级河道 227 条、589.19 千米，村级河道 652 条、955.32 千米，生产河道 3748 条、1491.84 千米。境内主要有水利分区 4 个，即吴塘河以西的低洼圩区、吴塘河至盐铁塘之间的半高地、盐铁塘至沪浮璜公路一线的中部平原区以及沪浮璜公路以东的沿江高水片。年内，太仓市有效控制水资源消耗总量，全市用水量约6.69亿立方米（按新统计口径），单位地区生产总值水耗48.24立方米/万元。

（市水务局）

【森林资源和湿地保护】 2020年，太仓市建立常态化森林抚育经营机制，改善林分结构和生境，培育健康稳定的森林生态系统。全年完成森林抚育面积440公顷。有序推进造林绿化，完成成片造林147公顷（含沿江造林43.07公顷），完成七浦塘生态修复三期、郑和公园扩园提档等重点工程，落实石头塘、荡茜河及太浏快速路绿化工程项目，全市农村绿化养护面积1333.33公顷。农村绿化布局进一步优化，浏河镇浏南村创建省级绿美村庄、城厢镇永丰村创建国家森林乡村。湿地保护修复成效良好，湿地面积总量控制有效实施，全市自然湿地保护率72.4%，居苏州大市首位。

（市资规局）

历史文化

【建置沿革】 太仓在4500年前已有原始人类生活。夏商时为滨海村落，商末至战国时先后属吴、越、楚国，秦汉时属会稽郡（吴郡）娄县惠安乡。春秋吴国等吴地政权曾多次于此建仓屯粮，太仓因而得名，亦渐次发展。元代于太仓刘家港开创海运漕粮，通商海外，遂日益繁盛，成为万家之邑，号称“六国码头”。元末筑太仓城。元至正二十七年（1367年）建太仓卫，明初置镇海卫，屯兵驻防。明永乐至宣德年间（1403—1435年），航海家郑和率舟师在太仓扬帆起锚，七下西洋，太仓由此成为海上丝绸之路的主要港口之一。明弘治十年（1497年），割昆山、常熟、嘉定3个县地建太仓州。清雍正二年（1724年），升为江苏直隶州，并析地置镇洋县，辖镇洋、崇明、嘉定、宝山等4个县。民国元年（1912年），太仓州和镇洋县合并，定名太仓县。中华人民共和国成立后，始属苏南人民行政公署，后隶属江苏省苏州地区专员公署。1983年3月，改隶苏州市。1993年3月，撤县建太仓市。

（市史志办）

【娄东文化】 娄东文化内容丰富，涵盖广泛，积淀深厚，涉及文坛艺苑、经史理学、建筑园林等各个领域，时间绵延千百年，明清时期最为辉煌，经世代传承，延续至今。

文学上的辉煌是娄东文化的精粹之一。太仓历史上有成就地位的诗人、文学家极多。文学家徐祯卿是明代“吴中四才子”“前七子”之一，有《迪功集》《谈艺录》等著作。文学家王世贞为明代“后七子”代表人物，曾独主文坛二十年，著有《弇州山人四部稿》等数十部著作。张溥不仅是著名文学家，著有《七录斋诗文全集》等，而且他组织的“复社”，成员遍及全国，是中国史上规模最大、影响最广的文学社团。清代诗人吴伟业所创长篇叙事七言歌行，世称“梅村体”，名篇《圆圆曲》为历代传诵，他与钱谦益、龚鼎孳并称“江左三大家”，率“娄东十子”，形成“娄东诗派”。

经史学术上的成就是娄东文化的一个重要表现。从元、明开始，太仓即有学者从事经史学的研究著述，王世贞、张溥等人著有《读易纂》《弇山堂别集》《书经注疏大全》《通鉴纪事本末》等经史学著作数十种，在经史学上有较高评价。清代经史学家毕沅，造诣很深，他在幕宾的襄助下，编撰了许多有价值的著作，其中《续资治通鉴》是史学中的鸿篇巨制。陆世仪则是明末清初理学家，一生著作40余种，所著《思辨录》洋洋数百万字。他先后在太仓、无锡、武进、丹阳等地书院宣讲理学，至者数百人，被称为“江南大儒”。

绘画是娄东文化的重彩之笔。元明以来太仓即成为书画之乡，明代画家王履、夏昶等人为太仓书画创下基础。仇英工笔重彩，山水人物，无不精到，与沈周、文徵明、唐寅并称“明四家”。清代王时敏、王鉴首开娄东画风，誉为“画苑领袖”。王原祁在艺术上达到新的高度，是娄东画派的代表人物。娄东画派由此成为当时中国的主流画派，引领清代画坛三百年。之后，太仓又出现王昱、王宸、王愫、王撰等“小四王”和王三锡、王廷元、王廷周、王鸣韶等“后四王”。中华人民共和国成立后，又有朱屺瞻、宋文治两位国画大师，他们在传统基础上不断创新，成为海派和新金陵画派的代表人物。

戏曲是娄东文化的一朵艺术奇葩。明代中期，太仓南郊的魏良辅改革昆山腔，创制了流丽悠远的昆曲，成为中国的“百戏之祖”，魏良辅被尊为“曲圣”“昆曲鼻祖”。王世贞、王衡、吴伟业等人撰写的《鸣凤记》《真傀儡》《秣陵春》等传奇、杂剧，在中国戏曲史上有相当地位。魏良辅撰写的《南词引正》，沈乘麟撰写的《韵学骊珠》是论述昆曲的经典著作。高步云、朱传茗、汪世喻在昆剧编曲、表演、演奏和培养昆剧人才上均有建树，名重一时。

江南丝竹也发源于太仓。是明代张野塘协助魏良辅改革创制昆曲过程中衍生出来的一种配置齐全的丝竹合奏乐种，优美明快，委婉动听，具有独特的艺术魅力，古人赞为“仙乐霓裳”。历经400多年，经久不衰。

古琴家徐上瀛与常熟严澂共创著名的“虞山琴派”，其成员有多位太仓人，他积极钻研发展古琴技艺，誉为“虞山琴派的集大成者”，他所著《溪山琴况》一书，是中国古代重要的音乐美学著作之一。

明代汪关创立“娄东印派”；俞颂华被誉为民国时期“新闻界的释迦牟尼”；著名电影导演朱石麟，执导一批优秀电影，被誉为“香港电影的拓荒者”；吴晓邦高扬“为人生而舞”的旗帜，是中国新舞蹈艺术的奠基人。

【文化遗产】 太仓的文化具有开放性，多种特色文化丰富多彩，有全国“桥牌之乡”“武术之乡”“龙狮之乡”“民乐之乡”等称号，文学、舞蹈、戏曲、音乐、摄影、书法等文化艺术硕果累累。民间文学双凤民歌（吴歌扩展），民间音乐江南丝竹，传统舞蹈滚灯、利泰高

江南丝竹　　（市委宣传部供稿）

跷、矛子舞，传统戏剧昆曲、堂名（昆曲的扩展项目），曲艺宣卷，太仓肉松制作技艺，太仓糟油制作技艺，双凤新湖龙狮制作技艺，民俗七夕节（太仓七夕习俗）等60个项目及2个扩展项目被列入市政府非物质文化遗产名录。其中江南丝竹被列入国家级非物质文化遗产名录，滚灯、太仓七夕节、双凤山歌、太仓肉松制作技艺、糟油制作技艺、妈祖祭、唐调（苏州吟诵）被列入江苏省非物质文化遗产名录，堂名等18个项目被列入苏州市名录。袁光华、张佳林被列入江苏省级非物质文化遗产代表性传承人，季卫东等14人（其中去世3人）被列入苏州市级非物质文化遗产代表性传承人。

【文化名人】 太仓自古为文化之乡，人文荟萃，积淀厚实，形成独具风格的娄东文化。是郑和下西洋的起锚地，江南丝竹的发源地，娄东画派的发祥地，又是神话传说牛郎织女的降生地。早在晋代，名士瞿硎等活动于境内传布文化知识。元代，漕运开通，刘家港发展成为“天下第一码头”。元代的桥梁建筑独具风格，境内至今保存着国内少有的元桥群。明初郑和七下西洋，在刘家港启航停泊，沟通太仓与东南亚各国文化交流。被誉为“百戏之祖”的昆曲和优美动听的江南丝竹源自太仓一带。明清园林之盛，有“太仓园林甲东南”之誉。太仓建州后学堂、书院盛极一时，民间读书成风，培养出众多杰出人才，使太仓文化得到全面发展。

丰厚的文化底蕴孕育了举不胜举的名人，明清尤盛。有“四代一品”的王锡爵家族，“后七子”代表人物王世贞，“江左三大家”之一吴伟业，“明四家”之一仇英，“娄东画派”代表人物王时敏、王鉴、王原祁等。近现代有画家朱屺瞻，电影艺术家朱石麟，舞蹈艺术家吴晓邦，教育家陆宝忠、唐文治、俞庆棠，著名记者俞颂华，物理学家“中国的居里夫人”吴健雄、诺贝尔物理学奖获得者朱棣文以及唐孝威、邹世昌、黄胜年、吴建屏、杨胜利、唐孝炎、顾懋祥、龚知本、陆佑楣、施剑林等12位“两院”院士。

（市文体广旅局）

行政区划

【概况】 太仓市隶属江苏省苏州市管辖，市人民政府驻地县府东街99号。2020年年底，全市有太仓港经济技术开发区、省级高新区、科教新城、城厢镇、沙溪镇、长江口旅游度假区（浏河镇）、浮桥镇、璜泾镇、双凤镇、娄东街道、陆渡街道等区镇街道11个和村民委员会73个、居民委员会86个。年内，行政区划无调整变化。

【村居变更情况】 2020年，太仓市共新设立居民委员会2个，即海塘社区居民委员会、荷塘社区居民委员会；调整村民委员会1个、居民委员会2个，即闸北村和香花桥社区居民委员会、花北社区居民委员会。具体情况如下：

新设海塘社区居民委员会，管理及服务区域为东至江滩湿地公园，西至沿江路，南至新浏河，北至三井路。办公地点为银海路与南海路路口往北300米。该社区居民委员会设立批准时间为2020年7月16日。新设海塘社区居民委员会后，闸北村村民委员会管理及服务区域相应调整为：东至长江、沿江路、浏南村交界，西至新闸村交界、闸北路、滨海大道，南至三井路、老浏河，北至浮桥镇茜泾村。闸北村村民委员会办公地点为闸北路168号。

新设荷塘社区居民委员会，管理及服务区域为东至十八港、G15沈海高速公路，西至四通北路、娄江河、大半泾、太平北路，南至城北河、洛阳东路、郑和中路、江南路、涞泾，北至天津路、苏州中路（339省道）。荷塘社区居民委员会办公地点为洛阳东路188号。该社区居民委员会设立批准时间为2020年8月20日。新设荷塘社区居民委员会后，香花桥社区居民委员会管理及服务区域相应调整为：东至发达路、常胜北路，西至半泾北路西侧大半泾河，南至苏州中路（339省道），北至美固龙路、金桥路、湖川塘（其中，去除以东至兴业北路、西至四通北路、南至长安路、北至美固龙路为范围的恒通花园区域）。香花桥社区民委员会办公地点为五洲西路58号。花北社区居民委员会管理及服务区域相应调整为：东至G15沈海高速公路，西至发达路、常胜北路、徐泾桥所跨无名河，南至苏州中路（339省道）、金桥路、美固龙路、湖川塘，北至S48沪宜高速公路（另包括，以东至兴业北路、西至四通北路、南至长安路、北至美固龙路为范围的恒通花园区域）。花北社区民委员会办公地点为南京东路200号。

【边界管理】 2020年，太仓市加强界线管理和平安边界建设工作，印发《太仓市2020年度平安边界建设和界线界桩集中巡查工作方案》，维护边界地区和谐稳定。完善《边界纠纷调处应急预案》，明确边界争议事发、事中、事后处置，增强突发行政区域界线争议应急处置的科学性、实效性和可操作性。委托第三方专业技术服务单位运用无人机航拍技术配合人工进行界线界桩的巡查和管护，确保界桩完好率100%，维护行政区域界线的权威性、法定性。

（市史志办、市民政局）

人口方言

【人口】 截至2020年年底，太仓市有户籍人口51.05万人，较上年增加8794人。其中男性24.53万人，女性26.52万人。户籍人口出生率6.44‰，死亡率9.13‰，自然增长率-2.69‰。常住人口83.11万人，城镇化率70.61%。

（市统计局）

【方言】 太仓方言属吴语。吴语，又称江东话、江南话、吴越话，自商周春秋至今有三千多年的历史变迁，文化底蕴深厚。吴语主要分布于江苏南部、上海、浙江以及安徽、江西、福建等部分地区，是中国官方定义的八大方言之一，拥有国际语言代码。语言学上，将吴语使用地域划分为多个层次的若干区域，太仓话被划入"吴语太湖片苏沪嘉小片太仓大区"。"太仓大区"范围大致相当于清代太仓直隶州的辖境，即东北至海门、启东市，西北至太仓与昆山、常熟接壤处，南至今上海市吴淞江北岸。在"太仓大区"内，除太仓话之外，还有嘉定话、宝山话、崇明话、海门话、启东话等与太仓话的近缘方言。当代太仓方言根据语音特征，分为三个小片：一是北片，大致包括鹿河、王秀、归庄和璜泾、时思、沙溪等地区，语音带有较明显的常熟音，突出表现为有翘舌声母；二是南片，大致包括与上海嘉定接壤的浏河、陆渡、南郊等地区，语音近嘉定音；三是中片，即除北片、南片以外的中段地区，语音接近昆山。三片的词汇大部分相同，语法基本一致。

太仓方言与普通话词汇的差别主要有以下几点：一是同样的物体或概念，用词完全不一样。如普通话中的"小姑娘""花生""好久"等词在太仓方言中分别为"小细娘（小娘家）""长生果""长远"等。

二是词语的文字相同，但表达的意思不同。如普通话中的"壮"，在太仓方言中除了"强壮"的意思外，还有"肥胖""肥沃"的意思。如"该只猪养得蛮壮"（这头猪养得很肥）、"该块田蛮壮"（这块地很肥沃）等。

三是有些复合词表达的意思相同，但排列次序颠倒。如普通话中的"螺蛳""热闹""力气"等词在太仓方言中分别为"蛳螺""闹热""气力"等。

太仓方言的语法特点主要有以下几点：一是重叠法。太仓方言词汇中重叠用法较为广泛。量词、名词的重叠形式及其作用与普通话基本相同，而动词、形容词的重叠则较有特色。动词重叠。单音节动词重叠，经常在后面加助词"看"或"好"。加"看"，使动作表尝试性。如"用用看""看看看"。加"好"表示希望动作做得妥善一些，如"写写好""坐坐好"。双音节重叠形式为ABAB式，表动作的短暂性，如"打听打听""孛相孛相"。形容词重叠。单音节形容词重叠有自叠、附加成分重叠及嵌字重叠。附加成分重叠式一为A××式，表示程度，如"辣蓬蓬""硬绷绷""干卜卜""胖笃笃"；一为××A式，表示的程度比前一种更高些，如"绷绷硬""彻彻软""雪雪白"。嵌字式为"A过A验"，表示非常高的程度，如"好过好验""香过香验""闹过闹验"；还有"A透A过"式，其作用与前一种相同，如"好透好过""香透香过"。双音节形容词重叠有AABB式，如"太太平平""服服帖帖"；以及"A里AB"式，此多带有贬义色彩，如"怪里怪气""龌里龌龊"。

二是词缀。前缀"阿～"。加在称谓前，表示亲昵，如"阿婆""阿伯""阿弟""阿大""阿囡""阿宝""阿福""阿张"。加在某些形容词、名词之前，产生贬义，如"阿憨"（傻乎乎的人）、"阿木林"（反应迟钝的人）；还有贬义而泛称的"阿猫阿狗"，以及称有流氓习气的人为"阿飞"。后缀"～头"。加在形容词之后，构成名词，如"老头""滑头""寿头""老实头"。加在某些动词、形容词之后，表示"……价值"或"……值得"的意思，如"看头""吃头""花头""噱头"。加在方位词和名词后，表示位置，如"东横头""上底头""灶前头""水桥头""河滩头""角落头""床横头"。后缀"～子"。太仓方言中有一些在普通话里没有的"子"尾的词，如"角子"（元以下货币单位）、"哑子"（哑巴）、"皮夹子"（票夹）、"石卵子"（鹅卵石、小石块）。

三是词语组合特点。数词的省略。以"一"为首的多位数字，可以省略，甚至连带省去后一个单位数，如"一百六七十"可说成"百六七十"或"百六七"，"一千六百"可说成"千六"，"一万三千"可说成"万三"。量词的省略。表度量衡单位和货币单位的量词，在与数词组成"数+量+数+量"的形式时，常省去后一个量词，如"二丈四（尺）""五斤三（两）""一角七（分）"。

（市文体广旅局）

民族宗教

【民族】 太仓为汉族聚居地区，少量少数民族散居。截至2020年年底，全市有蒙古族、回族、藏族、维吾尔族、苗族、彝族、壮族、布依族、朝鲜族、满族、侗族、瑶族、白族、土家族、哈尼族、哈萨克族、傣族、黎族、傈僳族、佤族、畲族、高山族、拉祜族、水族、东乡族、纳西族、景颇族、柯尔克孜族、土族、达斡尔族、仫佬族、羌族、布朗族、撒拉族、毛南族、仡佬族、锡伯族、阿昌族、怒族、鄂温克族、德昂族、保安族、裕固族、京族、塔塔尔族、独龙族、鄂伦春族、赫哲族等少数民族48个，共有少数民族户籍人口2761人，以满族、土家族和回族居多；有少数民族流动人口（公安居住登记）13293人，以苗族、土家族等为主。

【宗教】 太仓市是佛教、道教、伊斯兰教、天主教、基督教五教齐全的县级市之一。自1980年恢复开放第一个宗教活动场所（城厢基督教堂）以来，全市陆续批准开放宗教活动场所34处，其中佛教活动场所9处，教职人员89人，信徒约5500人；道教活动场所14处，在观道士14人，信徒约4500人；伊斯兰教清真寺1座，阿訇1人，信徒约800人；天主教活动场所5处，神父2人，修女2人，信徒约3500人；基督教活动场所5处，牧师3人，长老4人，传道5人，信徒约4500人。自1985年起相继成立市佛教协会、市道教协会、市伊斯兰教协会、市天主教爱国会、市基督教三自爱国会等爱国宗教团体5个。 （市民宗局）

名胜古迹

南园 （市委宣传部供稿）

【南园】 南园（1998年重建）为国家AAA级景区，位于太仓市南园东路7号，总面积4.67公顷，为明代万历年间（1573—1620年）首辅王锡爵赏梅种菊处。清初，其孙大画家王时敏又加以扩建，邀请当时叠山大师张南垣主持营造，画师与匠师合作，使南园成为融造园与绘画于一体的历史名园，为清代以来太仓园林之首。南园景色可概括为“景域辽阔、空间宽敞、小桥流水、碧波荡漾”。园内设有门楼、绣雪堂、香涛阁、大还阁、鹤梅仙馆、寒碧舫、潭影轩、长廊等，水景约占全园面积三分之一。

【弇山园】 弇山园（2003年改造扩建）为国家AAA级景区，位于太仓市县府西街90号，明朝时为太仓籍文学家王世贞园邸，历史悠久。园内主要景观有宋代花石纲遗物——望海峰、明代洪武年间（1368—1398年）开凿的通海泉、元代大型铁釜及墨妙亭等。扩建后，恢复弇山堂、嘉树亭、点头石、分胜亭、小飞虹、九曲桥等景点20处，面积由原4.4公顷增至7.67公顷。

【古镇沙溪】 2005年9月，沙溪镇入选第二批中国历史文化名镇名单。2012年，沙溪古镇被列为中国世界文化遗产后备名录。2014年12月，获评国家AAAA级景区。沙溪旧名“沙头”，建于1300年前，自古有“东乡十八镇，沙头第一镇”之说。沙溪老街坐落在七浦塘两岸，塘北为主街，明清风格的建筑保留至今。古镇民居进深长，水弄堂密布；临水建筑参差起伏，纵横交错；河上3座古桥俊秀挺拔。除沿河水乡民居外，还有乐荫园、橄榄岛、雕花厅、小白楼等景点。猛将堂内300年树龄的银杏树和清代古弄“一线天”亦为观光者流连。沙溪老七浦有1000多年历史。古人为通舟、取水、洗涤或乘凉观景，临水民宅皆建有河棚间，棚下是水桥和船坞，各家河棚、水桥造型各异。河棚有吊脚楼式的、石头实砌的；河棚窗户有半窗、落地长窗，窗格花型多样，配有栏杆或美人靠；水桥石级有驳岸式和条石悬挑式。临水建筑形态纷呈、古朴苍老，是珍贵的历史文化遗产。

【古镇浏河】 古镇位于长江口旅游度假区（浏河镇）浏漕塘两岸，左侧为中

弇山园 （市史志办供稿）

沙溪古镇 （市委宣传部供稿）

心街，右侧为河西街，总面积16.9公顷，核心范围6.9公顷。浏河古镇历史久远，更替绵长，人文荟萃，被誉为"江尾海头第一镇"，名列全国重点镇，是一个集航海文化、郑和文化和渔文化等特色为一体的江南古港老镇。古镇历史可追溯到三国时期，历来为出海要津，素有"万里长江第一港"之称。元明两代，因海贸发达，商贾云集，又被誉为"六国码头""天下第一码头"。古镇滄漕河上由北向南依次有桥梁6座，连接中心北街与河西街两岸，临街留有明清时期江南民居和木结构楼宇80余幢，保存着河街相依、前店后宅、双向通达的传统街区模式。浏河古镇集聚多种特色本土文化元素，有天妃宫、老浮桥、邢少兰艺术馆、老照片陈列室、浏河历史长廊、邵滨孙纪念馆、六国码头青瓷文化馆等文化场馆和景观。2020年，浏河古镇亮化二期工程顺利实施，朱氏老宅完成修缮，周至产业兴旺示范店落户古镇。

【张溥故居】 位于太仓市新华西路57号，全国文物保护单位，始建于明代天启年间（1621—1627年），距今约400年，为明代文学家、社会活动家、复社领袖张溥生活及活动的场所。故居包括古代建筑实体和张溥遗迹陈列，前者展示江南民居的建筑特色，后者系统介绍张溥的生平事迹。故居是一座保存比较完整的一落三进尚书府第，其中由官帽厅、堂楼和后楼组成的通转走马楼，俗称"迷宫"，建筑特色非常独特，具有很高建筑艺术价值和历史纪念价值。

【王锡爵故居】 位于太仓市新华东路60号，江苏省文物保护单位，始建于明代万历年间（1573—1620年），故居主人为明代万历首辅王锡爵。现存门屋（俗称"太师第门楼"）与王氏宗祠三进，门楼面阔五间，门厅左右为上下二层，该类门楼式样在江浙一带绝无仅有。修复后的王锡爵故居及其宗祠占地面积1354平方米，总建筑面积为716平方米。王氏一门英才辈出，王锡爵曾孙王掞在清康熙年间（1662—1722年）官至大学士，人称"祖孙宰相""两世鼎甲"；王锡爵之孙王时敏、王时敏之孙王原祁是娄东画派"四王"中的代表人物。该建筑具有较高的文化历史价值和建筑艺术价值。故居内设有"大明首相王锡爵陈列"和名家名寺碑廊，保存有元代赵孟頫书法石刻等在内的一批具有较高历史文化价值的历代碑刻。

【元代古桥】 在横穿太仓市区的致河塘上有周泾桥、州桥、皋桥3座保存完好的元代石拱桥，1982年被江苏省人民政府列为省级文物保护单位。周泾桥和州桥为三孔石桥，皋桥为单孔石桥。其中周泾桥最负盛名，建于元至顺元年（1330年），原名"海门第一桥"。州桥始建于元天历二年（1329年），原名为"安福桥"。皋桥建于元代元统二年（1334年），原名兴福桥。

【西庐园】 西庐又名西田，位于城厢镇西门外约3千米处，为明末清初著名画家王时敏晚年回归故里所筑的田园式别墅。内有农庆堂、稻香庵、霞外阁、锦镜湖西田诸胜。王时敏曾与诸多画家在此聚会，赋诗作画，晚年自号为"西田老人"。2002年，在原址重建西庐，2004年11月竣工。新建成的西庐园占地面积30公顷，园内亭台错落，竹廊环绕，古木青波相映，芳草鲜花葱茏，是一座开放式生态公园，亦是游人感受古人"采菊东篱下"境界的休闲地。

【天妃宫】 位于长江口旅游度假区（浏河镇）新东街90号，是中国具有较大影响力的航海保护神妈祖的行宫，又称"天妃灵慈宫"，俗称"娘娘庙"。始建于北宋宣和五年（1123年），由旅居娄江口的闽粤海商所建，原址在浏河北岸五杨池，元至正二年（1342年）移建于现址。天妃宫历经元、明、清、民国诸代多次扩建修缮，主修者有郑和、林则徐等历史名人。郑和七下西洋时，曾多次前来朝拜，祈求天妃保佑赐福。现天妃宫恢复为道教活动场所，主建筑为后殿楼，上有元代木雕和楠木梁柱等古构件，建筑结构严谨规整，繁简适度，建筑风格古朴典雅，气势轩昂。2013年，被列为全国重点文物保护单位。

【阅兵台】 位于长江浏河段南江堤内侧，由兵台、炮台、厅堂、碑刻四部分组成，是太仓境内珍贵的古代军事建筑设施。阅兵台为宋代名将韩世忠于建炎年间（1127—1130年）所建，至今矗立在阅兵台的4块碑刻真实记载抗金抗倭的史实。后阅兵台在战火中屡经损毁，为弘扬爱国主义精神，浏河镇人民政府对阅兵台进行修复和保护，为太仓市文物保护单位。

【郑和公园】 位于太仓港经济技术开发区，占地面积122公顷，公园建筑风格以还原郑和船队远洋的历史文化

天妃宫　　（市史志办供稿）

为主，融入现代设计理念，再现郑和率领当时世界上规模最大、技术最先进的船队七下西洋的壮举。公园内设郑和纪念馆，以郑和精神为核心，从不同视角展示郑和航海文化，反映郑和七下西洋的起锚地——太仓海运业的特色，采用声光电技术，在展示效果与互动实用结合下，可身临其境感受中国600多年前的航海盛举。

【维新遗址】 位于太仓市双凤镇维新村，于2003年被苏州、太仓文博部门发现并建成遗址进行保护。考古人员在清理明代古墓时，发现厚达1米多的红烧土堆积和印纹陶罐碎片，经鉴定为距今约4500年的良渚文化及马桥文化遗址。后太仓市人民政府投资500多万元建成保护性建筑，进一步对遗址进行保护、开发及合理利用。

【三家市古村落】 位于浮桥镇三市村石头塘东侧。据《太仓州志》记载，古村落原为宋末元初时流亡丞相陈宜中所创建，最初由陈、王、周三家营建，故称为“三家市”，距今700多年历史。古村落占地1.2公顷，为太仓唯一现存的古村落。2012年12月，被列为太仓市文物保护单位，经近年整修，恢复修缮部分建筑物，三家市古村落格局得到较完整保存。

（市文体广旅局）

郑和公园　　（市委宣传部供稿）

乡风习俗

【春节】 从农历十二月廿三至正月十五，历时20多天，春节是最热闹、隆重的传统节日。农历十二月廿三、廿四各家都要祭灶神，俗称“送灶”，祈望灶神“上天言好话，下界保平安”，除夕时再把灶神接回，俗称“接灶”。廿四后，各家开始打扫卫生，掸灰尘、洗被褥、擦洗家具、打扫庭院、置办年货、蒸年糕、做米酒，还要炒豆子、玉米、花生，俗称“炒发禄”，这些习俗在农村仍有保留。除夕，俗称“过年”，斋家堂、祭祖宗。除夕夜，贴春联、挂红灯、贴年画，一家人团圆吃年夜饭，长辈给孩子送压岁钱。当夜守岁，看中央电视台春节联欢晚会，或打牌娱乐至深夜十二点钟，开始燃放烟花爆竹，俗称“关门炮仗”。年初一，早晨燃放“开门炮仗”，谓之“开门见喜”；还需斋灶、斋家堂、敬天地；大人小孩穿戴一新，依次向祖宗拜年，晚辈向长辈拜年，同辈互相恭贺新禧，说声新年好。此日要讲吉利话，禁忌吵嘴骂人。初二开始，亲戚朋友互相往来拜年。初五接财神，燃放烟花爆竹，商店开始营业。2000年后，国家规定春节放假7天，列为“黄金周”，外出旅游度假者增多。一些家庭或随旅游公司组团旅游，或自驾外出游玩。正月十五元宵节，家家户户吃元宵、馄饨，挂灯笼，小孩子牵兔子灯；有的单位或部门举办灯会、谜会；社区开展各项文体活动，有舞龙舞狮、唱歌跳舞、腰鼓秧歌、拳操舞剑，一片欢乐喜庆景象。

【清明节】 一般每年公历4月5日为清明节，如遇农历有闰年、闰月，公历日期略有变动。清明节要“过清明”祭祖，境内西南部农村还盛行吃青团子。人死后第一个清明节谓之“新清明”，要办酒祭奠亡者，有的在这一天将骨灰盒下葬或送往公墓。1986年后，清明扫墓风渐趋盛行，无论城乡，家家户户要到祖先坟前扫墓，插一束花，填一抔土，并焚化纸锭冥币，寄托哀思。很多旅居外地的人，回乡扫墓，借此兄弟姐妹团聚。机关、单位，特别是学校，组织人员、学生到烈士墓扫墓，敬献花圈，缅怀革命先烈。

【端午节】 农历五月初五为端午节，以往民间要挂菖蒲、艾草、野菊花、紫苏、荠菜花等，小孩要戴香包，以驱病辟邪。后此种习俗渐淡，但吃粽子的习俗依然盛行。农村多数家庭自己动手采摘芦叶包粽子，并在亲戚邻里间互相赠送；城镇居民多数到商店购买粽子。

【中秋节】 农历八月十五为中秋节，人们在节前准备好月饼等食物，互相赠送贺节。晚辈向长辈送月饼、水果，孝敬老人。家家户户吃馄饨。晚上，全家人围坐在一起边吃月饼、水果，边赏月。有的社区、单位还组织文体活动，演出节目，欢度中秋。

【重阳节】 农历九月初九为重阳节，登高望远的习俗已经不在，太仓人以吃重阳糕取代。重阳节被江苏省定为敬老日、苏州市定为老年节后，成为老年人的节日。每年重阳节，党政机关、企事业单位都要开展敬老活动，慰问老人，向老年人送慰问金、慰问品，并号召全社会发扬尊老爱老的光荣传统。涉老部门和社区组织老年人开展各项文体活动，庆祝老年人自己的节日。

【其他传统习俗】 除传统节日外，一些传统习俗较为流行，如立夏要“称人”（称体重），夏至要吃“夏至粥”（赤豆、麦粒、红枣、大米等掺在一起煮成的粥），七月初七“七夕”女孩子要染红指甲，农历七月十五“鬼日”要祭祖，十月初一“十月朝”要祭祀，冬至要“过冬至”祭祖，新丧人家要过“新冬至”等。

【婚嫁】 青年男女通过自由恋爱，或通过介绍人牵线，再经过一段“谈恋爱”时期，然后结婚。在农村，恋爱初期，男方请女方“吃馄饨”，谓之“走通”；恋爱成熟后，办酒席，请亲朋好友吃酒，谓之“定亲酒”；定亲以后，选定吉日，正式结婚。20世纪80年代至90年代初期，结婚一般双方都办酒，男方给女方彩礼，女方要备脚盆、马桶、箱柜、被褥、日用品、家用电器等嫁妆。在结婚当天由男方派人去女方家拿嫁妆，称为“扛嫁送”，有十八扛或二十四扛，越多越显得有气派。男方用汽车或摩托车迎娶新娘举行婚礼。90年代中后期起，随着居住和生活条件改善，大多数人家不需要脚盆、马桶、箱柜，日用品、家用电器大多自备，“扛嫁送”不复存在。结婚时用彩车迎亲，在家中或在酒楼宾馆举行婚礼。婚礼由司仪主持，主婚人、证婚人向新郎新娘表示祝贺，并提出希望；新婚夫妇向双方父母鞠躬行礼，新婚夫妇之间互送戒指等礼物，互表忠诚，还要接吻拥抱。亲朋好友送礼金以示喜庆。结婚仪式一般都拍摄录像，制成光盘，留做纪念。

【丧葬】 亲属为逝者设立灵堂，悬挂白布幛联，全家举哀，昼夜守灵，女眷哭灵或放哀乐。20世纪80年代，农村普遍推行新式丧礼，开追悼会，由队里干部、家属代表讲话，亲友戴黑纱或白束腰，晚辈亲属穿白衣服向逝者鞠躬或唱喏致哀。90年代，旧式葬礼复现，要请道士念经、做道场，还要扎库焚化，请乐队吹奏哀乐、唱哀歌。丧礼完毕后，由亲属护送灵柩至火葬场火化并将骨灰带回家中灵台供奉，至第二年清明或腊月进行土葬。在城镇，人死后一般直接送到殡仪馆，由殡仪馆进行沐浴、穿衣、整容，隔天请亲属和生前好友到殡仪馆举行追悼会，然后火化。骨灰安放于公墓或埋葬。2000年后，部分村建造“安息堂”，骨灰不再土葬，统一放在安息堂。

【寿庆】 孩子一周岁时过“搭纪”（亦称“纪过”），办酒席宴请亲朋好友，吃生日蛋糕。亲朋好友送礼祝贺。孩子10岁时，要过“十搭纪”，也要办酒席宴请。平时无论大人、小孩过生日并不太看重，或一家人吃面、吃蛋糕以示纪念，或请至亲庆贺一番。老年人过60岁、70岁、80岁大寿，部分家庭举办庆寿酒。

【其他喜庆习俗】 生小孩要“送糖”，亦称“送舍姆羹”，并办“送糖酒”，宴请亲朋好友，亲朋好友送礼品或礼金恭贺；青年参军办“参军酒”；子女考上大学办“状元酒”；搬家办“乔迁酒”；农村修造新房要办“造房酒”（或称“上梁酒”）。20世纪90年代后期，出现“谢师宴”，即初、高中毕业生为感谢老师的培育，宴请老师。此风流行一时。（市史志办）

太仓特产

【太仓肉松】 太仓肉松历史悠久。清光绪十二年（1886年），太仓开设倪鸿顺肉松店，其肉松为官方礼品，驰誉四方，民国四年（1915年），获巴拿马国际博览会甲级奖。太仓肉松挑选优质太湖瘦肉型猪宰杀，佐料讲究，炒制工艺先进，采用全封闭式机械化生产，洁净卫生，由于水与脂肪成分比例控制合理，因此肉松保质期得到有效延长。太仓肉松以其独特风味享誉四方。

【太仓糟油】 糟油创制人为清乾隆年间的李梧江。清代袁枚《随园食谱》写道：“糟油出太仓，愈陈愈佳。”《太仓州志》记载：“色味佳胜，他邑所无。”太仓糟油具酱色、糟香、鲜美等特点，能解腥除异味、提鲜增香、开胃增食。

【长江四鲜】 太仓地处长江入海口，江海交汇之处，鱼类品种甚多，较为著名的有合称为“长江四鲜”的银鱼（另有一说为河豚）、刀鱼、鮰鱼、鲥鱼。2019年2月1日起，农业农村部停止发放刀鲚（长江刀鱼）、凤鲚（凤尾鱼）和中华绒螯蟹（河蟹）的专项捕捞许可证，禁止上述三种天然资源的生产性捕捞。

红烧河豚　　（市委宣传部供稿）

银鱼，古称“脍残鱼”，鱼形细长，身透明，体光滑，长约一指。喜栖息于近海长江口，学名长江间银鱼，当地人称“面杖鱼”。因其明莹如银、细骨无鳞、肉质鲜美，深受食客青睐。

刀鱼，其状似刀形，故称刀鱼。刀鱼“狭薄而长头”，与凤鲚有相似之处，但比凤鲚个大，也称江鲚。个大者有一尺（约33厘米）来长。刀鱼肉质细腻鲜嫩，入口即化，但细骨较多。清明前上市；清明后，其细骨变硬，价格下跌。

鮰鱼，亦称鮠鱼，俗称“白戟”。其吻圆突，口腹部，体无鳞，个大者长达1米。现产量急剧减少，大鮰鱼不易捕捉。鮰鱼肉质肥美，可精炖可红烧。其鳔肥厚，可制鱼肚，历来为上等食用鱼类。

鲥鱼，古称“鯃”。形秀而扁，似鲂而长，长约70厘米，银白色，腹部具棱鳞。一般三四龄成熟，春夏之交，溯江而上，主要产于太仓长江入海口至南京燕子矶一带的下游地段。其味极为鲜美，宜不去鳞清炖，为长江鱼类中极品，可惜近年濒临绝迹。

【中华绒螯蟹】 国家著名特色水产品，具有味鲜美、营养价值高的特点。太仓市临濒长江口，繁育和养殖中华绒螯蟹有着得天独厚的优势，不但蟹种正宗，而且蟹的纯度高、生存力强、易养殖，成蟹只型大、产量高。太仓蟹养殖以浮桥镇为中心，分布浏家港、浏河、璜泾、沙溪等地。

【太仓梅山猪】 梅山猪是太仓市最具地方特色的优质种质资源之一，是太湖猪的主要品系之一，以肉质鲜美、繁殖量高而著称，曾多次被国家领导人作为国礼赠送友邦。2011年5月，太仓市种猪场被授予“国家级太湖猪（梅山猪）保种场”称号。

【双凤爊鸡】 双凤爊鸡为太仓著名的传统食品。早年的双凤大户人家乃至普通农家几乎都有一只多代相传的锅，每当入冬腊月，过年过节，则活杀自养之鸡，煮至半熟，稍加冷却后，放入有老汤的锅中，然后按秘方放入茴香、花椒等多种佐料，以文火焖煮。制成后鸡皮色亮，丰腴肥实，香气沁人。

【双凤羊肉】 太仓双凤养羊、食羊的习俗有数百年历史，双凤羊肉专选品质上乘的山羊为原料，皮肥肉酥，味道鲜美。在昆山、嘉定、宝山等周边城市开有多家太仓双凤羊肉食品店。2007年起，每年举办双凤福地文化羊肉美食节活动。2008年9月，双凤镇被中国烹饪协会冠名为“中国羊肉美食之乡”。

【双凤肥羊面】 双凤肥羊面为太仓餐饮文化中的特色品种之一，以酥、浓、香、肥著称，为地方上的冬令特产名吃。专选品质优良的太仓本地上等山羊为原料，辅以10多种调味品、中草药，文火焖煮2小时以上而成红烧羊肉。味入骨肉，皮肥肉酥，汤汁鲜美而绝无膻味。面汤用烹羊原汤熬制，浓而不浊、油而不腻。面则以手工制之，经多次压滚，细、柔、滑、韧，入水便熟，口感极好。

【太仓白蒜】 始种于清代，于20世纪60年代在太仓大面积种植。太仓白蒜蒜头肥硕结实，蒜瓣大而匀称，色泽洁白，味道辛香，为蒜中精品。与上海嘉定白蒜、山东苍山白蒜、新疆白蒜齐名，并称为中国“四大名蒜”。2015年10月，“太仓白蒜”获国家地理标志证明商标。2020年12月，“太仓白蒜”获太仓首个国家农产品地理标志认证。

【新毛芋艿】 芋艿为太仓特色传统蔬菜品种之一，具有悠久的种植历史和优良独特的品种资源。新毛芋艿不但外形圆整，而且带有特别的香味，吃口糯滑，享誉苏、浙、沪。用其制作的“桂花糖芋艿”更是风味独特，是江南人家八月中秋必不可少的名点佳品。太仓常年种植芋艿约533公顷，年产颇丰。2014年6月，“新毛芋艿”成为太仓首件地理标志证明商标。

【太仓紫葛叶】 紫葛叶（又名紫果叶、紫角叶）是太仓民间一种不起眼的植物，其历史甚为悠久。紫葛叶含有丰富的维生素、皂素以及胶质等多种营养成分，质地肥嫩爽口、鲜美清香，可清炒，可入汤，被赞誉为“蔬菜皇后”。紫葛叶还有一定的药用价值，具有清血凉血、消热解毒、润燥滑肠、解郁除积、接骨止痛等多种功效。紫葛叶病虫害较少，几乎不使用农药，是绿色珍蔬的代表。1990年第11届北京亚运会期间，紫葛叶被列为指定蔬菜，价格上涨，出现在苏州、上海等各大宾馆的宴席上。

新毛芋艿　（市农业农村局供稿）

【板桥西瓜】　太仓板桥历来有种植西瓜的习惯，由于土壤肥沃，气候适宜，栽培技术先进，板桥西瓜以其皮薄、品质优、果型适中而闻名苏州、上海等地。主要品种有京欣一号、早佳（84—24）和小型礼品瓜（拿比特、万福来、红小玉、黄小玉、早春红玉等）。这些品种的共有特点是品质优良，皮花，果实圆形或椭圆形，中心糖分占12% 以上，礼品瓜 1~1.5 千克 / 个，常规瓜 2.5~4 千克 / 个，商品性极佳。

【太仓毛板青蚕豆】　色青粒大、板子宽阔、尾有凹痕、肉色白净、味鲜而糯、易酥不腻，百粒重 130~135 克，比一般品种高 20 克左右，并含有多种营养成分，为蔬菜食品的佳品。毛板青蚕豆食用方法较多，除青食外，还有煮、氽、炒、蒸、拌、汤等食法，且其皮可入药，故深受群众欢迎。太仓毛板青蚕豆是江苏省名贵农特产品，为蚕豆品种中的上品。因产于毛家市（现太仓市城厢镇新毛管理区）周围，故名之，别称“宣公豆”。上海特产老城隍庙五香豆即以毛板青蚕豆为原料。2015 年 10 月，“太仓毛板青蚕豆”获国家地理标志证明商标。

【太仓牛踏扁毛豆】　种植历史悠久，是百姓欢迎的传统青食良种。其荚形大，粒扁平，皮青色，味鲜洁，吃口糯，晚熟。产品以毛豆形式销售，主要销往上海、苏州等周边大中小城市，销路颇广，供不应求。2015 年 10 月，“太仓牛踏扁毛豆”获国家地理标志证明商标。

【太仓大米】　种植历史悠久，其糯性强，支链淀粉含量高。蒸煮后米饭晶莹剔透，口感柔软滑润，富有弹性，冷而不硬，食味品质极佳。太仓地区为沙壤土质，养分含量高，适宜大米种植，用本地区种植的特种稻加工的优质袋装米、粉以及制作精美的八宝饭、点心等，在上海、厦门、苏州等地销售良好。2015 年 10 月，“太仓大米”获国家地理标志证明商标。

【太仓山药糕】　将山药蒸至酥烂，捣成山药泥，拌入糯米粉、糖，将果料在碗壁内摆放成图案形，再把拌好的山药泥放入碗中，将豆沙放在山药泥中间，上笼蒸熟。口味微甜，软糯滑爽。

【太仓长江蟹】　太仓长江蟹系长江水系中华绒螯蟹，产区天然，蟹种纯度高，是国内享有盛名的特色水产品。其壳青色有光泽，隆起明显且坚硬，脐腹呈乳白色，金爪黄毛，腿长爪尖，双螯强健，八足有力，反应敏捷，行动迅速。可食部分肉实体丰，品质白嫩，口味鲜甜，黄多膏厚，无土腥味或其他杂味。蟹苗与成蟹的外部特征相似，形似纽扣，又名“扣蟹”。太仓长江蟹养殖主要以浮桥镇为中心，辐射浏河、璜泾、沙溪等地，蟹苗除自养外，大部分销往全国各养蟹地区。

【新湖番茄】　太仓新湖地区种植番茄始于中华人民共和国成立初期。20 世纪 70 年代末至 80 年代初，产业结构调整，番茄种植面积逐步扩大，栽培方式从露地栽培发展为小环棚双膜栽培，20 世纪 90 年代探索成功大棚三膜栽培，一年三茬（番茄—丝瓜或苦瓜—莴苣或芹菜）高效套作模式，年产值 2 万多元。新湖地区土壤类型为脱潜型水稻土中的乌栅土，质地重壤，耕层黏粒含量 20% 左右，保肥性能好，土壤肥力高，有机质含量高达 35.9 克 / 千克。2005 年，新湖番茄成功申报无公害产品。新湖番茄果型适中，单果重 250 克左右，表皮薄、洋红色、沙瓤、微酸、甜度适中，自然成熟，口感好，凉拌、炒菜及做水果食用皆宜。

【麦秸画】　精选麦秸为原料，经过除膜、切片、劈丝等加工处理，运用拼贴、镂刻、镶嵌等制作方法，按照平面、浮雕、立体等构图造型，利用麦秸原有的光泽、独有的纹理，巧妙设计，精工细作，通过麦秸的明暗、深浅、厚薄、疏密等搭配和点、线、面的合理布局来制作麦秸画工艺品。史仁杰经 40 多年研究，制作麦秸画的工艺日益成熟。品种包括山水风景、花鸟鱼虫、人物走兽、房屋建筑等，图案华而不媚、素而不俗。

（市文体广旅局、市农业农村局）

人居环境

自然资源和规划

【土地空间规划】 2020年，太仓市坚持系统谋划，加快建立国土空间规划体系。坚持新发展理念，推进多规融合工作，划定工业保护线、调整生态红线、研究城镇开发边界，开展“双评估”（国土空间开发保护现状评估、现行空间类规划实施情况评估）、国土空间开发保护现状评估等专题研究9项，基于“国土三调”（第三次全国国土调查）成果，对接省级和苏州市级国土空间规划，推进《太仓市国土空间总体规划（2020—2035年）》《太仓市城市综合交通规划（2020—2035年）》编制。推进娄江新城规划建设，根据娄江新城“四梁八柱”规划［“四梁”是“四纵四横”骨干路网、水网、绿网和一体化地下管线网络，“八柱”为娄江新城重大功能性项目，即太仓高铁站、闵嘉太线三站一场的TOD（公交优先发展模式）、综合体、两所大学、会议会展与文体艺术中心、高新区便民服务和创新中心、三甲医院、娄江新城高中、西工大附属太仓实验学校］设想，在“一心两轴三核四区”（“一心”即太仓主城东部副中心，是娄江新城在太仓全市总体定位。“两轴”即白云渡大道融沪发展轴和太仓大道科创发展轴，是娄江新城发展核心骨架。“三核”则是以两所大学为依托的科教中心、以高新区便民服务和创新中心为依托的市民中心、以会议会展和文体艺术中心为依托的商务中心，是娄江新城三大核心功能节点。“四区”即科教创新区、智能制造区、高铁商务区和临沪国际社区）空间结构布局基础上，完成《太仓市娄江新城总体控制规划》编制工作，统筹推进水系、交通、绿化、管线、智慧城市等专项规划，初步构建起“1+5”规划体系。开展城市更新相关政策研究。为促进存量用地盘活利用，研究制定《关于太仓市推进存量产业用地高质量利用的实施办法》，破解存量产业用地发展瓶颈问题。为加快产业转型升级，促进土地集约复合利用，研究制定《太仓市新型产业用地（M0）管理办法（试行）》。基本完成各区镇重点片区控制性详细规划编制和报批工作，并对科教新城、生物医药产业园等片区控规进行动态调整。完成《太仓市镇村布局规划（2019版）》编制并获批，明确全市769个自然村庄分类，确保分类推进村庄建设发展。完成《太仓市快速路网规划》《太仓市生态修复与城市修补规划》编制，为国土空间规划体系提供专项支持和建设引导。

【建设用地保障】 2020年，太仓市围绕“1221”重大项目（1座娄江新城，恒大、复星2个文旅项目，西北工业大学、西交利物浦大学2所大学太仓校区，1所西北工业大学太仓长三角研究院）和“3234”重大工作（第一个“3”指航空产业发展指挥部、国家级太仓高新区创建指挥部、生物医药产业园建设指挥部，“2”指文明城市创建指挥部、长江经济带“2982”项目指挥部，第二个“3”指沪苏通铁路场站项目建设指挥部、城市老旧片区改造项目建设指挥部、娄江新城及环天镜湖拆迁指挥部，“4”指硅酸盐研究所项目建设指挥部、利洁时项目建设指挥部、玖龙产业园项目建设指挥部、清华力合项目建设指挥部），建立重大项目挂钩联系制度，对接项目用地需求，通过加快土地报批、积极对上争取等举措，做好全市123个重点项目用地保障，为恒大、复星等重大项目提供跟踪服务，做好征地报批10公顷，供地保障21.72公顷。为苏宁、星药港和平伊大健康等项目争取建设用地计划24.87公顷。为太仓港疏港铁路专用线项目争取建设用地空间规模31.13公顷。共完成转用征收上报19批次324.67公顷，获批94.4公顷；完成拆旧复垦建新实施规划项目13个、180.6公顷。

【耕地资源保护】 2020年，太仓市利用“国土三调”、生态保护红线等成果，划定确认永久基本农田，按要求做好补划工作，完成补划81.47公顷。推进年度耕地保护督察整改工作，共核减指标7.73公顷。全年入库“三优三保”（以优化建设用地空间布局保障发展，以优化农用地结构布局保护耕地，以优化镇村居住用地布局保护权益）拆旧复垦项目128个、169.27公顷，验收确认面积165.33公顷；入库增减挂钩拆旧复垦项目34个、49.87公顷，验收确认面积49.33公顷；全年入库占补平衡项目23个、43.93公顷，验收确认面积42.6公顷。

【节约集约用地】 2020年，太仓市推进批而未供、供而未建和低效用地“三块地”处置工作。全年完成消化批而未供土地82.83公顷，促进供而未建地块盘活9宗、面积10.09公顷，通过“退二进三”（鼓励一些产品没有市场，或者濒于破产的中小型国有企业从第二产业中退出来，从事第三产业的一种做法）、企业自主增容、技改等方式，完成低效用地再开发任务140.87公顷。

【土地招标拍卖挂牌出让】 2020年，太仓市贯彻房地产市场调控政策，科学安排经营性用地上市规模和供应节奏，为促进房地产市场健康平稳发展提供保障支撑。规范国有建设用地出让制度，全年共挂牌出让国有建设用地119宗、面积401.7公顷，共计146.61亿元。其中，经营性用地63宗、面积255.64公顷，共计140.73亿元。办理划拨用地56宗、面积112.13公顷。

2020年太仓市国有建设用地使用权公开出让分类情况一览表

表2

土地类别	面积（公顷）	比例（%）
工业及仓储	146.07	36.36
住宅（含安置房用地）	156.16	38.87
商住	13.45	3.35
商服（含商服、公共）	36.08	8.98
公共服务	49.95	12.43
合计	401.70	100

2020年太仓市经营性用地公开出让分类情况一览表

表3

土地用途	成交面积（公顷）	成交总价（亿元）	成交均价（万元/公顷）	单宗最高成交价（万元/公顷）
住宅（含安置房用地）	156.16	124.06	7944.41	25559.62
商住	13.45	8.25	6137.67	10084.22
商服（含商服、公共）	36.08	5.46	1514.14	5999.93
公共服务	49.95	2.96	592.53	631.79

【土地储备管理】 2020年，太仓市加大储备土地去库存力度，加强经营性用地供应。着重加强拟储备地块片区规划研究、前期开发、成本测算、资金保障、土地推介、计划上市等工作。全年收储地块55宗、面积135.67公顷。发挥土地储备“储”与“净”职能，为实现全域“双信地”（“政企互信+政企守信”土地出让模式）做优前期整备。

【土地规划服务乡村振兴】 2020年，太仓市乡村振兴实践工作有序开展，满5年安置房登记发证，除两个项目因存在权利限制（法院查封）、消防验收未通过外，可发证率100%。推进房地一体农村不动产登记颁证工作，累计完成农户签字确认6220份。

【土地变更调查】 2020年，太仓市做好土地变更调查工作，掌握全年地类、面积、属性及相关单独图层信息变化情况，更新“三调”数据库。1月10日，获取国家下发监测图斑，及时完成举证图斑内、外业调查，调查结果于6月上报省自然资源厅，数据通过省级检查报自然资源部。根据全年国土变更上报数据，截至年底，全市土地总面积80992.92公顷。其中，耕地23246.51公顷，占总面积28.7%；园地1553.57公顷，占总面积1.92%；林地面积4206.93公顷，占总面积5.19%；草地面积1332.63公顷，占总面积1.65%；工矿用地7714.71公顷，占总面积9.53%；住宅用地7869.31公顷，占总面积9.72%；商业服务业用地1433.33公顷，占总面积1.77%；公共管理与公共服务用地1654.91公顷，占总面积2.04%；交通运输用地6402.81公顷，占总面积7.91%；水域及水利设施用地24870.71公顷，占总面积30.71%；其他土地707.50公顷，占总面积0.87%。

【第三次国土调查】 2020年，太仓市贯彻落实国家、省和苏州市对“三调”工作部署要求，完成全市地类图斑调查10.4万个。“三调”初始调查库于2019年年底提交自然资源部并进入部级数据核查阶段，2020年重点开展第三次国土调查数据接边、外业核查、统一时点更新、数据自查自纠和补充举证工作。10月24日，数据通过国家级内业核查、数据库质量检查，“三调”工作基本完成。

【不动产统一登记】 2020年，太仓市推进不动产登记集成服务改革，实施“多审合一、多测合一、多验合一”。深化“一窗受理·集成服务”模式，推进“互联网+不动产登记”，实现当天办结不动产登记分类业务，全市通办“互联网+不动产抵押登记”。全年共发放各类不动产权证书证明10.05万本（证书3.07万本、不动产登记信息表5.06万本、证明1.92万本），办理各类业务11.74万笔。推进农民安置房办证。全年累计发放安置房证书3.15万本，完成全市满5年安置房发证工作，保障安置群众合法权益。

【地块测绘管理】 2020年，太仓市推进“多测合一”改革，完成地块测绘2523宗、面积2723.07公顷。在苏州范围内率先完成“天地图”公众版一体化建设，研究并开发指标管理系统。将“多测合一”理念延伸至企业取得建设用地使用权后整个建设周期，实现全建设周期“一站到底”测绘服务。

【地下管网管理】 2020年，太仓市开展工程一线规划服务，对大学城、市民公园规划验线，跟进高铁太仓站、太仓南站规划核实等相关工作，确保高铁站、市民公园顺利投入运行。全市地下管线总长度1.14万千米，其中包含给水1263.16千米、雨水1550.94千米、污水992.05千米、燃气754.72千米、电力394.04千米，共涉及管线18类、权属单位23家。完成678.27千米新建管线地理信息系统数据更新。

【土地执法监察】 2020年，太仓市依托“慧眼守土”智能监管系统等手段，加大土地执法巡查力度，严格执法监管，遏制新增违法用地。按照“既查事又查人”和“消除违法状态”标准，以“零容忍”态度遏制新增违法用地，按时完成季度卫片整改、土地例行督察、历史违法用地三年综合整治、农村乱占耕地建房问题专项整治、非法买卖野生动物行政执法等工作。全年接待到访群众200余人次，受理信访案件59件。办理依申请信息公开35件。办理行政复议案件10件、行政诉讼案件11件。完成联动中心主办件745件、协办件2130件，违建认定函419份。组织“4·22”世界地球日、“6·25”全国土地日、“8·29”全国测绘法宣传日、“12·4”国家宪法日、爱鸟周等主题宣传活动。“送法下乡·法润万家”连续四年获最受群众关注普法特色品牌。开展安全生产督查检查和安全生产宣讲，开展安全生产检查21次。开展“百团进百万企业安全生产专题宣讲”活动。

【土地档案管理】 2020年，太仓市按要求规范做好2019年度土地档案归档工作，共计4.41万卷、5865件。其中，综合档案类9卷，计划财务类112卷，地籍管理类728卷，用管耕保类33卷，权益利用类201卷，监察类53卷，电子声像类16卷，不动产档案3.81万卷，规划类档案3477卷，林业类1374卷，文书档案5801件，实物档案64件。年档案查询量1万余次。

【林业及湿地保护】 2020年，太仓市推进造林绿化，完成成片造林147公顷（含沿江造林43.07公顷），完成七浦塘生态修复三期、郑和公园扩园提档等重点工程，落实石头塘、荡茜河及太浏快速路绿化工程项目，全市农村绿化养护1333.33公顷。优化农村绿化布局，指导浏河镇浏南村创建省级绿美村庄、城厢镇永丰村创建国家森林乡村。湿地保护修复成效良好，湿地面积总量控制有效实施，全市自然湿地保护率72.4%，居苏州市首位。

【森林资源保护】 2020年，太仓市建立常态化森林抚育经营机制，改善林分结构和生境，培育健康稳定森林生态系统，全年完成森林抚育440公顷。按规定做好审批、虫病普查和监测。编制完成“十四五”期间森林采伐限额及森林经营规划方案。全年核发林木采伐许可证6份。开展松材线虫病春季普查和美国白蛾监测工作，抓好苗木产地检疫、调运检疫，重视复检工作，防止病虫害随林产品调运传播蔓延，签发植物检疫证2.16万张、木材运输证6642张。

【野生动物保护】 2020年，太仓市抓好野生动物保护管理工作，对全市具备资质的8家陆生野生动物人工繁育单位严格监管、精准服务。累计开展救援行动19次，拆除捕鸟网25口，救助红隼、非洲灰鹦鹉等国家重点保护野生动物12只。排查全市8家繁育单位卫生消毒和疫病防范工作，严禁野生动物非法交易。对金仓湖省级湿地公园、太丰西庐市级湿地公园开展鸟类多样性、水环境质量监测，对长江湿地小区开展鸟类多样性监测。

（王　溢）

基础设施建设

公　路

【概况】 2020年，太仓市公路总里程1351.07千米，公路桥梁1232座，公路密度217.92千米/百平方千米。其中高速公路57.54千米，一级公路272.96千米，二级公路495.23千米，三级公路105.90千米，四级公路419.44千米。全年交通基础设施建设公路计划投资8.93亿元，实际完成投资3.03亿元。太浏快速公路（346国道—陆新路）完成投资1.09亿元。

【快速路网建设】 2020年6月28日，岳鹿公路（太浏线—新浏河大桥）正式贯通，与上海嘉定城北路完成对接，打通省际“断头路”。7月1日，沪苏通铁路太仓站及太仓南站场站配套道路、规划连接上海嘉定宝钱公路的东仓新路投入使用。10月1日，太浏快速路经过28个月施工全线贯通。太浏快速路东延、正夫路西延开工建设。

【农村公路发展】 2020年，太仓市推进农村公路提档升级，开工建设农村公路提档升级项目18千米，乡村公路大中修工程11.3千米，农村公路危

2020年7月23日，航拍太浏快速路　（计海新摄）

桥改造5座。推进沙溪镇新建线、城厢镇昌盛路等农村公路改造项目（累计补助乡镇农路资金750万元），缓解农村公路建设难的“最后一公里”问题。

（陈颖兰）

铁　路

【概况】 2020年，太仓市加快构建市域轨道交通网络和东西南北相互贯通交通枢纽。交通基础设施建设铁路及配套计划投资24.62亿元，实际完成投资19.86亿元。苏南沿江铁路开工建设，完成投资8.91亿元。太仓港港口支线铁路完成所有征迁工作，开工建设，完成投资8.18亿元。沪苏通铁路太仓站、太仓南站配套基础设施完成投资2.78亿元。北沿江铁路方面继续配合建设单位与专项单位，做好项目开工前各项准备工作。苏锡常城际铁路对接上海市域铁路嘉闵线项目加快推进前期工作。

【沪苏通铁路运营建设】 2020年7月1日，沪苏通铁路一期正式通车运营。沪苏通铁路太仓站、太仓南站配套基础设施同步投入使用。沪苏通铁路二期项目根据前期进展和上级铁路办工作计划，结合北沿江铁路适时启动征地拆迁，定期对规划红线区域内建筑进行巡查。

（陈颖兰）

航　道

【概况】 2020年，太仓市航道总里程371.21千米，其中三级航道27.76千米，五级航道32.26千米，六级航道24.89千米，七级航道44.62千米，等外级航道241.68千米。全年交通基础设施建设航道计划投资4062万元，实际完成投资3444万元。苏浏线航道护岸维修整治工程完成投资1430万元。苏浏线太仓段部分护岸新建工程完成投资606万元。吴塘河航道护岸整治修复工程完成投资317万元。盐铁塘兴业弄段护岸应急修复工程完成投资173万元。盐铁塘航道弇山路桥南段新建护岸工程完成投资72万元。通航水域桥梁隐患整治项目完成投资500万元。吴塘河航道瓯江路桥段绿化提升项目完成投资106万元。杨林塘航道严林桥段绿化提升项目完成投资190万元。杨林塘双凤水上服务区船舶污染物接收设施完成投资50万元。完成盐铁塘月亮河小区北段、梅园小区段护岸的应急抢险工程。全年累计新建、修复护岸1500米。

【盐铁塘护岸整修】 2020年，太仓市按照六级航道标准，针对盐铁塘航道兴业弄段、月亮河小区北段、梅园小区段护岸出现不同程度沉降和塌陷等情况，采用重力式挡墙结构，修复上述护岸，累计新建护岸172米，化解险情3处。年内，加强航道及沿线安全管理，维护水上交通秩序和行洪安全，结合内河干线航道绿化及环境整治行动，打造绿化景观及人行休闲步道，改善沿河环境面貌，提升航道形象。

【通航水域桥梁隐患整治工程完工】 2020年，太仓市为防范船舶碰撞桥梁事故发生，对全市31座桥梁进行专项整治，包括完善跨河桥梁的桥涵标、桥名牌、警示标志、禁令标志和通航净高标尺等助航设施以及桥墩防撞设施等。专项整治工程有效遏制辖区内船舶碰撞桥梁水上重、特大责任事故发生，保障船舶航行安全和跨河桥梁运行安全，夜间助航标志为来往船舶指明方向，成为航道风景线。

（陈颖兰）

2020年7月1日，太仓市举行沪苏通铁路太仓站启用仪式　（计海新摄）

公共交通

【概况】 2020年，太仓市共有公路客运场站9个、长江汽渡1个；城市公交线路46条，投放车辆263辆；城乡公交线路10条，投放车辆42辆；镇村公交线路24条，投放车辆35辆；长途客运班线72条，投放车辆117辆。全年完成公交客运量1172万人次，长途客运量124万人次，太海汽渡客运量51万人次。全年安全运送旅客1347万人次。

【公交发展】 2020年，太仓市新增纯电动公交车55辆，新增公交线路3条，优化调整公交线路21条。年内，为做好沪苏通铁路站公交对接工作，新增、调整13条公交线路与太仓站、太仓南站对接，新购纯电动公交车28辆，实现太仓城区、各乡镇至高铁站全覆盖。机场定制班线扩容，开通太仓至苏州城际拼车服务以及太仓至苏州西站定制高铁线路。年内，太仓市开展交通运输一体化评价工作，被省交通厅评为AAAAA级发展水平。

【新能源公交车】 2020年，太仓市加快新型能源车辆投入使用，截至年底，全市累计淘汰老旧柴油公交车67辆，购买清洁能源型LNG（液化天然气）天然气车64辆、新能源型气电混合动力车45辆、新能源型油电混合动力车20辆、新能源型纯电动车60辆。新型能源及清洁能源公交车共189辆，占全市公交车总量56%，覆盖公交线路19条。全年新购55辆公交车均为纯电动公交车，新增车辆中新能源占比100%。

【公交信息化建设】 2020年，太仓市落实公交车攻坚工程要求，全市285辆公交营运车辆驾驶区域安装隔离装置和“主动安防终端系统”，所有车辆安装主动智能防控视频探头，加装公交车一键报警器，驾驶室安全防护装置安装率100%。升级改造公交智能调度分析系统，具备手机移动支付功能。新建不停车预检系统4套，升级改造3套，初步构建科技治超矩阵。依托“太仓通”App，建立和完善全市公众出行综合信息服务系统。

（陈颖兰）

交通运输管理

【交通行业监管】 2020年，太仓市健全“嘉昆太”交通执法一体化监管机制，筑牢省际边缘地带交通安全防线，提高交通运输领域安全监管能力。开展事前执法，查处安全生产主体责任落实不到位运输企业23家；推进“两客一危”（从事旅游的包车、三类以上班线的客车和运输危险化学品、烟花爆竹、民用爆炸物品的道路专用车辆）监管，累计立案查获道路运输违章案件385起；深化超限治理，累计查处超限车辆580辆次，初步建立源头治超、科技治超、联合治超“三位一体”超限治理工作机制。联合各相关部门对非法快艇、无证船舶、“僵尸船”等进行联合执法，查处“三无”船舶27艘，年度检查各类船舶1394艘次。加强法治教育培训，推进交通运输执法“四基四化”（基层执法队伍职业化、基层执法站所标准化、基础管理制度规范化、基层执法工作信息化）建设。推进行政执法公示制度，做好“诚信太仓”行政许可、处罚情况公示。全年受理行政处罚463起、行政许可140起。5月底，市交运局联合浏河镇等多部门推进浏河口3家列入苏州市突出环境问题清单内危货码头关停取缔工作，完成3家码头管线、趸船连接桥、锚固件切割和趸船拖离。

【交通安全和应急保障】 2020年，太仓市组织交通企业检查728家次，排查并整改隐患315条，立案查处118起。开展防汛、消防、应急救援等演练，提升应对紧急突发事件处置能力。推进安全生产标准化达标创建工作，杨林船闸获评苏州地区唯一一家全省船闸安全生产标准化一级达标单位。“两客一危”运输企业均实现二级以上达标，客运企业一级标准创建100%。全年全市交通安全生产事故数量较上年下降76.92%，死亡人数较上年下降76.38%。

（陈颖兰）

供水

【概况】 2020年，太仓市有水厂2家，分别为太仓市第二水厂、太仓市第三水厂，取用长江水为水源，日供水能力70万吨。其中第二水厂位于浮桥镇浪港村，日供水能力30万吨，第三水厂位于浏河镇闸北村，一期工程日供水能力40万吨，配套浏河水源地水库有效库容1500万吨。全市DN100（直径100毫米）以上供水主管道1370千米。全市供水实现集中式饮用水源地水质达标率、自来水普及率、区域供水覆盖率、出厂水水质合格率达到四个100%，在供水安全保障工作考核中，太仓市考核结果为“好”，处于全省领先水平。市水务集团下辖城区（南郊）增压站1个、乡镇供水管理站9个，负责全市机关、企事业单位及居民的生产、经营和生活用水供应。全市设供水压力监测点82个，实时监控全市供水管网压力，确保水压稳定。出厂水每6个月送无锡、南京国家水质监测站进行106项指标全分析，均达到或优于国家标准。

【供水保障】 2020年，太仓市供水总量1.05亿吨，售水总量9512万吨，漏

2020年8月，改造后的太仓市第二水厂 （陈婧雯摄）

损率9%。夏季最高日供水量34.3万吨，平均日供水量28.6万吨。其中居民用水3529.26万吨，占比37.1%；工业用水4972.43万吨，占比52.28%；洗浴等特种用水721.99万吨，占比7.59%；学校、福利院、社区等执行生活用水价格的非居民用水288.35万吨，占比3.03%。新增市政给水管道24.4千米；改造市政给水管道54千米；新增消火栓122个。

（陈婧雯　周　婷）

供　电

【概况】 2020年，太仓市全社会用电量累计103.86亿千瓦时，较上年下降1.24%；工业用电量累计82.65亿千瓦时，较上年下降2.02%。线损率2.06%，较上年下降0.09个百分点。全社会最高用电负荷193.13万千瓦，创历史新高，较上年上升5.02%。年内，太仓供电完成固定资产投资9314万元，220千伏及以上电网线路保持零跳闸。国网太仓市供电公司获评国网江苏省电力有限公司安全生产委员会“2020年度安全生产先进集体”。

【供电安全生产】 2020年，太仓市供电工作贯彻落实上级安全生产领域改革发展意见，召开安委会、安全分析会等会议14次，明确安全目标10项，安全任务35项。修订和组织签署安全责任清单2次。完成省电力公司安全示范点验收工作，配合省电力公司完成省市县三级安全标准体系文件编写24个。开展“电力安全生产专项整治”等主题活动8项。推进树线矛盾集中整治，消除树线矛盾隐患335处，修剪树木8693棵。修编《供电公司总体应急预案》整组文件26个，完善安全生产应急工作责任制。完成重大活动保电任务26次。截至年底，太仓供电公司连续安全生产5937天。

【电网建设】 2020年，太仓市供电工作结合全市总体发展规划，合理布局电力资源，将电网规划与地方发展衔接。年内，完成编制太仓市“十四五”乡村电网发展规划和配电网网格化滚动修编工作。完成500千伏太仓变扩建第二台主变工程、沪苏通铁路太仓牵引站配套220千伏线路和苏州金桥—昭文单π入璜泾220千伏线路工程等重点工程。确保弇山西路110千伏线路入地工程、南沿江铁路110千伏线路迁改工程、沪苏通铁路太仓站专变建设等政府重点工程按期投运。投产城西110千伏输变电工程，开工建设群星220千伏变电站110千伏送出工程。全年新增变电容量10万千伏安、配电容量24.75万千伏安，新增220千伏输电线路44.82千米、110千伏输电线路7.37千米、配电线路161.03千米。

2020年2月19日，国网太仓市供电公司在龙帛生物科技有限公司检查新增的防疫口罩生产车间安全用电情况

（吴雪丹摄）

【供电服务】 2020年，太仓市建立供电服务常态分析机制，剖析典型案例、形成管控措施，提升服务水平。落实500米以内电力配套工程授权备案政策，加快用户接入，减少用户停电现象；开展转供电环节加价清理工作。落实国家阶段性降电价政策，全年降低企业电费2.6亿元。推动报装接电实现“程序最简、环节最少、时间最短、效率最高”。

（余陈刚）

2020年3月4日，太仓供电工作人员在东林村协助开展春耕生产，加强供电线路、设施巡视检修

（吴雪丹摄）

燃　气

【概况】 2020年，太仓市供气格局以管道天然气为主、瓶装液化石油气为辅。全市有燃气经营企业8家，其中管道燃气经营企业2家，液化石油气经营企业4家，压缩天然气经营企业1家，汽车加气经营企业2家（其中浮宅路加气站属于太仓市天然气有限公司）。建有太仓、浏河、疏港高速天然气门站3座，城镇天然气管道长度1574千米，管道燃气用户23万户；液化石油气用户7万户，车用燃气用户近800户。

【燃气安全管理】 2020年年初，太仓市3家瓶装液化气经营企业签订联合经营协议，在苏州地区率先探索瓶装液化气联合经营模式，将“不规范、不盈利”状况推向“越规范、越盈利”态势。根据各区镇供给状况和布点意见，完成瓶装燃气供应站点提档升级，建设并运营瓶装燃气供应站28个。加强瓶装燃气供应市场监管，加大依法打击非法充装、储存、配送、经营、使用瓶装燃气违法违规行为力度，联合属地政府和相关监管部门取缔非法供应站点7处、违规用气1起、违规运输燃气7起，依法暂扣各类气瓶570只。组织开展各类安全检查224次，消除各类安全隐患303处，开具整改通知书129份。移交各类违法违规案件32起，处罚违法违规企业12家，共处罚金99万元。先后开展各类进社区、进企业、进校园等燃气安全宣传活动10余次，发放安全宣传手册1万余册，利用媒体定期开展微信答题、短信宣传、电视广播等系列活动。

（董长根）

垃圾处理

【概况】 2020年，太仓市推进生活垃圾分类工作。源头分类全面展开，458个居民小区“三定一督”（定时定点定人督导的四分类模式）实现全覆盖。实施“燎原计划”，整片区推进垃圾分类，科教新城创成2020年度苏州市生活垃圾分类全覆盖片区。开展生活垃圾分类宣传和专项执法工作，垃圾分类知晓率超95%，办理生活垃圾分类专项案件3144件，市民分类意识提升，源头分类初步实现“三增一减”（可回收物、有害垃圾、厨余垃圾量增，其他垃圾量减）。推进收运体系构建，配备分类收运车辆360辆，制定《太仓市生活垃圾分类收集运输规范（试行）》，落实“四不同”（不同人员、不同车辆、不同要求、不同去向）分类收运机制，混收混运消除，实现收运全链条、全封闭管理。终端处置能力提升，推进环卫系统与再生资源系统“两网融合”，开展可回收物线上线下回收处理。再生资源综合利用项目和建筑垃圾资源化利用项目开工建设，餐厨垃圾无害化处理厂等各类终端平稳运行。年内，太仓市生活垃圾分类投放、分类收集、分类运输和分类处理系统初步建成，生活垃圾分类集中处理率97%，共转运全市域生活垃圾27.12万吨，外运生活垃圾5.71万吨，全年资源化建筑垃圾处理42.7万吨，主城区厨余垃圾处置1万吨，有机物处理4423.09吨，大件垃圾拆解686.11吨，餐厨垃圾无害化处置2.63万吨。太仓市城市管理局打造的“借力物管改革体制优势、落实垃圾分类长效管理”项目被省住建厅列入2020年城乡生活垃圾分类和治理创新重点项目。

【党政机关垃圾分类】 2020年，太仓市倡导“绿色办公”，制定《太仓市党政机关生活垃圾分类工作实施方案》和《党政机关绿色办公行为准则》，举办党政机关垃圾分类宣传周活动，实现党政机关干部垃圾分类知晓率100%，台账普及率100%、分类设施覆盖率100%，投放准确率90%以上，营造“绿色环保新时尚、垃圾分类我先行”氛围。7月3日，太仓市市级机关节能和垃圾分类知识培训会召开，全市级党政机关节能和垃圾分类联络员共计90余人参加会议。

（周书佳　顾秋艳）

2020年9月25日，太仓市住建局开展燃气安全进社区活动　（陈云雷摄）

路灯管理

【概况】 2020年，太仓市城市出入口照明改造工程完成，拆除和重新安装G15高速公路省道339、沙溪出入口匝道原有路灯。城市出入口照明改造工程共新安装路灯257套、中杆灯2套、高杆灯10套。合同能源管理项目验收工作完成，17条县级以上道路1.4万盏传统光源灯具完成LED改造，节电率58%以上。全年更换灯泡5655只、镇流器395只、球罩183只、灯具65套，更换电缆148米，补缺灯杆57根，亮灯率始终保持99%以上。

2020 年太仓市公路亮化工程情况一览表

表 4

工程名称	亮化里程(千米)	总投资(万元)	路灯数量与规格
沪苏通铁路太仓站配套基础设施——道路照明	4.40	478	双臂 200 瓦路灯 149 套,双臂 100 瓦路灯 16 套,单臂 220 瓦路灯 33 套,单臂 100 瓦路灯 49 套,单臂 60 瓦路灯 59 套,4 火中杆灯 17 套
沪苏通铁路太仓南站配套基础设施——道路照明	3.36	470	双臂 160 瓦路灯 157 套,单臂 160 瓦路灯 34 套,单臂 60 瓦路灯 7 套,4 火中杆灯 15 套
太仓市太浏快速路(陆新路—346 国道)亮化照明工程	5.72	1079	100 瓦路灯 46 套,120 瓦路灯 268 套,200 瓦路灯 402 套,3 火补角灯 11 套,2 火补角灯 2 套
204 国道与 359 省道拥堵节点提升改造及亮化工程(一期)项目亮化工程	2.61	226	双臂 200 瓦路灯 77 套,单臂 200 瓦路灯 16 套,单臂 150 瓦路灯 6 套,4 火中杆灯 4 套,隧道灯 12 套
合计	16.09	2253	220 瓦路灯 33 套,200 瓦路灯 644 套,160 瓦路灯 191 套,150 瓦路灯 6 套,120 瓦路灯 268 套,100 瓦路灯 111 套,60 瓦路灯 66 套,4 火中杆灯 36 套,3 火补角灯 11 套,2 火补角灯 2 套,隧道灯 12 套
累计	258.10	5755	500 瓦路灯 222 套,400 瓦路灯 1548 套,250 瓦路灯 11959 套,220 瓦路灯 33 套,200 瓦路灯 644 套,160 瓦路灯 191 套,150 瓦路灯 191 套,120 瓦路灯 268 套,100 瓦路灯 283 套,60 瓦路灯 66 套,3 火中杆灯 4 套,4~6 火中杆灯 177 套,18 火以上高杆灯 8 套,3 火补角灯 11 套,2 火补角灯 2 套,隧道灯 12 套

(周书佳　陈颖兰)

城镇绿化

【概况】 2020 年,太仓市城市建成区绿化覆盖面积 2144 公顷,覆盖率 41.09%;城市建成区绿地面积 2031 公顷,绿地率 38.92%。城市建成区人均公园绿地面积 15.33 平方米,公园绿地服务半径覆盖率 96.29%。城市绿量充沛,“三绿”(人均绿地、绿地率、绿化覆盖率)指标均达全国领先水平,太仓市成功创建国家生态园林城市。

【城镇绿化建设】 2020 年,太仓市推进绿化重点工程,推动绿色生态体系骨架建设。年内实施上海路、朝阳路高速出入口提档改造工程,打造重点门户;实施一环优化提升工程,构建以生态绿道连接城市慢行交通系统,形成多层次、网络化的城市“绿带”。环城生态廊道人行桥工程(娄江河跨城北河)竣工,加速一环全面贯通。坚持规划引领,建立完善绿化空间管控制度,编制《娄江新城绿地系统规划》,提升娄江新城景观风貌,打造绿色生态、优美和谐的新城人居环境。

(董长根)

污水处理

【概况】 2020 年,太仓市共有污水处理厂 9 家,年内全部完成提标建设,污水日处理能力 28.5 万吨,污水厂尾水由一级 A 标准提高到苏州特别排放限值标准。其中市水务集团有限公司有城区、璜泾、双凤、沙溪、浏河、岳王、南郊等生活污水处理厂 7 家,污水日处理能力 19.5 万吨。年内,港城工业污水处理厂建成,污水日处理能力 3 万吨。规划建设沙溪、双凤、浏河、璜泾、浮桥等工业污水处理厂 5 家,其中沙溪工业污水处理厂年内开工建设。全年全市处理污水 4686 万吨;COD(化学需氧量)削减量 13471 吨,BOD(生化需氧量)削减 5748 吨,污水处理负荷率 81.71%,较上年增加 17.23 个百分点,全年污水处理稳定达标排放。

【污水治理能力提升】 2020 年,太仓市完成截污纳管项目 1903 个,新建、改建污水主管网 127 千米;完成农村生活污水治理 27 个村、1834 户;完成接管改造农污独立泵站 28 个,纳入辖区内污水处理厂集中处理,推进生活污水治理向全覆盖、精细化、高质量方向发展。结合美丽乡村建设,完成 68 个康居乡村点治理任务和 4652 户接户工程;全市农村生活污水治理率 92%。

【城乡生活污水治理】 2020 年,太仓市启动城乡生活污水处理提质增效精准攻坚“333”(三消除、三整治、三提升。“三消除”指消除城乡黑臭水体、

2020年8月，航拍浏河污水处理厂扩建及提标改造工程施工现场
（陈婧雯摄）

消除污水直排口、消除污水管网空白区；“三整治”指整治工业企业排水、整治“小散乱”排水、整治阳台和单位内部排水；“三提升”指提升城镇污水处理综合能力、提升新建污水管网质量管控水平、提升污水管网检测修复和养护管理水平）行动，印发《太仓市城乡生活污水处理提质增效精准攻坚“333”行动方案》，完成“污水处理提质增效达标区”划分图。该方案计划至2021年年底，城市建成区和沙溪古镇区60%以上面积、乡镇（含被撤并乡镇）建成区50%以上面积建成“污水处理提质增效达标区”，至2025年年底，城市建成区和沙溪古镇区90%以上面积、乡镇（含被撤并乡镇）建成区80%以上面积建成“污水处理提质增效达标区”，全面构建“源头管控到位、厂网衔接配套、管网养护精细、污水处理优质、污泥处置安全”的城乡污水收集处理新格局。2020年，共完成建设“污水处理提质增效达标区”21个，面积42.98平方千米。

【农村污水治理经验推介】 2020年，《中国水利》以《太仓："四统一"推进农村污水高质量发展》为题，报道太仓市农村污水治理经验做法。太仓市以“一张图”布局，修编城镇污水处理专项规划，将全市分为城厢、开发区、科教新城等污水处理系统10个，推动城乡污水一体治理。截至2020年年底，全市农污项目接管比例超85%，位居苏州前列。太仓市坚持“一盘棋”治理，统一建设主体和资金来源渠道，统筹推进城乡污水设施建设。坚持“规范化”管理，开发统一管理平台，设立农村生活污水治理运维基地，提升运行管理水平。城厢镇万丰村生活污水处理模式被新华社报道。采用“标准化”考核办法，统一监管。制定太仓市生活污水处理设施考核办法，定期对农村污水设施开展指导评估，考核结果通报至责任单位。

（周　婷　陈婧雯）

水利设施

【概况】 2020年，太仓市共有水闸157座（单闸78座，闸站结合79座）、排涝泵站10座、涵洞28座（沿江涵洞11座）。境内长江堤防位于长江河口段南岸，北起白茆口，南与上海市宝山区接壤，涉及璜泾、浮桥和长江口旅游度假区（浏河）3镇（区），主江堤长38.38千米，闸外港堤12.52千米，防洪标准为50年一遇洪（潮）水位加堤顶超高（十级风风浪爬高加风雍高加安全超高）。沿江共有浏河、杨林、七浦、新荡茜等通江水闸12座和通江涵洞11座，构成长江防洪挡潮屏障。太仓市堤闸管理处承担境内长江防洪工程的运行和维护任务。2020年汛期，长江流域发生特大洪水，太仓市主动应对，强化预测预报、巡查值守，做好各项防御工作。通江水闸全力抢排，其中浏河、杨林、七浦作为阳澄淀卯区3条重要的排水通道，汛期排水量14亿立方米。圩区排涝动力每秒118立方米，城区排涝动力每秒61立方米，确保城区、圩区内部河道保持较低水位。

【圩区管理】 2020年，太仓市圩区总面积约49平方千米，涉及城厢、沙溪、双凤3镇，共有联圩10个，圩区防洪

2020年8月，工作人员进行街面路段排涝　（市水务局供稿）

标准按50年一遇，排涝标准为20年一遇降雨雨后一日排出不受涝。圩堤总长76.56千米，排涝闸站50座（纯排涝泵站18座、闸站结合32座）、防洪闸17座，排涝流量113立方米/秒，配套功率5118千瓦。

【防汛防台减灾体系】 2020年，太仓市强化汛前准备，印发《太仓市防汛防旱应急预案》《太仓市防御台风预案》，在主汛期前委托太湖水利规划设计研究院编制完成《太仓市主城区超标准洪水防御预案》。全年做好防汛决策系统、堤防变形监测平台维护升级，提高河道水位监测、堤防变形监测数据的及时性、准确性。完成长江钱泾闸外护岸加固抛石近6000立方米，拆除沪苏通铁路一期施工坝基25座，完成水闸安全鉴定48座。全市共储备块石1.47万吨，袋类36.07万只，排涝泵910台，大型移动发电机组9台，冲锋舟、橡皮艇各2条。疏通清理老城区下水管道约60千米，清掏窨井1.35万个，对洛阳西路（人民路至柳园路）、伟阳小区、德兴二村、富豪小区、桃园新村、万鸿公寓、通达公寓、锦地水岸等道路小区实施雨污分流改造，新建、改建雨水管道，增加落水井等方法解决积水问题。全市防汛抢险队伍共66支，总人数超1600人，其中市级专业抢险队4支，每个镇区落实专业抢险队3支。

【梅雨天气防御应对】 2020年，针对太仓梅雨期长、雨量大等实际情况，市防汛指挥部先后启动防汛应急响应7次，其中启动Ⅳ级应急响应4次、Ⅲ级应急响应3次。梅雨季期间，全市通江水闸累计排水375潮次，累计排水量7.73亿立方米，有效降低河道水位，保证防汛安全。全市先后出动抢险人员1192人次，动用排水车辆77车次、水泵227台次，市消防救援大队出动车辆29车次，145人次共同参与排水抢险。

【长江崩岸险情监测】 2020年汛期，长江流域发生大洪水，大通站洪峰流量达8.46万立方米/秒，仅次于1954年大洪水大通洪峰流量，太仓市长江段局部河床发生明显变化。10月，长江口水文水资源勘测局完成汛后监测。11月，对持续冲刷较大区域进行复测。监测数据显示，太仓市长江段河床整体以冲刷为主，–20米、–30米、–40米等高线在美锦码头、万方码头、武港码头原抛护体前沿及武港码头和华能港务码头之间明显向岸侧摆动，其中武港码头、华能港务码头之间出现直径达百米的较大深坑2个，最深处约为–40米，10—11月冲深超10米，且有继续发展趋势。武港码头前沿原应急抢护体坡脚前沿出现进一步冲刷，并威胁原有抛石抢护棱体稳定。万方码头、美锦码头、鑫海码头前沿深泓线距码头前沿最小处不足百米，且深泓坡比越来越陡，存在威胁3座码头运行的安全隐患。12月9日，市水务局会将监测结果通报相关码头企业，并针对冲刷险情发展态势，继续加大监测范围，增加监测内容。市水务局将有关情况向水利部长江水利委员会专题汇报，争取上级水利部门支持。

【智慧水利（一期）项目】 2020年，太仓市智慧水利（一期）项目成功架构“1+1+3”模式，即完善智能感知体系1个，建设智慧水利能力中心1个，建设应用支撑平台3个。智慧水利对接防汛决策、水资源信息采集、基础水信息平台、城管局积水点等系统26个，共计存储38大类1.17万条基础数据及3000万条以上实时监测数据，构建监管专题界面11个，建成安全可控的水利“一张网”，在防汛防旱、水资源管理、水工程调度、供排水、公共服务等方面发挥重要作用。

（周　婷）

防震减灾

【概况】 太仓市地处长江三角洲冲积平原，周边地区地震总体活动水平较低，历史上发生最大地震为5级，共2次。2020年，太仓市2处地震宏观监测站运行正常，全年无宏观异常上报，群测群防震情上报工作有序开展，全年地震监测数据采集连续率99%以上。年内，太仓市规划展示馆被中国地震局评为国家防震减灾科普教育基地，太仓市累计创建国家级防震减灾科普教育基地1个、地震安全示范社区2个、省级地震安全示范社区5个、省级防震减灾科普教育基地1个以及省级防震减灾示范学校1所。太仓市扩大防震减灾宣传效应，利用“5·12”防灾减灾日、“7·28”唐山地震纪念日以及法制宣传日等宣传节点，开展广场宣传活动5次、地震科普知识讲座6场次，在微信公众号上开展防震减灾知识竞答活动1次，发放知识手册1万册。太仓市获评2020年度全

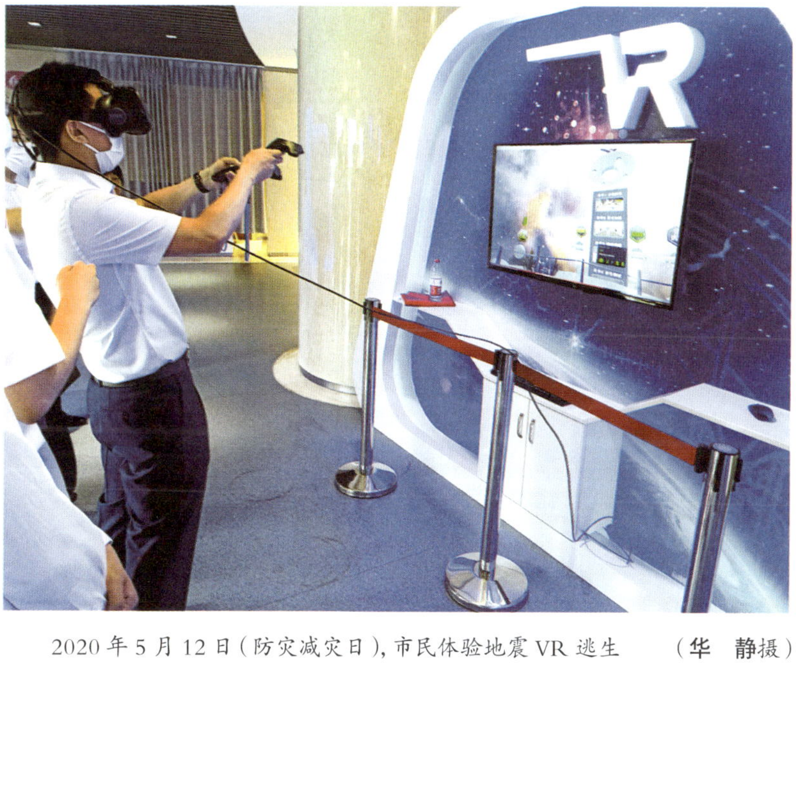

2020年5月12日（防灾减灾日），市民体验地震VR逃生　（华　静摄）

省市县防震减灾工作综合考核优秀单位、2020 年度全省防震减灾科普宣传工作先进单位。

【地震应急避难】 2020 年，太仓市在市民公园新建地震应急避难场所，应急避难功能转换按照《防灾避难场所设计规范》（GB+51143—2015）中固定避难场所规划设计，新增城市有效避难面积 7 万平方米。加强应急志愿者队伍培训演练，推进地震灾情速报网络建设，提升地震应急管理能力。组织全市速报员开展“12322”地震灾情速报系统业务技能培训 1 次，组织志愿者参与防震减灾宣传服务 4 次。（董长根）

气象科技

【气象监测预报】 2020 年，太仓市按照上级气象主管部门的统一标准，实施太仓国家气象观测站智能化台站建设任务，完成智慧气象十三五项目建设和验收。全年观测设备安全、高效运行，国家站报文及时率、到报率、数据可用率均为 100%，气象自动站监测站及时率、到报率、数据可用率分别为 99.99%、100%、100%，生态气象监测设备数据捕捉率均为 99% 以上。全年暴雨预报准确率 100%，寒潮预报准确率 66.66%，高温预报准确率 75%，晴雨预报准确率 97.22%，24 小时晴雨预报准确率 98.09%，定性预报准确率 95.62%，定量预报准确率 94.85%，较上年有所提高。

【气象服务】 2020 年，太仓市气象局共制作发布预警信号 94 次，发送预警短信 270 条、22.09 万人次，发放各类气象服务材料 155 期，服务市民和地方经济建设。全年持续做好气象预警显示终端的布设和巡查维护力度，提升气象预报预警信息“最后一公里”的传播率。利用“3·23”世界气象日、“5·12”防灾减灾日、科普宣传日等载体，开展气象防灾减灾科普宣传，提升市民防灾减灾意识及应对气象灾害的自救技能。（王 亮）

智慧城市建设

【概况】 2020 年，太仓市拥有固定电话总数 27.12 万台，移动电话总数 115.6 万台，有线电视用户总数 10.1 万户，通信 3G、4G 业务用户总数 104.4 万户，互联网宽带上网用户总数 41.22 万户，光纤总长度 228.71 万芯公里，互联网总带宽 2324 千兆。

【数字政务信息化建设】 2020 年，太仓市建设政务协同办公平台，实现政府公文全流程网上办文和跨单位协同办理。建设全市基层“互联网 + 政务服务”平台，建成“以市级为基础，镇街为中心，村居为终端”全面覆盖基层的政务服务体系，实现业务系统及服务站点全覆盖，就近办理赋权事项 36 项及公共服务事项 158 项。创新推出“太 e 办”微信平台及政务服务自助一体机，完成自助办、掌上办政务服务事项 477 项和便民服务事项 30 项，实现政务服务网络化、标准化、均等化、便利化。

【城市管理信息化建设】 2020 年，太仓市推进基础地理信息数据体系建设，更新 1∶1000 大比例尺地形图，建立主城区 60 平方千米倾斜摄影和精细三维模型。升级太仓市地理信息公共服务平台，完善地理空间数据共建共享机制。完成江苏省首个区县级地理信息资源目录服务系统建设，在苏州市率先完成“天地图”公众版一体化建设，提升地理信息公共服务能力和水平。建设二维码门牌信息管理平台，为开展巡逻防控、隐患排查、人口管理、为民服务等工作提供支撑。建设应急广播平台，建立覆盖全面、调度灵活、指挥便捷、安全可靠的应急广播体系，提高各级政府应对突发事件应急处置能力。

2020 年太仓市信息化基础设施统计情况表

表 5

通信网络设施	电信	移动	联通	广电	总和
固话用户数（万台）	13.50	13.25	0.37	—	27.12
移动电话用户数（万台）	37	54.60	24	—	115.60
有线电视用户数（万户）	—	—	—	10.10	10.10
有线电视双向改造覆盖用户数（万户）	—	—	—	22.23	22.23
宽带用户数（万户）	20.90	14.40	1.90	4.02	41.22
3G、4G 业务用户数（万户）	37	43.80	23.60	—	104.40
4G 基站数（个）	1107	1120	804	—	3031
光纤总长度（万芯公里）	65	94.35	53.40	15.96	228.71
交换机数（万门）	16	—	0.60	—	16.60
互联网接入带宽（千兆）	1800	420	90	14	2324

【公共服务信息化建设】 2020年，太仓市建设家庭医生巡诊包项目，方便签约居民在家享受家庭医生上门随访服务。完成放射辐射在线监测系统建设，实现实时掌握医用放射工作区域周边辐射水平。建设区域PACS（影像归档和通信系统）图像手机快速调阅项目，为居民在“健康太仓”App提供在线查询、下载医院影像检查图像报告途径。建设太仓教育新生入学信息采集系统，打造报名、预审、验证、调配、录取等完整招生入学管理体系。实施“云上教育同城帮扶”项目，累计在10所学校建成直播教室20间，实现优质教育资源在薄弱学校全覆盖。建设专项资金监管平台，规范社保基金及就创业补助（专项）资金使用管理。

（张文贝　蒋海斌）

【电信助力智慧城市建设】 2020年，太仓电信围绕政府信息化、企业信息化、社会信息化三大领域，参与建设“智慧太仓”，推广民生信息化应用、推进物联网应用，助力智慧城市建设，完成太仓市首条智慧交通示范道路建设、陆渡街道电子警察智能交通管理系统、璜泾镇人民医院数据中心整体改造、公共资源交易中心云主机服务、动物卫生监督所“智慧动监”维保、娄东街道社区智慧门磁、浏河镇执法局城管视频智能识别服务等重点项目签约和建设。借助新一代信息技术应用，助力社会治理精准化，推进资源整合和数据共享，提升城市管理水平和民众生活质量。

【智慧校园建设】 2020年，太仓电信与市教育局合作，在实现基础网络覆盖前提下，与江苏省沙溪高级中学、太仓市双凤中心小学签约云主机、云桌面等项目，加快建设中小学智能化、信息化应用系统。通过人脸识别门禁、黑名单身份预警、多屏互动的智慧课堂、教学质量评估回溯分析等场景建设，融合各类数据，实现整体联动、数据优化，打造以物联网技术为基础的教学资源整合平台，提升管、教、学、评等各方面数字化、个性化、智能化水平。

（胡　笛）

2020年12月14日，苏州市文广旅局、苏州市工信局组成联合验收组验收城厢镇“有线智慧镇（街道）”建设成果（袁雪花摄）

【有线智慧镇（街道）建设】 2020年，太仓广电网络加强与各镇（街道）及相关部门工作对接，按照“有线智慧镇（街道）”建设指导标准，完成项目整体规划、平台建设和服务保障等工作。12月14日，城厢镇、双凤镇、浏河镇、浮桥镇、璜泾镇、娄东街道、陆渡街道7个镇街道均高分通过苏州市“有线智慧达标镇（街道）”验收。“有线智慧镇（街道）”建设项目利用广泛覆盖的广电网络和进入千家万户的高清互动机顶盒智能终端，打造一个面向群众、互动体验、多元智能、内容丰富的“广电＋互联网”服务平台，实现公共服务“进村（社区）入户”。

（闵　靓）

生态环境

生态环境质量

【水环境】 2020年，太仓市有饮用水源地1个，为太仓第三水厂水源地，全年全市集中式饮用水源地取水总量1.08亿吨，饮用水源地水质监测结果达Ⅲ类水标准。太仓市共有省级以上考核断面6个，长江浏河、荡茜河桥2个断面水质达Ⅱ类水标准，浏河闸、振东渡口、仪桥、新丰桥镇4个断面水质为Ⅲ类水标准，6个省考以上断面水质均达到年度考核目标，优Ⅲ比例100%。

2020年太仓市水质监测年平均值统计情况表

表6

断面名称	所在河流	水质类别	pH值	溶解氧	高锰酸盐指数	生化需氧量	氨氮	化学需氧量	总氮	总磷
			无量纲	毫克/升	毫克/升	毫克/升	毫克/升	毫克/升	毫克/升	毫克/升
浏河	长江	Ⅱ	8	8.40	1.80	0.70	0.04	8.10	1.64	0.07
浏河闸	浏河塘	Ⅲ	8	7.00	2.60	1.60	0.48	10.60	2.28	0.15

续表 6

断面名称	所在河流	水质类别	pH 值	溶解氧	高锰酸盐指数	生化需氧量	氨氮	化学需氧量	总氮	总磷
			无量纲	毫克 / 升	毫克 / 升	毫克 / 升	毫克 / 升	毫克 / 升	毫克 / 升	毫克 / 升
振东渡口	浏河塘	Ⅲ	8	6.80	4.00	2.50	0.62	12.30	2.76	0.13
新丰桥镇	盐铁塘	Ⅲ	8	6.30	4.00	2.30	0.89	14.10	3.00	0.16
仪桥	杨林塘	Ⅲ	8	7.60	2.60	1.30	0.21	10.40	1.74	0.13
荡茜河桥	七浦塘	Ⅱ	7	8.20	2.30	1.70	0.10	9.20	1.85	0.08

【环境空气】 2020 年，太仓市环境空气有效监测天数 366 天，其中优良天数 312 天，优良率 85.2%；全年污染天数 54 天，其中轻度污染 44 天，中度污染 10 天，未出现 AQI 指数（空气质量指数）300 以上的严重污染天气。细颗粒物 $PM_{2.5}$ 年均浓度 26 微克 / 立方米，较上年下降 16.1%。优良率与 $PM_{2.5}$ 浓度两项指标分别排名苏州第二和第一，在全省县（市、区）名列前茅。全市有降尘监测点位 2 个，分别为监测站点位和气象观测站点位。全年监测站点位降尘月均值 1.59 吨 / 平方千米，气象观测站点位降尘月均值 1.47 吨 / 平方千米。全年共采集降水样品 111 个，其中酸雨（pH ＜ 5.6）样品 6 个，降水酸度按雨量加权平均值为 6.36，酸雨发生率 5.4%，酸雨发生率较上年上升 1.8%。

2020 年太仓市环境空气质量监测情况表

表 7　　单位：天

月份	有效监测天数	一级（优）	二级（良）	三级（轻度污染）	四级（中度污染）	五级（重度污染）	六级（严重污染）
1 月	31	9	16	3	3	0	0
2 月	29	18	11	0	0	0	0
3 月	31	11	19	1	0	0	0
4 月	30	3	22	4	1	0	0
5 月	31	6	15	9	1	0	0
6 月	30	10	14	6	0	0	0
7 月	31	13	12	5	1	0	0
8 月	31	10	15	6	0	0	0
9 月	30	3	21	3	3	0	0
10 月	31	8	23	0	0	0	0
11 月	30	13	16	1	0	0	0
12 月	31	5	19	6	1	0	0
合计	366	109	203	44	10	0	0

【声环境】 功能区噪声。2020 年，太仓市功能区噪声均达相应类别标准，达标率 100%。

区域噪声。2020 年，太仓市昼间区域环境噪声平均等效声级 55.9 分贝，等级划分为“一般”。

道路交通噪声。2020 年，太仓市昼间道路交通噪声平均等效声级为 63.8 分贝，等级划分为“好”。

【土壤和生态环境】 2020 年，太仓市土壤环境质量监测区域无土壤点位超标，土壤污染等级均为无污染。全市生态环境状况指数 60.5，处于良好级别，植被覆盖度较高，生物多样性较丰富。生态环境质量较上年无明显变化，生态环境质量状况稳定。

（黄　凯）

工业污染源

【工业废气】 2020年,太仓市燃煤总量1144万吨,较上年下降10%。电力、热力生产和供应业是煤炭消耗主要行业,耗煤量1139.5万吨,占全市总耗煤量99.6%。全市工业废气排放总量1134亿立方米,与上年相比无变化。其中电力、热力生产和供应业是废气排放量最大行业,累计排放量860亿立方米,占全市总量75.8%。全市工业废气中二氧化硫、氮氧化物、烟(粉)尘排放量分别为2494吨、6192吨、505吨,较上年分别下降75.7%、51.5%、81.4%。其中电力、热力生产和供应业是废气污染物排放第一大行业,二氧化硫、氮氧化物、烟(粉)尘排放量分别为2451吨、5848吨、436吨,分别占全市总量98.3%、94.4%和86.3%。

【工业废水】 2020年,太仓市工业取水量1.07亿吨,工业废水排放总量3423万吨。工业废水排放主要行业是造纸和纸制品业,排放量2246万吨,占全市排放总量65.6%。全市工业化学需氧量和氨氮排放量分别为1639吨和145吨,较上年分别下降39.4%和32.9%。造纸和纸制品业是全市化学需氧量排放量最大行业,排放量1068吨,占全市排放总量65.2%。造纸和纸制品业仍是全市氨氮排放量最大行业,其排放量105吨,占全市排放总量72.4%。

【工业固体废物】 2020年,太仓市一般工业固体废物产生量237.35万吨,综合利用量216.82万吨,综合利用率91.35%。危废产生量5.33万吨,危废处置量(转移)5.31万吨,危废贮存量1977吨。危险废物主要产生行业为电镀行业,危废类别为HW17(第17类有害废物,属表面处理废物),存量2.86万吨,占危险废物产生量37.79%。全市共有城镇污水处理厂9家,年产污泥量3.68万吨,通过制肥、制砖、制造胶凝材料实现全市城镇水处理污泥安全处置率100%。

(黄　凯)

生态保护

【概况】 2020年,太仓市印发《太仓市2020年度大气污染防治工作计划》《太仓市2020年度水污染防治工作计划》《危险废物处置专项整治具体实施方案》《太仓市突发环境事件应急预案》《太仓市农业农村污染治理攻坚战实施方案》《太仓市2020年度环境监察工作计划》等文件,落实完成重点工程项目12项,累计投入资金10.22亿元。全市环境质量持续改善,获评国家生态文明建设示范市,是苏州首批获该荣誉的县级市,连续两年获苏州市打好污染防治攻坚战考核"优秀"等次。

太仓市2020年度生态文明建设重点工程情况一览表

表8

序号	项目名称	完成情况
1	工业炉窑整治	淘汰北新建材燃煤工业炉窑
2	锅炉综合整治	新太酒精、琪优势、旭川等7家企业共计8台天然气锅炉低氮改造
3	挥发性有机物治理	291家工业企业开展挥发性有机物无组织深度治理,19家工业企业开展VOCs(挥发性有机物)深度治理
4	太仓市主城区水质升控导工程	完成涞泾河等14座活动堰工程量的30%
5	太仓市污水处理设施建设	南郊、沙溪、浏河、双凤污水处理厂通水运行。沙溪工业污水处理厂完成土建桩基工程,完成土建基础工程70%,完成土建主体工程25%,完成主要设备(MBR膜、V型滤池等)招标。新建污水管网25千米
6	太仓市土壤污染调查及防控	完成1家企业拆除活动污染防治方案材料备案。新增86个企业地块信息采集,完成上级质控;初步采样地块28个,完成初步采样,样品检测分析,系统数据上传。重点行业企业土壤自行监测93家
7	太仓市建筑装潢垃圾资源化处理厂	总处理规模2050吨/日,其中装修垃圾1500吨/日,拆除垃圾(含工程垃圾)500吨/日,大件垃圾(含绿化垃圾)50吨/日,分拣中心一座,项目分期实施,其中一期处理规模装修垃圾750吨/日,拆除垃圾(含工程垃圾)500吨/日,大件垃圾(含绿化垃圾)50吨/日
8	太仓市再生资源综合利用项目	建设规模为处理生活垃圾2250吨/日,协同处置易腐垃圾400吨/日(其中一期建设200吨/日,二期建设200吨/日);配套建设一座有效库容约50万立方米的飞灰填埋场
9	太仓市农村生活污水处理	完成治理农户1834户
10	太仓市双凤五金机电(电镀)集中作业区环保升级改造	污水处理量2000立方米/日,采用高效浅层气浮工艺+超滤+反渗透+电渗析+MVR蒸发工艺,服务双凤五金机电(电镀)集中作业区(太仓市双凤电镀污水处理有限公司)

续表 8

序号	项目名称	完成情况
11	太仓市生态湿地净水工程	建成太仓市港城组团污水处理厂生态湿地净水工程
12	太仓市乡镇（街道）大气监测能力提升	高新区、港区、沙溪镇 3 个乡镇空气自动监测站仪器设备填平补齐，新增 4 个监测参数

【生态治理】 2020 年，太仓市推进生态缓冲区建设，港区生态缓冲区被列入省厅 A 类生态缓冲区。排定苏州市生态文明建设“十大工程”12 项，涉及资金 10.22 亿元。落实生态空间管控，下拨省级生态补偿资金 745 万元。树立“山水林田湖草生命共同体”理念，落实最严格耕地保护制度，严守生态红线，划定生态空间管控区和生态红线 146.99 平方千米。把保护和修复长江生态环境摆在压倒性位置，深化长江大保护“2982”专项行动（第一个“2”代表水路长江航道、陆路长江江堤；“9”代表新七浦塘、钱泾河、新泾河、鹿鸣泾、浪港河、七浦塘、杨林塘、新塘河、浏河塘 9 条主要入江支流；“8”代表扬子江码头、鑫海码头、美锦码头、万方码头、武港码头、华能港务码头、华能电厂码头、集装箱码头 8 个港口码头；第二个“2”代表煤电片区、石化片区 2 个重点片区），实施长江岸线开发总量控制，长江岸线太仓段开发利用率 37.2%。下发 2020 年强制清洁生产审核企业名单，完成清洁生产审核验收企业 28 家。

（黄　凯）

水资源保护

【河湖概况】 2020 年，太仓市水域面积 256 平方千米，其中内陆水域面积 112 平方千米。全市河道分六级，共 4640 条、3402.25 千米，其中流域性河道为长江 36.2 千米；区域性河道 5 条，分别为东西向的浏河塘、杨林塘、七浦塘、新荡茜河通江河道 4 条，南北向的盐铁塘，共 123.42 千米；太仓市级河道 20 条、209.5 千米；镇级河道 227 条、589.19 千米；村级河道 652 条、955.32 千米；生产河道 3748 条、1491.84 千米。境内主要有水利分区 4 个，分别是吴塘河以西的低洼圩区、吴塘河—盐铁塘之间的半高地、盐铁塘—沪浮璜公路一线的中部平原区以及沪浮璜公路以东的沿江高水片。

【水资源管理】 2020 年，太仓市有效控制水资源消耗总量，全市年度用水量 6.69 亿立方米（按新统计口径），单位地区生产总值水耗 48.24 立方米 / 万元，征收水资源费 2960 万元。年内，太仓市成立节水型社会建设工作领导小组，获评国家节水型社会达标县。印发《太仓市节约用水管理办法》《太仓市节约用水行动实施方案》，编制《太仓市城市节约用水规划》。累计培育省市级节水型企业（单位）53 家、节水型小区 40 个、节水型学校 51 所及节水型公共机构 80 个。全市年用水总量得到有效控制，供水管网漏损率 8.66%，达全国先进水平。全市建设水情教育基地 2 处，在建节水教育基地 1 处，通过编制节水课程，把节水教育引入课堂。建立公众参与自觉节水的社会行为规范体系，每年参与活动人数超 3 万人次，提升全社会节水意识。

【水系规划体系健全完善】 2020 年，太仓市编制完成《太仓市“十四五”水务发展规划》，精准把握“十四五”时期时代特征和生态绿色高质量要求，开展水务基础设施大建设，构建水务基本现代化大格局，打造水行政管理大平台，统筹推进水安全基础建设、水生态保护修复、水环境改善治理、水资源高效利用、水文化传承弘扬、水管理提质增效六大任务系统性、全要素高质量发展，打造“水美太仓”品牌。编制完成《娄江新城水系规划》。规划范围为娄江新城全境，总面积 48.5 平方千米。在规划区形成“四横四纵”骨干水系框架（“四横”以浏河、北浏河、洙泾河、湖川塘为主的东西向河道，“四纵”即十八港、江申泾—横沥河、千步泾、石头塘），扩大骨干河道引排能力，并完善镇级、村级河道布局，提升规划区水系在防洪排涝、水资源保护、水生态环境调节等方面能力。

【主城区水质提升】 2020 年，太仓市按照“生态园林城市建设”目标要求，从污水治理、河道整治、控导工程三方面持续推进城区水环境综合整治，提升河网水动力，改善城市水生态环境质量。截至年底，完成城区、高新区 12 个片区的截污纳管，73 个小区的雨污分流改造和片区内所有“十个必接”项目，做到污水应收尽收。完成樊泾河北延、横一河东延等水系沟通工程，基本完成十八港拓浚整治，建成二环水廊。二环沿线湖川塘、洙泾河、城北河等河道口门处设置活水控导工程 14 座，年内完成主体工程建设，形成由十八港—湖川塘，经城区河网至盐铁塘—浏河有序流动的活水模式，并推进水闸联合调度、精准调度，提升城区河道水动力。

【水系治理】 2020 年，太仓市完成杨林塘口门建筑物工程，建设杨林塘支河口门防洪闸 12 座，完善区域防洪体系。实施十八港河道拓浚整治工程，长度 7 千米，拓宽河口宽度至 40 米，修建生态挡墙及沿河绿道。疏浚长江随塘河（浮桥段）河道 21 千米。开展涟浦涵洞改建，改建涵洞 1 座，规模为 2 米 ×2 米。实施再生资源水系调整项目，包括新开河道 580 米、老河拓浚整治 620 米，配套生态挡墙 2260 米；新建灌排闸站 1 座，灌溉渠道 760 米，圩堤道路 900 米。开展冬春水利建设，全市疏浚河道 258 条、156 千米。全市拆坝建桥涵 31 座，建设生态河道 13.3 千米。

2020 年 12 月，杨林塘口门建筑物配套工程完工（市水务局供稿）

【河长制工作深化】 2020 年年初，太仓市召开全市深化河长制工作暨生态美丽河湖建设推进会，年内共召开市镇两级河长制工作推进会 64 次、河长工作例会 127 次。全市 3400 余条河道 705 名河长认真履职，共计巡河 7.2 万次。全市共设置水质监测点 450 个，落实“一月一监测一通报”，督促河长履职，倒逼问题落实有效整改。完成苏州“一事一办”44 项，完成率 100%；完成太仓“一河一策”350 项，涉及工业排污、生活污水治理、河道工程整治、两岸违章整治、水文化建设等九大类，全方位推动涉河问题的解决。年内，与昆山市、常熟市联合印发联合河长制工作制度，建立合作共建机制，实现全市所有跨界河湖联合河长制全覆盖。

【长江大保护】 2020 年，太仓市完成长江及入江支流高质量水岸同治，把该项工作作为长江生态保护重要抓手，列入全市长江环境大整治环保大提升“2982”专项行动计划，并纳入全市河长制对区镇的年度考核指标。长江及入江支流高质量水岸同治攻坚行动任务共计 502 项，涉及农村生活污水治理、规模化养殖场关停、企业生活污水处理及工业污水达标排放、污水处理厂提标、码头船舶污染污水治理、绿化及环境综合整治等七大类。至年底，502 项任务全部完成，通过干流和支流、水里和岸上综合整治，河湖水质明显提升，河湖空间管控明显加强，河湖生态明显改善，长江干流浏河断面水质稳中向好，水质达Ⅱ类标准；另外 9 个入江支流断面水质均达Ⅲ类，水质达标率 100%。完成长江岸线清理整治工作。2018 年起，太仓市开展长江岸线利用项目清理整治工作，下发《太仓市长江岸线利用项目清理整治工作方案》。根据《省政府办公厅关于开展我省长江干流岸线利用项目清理整治工作的通知》精神，太仓市列入长江干流岸线清理整治项目共 10 项，同时将列入长江经济带生态环境保护审计问题的 4 个项目列入清理整治范围，开展清理整治。2020 年 3 月 6 日，市政府召开常务（扩大）会议，部署清理整治工作。至年底，14 个项目全面完成整治。

【河湖“两违”整治完成】 太仓市于 2019 年启动河湖“两违”（违法用地和违法建设）整治，截至 2020 年年底，苏州市级、太仓市级、镇村级河湖“两违”整治 572 项任务全部完成。通过“两违”整治恢复被侵占水域面积 1.19 万平方米，恢复被侵占岸线 11.44 千米，恢复被侵占管理范围 11.66 万平方米，其中复绿 1.25 万平方米。整治完成项目及时跟进管护提升，做好复岸、复绿、复原工作，巩固成果，优化环境。同时加强河长履职，结合综治联动网格化管理，健全巡查上报、处置反馈、复核指导流程，全天候监控河湖状态，杜绝“两违”现象发生。

【生态美丽河湖建设】 2020 年，太仓市结合“一心两湖三环四园”［指以市民公园为“一心”；以金仓湖和天镜湖为“两湖”；以盐铁塘、新浏河、娄江河、城北河，盐铁塘、湖川塘、十八港、新浏河，吴塘河、新浏河、石头塘、杨林塘三层水系绿道为“三环”；以现代农业园（植物园）、菽园、西庐园、独溇小海湿地公园为“四园”，打造田园城市生态体系］城市生态体系建设布局，打造全域生态美丽河湖体系，实现从“清”到“美”的提升。编制《太仓市生态美丽河湖典型河道设计方案》，以河畅、水清、岸绿、景美的太仓美丽河湖愿景为目标，从河道疏浚、建设生态护岸、河岸景观绿化、新建亲水平台等方面整治提档河湖面貌，塑造一体化水乡风貌。年内，建成生态美丽河道 64 条。《中国水利报》刊发《江苏太仓：400 条生态美丽河湖将串联起“生态链”》，介绍太仓相关工作经验。

2020 年 9 月，城厢镇生态美丽河湖建设项目完成（市水务局供稿）

【河道长效管护】 2020年，太仓市完成老城区范围内驳岸栏杆维修工作，栏杆维修加固1757米，驳岸维修2处，安装警示牌120块。为城区河道、市级河道保洁员配备有实时定位功能的对讲机，21条机动保洁船安装无线视频监控。翻种养护水生植物1575平方米，在洋沙泾、北城河、致和塘、东长春河、南城河新设置生态浮岛138个，种植水生植物1624平方米，提升河道面貌，改善水质。组建第三方巡查队伍1支、人员13人，通过人工巡查、无人机拍摄等方式系统巡查全市所有河道，每天上报巡查成果，及时下发整改通知，推动全市河道长效管理。配合十八港疏浚拓宽工程和十八港与盐铁塘沿线14个活动堰筑坝工程开展，10月底，执行新的调水方案，通过十八港北枢纽将杨林塘的优质水源引入主城区，改善城区水质。

【水政监察执法】 2020年，太仓市配合新冠肺炎疫情防控，实施浏河口水上交通管制。2月2日至2月底，组织人员参加浏河口24小时职守，出动人员70余人次，劝离拟进港船只3艘。做好水政执法办案，全年立案查处违法案件4起，共罚款4.6万元，行刑移交案件和水务类案件实现零突破。其中盐城苏申疏浚公司非法疏浚案移送公安部门，开创全省先例；清晨管道疏通公司擅自开启消防泵取水案的处理，得到市领导认可。组织开展各类专项行动，共出动执法艇30艘次、执法车232车次、执法人员636人次，市水务局联合长航公安、长江海事、渔政、南通水政、上海水务等部门开展联合执法巡查10次，维护全市水事秩序。

【水务宣传】 2020年，太仓市开展“世界水日”“中国水周”系列宣传活动。因新冠肺炎疫情防控要求，全年活动以线上为主。在《太仓日报》制作专版开展宣传，在太仓电视台开展系列宣传报道；开展网上水法规知识竞答，7天内参与答题活动1.2万人次。线下开展“跟着河长去巡河”“河道美容志愿护河”“节水大使”颁奖等活动，形成爱河、护河、节约用水良好氛围。开展生态美丽河湖摄影活动，制作完成《水美太仓》图册（第二辑），开展“水美太仓幸福河湖”短视频大赛，宣传生态河湖建设成果。

（周　婷）

污染防治

【概况】 2020年，太仓市完成大气污染防治重点工程16项、水污染防治重点工程12项。全市化学需氧量、氨氮、二氧化硫、氮氧化物4项主要污染物分别削减2.35%、3.79%、8.34%、3.76%。

【大气污染防治】 2020年，太仓市完成燃气锅炉低氮改造76项、工业炉窑治理39项、VOCs（挥发性有机物）深度治理项目45项。对企业开展VOCs治理帮扶培训10场。开展VOCs、颗粒物等大气污染物走航监测，提升大气污染应急监测能力水平。淘汰高污染机动车8466辆，发放补助资金2676万元。开展柴油车污染治理，联合公安机关开展柴油车尾气路检。落实工地扬尘“六个百分百”（施工区域100%标准围挡，裸露黄土100%覆盖，施工道路100%硬化，渣土运输车辆100%密闭拉运，施工现场出入车辆100%冲洗清洁，建筑物拆除100%湿法作业），实现规模以上建筑工地视频监控和扬尘在线监测设备“两个全覆盖”，组织开展工地扬尘治理检查297次，检查项目372个。提升城市道路机械化清扫率，机械化清扫率95.3%。推动靠港船舶使用岸电，内河码头和港口码头岸电使用量分别为1.78万千瓦时和177.96万千瓦时。实施夏季臭氧污染管控及秋冬季重污染天气应急管控，做好污染企业错峰生产工作，完成国家公祭日、第三届中国国际进口博览会等重大活动环境空气质量保障管控任务。

【水污染防治】 2020年，太仓市完成太湖治理重点工程9项。编制浏河塘、盐铁塘、杨林塘等重点断面所在水体“一断面一方案”，开展“碧水保卫战”攻坚行动。每月对全市124个高质量发展水环境断面开展例行监测，及时反馈水质变化信息。加大水质波动问题排查，解决省考振东渡口断面氨氮、总磷及仪桥断面总磷异常波动等问题。港城污水处理厂配套生态湿地建成投用。推进城乡生活污水治理三年行动计划和生活污水处理提质增效精准攻坚“333”行动（“三消除”：消除城乡黑臭水体、污水直排口、污水管网空白区；“三整治”：整治工业企业排水、“小散乱”排水、阳台和单位内部排水；“三提升”：提升城乡污水处理综合能力、新建污水管网质量管控水平、污水管网检测修复和养护管理水平）。实施污水管网排查检测353千米，新建污水管网127.3千米，建成区污水处理率99.6%。深化河长制改革，建成生态美丽河湖50条。加强农村生活污水治理，实现农村生活污水处理设施全覆盖，农村生活污水治理率95.91%，整治农村河道258条，秸秆综合利用率100%，畜禽粪污综合利用率98.52%。深化与昆山市、上海市嘉定区等地污染防治联防联控机制，签订跨界断面水质提升合作协议、嘉太水务协同发展框架协议，建立跨界河道联合河长制。

【危险废物污染防治】 2020年，太仓市开展危险废物处置专项整治工作，检查各类单位1070家，实现全市产废企业全覆盖，发现各类安全隐患线索334处，全部完成移交。开展70家产废单位危险废物达标建设，均完成自查和整治工作。全市未发生洋垃圾入境案件，固体废物进口企业由24家缩减至2家。太仓中蓝0.35万吨/年高沸物处置项目投入运行，太仓再生资源综合利用、建筑垃圾资源化利用项目开工建设。疫情防控期间加强对医疗废物、医疗废水规范化处置监管，督促相关单位严格落实防疫工作，确保医疗废物贮存、运输、处置安全，医疗废水有效消杀并处理到位。完成重点行业企业用地调查信息采集复核370个，开展新一轮增补企业用地调查，增补企业86家。开展土壤污染治理修复及风险管控，对化工等重点行业企业拆除活动污染防治提出规范性要求，对26家电镀、蓄电池等重金属行业企业开展排查整治。涉及危险废物环境违法行政处罚26起，处罚金额

187.58万元，联合公安机关打击危险废物倾倒行为，追究刑事责任2人。

（黄　凯）

“两减六治三提升”专项行动

【概况】 2020年是打好污染防治攻坚战的决胜之年，太仓市印发《太仓市打好污染防治攻坚战2020年工作计划》等文件，加强生态环境保护，打好污染防治攻坚战。《太仓新闻》“污染防治在攻坚，太仓‘263’在行动”栏目共曝光环境问题27期41个，推动解决一批生态环境问题。年内，太仓市打好污染防治攻坚战指挥部办公室获评2020年度全省打好污染防治攻坚战宣传工作先进集体，组织拍摄微电影《破污行动二》，并第二次获全省污染防治攻坚故事微电影特等奖。

【环境问题整改】 2020年，太仓市推进中央环保督察及“回头看”和省环保督察交办问题整改，截至年底，第一轮中央环保督察交办的环境信访件46件和“回头看”交办的环境信访件35件完成整改销号，省环保督察交办的反馈问题5项和环境信访件55件完成整改销号。落实《江苏省人民代表大会常务委员会关于聚焦突出环境问题依法推动打好污染防治攻坚战的决议》，梳理《2018—2020年太仓市突出环境问题清单》环境问题51个，于年底完成整改。

【重点工程推进】 2020年，太仓市推动打好污染防治攻坚战重点工程项目建设。新建、改造污水管网25千米；完成南郊、浏河、沙溪、双凤污水处理厂扩建及提标改造工程，并通水运行；完成太仓市港城组团污水处理厂生态湿地净水工程建设并投运；完成高新区娄江新城滨河公园东延工程等重点工程11项，投资8.4亿元。（曹　简）

生态修复

【概况】 太仓市从2017年起开展城市生态评估工作，并于2019年完成全市域生态评估，制定并公布生态修复总体方案，建立近期、远期生态修复项目库。完成生态敏感性评价、生态干扰度评价、生态风险评价、鸟类生境适宜性评价、游憩道适宜性评价、大气安全格局识别与通风潜力评价等生态安全格局识别。确定生态修复布局与生态修复区域，制定并公布生态修复总体方案，包括水体、绿地、土壤修复提升空间布局及方案，以及大气污染和农业面源污染修复措施。开展新浏河沿岸环境整治，共计拆除“散乱污”企业（作坊）建筑面积1.68万平方米，清运废旧塑料1820立方米，清理砂石场、水泥搅拌站储罐10余个。

【滨河公园竣工】 2020年，太仓市优化发展工厂、码头废弃地生态修复项目——滨河公园。滨河公园东延工程基本竣工，工程东至岳鹿路，西至G15沈海高速，全长2.75千米，总投资2.9亿元。公园结合不同地形大规模种植，形成面状群落景观，营造滨河“森林”景观。作为太仓市与上海市嘉定区共建浏河沿线生态廊道的重要构成，展现娄江新城生态、活力、人文汇聚门户形象。

（董长根）

节能减排

【概况】 2020年，太仓市围绕苏州市政府下达的节能目标，加强对重点用能企业节能监管，通过节能监察、能源审计、能效对标、能源管理体系建设、机电设备能效提升、水效领跑者、绿色制造体系建设等手段，促进工业企业能效、水效提升，降低能耗、物耗、水耗，推进企业生产源头资源减量化。全年全市单位地区生产总值能耗完成苏州下达的下降3.9%目标任务；完成“十三五”单位地区生产总值能耗下降18%的目标任务；规模以上工业综合能源消费量599.6万吨标准煤，较上年下降6.91%；规模以上工业万元产值能耗0.24吨标煤，较上年下降11.38%；规模以上工业增加值能耗下降12.5%。

【工业绿色转型升级】 2020年，太仓市推进“能效对标”活动，全年共评选先进企业3家，其中优良奖1家、优秀组织奖2家。推进绿色制造体系创建，按照用地集约化、原料无害化、生产洁净化、废物资源化、能源低碳化的绿色制造模式创建绿色工厂，打造一批制造业绿色转型升级示范标杆。太仓市同维电子有限公司和太仓新太酒精有限公司获评省级“绿色工厂”。推进重点行业清洁化改造，累计完成清洁原料替代工作企业20家，从源头上减少各类有毒有害物质排放。落实“百千万”行动企业节能目标任务，将该年“百千万”行动企业能耗“双控”[能耗增量控制目标（万吨标准煤、能源消费总量）和能耗强度降低]目标任务及节能措施布置落实到各企业，16家企业的能源审计、能源管理体系

2020年9月12日，航拍生态修复后的璜泾镇杨漕村　（须　治摄）

2020年6月30日，太仓市举行节能宣传周启动仪式（市融媒体中心供稿）

建设全部完成，能耗在线监控系统建设能耗数据全部接入省平台。

【节能政策支持】 2020年，太仓市围绕电力、造纸、化纤等高能耗行业，推进节能技改、“能效对标”和“能效领跑者”活动，促进全市工业企业能源利用效率提升。全年奖励鼓励企业绿色发展类项目17个，共奖励企业资金63.33万元。北新建材和玖龙纸业获省级节能与绿色化改造项目，项目总投资5270万元，年节能量1.6万吨标煤，共获奖励资金400万元。共奖励获得国家级绿色工厂和绿色产品的企业170万元。

【节能监察】 2020年，太仓市健全节能执法体系和流程，执行“双随机一公开”制度（在监管过程中随机抽取检查对象，随机选派执法检查人员，抽查情况及查处结果及时向社会公开），督促企业落实节能主体责任，执行节能法律法规，加强事中事后监管。全年累计开展苏州市节能监察企业16家，开展省“双随机”节能监察企业2家，配合做好工信部重大工业节能监察企业3家，太仓市节能监察中心完成节能监察企业6家。

【公共机构节能】 2020年，太仓市印发《太仓市公共机构节约能源资源工作要点》。年内，完成全市378家公共机构的能耗统计工作。以“绿水青山，节能增效”为节能宣传周活动主题，开展节能宣传进社区、进农村、进学校等系列活动。其间，开展大小活动5次，累计发放各类宣传品、宣传册800份，宣传受众1万人次。开展能源紧缺体验和绿色低碳出行活动。全市节水型机关创建率80%，省级节能示范单位9家，能效领跑者2家，国家级示范单位2家。沙溪镇政府获评“江苏省公共机构节能示范单位”，市资规局获评“国家节约型公共机构示范单位”。

（张文贝　顾秋艳）

环保监管

【环保监察执法】 2020年，太仓市完成中央环保督察及“回头看”交办的环境信访问题整改并销号。完成市人大审议的全市51个突出环境问题整改。配合生态环境部“帮扶组”做好VOC_s（挥发性有机物）专项检查，发现并完成整改跟踪督办类问题146个。对全市63家在营加油站VOCs检查实现全覆盖。对17家RTO炉（蓄热式热力焚化炉，一种高效有机废气治理设备）企业开展RTO炉及危废库安全隐患排查。对17家电镀企业开展专项执法检查，立案查处3家。完成全市沿江2千米内247个排口点位现场溯源核查。全年现场检查企业4764家次、1.15万人次，行政处罚金额1070.8万元。受理各类环境信访1933件，较上年减少30.3%。污染防治监管平台纳入问题线索3412件，办结率96%，规范率100%。下发危险废物处置专项整治自查表，督促企业开展自查工作，发现并整改各类问题38个。与581家企业签订责任书，明确企业主体责任。举办危险废物处置专项整治专题培训会议5次，参加企业492家。对未开展安全风险辨识的20家单位建设项目审查名单、10家企业污染治理设施和89家危险废物储存场所情况向市应急管理局移交。通过与市应急管理局召开环境保护、安全生产联席会议，落实部门联动协商机制、不定期组织联合执法检查等六大生态安全举措，加强危险废物污染防治安全监管。对10家水处理公司、16家医疗机构、2处隔离点开展医疗废物和医疗污水处置工作专项督查，严防二次污染。对生活垃圾焚烧厂、汽车维修拆解行业、检验检测机构等开展专项执法检查。调查全市5家企业报废剧毒化学品存量和贮存情况，现场监督企业落实报废剧毒化学品转移工作。推进化工产业安全环保整治提升工作，关闭退出化工生产企业7家，淘汰和整治低端低效产能企业（作坊、产线）170个。

【环境准入把控】 2020年，太仓市发展清洁能源，推进减煤工作，淘汰35蒸吨及以下燃煤锅炉，实现全市30万千瓦以上煤电机组超低排放改造。下发2020年强制清洁生产审核企业名单，完成清洁生产审核验收企业28家。落实“3550”改革（开办企业3个工作日内完成、不动产权证5个工作日内完成、工业建设项目施工许可证50个工作日内完成）要求，优化太仓政务营商环境，审批建设项目386个，建设单位自行完成备案项目1563个。落实苏州市委“开放再出发”会议精神，对9件轻微行政处罚案件作出不予行政处罚决定，并予以行政指导纠正违法行为，给予合理整改期限。

【环保宣传】 2020年，太仓市开展庆祝“6·5”世界环境日系列活动。开展“美丽中国，我是行动者”知识竞赛活动，参与人员超5万人次。在《苏州日报》《太仓日报》刊登生态环境建设工作成果展示专版，在太仓新闻频道播放公益广告，在19个社区电子屏投放公益广告，推送环保公益短信5000条。微电影《破污行动（二）》获省攻坚办特等奖。增强市民环境保护意识和环保法制观念，推动全社会参与生态环境事务，形成绿色生产方式和生活方式。

（黄　凯）

工业循环经济

【概况】 2020年，太仓市发展循环经济，建设资源节约型、环境友好型社会，按照减量化、再循环、再利用原则，推进工业循环经济发展，重点建设一批循环经济项目，推进一批循环经济示范企业，打造一批循环经济示范样板。截至年底，全市有苏州市级循环经济示范企业19家，获批国家级循环经济标准化试点1家，江苏省级循环经济标准化试点6家。电厂废弃物（粉煤灰、脱硫石膏）循环利用、再生资源回收利用、农林废弃物资源化再利用、有机物厌氧发酵沼气利用、餐厨垃圾无害化处置利用、金属冶炼废渣综合利用、管道蒸气长距离集中供热等产业循环链条基本形成。

【大宗废弃物资源化利用】 2020年，太仓市重点推进粉煤灰、脱硫石膏、碎屑、废渣等大宗工业固体废物资源化循环利用，提升利用技术水平。全年综合利用各类工业固废合计173万吨，综合利用销售收入10.2亿元。全市电力、造纸、金属冶炼产生的大宗工业固废100%循环再利用。

【循环经济先进技术推广应用】 2020年，太仓市在化工、造纸、建材、电力等重点行业推进先进技术应用，重点推广资源节约和替代技术、新能源和可再生能源开发利用技术、工业废弃物资源化利用技术等。支持苏州惠林节能材料有限公司“新型高效全热交换式新风换气系统及其节能减排关键技术的研发”、苏州佳电飞球电机有限公司“大功率、高效率永磁变频调速三相电动机的设计开发”、苏州臻越流体设备有限公司“大型火电机组高精度温度检测及燃烧控制装置研发及产业化”等项目的节能减排技术研发。向先进企业推荐创建工信部“绿色工厂”和“绿色产品”，向单位产品能耗

2020年6月5日，太仓市开展庆祝“6·5”世界环境日系列活动

（太仓生态环境局供稿）

领先企业推荐创建省和国家“能效领跑者”企业。北新建材和玖龙纸业获省级节能与绿色化改造项目，项目总投资5270万元，年节能量1.6万吨标煤、节水2万吨，年减少烟尘排放5.28吨/年、二氧化硫排放117.8吨/年、氮氧化合物排放28.83吨/年。

（张文贝）

城市管理

【概况】 2020年，太仓市围绕“现代田园城、幸福金太仓”总目标和高质量建设“两地两城”（临沪科创产业高地、临江现代物贸基地、现代田园城市样板、中德合作城市典范）目标定位，实施“五促两深一保”（力促城市品质不断提升、力促城市功能更加完善、力促城乡环境持续优化、力促民生福祉稳步增进、力促安全形势稳定向好，深化生活垃圾分类和综合行政执法体制改革，确保太仓市创成全国文明城市）战略，加强市容秩序管控，推进户外广告整治和城乡环境治理，开展市政设施专项提升行动。

【市容秩序管控】 2020年，太仓市实行街巷全要素管理，集中开展“严管精治”百日竞赛活动。市容环卫责任区制度落实，签约率、张挂率、履约率、违规处罚率实现四个100%。结合全国文明城市创建，实施“亮化”“净化”“序化”“洁化”“美化”工程，解决主城核心区存在突出问题的背街小巷110条。清理违章广告2.5万处，面积3.7万平方米。累计查处建筑垃圾（工程渣土）运输行业违法违规案件977件。开展全市城市管理轻微违法行为快速查处专项行动，梳理形成城市管理轻微违法行为清单28类，组建微执法快速行动队35支，确定“微执法”示范区5个、重点区60个、辐射区33个，实行“梯级治理”，教育纠处各类轻微违法行为2.4万起，办理案件近1.8万起，“未即时清除宠物粪便”“在景观区域划定的禁止水域垂钓”等违法行为查处实现“零”突破。拓展深化城警联动机制，完善指挥调度、快速处置工作机制，全年拖移违章停车1.98万辆（次）。

【户外广告整治】 2020年，太仓市推进户外广告设施整治提升行动接续工作。整治完成G15沈海高速公路沿线高炮广告31座。全年拆除各类违章广告1089处，面积1.7万平方米，其中桥身广告4处，面积322平方米；屋顶广告19处，面积904平方米；屋顶镂空字203处（主城核心区实现“清零”50处），面积5547平方米；墙面100块，面积2052平方米；落地看板18块，面积229平方米；高立柱广告35座，面积8960平方米；电子屏店招48个，面积141平方米；店招标牌704个，面积5512平方米。向阳

西路和新谊路创成苏州市城市管理示范路，太仓市累计创成苏州市及以上城市管理示范路 24 条。

【综合行政执法】 2020 年，太仓市城市管理局配合推进基层整合审批服务执法力量改革工作，做好执法人员、执法事项等划转承接。各镇、街道综合行政执法局相继成立，综合执法平台启用，城市管理力量向基层倾斜。开展“律师驻队”（城管执法部门通过购买服务的方式与律师事务所签订法律服务协议，由律师事务所派执业律师进驻城管执法部门，为执法队伍提供专业法律服务、法制培训，协助开展群众法治教育，监督和规范执法工作），落实“三项制度”（行政执法公示制度、执法全过程记录制度、重大执法决定法制审核制度），运用“非现场执法”“非诉强制执行”“信用联合惩戒”等执法模式，提升执法服务水平，全市首个示范类城市管理服务站投入使用。全年作出行政处罚决定 3 万起，较上年减少 0.1%，其中一般程序 4512 起，较上年增加 28.22%；简易程序 2.6 万起，较上年减少 3.85%。办理城市管理行政审批承诺件 1769 件，其中批准件 1518 件。

【市政设施管理】 2020 年，太仓市提档升级体育弄等背街小巷 9 条。长春北路（弇山路—长泾路）新建工程有序推进。编制娄江新城地下管线综合规划。建立健全城市基础设施微小破损、缺失问题快速处置机制，开展人行道、井盖等市政设施专项提升行动。全年修补人行道及盲道 2.5 万平方米，修复路面约 3 万平方米，道路开槽灌缝约 13 万米，提升井盖 198 座，更换桥梁栏杆 188 米。完成老城区、高新区桥梁常规检测和结构检测工作，提升市政设施和城市桥梁管养水平，创成苏州市优质养护片 3 个。

【停车管理】 2020 年，太仓市修编《太仓市机动车停车场管理实施细则》，编制《太仓市停车专项规划》。新增停车泊位 2.5 万个，其中公共停车泊位 1531 个。完善太仓智慧停车系统，扩大共享停车。太仓智慧停车平台接入机关企事业单位、公共停车场（点）、商业广场 107 个，共计停车位数据 1.07 万个，其中 2020 年完成接入机关企事业单位 33 个、公共停车场（点）8 个、商业广场 20 个，共计停车位数据 4844 个。截至 12 月底，太仓智慧停车系统平台总注册人数 5.23 万人，共享停车累计 7.7 万次，过车次数累计 710.6 万车次。完成停车管控设施设备提升工程，施划非机动车位 11.2 万米，增设挡车石柱 1099 个、护栏 928 米、停车标识牌 189 块。全市公共自行车站点 433 个（2020 年新增站点 2 个），投入公共自行车锁止器 1.02 万套，公共自行车投放量 5600 辆，全年平均日租用量 4100 余次。6 月 15 日起，科教新城、高新区、城厢镇公共自行车运营系统实行 24 小时服务。

2020 年 9 月 1 日，市城管局启动城市管理轻微违法行为快速查处专项行动
（市城管局供稿）

【城乡环境治理】 2020 年，太仓市完成“百万”违法建设攻坚行动，拆除违法建设 176 万平方米。实施《关于农村阳光房建设的指导意见（试行）》，小区重大事项自治会议制度落实。结合“331”专项行动，配合拆除存在安全隐患违法建设 168 处。持续优化环卫保洁人机结合、“墙到墙”等作业模式，主城核心区道路日均洒水 5 次、雾炮作业 8 次，主次干道、街巷新村、公共厕所保洁水平得到提升。强化渣土运输行业监管，加强建筑垃圾（工程渣土）运输企业目录制管理。落实村庄环境长效管理职责，修订农村生活垃圾分类就地处置工作考核奖补办法和村庄环境长效管理奖补办法，健全村庄环境“五有”（有制度、有标准、有队伍、有经费、有督查）长效管护机制。完成“厕所革命”年度任务，新改建市政公厕 35 座、农村公厕 42 座［太仓港经济技术开发区新建 2 座，老城区新建 2 座，城厢镇新（改）建 6 座，沙溪镇新（改）建 16 座，浏河镇新（改）建 4 座，浮桥镇新（改）建 27 座，璜泾镇新（改）建 3 座，双凤镇新（改）建 12 座，科教新城新建 1 座，娄东街道新建 4 座］。

【数字城管运行】 2020 年，数字城管监督指挥中心市级平台立案 4.94 万件，处置 4.89 万件，处置率 98.9%。数字城管平台与市联动中心平台对接运行，处置市联动中心下派案件 1.05 万件，向联动中心推送案件 3530 件。非法小广告处置系统录入号码 2476 个，停机处理 1186 个，占比 80.31%。结合全国文明城市创建，开展专项普查，发现问题 6724 件。完成综合执法平台等信息化项目建设。

（周书佳）

太仓港

港口码头

【概况】 太仓港地处长江入海口南侧，太仓市东部。口岸位于长江白茆沙南水道，上至白茆河口，下至浏河口下游浏黑屋，中心位置在七丫口，即北纬31°37'、东经121°14'。拥有长江岸线38.8千米，其中深水岸线25千米，距吴淞口13海里，是距长江入海口最近的港口。港区范围内岸线基本平直且边滩稳定，终年不冻不淤，深水区开阔、稳定，能满足10万吨级船舶回转水域要求，是长江下游地区最佳港址之一。2013年1月1日起，太仓港作为沿海港口管理，执行相关行政事业性收费政策。太仓港是全国第一个获批享受海港待遇的内河港。2020年，太仓港完成货物吞吐量2.16亿吨，较上年增长0.1%；外贸运量8215.94万吨，较上年增长9.85%；集装箱运量521.2万标箱，较上年增长1.2%，居全国第9位。建有泊位91个，其中万吨级以上泊位37个，集装箱泊位10个。全年新辟航线6条，航线总数211条（班），净增2条。

【港口航线生产】 2020年，太仓港口生产整体呈现一季度大幅下跌、二季度企稳回升、三季度快速反弹、四季度平稳增长发展态势。太仓港口管委会制定稳集装箱吞吐量举措6条、稳货物吞吐量举措3条，帮助企业实现返岗复工达产，把疫情对企业生产经营影响降到最低。8月起，单月集装箱吞吐量连续突破55万标箱，创历史新高，全年集装箱吞吐量、货物吞吐量均实现正增长。航线开辟以主动的"开"对冲航运市场的"撤"，全年新辟航线6条，其中近洋航线3条、内贸航线1条、长江内河支线2条。实施安商惠企系列政策措施，为企业节省物流成本4000万元，14家码头物流企业营业利润平均增幅2位数。

2020年9月28日，太仓港口管委会与上海港举行长江港航区块链综合服务平台签约仪式 （徐　峰摄）

【港口新冠肺炎疫情防控】 2020年，太仓港成立新冠肺炎疫情防控领导小组，建立口岸联防联控机制，全港携手共同织起抗疫防线。太仓海关共登临船舶1636艘次，检疫船员3.02万人次；太仓海事局成立24小时值守党员突击队，做好疫情重点船舶排查、船员信息核对和重要物资运输保障工作；太仓出入境边防检查站累计推送入境船员和境外返太仓人员信息2.6万条，检查出入境（港）人员12.08万人次；太仓引航站引领专班船舶2516艘次，加强防护船舶2702艘次；长航太仓派出所承担3个地点的查控执勤任务，向18家码头企业、6581人推广申领"苏城码"；长江太仓航道处抓好疫情物资保障，确保航道畅通。全年全港未发生输入性病例。开通"绿色通道"，向湖北运送防控和保供物资150万吨、集装箱3.2万标箱。太仓海关郑志高、太仓海事局崔宗可获评江苏省抗击新冠肺炎疫情先进个人；太仓海关获评苏州市抗击新冠肺炎疫情先进集体；太仓引航站刘庆安、太仓海事局邓子成、太仓出入境边防检查站杨志豪获评苏州市抗击新冠肺炎疫情先进个人。

【港口项目建设】 2020年，太仓港完成港口投资24.8亿元，编制完成《太仓港交通基础设施空间规划》《港口岸线5年利用规划》，集装箱四期工程水工部分通过竣工验收，疏港铁路专用线、海通汽车码头等重大项目超额完成年度投资计划。华能港务被国家发改委评为优质工程。

2020年太仓港码头泊位一览表

表9

码头名称	所属公司名称	泊位名称	泊位数	码头长度（米）	靠泊吨级（吨）	码头前沿水深（米）		泊位性质	投产年份（年）	对外开放年份（年）	备注
						实际水深	设计水深				
太海汽渡	—	—	6	—	—	—	—	非生产性泊位	—	—	—
扬子江海工码头	江苏扬子江海洋油气装备有限公司	1号泊位	1	928	—	13	9.45	舾装泊位	2016	—	—
		2号泊位	1	140	2000	13	9.45	件杂货泊位			
鑫海煤码头	太仓鑫海港口开发有限公司	1号泊位	1	310	50000	13.5	13.5	煤炭泊位	2016	—	—
		2号泊位	1	51	500	2.2	2.2			—	
		3号泊位	1	51	500	2.2	2.2			—	
		4号泊位	1	51	500	2.2	2.2			—	
		5号泊位	1	51	500	2.2	2.2			—	
美锦码头	苏州美锦汇风能源投资有限公司	1号泊位	1	251	50000	14	15.5	通用件杂货泊位	2012	2013	1号、2号、3号泊位水工结构按靠泊10万吨级集装箱船设计建设
		2号泊位	1	264	50000	14	15.5			2013	
		3号泊位	1	260	50000	14	15.5			2013	
		4号泊位	1	100	1000	6.5	6.5			—	
		5号泊位	1	100	1000	6.5	6.5			—	
		6号泊位	1	100	1000	6.5	6.5			—	
万方码头	太仓万方国际码头有限公司	1号泊位	1	253	40000	12.8	12.8	通用件杂货泊位	2010	2010	1~4号泊位水工结构均按靠泊7万吨级船舶预留
		2号泊位	1	186	20000	12.8	12.8			2010	
		3号泊位	1	182	15000	12.8	12.8			2010	
		4号泊位	1	170	10000	12.8	12.8			2010	
润禾码头	太仓润禾码头有限公司	1号泊位	1	361	50000	12.8	12.8	通用件杂货泊位	2017	—	—
武港码头	太仓武港码头有限公司	1号泊位	1	372	200000	16.5	15.1	金属矿石泊位	2009	2009	1号、2号泊位水工结构均按25万吨级矿石船减载靠泊设计；3~6号泊位水工结构均按1.5万吨级船舶设计
		2号泊位	1	347	150000	16.5	15.1			2009	
		3号泊位	1	94	5000	5.5	9			—	
		4号泊位	1	94	5000	5.5	9			—	
		5号泊位	1	94	5000	5.5	9			—	
		6号泊位	1	94	5000	5.5	9			—	
		7号泊位	1	100	2000	5	5.7		2012	—	
		8号泊位	1	100	2000	5	5.7			—	
		9号泊位	1	100	2000	5	5.7			—	
		10号泊位	1	100	2000	5	5.7			—	

续表 9

码头名称	所属公司名称	泊位名称	泊位数	码头长度（米）	靠泊吨级（吨）	码头前沿水深（米）		泊位性质	投产年份（年）	对外开放年份（年）	备注
						实际水深	设计水深				
华能煤炭储运中心	华能太仓港务有限责任公司	1号泊位	1	310	100000	15.7	14	煤炭泊位	2013	2015	1号、2号泊位水工结构均按靠泊15万吨级散货船设计，试运行阶段，尚未完成竣工验收
		2号泊位	1	300	50000	15.7	14			2015	
		3号泊位	1	142	5000	5.2	5.2			—	
		4号泊位	1	142	5000	5.2	5.2			—	
		5号泊位	1	142	5000	5.2	5.2			—	
		6号泊位	1	144	5000	5.2	5.2			—	
		7号泊位	1	80	1000	3.8	3.8			—	
		8号泊位	1	80	1000	3.8	3.8			—	
		9号泊位	1	80	1000	3.8	3.8			—	
		10号泊位	1	80	1000	3.8	3.8			—	
		11号泊位	1	80	1000	3.8	3.8			—	
		12号泊位	1	80	1000	3.8	3.8			—	
华能电厂码头	华能太仓发电有限责任公司	1号泊位	1	260	35000	13	11.5	煤炭泊位	1999	2011	—
		2号泊位	1	271	35000	13	11.5		2006	2014	
		3号泊位	1	52	1000	5	5	件杂货泊位	2018	—	
		4号泊位	1	135	3000	6	5		2009	—	
集装箱一期码头	太仓国际集装箱码头有限公司	1号泊位	1	270	25000	12	12.5	多用途泊位	1998	1998	—
		2号泊位	1	270	25000	12	12.5		1999	2000	
		3号泊位	1	195	50000	12	12.5	集装箱泊位	2003	2004	
		4号泊位	1	195	50000	12	12.5			2004	
集装箱二期码头	苏州现代货箱码头有限公司	5号泊位	1	275	50000	12.5	13.5	集装箱泊位	2006	2006	14年新换发港口工程竣工验收证书，5~8号泊位码头水工结构均按靠泊7万吨级集装箱船设计
		6号泊位	1	275	50000	12.5	13.5			2006	
		7号泊位	1	275	20000	12.5	13.5			2006	
		8号泊位	1	275	20000	12.5	13.5			2006	
北三期码头	太仓港正和兴港集装箱码头有限公司	9号泊位	1	322.5	50000	12.5	12.5	集装箱泊位	2010	2010	9号、10号、13号、14号泊位均按靠泊10万吨级集装箱船舶建设
		10号泊位	1	322.5	50000	12.5	12.5			2010	
南三期码头	太仓港上港正和集装箱码头有限公司	13号泊位	1	332	50000	12.5	12.5			2010	
		14号泊位	1	332	50000	12.5	12.5			2010	
玖龙码头	玖龙纸业（太仓）有限公司	1号泊位	1	210	50000	13	12.5	煤炭泊位	2005	2012	待取得新港口工程竣工验收证书后核定1号泊位靠泊等级
		2号泊位	1	157	3000	9	9	通用件杂货泊位	2008	—	
		3号泊位	1	157	3000	9	9			—	
		4号泊位	1	200	30000	13	13		2011	2012	
		5号泊位	1	154	5000	13	13			—	
四期码头	港务集团	—	—	—	50000	—	—	集装箱泊位	—	—	在建
协鑫电厂码头	太仓港协鑫发电有限公司	1号泊位	1	250	35000	11.8	11.4	煤炭泊位	2003	2012	—
		2号泊位	1	280	35000	11.8	11.4		2004	—	
		3号泊位	1	65	800	0	0	件杂货泊位	2003	—	

续表 9

码头名称	所属公司名称	泊位名称	泊位数	码头长度（米）	靠泊吨级（吨）	码头前沿水深（米）		泊位性质	投产年份（年）	对外开放年份（年）	备注
						实际水深	设计水深				
长江石化码头	江苏长江石油化工有限公司	1号泊位	1	299	30000	10.5	10	液体化工泊位	1995	1996	—
		2号泊位	1	125	3000	6	6		1999	1999	
		3号泊位	1	125	3000	6	6			—	
		4号泊位	1	136	1000	4.5	4.5		2011	—	
		5号泊位	1	136	1000	4.5	4.5			—	
		6号泊位	1	290	50000	12.6	10.5		2003	2004	
		7号泊位	1	140	5000	8	8			2004	
		8号泊位	1	27	300	0	0		1999	—	
		9号泊位	1	27	300	0	0			—	
阳鸿石化码头	太仓阳鸿石化有限公司	1号泊位	1	270	30000	12.5	14.8	液体化工泊位	2009	2009	1号、2号泊位码头水工结构均按靠泊8万吨级船舶设计建造；5～8号泊位水工结构均按靠泊3000吨级船舶设计
		2号泊位	1	175	10000	12.5	14.8			—	
		3号泊位	1	125	3000	8	8			—	
		4号泊位	1	85	1000	8	8			—	
		5号泊位	1	167.5	1000	6.5	6.5		2016	—	
		6号泊位	1	167.5	1000	6.5	6.5			—	
		7号泊位	1	167.5	1000	6.5	6.5			—	
		8号泊位	1	167.5	1000	6.5	6.5			—	
美孚码头	美孚太仓石油有限公司	1号泊位	1	229	25000	11	10	液体化工泊位	1997	1997	—
		2号泊位	1	105	5000	6.8	7.2			—	
		3号泊位	1	38	300	4	4			—	
		4号泊位	1	38	500	4	4			—	
合计	—	—	91	—	—	—	—	—	—	—	—

（任春艳）

港区建设

【概况】 太仓港经济技术开发区位于太仓市东部，陆域规划控制面积261.8平方千米，沿长江入海口38.8千米黄金岸线呈带状分布，是上海国际航运中心重要组成部分、江海联运中转枢纽港、江苏第一外贸大港——太仓港直接经济腹地。1993年，太仓港经济技术开发区获批省级开发区，2011年6月，获国务院批准晋级国家级经济技术开发区。2020年，港区实现一般公共预算收入29.85亿元，较上年增长4.1%；完成工业总产值1004亿元，其中规模以上工业产值843.4亿元，较上年增长3.9%；先导产业产值较上年增长26.4%，占全市39.6%；战略性新兴产业产值占比49.9%，较上年提高5.4个百分点；高新、新兴产业产值占比分别为40%、64.4%；物贸主营收入1005亿元；太仓港完成集装箱吞吐量521.2万标箱。年内，港区在全省省级以上开发区中排名第17位，获评全省唯一一个港口型国家物流枢纽，获评省智慧园区，通过全省化工园区认定。

【港区项目建设】 2020年，太仓港区完成注册外资及港澳台资6.9亿美元，较上年增长114%；实际利用外资及港澳台资3.3亿美元，较上年增长94%；注册内资108亿元，较上年增长109%。引进百亿元级投资清洁能源数字产业园、百亿元级销售苏宁环上海电商产业园等4个世界500强投资项目。举办春季重点项目签约周和夏季、秋季重点项目开工开业活动。获评全市年度招商引资工作一等奖。完成全社会固定资产投资118.9亿元，其中工业投资38.8亿元，较上年增长21.2%；产业项目投资约占全市1/4。推进利洁时、科方生物等28个太仓市级及以上重点项目建设。斯凯奇一期、南华机电等14个重点项目竣工投产，集装箱码头四期交工验收。江苏宝洁获评全球灯塔工厂。年内，新增“四上”列统企业［规模以上工业企业（主营业务收入2000万元及以上）、限额以上批发（主营业务收入2000万元及以上）零售（主营业务收入500

2020年10月26日，港区举行太仓港科创园开工仪式　（港区供稿）

万元及以上）和住宿餐饮业企业（主营业务收入200万元及以上）、资质以内建筑业企业和房地产开发经营企业、规模以上服务业企业152家，其中规模以上工业企业25家。

【港区创新改革】 2020年，太仓港区持续集聚创新主体，全年净增高新技术企业69家。国发创投基金备案，钟鼎等股权投资企业设立。获评省工程技术研究中心2家、苏州市工程技术研究中心3家，同高科技、海路生物获评江苏省科学技术奖。获批省知识产权示范园区创建单位。完善政策载体。调整优化《太仓港经济技术开发区创新发展奖励实施办法》《太仓港经济技术开发区社会化招才引智激励实施办法（试行）》等政策，加大招才引智力度。太仓港科创园一期开工建设，生物港三期结构封顶，亿达太仓港创智空间投入运营，东软太仓信息工场启用，同济科创联（太仓）产业化基地签约落地。推进苏州自贸片区港区联动创新区建设。综合保税区获批一般纳税人资格试点。深化“放管服”改革，政务服务中心累计办理各项审批1.5万件，在全市第一个实现外资工业项目“成交即发证，交地即开工”。港口投资公司首次探索市场化股权投资业务。

2020年10月21日，航拍七浦塘三期风光　（计海新摄）

【港区城乡统筹】 2020年，太仓港区提档升级港城建设，以七浦塘北岸现代港城、南岸活力小镇为建设目标，推进新港城和老镇区融合发展。完善功能配套，皇冠假日酒店、港区医院、港城中专等项目进展顺利。加快疏港铁路、中兴街等建设，浮宅路竣工通车。建成七浦塘三期、七丫口郊野湿地工程，新增绿化面积153.33公顷。改善农村环境。推进新一轮美丽乡村建设，三家市完成江苏省特色田园乡村验收，新建牌楼社区万家宅等三星级康居乡村11个。获评“苏州市美丽城镇建设先进集体”。新时代文明实践所投用。动迁安置重点突破，长江大道等5个重点地块实现拆迁“清零”，六尺塘以西1千米范围内完成整组拆迁，全年完成动迁签约315户。完成安置房分房683套，下发不动产权证书696本，完成注册证办理6632套。加快建设18万平方米的静江佳苑安置房。

【港区乡村振兴】 2020年，太仓港区加快布局现代农业，打造“1111”（1000亩“菜篮子”工程、1000亩太仓白蒜基地、1000亩中华绒螯蟹种蟹基地、10000亩粮食生产基地）特色工程。太仓白蒜成为国家农产品地理标志产品。创建江苏省绿色优质农产品基地面积2440公顷，主要粮食作物耕种收机械化水平97%。推广村企联建“富桥模式”，全年村均可支配收入突破1000万元。茜泾村“桃李”文化项目实现亩均增收3000元。通过“三优三保”、增减挂钩腾出盘活土地84公顷，土地集体流转率91.4%。持续开展“331”“散乱污”“三沿”等专项整治。落实安全生产责任制，完成化工园区封闭式管理，建设化工专业消防站和危化品车辆专用停车场。入江支流水质均值达标，净水湿地工程获评省生态安全缓冲区建设示范项目。常态化做好新冠肺炎疫情防控、文明城市建设和信访维稳等工作，保持社会和谐稳定。

【港区特色项目】 海通汽车江海联运物流基地项目。该项目投资主体为海通（太仓）汽车码头有限公司，公司注册资本7.6亿元，由上海海通国际汽车码头有限公司和太仓港口投资发展有限公司共同出资组建有限责任公司。项目占地104.67公顷（含水域），拟建设汽车滚装泊位及陆域堆场工程4个。项目建成后远期形成92万辆整车装卸、物流运输业务，其中内贸60万辆，主要客户为上海大众、一汽本田、广汽本田、奇瑞汽车；外贸32万辆，主要客户为奇瑞汽车、东风渝安。

宝洁供应链创新中心项目。宝洁（P&G）公司创始于1837年，是全球日用消费品公司巨头，总部位于美国俄亥俄州辛辛那提市。2019年，宝洁全球营收676.84亿美元，位列2020年《财富》世界500强排名156名。该项目拟建设高端日用消费品供应链创新中心，围绕供应链数字化，采用ASRS、AGV等现代物流新技术，发挥江苏宝洁集生产物流于一体的战略优势，创新客户定制和个人定制生产服务能力，自行开发适应电商发展新趋势的ERP系统，创新性建立工厂直供消费者（Direct-Supply-To-Consumer）电商服务新模式，发挥与电商平台共建仓中仓（Quantum Tunnel）潜力，实现线上线下业务良性互动、健康可持续发展。供应链创新中心总投资4亿美元，一期建筑面积约2万平方米。

2020年港区世界500强企业基本情况一览表

表10　　单位：万元

序号	企业名称	类别	投资总额	营业收入
1	江苏宝洁有限公司	第二产业	183600	545957
2	华能太仓发电有限责任公司	第二产业	375000	373694
3	埃克森美孚（太仓）石油有限公司	第二产业	138776	329886
4	碧辟（中国）工业油品有限公司	第二产业	47144	213326
5	中国石油天然气股份有限公司华东润滑油厂	第二产业	93000	206371
6	国华太仓发电有限公司	第二产业	503000	203735
7	太仓中集集装箱制造有限公司	第二产业	49468	162525
8	太仓中集冷藏物流装备有限公司	第二产业	151000	148219
9	太仓中化环保化工有限公司	第二产业	63195	147773
10	太仓中集特种物流装备有限公司	第二产业	6000	132739
11	江苏扬子三井造船有限公司	第二产业	206032	89271
12	苏州华苏塑料有限公司	第二产业	82751	87182
13	五矿邯钢（苏州）钢材加工有限公司	第二产业	6200	66131
14	中化蓝天霍尼韦尔新材料有限公司	第二产业	69986	64854
15	艺康（太仓）科技有限公司	第二产业	74700	36247
16	太仓中石油润滑油添加剂有限公司	第二产业	48000	16881
17	瀚德（中国）汽车密封系统有限公司苏州分公司	第二产业	20000	5475
18	太仓华电开发建设有限公司	第二产业	53000	42
19	苏州中化国际聚氨酯有限公司	第二产业	8000	—
20	华能（苏州工业园区）发电有限责任公司	第二产业	268600	—
21	利洁时（苏州）有限公司	第二产业	320000	—
22	太仓信金宝能科技有限公司	第二产业	700000	—
23	江苏京迅递供应链管理有限公司	第三产业	30000	413974
24	太仓武港码头有限公司	第三产业	183600	53327
25	太仓国际集装箱码头有限公司	第三产业	137000	28841

续表 10

序号	企业名称	类别	投资总额	营业收入
26	华能太仓港务有限责任公司	第三产业	219300	25452
27	江苏长江石油化工有限公司	第三产业	41500	13709
28	太仓市港城碧桂园房地产开发有限公司	第三产业	58100	2086
29	西本新干线电子商务有限公司	第三产业	199800	—
30	希杰荣庆物流（太仓）有限公司	第三产业	30000	—
31	太仓平伊供应链管理有限公司	第三产业	67000	—
32	太仓苏宁易购电子商务有限公司	第三产业	350000	—
33	太仓市港城碧桂园房地产开发有限公司	第三产业	58100	—
34	太仓平伊供应链管理有限公司	第三产业	67000	—
35	太仓丰安科技有限公司	第三产业	3000	—

2020 年港区美资企业基本情况一览表

表 11　　单位：万元

序号	企业名称	类别	投资总额	营业收入
1	玖龙纸业（太仓）有限公司	第二产业	585787	1030488
2	江苏宝洁有限公司	第二产业	191420	545957
3	埃克森美孚（太仓）石油有限公司	第二产业	59926	329886
4	苏州华苏塑料有限公司	第二产业	85985	87182
5	中化蓝天霍尼韦尔新材料有限公司	第二产业	69986	64854
6	玖龙智能包装（太仓）有限公司	第二产业	15273	43607
7	艺康（太仓）科技有限公司	第二产业	63000	36247
8	迪皮埃复材构件（太仓）有限公司	第二产业	25000	31721
9	格瑞夫（太仓）包装有限公司	第二产业	10375	24787
10	太仓泛能拓颜料有限公司	第二产业	24734	19318
11	太仓泛能拓颜料有限公司	第二产业	24734	19318
12	岱纳包装（太仓）有限公司	第二产业	1800	17550
13	岱纳包装（太仓）有限公司	第二产业	6640	17550
14	瀚德（中国）汽车密封系统有限公司苏州分公司	第二产业	3500	5475
15	太仓宇加纤维有限公司	第二产业	8277	786
16	明达工业（太仓）有限公司	第二产业	133630	—
17	美轮运动器材（太仓）有限公司	第二产业	550（万美元）	9558
18	瀚笙金属材料（太仓）有限公司	第二产业	150（万美元）	8771
19	依科赛生物科技（太仓）有限公司	第二产业	227（万美元）	7519
20	宣特金属制品（苏州）有限公司	第二产业	1140（万美元）	2780
21	强盛（苏州）金属制品有限公司	第二产业	490（万美元）	1761

续表 11

序号	企业名称	类别	投资总额	营业收入
22	太仓朝阳木业有限公司	第二产业	3998（万美元）	1220
23	亿斯特工艺品（苏州）有限公司	第二产业	144（万美元）	1154
24	苏州晃石服装整理有限公司	第二产业	90（万美元）	756
25	太仓思成塑化有限公司	第二产业	600（万美元）	509
26	苏州申建汽车配件有限公司	第二产业	20.65（万美元）	456
27	太仓和达塑化有限公司	第二产业	215（万美元）	258
28	太仓金洋实业有限公司	第二产业	166（万美元）	48
29	苏州奥圆生物科技有限公司	第二产业	98（万美元）	—
30	瀚德（太仓）密封系统有限公司	第二产业	15000（万美元）	—
31	奎克好富顿材料科技（苏州）有限公司	第二产业	15000（万美元）	—
32	斯凯奇（太仓）商贸物流有限公司	第三产业	248000	255923
33	明达仓储（太仓）有限公司	第三产业	49800	3456
34	明达置业（太仓）有限公司	第三产业	24734	1625
35	明达码头（太仓）有限公司	第三产业	118860	—
36	之宝（中国）户外产品有限公司	第三产业	700（万美元）	10448

2020 年港区中央企业基本情况一览表

表 12　　单位：万元

序号	企业名称	类别	投资总额	营业收入
1	华能太仓发电有限责任公司	第二工业	643600	373694
2	中国石油天然气股份有限公司华东润滑油厂	第二工业	93000	206371
3	国华太仓发电有限公司	第二工业	503000	203735
4	太仓中集集装箱制造有限公司	第二工业	49468	162525
5	太仓中集冷藏物流装备有限公司	第二工业	150000	148219
6	太仓中化环保化工有限公司	第二工业	63195	147773
7	太仓中集特种物流装备有限公司	第二工业	6000	132739
8	五矿邯钢（苏州）钢材加工有限公司	第二工业	6200	66131
9	中化蓝天霍尼韦尔新材料有限公司	第二工业	69986	64854
10	苏州首钢钢材加工配送有限公司	第二工业	24000	47489
11	太仓北新建材有限公司	第二工业	45000	32874
12	上海烟草集团太仓海烟烟草薄片有限公司	第二工业	108859	18337
13	太仓中石油润滑油添加剂有限公司	第二工业	48000	16881
14	中广核三角洲（苏州）高聚物有限公司	第二工业	200000	12463
15	中建材光电装备（太仓）有限公司	第二工业	40000	10633
16	瀚德（太仓）密封系统有限公司	第二工业	100000	5475

续表 12

序号	企业名称	类别	投资总额	营业收入
17	苏州中化国际聚氨酯有限公司	第二工业	8000	—
18	太仓信金宝能科技有限公司	第二工业	700000	—
19	太仓市港城信金科技有限公司	第二工业	210000	—
20	中石油特油销售总部项目	第二工业	50000	—
21	苏州国林华东商贸有限公司	第三产业	20000	180153
22	太仓武港码头有限公司	第三产业	183600	53327
23	招商局物流集团苏州有限公司	第三产业	3000	32941
24	太仓国际集装箱码头有限公司	第三产业	137000	28841
25	华能太仓港务有限责任公司	第三产业	6000	25452
26	太仓港上港正和集装箱码头有限公司	第三产业	219000	23319
27	太仓万方国际码头有限公司	第三产业	72448	20886
28	太仓港正和兴港集装箱码头有限公司	第三产业	93410	15631
29	江苏长江石油化工有限公司	第三产业	41500	13709
30	太仓华商冷藏物流有限公司	第三产业	12000	3285
31	太仓中理外轮理货有限公司	第三产业	720	2738
32	太仓中联理货有限公司	第三产业	300	1806
33	太仓港集装箱海运有限公司	第三产业	150000	—
34	太仓平伊供应链管理有限公司	第三产业	67000	—
35	中海集装箱运输苏州有限公司	第三产业	1500	—
36	西本新干线电子商务有限公司	第三产业	199800	—
37	太仓丰安科技有限公司	第三产业	3000	—
38	江苏中林森立木业有限公司	第二产业	15000	—
39	中林物资（太仓）有限公司	第三产业	60000	—

（曹前程）

口岸服务

【智慧港口建设】 2020年，太仓港实现全港船舶统一申报、集装箱船舶统一调度。基本实现集装箱物流全程无纸化，率先在全省推行集装箱港口作业环节单证无纸化。数据融合对接取得重要突破，实现在太仓港一站式申报平台进行本港引航业务申报，与江苏海事局港航信息一体化共享系统融合，向南京海关争取海关报文收发统一通道，基本完成海关运抵数据通道建设。太仓港指挥中心按照全港数据中心、智慧管理中心、应急监控中心和资源调度中心功能定位，实现常态化运作。

【口岸安全管控】 2020年，太仓港聚焦港口八大重点领域，推进安全生产专项整治并取得阶段性成效。开展“百团进百万企”专题宣讲，提高从业人员安全素质。举一反三抓整改，各级督导检查发现问题全部整改闭环。推进安全生产标准化和双重预防机制建设，港口危货企业标准化达标率、重大危险源企业一级标准化达标率、港口企业双重预防机制建设完成率实现三个100%。修订港口突发事件应急预案及专项预案，强化港口应急演练，夯实港口安全生产基础，提高安全发展水平。

【口岸环境优化】 2020年，太仓港完成生态环保投资1.87亿元，新增绿化面积10.9万平方米，维护新设施面积1.5万平方米，硬化道路面积12.5万平方米。建成太仓港船舶污染物接收处置站，所有码头实现船舶污染物“应收尽收”，新建雨污水接收池3个共2.2万立方米、防尘网3623米。改造岸电设施4套，淘汰或改造港作机械108台，正和兴港码头被评为江苏省三星级绿色港口。全年未发生环境污染事件。

（任春艳）

海　关

【概况】2020年，太仓市完成外贸进出口总额922.5亿元，较上年增长0.3%；其中出口438.4亿元，与上年持平，进口484.1亿元，较上年增长0.5%。以一般贸易方式进出口655.5亿元，较上年增长1.2%，占全市外贸总值71.1%。加工贸易方式进出口169.6亿元，较上年下降3.3%，占比18.4%。太仓港完成集装箱吞吐量521.2万标箱，居全省第一位、全国第九位，较上年增长1.2%，其中外贸集装箱263.5万标箱，较上年增长23.6%；完成货物吞吐量2.16亿吨，较上年增长0.09%，其中外贸货物吞吐量8216万吨，较上年增长9.85%。太仓海关监管进出口货运量3912万吨，较上年下降3.3%；监管进出境总值279.7亿美元，较上年下降0.4%；监管集装箱96.3万箱次，较上年下降11%；查验集装箱20.4万标箱，较上年增长35%，约占南京关区查验集装箱量30%。监管进出境运输工具6524艘次，较上年增长8.6%；实施登临检查1972艘次，较上年增长291%；入出境人员检疫7.54万人次，较上年下降7.4%；审结报关单33.8万票，较上年下降1.4%。税收入库136.2亿元，较上年下降16.8%。检出不合格货物3930批，涉及货值59.1亿元。其中，175批进口铁矿石短重7.85万吨，索赔718.6万美元；品质不合格61批、320.2万吨。检出进口煤炭不合格21批、101.3万吨，其中硫含量超标1批。截获有害生物312种、1.53万种次，其中检疫性有害生物26种、1737种次。检出船用猪肉非洲猪瘟阳性5例。6月11日，一批美国樱桃通过跨境电商网购保税渠道，从太仓港综合保税区进口，系全省首次以跨境电商形式进口水果。

【海关助力抗击新冠肺炎疫情】2020年，太仓海关累计登临检疫国际航行船舶1636艘次、船员3.02万人次；完成船员换班检疫271艘次，实施上船出境检疫1167人次、下船入境检疫1098人次，妥善处置异常情况11起，发现外籍船员核酸检测阳性1例，确认为无症状感染者。验放防疫物资3.8亿件、金额4.3亿元，处理查验异常57批，检查发现“问题”口罩1947.4万只，阶段性实现疫情防控和稳外贸促增长“双胜利”目标。郑志高获评江苏省抗击新冠肺炎疫情先进个人，太仓海关获评苏州市抗击新冠肺炎疫情先进集体。

【进口固废清零目标实现】2020年，太仓海关落实生态环境部、商务部、国家发展和改革委员会、海关总署联合发布的《关于全面禁止进口固体废物有关事项的公告》要求，12月初，倒排“十日固废清零”计划，协调解决场地、设施、人力等问题，固废查验能力提至600自然箱/工作日。12月7—18日，完成进口固体废物查验5654自然箱，在港固废清零。12月26日，完成所有固废报关单结关。全年监管进口废物原料5731批、158万吨、15.3万标箱，检查发现环保不合格废料1批，实施退运。

【洋山—太仓港“联动接卸”监管模式运行】2020年11月4日，洋山—太仓港“联动接卸”监管模式运行第一单，标志洋山—太仓港通关一体化运作落地。该模式主要适用于以一体化方式申报、运输条款目的地为上海洋山港的进出口集装箱货物，将太仓港作为洋山港延伸，实施“联动接卸、视同一港”整体监管，货物经太仓港、洋山港进出口，均实现一次申报、一次查验、一次放行。11月4日至12月底，该模式下共完成进口682标箱；全年完成出口7.95万标箱。

【“关助融”项目落地】2020年，太仓海关通过“关助融”项目缓解中小外贸企业融资难题。海关依企业申请，根据规定提供进出口违规违法记录、进出口金额、纳税数据等进出口信用信息，金融机构将信用信息纳入信贷分析池，根据受新评价结果给予企业响应的信用贷款额度。全年共有6家银行给7家企业完成“关助融”授信3000万元。

【综合保税区一般纳税人资格试点获批】2020年9月7日，经国家税务总局江苏省税务局、江苏省财政厅、南京海关批准，太仓港综合保税区获批开展海关特殊区域增值税一般纳

2020年2月1日，太仓海关关员登轮检疫入境船舶　（计海新摄）

2020年8月13日，太仓海关关员对一批进境木材开展检验检疫
（杨泽浩摄）

税人资格试点，10月，开设一般纳税人试点专用账册开展业务。截至年底，开具一般纳税人增值税发票1434万元。

【整体通关时间压缩】 2020年，太仓海关深化"放管服"改革，企管业务实现线上办理，线上办理资质注册备案企业近300家；推广"两步申报"（第一步概要申报，企业凭提单信息，提交满足口岸安全准入监管需要的必要信息进行概要申报，无须查验的货物即可提离，涉税货物需提供有效税款担保；第二步完整申报，企业自运输工具申报进境起14日内，补充提交满足税收征管、合格评定、海关统计等整体监管需要的全面信息及单证）、"两段准入"［以进口货物准予提离口岸监管作业场所场地为界，分段实施"是否允许货物入境"（第一段监管）和"是否允许货物进入国内市场销售或使用"（第二段监管）两类准入监管］改革。推行扩大出口原产地证书自助打印新模式；制定出口货物放行异常应急处理办法，探索"进口直提、出口直装"等模式，全年进口整体通关时间70小时，压缩比47%。贯彻"先放后检"模式，进口铁矿放行时长由18个工作日缩至2.5个工作日，流程时长压缩86.1%。

（武 超）

长江引航

【概况】 2020年，太仓引航站深度对接太仓港发展需求，推进"阳光引航"，引大船、难船，助推太仓港快速发展。全年太仓引航站共引领中外籍船舶8246艘次，移泊1654艘次，引领受限船舶1544艘次，吃水11.5米及以上船舶519艘次，集装箱船1961艘次，危化品船舶1365艘次，夜航船舶2817艘次，夜航率34.16%。针对新冠肺炎疫情防控不同阶段、不同要求调整服务措施。3月6日，引航防疫专班模式运行，全年引领专班船舶2516艘次，加强防护船舶2702艘次，合计占比72.18%。

【引航服务】 2020年，太仓引航站坚持"阳光引航"，践行"八项服务承诺"，引领进江最大吃水12.3米"埃拉托"轮靠泊武港码头，创长江最大吃水纪录。年内，落实市政府大港口、大物流建设精神，推进船舶"大进大出"。太仓武港码头2020年靠泊开普船300多艘，先后将中国自主设计建造的第二代40万吨矿砂船"香港"号等5艘船舶从太仓扬子江海工码头引领出江，创造长江引航新纪录。新冠肺炎疫情防控期间，以"定制式"引航服务保障集装箱班期和集装箱班轮准班准点，船期未因引航原因受到影响。对于特殊船舶，主动承担风险，提供一对一个性化服务。1月12日，引航船长283米无动力LNG船舶"地中海能量"至扬子江海洋油气装备有限公司码头。创新方法采用4艘拖轮绑拖，未用主拖。6月14日，通过精细化操纵船舶以"穿针引线"方式将货物卸船机移至预定位置，协助码头完成装载作业。对载运防疫物资、电煤、成品油等国计民生重点物资船舶优先受理、优先调派、优先直达。

（刘 源）

海 事

【概况】 2020年，太仓海事局保障船舶进出港13.2万艘次，较上年增长12%。保障港口货物吞吐量2.16亿吨，与上年持平，其中外贸货物吞吐量8215.9万吨，较上年增长9.85%。保障集装箱吞吐量521.2万标箱，较上年增长1.2%。长江太仓段发生水上较大等级事故1起、一般等级事故2起、小事故7起，造成死亡（失踪）8人，沉没船舶5艘。年内，太仓海事局组织水上搜救行动296次，救助人员928人，成功率99.15%；救助船舶302艘，成功率98.37%。实施海事行政处罚1530件，罚款1048.72万元，扣留证书6件，责令停产停业1件。开展港口国监督11艘；开展船旗国监督681艘次，滞留99艘次。

【港口安全诚信一体化】 2020年，太仓海事局构建全国首个港口安全诚信一体化管理体系，将船舶、码头、港口辅助作业单位、船员、代理、货主等六大要素纳入诚信管理，对诚信、规范经营者实施联合激励，对失信者采取联合惩戒措施。太仓港签订安全诚信管理公约码头17家，56家航运公司和64家港口辅助单位签订信用承诺。该做法得到国务院江苏安全生产督导组肯定，并列入江苏省安全生产典型做法清单。

【“1+3”高质量选船机制】 2020年，太仓海事局以码头落实船舶安全与防污染管理责任为载体，实施载运干散货船舶、载运危险货物集装箱船舶、载运危化品船舶高质量选船，实现全港全船种全货种选船覆盖。完成干散货选船4780余艘次，集装箱选船900余艘次，危化品选船650余艘次，拒绝进港作业C类船舶（黑名单）310余艘次，提升进出港船舶本质安全水平。

【江苏省水上搜救综合演习】 2020年9月24日，江苏省水上搜救综合演习在太仓举行，随后召开2019—2020年江苏省水上搜救工作会议。演习由江苏省水上搜救中心主办，苏州市人民政府、江苏海事局、省交通运输厅、省农业农村厅、省应急管理厅承办。演习紧扣长三角一体化发展大背景，是江苏省有史以来举行的规模最大、参演船艇最多、涉及科目最广的一次水上搜救综合演习，直接参演单位25家，参演人员近300人，参加救助直升机2架次、抢险无人机3架及船艇35艘。该演习检验长江江苏、上海段水域海事、交通、生态环境、救助、打捞、航保、水文等部门一体化联合搜救实战水平，为推动长三角水上搜救一体化融合发展进行有益实践，为长三角打造交通高质量发展先行区提供坚实保障。

【水上搜救应急预案出台】 2020年，太仓海事局起草修订《长江太仓段水上搜救应急预案》《长江太仓段防御台风专项应急救援预案》，经市政府同意颁布实施。预案明确水上搜救和防御台风工作机制和组织体系，明确市水上搜救中心成员单位、码头企业、船舶等职责，是对全市应急反应体系的补充完善，弥补太仓市防台应急预案在长江水域方面空白，为开展长江水上搜救工作提供制度保障。

【海事助力水上疫情防控】 2020年，太仓海事局落实浏河水道、杨林塘水道交通管控措施，24小时昼夜值守，严防“三无”船舶（无船名船号、无船舶证书、无船籍港的船舶）疫情传播风险，确保切断疫情水上传播途径。核查从湖北驶入太仓港船舶信息。开通重点物资船舶绿色通道，实施优先保障、优先护航、优先审批、优先调度。为锚地、停泊区船舶提供急需生活物资代购和水上交通服务，保障在船船员的就医、药品、生活物资等需求。与海关、边检、口岸、卫健、交通等部门建立信息通报机制，落实国际航行船舶进出口岸疫情防控举措，保障2620名中国籍船员在太仓港换班。

【海事保障北沿江高铁勘察工程】 2020年9月，北沿江高铁过江通道南支隧道段地质勘察工程开工。为保障勘察作业与航道畅通安全，太仓海事克服寒潮、低温、团雾和大风天气影响，24小时做好现场交通组织和维护保障工作。牵头建立北沿江工程水上安全党建联盟，通过优化施工方案，及时动态调整作业范围，减轻长江主航道通航压力，先后临时调整长江航路7次，实现航道施工不封航、黄金水道不断流。组建工作专班，分析研判勘察施工风险，制订安全维护方案，处置应急情况163件，保障勘察工程提前73天完工，实现“保安全、保施工、保生产、保畅通”目标。

【营商环境优化】 2020年，太仓海事局制定实施助力航运企业复产复工十项举措。发挥深水航道优势，调整优化受限船管理机制，提升太仓港“大进大出”竞争力。服务太仓港新开辟

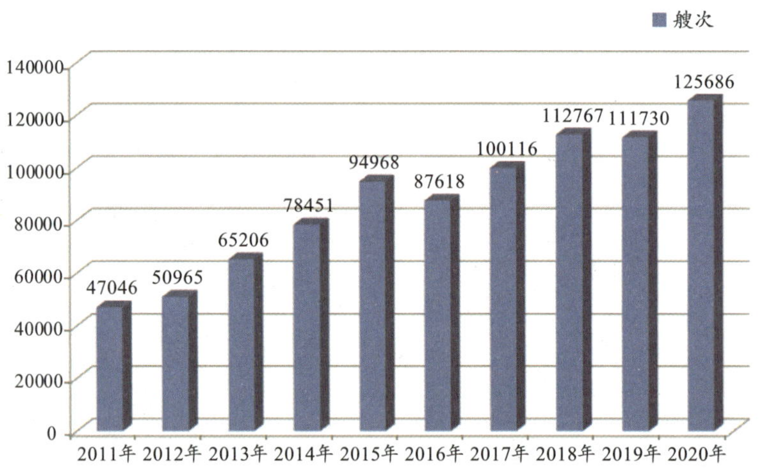

图4　2011—2020年太仓港国内航行船舶进出港统计图

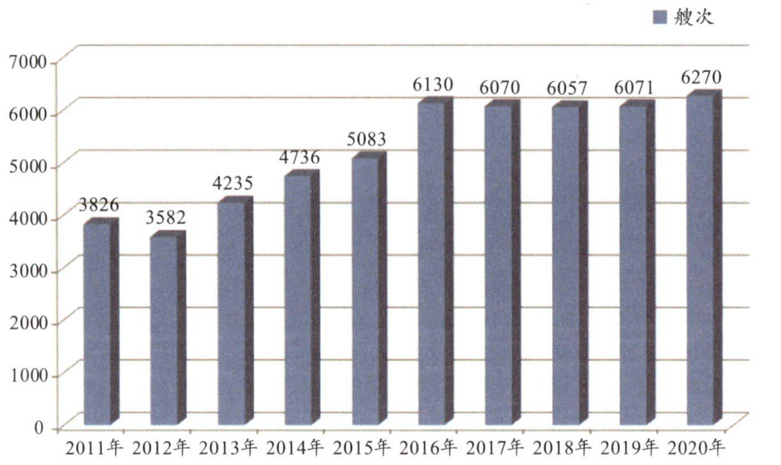

图5　2011—2020年太仓港国际航行船舶进出港统计图

2020 年 9 月 24 日，江苏省水上搜救综合演习在太仓举行

（太仓海事局供稿）

沿海内贸干线 5 条，新开通沪太集装箱班轮精品航线"太申快航"。保障太仓扬子三井 9 艘新船安全下水或试航。落实货物港口建设费免征和船舶油污损害赔偿基金减半征收政策，累计减免 2.36 亿元。3 个基层站点实现海事政务自助服务终端全覆盖。

【岸电推广使用示范区建设】 2020 年，太仓海事局推动太仓码头加快船舶岸电设施设备建设，岸电码头覆盖率 100%、岸电泊位覆盖率 75%（危险品码头除外）。推进协鑫码头高压岸电示范点建设，4 月 11 日，太仓协鑫电厂码头为散货船"神华 523"轮完成 6.6 千伏高压岸电连船送电作业，该船成为长江港口完成高压岸电连船送电的首艘船舶。以点带面，推动辖区到港船舶接用岸电常态化，太仓港全年岸电使用 3420 艘次、233.9 万千瓦，降低船舶靠港期间的污染物排放量，助力太仓港节能减排和"绿色港口"建设。

【"三无"船舶整治】 2020 年，太仓海事局作为太仓市"三无"船舶整治办，印发清理取缔"三无"船舶专项整治相关通告和工作方案。结合严防水路疫情输入、长江禁捕退捕等工作要求，牵头开展"三无"船舶集中执法行动，形成条块结合、部门联动工作格局。联合市交运局、市公安局、市农业农村局、市水务局等部门，通过宣传教育、劝返驱离、劝解拆解、强制扣押等措施，查处"三无"船舶擅自航行或作业行为。研究制订全市"三无"船舶拆解组织实施方案和拆解施工方案，完成全市"三无"船舶集中拆解工作。制订"三无"船舶长效治理机制实施方案，持续巩固整治工作成效，防止反弹回潮。全年排查整治"三无"船舶 141 艘，实现长江太仓沿线"三无"船舶"清零"。（许文华）

2020 年 10 月 9 日，太仓海事局维护全潜式重吊生活平台停靠太仓港

（太仓海事局供稿）

高新区及中德合作示范区

高新区建设

【概况】 太仓高新区地处太仓主城区，2012年6月经省政府批复筹建，2018年9月经省政府批复设立。2013年11月和2017年5月，高新区经历“区街合一”与“区城合一”两次管理体制改革。2019年6月，苏州市人民政府印发《关于同意太仓市调整娄东街道行政区域的批复》，同意调整太仓市娄东街道行政区域，以娄东街道陆渡、东城、珠江3个居民委员会和小桥、岳南、红庙、横沥、珠泾、陆渡6个村民委员会区域，设立陆渡街道。高新区与科教新城、娄东街道、陆渡街道实施区城街一体化管理，共涵盖村、社区33个，管理面积116.74平方千米，常住人口32万人。2020年，高新区完成地区生产总值565亿元，较上年增长7.2%，占全市40.8%；一般公共预算税收收入75.01亿元，较上年增长7%，占全市50.95%；规模以上工业产值971.3亿元，较上年增长7.2%，占全市38.8%；全社会固定资产投资157.3亿元，较上年增长31.2%，占全市33.6%；注册外资及港澳台资7.3亿美元，较上年增长112.7%，占全市37.5%；实际利用外资及港澳台资3.45亿美元，较上年增长89.9%，占全市42.3%。年内，太仓高新区被科技部授予国家汽车核心零部件高新技术产业化基地，被评为国家汽车关键零部件火炬特色产业基地、省生产性服务业集聚示范区、省智能制造产业产学研协同创新基地、省国际合作园区、苏州市产学研合作示范区、苏州市数字经济产业园。位列全省省级高新区综合评价第二位，获省政府科技创新奖励1000万元。太仓高新区升级请示由国务院批转至科技部，位列全省创建国家级高新区前列，省部共建试点工作取得阶段性成效。

【高新区规划】 2020年，太仓高新区坚持规划先行、产城融合，推进新城建设。推进拆迁攻坚，共拆迁企业和农户388家，清零天镜湖区域、石头塘东侧、党校北侧、毛太路西侧等地块22个，释放建设空间220公顷。拆除违建超27万平方米。娄江新城科教创新片区、天镜湖周边、东郊地块等区域内遗留户拆迁取得突破。推进新城建设，实体化运作娄江新城建设指挥部。学院西路、花园西街等竣工通车，推动和保障沪苏通铁路太仓站、太仓南站和岳鹿路对接上海嘉定城北路竣工通车。推进两所大学、复星复游城、铂尔曼酒店、天镜湖商业综合体等重大功能性项目建设。提升生态环境质量，市民公园、娄江新城滨河公园、江南路十八港城市绿肺等建成开放，新增绿化面积60万平方米。完成河道疏浚整治19条、雨污分流小区改造19个、企业危废规范化管理达标建设114家。全区166个小区“三定一督”（定时定点定人督导的四分类模式）垃圾分类完成率、达标率均为100%。

【高新区招商引资】 2020年，太仓高新区项目引建成效明显，举办中国（太仓）航空航天产业发展峰会暨“新产业新动能”太仓高新区重点项目集中签约、高新区重点项目集中开工现场会等活动，新设外资及港澳台资项目47个、增资项目25个，引育博泽驱动电机、通快亚太区总部及核心激光发生器、华钛瑞翔航空发动机叶片、康乃德生物医药等重点产业项目，推进省市重大重点项目28个，竣工投用德珂斯自动化等产业项目14个，航空航天、生物医药、新能源智能网联汽车等新产业发展势头良好。深化对德合作，新引进德国项目17个。

【高新区产业发展】 2020年，太仓高新区坚持产业立区，集聚耐克体育（中国）有限公司、舍弗勒（中国）有限公司等外资及港澳台资企业800余家，天顺风能（苏州）股份有限公司、太仓市同维电子有限公司等民营企业8000余家，加快构建以制造业为基础的“2+2+1”（高端装备、汽车零部件+航空、生物医药+现代服务业）现代产业体系。航空产业坚持规划、产学研协同、载体、平台、项目、基金、政策、氛围“八位一体”，围绕航空零部件精密制造、航空新材料、专业无人机、航空服务业四个方面重点，打造航空产业新标识。生物医药产业围绕新药研发、高端CRO、第三方检测服务、智慧医疗器械等高端环节，发挥中美冠科、康乃德等平台企业牵引作用，打造生物医药产业发展新高地。新能源智能网联汽车产业围绕电池管理、电机、电控、智能网联等核心技术，扩大新能源智能网联汽车产业规模。依托与上海的产业协同和综合比较优势及复星复游城、天镜湖电竞企业引领带动作用，培育发展文旅产业，提升文旅产业贡献度。

【高新区科技创新】 2020年，太仓高新区集聚创新动能，认定国家科技型中小企业217家，累计高新技术企业222家，规模以上高新技术企业占全区规模以上工业企业29%。新增苏州市级以上人才项目14个，落户科技人才项目超100个。获批省、苏州市级工程技术中心9家，省、苏州市示范智能车间（工厂）12家。西北工业大学太仓长三角研究院获批省新型研发机构，中德智能制造联合创新中心、蜂巢汽车零部件工业互联网应用中心、中科院计算所科创中心、苏南自主创新示范区一站式服务中心等建成投用，清华力合科技谷开工建设，太仓激光智能制造创新研究院签约落地。获评省级众创空间2个，天镜湖创新核心区获评省众创社区。高新技术产业产值、新兴产业产值占规模以上工业产值比重分别为65.1%和57.2%。

【高新区民生社会事业】 2020年，太仓高新区开展安全生产专项整治行动，落实各级督导反馈问题整改，共排查隐患1646条，整改完成率100%，完成“一年小灶”目标任务，全区安全形势平稳向好，火灾事故较上年下降74%，交通事故较上年下降24%，工矿商贸领域形势保持平稳。增进民生福祉，推进民生实事工程6个大类41项，推进学校新扩建工程，科教新城医养服务中心、陆渡街道便民服务中心等建成投用，农民安置房建设及其办证成效明显，办证2496套。举办招聘会131期，提供工作岗位5万余个。开展“德载高新”文化节、书香高新阅读节等群众文化活动。确保社会稳定，完成基层“三整合”改革并通过验收，扫黑除恶专项斗争收官，建立实施风险防控“四项机制”，做好信访积案化解和初信初访治理等工作。全区政法综治工作考核位列全市第一，娄东街道调委会获评省优秀人民调解组。

【高新区企业选介】 太仓展新胶粘材料股份有限公司。太仓展新胶粘材料股份有限公司成立于2002年，下设全资子公司5家，分别是太仓迪科力科技有限公司、四川展新胶粘材料有限公司、香港展新国际贸易有限公司、苏州迪科力半导体材料有限公司、苏州德糯化学有限公司。主要产品是光电行业用各类胶膜材料，服务的行业包括TFT&AMOLED显示器、TP触摸屏、IC半导体、笔记本电脑、智能手机、精密马达电机、PCB&FPC电路板、电子电器、家电、汽车、航空及建筑等。2020年10月，太仓展新胶粘材料股份有限公司被市金融监管局认定为拟上市企业。

苏州鸿安机械股份有限公司。苏州鸿安机械股份有限公司是一家专注于为客户提供从研发设计、生产制造到工程实施和运维服务的一体化智能物流技术装备高新技术企业，致力于“让搬送变得简单”。公司产品及服务广泛应用于各类智能立体仓储系统、自动化配送中心、智能工厂，覆盖航空、汽车、电子、医药、食品、家具、石油化工、新零售等10余个行业，实施项目超600个，公司逐步成长为智能物流技术装备行业领先的产品和服务供应商。实施项目包括阿斯利康、海力士、华星光电、京东方、耐克、华为、盒马、大润发、百事食品、海天酱油、得力、格力等。2020年12月，鸿安机械被市金融监管局认定为拟上市企业。

2020年太仓高新区新增高新技术企业一览表

表13

序号	企业名称	序号	企业名称
1	赫能（苏州）新能源科技有限公司	29	苏州纯青智能科技有限公司
2	红壹佰照明有限公司	30	苏州菱慧电子科技有限公司
3	苏州阿提申机械有限公司	31	苏州贝睿尔自动化科技有限公司
4	苏州葛雷固普五金科技有限公司	32	苏州有单互联网科技有限公司
5	苏州鸿然信息科技有限公司	33	苏州今创互联网科技有限公司
6	苏州仅一汇智能科技有限公司	34	牧星航空传感器技术（太仓）有限公司
7	苏州佩恩机器人有限公司	35	苏州江左盟网络科技有限公司
8	苏州世珍橡塑有限公司	36	苏州德斯米尔智能科技有限公司
9	苏州天邦世纪汽车配件有限公司	37	苏州泰坤检测技术有限公司
10	苏州易通交通科技有限公司	38	中美冠科生物技术（太仓）有限公司
11	苏州至上软件科技有限公司	39	苏州领速电子科技有限公司
12	苏州晗普新材料科技有限公司	40	太仓德纳森机电工程有限公司

续表13

序号	企业名称	序号	企业名称
13	太仓升达机械有限公司	41	苏州毕恩思实验器材有限公司
14	知行机器人科技(苏州)有限公司	42	太仓沃普特机械科技有限公司
15	中广核高新核材科技(苏州)有限公司	43	太仓市友联干燥粉碎设备有限公司
16	苏州杜伦复合新材料有限公司	44	太仓红光模具有限公司
17	苏州惠邦科信息技术有限公司	45	苏州苏宏模具有限公司
18	苏州棠裕塑胶机械有限公司	46	太仓正实智能科技有限公司
19	苏州拓康自动化技术有限公司	47	苏州瑞霏光电科技有限公司
20	苏州旴酋汽车科技有限公司	48	铂科冷链技术(苏州)有限公司
21	太仓安笙精密金属制品有限公司	49	苏州秦出自动化设备有限公司
22	太仓摩力伺服技术有限公司	50	太仓黑龙智能工业科技有限公司
23	太仓腾辉金属制品有限公司	51	太仓通利机械设备有限公司
24	新朝祥金属制品(苏州)有限公司	52	苏州耀光自动化设备有限公司
25	新大洲本田摩托(苏州)有限公司	53	苏州椿桔五金制品有限公司
26	苏州铂韬新材料科技有限公司	54	苏州镓诺华太环境建设有限公司
27	太仓荣冠电子科技有限公司	55	沃尔夫切削技术(太仓)有限公司
28	苏州登创环境工程技术有限公司	—	—

2020年太仓高新区规模工业企业(不含德企)一览表

表14

序号	企业名称	行业大类名称	投资来源地
1	佳格食品(中国)有限公司	食品制造业	中国台湾
2	太仓肉松食品有限公司	食品制造业	中国内地
3	三全食品(苏州)有限公司	食品制造业	中国内地
4	新丽纤维制品(苏州)有限公司	纺织业	中国台湾
5	苏州虹盛印染有限公司	纺织业	中国内地
6	苏州锦园旅游用品有限公司	纺织业	中国台湾
7	横滨丝带(太仓)有限公司	纺织业	日本
8	华利安(太仓)运动服装有限公司	纺织服装、服饰业	美国
9	太仓衣稻服装有限公司	纺织服装、服饰业	中国内地
10	江苏大仓集团有限公司	纺织服装、服饰业	中国内地
11	拉夏贝尔服饰(太仓)有限公司	纺织服装、服饰业	中国内地
12	太仓祺美时装有限公司	纺织服装、服饰业	中国内地
13	苏州华钟针织有限公司	纺织服装、服饰业	日本
14	太仓泰坦体育用品有限公司	纺织服装、服饰业	中国香港
15	苏州新明阳鞋业有限公司	皮革、毛皮、羽毛及其制品和制鞋业	日本
16	太仓海华家具有限公司	家具制造业	中国香港

续表 14

序号	企业名称	行业大类名称	投资来源地
17	太仓市岭南纸业包装有限公司	造纸和纸制品业	中国香港
18	苏州天众印刷有限公司	印刷和记录媒介复制业	中国内地
19	太仓兴宇印刷包装股份有限公司	印刷和记录媒介复制业	中国内地
20	政伸印刷（太仓）有限公司	印刷和记录媒介复制业	中国台湾
21	苏州华南印务有限公司	印刷和记录媒介复制业	中国内地
22	实耐格（太仓）包装有限公司	印刷和记录媒介复制业	新加坡
23	昆山奥博环保科技有限公司	印刷和记录媒介复制业	中国内地
24	台新纤维制品（苏州）有限公司	文教、工美、体育和娱乐用品制造业	中国台湾
25	英特飞模块地毯（中国）有限公司	文教、工美、体育和娱乐用品制造业	中国香港
26	江苏中联地毯有限公司	文教、工美、体育和娱乐用品制造业	泰国
27	江苏爱粤建筑粉末涂料有限公司	化学原料和化学制品制造业	中国香港
28	苏州盛万达塑胶包装材料有限公司	化学原料和化学制品制造业	中国内地
29	老虎粉末涂料制造（太仓）有限公司	化学原料和化学制品制造业	奥地利
30	和承特种橡胶（太仓）有限公司	化学原料和化学制品制造业	韩国
31	挪亚圣诺（太仓）生物科技有限公司	医药制造业	荷兰
32	苏州新波生物技术有限公司	医药制造业	中国内地
33	科纺勒特种纺织品（太仓）有限公司	化学纤维制造业	中国香港
34	太仓环球化纤有限公司	化学纤维制造业	美国
35	苏州裕丰塑胶科技有限公司	橡胶和塑料制品业	中国内地
36	太仓傲奔矽品科技有限公司	橡胶和塑料制品业	中国香港
37	迪美斯（太仓）窗型材有限公司	橡胶和塑料制品业	中国香港
38	江苏东泰聚合材料有限公司	橡胶和塑料制品业	中国内地
39	苏州福共包装材料有限公司	橡胶和塑料制品业	中国内地
40	展诚（苏州）塑料制品有限公司	橡胶和塑料制品业	日本
41	太仓艾格鲁塑料制品有限公司	橡胶和塑料制品业	奥地利
42	太仓斯迪克新材料科技有限公司	橡胶和塑料制品业	中国内地
43	太仓展新胶粘材料股份有限公司	橡胶和塑料制品业	中国内地
44	太仓冠联高分子材料有限公司	橡胶和塑料制品业	中国内地
45	白特荣塑胶（太仓）有限公司	橡胶和塑料制品业	新加坡
46	太仓海螺水泥有限责任公司	非金属矿物制品业	中国内地
47	苏州三和管桩有限公司	非金属矿物制品业	中国香港
48	华忠金属材料（太仓）有限公司	非金属矿物制品业	中国台湾
49	苏州弗罗斯复合材料有限公司	非金属矿物制品业	中国内地
50	苏州太丰玻璃饰品有限公司	非金属矿物制品业	中国内地
51	卡莱司卓奥斯曼（太仓）建筑材料有限公司	非金属矿物制品业	韩国
52	苏州久晶光电科技有限公司	非金属矿物制品业	中国内地

续表 14

序号	企业名称	行业大类名称	投资来源地
53	江兴（太仓）金属制品有限公司	黑色金属冶炼和压延加工业	英国
54	丰田通商（太仓）特钢加工有限公司	黑色金属冶炼和压延加工业	日本
55	长富不锈钢中心（苏州）有限公司	黑色金属冶炼和压延加工业	日本
56	江苏仓环铜业股份有限公司	有色金属冶炼和压延加工业	中国内地
57	太仓升达机械有限公司	有色金属冶炼和压延加工业	中国台湾
58	明达铝业科技（太仓）有限公司	有色金属冶炼和压延加工业	中国台湾
59	太仓沪北特种铝材有限公司	有色金属冶炼和压延加工业	中国内地
60	苏州撼力合金股份有限公司	有色金属冶炼和压延加工业	中国内地
61	苏州金仓合金新材料有限公司	有色金属冶炼和压延加工业	中国内地
62	太仓市金鑫铜管有限公司	有色金属冶炼和压延加工业	中国内地
63	太仓市凯斯汀精密压铸有限公司	有色金属冶炼和压延加工业	中国内地
64	苏州金江铜业有限公司	有色金属冶炼和压延加工业	中国内地
65	太仓夏鑫电镀有限公司	金属制品业	中国内地
66	源文兴车料（太仓）有限公司	金属制品业	美国
67	太仓市国达金属制品有限公司	金属制品业	中国内地
68	太仓世珍集装箱部件股份有限公司	金属制品业	韩国
69	美固龙金属制品（中国）有限公司	金属制品业	中国香港
70	太仓市合泰机械有限公司	金属制品业	中国内地
71	苏州冠景彩涂板有限公司	金属制品业	中国内地
72	太仓申立金属制品有限公司	金属制品业	中国内地
73	太仓托普斯特金属制品有限公司	金属制品业	中国内地
74	太仓锦捷机械有限公司	金属制品业	中国内地
75	高盟机械（太仓）有限公司	金属制品业	中国台湾
76	苏州静冈刀具有限公司	金属制品业	日本
77	实用动力（中国）工业有限公司	通用设备制造业	中国香港
78	太仓旭莱自动化机械有限公司	通用设备制造业	中国内地
79	太仓翱铿梯锻压有限公司	通用设备制造业	日本
80	固耐重工（苏州）有限公司	通用设备制造业	意大利
81	西螺（苏州）精密紧固件有限公司	通用设备制造业	西班牙
82	苏州优尼昂精密金属制造有限公司	通用设备制造业	日本
83	太仓置田锻压有限公司	通用设备制造业	日本
84	苏州东金机械金属有限公司	通用设备制造业	日本
85	椿中岛机械（太仓）有限公司	通用设备制造业	日本
86	大庆油田力神泵业（太仓）有限公司	通用设备制造业	中国内地
87	苏州新太铜高效管有限公司	通用设备制造业	中国台湾
88	太仓顺天自动化设备有限公司	通用设备制造业	中国内地

续表 14

序号	企业名称	行业大类名称	投资来源地
89	艾伯纳工业炉（太仓）有限公司	通用设备制造业	奥地利
90	佳兴紧固件工业（苏州）有限公司	通用设备制造业	中国台湾
91	太仓宝沃帕克机械科技有限公司	通用设备制造业	中国香港
92	太仓市天致工程技术有限公司	通用设备制造业	中国内地
93	苏州欣科导轨有限公司	通用设备制造业	中国内地
94	太仓志霖液压机械有限公司	通用设备制造业	中国内地
95	广濑精密机械（太仓）有限公司	通用设备制造业	日本
96	苏州育龙科教设备有限公司	通用设备制造业	中国内地
97	苏州鸿安机械有限公司	通用设备制造业	中国香港
98	太仓荣南密封件科技有限公司	通用设备制造业	中国内地
99	太仓濂辉液压器材有限公司	通用设备制造业	中国台湾
100	新歌阀门（太仓）有限公司	通用设备制造业	中国内地
101	金益成（太仓）轴承有限公司	通用设备制造业	中国台湾
102	桂盟链条（太仓）有限公司	通用设备制造业	中国台湾
103	太仓宙辉五金制品有限公司	专用设备制造业	中国内地
104	苏州五元素机械制造有限公司	专用设备制造业	中国内地
105	海美克精密机械（苏州）有限公司	专用设备制造业	中国内地
106	日精塑料机械（太仓）有限公司	专用设备制造业	日本
107	固瑞特模具（太仓）有限公司	专用设备制造业	中国香港
108	得泰医疗卫生用品（苏州）有限公司	专用设备制造业	中国台湾
109	太仓维高模塑有限公司	专用设备制造业	中国内地
110	雅高机械（太仓）有限公司	专用设备制造业	中国香港
111	太仓久信精密模具股份有限公司	专用设备制造业	中国内地
112	太仓爱昕电子有限公司	专用设备制造业	中国内地
113	太仓创造电子有限公司	专用设备制造业	中国内地
114	奥胜制造（太仓）有限公司	专用设备制造业	奥地利
115	鹿宏电子（苏州）有限公司	专用设备制造业	日本
116	太仓世钟汽车配件有限公司	汽车制造业	韩国
117	合兴集团汽车电子（太仓）有限公司	汽车制造业	中国内地
118	伟速达（中国）汽车安全系统有限公司	汽车制造业	美国
119	博格华纳汽车零部件（江苏）有限公司	汽车制造业	美国
120	驶驰耐精密汽车零部件（太仓）有限公司	汽车制造业	法国
121	太仓奥托立夫申达汽车安全系统有限公司	汽车制造业	瑞典
122	苏州鑫睿达精密机械有限公司	汽车制造业	中国香港
123	法因图尔精密部件（太仓）有限公司	汽车制造业	瑞士

续表14

序号	企业名称	行业大类名称	投资来源地
124	万特赛传动系统（中国）有限公司	汽车制造业	英国
125	苏州旭鸿金属制品有限公司	汽车制造业	毛里求斯
126	苏州新沣复合纤维制品有限公司	汽车制造业	中国台湾
127	法可赛（太仓）汽车配件有限公司	汽车制造业	西班牙
128	太仓市南丰汽车附件有限公司	汽车制造业	中国内地
129	和承汽车配件（太仓）有限公司	汽车制造业	韩国
130	英明精密机件（苏州）有限公司	汽车制造业	英国
131	太仓市联宏电塑有限公司	汽车制造业	中国内地
132	新井精密部件（太仓）有限公司	汽车制造业	日本
133	平和精工汽车配件（太仓）有限公司	汽车制造业	韩国
134	太仓泷田金属制品有限公司	汽车制造业	日本
135	苏州温橡特种橡胶有限公司	汽车制造业	中国内地
136	苏州世珍橡塑有限公司	汽车制造业	韩国
137	太仓市刘行五金机械制造有限公司	汽车制造业	中国内地
138	见诚自行车（太仓）有限公司	铁路、船舶、航空航天和其他运输设备制造业	中国台湾
139	翔宇实业（太仓）有限公司	铁路、船舶、航空航天和其他运输设备制造业	中国台湾
140	陇亿车料（太仓）有限公司	铁路、船舶、航空航天和其他运输设备制造业	中国台湾
141	太仓信隆车料有限公司	铁路、船舶、航空航天和其他运输设备制造业	中国台湾
142	天迅金属制品（太仓）有限公司	铁路、船舶、航空航天和其他运输设备制造业	中国台湾
143	欧亚马自行车（太仓）有限公司	铁路、船舶、航空航天和其他运输设备制造业	中国台湾
144	凯得爱依安全运动器材（太仓）有限公司	铁路、船舶、航空航天和其他运输设备制造业	日本
145	太仓安笙精密金属制品有限公司	铁路、船舶、航空航天和其他运输设备制造业	中国台湾
146	超汇桂盟传动（苏州）有限公司	铁路、船舶、航空航天和其他运输设备制造业	中国台湾
147	元毅车料（太仓）有限公司	铁路、船舶、航空航天和其他运输设备制造业	中国台湾
148	祥力自行车配件（太仓）有限公司	铁路、船舶、航空航天和其他运输设备制造业	中国台湾
149	瑞振车料（太仓）有限公司	铁路、船舶、航空航天和其他运输设备制造业	中国台湾
150	苏州龙跃锂动车辆有限公司	铁路、船舶、航空航天和其他运输设备制造业	中国内地
151	新大洲本田摩托（苏州）有限公司	铁路、船舶、航空航天和其他运输设备制造业	中国内地
152	苏州矽美仕绿色新能源有限公司	电气机械和器材制造业	中国内地
153	麦格纳（太仓）汽车科技有限公司	电气机械和器材制造业	中国香港
154	雷勃电气（苏州）有限公司	电气机械和器材制造业	美国
155	太仓年益科技电子有限公司	电气机械和器材制造业	中国台湾
156	苏州富士端子有限公司	电气机械和器材制造业	日本
157	多摩川精密电机（苏州）有限公司	电气机械和器材制造业	日本
158	欧威尔空调科技（中国）有限公司	电气机械和器材制造业	中国香港

续表 14

序号	企业名称	行业大类名称	投资来源地
159	苏州天顺风能设备有限公司	电气机械和器材制造业	中国内地
160	苏州悦贸金属制品有限公司	电气机械和器材制造业	日本
161	昊诚光电（太仓）有限公司	电气机械和器材制造业	中国内地
162	洋保电子（太仓）有限公司	电气机械和器材制造业	日本
163	特灵空调系统（中国）有限公司	电气机械和器材制造业	美国
164	江苏昌哲新能源有限公司	电气机械和器材制造业	中国内地
165	德特威勒（苏州）电缆系统有限公司	电气机械和器材制造业	瑞士
166	江苏通领科技有限公司	电气机械和器材制造业	中国内地
167	苏州红壹佰照明有限公司	电气机械和器材制造业	中国内地
168	苏州宏夏电讯科技有限公司	计算机、通信和其他电子设备制造业	中国台湾
169	日立数据系统制造有限公司	计算机、通信和其他电子设备制造业	中国内地
170	苏州天积维尔光电科技有限公司	计算机、通信和其他电子设备制造业	中国内地
171	兴和电子（太仓）有限公司	计算机、通信和其他电子设备制造业	日本
172	科思泰半导体配件（苏州）有限公司	计算机、通信和其他电子设备制造业	韩国
173	苏州希恩碧电子有限公司	计算机、通信和其他电子设备制造业	日本
174	太仓市同维电子有限公司	计算机、通信和其他电子设备制造业	中国内地
175	太仓神明电子有限公司	计算机、通信和其他电子设备制造业	日本
176	苏州蔡伦格蒂电子材料有限公司	计算机、通信和其他电子设备制造业	中国内地
177	太仓阿尔派电子有限公司	计算机、通信和其他电子设备制造业	日本
178	众华电子科技（太仓）有限公司	计算机、通信和其他电子设备制造业	中国香港
179	太仓邝德—友联设备有限公司	计算机、通信和其他电子设备制造业	中国香港
180	苏州笠亿冲压自动化有限公司	仪器仪表制造业	中国内地
181	太仓市派恩海洋装备科技有限公司	仪器仪表制造业	中国内地
182	普曼普传动系统（太仓）有限公司	仪器仪表制造业	意大利
183	太仓比泰科自动化设备有限公司	仪器仪表制造业	中国内地
184	史太林格塑胶机械（太仓）有限公司	仪器仪表制造业	奥地利
185	太仓源凯汽车配件有限公司	仪器仪表制造业	中国内地
186	沪工智能科技（苏州）有限公司	仪器仪表制造业	中国内地
187	苏州奥智智能设备股份有限公司	仪器仪表制造业	中国内地
188	苏州一和儿童礼品有限公司	其他制造业	中国内地
189	太仓苏创液化气有限公司	燃气生产和供应业	中国内地
190	太仓市天然气有限公司	燃气生产和供应业	中国香港
191	太仓市水处理有限责任公司	水的生产和供应业	中国内地

（孙鸿宇）

中德合作示范区

综　述

【概况】 太仓市开展中德中小企业合作、中德国际科技合作、中德双元制教育合作、中德城市创新合作，走出一条高水平对德开放合作发展之路，成为苏州乃至江苏对外开放重要平台。2008 年，德国经济部和中华人民共和国商务部授予太仓“中德企业合作基地”称号；2012 年，工信部授予太仓“中德中小企业合作示范区”称号；2016 年，全球第八家、中国第三家——太仓德国中心开业；2017 年 9 月，太仓高新区获批中德（太仓）智能制造合作创新园。2019 年 5 月，“加快建设太仓中德中小企业合作区”写入《长江三角洲区域一体化发展规划纲要》。2020 年，太仓深化对德合作，全国首个中德职业教育合作标准化成果发布，全国首个双元制本科项目和 DAWT Meister 大师班首批学员完成学业并就业。太仓举办承办中德标准化合作交流大会、中德智能制造大会、中德智能制造科技创新合作联盟成立大会、太仓中德专业技术人才评价体系融合推进会、第四届中德中小企业论坛暨第 13 届“太仓日”、第 15 届太仓啤酒节、德风街 · 德味不眠夜等活动，对德合作向更高水平迈进。

德资指标再创新高。2020 年，太仓市新增注册德资 1.67 亿美元，较上年增长 47.61%。其中新项目 32 个，注册德资 1.29 亿美元，较上年增长 571.94%；增资项目 9 个，注册德资 3801.34 万美元。1—12 月，实际使用德资 1.01 亿美元，较上年增长 28.81%。其中新增注册德资、实际使用德资和新引进项目数量均创“十三五”期间新高。

项目规模优势显著。2020 年，太仓市德企新项目支撑作用发挥显著，全市新增注册德资来源新项目 77%，新引进的 32 个项目平均规模 403.45 万美元，较上年增长 236%。新项目质量显著提升，其中全球四十强汽车供应商博泽项目总投资超亿美元，金璞、达必温等 4 个项目总投资超千万美元，引进施迈茨、宝得流体、因代克斯等行业“隐形冠军”项目 3 个。

存量项目深耕加速。2020 年，太仓市德企主动应对疫情影响，支撑集团全球生产总量，资金使用加速，深耕发展势头稳健。欧托凯勒、飞势管道、安策阀门等 3 个项目增资超 500 万美元，用于购置土地扩大产能，马勒、博泽等 7 个项目实际使用外资超 500 万美元，其中马勒、博泽、慕贝尔超千万美元。克恩—里伯斯、富乐压铸等 6 个项目盘活账面利润，以利润再投资方式增资，再投资额占实际使用外资总量 31%。

重点项目推进顺利。2020 年，太仓市德企计划总投资 31.43 亿元，合计完成投资 33.15 亿元，完成率 105%。太仓中欧先进制造产业园、太仓平谦智能制造产业园竣工；克恩—里伯斯新能源电驱电控组件项目、阅美测量仪器项目等 8 个项目竣工；马勒扩建汽车零部件项目进入验收阶段；舍弗勒高精密轴承项目、博泽三期、康斐尔空气净化设备项目等 5 个项目推进主体建设。

规上德企运行趋暖。2020 年，太仓市德企总体发展稳中趋好，产出指标和效益指标较上年均不同幅度增长。全年全市德企净入库税额 19.13 亿元，较上年增长 13.46%。全年规模以上德企完成工业总产值 414.71 亿元，占总量的 33%，较上年增长 8.32%；实现营业收入 425.91 亿元，占总量的 34.16%，较上年增长 6.34%；实现利润总额 43.09 亿元，占总量的 38.68%，较上年增长 40.27%；利税 51.7 亿元，占总量的 36.72%，较上年增长 36.82%；吸纳就业 2.55 万人，占总量的 30.29%，较上年下降 4.14%。

（孙鸿宇　陆骊晨）

【德企规划和建设】 2020 年，太仓市推进中德（太仓）合作创新园建设，建成一期中小企业园、二期先进制造园和三期航空产业园等系列化、专业化对德合作载体。规划中德中小企业合作区，打造国家级对德合作高水平开放平台，争取更多国家、省、苏州开放创新政策在太仓中德中小企业合作区先行先试。

【德企特色产业】 2020 年，太仓市聚焦德国中小企业，强化产业集聚发展、开放发展、链式发展。在全市 360 多家德资企业中，拥有舍弗勒、通快等龙头企业和行业“隐形冠军”50 多家，总投资超 50 亿美元，年工业总产值超 500 亿元，制造业德企约占全国 10%，形成以高端装备和汽车核心零部件为主的创新产业集群。发挥高端装备制造和汽车零部件制造产业优势，拓展产业合作领域，加快培育发展新能源智能网联汽车、生物医药、航空等新产业。全市累计有 600 多家本土企业、科研院所与德资企业开展产业配套、创新协同、人才共育、资本联合等多种形式合作，构建德企与民企融合发展格局。成立中德智能制造科技创新合作联盟，建成投用中德智能制造联合创新中心，推动建设德累斯顿工业大学太仓石墨烯新材料创新中心、太仓（中德）海外创新孵化中心等创新合作平台。

2020 年太仓高新区规模德企一览表

表 15

序号	企业名称	行业大类名称
1	艾森文具用品（太仓）有限公司	文教、工美、体育和娱乐用品制造业
2	欧皮特传动系统（太仓）有限公司	橡胶和塑料制品业

续表 15

序号	企业名称	行业大类名称
3	慕贝尔汽车部件（太仓）有限公司	橡胶和塑料制品业
4	麦克—恩福流体技术（太仓）有限责任公司	橡胶和塑料制品业
5	蓝浦树脂应用技术（太仓）有限公司	橡胶和塑料制品业
6	裕克施乐塑料制品（太仓）有限公司	橡胶和塑料制品业
7	宝丽菲姆保护膜（苏州）有限公司	橡胶和塑料制品业
8	瑞好聚合物（苏州）有限公司	橡胶和塑料制品业
9	爱慕莎居家用品（太仓）有限公司	非金属矿物制品业
10	林德纳新型建筑材料（太仓）有限公司	非金属矿物制品业
11	英普瑞格管道修复技术（苏州）有限公司	非金属矿物制品业
12	世泰科特种材料（太仓）有限公司	有色金属冶炼和压延加工业
13	威尔斯新材料（太仓）有限公司	有色金属冶炼和压延加工业
14	太仓威尔斯—克恩·里伯斯新材料有限公司	有色金属冶炼和压延加工业
15	通快金属薄板制品（太仓）有限公司	金属制品业
16	必特克刀具（太仓）有限公司	金属制品业
17	高迈特精密刀具（太仓）有限公司	金属制品业
18	萨普精密金属（太仓）有限公司	金属制品业
19	汉亨（苏州）包装材料有限公司	金属制品业
20	史杰克西热能设备（太仓）有限公司	通用设备制造业
21	苏州沃特节水产品有限公司	通用设备制造业
22	弗里森泵业（太仓）有限公司	通用设备制造业
23	毅结特紧固件系统（太仓）有限公司	通用设备制造业
24	汉德环保设备（太仓）有限公司	通用设备制造业
25	琨乐风机科技（太仓）有限公司	通用设备制造业
26	爱克奇换热技术（太仓）有限公司	通用设备制造业
27	安策阀门（太仓）有限公司	通用设备制造业
28	毕克礼斯精密部件（太仓）有限公司	通用设备制造业
29	翰备机械部件（太仓）有限公司	通用设备制造业
30	泰创制冷系统（太仓）有限公司	通用设备制造业
31	美名格—艾罗（太仓）纺织机械有限公司	通用设备制造业
32	克朗斯机械（太仓）有限公司	通用设备制造业
33	克恩—里伯斯（太仓）有限公司	通用设备制造业
34	舍弗勒（中国）有限公司	通用设备制造业
35	太仓克恩—里伯斯纺织元件有限公司	专用设备制造业
36	乐客精密工具（太仓）有限公司	专用设备制造业
37	阀安格水处理系统（太仓）有限公司	专用设备制造业
38	欧亚瑟水艺（太仓）有限公司	专用设备制造业

续表15

序号	企业名称	行业大类名称
39	贺利氏电测骑士（太仓）有限公司	专用设备制造业
40	太仓摩丹卡勒多尼塑料机械有限公司	专用设备制造业
41	海尔曼超声波技术（太仓）有限公司	专用设备制造业
42	通快医疗设备（太仓）有限公司	专用设备制造业
43	太仓威格玛机械设备有限公司	专用设备制造业
44	勃乐氏密封系统（太仓）有限公司	专用设备制造业
45	温特图尔磨削技术（太仓）有限公司	专用设备制造业
46	瑞好环境科技（太仓）有限公司	专用设备制造业
47	来达隔热隔音汽车部件（太仓）有限公司	汽车制造业
48	慧鱼汽车系统（太仓）有限公司	汽车制造业
49	欧博耐尔（太仓）汽车技术有限公司	汽车制造业
50	福立希塑料精密制造（太仓）有限公司	汽车制造业
51	宝适汽车部件（太仓）有限公司	汽车制造业
52	格堡汽车配件（太仓）有限公司	汽车制造业
53	太仓卡兰平汽车零部件有限公司	汽车制造业
54	福缔汽车（太仓）有限公司	汽车制造业
55	佩尔哲汽车内饰系统（太仓）有限公司	汽车制造业
56	慧鱼（太仓）建筑锚栓有限公司	铁路、船舶、航空航天和其他运输设备制造业
57	威赛家用电器（太仓）有限公司	电气机械和器材制造业
58	利里达尔线材（太仓）有限公司	电气机械和器材制造业
59	爱科空气处理技术（苏州）有限公司	电气机械和器材制造业
60	太仓博泽汽车部件有限公司	电气机械和器材制造业
61	欧托凯勃汽车线束（太仓）有限公司	电气机械和器材制造业
62	飞势管道技术（太仓）有限公司	电气机械和器材制造业
63	康唯特空调（太仓）有限公司	电气机械和器材制造业
64	和柔电缆制造（太仓）有限公司	电气机械和器材制造业
65	博恩斯坦电子（太仓）有限公司	电气机械和器材制造业
66	德恩科电机（太仓）有限公司	计算机、通信和其他电子设备制造业
67	太仓阿托斯电气部件有限公司	计算机、通信和其他电子设备制造业
68	卓能电子（太仓）有限公司	计算机、通信和其他电子设备制造业
69	海瑞恩精密技术（太仓）有限公司	计算机、通信和其他电子设备制造业

续表 15

序号	企业名称	行业大类名称
70	益技欧电子器件（中国）有限公司	计算机、通信和其他电子设备制造业
71	巨浪凯龙机床（太仓）有限公司	仪器仪表制造业
72	苏州托克斯冲压设备有限公司	仪器仪表制造业
73	欧玛执行器（中国）有限公司	仪器仪表制造业
74	爱固机电（太仓）有限公司	仪器仪表制造业
75	孚尔默（太仓）机械有限公司	仪器仪表制造业
76	英诺太科测试设备（太仓）有限公司	仪器仪表制造业
77	伟思富奇环境试验仪器（太仓）有限公司	仪器仪表制造业
78	珀金埃尔默仪器（苏州）有限公司	仪器仪表制造业
79	博纳环境设备（太仓）有限公司	仪器仪表制造业
80	通快（中国）有限公司	仪器仪表制造业
81	斯德拉马机械（太仓）有限公司	仪器仪表制造业

2020 年太仓高新区新批德资企业一览表

表 16

序号	企业名称	批准日期
1	施迈茨（中国）有限公司	1 月
2	因代克斯机床（太仓）有限公司	1 月
3	太仓爱格泵有限公司	1 月
4	太仓市海瑞恩幼儿园有限公司	1 月
5	太仓博泽驱动系统有限公司	2 月
6	阿库姆咨询（苏州）有限公司	6 月
7	赛斯流体技术（太仓）有限公司	11 月
8	太仓点墨成艺咨询有限公司	11 月
9	太仓原力电子制造有限公司	11 月
10	太仓卡尔咨询服务有限公司	12 月
11	太仓市托乐贸易有限公司	12 月
12	太仓市会明贸易有限公司	12 月
13	太仓市柏世创梦科技有限公司	12 月
14	太仓市费尔宾德科技有限公司	12 月
15	太仓市文湘湘贸易有限公司	12 月

2020 年太仓高新区增资德企一览表

表 17

序号	企业名称	增资时间
1	欧托凯勃汽车线束（太仓）有限公司	1 月
2	太仓昂高机械制造有限公司	2 月
3	奥胜制造（太仓）有限公司	6 月
4	太仓英福泰克贸易有限公司	9 月
5	飞势管道技术（太仓）有限公司	10 月
6	安策阀门（太仓）有限公司	10 月
7	萨尔福超高压液压技术（太仓）有限公司	12 月
8	舍弗勒航空轴承（太仓）有限公司	12 月

（孙鸿宇）

职教合作

【概况】 太仓在全国率先引入德国双元制教育模式，建立国内首个与德国职业教育同步的专业工人培训中心和国内唯一的 AHK 中德双元制职业教育示范推广基地，创办全国首个双元制本科项目，制定全国首个双元制职业教育标准，双元制本土化创新实践走在全国前列。先后建立长三角规模最大的中德培训中心等双元制教育平台 15 个，构建“中专、大专、本科”多层次有序衔接的高技能人才培养体系，累计培育管理人才和专技人才 1 万多人。2020 年，全国首个中德在职业教育领域合作的标准化成果——《双元制职业教育人才培养指南》发布；中德合作太仓双元制本科项目首期学员毕业。

2020 年 6 月 19 日，中德合作太仓双元制本科项目首期学员毕业典礼举行
（太仓高新区供稿）

【全国首个中德职业教育领域合作标准化成果发布】 2020 年 5 月 14 日，由苏州市市场监管局和太仓市人民政府主办的中德标准化合作交流大会在太仓举行。会上发布全国首个中德职业教育领域合作标准化成果——《双元制职业教育人才培养指南》，英文版、德文版同步上线，并在国内和德国宣传贯彻。为加大中德标准化合作力度，探索中德标准化合作新模式，会上举办德国电气电子及信息技术协会（VDE）、太仓高新技术产业开发区欧商投资企业协会、苏州市质量和标准化院的标准化战略合作协议签约仪式。在合作协议框架下，三方共建中德标准化创新服务平台，发挥标准在推动苏州高质量发展中的创新引领作用。

【双元制本科项目首期学员毕业】 2020 年 6 月 19 日，中德合作太仓双元制本科项目首期学员毕业典礼在苏州健雄职业技术学院举行。中德合作太仓双元制本科项目是由太仓市政府、东南大学成贤学院、德国巴登符腾堡双元制应用技术大学和太仓欧商投资协会四方合作开展的本科人才培养项目，旨在为太仓地区德资企业量身定制，培养高层次技术管理复合型人才。该项目于 2015 年年初启动，先后参加学生 3 批。首批学生完成全部学习环节并毕业，作为 10 家在太仓优秀德企正式员工走上工作岗位。双元制本科项目首期学员毕业标志全市双元制教育迈向更深层次、更高水平。通过政、行、企、校四方联动培养平台，借鉴德国双元制教育经验，将专业教

2020 年 11 月 27—28 日，第四届中德中小企业合作论坛暨第 13 届“太仓日”活动在上海举行
（太仓高新区供稿）

育和职业教育相结合，采用“1+3”模式、专为企业量身定制培养专业人才，填补全市双元制教育模式管理人才培养空白，在国内属首创。

（孙鸿宇）

经济文化交流

【概况】 2020 年，太仓市突出全方位城市合作理念，推动对德合作从经贸向科教、文体、公益、环保、城市建设和社会管理等多领域、深层次拓展。与德国于利希市、莱茵内卡大区缔结友好伙伴关系，创办全国首家智障人员公益性工厂中德善美公司，连续 10 多年举办德国“太仓日”、太仓啤酒节、中德足球乒乓球马拉松友谊赛等经贸文化交流活动。

【中德中小企业合作论坛暨“太仓日”活动】 2020 年 11 月 27—28 日，第四届中德中小企业合作论坛暨第 13 届“太仓日”活动在上海举行，由 BVMW 德国联邦中小企业联合会和太仓市人民政府联合主办。德国驻上海总领事馆，萨克森州、北威州等德国多个州的驻中国代表处及柏林驻华商务联络处等机构代表，西门子、博世等世界 500 强企业高管，高力国际、第一太平戴维斯等与太仓保持密切合作关系的五大行代表，工信部中国中小企业发展服务中心、同济大学新材料研究院、浙江大学之江实验室（人工智能）等机构、科研院所代表在上海会场参加会议；会议在德国设置 BVMW 德国联邦中小企业联合会总部、柏林、汉堡等分会场 3 个。在德国多地，欧盟中小企业联合会、德国中国文化基金会等众多商协会、企业代表通过视频连线方式参会。活动期间，太仓市人民政府与 BVMW 德国联邦中小企业联合会签订战略合作协议，并为 BVMW 太仓服务中心和德国中小企业（太仓）孵化中心揭牌。围绕“中德合作新生态中各方的角色与使命”主题，来自太仓、德国企业、代表性协会、在太仓德企等政企各方代表进行圆桌对话。项目对接会上，BVMW 德国联邦中小企业联合会和知名投行、律所专家为与会企业代表讲解中德两国中小企业如何高效进入双方市场等话题，苏州瑞高新材料有限公司等中德中小企业进行现场路演。

【太仓啤酒节】 2020 年 9 月 25 日，第 15 届太仓啤酒节在海运堤二期美食广场开幕。在太仓的国内外企业人士，以及上海、苏州等周边地区德国友人和部分市民参加，共享啤酒美食、共话深情厚谊，印证太仓“中国德企之乡”美名。该届啤酒节由太仓高新区欧商投资企业协会主办，共举办 2 天，25 日晚上为开幕式，26 日晚上为夜太美 · 中德合作之夜，共有 1500 名中外宾朋相聚太仓啤酒节。

（孙鸿宇）

2020 年 9 月 25 日，第 15 届太仓啤酒节在海运堤二期美食广场开幕
（太仓高新区供稿）

产业结构

综　述

【概况】 2020年，面对新冠肺炎疫情冲击和复杂严峻的国内外环境，太仓市贯彻上级决策部署，践行新发展理念，高质量建设“两地两城”（临沪科创产业高地、临江现代物贸基地、现代田园城市样板、中德合作城市典范），做好“六稳”（稳就业、稳金融、稳外贸、稳外资、稳投资、稳预期）工作，落实“六保”（保居民就业、保基本民生、保市场主体、保粮食能源安全、保产业链供应链稳定、保基层运转）任务，全市经济快速复苏、稳中有进，社会大局和谐稳定，经济社会高质量发展取得新成效。全年实现地区生产总值1386.09亿元，按可比价格计算，较上年增长3.9%。其中，第一产业增加值26.96亿元，较上年下降18.4%；第二产业增加值666.53亿元，较上年增长4.3%；第三产业增加值692.6亿元，较上年增长4.7%。第一产业增加值占地区生产总值比重1.9%，第二产业增加值比重48.1%，第三产业增加值比重50%。全年完成农林牧渔业总产值48.6亿元，较上年下降19%。全年规模以上工业总产值较上年增长5%。新兴产业产值较上年增长5.9%，占规模以上工业产值比重58.2%。完成全社会固定资产投资468.59亿元，较上年增长16.4%。全年实现社会消费品零售总额425.04亿元，较上年增长0.1%。全年实现进出口总额133.35亿美元，较上年下降0.2%。

（沈敏亚）

【供给侧结构性改革】 2020年，太仓市巩固“三去一降一补”（去产能、去库存、去杠杆，降成本，补短板）成果，抓住供给侧结构性矛盾要害。“去产能”。全市加快关停淘汰低产能、高能耗企业，去除低效无效供给，关停并转化工企业18家，淘汰低端低效产能企业170家。规模以上工业企业增加值能耗下降12.5%。“去库存”。全市实施房地产市场长效管理机制，房地产市场平稳健康发展，全年商品房销售面积176.23万平方米，较上年增长15%，其中住宅145.48万平方米，较上年增长14%。“去杠杆”。完成聚宝盆新三板挂牌、顺昌锻造等38家四板挂牌，鸿安机械等2家完成股改，展新胶粘完成苏州上市后备企业备案。5家企业非公开发行公司债券10笔，金额47.4亿元，娄城高新获批苏州市首单双创孵化专项债券20亿元。设立运作产业引导基金50亿元，累计撬动各类社会资金近百亿元。“降成本”。全市累计接入苏州综合金融服务平台企业1.08万家，2890家企业在苏州综合金融服务平台获得授信7880笔、金额471.03亿元，较上年分别增长133.3%和31.6%。其中纯信用贷款产品“信保贷”1298笔，授信金额36.11亿元；“苏微贷”产品293笔，授信金额12.08亿元；“小微e贷”产品163笔，授信金额3.56亿元。“补短板”。全市新兴产业产值占规模以上产值比重58.2%，较上年提高2.4个百分点；年度净增高新技术企业240家，高新技术产业产值占规模以上产值比重49.3%，较上年提高2.8个百分点。年度实事工程累计完成投资16.32亿元，全市安排8个大类22项政府实事工程全部启动，其中完成工程14项，跨年度工程8项。学校建设稳步推进，港城二小等15项新改扩建工程开工建设，南郊小学等8项改扩建工程投入使用。

（陆函钧）

高新技术产业

【概况】 2020年，太仓市高新技术产业产值1234.38亿元，占规模以上工业总产值49.29%。全年新认定高新技术企业229家，有效高新技术企业总数674家。新增省高新技术企业培育库入库企业266家、省级民营科技企业260家、科技型中小企业840家。新增苏州市“独角兽”培育企业1家、“瞪羚计划”入库企业19家、苏南国家自主创新示范区潜在独角兽企业3家、苏南国家自主创新示范区瞪羚企业7家。

【创新主体质量提升】 2020年，太仓市全社会研发经费投入44.26亿元，占地区生产总值比重3.34%，较上年提升0.53个百分点。坚持高新技术企业培育工作存量增量两手抓，兑现2019年度高新技术企业培育认定奖励 4000 余万元，出台《太仓市推进高新技术企业高质量发展实施意见》，全年高新技术企业数量净增 240 家，较上年增长 183%，全市高新技术企业净增数创历史新高。全市享受高新技术企业税收减免政策企业 144 家，共减免所得税 5.32 亿元；全市开展研发费用加计扣除企业 620 家，较上年增长 28.9%，加计扣除确认额 19.67 亿元，减免所得税 4.92 亿元，较上年提高 17.14%；两项普惠政策合计减免企业所得税 10.24 亿元。

2020 年太仓市新增各类科技企业一览表

表 18

类别	企业名称	
高新技术企业	格林莱特实业（苏州）有限公司	苏州至上软件科技有限公司
	卡依特自动化设备（太仓）有限公司	太仓安笙精密金属制品有限公司
	坤锦电子（太仓）有限公司	太仓德纳森机电工程有限公司
	联禾厚普（太仓）精密机械有限公司	太仓黑龙智能工业科技有限公司
	赛业（苏州）生物科技有限公司	太仓红光模具有限公司
	苏州春分检测技术服务有限公司	太仓华风环保科技有限公司
	苏州宏久航空防热材料科技有限公司	太仓美克斯机械设备有限公司
	苏州黄河制药有限公司	太仓摩力伺服技术有限公司
	苏州金纬片板膜智能装备有限公司	太仓荣冠电子科技有限公司
	苏州硕力重工有限公司	太仓升达机械有限公司
	苏州鑫河镜业有限公司	太仓市同维电子有限公司
	苏州轩胜仪表科技有限公司	太仓市友联干燥粉碎设备有限公司
	苏州亿禾永利新能源有限公司	太仓腾辉金属制品有限公司
	太仓安博工业科技有限公司	太仓通利机械设备有限公司
	太仓汎亚涂装设备有限公司	太仓维高模塑有限公司
	太仓华庆汽车配件有限公司	太仓沃普特机械科技有限公司
	太仓市恒博金属制品有限公司	太仓源凯汽车配件有限公司
	太仓市华盈电子材料有限公司	太仓展新胶粘材料股份有限公司
	太仓市兰昌金属制品有限公司	太仓正实智能科技有限公司
	太仓市娄澄无纺制品有限公司	沃尔夫切削技术（太仓）有限公司
	太仓市天贝机械有限公司	新朝祥金属制品（苏州）有限公司
	太仓市新盛毛细管有限公司	新大洲本田摩托（苏州）有限公司
	兆基五金制品（苏州）有限公司	裕克施乐塑料制品（太仓）有限公司
	峰范新能源汽车技术（太仓）有限公司	知行机器人科技（苏州）有限公司
	富兰克润滑科技（太仓）有限公司	中广核高新核材科技（苏州）有限公司
	江苏东智禾新纤维科技有限公司	中美冠科生物技术（太仓）有限公司
	良匠（苏州）机械设备有限公司	畅庆环保科技（太仓）有限公司
	苏州博纳化学科技有限公司	江苏悦孚油品有限公司
	苏州诚和医药化学有限公司	钜亚汽车零部件科技（太仓）有限公司
	苏州国聚新材料有限公司	苏州惠林节能材料有限公司

续表 18

类别	企业名称	
高新技术企业	苏州海路生物技术有限公司	苏州培英实验设备有限公司
	苏州海苗生物科技有限公司	苏州瑞高新材料有限公司
	苏州弘森药业股份有限公司	苏州申久高新纤维有限公司
	苏州华辰净化股份有限公司	苏州市欣盛医疗器械有限公司
	苏州浚惠生物科技有限公司	太仓市惠得利弹簧有限公司
	苏州凯康化工科技有限公司	太仓市金锚新材料科技有限公司
	苏州凯利昂光电科技有限公司	太仓市世博纺织配件有限公司
	苏州科法曼化学有限公司	太仓市天丝利塑化有限公司
	苏州良浦住宅工业有限公司	太仓市泽记新材料有限公司
	苏州娄城新材料科技有限公司	太仓托普斯特金属制品有限公司
	苏州凝昕轨道装备有限公司	同臣环保装备科技（苏州）有限公司
	苏州锐驰朗新材料有限公司	驰逸自动化科技（苏州）有限公司
	苏州森姆斯精密机械有限公司	江苏华兑金属科技有限公司
	苏州威奥得焊材科技有限公司	睿欧启富（苏州）包装科技有限公司
	苏州沃莱尔机械工业有限公司	三樱包装（江苏）有限公司
	苏州五源生物燃料科技有限公司	世柜电气设备（苏州）有限公司
	台玻太仓工程玻璃有限公司	苏州安誉升船舶机械有限公司
	太仓宝霓实业有限公司	苏州贯龙电磁线有限公司
	太仓北新建材有限公司	苏州宏策光电科技有限公司
	太仓东青金属制品有限公司	苏州巨能发电配套设备有限公司
	太仓鸿鑫精密压铸有限公司	苏州磐宇科技发展有限公司
	太仓佳锐精密模具有限公司	苏州全新机械配件有限公司
	太仓绿丰农业资源开发有限公司	苏州市鼎盛安防科技有限公司
	太仓佩琦涂料有限公司	苏州松北自动化科技有限公司
	太仓申昆混凝土有限公司	太仓科益精密模塑股份有限公司
	太仓市捷成胶线有限公司	太仓力九和塑胶工业有限公司
	太仓市金毅电子有限公司	太仓荣邦金属制品有限公司
	太仓市宇格明叶环保设备有限公司	太仓市凯格汽车零部件有限公司
	太仓束捍机电科技有限公司	太仓耀展金属制品有限公司
	同高先进制造科技（太仓）有限公司	豪丰茂五金制品（太仓）有限公司
	依科赛生物科技（太仓）有限公司	洪恩流体科技有限公司
	奕瑞新材料科技（太仓）有限公司	华亚工业塑胶（太仓）有限公司
	昂科生物医学技术（苏州）有限公司	江苏旭泰智能装备制造有限公司
	铂科冷链技术（苏州）有限公司	康辉医疗科技（苏州）有限公司
	椿中岛机械（太仓）有限公司	苏州浩拓塑料包装有限公司
	帝希洁具系统（苏州）有限公司	苏州吉臣日用品有限公司

续表 18

类别	企业名称	
高新技术企业	弗里森泵业（太仓）有限公司	苏州巨模模具有限公司
	海瑞恩精密技术（太仓）有限公司	苏州莱尔特清洁器具有限公司
	赫能（苏州）新能源科技有限公司	苏州欧鼎机械有限公司
	红壹佰照明有限公司	苏州市雄林新材料科技有限公司
	江苏冠联新材料科技股份有限公司	苏州硕宏高分子材料有限公司
	巨浪凯龙机床（太仓）有限公司	苏州新意达仪器科技有限公司
	蓝海永乐（江苏）新材料有限公司	太仓奥林吉汽车零部件有限公司
	雷勃电气（苏州）有限公司	太仓宝达齿条有限公司
	麦格纳（太仓）汽车科技有限公司	太仓贝斯特机械设备有限公司
	摩创科技（苏州）有限公司	太仓久庄管业有限公司
	牧星航空传感器技术（太仓）有限公司	太仓幕阳节能科技有限公司
	挪亚圣诺（太仓）生物科技有限公司	太仓磐晶包装材料有限公司
	欧托凯勃汽车线束（太仓）有限公司	太仓琪威金属制品有限公司
	苏州阿提申机械有限公司	太仓市何氏电路板有限公司
	苏州奥智智能设备股份有限公司	太仓市双益化工防腐设备有限公司
	苏州贝睿尔自动化科技有限公司	太仓市顺邦防腐设备有限公司
	苏州毕恩思实验器材有限公司	太仓市星芸化工防腐设备有限公司
	苏州铂韬新材料科技有限公司	太仓市益盛化工防腐设备有限公司
	苏州椿桔五金制品有限公司	太仓优活生物技术有限公司
	苏州纯青智能科技有限公司	太仓优凯电子科技有限公司
	苏州德斯米尔智能科技有限公司	信立泰（苏州）药业有限公司
	苏州登创环境工程技术有限公司	昭衍（苏州）新药研究中心有限公司
	苏州杜伦复合新材料有限公司	比赫电气（太仓）有限公司
	苏州葛雷固普五金科技有限公司	辰逸腾工业（苏州）有限公司
	苏州晗普新材料科技有限公司	江苏车视杰电子有限公司
	苏州鸿然信息科技有限公司	江苏富日精密机械有限公司
	苏州惠邦科信息技术有限公司	江苏宏马科技股份有限公司
	苏州镓诺华太环境建设有限公司	科曼车辆部件系统（苏州）有限公司
	苏州江左盟网络科技有限公司	数恒（苏州）新材料科技有限公司
	苏州今创互联网科技有限公司	苏州宝骅密封科技股份有限公司
	苏州金江铜业有限公司	苏州吉玛环保科技有限公司
	苏州仅一汇智能科技有限公司	苏州剑派实业有限公司
	苏州菱慧电子科技有限公司	苏州科博思流体科技有限公司
	苏州领速电子科技有限公司	苏州瑞昭丰自动化控制有限公司
	苏州佩恩机器人有限公司	苏州市富尔达科技股份有限公司
	苏州秦出自动化设备有限公司	苏州速传导热电子材料科技有限公司

续表 18

类别	企业名称	
高新技术企业	苏州瑞霏光电科技有限公司	苏州信元德环保机械有限公司
	苏州世珍橡塑有限公司	苏州震科汽车部件有限公司
	苏州苏宏模具有限公司	苏州中州安勃起重有限公司
	苏州泰坤检测技术有限公司	太仓连桥电子科技有限公司
	苏州棠裕塑胶机械有限公司	太仓市灿霖工业装备有限公司
	苏州天邦世纪汽车配件有限公司	太仓市昊华电子科技有限公司
	苏州天积维尔光电科技有限公司	太仓市鸿运包装材料有限公司
	苏州拓康自动化技术有限公司	太仓市华鑫轧辊有限公司
	苏州西岩机械技术有限公司	太仓市荟轩机械有限公司
	苏州盱酋汽车科技有限公司	太仓市林源电线电缆有限公司
	苏州耀光自动化设备有限公司	太仓市伦友精工机械有限公司
	苏州易通交通科技有限公司	太仓轩旭精密电子有限公司
	苏州有单互联网科技有限公司	江苏驿路文化传播有限公司
	苏州大软信息智能科技有限公司	江苏云烁信息技术有限公司
	苏州莘焱微电子信息科技有限公司	太仓精博汇信息科技有限公司
	喜潮文化创意发展江苏有限公司	太仓升龙鑫森信息科技有限公司
	太仓微尧信息科技有限公司	太仓中清高信息科技有限公司
	埃冠文化传播（苏州）有限公司	苏州拔俗网络技术有限公司
	聪育智能科技（苏州）有限公司	苏州聚时达贸易有限公司
	苏州蓬天电子科技有限公司	苏州业鼎科技有限公司
	宣晟医疗科技（苏州）有限公司	驳瑞科技（苏州）有限公司
	苏州因耐特信息科技有限公司	苏州蒙恩思科技发展有限公司
	太仓云博网络科技有限公司	苏州润仟科技有限公司
	国云信息科技（太仓）有限公司	云侠科技（苏州）有限公司
	苏州纽乐康信息技术有限公司	苏州君诚绿康环境治理有限公司
	昂佰生物医学科技（苏州）有限公司	江苏秀才科技有限公司
	苏州常立科技有限公司	太仓珞石三盛网络科技有限公司
	太仓象马信息科技有限公司	太仓创泰网络科技有限公司
	苏州羿楫信息科技有限公司	太仓梁氏文化传媒有限公司
	苏州花骨朵科技有限公司	云守护（江苏）智能信息技术有限公司
	太仓来发信息科技有限公司	苏州巍锐智能科技有限公司
	苏州千家新能源有限公司	苏州容合易工业科技有限公司
	苏州龙杰汽车设计有限公司	苏州智御天下信息技术服务有限公司
	苏州被动房环境科技有限公司	苏州高如盈科技有限公司
	苏州垚鑫焱科技有限公司	苏州奥神自动化科技有限公司

续表 18

类别	企业名称	
高新技术企业	苏州骧行数字科技有限公司	苏州金塘桥环保科技有限公司
	苏州双联芯科技有限公司	江苏礼乐医疗科技有限公司
	苏州桦林如春环保科技有限公司	苏州新地源环保科技有限公司
	苏州益美得光科技有限公司	苏州摩腾电子科技有限公司
	苏州馨橡科技有限公司	苏州朗乾环保设备有限公司
	太仓吾信智能科技有限公司	苏州索莱能智能科技有限公司
	苏州诺羽康旺科技有限公司	苏州帝邦铸造科技有限公司
	苏州裕同贵科技有限公司	苏州宽运检测技术有限公司
	苏州燎晨电子商务科技有限公司	苏州恒享拼新材料科技有限公司
	苏州茁艺文化传播有限公司	苏州壹帆泰自动化设备有限公司
	苏州轩度汽车科技有限公司	苏州麦片网络科技有限公司
	谦亨信息化技术与系统（苏州）有限公司	苏州乐派特机器人有限公司
	苏州益海教育科技有限公司	苏州三拓冷链技术有限公司
	太仓通联惠信息科技有限公司	江苏润生光伏科技有限公司
	太仓精智科技有限公司	可瑞昶科技（苏州）有限公司
	太仓本和精密线材有限公司	江苏安力电动车有限公司
	苏州添景网络科技有限公司	宝力马（苏州）传感技术有限公司
	太仓利创网络科技有限公司	苏州夏洛特智能科技有限公司
	太仓连海新正信息科技有限公司	苏州瑞而美光电科技有限公司
	无色土（苏州）信息科技有限公司	腾禾精密电机（苏州）有限公司
	太仓风清扬网络科技有限公司	苏州云集迅点三维科技有限公司
	苏州新思维网络技术有限公司	阿特拉斯智能工程（江苏）有限公司
苏州市“独角兽”培育企业	苏州康乃德生物医药有限公司	—
苏州市“瞪羚计划”入库企业	苏州优尼昂精密金属制造有限公司	太仓佩琦涂料有限公司
	苏州良浦住宅工业有限公司	太仓市华盈电子材料有限公司
	格林莱特实业（苏州）有限公司	瑞铁机床（苏州）股份有限公司
	苏州多凯复合材料有限公司	苏州好博医疗器械有限公司
	苏州睿昕汽车配件有限公司	太仓久本机械科技有限公司
	太仓威格玛机械设备有限公司	奕瑞影像科技（太仓）有限公司
	苏州华一新能源科技有限公司	苏州德能电机股份有限公司
	苏州华益美生物科技有限公司	太仓金煜电子材料有限公司
	欧亚马自行车（太仓）有限公司	苏州市世跃智能科技有限公司
	苏州佳电飞球电机有限公司	—
苏南国家自主创新示范区潜在独角兽企业	苏州康乃德生物医药有限公司	赛业（苏州）生物科技有限公司
	苏州欧米尼医药有限公司	—

续表 18

类别	企业名称	
苏南国家自主创新示范区瞪羚企业	伟速达（中国）汽车安全系统有限公司	太仓金马智能装备有限公司
	苏州优尼昂精密金属制造有限公司	苏州金纬化纤工程技术有限公司
	太仓冠联高分子材料有限公司	安策阀门（太仓）有限公司
	圣灌制药机械设备（苏州）有限公司	—

（严依宁）

工业经济

综 述

【概况】 2020年，太仓市累计完成工业总产值3033.19亿元，较上年增长6.9%，其中规模以上工业企业实现产值2504.53亿元，较上年增长5%。完成工业营业收入2857.72亿元，较上年增长2.4%，其中规模以上营业收入2462.55亿元，较上年下降0.2%；实现工业利润总额186.74亿元，较上年增长22%，其中规模以上利润总额182.53亿元，较上年增长24.6%。规模工业增加值累计638亿元，增速6.4%。全市规模以上工业企业1068家，其中超亿元企业402家、超50亿元企业4家、超百亿元企业2家。

【工业企业资源集约利用】 2020年，太仓市完成2019年度工业企业资源集约利用综合评价工作，全市共有参评地块3364个，参评企业（含部分个体工商户）5893家，参评企业亩均税收16.03万元（1公顷≈15亩，下同），亩均销售417.43万元。通过实施差别化土地使用税政策，共为企业减免土地使用税3500万元。实施差别化资源要素价格，加收污水处理费涉及企业202家。

2020年太仓市各区镇工业总产值一览表

表19

区镇	工业总产值（亿元）	较上年（±%）	区镇	工业总产值（亿元）	较上年（±%）
全市合计	3033.19	6.9	沙溪镇	285.71	1.1
港区（含浮桥镇）	1004.10	11.2	浏河镇	128.26	5.7
高新区	1123.00	6.6	璜泾镇	200.79	-4.1
城厢镇	164.03	10.7	双凤镇	127.30	5.7

2020年太仓市各区镇规模以上工业产值一览表

表20

区镇	工业产值（亿元）	区镇	工业产值（亿元）
全市合计	2504.53	沙溪镇	214.28
港区（含浮桥镇）	843.35	浏河镇	96.25
高新区	967.40	璜泾镇	150.59
城厢镇	125.48	双凤镇	107.18

2020年太仓市产值百强工业企业一览表

表21

序号	企业名称	产值（亿元）
1	舍弗勒（中国）有限公司	162.43
2	玖龙纸业（太仓）有限公司	102.01
3	苏州隆兴供应链管理有限公司	53.11

续表 21

序号	企业名称	产值（亿元）
4	江苏宝洁有限公司	51.79
5	新大洲本田摩托（苏州）有限公司	49.03
6	埃克森美孚（太仓）石油有限公司	48.25
7	特灵空调系统（中国）有限公司	38.48
8	苏州天顺新能源科技有限公司	38.29
9	华能太仓发电有限责任公司	37.87
10	江苏仓环铜业股份有限公司	35.50
11	太仓市同维电子有限公司	32.76
12	旭川化学（苏州）有限公司	28.55
13	太仓港协鑫发电有限公司	26.25
14	苏州天顺风能设备有限公司	26.06
15	太仓东华能源燃气有限公司	25.23
16	马森能源（太仓）有限公司	22.26
17	太仓逸枫化纤有限公司	21.11
18	中国石油天然气股份有限公司华东润滑油厂	20.56
19	国华太仓发电有限公司	20.40
20	碧辟（中国）工业油品有限公司	20.25
21	江苏扬子江海洋油气装备有限公司	19.62
22	苏州三和管桩有限公司	18.55
23	慕贝尔汽车部件（太仓）有限公司	18.32
24	江苏申久化纤有限公司	18.29
25	太仓中集集装箱制造有限公司	17.89
26	太仓苏创液化气有限公司	15.96
27	太仓中集冷藏物流装备有限公司	15.57
28	怡球金属资源再生（中国）股份有限公司	15.50
29	通快（中国）有限公司	15.33
30	太仓博泽汽车部件有限公司	15.21
31	江苏扬子三井造船有限公司	15.01
32	佳格食品（中国）有限公司	14.86
33	太仓阿尔派电子有限公司	14.78
34	太仓利泰纺织厂有限公司	14.62
35	克朗斯机械（太仓）有限公司	13.86
36	五矿邯钢（苏州）钢材加工有限公司	12.43
37	香塘集团有限公司	12.22
38	太仓中化环保化工有限公司	12.00
39	伟速达（中国）汽车安全系统有限公司	11.37
40	江苏德威新材料股份有限公司	11.12

续表 21

序号	企业名称	产值（亿元）
41	博格华纳汽车零部件（江苏）有限公司	10.33
42	琪优势化工（太仓）有限公司	9.19
43	太仓中集特种物流装备有限公司	9.12
44	苏州隆祥电子有限公司	8.93
45	江苏润邦工业装备有限公司	8.89
46	太仓振辉化纤有限公司	8.89
47	苏州贯龙电磁线有限公司	8.71
48	卓能电子（太仓）有限公司	8.66
49	苏州华苏塑料有限公司	8.45
50	太仓海螺水泥有限责任公司	8.44
51	法可赛（太仓）汽车配件有限公司	8.40
52	中化蓝天霍尼韦尔新材料有限公司	8.35
53	太仓市天然气有限公司	8.29
54	江苏冠联新材料科技股份有限公司	7.96
55	佩尔哲汽车内饰系统（太仓）有限公司	7.90
56	裕克施乐塑料制品（太仓）有限公司	7.90
57	太仓斯迪克新材料科技有限公司	7.81
58	长富不锈钢中心（苏州）有限公司	7.75
59	益技欧电子器件（中国）有限公司	7.54
60	太仓展新胶粘材料有限公司	7.49
61	太仓世钟汽车配件有限公司	7.41
62	宝适汽车部件（太仓）有限公司	7.35
63	苏州仓松金属制品有限公司	6.95
64	麦格纳（太仓）汽车科技有限公司	6.93
65	江苏保捷锻压有限公司	6.89
66	太仓新太酒精有限公司	6.82
67	苏州首钢钢材加工配送有限公司	6.77
68	瑞好聚合物（苏州）有限公司	6.67
69	固瑞特模具（太仓）有限公司	6.59
70	江苏东泰聚合材料有限公司	6.59
71	上海连成集团苏州股份有限公司	6.54
72	太仓市华盈电子材料有限公司	6.52
73	太仓巨仁光伏材料有限公司	6.43
74	威尔斯新材料（太仓）有限公司	6.37
75	皇冠（太仓）胶粘制品有限公司	6.35
76	三樱包装（江苏）有限公司	6.27

续表 21

序号	企业名称	产值（亿元）
77	多摩川精密电机（苏州）有限公司	6.22
78	亿迈齿轮（太仓）有限公司	6.22
79	日立数据系统制造有限公司	6.10
80	苏州悠远环境科技有限公司	5.86
81	克恩—里伯斯（太仓）有限公司	5.80
82	苏州金纬机械制造有限公司	5.65
83	之宝（中国）户外产品有限公司	5.50
84	江苏长乐纤维科技有限公司	5.36
85	海瑞恩精密技术（太仓）有限公司	5.34
86	马勒电驱动（太仓）有限公司	5.30
87	江苏扬子诚康海洋装备有限公司	5.21
88	苏州市新波生物技术有限公司	5.13
89	太仓申昆混凝土有限公司	5.11
90	德特威勒（苏州）电缆系统有限公司	5.07
91	福缔汽车（太仓）有限公司	5.06
92	苏州天积维尔光电科技有限公司	5.04
93	玖龙智能包装（太仓）有限公司	5.03
94	苏州口水娃食品有限公司	4.88
95	苏州优洁能液化石油气有限公司	4.80
96	太仓荣文合成纤维有限公司	4.77
97	苏州佳电飞球电机有限公司	4.73
98	和承汽车配件（太仓）有限公司	4.67
99	中广核三角洲（江苏）塑化有限公司	4.64
100	阀安格水处理系统（太仓）有限公司	4.61

（张文贝）

制造业

【概况】 2020年，太仓市加大有效投入，加快结构调整，创新工作举措，发展生物医药、航空航天等特色先导产业，推动工业经济高质量发展。320家新兴产业企业实现工业产值1456.97亿元，较上年增长5.9%，占规模工业比重58.2%；135家先导产业企业实现产值519.4亿元，较上年增长14.7%，占规模工业比重20.7%。

【高端装备制造产业】 2020年，太仓市352家规模以上高端装备制造产业企业实现产值925.74亿元，较上年增长9.11%，拉动全市规模工业产值增长3.2个百分点，占规模工业总产值37%。140家汽车核心零部件企业实现产值488.2亿元，较上年增长4.8%。舍弗勒（中国）有限公司全年实现产值162.43亿元，较上年增长5.2%。新大洲本田摩托（苏州）有限公司实现产值49.03亿元，较上年增长9%。

【新材料产业】 2020年，太仓市315家规模以上新材料企业实现产值831.71亿元，较上年增长7.67%，拉动全市规模工业产值增长2.5个百分点，占规模工业总产值33.2%。埃克森美孚（太仓）石油有限公司实现产值48.25亿元，较上年增长38.7%。旭川化学（苏州）有限公司实现产值28.55亿元，较上年增长8.3%。

【生物医药产业】 2020年，太仓市36家规模以上生物医药产业企业实现产值109.46亿元，较上年增长7.76%，占规模工业总产值4.4%。其中，医药制造板块实现产值24.51亿元，较上年增长11.2%；医疗仪器设备及器械制造板块实现产值10.13亿元，较上年增长14.4%。

【电子信息产业】 2020年，太仓市19家规模以上企业实现产值91.32亿元，较上年下降7.61%，占规模工业总产值3.6%。太仓市同维电子有限公司实现产值32.76亿元，较上年下降10.1%。卓能电子（太仓）有限公司实现产值8.66亿元，较上年增长0.7%。

【纺织化纤服装产业】 2020年，太仓市213家规模以上纺织化纤服装产业企业实现产值145.77亿元，较上年下降12.75%，占规模工业总产值5.8%。其中，化纤制造板块实现产值84.87亿元，较上年下降7.5%；纺织板块实现产值40.97亿元，较上年下降1.1%；服装板块实现产值19.92亿元，较上年下降41.1%。

【电力造纸产业】 2020年，太仓市42家规模以上电力造纸产业企业实现产值251.53亿元，较上年下降2.83%，占规模工业总产值10%。华能、协鑫、国华三大电厂产值合计84.52亿元，较上年增长1.1%。造纸产业实现产值122.89亿元，较上年下降5.6%，玖龙纸业（太仓）有限公司实现产值102.01亿元，较上年下降7.5%。

2020年太仓市工业主要行业情况一览表

表22

产业	企业数（家）	产值（亿元）	较上年（±%）	主营业务收入（亿元）	较上年（±%）	利润（亿元）	较上年（±%）	利税（亿元）	较上年（±%）	资产（亿元）	较上年（±%）	出口产品交货值（亿元）	较上年（±%）
高端装备制造	352	925.74	9.11	928.69	7.28	72.62	39.27	89.50	38.31	864.80	8.15	135.90	−18.30
新材料	315	831.71	7.67	807.72	−1.81	36.32	−0.60	52.69	1.38	707.74	6.98	94.20	−9.61
生物医药	36	109.46	7.76	108.02	5.78	33.43	22.37	38.30	17.78	117.36	3.97	14.25	0.42
电子信息	19	91.32	−7.61	92.47	−6.25	5.36	−3.90	7.10	−8.11	82.85	1.26	22.27	−6.08
纺织化纤服装	213	145.77	−12.75	132.62	−22.32	−2.2	—	−0.81	—	86.28	−2.11	10.75	−19.99
电力造纸	42	251.53	−2.83	243.65	−7.55	26.73	50.57	35.41	31.08	361.16	7.56	3.40	−13.68

（张文贝）

工业园区

【太仓市生物医药产业园】 太仓市生物医药产业园位于沙溪镇东北部，毗邻太仓港和沪苏通铁路。该园成立于2012年2月，是统筹全市生物医药产业发展而成立的高科技产业园区，是太仓市高新技术体系核心之一。2015年，市生物医药产业园管委会调整由沙溪镇运作，开启园镇一体化管理模式。园区重点发展新药研发生产、医疗器械和CRO（医药研发外包）服务三大产业，完善研发孵化、中试生产、交易展示、物流配送、生活配套等多元化功能，打造产业集聚发展、跨越发展、创新发展的综合性园区。2020年，太仓市生物医药产业园集聚昭衍新药、信立泰药业、赛业生物、华益美诊断等生物医药企业106家，从业人员3000多人。园区通过国家火炬特色产业基地复核，获评江苏省生产性服务业集聚示范区；沙溪生物医药众创空间获评苏州市级众创空间；昭衍授牌“江苏省省级工程研究中心”“江苏省外国专家工作室”，并被列入苏州市首批16家生物医药产业潜力地标企业培育名单；信立泰研发的注射用特立帕肽（欣复泰）上市销售；金普诺安启动科创板上市计划，生产的蛋白酶K全球市场占有率25%；百因诺获2020年“创客中国”江苏省中小企业创新创业大赛一等奖、第八届中国江苏人才创新创业大赛一等奖、第八届“创业江苏”科技创业大赛优秀企业称号；康纯获评江苏省民营科技企业；华益美被纳入2020年度苏州市瞪羚计划，李振勇获评“苏州魅力科技人物”。园区内企业共拥有国家级人才4人、江苏省“创新团队”2个、江苏省“双创人才”10人、姑苏及太仓创新创业领军人才40余人。建有公共服务平台5个，省级研发中心4个。拥有企业院士工作站1个，企业博士后科研工作站2个，企业研究生工作站8个。配套设施完善。园区推进6平方千米城市规划设计建设，原2.31平方千米框架形态基本成型，四纵五横道路基本建成，研发孵化楼、人才公寓、商务酒店、小镇客厅、动物尸体处置中心、众创空间等投入使用，食堂、超市、羽毛球场馆等生活配套入驻，二楼美食广场投入使用。提速污水处理厂等基础配套建设，实施电力增容布网、蒸汽管路预设、核心配套区WiFi覆盖等工程。重大项目建设。园区重大在建项目6个，总投资85.3亿元，新增厂房载体面积超100万平方米。其中七溪生物硅谷项目一期2号、5号地块8.6万平方米厂房建成投用，8号地块厂房部分结构封顶。太仓星药港一期4.5万平方米载体建成；二期工程开工建设。华益美项目竣工完成验收。赛业总部、百因诺、斯贝福等项目加快建设。招商引资效果显著。全年对接生物医药项目400余个，引进百因诺生物、泰应生物、兰立生物、康润生物等项目50个，总投资89.7亿元。赛业生物完成融资4.71亿元；百因诺

2020年8月，七溪生物硅谷一期外景　　（于树建摄）

完成天使融资1200万元和A轮融资8000万元；欧米尼启动D轮融资，估值超10亿元。太仓市产业引导基金成立，园区推动博行资本、太仓星药港、复星医药等与该基金对接。引导社会资本进入生物医药产业，发挥基金倍增效应，助推园区生物医药产业集聚壮大。　　（张瑜佳）

【太仓市岳王科技创新产业园】 太仓市岳王科技创新产业园位于沙溪镇南部，前身为江苏太仓台资科技创新产业园，成立于2006年。园区规划总面积3.33平方千米，以先进装备制造为主导产业，规划成为苏州地区重要的高科技产业为导向的现代化工业园区。截至2020年年底，园区进驻企业87家，其中规模以上企业28家，实现规模以上工业产值44亿元，较上年增长15.6%。园区内瑞宏精密电子获评省级企业技术中心，悠远环境获评省级小巨人企业，久本机械获评苏州市示范智能车间、专精特新示范企业，安佑生物获评苏州市十佳农业创新企业。园区推进美农生物、久本机械二期等4个产业重点项目建设，其中平谦现代产业园二期投运、鸿基伟业主体竣工。

（孙　静）

【太仓市沙溪镇新材料产业园】 太仓市沙溪镇新材料产业园位于沙溪镇东侧，前身为太仓市沙溪工业开发区，成立于2001年3月，2011年经市政府批准，更名为太仓市沙溪镇新材料产业园。园区规划面积5平方千米，为拓展园区规模，在沿江高速公路以西、锡太一级公路以北，规划产业配套区1.37平方千米。园区重点发展功能性差别化纤维新材料、新型高分子材料、有色金属材料等产业，发挥产业集聚效应，着力于特色化、专业化、集约化、生态化发展，培育一批竞争力强、特色优势明显产业群，形成以逸枫、振辉等企业为龙头的功能性差别化纤维新材料产业，以生富、鑫昌光电为龙头的电子、电气用有色金属材料产业，以德威新材料、环琪塑胶为龙头的高分子电缆料和塑胶管材、板材产业。截至2020年年底，园区入驻企业83家，其中规模以上企业40家，全年实现规模以上工业产值52.3亿元。园区在建市级以上重点项目5个，其中印溪科技创新产业园投运，思睿观通电子元器件、吉派阀门管件项目投产，祥平智能产业园部分主体竣工，丰东热处理项目主体建设加快。年内，沪试试剂获评省级企业技术中心，艾迈实业获评苏州市示范智能车间，凡甲电子获评苏州市级企业技术中心，爱克机械获评苏州市服务型制造培育企业。

（孙　静）

【苏州机电（浏河）优质产品生产示范区】 苏州机电（浏河）优质产品生产示范区位于太仓长江口旅游度假区（浏河镇），机电产业是长江口旅游度假区工业主导产业。示范区依托机电特色产业基地平台，发展以机电产业为主、精密机械制造为辅的机电特色产业。围绕电气机械、器材、节能电机、特种电机等相关产品生产加工、检测等环节，通过引进高性能、高精度、高效能成套设备生产线和相应检测设备，形成机电特色产业链，带动零部件生产的规模扩张和产质提升。示范区内有江苏保捷锻压有限公司、苏州市贯龙电磁线股份有限公司、苏州巨能发电配套设备有限公司、太仓南雁新能源传动有限公司等机电类生产企业40余家，其中规模以上企业38家，占浏河镇规模工业企业总数35.51%，产值超5亿元企业2家。2020年，基地内规模以上企业实现工业产值43.05亿元，占浏河镇工业总产值44.73%。

（钱凯佳）

【璜泾镇纤维新材料产业园】 璜泾镇纤维新材料产业园位于璜泾镇鹿河管理区，处于太仓港与常熟港2个国家级经济技术开发区之间，总规划占地面积3.72平方千米。园区以纤维新材料产业、临江产业和设备制造业作为主要发展方向，以“整合传统工业、接纳外迁企业、催生新兴产业”为思路，分2期打造“百亿级企业、千亿级生态产业园区”。规划开发用地超66.67公顷，可租赁工业载体近16万平方米，以新材料、半导体、环保设施、精密机械、汽车零部件、航空航天、大数据、人工智能等产业为导向，打造高品质现代工业集聚区。截至2020年年底，园区共入驻企业34家，实现销售额61.6亿元，年税收1.52亿元。

（洪培源）

服务业

综　述

【概况】 2020年，太仓市服务业经济保持良好发展态势，总量规模不断扩大。全年全市完成服务业增加值

692.6 亿元，较上年增长 4.7%，占地区生产总值的比重为 50%。完成服务业投资 307.01 亿元，较上年增长 11.9%，占全社会固定资产投资 65.6%。服务业入库税收 137.15 亿元，较上年增长 0.44%，占比 52.58%。

【服务业产业发展】 2020 年，太仓市服务业产业重点突出。港口物贸蓬勃发展，太仓港实现货物吞吐量 2.16 亿吨，完成集装箱吞吐量 521.2 万标箱。新增注册资本 1000 万元以上港口物贸企业 25 家。250 家物贸企业完成营业收入 1154.41 亿元，较上年增长 6.83%。其中 92 家物流企业完成营业收入 151.56 亿元，较上年增长 15.57%；158 家批发零售企业完成营业收入 1002.86 亿元，较上年增长 5.62%。年内，制订《太仓市优化提升生产性服务业三年行动方案（2019—2021 年）》。发展现代供应链管理、研发设计、商务服务等生产性服务业领域。太仓高新区新注册企业入驻商务楼宇面积超 1.5 万平方米。

【服务业载体建设】 2020 年，太仓市优化服务业空间布局。太仓港创建港口型国家物流枢纽，系全省唯一一家。完善服务业载体功能。太仓高新技术开发区总部企业集聚区和太仓市生物医药产业园获评第五批省级生产性服务业集聚示范区。总部经济发展量质齐升。太仓市同维电子有限公司、英特飞模块地毯（中国）有限公司、中广核高新核材集团有限公司 3 家企业被认定为太仓市第八批总部企业，总部企业累计 34 家。

【服务业政策支持】 2020 年，太仓市研究制订针对性复工指引，发布《关于做好新冠肺炎疫情防控期间商务楼宇和科创载体安全有序复工与疫情防控工作的方案》。研究起草服务业"惠企十二条"政策及其实施办法，助力服务业企业共渡难关，共计下发补助资金 1827 万元。

（王佳佳）

【太仓大学科技园】 太仓大学科技园隶属太仓市科教新城区，位于太仓市最南端，东南方与上海市嘉定区接壤，北依太仓市区和高新区，距太仓市中心约 5 公里，距上海市中心约 45 公里，距上海虹桥国际机场 35 公里。园区以上海第二工业大学和苏州健雄职业技术学院为依托，开放式吸引国内外各类高校和科研院所的优质资源，形成"多校一园、一园多区"建园模式。重点发展电子商务、电子竞技、"互联网 +"、节能环保、文化创意、科技研发、服务外包等产业。2020 年，加快太仓高新区一站式服务中心建设。中科智能科创中心获评省级众创空间，西北工业大学太仓长三角研究院被认定为省新型研发机构，浩科机器人获省重点研发计划项目支持，英智汇、智巢等科创孵化机构落户。全年获评国家高新技术企业 6 家，姑苏领军人才创业类项目 5 个，太仓科技领军人才项目 14 个。

（周　倩）

商贸流通

【概况】 2020 年，太仓市社会消费品零售总额增长保持良好势头，全年完成社会消费品零售总额 425.04 亿元，较上年增长 0.1%。新冠肺炎疫情初期确保民生保供行业不停业，保障民生商品，稳定老百姓"菜篮子"。推进大型商场等商贸企业复工，做好全市大型商业场所布控工作，做好《市政府关于应对新型冠状病毒感染的肺炎疫情支持服务业企业共渡难关的十二条政策意见》落地工作，为商户争取疫情期间租金、水电费等各类补助累计 926 万元，累计为 40 家企业办理疫情期间生活必需品运输通行证 100 余张。抓好商贸领域安全生产，开展加油站和商业场所安全生产专项整治。4 月 17 日，举办旅游文化美食节暨消费促进季活动。举办第二届职业技能大赛（烹饪专场），现场发放现金抵用券。通过"夜太美"系列活动总计发放消费券 250 万元。"乐购太仓"购物节系列活动从"双 12"持续到 2021 年元宵节，市领导直播带货地产品牌消费品，邀请网红美食达人探店试吃，发布"品鲜之旅""鲜来太仓"美味必吃榜，全市参与商户 3000 家，市政府发放消费补贴 600 万元，商家同步让利 3 亿元。

【旅游文化美食节暨消费促进季活动】 2020 年 4 月 17 日，中国 · 太仓旅游文化美食节开幕式暨消费促进季启动仪式在海运堤二期广场举行。该届旅游文化美食节以"促消费复苏、惠百姓民生、提市场信心"为主题，活动内容包括百名媒体记者和达人太仓行、千人千车自驾游太仓、"春季房 · 车文化节"活动、"商贸行业消费促进"系列活动、"特色农产品嘉年华暨欢乐采摘季"系列活动、音乐节或灯光节、"工厂店购物节"等，整个活动持续到 7 月底。开幕式后举办为期 2 天的美食嘉年华活动，太仓"老字号"、特色

2020 年 12 月 11 日，"乐购太仓"购物节活动在太仓万达广场启动

（市商务局供稿）

餐饮、宾馆饭店等商家入驻现场及文旅产品、特色农产品展示，入场观众可以享受美食、参与各种互动娱乐活动和领取现场消费券。全市近60家零售、餐饮等服务行业主力商家组建“太仓美食大联盟”，创新消费模式，培育壮大新型消费，推动消费市场升级，为市民提供优质的商品和服务。

【“夜太美”系列活动】 2020年，太仓市选定南洋商圈、万达商圈和大润发作为全市夜经济活动重点打造品牌。系列活动时间为7月下旬至11月上旬每周五、六、日晚上6点至10点。7月31日晚，在南洋广场举行“夜太美·南洋荟”周末集市暨消费券发放启动仪式，现场参与商户近50家，消费者近1000人。南洋商圈围绕“夜太美、南洋荟”主题，利用南洋广场、华旭广场、华联商厦等商业空间资源，重点打造以购物、休闲、娱乐、餐饮等为一体的综合街区，适当引入特色商品、工厂店、网红电商、老字号等业态，集中优势资源，协调多方力量打造太仓夜间经济名片，激发传统综合商圈新活力。万达商圈围绕“娄城夜色”主题，重点打造“夜食、夜秀、夜购、夜娱”，通过汇集本地特色美食、特色产品等手段，引入夜间文化娱乐表演，培育多元化夜间消费模式。大润发围绕“周末纳凉夜场集市”主题，利用自身优势，将广场纳凉休闲与商品特卖相结合，带动周边消费群体。

【“乐购太仓”购物节】 2020年12月11日，作为“双十二苏州购物节”的组成部分，“乐购太仓”购物节在太仓万达广场同步启动。“乐购太仓”购物节围绕“1+13+N”模式开展，即举办具有标志性的全市购物节启动仪式1场，特色主题活动13项，包括各单位自主举办活动，累计活动30余项。覆盖“吃、住、行、游、购、娱”各个领域，时间持续到2021年元宵节。购物节围绕“新型零售消费”“休闲娱乐消费”“餐饮美食”“汽车消费”“电子信息消费”及“文化消费”六大消费领域，聚焦培育夜间经济、品牌经济两大消费形态，通过传统节日与商业活动的有机融合，营造政企互动、板块联动、渠道互补、全社会参与的消费氛围。“乐购太仓”购物节期间，全市参与商户3000家，市政府发放消费补贴600万元，商家同步让利3亿元。

2020年太仓市零售额超亿元企业一览表

表23

序号	企业名称	累计（亿元）	较上年增减（±%）
1	斯凯奇（太仓）商贸物流有限公司	20.64	36.2
2	太仓中升之星汽车销售服务有限公司	7.41	25.6
3	江苏雅鹿品牌运营股份有限公司	6.90	−3.6
4	佳格投资（中国）有限公司	5.55	60.0
5	太仓德尚汽车有限公司	5.15	36.0
6	太仓宝诚汽车销售服务有限公司	4.81	9.2
7	苏州丽婴房婴童用品有限公司	3.94	−16.7
8	太仓市森联汽车销售服务有限公司	2.39	−6.9
9	太仓文洋申荔汽车销售服务有限公司	2.37	−34.7
10	太仓华苏汽车贸易服务有限公司	2.32	31.2
11	太仓市森誉汽车销售服务有限公司	2.20	26.2
12	太仓华联商厦有限公司	1.88	−19.9
13	太仓市森丰盛达丰田汽车销售服务有限公司	1.86	26.3
14	太仓市仓建超市有限公司	1.86	4.8
15	太仓绿田汽车销售服务有限公司	1.57	5.5
16	太仓诚茂汽车销售服务有限公司	1.49	16.6

【电子商务发展】 2020年，太仓市电子商务产业发展态势良好。根据第三方欧特欧咨询公司提供的数据，全年全口径网络零售额实现151.6亿元，较上年增长38.5%。全市共有27家企业在苏州市线上综合服务平台注册备案从事跨境电商B2B出口业务，交易数429笔，交易金额8600万元，较上年增长13.16%。太仓港综合保税区作为省内首批开展跨境电商网购保税进口业务的特殊监管区首次通过跨境电商网购保税渠道进口水果。国信进口食品保税仓储和分销业务、讯唐日用消费品跨境电商项目落户综合保税区。开展对口扶贫活动，促成5个

特色乡村与周至县电商企业达成农产品对口销售协议。截至年底，全市有省级电商产业园示范园1家，省级电商示范企业1家，入选“淘宝村”13个，获“淘宝镇”称号5个。“口水娃”获评苏州市2019—2020年电子商务示范企业，大学科技园获评电子商务示范基地。

【住宿餐饮业发展】 2020年，太仓市住宿餐饮业发展态势趋缓。通过举办旅游文化美食节暨消费促进季和“乐购太仓”购物节系列活动，刺激太仓餐饮业回暖复苏。全年全市住宿业营业额1.49亿元，较上年下降29.8%；全市餐饮业营业额2.16亿元，较上年增加2.4%。

（陆骊晨）

金融业

银　行

【概况】 截至2020年年底，太仓市金融机构本外币各项存款余额1930.87亿元（数据来源人行太仓市支行，下同），较上年增加275.42亿元，增长16.64%；本外币各项贷款余额1875.41亿元，较上年增加270.79亿元，增长16.88%。年内，人行太仓市支行应对新冠肺炎疫情，执行稳健的货币政策，坚持以总量政策适度、融资成本明显下降、支持实体经济三大确定性应对高度不确定的形式，支持地方经济增长，营造适宜的货币金融环境。

2020年太仓市金融机构本外币信贷收支情况表

表24

项目	年末余额（亿元）	较上年增减数（亿元）	较上年增减（±%）
各项存款	1930.87	275.42	16.64
其中：1. 住户存款	766.68	91.57	13.56
2. 非金融企业存款	813.65	23.79	28.19
各项贷款	1875.41	270.79	16.88
其中：1. 住户贷款	596.54	79.52	15.38
2. 非金融企业及机关团体贷款	1278.27	195.03	18.00

说明：1. 该表统计机构包括中国人民银行、政策性银行、国有商业银行、其他商业银行、城市商业银行、农村商业银行、邮政储蓄银行
2. 该表数据来源于信贷统计资料

【银行机构】 截至2020年年底，太仓市共有银行机构29家，其中：法人机构2家，分别是农村商业银行和村镇银行；非法人机构27家，其中政策性银行1家，大型商业银行6家，股份制商业银行11家，城市商业银行7家，港资银行1家，农商行1家。全市营业网点194家（不含异地机构），较上年减少2家。终止营业机构3家，分别是中信银行浮桥支行、浦发银行城厢小微支行、太仓农商行南园分理处；新增机构1家，是太仓农商行听海路分理处。全市银行业从业人员3063人。

2020年太仓市银行业金融机构不良贷款分类情况一览表

表25

机构分类	年末贷款余额（亿元）	年末不良贷款余额（亿元）	年末不良贷款率（%）
政策性银行	15.56	0.23	1.51
大型商业银行	1038.33	14.49	1.40
股份制商业银行	335.49	5.53	1.65
城市商业银行	215.49	2.39	1.11
农村商业银行	280.42	3.13	1.11
港资银行	1.33	0	0
合计	1886.61	25.77	1.37

说明：因四舍五入导致分项数与合计数不一致

2020年太仓市银行业金融机构网点、人员一览表

表26

机构名称	小计（家）	总行（家）	分行（家）	支行（家）		社区支行（家）	小微支行（家）	分理处（家）	营业所（家）	从业人员（人）	备注
				一级支行	二级支行						
人民银行	—	—	—	—	—	—	—	—	—	34	—
苏州银保监分局太仓监管组	—	—	—	—	—	—	—	—	—	2	—
农业发展银行	1	—	—	1	—	—	—	—	—	16	政策性银行
工商银行	13	—	—	1	12	—	—	—	—	241	
农业银行	26	—	1	21	—	—	—	4	—	421	
中国银行	17	—	1	16	—	—	—	—	—	329	大型商业银行
建设银行	17	—	1	15	—	—	—	1	—	299	
交通银行	2	—	1	1	—	—	—	—	—	50	
邮政储蓄银行	33	—	—	1	3	—	—	—	29	267	
中信银行	1	—	—	1	—	—	—	—	—	34	
光大银行	2	—	—	1	—	1	—	—	—	24	
华夏银行	1	—	—	1	—	—	—	—	—	28	
招商银行	1	—	—	1	—	—	—	—	—	35	
浦发银行	2	—	—	1	—	—	1	—	—	42	
民生银行	2	—	—	1	—	—	1	—	—	50	股份制商业银行
兴业银行	2	—	—	1	—	1	—	—	—	26	
广发银行	1	—	—	1	—	—	—	—	—	16	
恒丰银行	1	—	—	1	—	—	—	—	—	24	
浙商银行	1	—	—	1	—	—	—	—	—	31	
平安银行	1	—	—	1	—	—	—	—	—	10	
江苏银行	2	—	—	1	1	—	—	—	—	45	
宁波银行	1	—	—	1	—	—	—	—	—	45	
上海银行	1	—	—	1	—	—	—	—	—	24	
南京银行	1	—	—	1	—	—	—	—	—	27	城市商业银行
苏州银行	5	—	—	1	4	—	—	—	—	65	
浙江泰隆银行	3	—	—	1	1	—	1	—	—	46	
江西银行	1	—	—	1	—	—	—	—	—	18	
太仓农商行	59	1	—	31	—	—	—	27	—	857	农村商业银行
常熟农商行	1	—	—	1	—	—	—	—	—	15	
民生村镇银行	4	1	—	3	—	—	—	—	—	72	村镇银行
汇丰银行	1	—	—	1	—	—	—	—	—	6	港资银行
合计	203	2	4	110	21	2	3	32	29	3199	—

说明：太仓农村商业银行含异地机构9家（支行6家、分处理3家），人员136人

【货币政策执行】 2020年，人行太仓市支行贯彻落实灵活适度的稳健货币政策，引导辖内信贷规模平稳增长，信贷投放与企业复工复产需求相匹配，增强金融对实体经济支持力度。加强窗口指导，加大对抗疫、受疫情影响较大企业的金融支持，支持企业复工复产，缓解实体经济融资压力。做好涉农信贷政策导向效果评估和通报。截至年底，第一产业贷款余额68.76亿元，较上年增加19.97亿元，增长40.94%。第二产业贷款余额439.73亿元，较上年增加45.42亿元，增长11.52%，其中制造业贷款余额330.26亿元，较上年增加29.7亿元，增长9.88%。第三产业贷款余额712.98亿元，较上年增加122.38亿元，增长20.72%。

2020年9月10日，人行太仓市支行在太仓农商行开展金融支持稳企业保就业现场督导 （梁素梅摄）

【金融改革】 2020年，人行太仓市支行稳步推进LPR（贷款市场报价利率）转换工作，实体经济融资成本有所降低。LPR改革提高贷款利率形成的市场化程度，促进实体经济融资成本降低，打破贷款利率0.9倍的隐形下限，压减银行向大企业贷款利润空间，倒逼银行将更多金融资源转向民营和小微企业，降低小微、民营企业融资成本。自开始LPR报价，1年期LPR利率下降50个基点，5年期以上LPR利率下降25个基点。

【金融支持稳企业保就业】 2020年，人行太仓市支行定向降准，释放长期有效可贷资金，实施普惠金融定向降准考核，引导地方法人机构对普惠领域的信贷资源倾斜。年内，两次定向降准释放长期资金约11亿元，为经济注入长期可贷资金。

【金融风险防范】 2020年，人行太仓市支行发挥金融稳定工作领导小组协调机制作用。加强对重点领域金融风险的监测和排查，关注重点行业、重点领域生产经营情况，关注地方法人金融机构资产质量变化情况和流动性风险状况，提高金融风险早期预警识别能力。落实大型有问题企业季报制度，关注辖内大型民营企业的经营、融资及风险情况。做好存款保险制度建设，完成辖内法人机构保费收缴、运行监测和评级工作。开展2020年金融生态环境综合评估工作，在江苏省各县（市、区）金融生态环境综合评估中排名第42位，较上年下降20位。

【国库经理】 2020年，人行太仓市支行经理国库业务量347.25万笔，金额1247.85亿元，办理各项预算收入559.25亿元，其中中央级224.71亿元，省级25.87亿元，地方级308.67亿元。一般公共预算收入171.12亿元。浏河直接支付业务1.68万笔，金额13.58亿元。全年开销户总计1.32万户，其中新增基本存款账户1.02万户。

【反洗钱工作】 2020年，人行太仓市支行加强辖内反洗钱义务机构管理，完成对辖内非法人机构反洗钱评级工作。开展反洗监管走访，实地了解法人义务机构开展反洗钱工作情况。开展对涉案账户精准防控和风险排查，压实辖内银行账户管理责任。做好打击跨境赌博、打黑除恶资金链及“断卡”等专项工作衔接和协作，配合公安部门对涉案账户进行数据分析、研判和筛查，建立公安、银行交流渠道，协助抓获涉嫌犯罪人员1人。

【人民币满意工程建设】 2020年，人行太仓市支行针对农村地区假币案件高发、人民币图样违规使用、拒收现金等突出问题，在辖内组织银行机构开展形式多样的人民币防伪反假、人民币图样使用和人民币整洁度等知识宣传，引导人民群众了解人民币、爱护人民币、维护人民币。加强对银行业机构人民币收付业务的监督检查，督促银行业机构规范现金收付业务，提高现金服务质量。开展小面额兑换交叉暗访工作。做好现金服务工作，支持新冠肺炎疫情防控和复工复产。截至年底，全市共收缴假人民币1718张（枚），金额12.48万元。

【征信管理】 2020年，人行太仓市支行优化查询服务，强化征信权益保护。发挥征信查询网点均衡优势。找准基层央行征信服务定位，在遵循信息安全可控原则下，先后实施“机器替代人”“入驻服务中心”“查询进乡镇”等服务举措，践行“征信为民”服务理念，让个人信用报告多渠道查询服务惠及城乡百姓。年内，受新冠肺炎疫情影响，征信报告查询量下降明显。截至年底，辖区个人信用报告查询量5.43万份，较上年下降13.15%，其中自助查询机查询占查询总量99.44%，商业银行代理查询占查询总量51.05%，浏河镇、沙溪镇2个代理点查询量占总量的25.33%。全年提供企业信用报告查询2118份，较上年增长19.72%。做好信用报告解读和咨询服务，全年受理信用报告异议处理30笔，提供司法查询49次。为保护受疫情影响的信息主体征信权益，人行太仓市支行贯彻落实《中国人民银行办公室关于新冠肺炎疫情防控期间征信权益保障工作的指导意见》精神，指导辖内接入机构落实相关规定，处理受疫情影响的“四类人员”（因感染新冠肺炎住院治疗或隔离人员、疫情防控需要隔离观察人员、参加疫情防控工作人员以及受疫情影响暂时失去收入来源的人员）的征信权益。

【外汇管理】 2020年，人行太仓市支行推进全口径跨境融资宏观审慎管理。支持企业拓宽跨境融资渠道、降低融资成本，全年共有20家企业办理全口径跨境融资业务24笔，合同登记金额21.75亿元。开展跨境金融区块链服务平台试点工作。全市共有5家试点银行合计为18家企业办理融资业务145笔，累计放款6392.94万美元。持续关注新冠肺炎疫情叠加中美贸易摩擦对太仓涉外企业影响。全年全市结售汇总额56.83亿美元，较上年减少8.6%，其中：结汇31.73亿美元，较上年减少13.15%；售汇25.1亿美元，较上年减少2.12%；结售汇顺差6.62亿美元，较上年收窄39.1%。全市跨境收支总额179.52亿美元，较上年增长3.79%，其中：跨境收入76.76亿美元，较上年减少1.08%；跨境支出102.76亿美元，较上年增长7.76%。外汇收支逆差26亿美元，规模较上年扩大46.44%。全市进出口总额144.71亿美元，较上年减少3.71%，其中：出口额69.59亿美元，较上年减少6.49%；进口额75.12亿美元，较上年减少0.97%；进出口逆差5.53亿美元，较上年扩大285.38%。

（杨子轩　杨　玲）

【苏州银保监分局太仓监管组】 2020年，苏州银保监分局太仓监管组履行监管职能，提升金融服务实体经济质效，促进地方经济平稳健康发展。年内，做好新冠肺炎疫情防控工作。按要求对银行保险机构复工备案初审，做好银行保险机构返回太仓人员审查备案，在养老金发放等高峰期指导机构做好办理业务人员分流工作。加强金融支持复工复产。督促机构用好用足“临时性延期还本付息六条新政、苏惠十条”“太惠十二条”等政策，开展支持复工复产专项督查，走访企业6家，了解政策执行情况。助推金融服务实体经济提质增效。助推银行机构通过创新融资、线上信贷、供应链融资等方式加大对遇到困难民营企业支持力度。加大对“三农”（农业、农村、农民）信贷投入，太仓完成“两增”目标［单户授信总额1000万元以下（含）小微企业贷款同比增速不低于各项贷款同比增速，贷款户数不低于上年同期水平］法人机构2家，综合融资成本较上年均有所降低。推动银行保险机构金融产品创新。太仓银行保险机构参与工程担保制度，开发电子保函和电子保单。保险公司联合太仓市中医医院推出“商保直付”项目。太仓农商行对璜泾加弹企业开展“物理网”金融，解决小微企业融资难题。打好防范化解金融风险攻坚战。督促银行制定不良资产处置计划，加强与政府联动，推进大额授信风险化解工作。配合市地方金融管理局做好处置非法集资和扫黑除恶排查。维护金融消费者合法权益，按照苏州银保分局要求登记上传，对授权核查事项，在规定时间内办理，协调银行保险机构处理“12345”和“阳光信访”平台事项，保护消费者权益。完成苏州银保分局受理行政许可初审事项8项。出具开业验收报告1份，任职资格谈话7人，将勤廉文化列入谈话内容。强化法人监管，推动公司治理水平提升。重点加强太仓民生村镇银行监管，按月分析其运营情况，发现问题及时跟踪，督促整改。督促太仓民生村镇银行在股东会议案中增加董事、监事、高管履职能力的考核评价和问责议案；落实重大问题党委决策前置、“双向进入、交叉任职”等要求；引入合格投资者；督促主发起行建立关联交易管理系统。参与太仓民生村镇银行公司治理主体履职评价、审慎监管会谈、监管评级等工作。（杨　玲）

【中国农业发展银行太仓市支行】 截至2020年年底，农发行太仓市支行资产总额15.16亿元，较上年增加4.05亿元。负债总额15.07亿元，较上年增加4.03亿元。各项贷款余额15.56亿元，较上年增加4.17亿元，增长36.62%。短期贷款余额2.58亿元，较上年增加1178.82万元。短期贷款全年累计投放3.2亿元，累计回收3.09亿元。太仓市粮食购销有限公司投放夏秋两季贷款2.5亿元，较上年增加1224.42万元，增幅4.52%。地方储备粮油贷款1.2亿元，收购贷款1.3亿元，支持企业收购稻谷小麦合计10.31万吨。中长期贷款余额12.98亿元，较上年增加4.05亿元，增长45.41%。中长期贷款全年累计投放5亿元，累计回收9510万元。年内，农发行太仓市支行落实人民银行、上级行相关利率要求，对标LPR（贷款市场报价利率）进行贷款定价，对各类贷款实行优惠利率政策，让利实体经济，累计投放复工复产首年优惠50BP（基点）贷款2500万元，累计投放应急保供贷款首年优惠85BP（基点）贷款3500万元，累计投放中小微企业贷款首年100BP（基点）贷款2.84亿元。全年累计让利78.84万元。贯彻减税减费、支持实体经济发展部署。降低收费标准服务项目14个，取消收费服务项目12个，强化让费让利工作力度。规范服务收费行为，促进银行服务收费优质规范发展，做到从客户角度出发，服务实体经济。

（高　颖）

【中国工商银行股份有限公司太仓支行】 截至2020年年底，工行太仓支行本外币各项存款余额151.4亿元，本外币各项贷款余额206.38亿元。全市共有营业网点13个、自助银行（点）29个。年内，工行太仓支行抓好金融维稳工作，做好区域风险化解。加强信贷管理，做好不良贷款清收处置和潜在风险贷款压降工作。防范金融诈骗工作成绩显著，堵截一起金额50万元疑似电信诈骗案件，堵截一笔金额30万美元跨境资金诈骗，被市政府授予“金融卓越奖”。

2020年，工行太仓支行服务全市

2020 年 6 月 12 日，“工银大学 · 星火学堂” 青少年金融知识普及太仓教育基地授牌仪式在市朱棣文小学举行（钱　健摄）

重点领域、重大项目，支持区域产业升级，累计投放本外币贷款106.96亿元，其中支持和投放太仓市重点项目贷款15 笔、金额 20.46 亿元。加大普惠金融支持力度，下调普惠贷款利率，新冠肺炎疫情期间对部分企业进行延期还本付息。人行降准口径普惠贷款余额较上年新增 5.19 亿元。做好住房、消费等个人信贷支持，全年支行个贷累计投放 1611 笔、金额 17.44 亿元。做好疫情期间金融服务工作，落实工行苏州分行信贷支持十项举措、工行苏州分行“春润行动”“太惠十二条”等工作要求，通过“抗疫贷”“超短融发行”等产品及开通绿色通道等措施为企业采购防疫物资提供便利，缓解企业资金困难。为企业、医院办理工行苏州分行首笔公积金小微贷、数字供应链改造业务和医疗健康行业数字供应链贷款业务。落实“工银大学 · 星火学堂”太仓首发工作，进学校、进企业、进社区开展常态化金融知识普及教育。加快互联网金融创新，推广停车场无感支付及线上收单业务系统，与沙溪镇、浏河镇开展二期消费券合作项目。与双凤镇政府以双凤羊肉美食节为契机，开展民间厨艺大赛现场直播及工行惠邻联盟品牌发布。联合市医保局，GBC 三端（G 端代表政务、B 端代表产业、C 端代表消费）联动推广医保电子凭证业务。

（钱　健）

【中国农业银行股份有限公司太仓分行】 截至 2020 年年底，农行太仓分行本外币各项存款余额 303.69 亿元，较上年增加 45.08 亿元；本外币各项贷款余额 227.39 亿元，较上年增加35.98 亿元。全年堵截各类外部诈骗事件，防范假存单、假银行承兑汇票、假身份证、假印鉴、可擦笔支票、异常个体工商户开户、非法集资企业开户等各类案件 146 起。全年未发生重大案件、安全生产事故和负面舆情。年内，农行太仓分行加快网点装修改造，更新机具设备，打造集约、高效、智能网点，提升客户体验。推进行政审批中心驻点服务，在各行政审批局设立移动开户点 6 个，派驻服务人员 7 人。截至年底，全行共设有营业网点 24个，配置智能设备 74 台，离行式自助银行 9 个，铺设自助设备 80 台。太仓璜泾支行获 2020 年度“中国农业银行营销服务明星网点”称号。

2020 年，农行太仓分行服务重大战略、重大项目和重大工程，全年审批项目贷款 22 个，覆盖实体、教育、民生、基础设施等，其中实体项目占比 40%。服务制造业与新兴产业，全年累计向制造业投放贷款超 50 亿元。深化普惠金融服务，将基层网点作为发展普惠金融主阵地，组建网点普惠业务小组 42 个，全年普惠贷款投放39.62 亿元。完善产业集群批量授信新模式，建立建材、加弹、木材等产业集群信贷服务项目 7 个，以“一项目一方案一授权”信贷产品，服务集群内企业 189 家，总授信 7.4 亿元。优化

2020 年 1 月，农行太仓分行与城厢镇政府举行党建共建暨全面战略合作签约仪式（朱　奕摄）

"政府增信"模式，创新"苏微贷""信保贷""增额保"及其他区域性政府增信产品，全年累计发放政府征信类产品8.21亿元；自主研发全线上纯信用法人融资产品——"征信贷"，自推开试点后累计授信7431万元；利用"抵押e贷""房抵e贷"等线上融资产品解决企业客户融资难题，两项产品累计发放贷款14.56亿元。加快"线上银行"建设，开展扶贫商城、"掌银有爱"活动，推广手机银行App，截至年底，个人掌银活跃客户净增5.74万户，掌银客户总量超40万户。

（龚宇倩）

【中国银行股份有限公司太仓分行】 截至2020年年底，中行太仓分行本外币各项存款时点余额252.05亿元，较上年增加19.65亿元。本外币各项贷款余额196.13亿元，较上年增加23.9亿元。年内，中行太仓分行延伸金融服务触角，设立雅鹿、盛园小区、沙溪古镇等金融服务助农点6个，打通乡村金融服务"最后一公里"。参与公益活动和文明城市创建志愿服务，向太仓援鄂医护人员捐赠保险保障，定期组织开展无偿献血、慈善一日捐、金融知识进社区、学雷锋、金融消费者权益日等社会公益活动，员工走进社区、商圈、学校、厂家、农村等，宣传普及安全消费知识、互联网金融知识、消费者风险责任意识等金融信息，为构建和谐绿色的金融消费体系贡献力量。

2020年，中行太仓分行支持市重点项目建设，全市123个重点项目开户率47.15%，批复授信90亿元，授信合作率26.02%。投身金融抗疫，响应相关政策要求，为支持企业复工复产累计投放贷款58亿元，其中支持防疫重点企业贷款近10亿元。支持太仓市"5+1"交通网络建设，先后为疏港铁路、南沿江铁路建设提供授信12亿元。参与教育产业发展，为"两校一院"建设提供项目融资逾8亿元。投身新型城市建设，为政府平台类公司投放贷款34亿元，率先落地太仓地区首单城市更新项目。践行普惠金融，支持中小企业发展，紧跟苏州市银保监局"百行进万企"步伐，升级扩面行动，建立授信合作小微企业38家。加大银企对接力度，续做"人才贷"客户4户、"苏贸贷"客户35户、"信保贷"客户15户、"征信E贷"客户4户、"税贷通"客户10户、"企E贷"客户8户。搭建企业合作金融桥梁，推荐19户客户参加中国国际进口博览会展商客商供需对接会、消费品展区展前供需对接会暨上海招商路演、中国—中东欧国家中小企业跨境对接会等相关展会。发挥全球化平台优势，落地太仓地区首笔跨国公司跨境资金池集中运营业务。打造金融市场"新"平台，突破太仓地区首笔掉期业务、首笔期权业务、首笔对公柜台债业务，续做太仓首笔法人积利金业务。强化金融担当，深入践行社会责任。融入乡村振兴，以"网格化＋铁脚板"工作方式，深入太仓地区农村市场，全年为农村居民宅基地翻建提供分期投放超3700万元，惠及农户近200户。

（王思宇）

【中国建设银行股份有限公司太仓分行】 截至2020年年底，建行太仓分行本外币一般性日均存款204.44亿元，较上年新增18.03亿元；各项贷款余额288.36亿元，较上年增长40.75亿元，其中人民币各项贷款余额四行占比31.41%。年内，建行太仓分行为入伍新兵送上拥军卡，并与市退役军人事务局合作发布退役军人服务卡，为退役军人提供住房贷款、绿色就医通道等优惠政策和服务。在太仓辖内率先成立"太仓建行老兵关爱基金"，帮扶生活困难退役老兵及军烈属。

2020年，建行太仓分行促进普惠金融战略落地，落实新冠肺炎疫情防控与业务发展"双赢"，推出"薪金云贷"等产品，助力小微企业发展。多次参与"BEGI·N"（B代表银行，E代表企业，G代表政府，I代表投资方，N代表其他主体）金融沙龙，并主办第六期建行专场，把"建惠十条"推荐给本地企业。聚焦新金融发展，支持实体经济发展，加大对制造业企业金融支持力度。应对国际贸易形势，"G端"连接显成效，联合太仓海关、市金融局在建行苏州分行辖内开展首单海关"关助融"业务。加快推动住房租赁业务，充当资源整合者和金融服务者角色，跟进政府政策性租赁住房、公租房、老旧小区改造等工作，提升上线平台运行效率。与市住建局签订《云防慧建·建筑安全监管平台合作协议》，提升太仓市建筑业行政管理效能，并在太仓城市总入口"太融e"App中嵌入建融家园住房租赁平台。践行金融科技战略，促进机构业务发展。与市卫健委合作完成9家民办医院"智慧医疗"；打造"智慧工地""智慧菜场"；对接"智慧停车"24个。与市农业农村局合作，无纸化直连上线三资平台，打通资金使用审批流程与支付流程的线上一体化。与市人社局互通，上线"社银通"，拓宽社保缴费及支付渠道。与市行政审批局协作，上线电子招投标保函系统，便捷企业开户。独家承接太仓政府消费券项目，为13万份消费券平台提供全流程金融科技支持。

（周自恒）

【交通银行股份有限公司太仓分行】 截至2020年年底，交通银行太仓分行人民币各项存款时点余额30.5亿元，较上年增长1.49亿元。人民币贷款时点余额58.88亿元，较上年增长2.01亿元，其中个贷15.66亿元，对公贷款42.62亿元。年内，交通银行太仓分行以重点客户为抓手，提升综合服务能力，健全存款发展常态化推进机制。加大土拍款、专项债等大额资金来源营销力度，支撑基础存款规模。提升普惠业务综合贡献度，加强普惠客户存款对负债业务的带动作用，优化公负债结构。支持优质实体企业发展壮大，聚焦生物医药、新一代信息技术、人工智能等新动能产业，实现新增授信投放客户数在分行系统内排名第二，新增投放中制造业贷款占53.85%，夯实客户结构。继续巩固银、政、企合作关系，开展企业沙龙及各类金融活动近20场，对接企业200余家，助推实体经济发展壮大。深化场景建设，落地智慧菜场、智慧停车等新兴领域支付场景项目。打通烟草零售商户批量获客渠道。成为楼盘认筹资金合作银行，开立新户150户。获批人才卡发卡行资格，完成太仓首张人才卡发行。上线农民工工资代发系统，首次完成中亿丰代发工资专户开立。实现市行政审批局和港区行政审批局全链通入驻，全年全链通新开户126户。对接市供电局，完成电费系统升级，签约电费客户。推动单一窗口签约工作，签约完成率排名苏州分行第二位。与欧商会合作开展政策宣讲活动，共邀请德资企业客户60多家，为德资企业提供综合金融服务方案。成立太仓分行德企服务项目组，营销德企新开户，达成德企授信业务合作，实现德企合作实质性突破。落实各项新冠肺炎疫情防控措施，统筹协调推进抗击疫情，保障金融服务畅通，支持中小企业共渡难关，对受疫情影响的客户，采取“一户一策”，制订专属服务方案，给予利率优惠，缓解受疫情影响客户偿还压力，保障疫情期间企业金融需求。

（徐莉莉）

【中国邮政储蓄银行股份有限公司太仓市支行】 截至2020年年底，邮储银行太仓市支行本外币存款余额70.38亿元，较上年增长9.31亿元；各项贷款余额60.88亿元，较上年增长13.24亿元；存贷款规模增幅20.74%。全市设有自营网点4个，其中主城区2个，浏河镇1个，沙溪镇1个；邮政代理网点29个。年内，邮储银行太仓市支行深耕“三农”、小微金融，一手抓疫情防控，一手抓金融服务保障，加强对“极速贷”“E捷贷”“小微易贷”线上推广，为企业客户复工及社区防疫提供物资帮助、金融支持，对受新冠肺炎疫情影响的客户提供利率优惠、延期还款服务。多形式致敬医护英雄，开展“油邮”护卫天使、信贷利率优惠等活动。服务地方经济发展，全年公司授信新客户大幅增长，平台客户流贷、投债、长期项目贷款等均有所突破。助力居民消费升级，加大对“白领贷”、汽车分期、汽车消费贷款推广。

（包丽诗）

【中国光大银行股份有限公司太仓支行】 截至2020年年底，光大银行太仓支行本外币存款余额19.51亿元，较上年增加5.01亿元，其中对公存款16.77亿元，零售存款2.75亿元；本外币贷款余额21.75亿元，较上年增加4.92亿元，其中对公贷款20.46亿元，个人贷款1.29亿元。年内，光大银行太仓支行以“打造一流财富管理银行”为目标，稳增长、调结构、增效益、防风险、强管理、优服务，服务实体经济，加快战略转型，保持支行经营管理良性发展。全年新增对公客户110户，新增零售客户1098户，累计投放各项贷款约18亿元，债券投资总额约13亿元。6月，光大银行太仓支行为客户获批苏州市首批“关助融”信用贷款，通过海关信用加分，政府补贴支持，帮助进出口企业缓解“融资难、融资贵”难题。助力地方抗击新冠肺炎疫情，光大银行太仓支行为有还本付息压力的企业定制延期方案，以最优惠利率为抗疫企业发放保理融资1500万元，并免去所有手续费，保障企业及时为医院、药房提供抗疫物品。

（熊晓峰）

【招商银行股份有限公司太仓支行】 截至2020年年底，招商银行太仓支行全口径人民币存款余额25.85亿元，较上年增长7.36亿元；人民币贷款余额41.8亿元，较上年增长7.96亿元。年内，招商银行太仓支行支持地方经济发展。以推进中小企业发展为重点，实行专业化经营模式，优化业务操作流程，提高审批效率，加大中小企业贷款投放力度。做好金融支持复工复产政策落实工作，支持实体企业恢复发展。推广线上业务，丰富“非接触式服务”渠道，提供线上便民服务和金融服务。发挥招行零售品牌优势。打造以“金葵花”理财、个人综合理财产品为主线的金融理财体系，满足社会居民金融需求。个人贷款坚持普惠金融扶持实体经济发展，降低企业和个人融资成本；坚持科技创新和平台更新，简化大众融资手续；坚持信贷产品创新和服务升级，为不同客户群提供专属融资方案和个性化服务。全年新增个人贷款9.56亿元，其中小微普惠贷款增量2.2亿元，房贷增量6.6亿元，消费贷等信用贷款增量0.74亿元。

（王　欢）

【中信银行股份有限公司太仓支行】 截至2020年年底，中信银行太仓支行本外币存款余额40.64亿元，较上年增加13.3亿元；本外币贷款余额62.3亿元，较上年增加12.77亿元。年内，中信银行太仓支行加大资产投放力度，实现新增人民币贷款投放14亿元。加强战略客户和机构客户合作深度，提升合作收益，加大对城投、水务、资产经营、港区公司、天顺风能等战略客户合作深度，提高贷款资源投入，通过资产投放、投资银行、结算回笼、产品拉动等模式，提升存款等合作效益。机构业务在土拍保证金、土地款入账、房地产监管资金、产权交易资金和破产管理人账户等方面取得突破。在业务发展同时，重视风险把控，坚持过滤风险发展，对于新客户把风险防范放在第一位，全年未发生新增问题资产，在业务过程中坚持合规经营，全年未发生重大违规事件。

（张　超）

【华夏银行股份有限公司太仓支行】 截至2020年年底，华夏银行太仓支行本外币存款余额33.46亿元，较上年增长5.22亿元；各项贷款余额35.96亿元，较上年增长11.3亿元。资产质量保持优良，逾欠贷款率0.21%。年内，华夏银行太仓支行以“助实体，促经济”为工作重心，加大信贷投放，全年服务经营性客户数116户，总融资金额38.75亿元。除传统贷款服务外，灵活运用新产品，落地苏州分行首单“银租通”业务，整合有限资源为客户提供更加低成本服务。探索普惠业务发展，从平台金融试水逐步过渡到单点营销、平台金融、线上网贷并行发展模式。全年落实金融支持稳企业保就业政策，主动为困难企业延期、降息，让利企业、助力复工。

（孙丽芳）

【恒丰银行股份有限公司太仓支行】 截至2020年年底，恒丰银行太仓支行各项存款余额13.47亿元，较上年增长6.88亿元，增长率104.4%。其中对公存款11.64亿元，较上年增长5.67亿元，增长率94.97%；储蓄存款余额1.83亿元，较上年增长1.21亿元，增长率195.16%。全年累计投放各类信贷资金19.1亿元。年内，恒丰银行太仓支行加速业务转型，利用“信保贷”“保捷贷”“好房快贷”等产品对中小微企业进行信贷支持。利用大额存单、臻享存款、“小金贯3.0”等优势产品扩大客户营销，实现储蓄存款日均增长0.62亿元。12月21日，恒丰银行太仓支行首笔城投企业债承业务发行，业务规模2亿元，银行独立主承。年内，恒丰银行太仓支行落实监管规定，开展金融消费者权益保护活动。全年累计在支行网点、太胜社区、东盛广场等场所开展远离非法集资、存款保险等各类金融普及宣传活动11场次，提升广大市民金融素养。

（王　青）

【兴业银行股份有限公司太仓支行】截至2020年年底，兴业银行太仓支行本外币存款时点余额33.75亿元，较上年新增8.94亿元，其中单位存款余额30.28亿元，较上年新增9.53亿元，个人存款3.47亿元，较上年下跌5895万元；本外币全口径日均存款29.79亿元，较上年新增7.58亿元，其中单位日均存款24.99亿元，较上年新增5.11亿元，个人存款日均余额4.8亿元，较上年新增2.47亿元。年内，兴业银行太仓支行围绕财政、市级平台、重点企业做深做透，改变过去单一的融资方案为多产品服务方案，深挖存量客户、择机拓展新客户，改善支行存款和客户结构。

（奚艳萍）

【中国民生银行股份有限公司太仓支行】截至2020年年底，民生银行太仓支行存款余额36.11亿元，其中对公存款余额31.16亿元，储蓄存款余额4.95亿元；金融资产余额13.26亿元；支行贷款余额34.07亿元，其中对公贷款余额26.82亿元，小微余额5.65亿元，消贷余额1.6亿元。业务表内外投放余额26.82亿元，其中政府平台投放余额9.8亿元（包含债券投资业务），实体企业及其他投放余额17.02亿元，主要投向行业包括纺织、服装、建筑、木材加工、能源、金属加工、汽车销售及配件制造等。年内，民生银行太仓支行开发太仓区域木材批量业务，建立合作关系客户30家，提供授信支持中小和小微客户20家，合计发放贷款1.12亿元，主要业务包括中小授信、小微业务和结算代发等业务。根据企业实际业务需求，针对企业上下游交易结构提供包括商业承兑保贴、票据包买衍生、国内信用证、内保跨境融资等方式，提供多种融资品种，为企业节约财务成本。提供多样化的综合金融服务方案，通过上市企业定向增发、股票质押回购、信用债、并购基金、同业直投等方式为太仓企业提供资金融通和服务。通过外汇衍生产品推广，为企业提供外汇避险工具。加大对科技型企业的产品推广，除传统“信保贷”产品外，还有针对优质企业的股权直投业务的“萤火计划”。小微业务方面实施“一户一策”差异化服务，实行管户客户经理负责制，对客户实际情况和需求做好甄别，确保政策关怀落到实处。

（张芸芳）

【江苏银行股份有限公司太仓支行】截至2020年年底，江苏银行太仓支行本外币各项存款余额72.2亿元，较上年增加9.98亿元，其中对公存款61.1亿元，较上年增加8.23亿元；储蓄存款11.1亿元，较上年增加1.75亿元。本外币各项贷款余额77.34亿元，较上年增加7.46亿元，其中对公贷款62.93亿元，较上年增加5.12亿元；零售贷款14.41亿元，较上年增加2.34亿元。小企业普惠贷款6.06亿元，较上年增加1.45亿元。年内，江苏银行太仓支行深化银政合作关系，稳定政府平台存量规模。加强与政府部门沟通，保持与市资规局、市住建局、市财政局等重点部门业务合作，通过土地出让金、维修基金营销，稳定现有政府机构类存款，强化与市级政府融资平台合作，增加表内外授信支持。通过以房地产、建筑业为营销重点，用足用好增量资产规模。通过创新产品应用，拓展域外企业，寻找新增长点。夯实客户基础，加强渠道建设，加快零售业务转型步伐。通过加强银政合作，首推消费券线上获客模式，率先实现政府消费券在手机银行端结算，带动地方消费。该项业务新增手机银行约8000户，办理收单商户40余户。打通信息媒介，开展二手房业务。区域上突破太仓市区域限制，向域外谋发展。服务上实行客户经理包干制，特定机构专人负责。通过优化社区经营，把进社区变成紧密共建的相互需要。以江苏银行苏州分行2020年社区经营竞赛活动为指引，保证每周社区活动频次，改进社区经营方法，寻找更多社区经营切入点。

（姚秋红）

【苏州银行股份有限公司太仓支行】截至2020年年底，苏州银行太仓支行本外币存款期末余额43.68亿元，较上年新增3.46亿元，增幅8.61%；贷款余额38.41亿元，较上年新增3.54亿元，增幅10.17%。年内，苏州银行太仓支行围绕“稳增长、控风险、严管理”工作主基调，以加快改革为主线，以业务发展为中心，以普惠金融为重点，坚持开拓与管理并重，发挥“快抵贷”“征信贷”“信保贷”“税银时贷”“助农贷”等产品优势，加强结构调整，促进业务转型发展，加快轻资本化步伐。聚焦客户服务，提高市场营销能力，公私联动初见成效，提高综合收益，深化普惠金融服务。

（邹佳莹）

【江苏太仓农村商业银行股份有限公司】截至2020年年底，太仓农商行各项存款余额391.04亿元，较上年增加37.97亿元，增幅10.75%，占全市存款份额19.87%，居第一位。其中，对公存款余额126.04亿元，较上年增加2.85亿元，增幅2.32%；储蓄存款余额265.01亿元，较上年增加35.12亿元，增幅15.28%。全行资产规模突破500亿元大关。各项贷款余额292.97亿元，较上年增加43.66亿元，增幅17.51%。其中，公司贷款（含直贴）192.68亿元，较上年增加11.78亿元，增幅6.51%；零售（不含小贷）贷款余额47.46亿元，较上年增加15.22亿元，增幅47.21%；小贷中心贷款余额25.37亿元，较上年增加8.04亿元，增幅46.4%。存贷款总量、增量均居全市第一位。全行五级不良贷款率 1.3%，较上年下降 0.66 个百分点；拨备覆盖率 347.38%，流动性比例 54.89%，资本充足率 12.99%。各项监管指标符合稳健经营要求。

【江苏太仓农村商业银行股份有限公司金融服务】 2020 年，太仓农商行坚持“服务三农事业、服务小微和民营企业、服务地方经济”战略定位，各项业务健康发展。全行年末民营企业贷款余额 168.54 亿元，较上年增长 21 亿元；涉农及小微企业贷款占比 88.28%，较上年提升 3 个百分点；涉农与小微企业贷款增速 21.64%，超过各项贷款增速 4.13 个百分点；普惠型农户贷款和普惠型小微企业贷款增速 42.06%，超过各项贷款增速 24.55 个百分点。强化政策支持，实施支持小微企业十六条信贷工作意见，开展“推进三访三增·助力六稳六保”专项竞赛活动，与企业携手共渡难关。产品“小微 e 贷”在首届江苏金融赋能乡村振兴发展峰会上获“金融赋能乡村振兴十佳创新产品”称号，在 2020 年苏州市第二届银行保险业知识竞赛暨金融服务实体经济年度评选中获评“金融科技创新奖”，并被市金融局评为金融服务顾问“效能之星”。强化产品和服务创新，加快新产品上线，全年共推出新产品 7 项，完善金融产品体系，拓宽支小市场覆盖面。细化名单制营销管理，全年共梳理重点信保贷目标企业 2377 户，结合“百行进万企”等走访活动，共计走访对接“三访三增”客户 3.57 万户，综合完成率 99.85%。突出民营和小微重点，年末制造业贷款余额 105.21 亿元，较上年增长 8.35 亿元，增幅 8.62%；对公小微民营企业本币贷款金额增速 9.51%，高于对公类本币贷款增速 2.11 个百分点，小微民营企业本币贷款户数增速 26.15%，高于对公类本币贷款户数增速 1.75 个百分点。大零售转型成效显著，通过搭建大零售转型框架，调优分管职责，组建一支超 40 人的零售团队，覆盖每一个支行。截至年底，零售类贷款占比提升至 24.86%，零售信贷客户较上年增幅 23.45%，奠定大零售转型基础。扩容线上金融产品，“e 情贷”“融 e 贷”“小微 e 贷”等产品实现线上提款，致力手机银行打造移动金融综合服务平台，线上信贷业务占比 45.43%。丰富移动金融场景，依托“收银宝”、移动服务端、微信小程序等工具，打造智慧网点、智慧菜场、智慧就医、智慧出行等便民金融服务，搭建金融生态圈，提升普惠金融服务覆盖面和客户服务体验。完善系统功能。全年新建科技项目 16 个，改造提升项目 40 个，实现业务需求 1100 余项，“新业务与新产品全生命周期管理”项目获评全省农商行“一行一品”优秀项目。截至年底，电子银行柜面替代率 96.9%，电子银行客户转化率 98.4%；超柜替代率 83.78%；手机银行客户占比提升至 71.79%，手机银行客户增幅 68.5%，实现快速发展。

（谭华舟）

【太仓民生村镇银行股份有限公司】 截至 2020 年年底，太仓民生村镇银行各项存款余额 8.01 亿元，较上年增加 0.18 亿元，增幅 2.3%；各项存款年日均 8.04 亿元，较上年增加 1.58 亿元，增幅 24.46%。各项贷款余额 9.06 亿元，较上年增加 0.05 亿元，增幅为 0.56%。不良率 0.76%，较上年降低 0.06 个百分点。年内，太仓民生村镇银行坚持以发展“三农”“小微”客户作为市场定位，持续下沉服务重心，整合信贷资源，加大对农户和小微企业信贷投放，降低三农融资成本，把为农村企业服务作为工作重中之重，支持太仓新农村建设和企业转型升级，服务实体经济。普惠小微企业贷款余额 6.63 亿元，占各项贷款比重超 73%；各类贷款投放总金额 6.49 亿元，其中涉农贷款投放 3.12 亿元，占比近 50%。

（程依依）

证　券

【概况】 截至 2020 年年底，太仓市共有证券机构 7 家。全年累计成交 2885.38 亿元，较上年增长 37.85%，全市证券机构新增证券资金账户数 1.17 万户，累计证券资金账户数 13.27 万户，托管市值 168.02 亿元，较上年增长 34.58%。

（魏天成）

【东吴证券股份有限公司太仓分公司】 2020 年，东吴证券太仓分公司下属 5 家营业部累计完成 A 股成交量 1500 亿元，较上年增长 42.99%，市场占有率 0.37‰，较上年下降 9.76%，实现利润 5421 万元，较上年上升 38.54%，其中新增开户完成 1822 户，托管资产 119.07 亿元。全年发行各类公司债券 6 单，发行规模 19 亿元，实现合同业务收入近 1000 万元，发行单数市场占比 60%，债券业务覆盖太仓所有市级发债主体及港区、高新区。签订 IPO（首次公开募股）辅导协议 1 家，在做项目 2 家，联系并达成合作意向后备企业 3 家。开展 PB（主经纪商）等机构业务，落地创投基金 5 家，新增客户资产 30 亿元。完成太仓科教文化公司 2 亿元公司债券固收平台交易转让，是首次进行该类业务。东吴创投作为管理人，太仓市政府和苏州科创投基金合作设立的科技人才基金签约。全年完成公募及资管产品销售 8657 万元，较上年增长 371.77%，私募产品销售 7425 万元，较上年增长 557.08%

（曾　英）

【华泰证券股份有限公司太仓太平南路营业部】 2020 年，华泰证券太仓营业部实现业务收入 661.1 万元，累计股基（A 股 + 基金）交易份额成交量 550.74 亿元，较上年上升 117.45%；实现利润 193.21 万元，较上年上升。年内，华泰证券太仓营业部践行公司“经纪 + 机构”双轮驱动战略，在保障经纪业务稳步增长同时，保持同各级政府部门、金融机构及太仓企业合作交流，为企业提供全方位综合金融服务，包括推进企业 IPO（首次公开募股）进程、协助企业解决股权融资、债权融资及科创板、创业板新规解读等。在公司投行等部门配合下，实现与 2 家企业 IPO 财务顾问签约，并完成 1 家企业 IPO 储备。

（熊全洪）

【东吴期货有限公司苏州市太仓营业部】 2020 年，东吴期货太仓营业部累计资金账户 1551 户，新增开户 160 户，较上年增长 23%；累计成交金额 1874.28 亿元，较上年增长 53.3%；

累计成交334.88万手，较上年增长61.92%。日均权益1.89亿元，较上年增长127.7%。年内，东吴期货太仓营业部加强产业客户开发，整理所在地区与期货上市品种相关企业信息，并取得联系寻求合作机会。拓展创新业务，累计开通法人户86户，为企业提供咨询和套期保值服务。与多家企业签订场外期权合同，为企业提供套期保值服务，节省资金成本，推动综合金融业务发展。

（戴晓妍）

保 险

【概况】 截至2020年年底，太仓市保险业务保费收入30.08亿元，较上年增加4.65亿元，增长2.47%；赔付支出9.81亿元，较上年增加2.56亿元，增长7.66%。全市共有保险机构35家，其中财产保险公司15家，人寿保险公司19家，保险中介机构1家。全市保险从业人员约8000人。

2020年太仓市保险机构一览表

表27

序号	类别	单位名称
1	财产保险	中国人民财产保险股份有限公司太仓中心支公司
2		中国平安财产保险股份有限公司太仓支公司
3		中国太平洋财产保险股份有限公司太仓中心支公司
4		太平财产保险有限公司太仓支公司
5		中国人寿财产保险股份有限公司太仓市支公司
6		都邦财产保险股份有限公司太仓支公司
7		阳光财产保险股份有限公司太仓支公司
8		紫金财产保险股份有限公司太仓支公司
9		中国大地财产保险股份有限公司太仓支公司
10		中华联合财产保险股份有限公司太仓支公司
11		天安财产保险股份有限公司太仓支公司
12		永安财产保险股份有限公司苏州中心支公司太仓营销服务部
13		中银保险有限公司太仓支公司
14		长安责任保险股份有限公司太仓支公司
15		大家财产保险股份有限公司江苏分公司太仓营销服务部
16	人寿保险	中国人寿保险股份有限公司太仓支公司
17		太平人寿保险有限公司太仓支公司
18		中国太平洋人寿保险股份有限公司太仓支公司
19		中国平安人寿保险股份有限公司太仓支公司
20		华夏人寿保险股份有限公司苏州分公司太仓营销服务部
21		中国人民健康保险股份有限公司太仓支公司
22		东吴人寿保险股份有限公司苏州分公司太仓支公司
23		中国人民人寿保险股份有限公司太仓市支公司
24		友邦保险有限公司江苏分公司苏州市太仓营销服务部
25		富德生命人寿保险股份有限公司苏州分公司太仓支公司
26		新华人寿保险股份有限公司苏州中心支公司太仓营销服务部
27		泰康人寿保险有限责任公司江苏苏州太仓第一营销服务部

续表 27

序号	类别	单位名称
28	人寿保险	华泰人寿保险股份有限公司苏州中心支公司太仓支公司
29		信泰人寿保险股份有限公司苏州中心支公司太仓营销服务部
30		百年人寿保险股份有限公司太仓营销服务部
31		利安人寿保险股份有限公司苏州分公司太仓支公司
32		国联人寿保险股份有限公司苏州分公司太仓营销服务部
33		前海人寿股份有限公司太仓支公司
34		中信保诚人寿股份有限公司太仓支公司
35	中介机构	苏州东江保险代理有限公司

（杨　玲）

【中国人民财产保险股份有限公司太仓中心支公司】 2020年，人保财险太仓中心支公司实现保费收入5.24亿元，为全市承担风险保障4860亿元，支出赔款2.92亿元，上缴地方税款1380.14万元，代收税款3061.33万元。年内，公司开展“信保贷”业务，合作企业123家。与市供销合作总社签订战略合作协议，为太仓属地农产品提供保险保障。与市交运局联合开展乡村道路责任保险，实现国、省、县、乡四级道路保险责任全覆盖，为安全出行提供保障。成立“政府渠道”工作委员会，推动政府相关各类非车险业务。在配套政府相关服务项目同时，创新推出多项服务。中标太仓自然灾害民生保险项目，为太仓市户籍及太仓新市民提供团体人身意外保险。参与人民健康承保、长期护理保险项目，为太仓近千名因年老、疾病、伤残导致长期失能的市民提供医疗护理和基本生活照料服务。

（王慧敏）

【中国人寿保险股份有限公司太仓支公司】 2020年，中国人寿太仓支公司总保费累计完成5.71亿元，较上年增长2.93%；长险首年标准保费完成4519.52万元，完成率82.08%，较上年减少16.25%，其中首年期交保费完成1.09亿元，完成率92.27%，较上年减少6.53%；10年期及以上首年期交保费完成5014.75万元，完成率89.59%，较上年减少11.61%；保障型业务（10年期及以上）保费完成3464.85万元，完成率93.64%，较上年增长10.04%；续收保费完成4.29亿元，较上年增长7.28%。年内，中国人寿太仓支公司按照上级金融机构和上级公司部署，风险管控公司业务流程各个节点，树立合规经营意识，严守风险管控底线，抓好风险教育培训工作。规范反洗钱工作，将职能部门工作人员运用系统和人工相结合，开展可疑交易识别和报告工作，提高公司反洗钱工作质量。加强业务销售人员诚信管理，杜绝销售误导等容易产生不稳定因素行为，公司专设销售督察岗，具体监督销售人员的销售过程，实行销售预警制度；客服部门专设服务人员，对客户进行咨询解答、回访等动作。全年未发生重大刑事案件和安全运营责任事故及发生影响社会稳定的突发事件。

（丁　兰）

【中国太平洋财产保险股份有限公司太仓中心支公司】 2020年，太平洋财险太仓中心支公司实现入账保费3.28亿元，较上年增长11.34%，市场占有率25.73%，提升2.2个百分点。全年承办各类保险21.8万件，风险保障4794亿元，理赔3.97万件，为客户提供免费风险查勘服务901次。全年累计缴纳税款872.2万元，代征车船税2217.9万元。年内，太平洋财险太仓中心支公司参与政府项目合作，做好全市政策性农业保险和民生保险服务。全年累计开办三农保险业务3962笔，保额66.26亿元，承保种植业农业保险2.1万公顷，养殖业保险1.15万羽（头）。新冠肺炎疫情期间，减免政策农业保险保费51.31万元，涉及保单1816笔，惠及参保农户7313户次。全市93个村（社区）设有“三农”保险服务点。民生保险保障全市15.09万户家庭61.72万名市民居家安全。苏州首单“苏扶保”落户太仓，累计涵盖村5个、贫困家庭1万余户。做好第二次商业车险改革，“太好保”车辆智能监控系统的推广降低事故发生率。与市农业农村局开展《探索开展蔬菜气象指数保险、气象灾害违约责任保险和蔬菜收购价格指数保险改革试点》项目试点，该项目为农业农村部《2019年农村改革试验任务》全国36个示范项目之一，并取得阶段性成果。公司在全市共设有服务门店7个，“95500”热线24小时提供服务。

（孙　晔）

【中国太平洋人寿保险股份有限公司太仓支公司】 2020年，太平洋人寿保险太仓支公司实现新保保费3477万元，续收保费1.42亿元，合计本年度保费收入1.77亿元。全年理赔案件2092笔，赔款1444万元。年内，太平洋人寿保险太仓支公司关注社会弱势群体保障和高危行业风险保障，与市教育局、市卫健委、市残联、市汽车客运站、天然气公司等单位合作，推出“学生平安保险”“优生优育疾病保险”和“残疾人人身意外伤害保险”“司乘人意险”“燃气险”等保险产品。全年未发生重大投诉，提升客户满意度。

（李艳芳）

【中国平安财产保险股份有限公司太仓支公司】 2020年，平安财险太仓支公司实现保费收入3.09亿元，与上年基本持平，市场占有率25.2%。其中：车险保费2.53万元，较上年下降3.9%，市场份额26.8%；财产险保费3713万元，较上年增加17.6%，市场份额17.6%；意健险保费1866万元，较上年增加26.1%，市场份额19.4%。全年上缴税收750万元，代收车船税2920万元。年内，平安财险太仓支公司深化“金融＋科技”“金融＋生态”战略，对内深挖业务场景，强化科技赋能，对外输出创新产品及服务，发挥科技驱动力，促进行业生态完善和科技水平提升。响应政府号召，开展反洗钱、反保险欺诈、反非法集资等活动，强化合规经营，健康发展。

（沈　滢）

旅游业

【概况】 2020年，太仓市实现旅游接待总人数464.8万人次，较上年下降30%；旅游总收入75.83亿元，较上年下降28.08%。旅游景区接待人数325.6万人次，较上年下降26.84%，其中金仓湖公园30.25万人次，沙溪古镇70.96万人次，现代农业园41.33万人次。截至年底，全市共有省级旅游度假区1家，A级旅游景区4家，其中AAAA级2家、AAA级2家，江苏省乡村旅游重点村1家，全国农业旅游示范点2家。全市共有旅行社20家，其中三星级旅行社5家，二星级旅行社2家，持证导游82人；共有旅游饭店13家，其中五星级2家，四星级3家，三星级4家；共有“太仓假日”品牌签约工厂店17家。年内，太仓市开展旅游文化美食节、国家非遗日展示展演活动、第四届太仓乡村旅游节等活动，发放各类消费抵用券7.31万张，刺激文旅市场消费回暖。

【文旅融合推介会】 2020年，太仓市文体广旅局搭建展示平台，组织全市优秀文旅企业参展第九届苏州文博会、上海国际旅交会等活动，举办国际艺术与乡村振兴高峰论坛、上海旅游推介会等多场特色文旅活动，吸引游

2020年12月20日，太仓文旅（上海）推介会在上海举行

（市文体广旅局供稿）

客朋友了解太仓。推进景区标准化建设和乡村旅游提档升级，营造全市农文旅融合发展氛围，争创省工业旅游示范区。

【夜间经济品牌】 2020年，太仓市制订《关于加快太仓市夜间经济发展的实施意见暨“夜太美”系列活动实施方案》，打造“夜太美”太仓夜间经济品牌，培育夜间综合消费集聚区、餐饮消费集聚区等4类消费集聚区，形成太仓夜间经济品牌矩阵。围绕“夜太美”主题，开展购物节、周末集市、主题小夜市、江南小剧场、乡村旅游节、文博场馆夜游、后备厢集市、体育夜市、南园中秋国庆夜游、首届江南丝竹纳凉晚会等活动，打造包括“夜太美”南洋荟、舒心夜沙溪、“夜太美”美在乡村等多个子品牌，夜经济工作总投入2560万元，促进消费2.5亿元。

【文旅宣传】 2020年，太仓市多渠道展示全市文旅形象，与《旅游时报》、《扬子晚报》、澎湃新闻等报刊平台合作，刊发太仓专版。拓展线上宣传平台，在新浪微博、网易、同程旅游等平台进行太仓文旅产品线上售卖直播。抢抓融入长三角机遇，在上海地铁、苏

2020年7月11日，“夜太美”南洋广场周末集市　（张　伟摄）

州地铁、上海交通广播电台 FM105.7 等平台投放宣传广告。在上海虹桥高铁站、沙溪沿江高速服务区设立主题展厅，营造文旅氛围环境。

【旅游新业态培育】 2020 年，太仓市整合香塘村大乐童乡、欧亚马自行车运动基地、新动力越野基地、贵里河畔民宿、遇见民宿、轻井泽温泉馆等旅游新业态新产品，并将其推向市场。新动力越野基地获评 2020 年苏州市体育旅游精品项目和“江苏省体育产业基地（2020—2022 年）”称号。“田园太仓，夏季休闲线路”获评 2020 年度苏州乡村旅游精品线路。

【厕所革命】 2020 年，太仓市持续推进厕所革命。全年改扩建旅游厕所 6 座，独溇小海生态农业园游客中心、电站村生态园等 5 家公厕获评苏州服务最优旅游厕所。

太仓市主要旅游景点一览表

表 28

类别	名称	级别	颁布年份	地址
度假区	长江口旅游度假区	江苏省级	2012 年	太仓市浏河镇东部
A 级景区	现代农业园	AAAA	2012 年	太仓市新港路与协星公路交叉口
	沙溪古镇	AAAA	2014 年	太仓市沙溪镇白云路 170 号
	南园	AAA	2005 年	太仓市南园东路 7 号
	弇山园	AAA	2005 年	太仓市县府西街 40 号
	张溥故居	AA	2008 年	太仓市新华西路 57 号
水利风景区	金仓湖公园	国家级	2009 年	太仓市新毛区新兴东路 100 号
	双凤生态园	江苏省级	2014 年	太仓市双凤双浮线与中心路交叉口
乡村旅游区	现代农业园	★★★★	2011 年	太仓市新港路与协星公路交叉口
	双凤生态园	★★★	2014 年	太仓市双凤双浮线与中心路交叉口
	电站村生态园	★★★★	2017 年	太仓市城厢镇新毛电站村
	永丰村独溇小海	★★★	2017 年	太仓市城厢镇 204 国道以南
	半泾村田庐园	★★★	2017 年	太仓市沙溪镇天竹园山庄西侧
	东林村梦幻农场	★★★	2017 年	太仓市城厢镇东林村
	吴家湾幸运花海	★★★	2017 年	太仓市璜泾镇吴家湾
	万丰村三水一宅	★★★	2018 年	太仓市城厢镇万丰村
休闲农庄	现代农业园	国家级	2015 年	太仓市新港路与协星公路交叉口
星级农家乐	天竹园生态农庄	★★★★★	2009 年	太仓市沙溪镇沙南路 188 号
	嘉乐农庄	★★★★	2009 年	太仓市昆太路 889 号
	雅园酒店	★★★	2009 年	太仓市城厢镇电站村
	川湾饭店	★★★	2009 年	太仓市新湖镇建湖西路 28 号
农业旅游示范点	艳阳农庄	国家级	2006 年	太仓市新港路现代农业园内
	电站村生态园	国家级	2008 年	太仓市城厢镇电站村
其他景区	郑和公园	—	—	太仓市港区滨江大道与南环路交叉口
	天镜湖公园	—	—	太仓市太平新路与文治路交叉口
	西庐园	—	—	太仓市城厢镇西部昆太路附近
	华丽菲尼克斯度假村	—	—	太仓市双凤镇双园路华丽大道 888 号
	三市村	—	—	太仓市浮桥镇西侧三市村
	杨漕村	—	—	太仓市璜泾镇杨漕村

太仓市主要旅游饭店一览表

表 29

类别	名称	级别	颁布年份	地址
星级酒店	金陵花园酒店	★★★★★	2005 年	太仓市人民北路 11 号
	锦江国际大酒店	★★★★★	2008 年	太仓市上海东路 89 号
	陆渡宾馆	★★★★	2008 年	太仓市郑和中路 78 号
	娄东宾馆	★★★★	2009 年	太仓市县府街 6 号
	旅发世代大酒店	★★★★	2009 年	太仓市县府东街 30 号
	青草湖度假村	★★★	2004 年	太仓市浏家港飞马路 88 号
	港湾假日酒店	★★★	2005 年	太仓市浏河镇郑和路 888 号
	香江假日酒店	★★★	2010 年	太仓市太仓港华苏路 18 号
	新小地方大酒店	★★★	2013 年	太仓市浏河镇郑和北路 188 号
国际品牌酒店	宝龙福朋喜来登酒店	—	2010 年	太仓市上海东路 288 号
	华旭假日酒店	—	2012 年	太仓市新华西路 9 号
主题酒店	郑和国际酒店	—	2010 年	太仓市太仓港北环路 18 号
	玫瑰庄园	—	2010 年	太仓市新港路现代农业园内

太仓市主要旅行社一览表

表 30

类别	名称	级别	颁布年份	地址
国际旅行社	红太阳国际旅行社	★★★	2013 年	太仓市县府东街 28-3 号
	顺达国际旅行社	★★★	2013 年	太仓市长春南路金色江南会所商铺 01 号
	国贸国际旅行社	★★★	2013 年	太仓市长春南路金色江南商铺 03 号
	金色阳光国际旅行社	★★★	2014 年	太仓市上海东路 1 号上海国际广场 1-409 室
	新世纪国际旅行社	★★★	2014 年	太仓市县府东街 55-10 号
	华夏国际旅行社	★★	2013 年	太仓市人民南路 30-1 号
	春秋国际旅行社	—	—	太仓市惠阳路 247 号
	山水国际旅行社	—	—	太仓市太平南路 18 号上城国际 430 室
国内旅行社	春之旅旅行社	★★	2013 年	太仓市上海西路 44-5 号
	天马旅行社	—	—	太仓市太平南路 18 号上城国际 808 室
	苏州雄狮旅行社	—	—	太仓市县府东街 12-1 号
	青新假日旅行社	—	—	太仓市城厢镇东港路 7-6 号
	交运国际旅行社	—	—	太仓市太平北路 107 号
	莱太旅行社	—	—	太仓市城厢镇城北东路 43 号
	天竹园旅行社	—	—	太仓市沙溪镇半泾村 8 组
	爱特旅旅行社	—	—	太仓市郑和西路 280 号 3 幢 501 室
	博狮旅行社	—	—	太仓市弇周府邸 5 幢 203 室

续表 30

类别	名称	级别	颁布年份	地址
国内旅行社	携家旅行社	—	—	太仓市朝阳西路 199 号 1309 室
	趣游旅行社	—	—	太仓市沙溪镇归庄区玄恭东路
	蚁行客旅行社	—	—	太仓世纪广场财富商务大厦 1606 室

“太仓假日”签约工厂店一览表

表 31

名称	地址
雅鹿工厂店	太仓市郑和中路 318 号
都市星期天工厂店	太仓市陆渡北工业区区中路 39 号
春竹羊绒工厂店	太仓市浏家港飞马西路 28 号
群鸿服饰工厂店	太仓市浏河镇闸南工业园区沪太路旁
马氏皮革工厂店	太仓市浏河镇闸南工业区
安德露工厂店	太仓市浏河镇南海路 2 号
祺美服饰工厂店	太仓市青岛东路 19 号
托菲尼户外运动工厂店	太仓市沙溪镇直塘直任路 79 号
盛达服饰工厂店	太仓市常胜北路 66 号
太仓港进口商品展示交易中心	太仓市太仓港经济技术开发区龙江路五洋滨江广场
威利世家工厂店	太仓市双凤镇凤林路 16 号
锦超服饰工厂店	太仓市浮桥镇老闸区通港路 188 号
迪玛·雅居家纺工厂店	太仓市常胜北路 66—1 号
康乐家居工厂店	太仓市发达路 100 号
拉夏贝尔工厂店	太仓市广州东路 116 号
龙辉精品工厂店	太仓市沙溪镇印溪南路 1055 号
南洋佰岁工厂店	太仓市富阳路 18 号

（陈启洪）

房地产业

【房地产市场】 2020 年第一季度受新冠肺炎疫情影响，太仓市房地产市场销量出现较大幅度下滑；第二季度随着疫情控制和上市楼盘增多，市场销量呈现稳步增长态势，特别是 6 月碧桂园天理、吴中锦绣朝阳、建发天镜湾雅园等市区重点楼盘上市，单月商品房销量 47.5 万平方米。第三季度、第四季度按传统房地产市场“金九银十”规律，房地产市场销量较为稳定。全年全市市场销量 176.23 万平方米，较上年增长 15.13%，在经受疫情影响情况下实现房地产销量大幅提升。

【商品房建设销售】 2020 年，太仓市完成房地产开发投资 212.95 亿元，较上年增长 13.5%，其中住宅 203.54 亿元，较上年增长 23.35%；商品房销售面积 176.23 万平方米，较上年上涨 15.13%；销售均价 1.49 万元 / 平方米，较上年上涨 9.63%。全市开发建设中的 70 个商品住房楼盘总建筑面积 825.38 万平方米，其中上市预售房源面积 502.56 万平方米。

【维修资金和房屋安全管理】 2020 年，太仓市归集维修资金 2.9 亿元，历年累计归集维修资金总额 23.9 亿元。全年审核通过维修资金使用申请项目 60 件，涉及住宅小区 26 件，公寓、办公楼等 11 件，拨付资金 771 万元。全年全市受理房屋安全管理投诉案件 661 件，其中发出整改通知 184 份。开展房屋安全宣传 6 次，组织房屋安全培训 1 次。全年经鉴定危险房屋2处，并发出整改通知，督促危险房屋消险。

【二手房市场及房屋租赁】 2020年，太仓市二手房交易面积115.39万平方米，较上年增长18.86%；成交金额95.78亿元，较上年增长14.69%；成交均价8300.55元/平方米，较上年减少3.5%。其中二手住宅交易58.17万平方米、5152套，较上年分别减少5.19%、8.16%；成交金额66.46亿元，较上年减少5.74%；成交均价1.14万元/平方米，较上年减少0.57%。截至年底，太仓市房屋租赁登记备案在册251件，备案面积70.6万平方米，备案年租金3.3亿元。

【白蚁防治】 2020年，太仓市签订新建房屋白蚁预防公共服务受理单162份，面积675.77万平方米。完成新建房屋白蚁预防306.4万平方米，灭治白蚁158处，采集土样1处，工程质量合格率100%。

【物业管理】 2020年，太仓市物业管理指导中心改革城管进社区工作机制，推广"红色物业"，建立健全"红黑榜"等管理制度，指导完善物业纠纷三级调解机制，物业管理水平得到提升。全年审核预售项目24个，涉及面积198.78万平方米，物业用房面积1.99万平方米；完成项目交付检查27个，涉及面积136.23万平方米，物业用房面积2.76万平方米。全年完成业委会备案14个（城厢镇4个，娄东街道办5个，科教新城1个，浏河镇1个，沙溪镇1个，璜泾镇1个，浮桥镇1个），业委会变更备案5个，物业管理委员会换届1个。物业纠纷人民调解委员会及各区镇物业纠纷调整工作站共受理案件900余件。其中双方当事人均愿意调解案件98件，调解成功并签订调解协议96件，调解成功率97.8%；一般疑难案件6件，简易案件92件；按类型划分物业交接纠纷6件，物业管理纠纷41件，物业缴费纠纷51件；经回访按协议履行的案件96件，超时履行案件0件；涉及金额96万元，并全部形成纠纷调解卷宗录入苏州市人民调解管理平台，经审查全部符合标准。开展创优考评，其中滨江名都（二期）、东亭大厦、港区行政中心等3个项目获2020年度苏州市示范物业管理项目，联合大厦、马家地园、望江花园（安置）等8个项目获评2020年度太仓市级物业管理示范项目。

【太仓市房地产业协会】 太仓市房地产业协会是在太仓地区从事房地产开发、经营、交易和管理，以及土地研究、房产经纪等相关领域单位自愿组成的全市性行业非营利性社会团体。2020年，协会新入会单位7家，共有会员单位88家，其中开发企业55家，其他企业33家。年内，协会贯彻落实新冠肺炎疫情防控、复工复产两手抓，围绕"不将房地产作为短期刺激经济手段"总体要求，坚持"稳地价、稳房价、稳预期"指导思想，确保全市房地产市场平稳、有序、健康发展。协会以"服务、协调、自律、维权"方针为抓手，开展"公益捐赠助力抗疫扶贫"活动，共收到抗疫捐款、捐物合计31.79万元。继续向对口扶贫贵州省玉屏县长华村捐款5万元，用于资助黄牛饲养基地发展。助力复工复产促进行业发展。协会走访市区多个开发项目部，了解疫情防控、复工复产房企面对的困难，搭建疫情期间政府在区块、企业之间联系桥梁，组织全市商协会成员分8批次参观重点楼盘，协助企业宣传。协会与港区政府联合举办"港产城——融合发展恳谈会"，召集港区39家企业与港区11家在建楼盘直接对话。举办"太仓市民营企业家沙龙——房地产企业专场"活动，向与会上百名房产企业职业经理人行销太仓。规范房产营销经纪市场，邀请市市场监管局和市委网信办开展规范房产广告培训班。发放经纪人信息卡1490张，为太仓在苏州率先开启经纪从业实行"一人一卡一码"打下基础。继续开展太仓市"优秀楼盘"评比活动，获评太仓市2020年度"优秀楼盘"住宅项目3个，推荐9家会员企业入选2019年度和2020年度苏州市"消费者满意单位"，3家企业入选《2020年江苏省房地产行业诚信企业目录》。

（董长根　周书佳）

建筑产业

【概况】 2020年，太仓市在建建筑工程327个，在建建筑面积1485.47万平方米。完成苏州市装配式发展目标，新开工装配式建筑面积219.73万平方米，新增省级建筑产业现代化示范基地1个。新增绿色建筑项目81个，获评省级文明工地24个、"扬子杯"3个、中国建筑工程装饰奖4个。

【太仓市建筑行业协会】 太仓市建筑行业协会成立于2004年5月，由太仓地区从事房屋建筑、市政工程、装修装饰工程、监理咨询、商品混凝土、设计检测、燃气、构配件、安装、园林绿化10个专业委员会的企业单位自愿组成的非营利性社会团体。2020年，协会会员单位获"姑苏杯"17项、"杨子杯"3项、"国优"4项。以国家政策为导向，引导督促企业向绿色建造、智慧建造方向发展，组织企业培训、观摩。配合上级协会开展各类评先工作，推荐各类别各等级企业，树立典型。抓好培训，夯实建筑人才储备力量。开展全年常规培训、"太仓市建设领域工伤预防培训改善项目"宣传培训、2020年太仓市住建领域专业技术人才与高技能人才职业发展贯通高级工（砌筑工）考核、"苏安码"培训申领等活动，累计培训2.31万人次。组织协办全市住房和城乡建设系统一线岗位职工"红色工匠"职业技能竞赛活动，全市14家建筑、市政公司的30名砌筑工和16家绿化公司的30名绿化工及5家监理公司的20名测量员，分别参加"红色工匠"砌筑工、绿化工和监理测量员比赛。响应号召，推进精准扶贫，协会考察团与玉屏侗族自治县第一中学、玉屏县朱家场镇谢家桥村开展结对扶贫工作，向学校、谢家桥村捐赠扶贫金额各10万元。继续为20名太仓应届贫困大学生每人每年资助助学金5000元。共同抗击新冠肺炎疫情，打赢疫情防控战，共筹集各类捐款155.99万元。筹备非医用防护口罩1万个，定向捐赠意大利马切拉塔市，助力马切拉塔抗击疫情。年内，协会与民政部主管的全国性志愿服务组织签订“全国五老服务办公室省市项目办合作协议”，提升协会的社会公共服务能力。

（董长根）

物流业

【概况】 2020年，太仓市货物运输量2100万吨，较上年增长9%。货物运输周转量50.38亿吨公里，较上年增长48%。港口吞吐量2.16亿吨，较上年增加0.09%。其中，金属矿石5910万吨，较上年增加2.05%；煤炭3798万吨，较上年减少31.45%；木材951.71万吨，较上年减少6.7%。集装箱吞吐量521.2万标箱，较上年增长1.2%。

【物流企业】 截至2020年年底，太仓市列统规模物流企业92家，从业人员2.36万人，较上年增加17.1%。营业收入总额151.5亿元，较上年增加16.9%。其中，太仓港经济技术开发区60家，占规模以上物流企业总数65%；营业收入总额131.7亿元，较上年增加5%，占规模以上物流企业营业收入总额87%。全市年营业收入超5000万元以上物流企业37家；苏州隆兴物流有限责任公司、招商局物流集团苏州有限公司、江苏讯唐物流发展有限公司入选省重点物流企业；全市被评为AAA级及以上物流企业9家。

2020年太仓市营业收入超5000万元物流企业一览表

表32

序号	企业名称	序号	企业名称
1	江苏京迅递供应链管理有限公司	20	江苏长江石油化工有限公司
2	太仓港集装箱海运有限公司	21	太仓港正和兴港集装箱码头有限公司
3	太仓武港码头有限公司	22	苏州华航物流有限公司
4	中国太仓外轮代理有限公司	23	中国太仓船务代理有限公司
5	江苏久鼎联合物流有限公司	24	太仓市中通兴华速递服务有限公司
6	似鸟（太仓）商贸物流有限公司	25	苏州港兴国际船舶代理有限公司
7	太仓港福人林产品开发有限公司	26	太仓市鑫龙运输有限公司
8	江苏耀华物流有限公司	27	太仓港国际货运有限公司
9	苏州现代货箱码头有限公司	28	太仓港长海船务有限公司
10	太仓阳鸿石化有限公司	29	太仓港德润物流有限公司
11	太仓海皇物资运输有限公司	30	太仓港口投资发展有限公司
12	苏州龙达国际货运代理有限公司	31	太仓港口岸集中查验服务中心有限公司
13	招商局物流集团苏州有限公司	32	太仓玖龙运输有限公司
14	华能太仓港务有限责任公司	33	太仓市安路快递有限公司
15	太仓国际集装箱码头有限公司	34	太仓中远海运船务代理有限公司
16	弗玛仓储（太仓）有限公司	35	太仓港公用集装箱作业有限公司
17	太仓万方国际码头有限公司	36	太仓港宏港物流有限公司
18	太仓港上港正和集装箱码头有限公司	37	太仓市世通速递有限公司
19	太仓鑫海港口开发有限公司	—	—

2020年太仓市AAA级及以上物流企业一览表

表33

序号	企业名称	评价指标	评定时间
1	招商局物流集团苏州有限公司	AAAA	2020年
2	弗玛仓储（太仓）有限公司	AAAA	2020年
3	苏州龙达国际货运代理有限公司	AAAA	2020年

续表 33

序号	企业名称	评价指标	评定时间
4	太仓阳鸿石化有限公司	AAAA	2013 年
5	太仓武港码头有限公司	AAAA	2012 年
6	太仓万方国际码头有限公司	AAAA	2012 年
7	江苏长江石油化工有限公司	AAAA	2010 年
8	中国太仓船务代理有限公司	AAA	2020 年
9	中国太仓外轮代理有限公司	AAA	2010 年

【港口物流】 2020 年，太仓港集装箱吞吐量 521.2 万标箱，比“十二五”期末增长 41%，排名跃至全省第一位、全国第九位。货物吞吐量稳中有进，全年完成 2.16 亿吨，比“十二五”期末增长 6%。全年进出港船舶近 14 万艘次，出入境（港）人员超 12 万人次，进出港集卡 222.5 万辆次，海关监管货值 280 亿美元，比“十二五”期末分别增长 43%、21%、90% 和 25%。全年 12 家公用码头企业年营业收入总额 24.9 亿元、年利润总额 4.3 亿元，比“十二五”期末分别增长 16.3% 和 29.6%。年内，太仓港新辟航线 6 条，其中近洋航线 3 条、内贸干线 1 条、长江内河支线 2 条，航线总数净增 2 条，总计 211 条（班）。太仓港发挥在江海联动发展格局中关键节点作用，全年完成江海联运箱量 281 万标箱，较上年增长 1.3%。打通“沪太通关一体化”进出口，率先成为全国实现跨省通关一体化港口，服务长三角一体化和长江经济带发展。

【物流园区】 2020 年，太仓物流园区实现主营业务收入 669.8 亿元，上缴税收 11.6 亿元（不含个税），完成固定资产投资 24.4 亿元，入区企业数累计 1003 家，就业人数累计 8602 人。太仓物流园区以太仓港建设江苏沿江集装箱运输的内贸转运枢纽、近洋直达集散中心、远洋中转基地及江苏第一外贸大港为契机，发掘港口岸线资源、综合保税区政策、区域消费能力等潜能，打造长江经济带江海联运物流运作平台、知名品牌中国供应链基地、长三角地区商品展示交易结算中心。11 月，太仓港获评国家级物流枢纽。

【跨境电商业态发展】 2020 年，太仓综合保税区累计完成进出口额 8.3 亿美元，较上年增长 39.6%。完成全省首单跨境水果进口业务。太仓港江海联运国际物流园一期项目竣工投运，建成仓库（厂房）5 万平方米和堆场 3 万平方米。日本唐吉诃德集团转口集拼入区操作，对日国际供应链平台初见雏形。化妆品和婴幼儿奶粉项目增加入区理货并新增品类。

（王　晶）

邮政通信

【邮政概况】 2020 年，太仓邮政分公司实现业务总收入 2.31 亿元。其中：邮政业务总收入 1.1 亿元，较上年增长 3.2%；寄递业务收入 1.21 亿元，较上年增长 4.6%。截至年底，全市设有邮政服务网点 29 个，其中农村 21 个；设有邮政信筒信箱 126 个、邮政报刊亭 19 处；投递段道 164 条，全年投递总里程 253.68 万千米，上行邮路 4137 车次，下行邮路 1.43 万车次，妥投邮件 884.99 万件。函件业务量 39.4 万件，包裹 3.36 万件；报纸累计份数 1909.49 万份，流转额 2557.45 万元；杂志累计份数 42.01 万份，流转额 449.63 万元；汇票收汇 0.74 万张；快递包裹业务量 986 万件。邮政综合服务平台建设运营取得新进展。依托线下实体网点和“邮掌柜”、邮乐网等线上平台，参与农村电商建设运营，累计发展“邮乐购”加盟店 335 个，布放“邮掌柜”系统 335 个，“邮乐购”加盟店农村覆盖率 80%；建成村邮站 75 家和社会自提点 869 个。

【邮政扶贫活动】 2020 年 12 月 4 日，由太仓邮政、市市场监管局、市行政审批局、太仓电信公司、太仓供电公司 5 家单位组成的“五星政企党建联

2020 年 12 月 4 日，太仓—玉屏爱心包裹对口帮扶捐赠仪式在贵州省玉屏县皂角坪中心完全小学举行

（太仓邮政供稿）

盟”一行到贵州省玉屏县开展对口扶贫活动。在玉屏县皂角坪中心完全小学举行爱心包裹及有声图书馆捐赠仪式，现场捐赠配备学习、文体用品的爱心包裹1200个，为学校捐赠有声图书馆2个，配备耳机森林30部及免费有声读物，总价值23.7万元，有声图书馆后续设计及安装工作由太仓邮政完成。

【邮政助力新冠肺炎疫情防控】2020年，太仓邮政成立疫情防控领导小组，履行“四不中断、四免费办”（网点服务不中断，做到各项业务均可开办；机要通信不中断，确保重要文件及时送达；揽投服务不中断，保证各类邮件揽收投递；在线服务不中断，提供足不出户业务办理；救援物资免费送，爱心接力来传递；上门揽收免费办，电话在线均受理；个人捐助免费寄，窗口收寄可办理；捐款转账免费汇，金融服务有助力）承诺，保障寄递绿色通道。主动对接教育主管部门，配合“停课不停学”要求，配送各类教材近1万件；免费为全市驰援武汉医疗队及志愿者寄送防疫物资；实现市民网上预约口罩便民配送超10万票。

【“邮爱驿站”公益服务活动】2020年，太仓邮政“邮爱驿站”网点从针对环卫工人、辅警、城管等户外作业人员的公益服务延伸至社区，同社区共建，为社区内低保户、残疾人、孤寡老人等特殊群体组织策划文娱、养生、理财等主题活动，把邮爱驿站打造成社区特殊群体的“邻里之家”。结合新时代文明实践邮路，宣传普及法律常识、安全防范事项、党的声音等内容。

【邮政服务文明创建线上宣传】2020年9月，太仓邮政与市联动中心合作，为其提供关于全国文明城市创建的线上宣传服务，通过微信朋友圈广告推送向全市居民发布文明创建应知应会答题。该次宣传创新采用有奖竞答形式，答题奖品统一到邮政各网点领取，在提升市民参与积极性同时，为金融网点厅堂获客引流助力。全市合计实现微信朋友圈广告曝光70万次，客户访问超33万人次。

【邮政推广图书二维码】2020年，太仓邮政走访联络各乡镇宣传委员，在村委会、图书馆、社区及日间照料中心张贴海报，推进图书二维码宣传推广，累计向3个乡镇销售二维码170个。该项目以提倡全民阅读为主题，依托多种类图书二维码打造有声图书馆，内容包括历史、诗歌美文、科技、儿童故事等，覆盖各类人群，植入乡镇微信公众号，市民通过关注乡镇微信公众号，免费收听有声图书馆中所有书籍。

（李　睿）

【电信概况】2020年，中国电信太仓分公司坚持基础业务与新兴业务并重，提升运营能力。截至年底，全市电信天翼手机用户36.75万户，宽带用户20.97万户。太仓电信响应网络强国战略，落实提速降费，宽带户均网速207兆，较上年提升52兆。持续推进5G网络建设和优化，累计开通5G站址345个，精品区域宏基站106个，保障党政机关、楼宇、商圈深度覆盖。贯彻云改数转，探索“5G+权益+应用”新模式，助力市行政审批局、市应急管理局等公共服务精细化、智能化、社会化；与产业链合作伙伴在5G内外场、5G业务应用等多方面开展应用合作。天翼云产品推进企业上云星级评定和信息化建设、智慧广播业务助力乡村疫情防控宣传、太仓港石化区5G智慧园区项目助推新基建等项目，为打造发展新高地注入新动能。

【“5G+云网融合”建设】2020年，太仓电信以“建设网络强国、打造数字城市”为抓手，启动5G网络优化工程，持续推进5G网络工程部署和精准规划。截至年底，累计开通5G站址345个，聚焦核心城区覆盖提升，补充重点乡镇镇区覆盖点；精品网累计建成宏基站106个，区域覆盖面积36平方千米，覆盖率96.29%。持续推进5G+工业互联网融合应用，6月，承接太仓港石化区智慧园区项目建设，依托建成的5G专网，融合大数据平台、天翼云、MEC-5G网络等多项内容，通过智慧服务、智慧能源、智慧安全、智慧应急、智慧环保、智慧安防和智慧消防七大功能模块，打造集智慧化运营管理和应急指挥一体化管理平台。年内，太仓电信在政务、交通、物流、教育、医疗、媒体、警务、旅游、环保等十大垂直行业探索5G应用创新实践，在更广范围、更多领域、更深层次开展应用融合，为城市转型升级注入新动力。

【通信保障工作】2020年，太仓电信做好全市各类重大通信保障工作，包括普通高等学校招生全国统一考试等各类重大活动。调通太仓首条至北京千兆专线，是太仓至北京最高速数字电路专线，满足生物制药企业数据中心对于高速率、低延迟传输要求。保障沪苏通铁路开通运营，实现高铁站5G无线信号全覆盖，通过“之”字形布局，保证车厢内两侧信号质量达到

2020年7月9日，太仓电信完成高考网络通信保障　（太仓电信供稿）

均衡，克服高铁网络覆盖面临的穿损高、频偏大和频繁切换三大难题，提升高铁用户网络感知。

【电信助力疫情防控】 2020年，太仓电信响应政府、社区企信通短信群发上限扩容需求，实时协调上级部门，确保第一时间做好新冠肺炎疫情防控宣传工作。利用光网、5G网络、大数据等新技术优势，做好定点医院通信保障和信息化支撑工作；对高速公路路口、医院、商场等密集型场所进行网络指标监控，强化隔离点监控，提升网络资源调配效率，做好疫情追溯工作。

（胡　笛）

【广电网络概况】 截至2020年年底，太仓市有线数字电视用户10.1万户，高清互动用户8.56万户，广电宽带用户4.02万户，双向网覆盖率99.11%，覆盖用户22.23万户，光纤到户覆盖用户7.78万户。网内传输有线数字电视频道179套，其中标清电视节目123套、高清电视节目56套，并实现47套标清、25套高清频道电视节目7天回看。建有覆盖全市社会面视频监控系统，新增点位2043个，累计点位1.56万个。

【应急广播体系建设】 2020年，太仓广电网络贯彻落实省、市《关于扎实推进全市应急广播体系建设的实施意见》精神，如期完成全市应急广播体系建设任务，并于11月3日、11月17日分别通过市局、省局验收。应急广播体系包含市级平台1个、镇/街道级广播插播平台9个、村级广播插播平台115个（村87个和社区28个）、前端广播终端2441个及太阳能电源系统132套，实现全天候、全方位、全时段预警信息发布。

【广电网络服务提升】 2020年，太仓广电网络与江苏有线互动平台对接贯通，实现线上教育新业务和新产品同步落地。新增“名师空中课堂”地方版，改版上线“炫力少儿”栏目，上线“名师空中课堂——抗疫助学”专栏，确保学生“停课不停学”。暑假期间，面向18岁以下少年儿童推出一站式服务专属机顶盒——“学霸宝盒”，满足广大学生和家长对家庭学习和辅导个性化需求。

（闵　靓）

【联合通信概况】 2020年，中国联通太仓分公司完成5G基站建设289个，室分建设8个，开通高铁专网基站47个，超额完成共建共享任务。年内，中国联通太仓分公司发挥行业优势，助力抗击新冠肺炎疫情。利用热成像及红外技术为科教新城管委会和沙溪镇行政审批中心复工保驾护航。为政府部门做好疫情防控相关微信公众号、微博官方发布，配合市文明办做好公益短信发送工作。配合社区管理隔离人员，在科教新城、陆渡街道、浏河镇上门安装防疫居家隔离智能门磁。同景瑞社区、明德高级中学、浏家港中学等开展结对共建活动，宣传推广联通智能隔离门磁、智慧社区、垃圾分类、“未来教室”、“活力课堂”等项目，提升联通在太仓“5G+信息化”社会影响力。

（王晓晨）

【移动通信概况】 2020年，太仓移动5G客户8万户，家庭宽带客户超13万户，集团客户近20万户，物联网智能连接超100万个。国际业务收入增长超200%，客户综合满意度提升至82.44。年内，太仓移动推进5G布局发展，截至年底，建设5G基站508个，实现城区、高新区及浏河镇、浮桥镇、璜泾镇、沙溪镇、双凤镇等乡镇核心区域5G连续覆盖，平均下载速率600兆；在各类党政机关、核心商圈、星级酒店、人民医院和中医医院等区域开通5G室内分布，平均下载速率1000兆；在太仓港三期码头等地完成5G覆盖，用于5G物联网应用落地。实施“5G+”计划，以技术融合打造产业转型升级加速器，以数据融通建强社会信息流动主动脉，以管理融智夯实数字社会建设新基石。加快技术升级，推进5G端到端产业成熟；加快网络升级，打造5G精品网络；加快应用升级，推动5G服务落地；加快运营升级，构建5G新型商业模式；加快生态升级，共同做大5G“朋友圈”。改善服务质量，强化优质服务。通过深化网络提速降费，手机上网流量资费下降47%，中小企业宽带和专线资费分别下降37%、23%，全面实行携号转网。

（王岩梅）

供销合作

【概况】 2020年，太仓市供销合作社系统结合太仓供销发展实际，以服务“三农”为己任，以合作共赢为准则，以夯实基层组织体系为重点，持续深化综合改革，为推进乡村振兴贡献力量。年内，市供销合作总社推进农药废弃包装物回收与废旧农（地）膜回收处置工作，助力生态文明建设，全年回收农药废弃物620万件，总计101吨，无害化处理率100%；回收废旧农（地）膜约200吨，回收率89%，并全部通过规范程序处理。

【保供应稳物价】 2020年2—3月，太仓市供销合作总社共储备化肥1500吨、农药20吨，并通过线上预订、电话下单、送货上门等方式累计完成化肥配送350吨，供应化肥面积1533.33公顷，供应农药除草防治面积3333.33公顷，保障春耕开展。加强对供销托管的公益性农贸市场管理，围绕“保价格、保质量、保供应”要求，新冠肺炎疫情期间坚守一线，保障周边人民群众生活需求。

【农资配送工作】 2020年，太仓市供销合作总社通过现代农业综合服务中心和全市26家基层农资网点，构建供销系统基本为农服务组织网络，将为农服务触角延伸到田间地头。在春、秋两季农药招标工作中，共中标农药284种，定标金额3800万元，为农民节省用药开支1215万元，实现农药减量、绿色安全和降本增效三重效应；累计招标采购水稻、小麦专用配方肥5000吨，为农户节约种地成本150万元。

【“太仓大米”区域公用品牌培育】 2020年，太仓市供销合作总社抓好粮食种植、收购和储存等环节，确保“太仓大米”粮源优质、稳定，提高大米品质。多渠道宣传推广，拓展销售渠道，扩大受众群体，全年共销售“太仓大米”约4000吨，初步实现规模化发展。规范做好32家中小学校和18家企事业单位食堂粮油配送工作，保障产品品质，为打造区域公用品牌夯实基础。

【农产品流通主渠道作用发挥】2020年，太仓市供销合作总社整合优质资源，推动消费扶贫，提升农副产品流通效率，提升助农惠民实效。年内，做好市区2家“供销农副产品便民店”正常运行，开展苏州市供销合作总社公益性展示展销中心太仓馆建设。组织太仓优质农副产品参加各类农产品展销会，全年共举办优质农产品展销活动7场。

【供销服务品牌打造】2020年，太仓市供销合作总社立足城乡居民生活所需，探索创新多项生活服务举措，集中力量打造一支专业化队伍，走出一条“公有、公益、公管”合作共赢道路。承接生活服务中心、物业保洁、“三公”（公有、公益、公管）农贸市场项目的委托管理工作，全年新增托管并提升改造新湖、王秀、沙东、世福、时思5个农贸市场。承接托管服务生活服务中心2个、文化场馆3个、农贸市场7个，初步打响供销优质服务品牌。

【村社共建新模式】2020年8月27日，苏州市首家村级供销合作社——太仓市电站村供销合作社揭牌成立，发挥供销合作社经营服务优势和农村基层党组织引领作用，延伸供销农业社会化服务触角，促进基层供销社组织向村级延伸，服务向田间地头延伸。电站村供销合作社在保供给、助流通、促增收、惠民生等方面发挥作用，打造供销合作社、村集体、新型农业经营主体与农民互利多赢局面。

（方云青）

粮食和物资储备

【疫情防控物资保障】2020年，太仓市发改委做好新冠肺炎疫情防控物资保障工作。以保障一线卡口、窗口、民生单位、镇区和进口冷链食品监管仓库等物资需求为重点，做好防控物资采购、保管、调配和发放等保障工作。发放口罩528.04万只、防护服6.8万件、护目镜1.4万副、测温仪4000个、消毒物品3400桶及其他防疫物资。

【应急救灾物资储备管理】2020年，太仓市强化应急救灾物资储备管理工作。落实冻猪肉储备320吨，组织实施市级储备猪肉投放工作。依据《太仓市自然灾害救助应急预案》要求，按照实际需求保障人口数量300人计算，落实被服类、安置类、救灾装备类、协议储备类四大类救灾应急物资，协调仓建、绿润、中石化太仓分公司等单位落实相关应急物资协议储备，各类物资采购补库按实储备到位。

2020年8月27日，苏州市首家村级供销合作社——太仓市电站村供销合作社揭牌成立（方云青摄）

【市场粮油稳价保供】2020年，太仓市加强市场粮油稳价保供工作。针对国内粮价上涨和保供压力，做好市场粮油价格和库存量监测，摸清全市可供应数，督促涉粮企业特别是储备企业落实最低库存量，保持供应货源，增强粮食安全保供能力。组织全市加工企业能力调查，确保全市粮油供应稳定不断档。协调落实全市2020年水稻种植面积1.05万公顷和建立优良食味水稻保供基地1333.33公顷目标任务。

【储备粮油增储计划落实】2020年，太仓市落实地方储备粮油增储计划，充实扩增原粮和成品粮。扩储后，储备稻谷3.03万吨、小麦1.3万吨，新增1.13万吨；成品粮储备规模总量2780吨，新增1160吨，与委托储存单位签订代储合同，明确各方责任和义务。

【粮食收购】2020年，太仓市做好粮食收购工作。面对复杂的收购市场形势，开展粮情调研，掌握充足粮源，保证储备任务落实到位。全年共收购小麦4.1万吨、稻谷6.5万吨。指导市粮食购销公司储备轮换和商品粮销售工作，实现扭亏增盈近1000万元。

【优质粮食工程】2020年，太仓市推进优质粮食工程。深化“粮食企业+合作社+订单收购”社企合作模式，在全市建立优良食味稻谷品种基地1333.33公顷，对“南粳46”原种订单实行每千克加价0.2元收购，共收购优良食味稻谷6906吨。注重部门协作，推广“太仓大米”优质地产品牌，扩大太仓粮食品牌影响力。

（成文奇）

专项经营

【食盐专营】2020年，太仓市盐业有限公司立足主营，提升盈利空间，加强品牌宣传。在全市范围内开展“淮盐”品牌宣传活动，全年商超巡店走访558人次、乡镇集市8次、企事业单位15次、社区2次。抢占市场，拓宽业务，盐业公司上门宣传食盐销售政策，在学校食盐配送基础上，增加非盐品项240个。拓展省外工业盐市场，提高销售量。完善食盐社会储备，确保突发事件时食盐市场供应稳定。

（夏 雯）

【烟草专卖概况】 2020年，太仓市销售卷烟3.82万箱，较上年增长2.56%；实现销售收入16.46亿元，较上年增长5.58%；单箱销售结构4.3万元，较上年增长2.94%；实现税利4.79亿元，较上年增长5.82%。查获各类涉烟案件341起，较上年增长95.98%；查获违法卷烟1047.42万支，较上年增长78.32%；案值939.78万元，较上年增长78.63%；查获5万元以上大要案件33起，获省局嘉奖令2次，上报假烟网络案件1起，移送司法机关追究刑事责任1人。

【烟草专卖管理】 2020年，太仓市烟草专卖局以“四个清零”“一个全覆盖”为目标，强化市场把控。“公开摆卖”清零，提升市场净化水平。实施精准监管，以高频次检查、耐心说服教育，引导依法经营，市场净化持续向好。“违法违规卖烟大户”清零，规范市场秩序。为整治违法违规卖烟大户，助力省局网建现场会在苏州召开，元旦0时7分，查获准备运往邻省销售的违法卷烟1.31万条，案值230万元。全年累计查获5万元以上案件33起，较上年增长32%，其中被处罚2次以上单位5家、处罚3次以上3家。“无证户”清零，提升许可管理水平。全年受理新证申请1384份，其中不予许可24份，注销歇业216份，收回138份，无证户减少189家，降幅65.85%。“学校周边电子烟销售”清零，提升责任担当水平。在做好宣传、全面摸排电子烟销售点同时，联合市人民检察院、市市场监督管理局等执法单位共同行动，累计劝阻引导电子烟销售实体店72家，发放责令整改通知书34份，查处校园周边无证户19家，查获卷烟660余条，肃清中小学校周边卷烟销售环境，“学校周边电子烟销售”清零行动纳入常态化监管。“两网融合”全覆盖，提升综合治理体系建设水平。配置调整稽查力量，匹配客户经理、稽查队员、零售户，做到管理与服务对象一致。联合市联动中心，合力构建社烟“两网融合”，共对接社区（村）152个，将9名烟草市场监管队员融入504个社会网格，对接504名网格员并完成全部人员专业培训，建立融合机制，与网格员联合开展无证经营、虚假宣传、违法广告等专项检查。与德兴社区联合建立“德兴家和”多网融合工作站。针对海上涉烟走私违法行为新情况，第一时间协调海警、海上派出所、海关等部门，组织力量排查辖区内河、码头、锚地、渔村及相关通道基本情况，建立联合打击涉烟违法犯罪活动协作机制，构建综合治理体系。年内，开展“样品烟”“非卖品”“天价烟”“亲属店”“档能匹配”等专项检查，按要求完成对辖区海烟薄片、东仓物流废弃烟丝处置情况专项检查与日常监管。

【烟草营销网建】 2020年，太仓烟草卷烟营销工作主要围绕三大平台建设、现代零售终端建设、诚信互助小组建设、客户盈利提升、客户满意度提升、文明吸烟环境建设、营销队伍建设工程等开展。推广运用“金丝利·通”智慧店铺系统，搭建终端管理新平台，完成建设64家，运行指标良好。推广运用“金丝利·家”客户移动服务系统，提升服务客户新能力，实现客户激活100%，日均活跃度80%。推广运用“苏州金丝利”微信公众号，搭建聚焦消费者新平台，引导零售客户参与并吸引终端消费者关注、认证，提升会员数量和质量。完成建设新现代终端柜台31家，建设加盟终端并通过验收2户。推进诚信互助小组建设，覆盖率100%，发挥诚信互助小组“调状态、增盈利、育品牌、促规范”核心功能，提高小组运行质量。为客户提供金融赋能助力复工复产，鼓励明码实价保证客户盈利，根据苏州对零售客户抽查结果表明，盈利水平提升18%。开展满意度专题培训，提升客户满意度。完成太仓客运站及公交枢纽站2个半开放式吸烟区建设。建立专业化分工模式，设置“通·家·号”专员、“终端建设”专员、“政策宣传”专员、“客户满意度”专员，保证专人对接、专人负责，提高工作效率。加强营销队伍业务和技能培训，全年共开展专题培训7场，邀请专业讲师开展线上线下培训，夯实业务基础；利用各项竞赛，锻炼队伍“开口营销”能力、新媒体和互联网技术应用能力。

（朱雪斐）

都市农业

综 述

【概况】 2020年，太仓市坚持农业农村优先发展总方针，在稳产保供、产业转型、城乡融合、强村富民等工作上取得成效，乡村振兴各项工作保持良好发展态势。通过实施农村人居环境整治和美丽乡村建设行动，提升全市农村人居环境，田园城市形态、城乡环境面貌改观，提升农民群众感幸福感。全年全市农林牧渔业总产值47.86亿元，其中种植业27.24亿元、林业3.85亿元、畜牧业2.48亿元、渔业6.2亿元。粮食、棉花、油料种植面积分别为2.13万公顷、25公顷、670公顷。全市村均集体可支配收入909万元，农村居民人均可支配收入3.75万元。

【高标准农田改造】 2020年，太仓市改造、提升农田基础设施，提高农田生产能力，新增粮食产能，提升农田抗灾能力。全年新建高标准农田2800公顷，基本实现高标准农田全覆盖。通过高标准农田建设延伸，针对粮食生产后续配套设施，把烘干房、晒场、粮食加工等纳入高标准农田建设范畴。融入生态元素，把生态护坡、生态沟渠等生态防护工程建设内容作为补助内容，提升田容田貌、优化村庄环境。

【人居环境整治】 2020年，太仓市常态化开展“红黑榜”现场调度制度，强化基层和群团组织作用，开展“啄木鸟工程”、娄城人居“随手拍”和“百名党员干部进百村”等活动，184名党员干部入村1877人次，共收到问题图片358张，全部完成整改。3月，获中

2020年4月，航拍太仓高标准农田　（陆海滨摄）

央农办、农业农村部通报表扬。8月，在全省第一批通过农村人居环境整治三年行动目标任务销号。在2020年度江苏省、苏州市农业农村人居环境整治工作考核中位列第一等次。

【美丽乡村建设】 2020年，太仓市强化规划引领，明确目标任务，打造一批“生态优、村庄美、产业特、集体强、农民富、乡风好”的美丽村庄。全年推进建设三星级康居乡村68个、康居特色2个村。截至年底，累计建成苏州市及以上三星级康居乡村280个、康居特色村6个。

【农业水价管理】 2020年，太仓市高分通过农业水价综合改革省级验收。实施《太仓市农田水利工程管理办法》和《太仓市小型农田水利工程运行管理考核办法》，建立农业水价形成机制、精准补贴和节水奖励机制、工程管护机制、用水管理机制。全市累计完成农业水价综合改革面积1830公顷，实现农田灌溉渠系及配套工程全覆盖。

（邓　鹏　周　婷）

农村改革

【概况】 2020年，太仓市持续推进新一轮农村改革和职业农民培育，加快补上“三农”发展短板，推动乡村全面振兴，发挥改革创新引擎作用，最大限度释放改革综合效应，在省乡村振兴实绩考核中位列第一次等次。年内，全市完成股份经济合作社登记赋码、股份量化及发证村（社区）97家，量化集体经营性资产24亿元，股份成员9.2万户。培育壮大新型农业经营主体，累计获评苏州市级以上示范家庭农场12家、示范社58家。推动村集体经济联合抱团发展，全域打造集体经济联合抱团发展平台26个，提升带动村级收益。开展“万企联万村、共走振兴路”行动，启动村企联建项目62个，联建覆盖率77%。推进农村承包地确权登记颁证工作“回头看”，促进农民承包土地规范有序流转，流转率90%。提升农村财务管理规范化水平，太仓市“专业审计机构为集体财富加道‘安心锁’”入选全国农村财务管理规范化建设典型案例，并在全国推介。完成集体资产清产核资。完善农村产权交易平台，组织交易2050宗，成交金额1.5亿元。

【农村改革试点示范】 2020年，太仓市基本完成建设第三批乡村振兴试点村30个、重点项目127个。一轮乡村振兴试点工作完成（2018—2020年），3年内累计列入试点村50个，完成重点建设项目275个，其中达到示范标准村30个。持续推进“新型职业农民制度改革试点”和“蔬菜气象指数保险、气象灾害违约责任保险和蔬菜收购价格指数保险试点”，通过农业农村部中期评估。“农村人居环境整治、提升体制机制创新”“激活农村集体建设用地、承包地、宅基地权能”获批国家级农村改革试验任务。

【新型职业农民培育】 2020年，太仓市依托新型职业农民国家试点项目，完善委托培养、技能认定和职业培训“三位一体”新型职业农民培育机制，共招录农业委培生74人，新认定新型职业农民200人。全年共组织粮食生产、园艺蔬菜、大中型拖拉机驾驶等各类农业科技培训35期，累计培训2142人次。通过举办乡村振兴创新创业大赛，累计培育创业创新典型100人。

（邓　鹏）

种植业

【概况】 2020年，太仓市落实各项支持粮食生产政策措施，发放耕地地力保护补贴、水稻生态补偿及稻谷补贴等1.25亿元，水稻良种补贴供种率90%以上。引进“镇麦15”“扬麦29”等小麦新品种10个，引进“南粳晶谷”“常香粳1813”“宁香粳9号”等水稻新品种10个。建成水稻绿色高质高效创建示范片6个，各示范片面积66.67公顷以上，创建总面积795.2公顷。示范片实行统一供种，主推“南粳46”“南粳3908”，良种覆盖率100%，经苏州有关专家测产，各示范片水稻单产650千克以上，其中沙溪镇水稻示范片单产738.3千克，产量水平居首位。年度轮作休耕面积1806.67公顷，拨付资金859.86万元，其中省财政资金267.27万元。全市轮作休耕面积完成率100%，实施内容规范操作合格率100%。建设现代农业（稻麦）产业技术体系示范基地，全年展示“南粳晶谷”“镇麦12”等稻麦新品种16个，示范推广“南粳3908”“扬麦25”等稻麦新品种4个。

2020 年太仓市种植业主要指标一览表

表 34

类别	面积（公顷）	较上年增减（±%）	总产（吨）	较上年增减（±%）	单产（千克/公顷）	较上年增减（±%）
水稻	11000	5.06	102003	4.25	9273	−0.77
三麦	9160	7.51	44449	9.03	4853	1.42
棉花	25	−28.57	26	−40.91	1040	−17.26
油菜	561	−1.41	1335	−1.48	2380	−0.04
蔬菜	14140	0	456684	−0.59	32297	−0.59

【果蔬产业发展】 2020 年，太仓市按照“生产布局优、设施水平高、科技能力强、质量控制严、市场流通畅、整体环境美”高标准蔬菜生产基地建设要求，完成“菜篮子”工程蔬菜基地建设 746.67 公顷，建成高标准菜地 2253.33 公顷。建设江苏省现代农业（特粮特经）产业技术体系太仓推广示范基地，其中芋艿推广示范基地 3.67 公顷，引进芋艿新品种 3 个。引进特色优质高效蔬菜新品种 16 个。开展“送苗下乡”工作，送出翠冠梨等果苗 3 万株。

【植保植检科学高效】 2020 年，太仓市打赢赤霉病防治攻坚战，经防治后赤霉病病穗率 0.08%，病情指数 0.03，总体防效 91.27%。全市水稻病虫害监测准确率 100%，商品农药使用量比 2015 年减少 2.9%。开展机插稻控氮控磷增钾硅肥、病虫草绿色防控等新技术（产品）示范工作 8 项。

【土壤耕地利用】 2020 年，太仓市推广集中连片水稻侧深施肥技术近 2 万亩次，测土配方技术覆盖率 95.5%，示范片化肥用量较上年减少 3%，全市化肥使用量较 2015 年减少 8.32%。全市范围稻麦、果蔬种植区推广增施商品有机肥、微生物肥，应用有机替代部分化肥技术、水肥一体化等技术。全年推广有机肥 1.5 万吨，施用面积 6 万亩次，水肥一体化推广面积 5.9 万亩次。全市共设置固定土壤重金属含量预警监测点 60 个，在修复区内投入土壤调理剂 396 吨，土壤改良菌剂 208 吨，完成水稻土壤修复 572.51 公顷，果蔬修复面积 131.85 公顷，全市修复安全利用面积 661.33 公顷，安全利用率 97.74%。

（邓　鹏）

畜牧业

【概况】 2020 年，太仓市贯彻落实上级恢复生猪生产工作要求，在苏州市范围内率先超额完成生猪稳产保供工作任务。截至年底，全市生猪存栏 4.32 万头，其中地产 1.42 万头、宿迁市划转 0.7 万头、连云港市划转 2.2 万头；出栏 6.61 万头，其中地产 1.96 万头、连云港市划转 4.65 万头。

2020 年太仓市畜牧业主要生产情况一览表

表 35

项目	单位	数值	比上年增减（±%）
生猪出栏	万头	1.96	−78.45
生猪存栏	万头	1.42	100.96
能繁母猪存栏	万头	0.14	96.14
家禽出栏	万羽	81.95	−32.20
奶牛存栏	万头	0.30	−23.67
羊出栏	万头	0.64	−61.50
羊存栏	万头	0.68	−15.25
兔出栏	万只	—	—
兔存栏	万只	0.01	30.00

【生猪保供】 2020年，太仓市与四川德康集团合作建设万头规模生猪养殖场，设计存栏生猪3万头，年出栏6.6万头，投资1.2亿元，提升全市生猪产能。万头规模猪场实现当年规划当年建成投产。年内，太仓市与贵州省玉屏县签订生猪供应战略合作协议，与宿迁市有关县市签订域外保供协议，与连云港市灌南县签订《生猪域外定向保供备忘录》，推进域外保供。

【动物疫病防控】 2020年，太仓市建立健全动物疫病防控监控网格队伍，明确网格监管员1人、网格长8人、网格员22人，通过网格化管理及时掌握生猪养殖动态，强化落实检疫、免疫消毒、病死猪无害化处理等防控措施。组织实施重大动物疫情防控措施，牵头组织实施春、秋季重大动物疫病防控和夏季消毒与补免集中行动，防疫重大动物疫病发生和流行。

【绿色畜禽发展】 2020年，太仓市根据上级有关畜禽粪污资源化利用要求，结合全市畜牧业发展情况，开展畜禽粪污资源化利用整县推进项目。东林生态养殖专业合作社承担畜禽粪污无害化资源化一体化项目，投资311.39万元，建设智能有机肥发酵设备2套，配套1000平方米、200千瓦太阳能发电光伏系统，打造全市畜禽规模养殖企业智能粪污处理样板工程。强化粪污资源化利用科技装备力量，构建畜牧业绿色发展新格局，全年全市畜禽粪污资源化综合利用率98.52%。年内，太仓市推进美丽生态牧场创建，创建苏州市美丽生态牧场2家。

【安全生产监管】 2020年，太仓市开展兽药和畜禽屠宰行业安全生产暨危险化学品安全综合治理、畜禽屠宰环节肉品质量安全整治等专项行动，合计出动检查人员71人次，发放宣传资料100余份，及时发现问题并要求限期整改。全年全市生猪屠宰企业年屠宰量51.57万头，发放病害猪无害化补贴121.18万元。

（邓　鹏）

水产业

【概况】 2020年，太仓市渔业以转方式调结构为主线，构建渔业高质量发展空间格局、产业结构和生产方式，推动渔业持续健康发展。全市淡水养殖面积111.33公顷，产量7640吨，海洋捕捞产量911吨，渔业经济总产值6.4亿元。

【渔业空间布局优化】 2020年，太仓市推进养殖水域滩涂规划实施，依法依规开展水域滩涂养殖登记发证工作，按照“三区划定”要求，强化养殖区、制养区管理，完成禁养区内水产养殖退出工作。建设渔业绿色发展先导区，重点发展河蟹、青虾等绿色高效养殖品种。扩大“太湖1号、2号”青虾、“长江1号、2号”河蟹等优质品种养殖规模，组织青虾养殖户参加省青虾产业体系团队举办的青虾养殖技术远程培训，做好长江刀鲚养殖试验示范工作，全市特色水产养殖面积占90%以上。推广稻田综合种养模式，科学利用养殖空间，提高养殖综合效益，累计种养面积105.53公顷。

【渔业生产方式转变】 2020年，太仓市推进养殖池塘生态化改造，完成改造74.47公顷，超额完成苏州及本级任务数。创建国家级水产健康养殖示范场3家，苏州市高标准水产养殖示范基地2家。加强水产品质量安全监管，推进水产养殖用兽药减量行动，打击添加禁用药物等违法行为，完成水产品阳性样品检测41个，开展药敏试验16批次，全年共组织水产品质量安全执法检查80次，出动执法人员170人次。检查生产单位127家次，重点检查生产、用药、销售等台账记录。完成产品抽检164批次，在历次抽检中均未检出孔雀石绿、呋喃唑酮等违禁药品，合格率100%。全年签订《水产品质量安全承诺书》56份，发放《禁（限）用鱼药清单》等宣传材料百余份，严防严控违禁药使用。

【长江禁捕工作】 2020年，太仓市贯彻《江苏省政府办公厅关于加强长江江苏段水生生物保护工作的实施意见》，实施长江水域禁渔及海洋伏休渔制度，通过电视、报纸、新媒体平台向民众宣传禁捕通告时间、内容及禁渔意义，消除不懂法而犯法的情况，打击各类涉渔“三无”船舶及电捕等非法捕捞行为，出动船艇58艘次、执法人员312人次，查扣涉渔船艇3艘，移送案件1起，清理渔具20余件，查处非法捕鱼案件15起，立案4起，罚款2600元。12月15日，太仓市组织开展2020年长江流域太仓段禁捕退捕行动“三无”渔船及违法渔具集中销毁仪式，销毁“三无”渔船13艘、非法渔具网具100余件。

（邓　鹏）

休闲观光农业

【概况】 2020年，太仓市按照习近平总书记提出的“长江下游地区要因地制宜发展高效精品农业和都市农业”要求，因地制宜发展高效精品农业、生态绿色农业、观光休闲农业、高科技现代农业等都市农业新业态，提升农业经济功能、生态功能和服务功能。全市全年休闲农业收入3.81亿元，休闲农业游客人数突破385万人次。太仓市现代农业产业示范区入选2020年全省农村一、二、三产业融合发展先导区建设名单。

【休闲农业建设】 2020年，太仓市实施休闲农业和乡村旅游精品工程，创建天竹园生态农庄、吴家湾共享农庄、“三水一宅”休闲农庄等苏州市级共享农庄5家，独溇小海和味稻公园获评省级主题创意农园，勤力村获评苏州市级休闲农业精品村，“春夏生态农业与古镇文化二日游线路”入选100条江苏春夏乡村休闲旅游农业精品线路。

【现代农业园区建设】 2020年，太仓市国家现代农业园区以项目建设为引领，以文明城市创建为抓手，完成投资600多万元，减免园区入驻企业租金50万元。4月，举办第二届月季主题展，展出盆栽月季品种上百个，活动汇聚参展商近40家，并开展月季扦插技

2020 年 10 月，航拍独溇小海　（朱　红摄）

术讲座等活动。年内，太仓市国家现代农业园区被市委、市政府评为 2019 年度为农服务先进集体，园区智慧农业展示中心被苏州市农业农村局评为苏州市十佳智慧农业品牌案例。

（邓　鹏）

生物科技农业

【概况】 2020 年，太仓市开展生物科技农业探索研究，建设太仓市种质资源保护中心（全省首家县级中心），打造粮食、园艺、生猪等重要农产品种源，加强地方种质资源保护和利用。年内，太仓市为保护地方猪遗传资源，实现遗传资源长期保存和活体恢复，同扬州大学合作，以太仓梅山猪体细胞开展全省首例地方猪克隆猪试验。

【棉花品种选育繁育】 2020 年，太仓市选育试验棉花材料 300 多份，包括高品质棉新品系比较试验、“实践八号”和“实践十号”航天诱变及钴原子物理诱变后代材料系选、两系杂交种等优质多抗新组合配制选育，以及选育中长绒陆地棉和提纯扩繁“太优棉 1 号”等优质高产新品系等。加强选育抗性材料，包括选育和鉴定抗枯黄萎病材料 32 个、抗病虫优质材料 7 个。

（邓　鹏）

2020 年 9 月 14 日，太仓市举行新建梅山猪保种场开工奠基仪式　（张阳阳摄）

农业机械化

【概况】 2020 年，太仓市持续提升粮食生产全程机械化建设水平，补齐“两大工程”（高效设施农业“机器换人”工程和绿色环保农机装备与技术示范应用工程）项目建设短板，农业机械化水平 91.6%，主要农作物耕种收综合机械化率 97%。实施“藏粮于地、藏粮于技”战略，推进高标准农田建设，加强项目管理，增加资金投入，改善农田基础设施，为保障粮食安全提供支撑，为全市率先基本实现农业农村现代化奠定基础。

【农业机械化程度提升】 2020 年，太仓市推进粮食生产全程机械化，优化农机装备，向高效、绿色、智能方向发展，打造升级版粮食生产全程机械化示范区。依托省农机“两大工程”项目，加大先进特色农机装备引进、试验、推广力度，重点支持蔬菜育苗、高速高密度移栽采收、林果修剪采摘等难点和痛点技术示范引进。全市建成蔬菜机械化示范基地 4 个，林果机械化示范基地 2 个，养殖机械化示范基地 2 个，具有产地加工、冷库储藏、冷链运输能力的蔬菜配送中心 10 个，基本形成现代农业生产体系。提升补贴政策实施效应，支持大功率多功能绿色机具发展，新增农机具 388 台（套）。

【农机服务体系完善】 2020 年，太仓市围绕“着力培育经营性社会化服务组织，重点加强农业机械化服务领域建设”要求，增强农机社会化服务能力。全市重点建成和完善“全程机械化＋综合农事”服务中心 30 个，合理布局建设集中育秧育苗、农机库房、农机具维修及农产品烘干、冷冻、储藏等农机作业服务配套设施。集农机培训、检测、维修等多种服务于一体的市农机化服务中心投入使用，做好政府购买农机维修社会化服务工作。注重农机机务规范化管理，通过考核评比等方式，实现机务管理工作制度化、规范化和常态化，基本形成能满足现代农业经营的农机化服务。

（邓　鹏）

2020 年 11 月 10 日，太仓市第九届科技创新创业推进月活动开幕式上，市委书记沈觅（右一）为朱美芳（左一）、杨胜利（左二）、施剑林（左三）3 位院士颁发"太仓市创新发展顾问"聘书 （沈美林摄）

科技创新

综　述

【概况】 2020 年，太仓市实施创新驱动发展战略，围绕苏南国家自主创新示范区和嘉昆太协同创新核心圈建设，以创新主体培育、研发能力提高、载体能级提升、创新服务升级为抓手，做亮特色、提升能级、补齐短板，提升全市科技创新浓度。全年全市地方财政科技经费投入 15.17 亿元，较上年增长 22.8%。

【机制创新】 2020 年，太仓市召开全市创新发展推进会，举办太仓市第九届科技创新创业推进月活动。出台《太仓市科技企业孵化器培育管理办法》，修订《太仓市大院大所创新绩效评价管理办法》，健全符合科研规律的科技管理体制和政策体系，推进科技治理能力和治理体系现代化，释放全社会创新活力。

【长三角科创合作深化】 2020 年，太仓市加强引智借力，成立上海院士之家太仓创新服务基地。新建国家技术转移苏南中心自主创新服务超市太仓分中心、上海研发公共服务平台太仓服务驿站、江苏省科技企业融资路演服务中心太仓分中心、上海全国高校技术市场太仓服务中心等全方位、综合性服务平台，促进长三角科创资源共享共用。组织、承办沪太融合科技活动，举办"技联上海交通大学"产学研对接会，组织 9 家航空企业参加第三届长三角科技成果交易博览会，"沪太融合 · 科创先行"展区内以"筑梦航空 · 创享未来"为主题，展览涉及智能无人机、航空隔热吸音材料、航天金属材料等领域。

【双创服务】 2020 年，太仓市双创综合服务平台提供资讯、政策、人才等服务，实现一站式找产业、找载体、找资金等功能，累计服务企业 3000 余家，发布各类资讯 1.37 万条，提供技术供应 5658 条，推出主题课程 58 场，实现上海等地服务机构共享服务 5000 余次。科创融合中心及梦工厂等线下平台建成投用，举办产学研对接、融资路演、政策培训、企业法律风险防范等各类科创活动 20 场，参与人数 1200 余人。拓宽科技企业投融资路径，缓解融资难题，作为苏州首个大规模试点城市，太仓市启动江苏省"创新领军企业贷"工作。全年累计 72 家企业获批科技金融贷款 3.58 亿元，较上年增长 146%，其中"苏科贷"1.28 亿元、"高企融资服务直通车"2.3 亿元，授信额度居全省第二位。太仓市生产力促进中心获 2019 年度全国"生产力促进服务贡献奖"。

【科技惠民】 2020 年，苏州清乐智能科技有限公司获批省重点研发计划"新型冠状病毒肺炎"疫情防控科技应急攻关项目立项，西北工业大学太仓长三角研究院获批省重点研发计划社会发展项目 1 个、省基础研究计划自然科学基金项目立项 3 个，共争取经费 290 万元。支持生命健康、生态环境保护等领域开展研究的本级科技计划项目 52 项。举办第五届"科技走近百姓"系列活动 4 场，内容涵盖"科普你我他"科普赠书、民法典大讲堂、"科技健康直通车"、科技讲座等，惠及社区居民 400 余人。全市新增省级农业科技型企业 1 家、省级农村科技服务超市 1 家、苏州市级科普教育基地 2 家，新认定太仓市级科技社区 7 家。

（严依宁）

科技项目

【概况】 2020 年，太仓市共争取省级以上科技计划项目 15 个，经费 3450 万元。争取苏州市级科技计划项目 5 个，经费 50.01 万元。

2020 年太仓市重点科技项目立项一览表

表 36

项目类别	项目名称	承担单位
省科技成果转化专项	超长型智能风电叶片模具的研发及产业化	固瑞特模具（太仓）有限公司
省产学研合作项目	板式空气过滤器生产线设计与开发	苏州松北自动化科技有限公司 常熟理工学院

续表 36

项目类别	项目名称	承担单位
省产学研合作项目	电动工具用轻合金压铸壳体表面短流程微弧复合处理制备技术开发	苏州微弧达材料科技有限公司 南京工业大学
	一种易清洁行李箱盖板的研发	格林莱特实业（苏州）有限公司 上海应用技术大学
	高性能环境友好型聚氨酯功能材料的关键技术研发	旭川化学（苏州）有限公司 扬州工业职业技术学院
省重点研发计划 （“新型冠状病毒肺炎”疫情防控科技应急攻关项目）	基于视觉语义分割技术的可动态调整型消毒机器人产品研发及产业化	苏州清乐智能科技有限公司
省重点研发计划 （产业前瞻与关键核心技术）	航天器管路检漏狭小空间冗余机器人设计关键技术	浩科机器人（苏州）有限公司
省重点研发计划 （社会发展）	主动持续穿戴式智能心电监测与干预技术及终端制备	西北工业大学太仓长三角研究院
省基础研究计划 （自然科学基金）	高性能异相型分子电催化剂的构筑与界面作用机制研究	西北工业大学太仓长三角研究院
	超高速碰撞数值模拟新方法研究及其软件开发	西北工业大学太仓长三角研究院
	高温热辐射下发动机高压涡轮导向叶片冷却机理研究	西北工业大学太仓长三角研究院
省政策引导类计划 （国际科技合作）	长丝碳纤维增强聚醚醚酮复合材料磁力泵隔离套的联合研发	太仓市磁力驱动泵有限公司
	纳米改性安全环保型高性能超轻聚烯烃复合材料的研发及产业化	苏州瑞高新材料有限公司
省创新能力建设计划 （新型研发机构建设）	西北工业大学太仓长三角研究院建设	西北工业大学太仓长三角研究院
省创新能力建设计划 （新型研发机构奖补）	太仓中科信息技术研究院新型研发机构奖补	太仓中科信息技术研究院
苏州市外国专家工作室绩效评估研发补助	马尔特	同高先进制造科技（太仓）有限公司
苏州市技术转移体系建设（科技成果吸纳方补助）	刀具工艺优化及航空业刀具技术研究	海瑞恩精密技术（太仓）有限公司
	LD30 铝合金结构动态特性寿命评估方法开发	太仓碧奇新材料研发有限公司
	污泥净化处理设备智能控制器嵌入式软件开发	基得康仪器（苏州）有限公司
苏州市新型研发机构绩效补助	—	太仓中科信息技术研究院

（严依宁）

产学研合作

【概况】 2020 年，太仓市与北京工业大学、江苏省产业技术研究院先进激光技术研究所分别签订全面合作框架协议，太仓激光智能制造创新研究院签约。大院大所共引进科研团队 39 个，孵化企业 49 家。举办“技联上海交通大学”产学研对接会、纳米抗菌材料及医疗器械等校企合作 30 余场次，邀请 10 余所高等院校专家教授到太仓分享最新技术成果近 30 项，发布技术需求 60 余项、可落户前沿科技成果 75 项，建成政产学研联合体 5 家，促成产学研合作 200 余项，技术合同交易成交额 10.8 亿元。年内，太仓市实施“大院大所”战略，修订《太仓市大院大所创新绩效评价管理办法》，建立健全创新绩效评价管理激励机制，兑现奖补资金 1300 万元，为“大院大所”后续基础研究、人才引进、载体建设提供支撑，提升院所服务企业、融入产业的能力。

2020年8月1日，太仓市人民政府与北京工业大学、江苏省产业技术研究院先进激光技术研究所分别签订全面合作框架协议　（虞　斐摄）

【西北工业大学太仓长三角研究院】 西北工业大学太仓长三角研究院是面向关键共性技术、前沿引领技术、现代工程技术、颠覆性技术，聚焦先进材料研发、高端装备及智能制造、精密检测与分析测试、智能控制技术、新一代信息技术等领域，聚集核心人才、聚合核心技术，打造集人才培养、科研创新、项目孵化、国际交流功能于一体的新型研发机构。2020年，新增入驻科研团队12支，累计32支；新增孵化企业8家，累计11家。与中国商飞、中船工业、航天八院、中广核热工院等科研院所、企业，围绕机械工程、材料科学与技术、电子科学与技术等学科领域开展产学研合作，推动前沿科学研究、成果转化和优质项目落户太仓。鼓励支持科研团队及入驻企业申请各类科研项目，承担国家及地方重大课题研究，加强与太仓本地企业的合作。全年获批科技项目立项22项（包含省部级以上科技项目7项、太仓市各类科技计划项目15项），累计51项。新增知识产权申请39项（包含发明、实用新型、软件著作权），累计53项。获评太仓市人才项目5项，姑苏人才项目1项。年内，西北工业大学太仓长三角研究院获批江苏省新型研发机构、苏州市外国专家工作室、太仓市无人机行业协会、太仓先进载运装备创业孵化基地。

（严依宁）

科技人才

【概况】 2020年，太仓市新增省“双创人才”4人、省“科技副总”2人、姑苏创新创业领军人才27人、姑苏科技创业天使计划人才14人（含团队1个）、太仓科技领军人才60人。

【科技人才工作】 2020年，太仓市依托西北工业大学“三航”（航空、航天、航海）优势，加速培育先进载运装备细分产业人才，“先进载运设备及核心零部件”纳入姑苏领军人才计划区域重点产业专项。全市新增苏州市级以上人才35人，其中姑苏创新创业领军人才27人，较上年增长145%，创历史新高。全年资助太仓科技领军人才项目60个，较上年增长82%。苏州百因诺生物科技有限公司赵晓剑、海德韦尔（太仓）能源科技有限公司顾茸蕾分获第八届中国江苏人才创新创业大赛一等奖和三等奖。

【外国专家工作】 2020年，太仓市坚持新冠肺炎疫情防控无死角、外专引智不放松“两手抓”，市科技局、出入境边防检查站等部门配合，市镇两级联合行动，宣传引进外国人才方针政策。全年新增国家外国专家项目3个、省政策引导类计划（引进外国人才专项）2个、江苏省外国专家工作室3家、苏州市外国专家工作室3家。优化外国专家联系服务机制，健全外国人才管理服务保障政策和外国人才来华工作管理制度，落实外国人来华工作许可证“放管服”，推行用人单位“零跑”服务，基本实现“不见面审批”。全年完成外国专家许可办理业务734人次、审核工作3442次。

（严依宁）

科技镇长团工作

【概况】 2020年，太仓市第12批、第13批科技镇长团聚焦主导产业发展，服务创新创业主体，开展团队建设，在解决企业需求、招引人才项目、转移转化专利、服务高企培育等方面发挥作用。通过压茬交接“神仙会”、新老团员集体调研、个别谈心交流等形式，做好传帮带，帮助新团员增强信心、树立标杆，抬高工作起点。通过每周例会与书面汇报工作相结合，形成全团工作“一盘棋”，提升团员谋事能力和工作成效，增强团队实力。通过管理制度、社交商务礼仪、新闻报道写作等专题培训，夯实镇长团工作基础，提升团员素养。组织参加第二届苏州“科技镇长团杯”创新挑战赛，获“优秀组织奖”“金点子奖”。年内，太仓市科技镇长团加强舆论宣传，在省、苏州市级平台和太仓媒体发布工作信息150多篇，位居苏州第一、全省前列。苏州电视台、太仓电视台、《太仓日报》等媒体先后报道科技镇长团工作10次。

【技术合作】 2020年，太仓市科技镇长团实地走访调研企业、机构200余家，挖掘技术需求90余条。邀请复旦大学、同济大学、南通大学、西北工业大学、苏州大学等大院大所30余支专家团队到太仓洽谈对接，促成企业合作26项，帮助企业改进工艺10项。支持企业招聘人才，帮助50多家单位在有关高校发布岗位需求1050个。

助力宝骅密封公司牵头申请3000万元的国家重点研发计划项目。

【重点工作服务】 2020年，太仓市科技镇长团参加地方新冠肺炎疫情防控工作，在推动企业复工复产中担当作为。助力高新技术企业申报，深入企业宣讲政策，指导申请、转化专利近80项，辅导高新技术企业申报近70家，指导获批"太仓领军人才"8人。参与太仓金秋经贸月、第九届创新创业推进月和上海交通大学、西北工业大学"校园苏州日"等重大活动。围绕科创载体、生物医药产业园建设等开展专题调研，撰写调研报告6篇。

【人才引育】 2020年，太仓市科技镇长团围绕全市产业发展规划，加强内引外联、产才融合，大力招才引智、招商落户。先后招引生物医药、航空航天、智能制造等领域的15家企业落户太仓。获批研究生工作站2个，推动建立南通大学技术转移中心太仓分中心，促成在太仓设立同济科创联产业化基地、南通市第一人民医院成果转化基地等，助力超级绝热材料国际论坛、2020年太仓生物医药创新发展高层次人才论坛、2020年轨道交通智能运维太仓论坛、医疗器械临床前法规技术论坛等4个国际、国内学术会议在太仓召开。

（严依宁）

2020年8月27日，中国德国商会（上海）旗舰活动——"商会之夜"在太仓举行
（市招商局供稿）

经贸合作

招商引资

【概况】 2020年，太仓市招商局新引进项目（注册）42个，合计注册资本22.9亿元。其中：外资及港澳台资项目13个，注册资本1.62亿美元；内资项目29个，注册资本12.23亿元，注册总额为上年2.86倍。招引项目量质并行，世界500强柯锐世新能源电池项目落户沙溪镇；总投超亿美元锐泽科技项目落户城厢镇、西域工业互联网基地项目落户沙溪镇；引进达必温汽车零部件、金璞新材料等德国项目6个；引进5亿元以上战略型新兴产业11个；引进人才类项目分别获评苏州市级领军人才项目5个、太仓市级领军人才项目8个。全年引进生物医药类项目8个。年内，洽谈世界500强项目超10个、德语区项目24个、科技人才项目超30个、获风投项目近20个。跟进欧莱雅运营中心、欧力饮料、日本出光润滑油、GE石油天然气压力控制设备制造基地等重大项目。拓宽招商渠道。在航天航空领域，开拓IASC国际航空产业链领袖峰会、中国航空器拥有者及驾驶员协会；生物医药方面，开拓上海交通大学禾骑士研究院、火石创造等医药服务咨询机构2家；对日招商方面，开拓中国日本商会、普华永道日本部等；继续深化与五大行、德国商会、德国联邦中小企业联合会及各大商会合作，挖掘企业资源，获取更多项目信息。

【招商活动】 2020年，太仓市招商局参加各类招商活动近百次，组织承办各类招商活动，推广介绍太仓投资环境。8月27日，中国德国商会（上海）旗舰活动——"商会之夜"第一次走出上海，在太仓举行。活动邀请德国驻上海总领事欧珍并邀请省商务厅领导等嘉宾出席活动，促成多方会见。活动规模扩展至200人，并邀请官方新闻媒体报道，在德国政商界取得良好反响。8月28日，中欧苏州校友会走进太仓活动举行，40名优秀企业家校友走进太仓，了解太仓城市发展情况，畅谈合作、共谋发展。市招商局与中欧苏州校友会签署合作备忘录，双方加强合作，共同把更多优质项目引进太仓。瑞士肖布林机床、天视致远航空技术等2个校友项目签约落户太仓高新区。9月23—24日，中德智能智造峰会暨太仓先进制造业创新合作交流会在太仓举行。约300位中德两地专家相聚太仓，以"融中德智慧·创智造太仓"为主题，对标德国先进制造业，交流产业发展趋势，探讨"政产学研金"如何助力中德智能制造创新发展，引导中德合作创新发展。为太仓树立中德产业合作标杆、打造中德高端产业聚集地注入动力。活动中举行太仓中德合作重点项目签约仪式，与达必温汽车零部件（上海）有限公司、赛斯流体技术（太仓）有限公司、德国MP公司、THI锐泽公司等15家企业合作签约项目，签约投资总额累计10.15亿美元。10月21日，2020年对话太仓——中日韩经贸合作交流会活动在北京举行。活动以"创新发展、合作共赢"为主题，邀请日本、韩国驻华使馆、商协会和企业代表出席交流会。活动邀请东芝、丰田汽车、索尼、软银、现代汽车、SK集团等50多家世界500强企业高管，与太仓市相关人员建立联系。举办太仓各区镇与中日韩重点项目签约仪式，签约项目9个，总投资93.7亿元。11月27—28日，第四届中德中小企业合作论坛暨第13届“太仓日”活动在上海举行。会议在德国设置BVMW德国联邦中小企业联合会总部、柏林、汉堡等分会场3个。太仓市人民政府与BVMW德国联邦中小企业联合会签订战略合作协议，并为BVMW太仓服务中心和德国中小企业（太仓）孵化中心揭牌。孵化中心为在太仓德企提供本地化支持和服务，协助企业开展商业活动和国际业务。

（缪玉婷）

2020年10月31日，太仓金秋经贸月开幕　（冷浩杰摄）

对外及对港澳台贸易

【概况】 2020年，太仓市完成进出口922.54亿元，较上年增长0.3%，其中出口438.42亿元，与上年持平，12月完成进出口99.91亿元，创十年来单月新高；以美元计价完成进出口133.35亿美元，较上年下降0.2%。全市外贸运行克服新冠肺炎疫情影响及贸易摩擦冲击，提升优化贸易主体、结构、市场、份额，全年新增对外贸易经营者备案企业477家。一般贸易占比保持稳定，贸易结构进一步优化。全市一般贸易进出口94.71亿美元，较上年增长0.7%，占全市进出口比重71.02%。加工贸易进出口24.55亿美元，较上年下降3.5%，占比18.41%。内外资比例保持稳定，外资及港澳台资企业仍是主力军。1—12月，太仓市外商投资企业进出口88.43亿美元，较上年下降5.8%，占全市外贸总值66.3%。民营企业进出口高速增长，进出口43.9亿美元，较上年增长14.4%，占比32.9%。

【外贸企业复工复产】 2020年，太仓市出台《关于在新型冠状病毒疫情期间支持外贸企业稳定发展的十五条政策措施》，指导近百家企业申请中国国际贸易促进委员会不可抗力事实性证明，帮助企业减少损失1.4亿元。按照相关要求，做好外籍人员来华商业贸易访问邀请函及快捷通道受理转报工作，防范化解疫情境外输入风险，推动全市外资及港澳台资企业复工复产。拨付外贸企业吊装、移位、仓储费用677.74万元，畅通国际贸易供应链。开通外贸进出口线上线下绿色通道，申报商务部防疫物资白名单企业4家。组织企业开拓国际市场，组织企业参加线上线下展会200家次。强化政策扶持，修订完善外贸扶持政策，全年为外贸企业争取各级各类资金2000余万元，搭建中小微企业出口信用保险统保平台，化解外贸企业风险。

【金秋经贸月活动】 2020年10月31日，太仓金秋经贸月启动，近200名中外嘉宾参加。现场签约项目27个，总投资415.13亿元，注册资本165.34亿元。其中外资及港澳台资项目15个，总投资37.14亿美元，注册外资及港澳台资17.79亿美元。同日，全市举行2020年太仓金秋经贸月重点项目集中开工竣工开业活动，现场展示港区、高新区、城厢镇、沙溪镇、浏河镇、璜泾镇、双凤镇重点项目建设情况，举办科教创新区重点项目开工仪式。

2020年太仓市进出口主要商品情况一览表

表37

商品类别	进出口		出口		进口	
	累计（万美元）	较上年增减（±%）	累计（万美元）	较上年增减（±%）	累计（万美元）	较上年增减（±%）
机电产品	616538.6	3.8	405081.2	7.3	211457	−2.4
高新技术产品	98509.3	14.9	38014.7	25.3	60494.6	9.2

2020年太仓市对外及对中国港澳台地区贸易情况一览表
（按贸易方式分）

表38

贸易类别	进出口（输入输出）		出口（输出）		进口（输入）	
	累计（万美元）	较上年增减（±%）	累计（万美元）	较上年增减（±%）	累计（万美元）	较上年增减（±%）
全市	1333520	−0.2	633647.7	−0.4	699871.9	0.1
一般贸易	947112.7	0.7	431064.5	0.4	516048.2	0.9
加工贸易	245550.4	−3.5	174575.8	−0.7	70974.6	−9.9
其中：来料加工	35511.1	−22.8	20812	−23.9	14699	−21.2
进料加工	210039.3	0.7	153763.7	3.6	56275.6	−6.4
其他贸易	2321.5	−10.2	910.5	−12.2	1411.1	−8.8
保税物流	138160.6	2.51	27091.4	−10.7	111069.2	6.34

2020年太仓市对外及对中国港澳台地区贸易情况一览表
（按企业性质分）

表39

贸易类别	进出口（输入输出）		出口（输出）		进口（输入）	
	累计（万美元）	较上年增减（±%）	累计（万美元）	较上年增减（±%）	累计（万美元）	较上年增减（±%）
外资及港澳台资企业	884374	−5.8	353356	−7.8	531017	−4.5
民营企业	439041	14.4	274167	11.9	164874	18.8
国有企业	10105	−20.4	6124	−24.8	3981	−12.6

2020年太仓市进出口前20家企业一览表

表40

序号	企业名称	序号	企业名称
1	耐克体育（中国）有限公司	11	埃克森美孚（太仓）石油有限公司
2	舍弗勒（中国）有限公司	12	太仓邦达新物料有限公司
3	太仓中集冷藏物流装备有限公司	13	太仓市同维电子有限公司
4	江苏长江石油化工有限公司	14	碧辟（中国）工业油品有限公司
5	太仓中集集装箱制造有限公司	15	苏州本新国际贸易有限公司
6	苏州讯唐供应链管理有限公司	16	琪优势化工（太仓）有限公司
7	苏州天顺新能源科技有限公司	17	益技欧电子器件（中国）有限公司
8	怡球金属资源再生（中国）股份有限公司	18	特灵空调系统（江苏）有限公司

续表 40

序号	企业名称	序号	企业名称
9	通快机床（太仓）有限公司	19	润邦卡哥特科工业有限公司
10	玖龙纸业（太仓）有限公司	20	苏州隆祥电子有限公司

2020 年太仓市进出口主要国家情况一览表

表 41

序号	国家	进出口		进口		出口	
		累计（万美元）	较上年增减（±%）	累计（万美元）	较上年增减（±%）	累计（万美元）	较上年增减（±%）
1	德国	163376	−3.8	55944	6.9	107432	−8.6
2	日本	139892	−11.2	89270	−16.4	50621	−0.4
3	美国	148814	5.4	102570	14.6	46244	−10.6
4	韩国	72947	24.7	37900	19.4	35047	31
5	法国	21974	−17.3	12841	−19	9132	−15
6	澳大利亚	17851	−15	16518	−13.4	1334	−30.5
7	英国	17503	7	12582	−0.2	4922	31.2
8	加拿大	14559	−9.3	9228	6.4	5331	−27.7

【利用外资及港澳台资】 2020 年，太仓市持续优化营商环境，利用外资及港澳台资量质齐升。全市完成注册外资及港澳台资 19.46 亿美元，较上年增长 73.62%；实际使用外资及港澳台资 8.15 亿美元，较上年增长 78.6%。大项目带动作用显著，全年新引进外资及港澳台资项目 102 个，新设立超千万美元项目 41 个。增资扩股项目 51 个，增资超千万美元项目 16 个。总部经济壮大，固瑞特模具（太仓）有限公司被省商务厅认定为江苏省跨国公司地区总部。全年全市近 1500 家外资及港澳台资企业入库税收 100.02 亿元，较上年下降 13.4%。376 家规模以上工业外资及港澳台资企业是经济发展中坚力量，占规模以上工业企业总数的 35.2%，完成工业总产值 1256.99 亿元，占规模以上工业企业总量的 50.2 %；实现营业收入 1246.68 亿元，占规模以上企业总量的 50.6%；吸纳 8.4 万人就业，实现利润总额 111.4 亿元、利税 140.78 亿元，分别占总量 51.9%、61.03%、59.47%。

2020 年太仓市注册外资及港澳台资情况一览表

表 42

区镇	新设项目（个）	注册资金（万美元）	较上年增减（±%）
全市	102	194623.93	73.62
港区（含浮桥镇）	19	69381.55	114.00
高新区（含娄东街道、科教新城）	47	72959.87	112.69
城厢镇	7	15895.61	113.39
沙溪镇	13	14193.61	91.05
浏河镇	6	9534.79	70.20
璜泾镇	6	7212.12	15.45
双凤镇	4	5446.38	77.73

2020年太仓市实际使用外资及港澳台资情况一览表

表43

地区	累计（万美元）	较上年增减（±%）
全市	81474.58	78.61
港区（含浮桥镇）	33000.00	93.89
高新区（含娄东街道、科教新城）	34500.00	89.95
城厢镇	6020.24	139.89
沙溪镇	5613.76	199.79
浏河镇	3627.59	64.71
璜泾镇	4198.50	180.51
双凤镇	4156.31	193.24
其他	−9641.82	−1131.29

2020年太仓市入库税收超亿元外资及港澳台资企业一览表

表44

序号	企业名称	入库税收（亿元）
1	耐克体育（中国）有限公司	52.36
2	舍弗勒（中国）有限公司	9.42
3	玖龙纸业（太仓）有限公司	3.38
4	埃克森美孚（太仓）石油有限公司	3.04
5	斯凯奇（太仓）商贸物流有限公司	1.98
6	碧辟（中国）工业油品有限公司	1.56
7	慕贝尔汽车部件（太仓）有限公司	1.46
8	特灵空调系统（中国）有限公司	1.42
9	太仓港协鑫发电有限公司	1.40

2020年太仓市工业总产值超20亿元外资及港澳台资企业一览表

表45

序号	企业名称	工业总产值（亿元）
1	舍弗勒（中国）有限公司	162.43
2	玖龙纸业（太仓）有限公司	102.01
3	埃克森美孚（太仓）石油有限公司	48.25
4	特灵空调系统（中国）有限公司	38.48
5	太仓港协鑫发电有限公司	26.25
6	碧辟（中国）工业油品有限公司	20.25

（陆骊晨）

境外经济合作

【概况】 2020年，太仓市贯彻中央和江苏省、苏州市关于高水平开放、高质量发展决策部署，落实国家、省、市新冠肺炎疫情防控和复工复产工作要求，保持对外投资和经济合作业务平稳有序发展。全年新设康辉医疗科技（苏州）有限公司德国办事处、阿米诺化学有限公司等增资项目2个，奥森韩国株式会社减资项目1个，累计新增境外协议投资额3377.61万美元。

2020年太仓市新批、增资境外投资项目一览表

表46

项目名称	投资方	投资国家和地区
高科技股份有限公司	新溥莱斯电子贸易（苏州）有限公司	越南
康辉医疗科技（苏州）有限公司德国办事处	康辉医疗科技（苏州）有限公司	德国
阿米诺化学有限公司	雅本化学股份有限公司	马耳他

2020年太仓市境外投资情况一览表

表47

地区	新批、增资境外投资项目数（家）		新增投资额（万美元）	
	生产性企业	非生产性企业	生产性企业	非生产性企业
全市	3	3	4330.54	30
港区（含浮桥镇）	2	—	4320.54	—
高新区（含娄东街道、科教新城）	1	—	10	—
城厢镇	—	1	—	15
沙溪镇	—	2	—	15
浏河镇	—	—	—	—
璜泾镇	—	—	—	—
双凤镇	—	—	—	—

【服务外包】 2020年，太仓市支持服务外包产业发展，鼓励服务外包企业做大做强自身业务，初步形成生物医药外包、研发外包等服务外包板块，推动新业态快速发展，培育外包产业新增长点。全年累计完成服务外包接包合同额11.02亿美元，较上年增加7.27%；累计完成离岸执行额4.13亿美元，较上年增长4.34%。服务外包企业发展势态良好，年接包合同额超千万美元企业15家；年离岸执行额超千万美元企业10家。其中，中美冠科生物技术（太仓）有限公司、昭衍（苏州）新药研究中心有限公司等收入超亿元企业发展势头不减。中美冠科生物技术（太仓）有限公司、昭衍（苏州）新药研究中心有限公司获评2020年度中国服务外包医药健康行业领军企业、中国服务外包百强企业称号。全市服务外包产业形成供应链管理服务、研发设计、生物医药等优势行业，推动软件开发、信息技术服务等行业发展，服务外包产业结构日益优化。

【服务贸易】 2020年，据外汇局收付汇统计显示，太仓市服务贸易进出口额17.55亿美元，较上年减少10.78%，其中出口3.67亿美元，进口13.88亿美元。据重点企业直报统计情况显示，重点企业服务贸易直报进出口额17.84亿美元（不含个人旅游），较上年增加6.38%。全市服务贸易结构稳定。从外汇收付汇看，服务贸易支出主要集中在别处未涵盖的知识产权使用费（7.65亿美元）、其他商业服务（5.54亿美元）两大行业，占全市服务贸易支出95%。服务贸易收入主要集中在其他商业服务（1.61亿美元）、加工服务（0.77亿美元）、运输服务（0.74亿美元），占全市服贸收入85%。据企业直报情况显示，服务贸易进出口主要集中在知识产权服务、服务外包、专业管理和咨询服务等行业，其中知识产权服务进出口8亿美元，占比44.84%。加工贸易转型升级。太仓市加大政策指导和业务辅导力度，服务企业开展保税服务外包业务需求，推动全市加工贸易及保税企业转型升级。4月，太仓市第一家开展保税检测业务的服务外包KPO企业——太仓思比科微电子技术有限公司开展保税检测业务，该公司主营业务CMOS传感器图像芯片测试，拥有净化厂房1088平方米，配备全自动测试机46

台，用于支持芯片保税检测业务开展。推动自贸联动创新区建设。太仓港经济技术开发区作为国家级开发区，是首批也是太仓唯一入选苏州自贸联动创新区的开发区。复制推广成功经验，优化营商环境，"关助融" 项目作为苏州自贸片区首批改革创新举措之一，全市快速响应，复制推广 "关助融" 项目。

（陆骊晨）

经济管理

宏观经济

【概况】 2020 年，太仓市强化目标管理，聚焦高质量发展，在融入国家战略中拼抢太仓项目。推进长三角一体化工作。嘉闵线北延至太仓列入国家《长三角地区交通运输更高质量一体化发展规划》及国家 "十四五" 重点项目，构建 "5+1" 轨道交通网络（沪苏通铁路一期、沪苏通铁路二期、南沿江铁路、北沿江铁路、苏锡常城际铁路等 5 条铁路和 1 条上海市域铁路嘉闵线延伸线）。太仓获批港口型国家物流枢纽，推进枢纽门户城市建设。举办 2020 年沪太协同发展推介会，现场签约项目 55 个，总投资 568.8 亿元。推动长江经济带绿色发展。七丫口生态湿地公园等 3 个项目被列入省长江大保护沿江示范段标志性工程。江辉船厂等 6 个清理整治项目提前完成整改和销号，长江干流岸线利用项目清理整治硬任务完成。年内，市发改委强化参助决策作用，完成《太仓市国民经济和社会发展第十四个五年规划和二〇三五年远景目标纲要（草案）》（以下简称《纲要（草案）》）基本思路研究，履行规划编制程序，吸收社会期盼、群众智慧、专家意见、基层经验，起草并修改完善《纲要（草案）》。完成《太仓从高水平小康迈向现代化建设的对策建议》等调研报告 20 篇，其中《项目进中提质、服务好中显优，太仓跑出高质量发展 "加速度"》获省专报刊发，服务市委、市政府决策参考。

【重点项目建设】 2020 年，太仓市省重大项目数量列全省县级市第一，省重大项目及年度投资、苏州重点项目年度投资均列苏州各板块第一。省重大项目数和年度投资分别增长 80%、106%，39 个苏州重点项目年度投资完成率 128%。为港口支线、星药港等重大项目争取用地计划及空间指标 56 公顷，各类债券 21.2 亿元，争取中央预算内、省级专项资金 2.26 亿元。

【综合改革】 2020 年，太仓市生物医药产业园、太仓高新技术开发区总部企业集聚区等 2 家集聚区入选第五批省级生产性服务业集聚示范区，依科赛生物科技（太仓）有限公司、瑞铁机床（苏州）股份有限公司等 2 家企业获评省级工程研究中心。发布《太仓市优化营商环境创新行动（2020 年）》，提档升级 "营商环境政策 3.0 版" 42 条，加快 "信用太仓" 建设，打响 "太舒心" "5E" 营商服务品牌。做好重点区域、重点房产项目价格争取工作，促进全市房地产市场平稳发展，融创悦园项目作为娄江新城第一个项目，争取相对较高价格，为板块打开土地和房产价格空间，支撑娄江新城整体开发建设。

【疫情防控和经济保障】 2020 年，太仓市发改委在新冠肺炎疫情防控和经济保障中发挥作用。打好疫情防控储备硬仗。完成交通卡口、城市运行、公务活动物资保障保供调配等任务，保障城市运行。累计发放口罩 525 万只、防护服 6.8 万套、测温仪 3400 个、红外摄像机 10 台、红外热像仪 40 台。做好经济运行监测分析调度。落实市经济运行协调保障机制，协调各部门定期报送数据和信息。实施《关于全面落实中央决策部署抓 "六保" 促 "六稳" 的工作举措》。每月发布区镇高质量监测报告、每周上报苏州经济运行分析《简报》。制定落实惠企政策。制定疫情防控服务业 "惠企十二条" 政策，累计发放租金物业减免费用等各类补助 1827 万元，帮助 1000 余家企业备案复工。实施一揽子惠企价格政策，太仓市用气用热处于苏州板块最低位运行，为疫情期间苏州唯一一个降低企业用水价格的地区，累计为企业降低 "水电气热" 经营成本 3.3 亿元。持续开展清费减负，适时调整管道燃气配气价格，降低企业成本 5400 万元。

【社会民生保障】 2020 年，太仓市强化保障社会民生，聚焦服务平台，完善民生福祉工作。推进政府实事项目建设，牵头协调政府实事工程建设八大类 22 项，开展实事工程启动会、市人大和市政协调研视察等活动。落实粮食安全和储备责任制，完成夏粮小麦入库 4.1 万吨、秋粮稻谷入库 5.7 万吨，投放储备猪肉 3.44 吨。压紧压实安全生产责任制，推进电力、油气输送管道专项整治工作。

（莫恒星）

价格管理

【概况】 2020 年，太仓市健全组织机制，调整价格调控工作领导小组成员，把促进生产、保障供应、稳价为民的价格调控任务落到实处。制定调控目标，研究制定《太仓市 2020 年价格调控目标责任制实施意见》，确保全年调控目标实现。执行调控制度，根据《太仓市价格异动应急预案》，针对新冠肺炎疫情冲击，使用价格调节基金 50.38 万元用于扶持生产，调控市场。强化监测预警，关注重要商品价格变化，及时分析价格形势，预警预报经济运行，确保重要商品价格基本稳定。

【价格调控】 2020 年，太仓市降低天然气销售价格，4 月 1 日至 10 月 31 日，全市非居民用管道天然气销售价格下调 0.094 元 / 立方米。降低燃气工程安装费，8 月 4 日起全市民用燃气工程安装费收费标准由 3300 元～5000 元 / 户统一降至 2200 元 / 户。核定配气价格，11 月 1 日起核定全市管道燃气配气价格为 0.66 元 / 立方米。核定天然气 "今冬明春" 销售价格，11 月 1 日至 2021 年 3 月 31 日非居民用管道天然气销售价格统一调整为 3.196 元 / 立方米。阶段性调整非居民用水价，4 月 15 日至 7 月 14 日全市非居民生活用水基本水价下调 0.22 元 / 立方米。降低燃煤蒸汽价格，4月25日至7月24日蒸汽销售价格每吨下调14元，7月25日起每吨下调16元。减免景区门票价格，对全市6个AAA级及以下国有景区实施门票价格减免政策，其中免费开放景区5个，1个景区门票价格由50元/人次降至30元/人次。调整教育收费标准，2020年秋季学期起全市7所民办小学学费标准统一调整为每学期2100元/生，实施过程执行“新生新办法，老生老办法”。

【清费减负】 2020年，太仓市落实减负政策，1月1日起摩托车号牌工本费收费标准由每副70元调整为35元，3月1日至12月31日，涉及政府定价的港口经营服务性收费标准降低20%。清理加价行为，维护中小微企业降价红利不受侵占，市发改委联合市市场监管局清理转供电环节不合理加价行为，查处各违规转供电主体退还违规加价金额400余万元，罚款1.5万元。更新“三个目录”，清理和规范行政事业性收费目录、政府定价管理的经营服务性收费目录、口岸收费目录，全年更新“三个目录”5次，打造全市收费管理规范化、收费标准透明化的营商环境。开展收费巡访，联合市财政局巡访收费单位138家，其中纳入省收费平台动态监管76家。全市2019年度行政事业性收费4.86亿元，涉企收费5.7亿元，涉农收费连续5年零收费。

【房价调控】 2020年，太仓市落实房地产市场调控政策，全年受理商品住宅价格备案71批次，备案面积187.81万平方米，较上年增加1.26%。全市商品住宅备案均价1.83万元/平方米，其中普通住宅备案均价1.44万元/平方米，非普通住宅备案均价1.91万元/平方米，较上年分别上升5.32%、-7.32%、7.33%。

【价格服务】 2020年，太仓市开展定价成本监审，执行《江苏省定价成本监审目录》，对实行政府定价、政府指导价的定调价项目，委托第三方开展定价成本监审（或调查），先后开展管道燃气配气定价成本监审2家、景区门票定价成本监审6个、民办小学教育收费定价成本监审7所、民用燃气工程安装费成本调查3项。提升农本调查水平，提高农产品成本调查及时性、准确性、真实性，以一手调查样本数据助力国家及有关部门合理制定粮食最低收购价和涉农补贴等惠农政策，先后完成粳稻、小麦种植成本收益调查，农户存售粮、购买农资、种植意向专项调查和3个品种蔬菜种植成本收益调查工作。优化价格信息服务，以“娄东民生价格在线”为主平台，定期发布各类民生价格信息，共采集发布全市13家农贸市场120种农副产品价格信息251期、重要民生价格信息24期，方便群众掌握市场价格动态变化。

（鲁　云）

政府采购

【概况】 2020年，太仓市政府采购工作贯彻落实上级政府采购有关法律法规，围绕抓主体责任落实、抓形势分析研判、抓重点环节优化、保市场公平竞争等要求，抓好政府采购制度改革，助力优化全市营商环境。全年全市政府采购预算额19.69亿元，采购实际支付额19.05亿元，节约资金6342.36万元，节约率3.22%（扣除卫生系统药品及医用耗材零差价采购后节约率3.79%）；受新冠肺炎疫情影响，采购实际支付额较上年下降1.91%，占全市一般预算支出12.61%。

【政府采购业务制度化建设】 2020年，太仓市推进政府采购业务制度化建设。全年梳理制定各类采购文件20个，其中业务政策指导类15个、评审专家管理类1个、代理机构管理类2个、其他业务通知类2个。

【营商环境优化】 2020年，太仓市针对新冠肺炎疫情防控常态化新形势，优化营商环境，加大企业发展扶持力度，降低企业投标成本，取消政府采购投标保证金。对确需收取履约保证金的项目，允许供应商自主选择以支票、汇票、本票、保函等非现金形式缴纳或提交。

【政府采购脱贫攻坚工作】 2020年，太仓市布置预算单位报送《贫困地区农副产品预留份额情况表》，全市177家预算单位将全年农副产品采购总额2028.14万元中的6.17%作为拟预留扶贫采购金额。市政府采购中心对接服务全市预算单位开展政府采购脱贫攻坚工作，全年通过“扶贫832”网站激活采购人账号180个，完成率100%；完成采购交易总额144.83万元，占拟预留采购总额115.65%。

【政府采购监管】 2020年，太仓市落实行政执法“三项制度”（行政执法公示制度、执法全过程记录制度、重大执法决定法制审核制度），对标兄弟县市优秀案例引入政府采购事中介入工作，检查政府采购代理机构监督检查和采购人主体责任落实情况。全年依法办结政府采购涉法涉诉案件8件，制发《政府采购业务提示函》20份、《2020年度政府采购监督检查结果》处理决定5份。

（陈　晨）

财政收支

【概况】 2020年，太仓市完成一般公共预算收入171.12亿元，较上年增长5%，其中税收收入147.21亿元，较上年增长4.8%，税收占比86%。各区镇收入增长明显，城厢镇、高新区（含科教新城）和太仓港经济技术开发区（含浮桥镇）税收收入增幅位居前三，分别为11.6%、7%和4.1%。太仓港经济技术开发区（含浮桥镇）、高新区（含科教新城）仍是全市收入“主力军”，税收收入占全市比重71.2%。

【财政服务经济】 2020年，太仓市深化“放管服”改革，加大对中小企业政策扶持力度，对承租市级行政事业单位经营性房产的中小企业减免租金196.99万元，督促市属国有企业通过直接减免本期租金、抵扣下期租金、顺延租期等方式，减免租金916万元，减轻企业负担。完善企业扶持政策体系，修订太仓“1+X”经济发展政策，加大科技人才引进力度，保障科技领军人才项目经费拨付，发放“人才新政20条”“社会化招才引智激励”“人才乐居工程实施细则”等政策激励资金，规范人才资金使用。

【财政保障民生】 2020年，太仓市推动财政资金向“三农”、民生、社会事业等领域倾斜，全年全市13项民生支出占一般公共预算支出比例77.73%。加大援企稳岗政策实施力度，稳定市场主体对未来经济发展预期，依据“惠企十二条”发放各类稳岗返还资金1.73亿元，惠及企业2.85万家。开展企业职工职业技能提升培训，发放职业能力提升补贴8015万元，惠及职工19.1万人次。加大公办学校投入力度，保障市直属学校建设、教学设备更新、师资队伍建设等方面支出需求；推进教育资源均等化，市级财政拨付补助资金2.65亿元，推进全市区镇6所幼儿园、4所小学和2所中学的新建和改扩建建设。优化社保基金资金管理方式，推进社保基金国库集中支付改革，实现企业职工基本养老保险、补充居民养老保险等8个社保基金险种集中支付，涉及资金23.1亿元，保障社保资金支出安全。

【财政改革举措】 2020年，太仓市持续强化“三公”经费[财政拨款支出安排的出国（境）费、车辆购置及运行费、公务接待费]、会议费、培训费管理，按照不低于15%的标准统一压减市级各部门公用经费预算等其他一般性支出，收回预算指标2500万元，统筹用于新冠肺炎疫情防控、经济发展等急需资金支持领域。完善财政资金管理体制，推进财政预算体制管理改革，加大上级资金与本级预算统筹，对上级切块下达、与本级预算安排投向类似项目，优先使用上级资金，全年累计盘活预算资金14.57亿元，提高财政资金使用效益。探索政策性农业保险机制创新，承办国家级农村改革试验区拓展试验任务，蔬菜气象指数保险、气象灾害违约责任保险等创新险种方案通过农业农村部现场中期评估验收。

【财政管理机制创新】 2020年，太仓市持续构建财政“大监督”机制，统筹推进财政监督检查工作，扩大监督检查理论内涵，发挥财政监督对财政管理和财政改革服务作用。加强财政系统内部监督，完善内部审计制度体系，规范局内部审计管理办法与操作流程，并在城厢镇财政与资产管理局、浮桥镇财政与资产管理局等4家单位试点实施。推动财政监督检查与预算绩效管理有机结合，试点开展国有资本经营预算项目和社会保险基金项目绩效评价，实现绩效管理对四本预算全覆盖；开展重点项目监督检查，完成专项监督13项、专项审计25项；试点开展部门整体绩效评价，实现整体评价工作零突破。

2020年太仓市财政收入分项目执行情况一览表

表48

项目	累计收入（万元）	上年同期（万元）	增减（±%）
一、一般公共预算收入	1711191	1629666	5.0
（一）税收收入	1472080	1405126	4.8
1. 国内增值税	481155	482992	−0.4
2. 改征增值税	146732	148349	−1.1
3. 企业所得税	343885	320007	7.5
4. 个人所得税	41910	43083	−2.7
5. 资源税	1	—	—
6. 城市维护建设税	83857	86646	−3.2
7. 房产税	65216	65669	−0.7
8. 印花税	17289	16125	7.2
9. 城镇土地使用税	27810	31385	−11.4
10. 土地增值税	13220	80564	64.1
11. 车船税	9126	8611	6.0
12. 耕占税	4967	20510	−75.8
13. 契税	110882	93229	18.9

续表 48

项目	累计收入（万元）	上年同期（万元）	增减（±%）
14. 环境保护税	7045	7903	-10.9
15. 其他税收收入	-15	53	-128.3
（二）非税收入	239111	224540	6.5
1. 行政事业性收费	21142	23545	-10.2
2. 罚没收入	36073	10615	239.8
3. 专项收入	71921	74957	-4.1
4. 国有资源（资产）有偿使用收入	67982	91161	-25.4
5. 捐赠收入	305	521	-41.5
6. 政府住房基金收入	7234	—	—
7. 其他收入	34454	23741	45.1
二、政府性基金预算收入	1493850	1346368	11.0
1. 港口建设费收入	1366	6788	-79.9
2. 国有土地收益基金收入	72642	65651	10.6
3. 农业土地开发资金收入	2185	1656	31.9
4. 国有土地使用权出让收入	1375933	1237371	11.2
5. 城市基础设施配套费收入	26724	19902	34.3
6. 污水处理费收入	15000	15000	—
三、国有资本经营预算收入	6506	5341	21.8

2020 年太仓市一般公共预算税收收入分地区执行情况一览表

表 49

地区	累计收入（万元）	上年同期（万元）	增减（±%）
全市合计	1472080	1405126	4.8
港区（含浮桥镇）	298512	286769	4.1
高新区（含科教新城）	750098	701246	7.0
城厢镇	131155	117474	11.6
沙溪镇	85501	90348	-5.4
浏河镇	81400	82700	-1.6
璜泾镇	33399	35684	-6.4
双凤镇	44810	43723	2.5
其他	47205	47182	—

2020年太仓市财政支出预算执行情况一览表

表50

预算科目	调整预算（万元）	实绩（万元）	上年同期（万元）	较上年同期	
				增减额（万元）	增减（±%）
地方财政支出总计	3219733	3142177	2786533	355644	12.8
一、一般公共预算支出合计	1580186	1510606	1432235	78371	5.5
一般公共服务支出	156449	141627	140131	1496	1.1
国防支出	103	103	9	94	1044.4
公共安全支出	111788	110275	105914	4361	4.1
教育支出	277604	260363	245155	15208	6.2
科学技术支出	153726	151676	123503	28173	22.8
文化旅游体育与传媒支出	37403	27621	26602	1019	3.8
社会保障和就业支出	161674	160365	158297	2068	1.3
卫生健康支出	82679	81880	83375	-1495	-1.8
节能环保支出	36590	32037	18658	13379	71.7
城乡社区支出	221606	220226	239239	-19013	-7.9
农林水支出	123425	111772	103994	7778	7.5
交通运输支出	36368	35019	21538	13481	62.6
资源勘探信息等支出	26310	25271	29298	-4027	-13.7
商业服务业等支出	11319	10191	4272	5919	138.6
金融支出	1331	1231	774	457	59.0
援助其他地区支出	4937	4937	3989	948	23.8
自然资源海洋气象等支出	10238	9774	9477	297	3.1
住房保障支出	69916	69916	68200	1716	2.5
粮油物资储备支出	3291	3291	3797	-506	-13.3
灾害防治及应急管理支出	18009	17611	11831	5780	48.9
预备费	—	—	—	—	—
其他支出	—	—	94	-94	-100.0
债务付息支出	35264	35264	34039	1225	3.6
债务发行费支出	156	156	49	107	218.4
二、政府性基金预算支出合计	1635485	1627509	1351777	275732	20.4
科学技术支出	—	—	—	—	—
文化旅游体育与传媒支出	32	30	167	-137	-82.0
社会保障和就业支出	—	—	—	—	—
城乡社区支出	1541991	1535845	1328080	207765	15.6
农林水支出	—	—	—	—	—

续表 50

预算科目	调整预算（万元）	实绩（万元）	上年同期（万元）	较上年同期	
				增减额（万元）	增减（±%）
交通运输支出	2235	2235	7809	-5574	-71.4
资源勘探信息等支出	—	—	—	—	—
商业服务业等支出	—	—	—	—	—
其他支出	40685	38857	3364	35493	1055.1
债务付息支出	14251	14251	12272	1979	16.1
债务发行费支出	191	191	85	106	124.7
抗疫特别国债安排的支出	36100	36100	—	36100	—
三、国有资本经营预算支出合计	4062	4062	2521	1541	61.1
社会保障和就业支出	—	—	—	—	—
国有资本经营预算支出	4062	4062	2521	1541	61.1

（陈　晨）

地方金融监督管理

【概况】 2020年，太仓市提升金融服务水平，优化金融生态环境，为高质量建设“两地两城”提供金融保障。年内，太仓市加码金融政策，实施《太仓市应对新型冠状病毒感染的肺炎疫情支持企业发展金融政策实施细则》，为企业新增、续贷资金超650亿元。实施《太仓市金融服务顾问工作机制》，推动金融服务顾问走访企业近5000家，达成授信超26亿元。健全银行业服务实体经济绩效考核办法，引导金融机构扩大信贷投放。创新建立“BEGI·N”金融沙龙（B代表银行，E代表企业，G代表政府，I代表投资方，N代表其他主体）服务品牌，打造“政、银、企、投”面对面沟通交流平台。举办金融沙龙10期，涵盖普惠金融、创业板新三板新政等主题，推出民营企业、上市后备企业、港区浮桥中小微企业、高新区科技企业等专场，累计服务企业350余家，达成新增、续贷资金超90亿元。落实金融服务实体经济融资畅通工程，累计帮助1.08万家企业加入苏州综合金融服务平台，全年新增平台注册企业8529家，增长370.66%，达成授信110.86亿元，增长179.02%。健全完善普惠金融服务体系，扩大政府增信产品服务覆盖面，助力中小微企业快速发展。截至年底，全市普惠金融贷款余额230亿元，各类政府增信产品贷款余额超50亿元。年内，太仓市被苏州市政府评为“2019年度金融服务实体经济地方合作先进地区”第一名，居2020年中国县域金融生态环境指数第四位。截至2020年年底，太仓市共有地方金融从业机构20家（含分公司），包括小额贷款公司8家，融资担保公司4家，融资租赁公司4家，典当公司4家。全市小额贷款公司实收资本6.95亿元，全年累计发放贷款670笔，金额14.01亿元，贷款余额4.87亿元。全市融资担保公司实收资本3亿元，全年融资担保业务发生额8.89亿元，在保余额7.13亿元，在保户数137户，平均放大倍数0.81。全市融资租赁公司实收资本总额2.69亿元，融资租赁资产总额2.99亿元。全市典当公司全年业务发生额5430万元，典当余额1432万元。

【企业融资渠道拓宽】 2020年，太仓市拓宽企业融资渠道，深化金融合作。太仓市政府与国家开发银行苏州分行、农发行太仓市支行、工商银行太仓支行、农业银行太仓分行、中国银行太仓分行、建设银行太仓分行、交通银行太仓分行、邮储银行太仓市支行等8家银行共同签署太仓市“十四五”金融合作框架协议；与浦发银行太仓支行、江苏银行太仓支行、苏州银行太仓支行、宁波银行太仓支行、浙商银行太仓支行、上海银行太仓支行6家长三角地区银行共同签署长三角一体化金融框架协议，为太仓经济社会高质量发展提供资金保障。健全完善太仓市产业引导基金管理办法，设立总规模50亿元的太仓市产业引导基金，吸引元禾控股、钟鼎资本、嘉御基金等基金共同设立生物医药、科技人才等子基金5个，累计撬动各类社会资金近百亿元，对接项目8个，完成投资3.49亿元。健全企业上市服务联席会议机制，充实科创板上市后备梯队6家，走访调研重点上市后备企业30家，动态掌握企业上市进程，为上市“苗圃”企业提供全链条、全周期、全维度服务，推动企业加速登陆资本市场。全年组织开展各类上市业务培训5场，协调解决各类上市问题35件，推动全市38家企业实现四板挂牌，较上年增长126.67%。全市上市挂牌企业总数96家，再融资40亿元。娄城高新获批苏州市首单双创孵化专项债券20亿元。

【金融生态环境优化】 2020年，太仓市开展防范化解重大金融风险攻坚战，成立金融债务风险领域协同小组，细化投融资服务企业会商办法及非法金融活动举报奖励办法，联合开展中行原油宝、深圳民投等风险研判处置，把牢风险防治主动权。全年开展投融资服务企业联合会商31次，会商通过企业28家，劝退不具备资格企业3家，从源头上防控非法金融增量风险。开展非法金融排查"扫楼扫街"专项行动，开展联合检查5次，挤压关停风险企业4家，把52家风险企业全部移入历史风险库，任务完成率100%，压降潜在非法金融风险隐患。落实民营企业融资会诊帮扶机制，规范使用应急转贷资金，聚焦重点企业金融风险，坚持在发展中化解风险、缓释风险。全年召开各类债委会会议14次，融资帮扶专题会议3次，确保企业产业链、资金链稳定。开展金融宣传系列活动，组织金融机构进校园、进社区、进企业、进楼宇、进农村，全年开展各类金融宣传活动200场，在全市重点楼宇播放公益广告6000次，发放资料1.9万份，发送短信60万条，提升群众金融文明素养。

【金融监管体系完善】 2020年，太仓市加强金融监管，实施《太仓市地方金融从业机构工作指引（试行）》，运用非现场监管与现场检查相结合方式加强监管，构建地方金融一体化监管体系。持续开展地方金融从业机构实地走访和专项检查，推动地方金融行业规范发展。全年开展地方金融从业机构专项检查28家次，实现地方金融从业机构检查全覆盖。实施《太仓市小额贷款公司考核奖补办法》，引导地方金融从业机构通过展期、续贷续保、减免利息罚息、下浮担保费率等方式，建立快速审批、开辟绿色通道等工作机制，确保中小微企业续贷、续保等不受影响。全年完成动态评级小额贷款公司2家，年检及监管评级融资担保机构3家、典当行4家，累计发放小额贷款行业奖补资金213万元，融资担保行业奖补资金400万元。截至年底，全市小额贷款公司累计发放贷款14.01亿元，贷款余额4.87亿元；融资担保机构业务发生额8.89亿元，在保余额7.13亿元；融资租赁公司租赁资产总额2.99亿元。年内，调整市金融监管局安全生产工作领导小组，集中学习《中华人民共和国安全生产法》《江苏省安全生产条例》等法律法规。制定地方金融安全生产应急预案，提升地方金融行业安全生产突发事件防范和应急处置能力。建立市金融监管局领导班子安全生产挂钩联系机制，全年开展安全生产检查26家次，实现地方金融从业机构检查全覆盖。设立地方金融行业安全生产举报热线，开展安全生产专题培训，发放各类宣传资料200余册。

2020年太仓市新增挂牌企业情况一览表

表51

序号	企业名称	股票代码	挂牌时间	挂牌地
1	太仓市顺昌锻造有限公司	696891	4月9日	江苏股交中心成长板
2	苏州金仓湖农业科技股份有限公司	697493	6月16日	江苏股交中心成长板
3	太仓市海丰金属制品有限公司	697776	7月2日	江苏股交中心成长板
4	苏州凯通工程机械有限公司	697962	7月17日	江苏股交中心成长板
5	太仓市众翔精密五金有限公司	697963	7月17日	江苏股交中心成长板
6	太仓众奥无纺制品有限公司	697965	7月17日	江苏股交中心成长板
7	太仓市鑫德纺织原料有限公司	697966	7月17日	江苏股交中心成长板
8	苏州新天地纺织有限公司	697967	7月17日	江苏股交中心成长板
9	苏州凯利昂光电科技有限公司	698095	8月5日	江苏股交中心科创板
10	太仓市宝马油脂设备有限公司	698106	8月6日	江苏股交中心科创板
11	苏州诚和医药化学有限公司	698107	8月6日	江苏股交中心科创板
12	太仓市金阳气体有限公司	698108	8月6日	江苏股交中心科创板
13	苏州坛子九号酒业有限公司	698109	8月6日	江苏股交中心成长板
14	苏州西岩机械技术有限公司	698110	8月6日	江苏股交中心成长板
15	太仓诚信科技有限公司	698331	11月2日	江苏股交中心成长板
16	太仓长臂猿机器人科技有限公司	698466	11月24日	江苏股交中心成长板
17	太仓市华茂金属制品有限公司	698532	11月26日	江苏股交中心成长板
18	太仓英诺科高分子材料制品有限公司	698533	11月26日	江苏股交中心成长板
19	沃尔伯格（苏州）压缩机有限公司	698531	12月1日	江苏股交中心成长板
20	聚宝盆（苏州）特种玻璃股份有限公司	873556	12月29日	全国股转系统

（魏天成）

税　务

【概况】 2020年，太仓市累计组织入库各项收入330.1亿元，其中入库税收收入279.5亿元，较上年增长3.9%；完成一般公共预算收入147.2亿元，较上年增长4.8%。全年共兑现各类优惠90.4亿元，较上年增长23.1%，其中减税降费41.9亿元。完成个人所得税首次综合所得年度汇算清缴，涉及自然人纳税人15.8万人，享受六项专项附加扣除6.5万人，减税7548万元。完成城乡居民医疗保险首次划转征收，全年参保人数12.4万人，较上年增长3.55%。

【依法治税】 2020年，太仓市依法依规组织收入，防范收入风险。创新设立“项目池”，健全重点企业、重点行业、新增项目“三本台账”，抓好大企业、重点税种、一次性税源、政策影响“四项管理”，坚持大额税款事前、事中、事后报告制度，堵漏增收，掌握收入主动权。依法打击税收违法行为，防范税款流失转移风险。建立“两级监控，及时处置”快防机制，实现重大风险统筹防控。创新设立“风险池”，构建三大类别13个主题的风险项目库，实现重点领域精准防控。推行风险提示提醒，纳税评估准期完成率年度指标列苏州第一，全年累计取得境内风险应对总成效6.2亿元；在国际税收领域，通过加快构建境外股权转让防火墙，强化境外法规查证及对外付汇等逻辑性审核，取得境外“防转”总成效超1亿元；上挂稽查累计立案105家，查结107家，查补税款4202万元，人均结案数列苏州稽查条线第一位。依法完善税收监管体系，防范税收执法风险。成立重大执法决定法制审核委员会。深化内控机制建设，对发票管理、出口退税、纳税评估等重点业务事项，开展业务监督，全年累计核实疑点数据6008条。对出口骗税、虚开增值税专用发票、违规享受税收优惠政策等执法和廉政风险较大案件，加强“嵌入式”监督，实现重点税收执法领域各类风险的一体防控。

【综合治税网络构建】 2020年，太仓市完善各类涉税软件平台，加强内部数据管理和信息支撑，借助涉税大数据，构建综合治税网络。通过“税银互动”，全年共为82家中小企业争取授信6460万元，发放贷款4850万元；通过“数据交互”，全年共获得各类第三方涉税信息26万条，取得第三方和互联网入库总成效2.68亿元；通过“院税合作”，全年共受理拍卖案件128个，入库税款6808.9万元。

【纳税服务优化】 2020年，太仓市建立纳税人缴费人需求快速响应机制，形成以“创新优化体验”，以“体验倒逼创新”良性循环，优化税收营商环境。针对纳税人缴费人反映较为集中的问题，推出“一张单”（首问责任制工作“接力”单），全年累计传递163份。创新做好“简事快办、容缺办理、否决备案”三项服务，通过“简事分离、窗口分类、叫号分流”，在办税高峰期设立快办窗口，确保简易事项2分钟内办结，全年累计办结简易事项1998件；细化“容缺办理”制度，通过对纳税信用A、B类企业，启动“容缺办理”八类事项，让“最多跑一次”落地，全年累计受理“容缺办理”事项673件；对疑难复杂事项，实行“否决备案制”，不允许窗口人员简单机械否决纳税人、缴费人诉求，上报市税务局综合研判，确保难事办好，全年累计协调解决涉税难题47件。以打造税收营商环境“最佳体验区”为目标，制定《优化税收营商环境二十条》，推出太仓税务“春风十条”。推出“太仓税务线上纳税人之家”，打造集诉求响应、政策解读、宣传培训、在线互动、特色服务等多功能于一体的“掌上服务平台”。强化特服咨询平台建设，全年累计接听咨询电话13.5万次，接通率99.95%。推进办税便利化改革，公开发布“全程网上办”清单185项和“最多跑一次”清单16项。提速涉税服务，全年企业新办套餐6164家，平均25分钟，最快办结12分钟。增值税留抵退税平均时长2小时，全年通过电子税务局进行无纸化申报企业超1万户次，涉及退税款26.1亿元。通过“网上批、快递送、不见面”配送发票616万份。升级“不动产集成服务平台”，实现申请人所有不动产交易、缴税、登记事项全程网上流转，全程“不见面”“无纸化”，最快10分钟受理，3个工作日内出证，助力企业“交地即发证、拿地即开工”。

（王孝东）

国有资产监督管理

【概况】 2020年，太仓市国资系统推进改革工作深化，加快转变国资监管模式，提升国资监管效能。截至年底，共有市属国有企业106家，其中市国资委直接出资一级企业8家，市属国有二级控股企业30家，三级控股企业68家。

【国企改革】 2020年，太仓市深化改革，推动国资优化整合。根据市属国有企业上报的企业存续情况，结合市委、市政府国资国企改革工作要求，明确市属待处理29家企业原则上3年内完成清算注销工作，完成进度与企业年度考核挂钩。完善企业架构建设。经市政府批准，将市属一级企业出资人调整为市国资办。完成太仓市淏鼎房地产开发有限公司、太仓市淏悦房地产开发有限公司、苏州市鸿鑫汽车工贸有限公司、上海泓茂国际贸易有限公司4家企业的国有股权公开退出。

【国资监管】 2020年，太仓市完善国资监管体系建设。围绕国有资本布局，规范资本运作，提高资本回报，维护资本安全的出资人职责，修订《太仓市国资办履行出资人职责清单》；加大授权放权力度，制定《关于授权市属国有企业行使部分重大事项决定权的通知》，明确授权事项6项。制定《太仓市市属国有企业投资监督管理办法（试行）》《太仓市市属国有企业负责人综合考核评价暂行办法》《太仓市市级国有企业监督管理暂行办法》等办法，规范监管投资管理、考核评价、监督评价等内容。推动市属国有企业人力资源管理相关办法更新，加大放权授权力度，企业人员招聘、中层干部选拔任用、企业人员流动等事项由审批制改为备案制，强化制度执行情况检查，做到不越位不缺位。

【国企助力疫情防控】 2020年，太仓市市属国有企业调动企业自身资源，抗击新冠肺炎疫情。拓展采购渠道，确保物资到位。为保障疫情防控物资储备，各市属国有企业通过多渠道，加紧调配物资。市资产集团通过行业联系，落实省内口罩生产厂家2家。市城发集团动员市场经营商户扩大货源组织，保障蔬菜、水果、水产、副食、米面、粮油、干调等储备。市文教投集团通过徐鸿飞小鲜蛋和味千拉面上海总部的协助，落实医用口罩进口来源。强化基础服务，保障民生所需。各市属国有企业围绕自身业务，做好民生保障工作。市水务集团执行供水行业反恐标准和疫情防控要求，杜绝疫情和安全生产事故发生；实施疫情防控期间欠费不停水措施，倡导微信、支付宝等线上缴费方式。市文教体公司通过感知网校，发挥线上学习平台作用，确保太仓"名师空中课堂"线上学习计划开展，确保学生停课不停学。落实"苏惠十条"，实施减免租金。要求各市属国有企业按照相关文件规定，通过直接减免本期租金、抵扣下期租金、顺延租期等方式，落实房租减免政策。截至年底，减免租金约916万元，减轻中小企业、个体工商户负担。

（陈　晨）

审　计

【概况】 2020年，太仓市完成审计项目23个，发现问题177项，查出主要问题金额33.51亿元，提出建议58条，向市纪检监察机关及相关职能部门移送案件线索和相关事项3件，推动建立健全规章制度19项；完成政府投资工程结算审核项目149个，核减工程款2.39亿元，核减率7.99%，在推进财税体制改革、优化民生政策、强化政府工程管理等方面发挥作用。审计整改工作成效明显，太仓市在全省审计整改工作推进电视电话会议上作为县（市）代表交流发言；提升审计质量，1个审计项目获评全国审计机关优秀审计项目二等奖、全省审计机关优秀审计项目一等奖。

【审计助力疫情防控】 2020年，太仓市审计局成立跟踪审计组，开展新冠肺炎疫情防控资金和捐赠款物专项审计工作，审计财政资金7356.57万元、捐赠资金1136.93万元；派出业务骨干参与市疫情防控保障保供相关工作，前移监督关口，及时沟通市发改委、市财政局、市卫健委、市红十字会、市慈善总会等部门及相关国企，加强对疫情防控政策落实、资金使用、物资采购等事项实时监督，为促进疫情防控资金高效使用和防疫物资精准发放提供保障，发挥审计监督在疫情防控工作中的推动促进作用。

【财政审计】 2020年，太仓市审计局运用大数据手段，实现对全市60家一级预算单位数据分析"全覆盖"，并延伸审计政府组成部门28家，关注重大政策措施贯彻落实、财政预算资金管理、民生资金使用情况及国有资产管理等情况。审计情况表明，市本级财政预算执行和其他财政收支情况总体较好，2019年市级一般性支出与上年同口径相比实际压减10.11%。审计揭示少数部门预算执行不够规范、一些单位审计"存量问题"整改进度较慢等问题49个，推动加快盘活存量资金、改进预算绩效管理，促进提升财政资金使用效益和资产资源配置效率。截至年底，"同级审"查出问题完成整改48个，整改率97.96%，持续整改1个。

【民生审计】 2020年，太仓市审计局继续审计政府隐性债务化解、东西部扶贫协作资金落实及长江经济带水污染防治情况。推动惠民富民政策落到实处，加大对企业职工基本养老保险基金、保障性安居工程、商品住宅维修专项资金、扶持民办教育发展专项资金审计力度，并在报告中反映企业职工养老基金未来支付压力较大、保障性安居工程资金分配管理不及时、维修资金监管和教育资金管理办法修订不及时等问题，维护人民群众切身利益，推动增强人民群众获得感、幸福感、安全感。

【经济责任审计】 2020年，太仓市审计局贯彻落实市委审计委员会经济责任审计工作决策部署，全年共完成经济责任审计项目12个，其中离任经济责任审计8个，任中经济责任审计4个。制定《太仓市审计局经济责任审计操作规程（试行）》，统一规范经济责任审计环节和审计文书；制订《2020年地方党委政府和部门主要领导干部经济责任审计工作方案》，明确经济责任审计目标、对象、范围、内容、重点等情况；健全经济责任审计工

2020年12月17日，太仓市城厢镇党政主要领导干部经济责任审计进点会召开　（杜静花摄）

作联席会议相关制度，细化联席会议及成员单位工作职责，规范联席会议召开程序，加强经济责任审计工作组织协调。

【审计整改】 2020年，太仓市审计局对审计指出的问题，均向有关部门单位提出处理意见和建议，并完善审计整改举措，注重整改联动、加大整改力度。联合市人大对同级审项目、联合市纪委和市委组织部对经济责任项目开展整改督查；注重考核导向，将审计决定、领导批示、建议采纳整改情况纳入全市服务高质量发展考核体系，从整改报告报送时效、制度出台效果及整改率方面进行考核细化，形成审计、整改、建章立制一体化推进，倒逼问题整改质效。相关部门高度重视，采取措施、立行立改、加强管理、完善制度，除因体制机制和历史遗留原因造成的问题持续推进整改外，其余均整改到位，形成发现问题、整改问题、完善制度工作闭环，达到"治已病""防未病"的良好效果。

（杜静花）

统　计

【概况】 2020年，太仓市按照省、市统计部门工作安排，部署完成各项统计调查任务。年内，开展第七次人口普查工作，完成各项统计调查任务，抓好数据监测和统计服务，完善统计法治建设，全市统计工作水平得到提升。

【人口普查】 2020年，太仓市完成全市第七次全国人口普查主体工作。按时完成机构、人员、经费"三落实"工作。6月底，完成市、镇（区、街道）、村（社区）三级普查机构组建。市镇两级共落实普查经费近770万元。全市共选聘普查员2518人、普查指导员601人。全市开展综合业务培训28场次，培训人员4500余人次。建立以村（居）委会为单位的人口基础台账，按月收集市公安局、市卫健委、市民政局等部门人口资料。全市共划分普查区155个、普查小区2379个，做到各级边界清晰明确，地域不重不漏。市人普办围绕人口结构、采集手段、外部

2020年11月6日，副市长顾晓东（中）在景瑞社区调研人口普查工作
（市统计局供稿）

环境等情况多次深入镇（区）、村（社区）开展专题调研。在城厢镇康乐社区开展综合试点，为正式普查积累经验。先于国家节点启动普查摸底，制订摸底工作定期报告制度，提前掌握全市人口总体情况。11月1—15日，完成普查短表、港澳台居民和外籍人员调查表、死亡人口调查表登记。11月16—30日，在短表中选取10%的人口完成长表登记。在登记期间，市人普办建立普查问题解答机制，走访全市155个普查区，推进普查登记进度。普查宣传氛围浓厚。市人普办制订宣传计划，从宣传广泛性、层次性、有效性方面提前调研筹划。在人流量较密集的居民小区、商务楼等地的电子屏投放宣传标语和口号。举办第11届"中国统计开放日"暨太仓市第七次全国人口普查宣传月启动仪式。通过通信运营商向市民发送普查公益信息。做客《相逢》节目直播间，在线宣传人口普查专题访谈。走进"政务直通车"，与听众在线交流互动全市人普工作开展情况。在"数据太仓"微信公众号开展有奖竞答9期，提升公众对普查的知晓度与参与度。

【统计调查】 2020年，太仓市统计局深化业务指导，完成全年统计调查任务。加强对农业、工业、服务业等统计数据质量审核和评估，完成2019年统计年报和2020年定报任务。完成城乡一体化住户调查日常数据审核和上报，完成新旧样本轮换。完成规模以下工业、总部经济、新设小微企业、夏秋粮食产量、农作物面积遥感、畜禽监测等常规调查。完成江苏省乡村振兴战略实施情况、苏州市全面从严治党等专项调查任务8个，发放回收调查问卷519份。落实地区生产总值核算改革。研学最新核算方案，梳理各专业名录库，把准全市经济底数。做好与市发改委、市工信局、市商务局、市住建局、市财政局等部门联系沟通，建立联席会议制度，实行现场办公，提高基础数据质量。每月收集汇总指标数据，跟踪和预测全市经济发展趋势，分季度监测分析。探索区镇地区生产总值核算，首次利用普查资料核算区镇地区生产总值。开展农业农村统计监测。专项调查农业生产、春耕备耕等情况，了解新冠肺炎疫情期间农村及相关产业的生产、农资、销售情况。加强对农业产值、增加值核算，做好城乡住户一体化评估数据匹配。加强与农业部门沟通，加大对镇（区）统计部门数据审核力度，真实反映全市农业发展情况。落实县域经济基本情况填报工作，规范县、乡、村卡数据来源，提高填报质量。做好乡村振兴指标部门对接，完成全市乡村振兴各项指标测算。强化数据质量控制。汇总编印《区镇统计人员业务操作手册汇编》《太仓市统计数据全程质量管理

体系》。对镇(区)统计人员陆续开展“一套表”审批、规模以下工业统计等多个专项培训。采用“线上+线下”结合方式,专项核查工业、服务业、贸易、采购经理调查、工业生产者价格、能源等数据,提高统计数据质量。制订2020年专题调研课题计划,陆续调研排摸工业、建筑业、贸易等企业,了解疫情影响下企业及行业发展状况。

【统计服务】 2020年,太仓市统计局突出职能优势,提升统计服务水平。提升统计数据监测预警水平,做好高质量评价指标体系监测。掌握重点指标和新增指标变化情况,特别是加强对指标体系影响较大的行业数据和部门数据的跟踪监测与预警。做好镇(区)高质量发展绩效评价共性指标考核,协助市考核办形成部门共性指标体系,推动评价考核工作开展。做好全面建成小康社会指标监测。针对薄弱指标的源头监测,突出预测预警常态化,增强经济工作的主动性和有效性,为市委、市政府科学决策提供统计依据。提高统计数据发布频次。统计分析工业、投资、房地产、商贸、营利性服务业等重点经济指标,全年共撰写专题调研8篇、统计信息36期、统计快讯77篇、工作动态126篇。印发《太仓统计月报》11期、《太仓市服务业季报》3期,向市领导提供《2020年度苏州高质量发展考核共性指标完成情况表》等专报。发布《2019年太仓市国民经济和社会发展统计公报》,发行《2020年太仓市情市力》《太仓统计年鉴(2020年)》。创新统计优质服务措施。为了解新冠肺炎疫情对全市经济社会的影响,开展企业复工复产、重点项目开工情况等专题调研,撰写分析信息,供领导决策参考。《关于四经普GDP数据核算以及统一核算改革对全市核算工作影响的汇报》得到市委书记批示。制定《统计涉企轻微违法行为不予行政处罚清单》,优化营商环境。举办“统计论坛”7期。优化“数据太仓”微信公众号,全年共推送104期。处理“12345”热线反映问题14次,确保及时转办,提高办理质量,维护统计公信力。

【统计法治】 2020年,太仓市统计局完善统计法治建设,分层推进统计法治宣传,推进各级领导干部学法用法。市统计局主要领导在市委第94次常委会、市政府第45次常务会议上专题宣传统计法治。在全市统计系统内举办《坚守法律底线,打造清正统计》专题法治讲座。在市委组织部举办的太仓市年轻干部能力素质提升培训班中纳入统计法治课程。录制《学法小课堂——走进统计法》视频,制作《依法统计,数海求真》统计法治动漫宣传片。在法治共建学校举办“目标加行动,做最好的自己”人生规划讲座。开展统计执法检查。制订《2020年太仓市统计行政执法工作计划》,实行统计行政执法“双随机”(随机抽取检查对象,随机选派执法检查人员)机制,完成2个区镇16家统计调查单位的统计执法检查工作。将统计违纪违法案件查处情况列入年度“太仓市高质量发展绩效评价考核”减分事项和“部门服务高质量发展”减分事项,实行领导干部统计造假“一票否决”制。制定《太仓市统计从业人员统计信用档案管理实施办法》。做好领导干部违规干预统计工作记录台账。做优做细统计基层基础建设。申报村(社区)“千佳单位”及乡镇(街道)“百佳单位”、2020年基层岗位标兵和基层统计优秀服务项目。对基层统计工作情况开展专题调研,形成《关于进一步加强区镇统计队伍建设的思考》,草拟《关于进一步加强统计基层基础工作的意见(代拟稿)》提请市政府审议。开展系统内外统计人员网络在线学习和继续教育。2名统计人员通过全国统计执法证培训和考试,充实执法队伍。修订行政执法公示制度、执法全过程记录制度、重大执法决定法制审核制度“三项制度”。创新统计信息化建设项目,研发统计电子台账财报系统并在全市规模以上工业企业推广使用。

(席雅琴)

市场监督管理

【概况】 2020年,太仓市市场监督管理工作强化机制创新,推动高质量发展,维护市场秩序,坚守安全底线,加强违法惩戒,维护消费者权益,提升市场监管治理现代化水平。年内,市市场监管局加强公平竞争审查工作,加大价格监管力度,开展价格巡查,清理规范“转供电”环节不合理加价行为,退还违规加价金额400余万元。开展计量惠民行动,组织计量专项监督检查。加强重点领域执法监管,持续保持高压态势,联合相关部门开展长江禁捕、扫黑除恶、成品油、网络交易监管等一系列专项整治行动。整顿规范市场公平秩序,解决反不正当竞争、制假售假、虚假宣传等突出问题。全年立案一般程序违法案件968件,处结案件870件,罚没款入库共计1520万元,罚没物资769万元,移送司法机关案件29件,提高市场监管权威性、有效性,打击各种扰乱市场违法行为。深化农贸市场标准化提档升级建设工作,开展日常管理巡查考评,升级改造完成桃园、兴业楼等城区农贸市场12个,打造一批“网红菜场”。开展节俭养德全民节约、“文明餐桌”活动,张贴“诚信经营、节俭养德”宣传海报、禁烟标识及消毒记录卡等6万张,提升城市文明指数。

【市场监管助力企业复工复产】 2020年,太仓市第一时间关停活禽交易市场,开展打击野生动物非法交易行动,劝导停止各类聚餐活动,累计减少农村聚餐人数约31万人次。落实农贸市场等防控重点场所各项防控措施,加强市场价格秩序维护,发起全市重要民生商品销售公开承诺活动倡议,查处并发布新冠肺炎疫情防控警示倡议类信息及违法典型案件。协调防疫物资供应,全覆盖检查全市药店退热、咳嗽药品。响应并成立“市福战疫”行动支部,实施助力企业复工复产举措7项,降低疫情对全市企业生产经营影响。结合复工复学进程,对重要民生食品生产经营单位、餐饮食堂进行指导。试行推广“食安封签”(监管部门联合外卖平台督促商户对餐品进行统一包装封签,骑手在送餐过程中需确保封签完整),保护外卖食品“最后一公里”安全。《市场监管战“疫”》获全国市场监管融媒体“优质内容类”

优秀作品。牵头成立太仓市进口冷链食品集中监管工作专班和进口冷链食品工作专班，加强冷链食品安全监管，防范进口冷链食品新冠肺炎疫情输入风险。

【质量强市】 2020年，太仓市做好质量强市工作，完善质量、专利、标准化奖励政策，助力企业高质量发展。全市获评2020年苏州市质量奖企业4家。承办中德标准化合作交流大会，发布中德职业教育领域合作首个标准《双元制职业教育人才培养指南》。38家单位参与制定（修订）的64项国家级标准发布实施。启动知识产权人才服务平台建设计划，全市累计拥有有效发明专利5453件，万人发明专利拥有量75.61件，居苏州第三。动产抵押登记实现全程网络申办，帮助394家企业融资65亿元。年内，太仓市在省政府办公厅"落实重大政策措施真抓实干成效明显"地方奖励通报中获评苏州市唯一一个"推进质量工作成效突出、改革创新成效明显的地方"，获评"江苏知识产权强省建设示范市"创建单位。

【新型市场监管模式构建】 2020年，太仓市强化事中事后监管，牵头全市"双随机、一公开"监管工作，通过重点监管、信用监管等方式，依法实施事中事后监管。推进执法监管信息公示工作，全市企业年报率92.3%。探索包容审慎监管模式。优化信用修复管理服务，对26件情节轻微广告案件依法不予处罚，为各类市场主体特别是中小企业提供宽松的制度环境。提升放心消费环境，全年接处各类咨询、投诉、举报共计1.2万件，倡导和推行实体店无理由退货承诺制度，承诺加入商户5000多家，创新提升太仓消费维权机制。

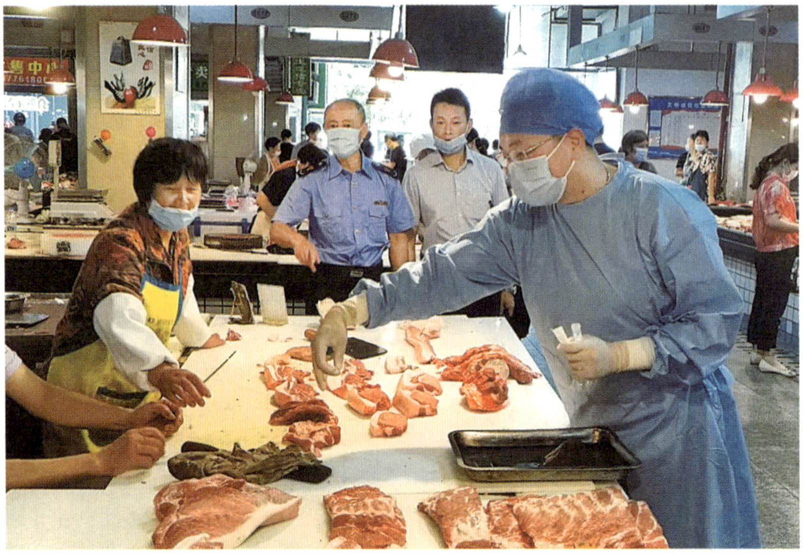

2020年6月21日，市场监管人员在农贸市场开展猪肉抽查检测
（市市场监管局供稿）

【质量安全监管】 2020年，太仓市严守全市食品安全、药品安全、特种设备安全、产品质量安全底线，强化源头严防、过程严管、风险严控监管措施。推进省级食品安全示范城市创建，开展食品生产企业集中园区标准化试点，提升食品药品安全治理能力和工作水平，全年未发生食品安全事故。全年共抽检食品4671批次，合格率99.17%。扩大食用农产品追溯体系覆盖面，推广农产品"苏源e码通"平台，推进食品信息化监管工作。加强日常巡查监管，维护药品化妆品和医疗器械市场安全。探索特种设备安全监管新思路。开展叉车安全综合治理，全市特种设备安全专项整治"一年小灶"工作初见成效。在港区化工园区涉危化品企业优先推行特种设备可视化管理试点。开展产品质量安全监管，开展电动自行车、安全头盔、成品油、燃气具及配件、学校儿童用品、认证认可与检验检测机构等专项整治，做到检查一类产品、规范一个行业。

太仓市获认定的中国驰名商标一览表

表52

商标名称	注册人／利害关系人	类别	核定使用商品／服务	认定时间
雅鹿	雅鹿集团股份有限公司	25	服装	2002年
雅鹿·自由自在	雅鹿集团股份有限公司	25	服装	2007年
Yalu & Freedom	雅鹿集团股份有限公司	25	服装	2007年
乡村树	雅鹿集团股份有限公司	25	服装	2007年
太仓	太仓肉松食品有限公司	29	肉松	2008年
图形	江苏德威新材料股份有限公司	1	聚氯乙烯树脂、合成树脂塑料	2009年
安佑及图	安佑（中国）动物营养研发有限公司	31	猪饲料	2012年
蓝冰及图	苏州雅鹿控股股份有限公司	25	服装等	2015年

续表 52

商标名称	注册人 / 利害关系人	类别	核定使用商品 / 服务	认定时间
口水娃及图	苏州口水娃食品有限公司	29	精制坚果仁、熟制豆	2015 年
FrognieZila	苏州佛朗尼齐拉服饰有限公司	25	工作服、皮衣、鞋、帽等	2015 年

2020 年太仓市参与制定（修订）国家标准、行业标准企业（部分）一览表

表 53

序号	标准号	标准名称	参与（负责）起草单位
1	GB/T 28610–2020	甲基乙烯基硅橡胶	江苏德威新材料股份有限公司
2	GB/T 1531–2020	铜及铜合金毛细管	苏州富瑞合金科技股份有限公司
3	GB/T 5801–2020	滚动轴承 机制套圈滚针轴承 外形尺寸、产品几何技术规范（GPS）和公差值	舍弗勒（中国）有限公司
4	GB/T 5915–2020	仔猪、生长育肥猪配合饲料	安佑生物科技集团股份有限公司
5	GB/T 7996–2020	搪玻璃容器公称容积与公称直径	太仓新工搪玻璃有限公司
6	GB/T 11638–2020	乙炔气瓶	太仓市金阳气体有限公司
7	GB/T 15331–2020	压敏胶黏带水蒸气透过率试验方法	皇冠（太仓）胶粘制品有限公司
8	GB 15892–2020	生活饮用水用聚氯化铝	太仓市新星轻工助剂厂
9	GB/T 20111.5–2020	电气绝缘系统 热评定规程 第 5 部分：设计寿命 5000h 及以下的应用	中广核三角洲（太仓）检测技术有限公司
10	GB/T 20818.21–2020	工业过程测量和控制 过程设备目录中的数据结构和元素 第 21 部分：自动阀电子数据交换用属性列表（LOP）通用结构	太仓市锅炉自动化仪表有限公司
11	GB/T 21087–2020	热回收新风机组	苏州惠林节能材料有限公司
12	GB/T 28610–2020	甲基乙烯基硅橡胶	江苏德威新材料股份有限公司
13	GB/T 38404–2020	果蔬汁（含颗粒）饮料热灌装封盖机 通用技术规范	克朗斯机械（太仓）有限公司
14	GB/T 38458–2020	包装饮用水（桶装）全自动冲洗灌装封盖机 通用技术规范	克朗斯机械（太仓）有限公司
15	GB/T 38461–2020	食品包装用 PET 瓶吹瓶成型模具	克朗斯机械（太仓）有限公司
16	GB/T 38463–2020	超洁净塑料瓶灌装设备通用技术要求	克朗斯机械（太仓）有限公司
17	GB/T 38696.1–2020	眼面部防护 强光源（非激光）防护镜 第 1 部分：技术要求	太仓市锐杰实验仪器制造有限公司
18	GB/T 38696.2–2020	眼面部防护 强光源（非激光）防护镜 第 2 部分：使用指南	太仓市锐杰实验仪器制造有限公司
19	GB/T 39153–2020	亚稳分解强化铜—镍—锡合金棒材	苏州金江铜业有限公司
20	GB/T 39273–2020	滚动轴承和关节轴承 电子媒体查询结构 用特性词汇标识的特征和性能指标	舍弗勒（中国）有限公司
21	GB/T 39289–2020	胶黏剂黏接强度的测定 金属与塑料	苏州巨帮新材料科技有限公司
22	GB/T 39508–2020	针织婴幼儿及儿童服装	耐克体育（中国）有限公司
23	GB/T 39673.1–2020	住宅和楼宇电子系统（HBES）及楼宇自动化和控制系统（BACS）第 1 部分：通用要求	江苏通领科技有限公司

续表 53

序号	标准号	标准名称	参与（负责）起草单位
24	GB/T 39673.3-2020	住宅和楼宇电子系统（HBES）及楼宇自动化和控制系统（BACS）第 3 部分：电气安全要求	江苏通领科技有限公司
25	GB/T 39673.51-2020	住宅和楼宇电子系统（HBES）及楼宇自动化和控制系统（BACS）第 51 部分：EMC 要求、条件和测试布置	江苏通领科技有限公司
26	GB/T 39673.52-2020	住宅和楼宇电子系统（HBES）及楼宇自动化和控制系统（BACS）第 52 部分：用于住宅、商业和轻工业环境下的 HBES 和 BACS 的 EMC 要求	江苏通领科技有限公司
27	GB/T 39673.53-2020	住宅和楼宇电子系统（HBES）及楼宇自动化和控制系统（BACS）第 53 部分：用于工业环境下的 HBES 和 BACS 的 EMC 要求	江苏通领科技有限公司
28	GB/T 39694-2020	氢化丙烯腈—丁二烯橡胶（HNBR）通用规范和评价方法	江苏冠联新材料科技股份有限公司
29	GB/T 39734-2020	政务服务“一次一评”“一事一评”工作规范	江苏省太仓市行政审批局
30	GB/T 39735-2020	政务服务评价工作指南	江苏省太仓市行政审批局
31	JB/T 13901.1-2020	机械伺服数控回转头压力机 第 1 部分：基本参数	瑞铁机床（苏州）股份有限公司
32	JB/T 13901.2-2020	机械伺服数控回转头压力机 第 2 部分：技术条件	瑞铁机床（苏州）股份有限公司
33	JB/T 13901.3-2020	机械伺服数控回转头压力机 第 3 部分：精度	瑞铁机床（苏州）股份有限公司
34	JB/T 13909-2020	大型伺服数控板料折弯机	瑞铁机床（苏州）股份有限公司
35	JB/T 14008-2020	滚动轴承振动机械用轴承	舍弗勒（中国）有限公司
36	MZ/T 157-2020	手动移位车	康辉医疗科技（苏州）有限公司
37	MZ/T 158-2020	固定在坐便器上的助力扶手	康辉医疗科技（苏州）有限公司
38	MZ/T 159-2020	顶立式组合助力扶手	康辉医疗科技（苏州）有限公司
39	MZ/T 160-2020	电动浴缸椅	康辉医疗科技（苏州）有限公司
40	MZ/T 161-2020	电动卫浴护理椅	康辉医疗科技（苏州）有限公司 久久艳阳福祉科技（江苏）有限公司
41	NB/T 10474-2020	家用和类似用途插座用塑料件	江苏通领科技有限公司
42	YY/T1685-2020	气动脉冲振荡排痰设备	苏州好博医疗器械有限公司
43	YY/T 1721-2020	游离甲状腺素测定试剂盒	苏州新波生物技术有限公司
44	YY/T 1724-2020	游离三碘甲状腺原氨酸测定试剂盒	苏州新波生物技术有限公司

（潘建斌）

食品药品安全

【食品安全综合协调】 2020 年，太仓市履行属地管理职责，立足“创建为民、创建惠民、创建靠民”理念，聚焦百姓关注的食品安全热点，落实“四个最严”（最严谨的标准、最严格的监管、最严厉的处罚、最严肃的问责）和“四有两责”（“四有”指监管有责、有岗、有人、有手段，“两责”指履行监管职责和检验职责）要求，强化“从农田到餐桌”全程监管，打造执法部门监管、食品生产经营单位负责、从业人员自律、大众媒体监督的社会共治新格局，推进食品产业健康发展，提升人民群众食品安全满意度。推行食品责任保险制度。根据省食安委关于推进食品安全责任保险要求，制订《太仓市食品安全责任保险试点实施方案》，组织全市食安保险推进会，构建保险和风险防控联保体系。年内，开展食品安全培训 33 场次，参与从业人员 3243 人，对 1317 人次食品安全管理员开展线上食品安全抽考。全年完成食品抽检 5238 批次，三年快检 14 万批次，其中农产品占比 32%，合格率 98% 以上，千人抽检率从 5.37 提升至 7。

【食品生产监管】 2020年，太仓市采用“三分监管”（产品分类、企业分级、监管分等）工作机制，组织食用油、肉制品、固体饮料、保健食品等高风险生产企业专项检查和“双随机”检查。开展第三方风险排查，食品添加剂、食用油、肉制品生产企业全部加入省局电子追溯平台。组织食品生产企业参加食品安全管理员考试，参考覆盖率100%，合格率95%以上。

【食品经营监管】 2020年，太仓市加强食品经营环节监管。开展学校食品安全专项检查暨风险隐患排查与“回头看”专项检查，倡导“互联网+明厨亮灶”，以学校食堂、中央厨房、集体用餐配送单位、大型以上餐饮、餐饮服务集中区为重点单位，扩大“明厨亮灶”建设数量和覆盖面，新增建成“明厨亮灶”大型餐饮单位50家，学校食堂“互联网+明厨亮灶”覆盖率100%。开展江苏省食品安全示范店（食堂）建设及苏州市放心肉菜示范超市建设工作，共向苏州市局申报示范单位11家。对照示范创建标准，通过现场推进、专题培训等方式，把“苏源e码通”、重点单位食品安全全程监控管理等信息化平台建设与示范创建有机融合。构建食用农产品市场销售质量安全风险防控体系。将监管网络从农产品批发市场向下游食品流通、生产、餐饮等环节延伸，扩大食用农产品追溯体系覆盖面，加强推广农产品“苏源e码通”平台。加强“食安封签”普及，与外卖平台合作设计，以订餐集中商圈为试点对象，共覆盖食品经营单位101家，首批完成投放“食安封签”50万张。

【长江禁捕专项检查】 2020年，太仓市聚焦长江边农家乐、野味餐厅、大型以上餐饮单位、生鲜类商超、农贸市场等水产交易重点场所，全覆盖排查招牌、门头、宣传海报是否有“长江”“江鲜”等字样。查验市场主体索证索票、进货台账、销售记录，确保其来源正规且可溯，严查非法捕捞渔获物销售，累计检查各类食品经营单位1.35万户次，开展各类专项检查45次，立案8起。

【药械行政许可优化】 2020年，太仓市共计核发药品经营许可证57家，变更药品经营许可证97家，换发药品经营许可证178家。新冠肺炎疫情防控期间，开通医疗器械经营许可、备案工作绿色通道，优化许可、备案流程，做好政策咨询解答服务，快速受理、审批许可和备案申请，国信集团等一批获证企业迅速开展经营活动，缓解太仓防疫物资紧缺状况。全市共有药品批发企业2家，注册地在太仓的药品零售连锁企业3家，药品零售企业含连锁门店324家；医疗器械批发企业75家，零售企业353家。

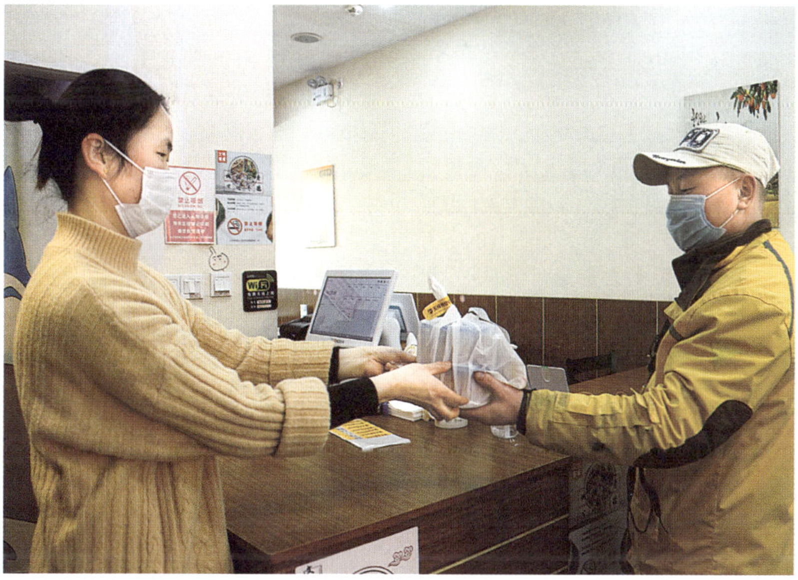
2020年3月17日，商家配送配有“食安封签”的外卖

（市市场监管局供稿）

【药品药械安全监管】 2020年，太仓市开展疫苗使用管理、精神药品、麻醉药品和含特殊管理药品复方制剂生产经营使用、药品医疗器械经营使用质量监管、中药饮片质量专项检查。全市推行医疗器械经营使用环节分类分级分层监督管理。根据医疗器械风险程度、医疗器械经营企业业态、医疗机构级别等次和质量管理水平及遵守法规情况，结合医疗器械不良事件及产品投诉状况等因素，把医疗器械经营企业、使用单位分为不同类别，并按照属地监管原则，实施分级动态管理活动。全年共检查医疗器械经营单位364家，覆盖面超90%，检查医疗器械使用单位（医疗机构）168家，覆盖面超70%，其中二级及以上医院、乡镇中心卫生院、疫苗接种点实现全覆盖。开展医疗美容机构和生活美容机构“双随机”检查，规范市场秩序。

【化妆品安全监管】 2020年，太仓市按照非特殊用途化妆品备案相关规定和要求，加强备案管理工作，做好备案产品审核把关工作，清查备案产品信息。加强备案后检查，重点检查产品标签宣称和原料使用情况，未发现违法宣称功效、使用未经批准新原料或者使用禁用原料生产化妆品情况。规范企业产品备案信息，围绕化妆品安全主题，强化市场监管，突出监管执法，深入宣传发动，确保全市化妆品市场安全。

（潘建斌）

就业创业

【概况】 2020年，太仓市实施《助力企业复工复产的若干政策意见》《落实就业优先政策进一步做好稳就业工作的实施意见》等政策措施，落实社保费免减缓政策。全年城镇新增就业人数1.11万人，城镇登记失业率1.77%，全市应届毕业生就业率96.08%。完成创业培训1234人次，支持成功自主创业2192人，带动就业1万人次。

【就业状况】 2020年，太仓市加大稳岗返还扶持力度，减免社保费20.78亿元，为2.87万家企业发放稳岗返还补贴1.74亿元。对41家符合条件的新冠肺炎疫情防控物资生产配送企业发放"疫情专项就业补贴"99.9万元，发放企业一次性吸纳就业补贴496.9万元，发放一次性开业扶持补贴74万元，创业场地租金及运营补贴17.3万元。联合举办创业大赛4次，开展"汇智太仓"校园引才，组织校园招聘线路48条，涉及高校78所，参加企业1019家次，发布岗位1.97万个。

【就业培训】 2020年，太仓市完成各类培训7.05万人次，其中"防疫"项目制培训6.36万人次，就业技能培训611人次，岗前培训1514人次，岗位技能提升培训4810人次。职业技能鉴定取得职业资格证或技能等级证7728人，全年高技能人才培养3812人，其中技师及高级技师138人。在建筑工程、机械工程领域开展技能人才与专技人才双向贯通试点，通过培训鉴定取得高级工职业资格证书专业技术人才663人，通过比照认定持有境外职业资格证书高技能人才享受技能等级待遇10人。开展职业技能提升行动，受理申报开展岗前培训企业16家、岗位技能提升培训企业61家、新型学徒制培训企业10家，新增技能等级认定备案企业46家，完成等级认定2408人。全年开展补贴性职业技能培训19.1万人次，职业技能提升行动专户支出8051万元。

【劳动权益保护】 2020年，太仓市完善劳动关系分析研判和预警处置机制，落实重大事项报告制度，全年审查用人单位2357家，涉及职工18.21万人。开展整顿人力资源市场秩序、夏季高温劳动保护、用人单位遵守劳动用工和社会保险法律法规等各类专项检查，检查用人单位133家次，涉及职工1.37万人。开展农民工工资支付专项行动，检查用人单位72家，涉及劳动者1.26万人，其中工程建设领域企业61家、加工制造业企业11家、政府投资工程4个、国企项目5个。加强根治欠薪工作，受理欠薪案件39件。办理群众信访89件，"12345"综治联动平台派件1424件，"12333"社会保障咨询平台接听电话10.05万起，信访调解大厅接访302起。

【事业单位人事管理】 2020年，太仓市录用事业单位工作人员109人，事业单位公开选聘录用部分高校应届优秀毕业生35人。全年审核事业单位考核人次1.13万人，事业单位嘉奖1690人；办理事业单位股级职务审核78人；核准事业单位岗位设置方案30家；办理事业单位市内外人员调动36人，核准内部流动489人，办理事业单位解聘149人，合同鉴证1808人，核批"双肩挑"人员（同时在管理岗位和专业技术岗位任职的人员）32人。配合退役军人事务局安置随军家属2人。

【专业技术人员管理】 2020年，太仓市初定初级职称1082人，中级职称94人。工程类中高级职称网上申报458人，经评审通过323人，其中中级职称通过208人，高级职称通过114人，正高级职称通过1人。太仓市探索中德专业技术评价体系融合，发布全国首个中英版专业技术资格标准《苏州市德资企业专业技术资格条件》。开展首批德资企业机械工程类中级职称评审，通过评审答辩取得中级职称的德企员工26人；开展第二批德系职业资格比照认定职称工作，通过比照认定取得职称的德企员工20人。在建筑工程、机械工程领域开展专技人才与技能人才双向贯通试点，通过培训鉴定取得高级工职业资格证书的专业技术人才663人。

（吴可菲）

教 育

综 述

【概况】 2020年,太仓市拥有高等职业技术学院1所,在校学生8810人,教职工360人;普通中等职业学校1所,在校学生3510人,教职工294人;普通中学19所(其中高中4所,初中15所),在校学生25418人,教职工2257人;小学39所,在校学生52265人,教职工2992人;特殊教育学校1所,在校学生105人,教职工23人;幼儿园53所,在园儿童21310人,教职工1624人。开放大学1所,老年大学1所,社区教育中心8个。

2020年6月23日,江苏省义务教育优质均衡发展县(市、区)评估专家组现场评估太仓市义务教育优质均衡发展情况 (顾 晖摄)

2020年太仓市教育事业基本情况一览表

表54

学校类型	学校数(所)	班级数(个)	毕业生数(人)	招生数(人)	在校学生数(人)	毕业班学生数(人)	教职工(人)	
							合计	专任教师
高等院校	1	311	1688	3980	8810	1925	360	280
中等职业学校	1	110	1008	1342	3510	997	294	281
普通中学	19	567	7647	8864	25418	8061	2257	2141
高中(十二年一贯制)	4	153	1965	2367	6777	2143	755	681
初中(九年一贯制)	15	414	5682	6497	18641	5918	1502	1460
小学	39	1235	6939	9388	52265	7516	2992	2874
特殊学校	1	8	29	27	105	—	23	22
幼儿园	53	631	6344	7394	21310	7022	1624	1365
非学校单位	7	—	—	—	—	—	131	—

【教育投入】 2020年,太仓市教育经费总投入30.61亿元,较上年增长13.33%。年内,太仓市谋划"十四五"学校建设规划布局,完成《太仓市"十四五"期间新建改扩建学校项目库》前期调研和初稿编制工作。统筹推进《"十三五"期间区镇新建、改扩建中小学幼儿园项目库(修订)》《苏州教育均衡、优质发展三年行动计划(2018—2020年)》等项目建设,完成2020年苏州太仓两级政府实事工程项目和2020年苏州市高质量考核个性化指标项目,竣工投用新改扩建学校项目8个,新增学位1755个,开工建设新改扩建学校项目16个。推进西交利物浦大学附属太仓实验学校建设项目,签约引进上海世界外国语学校项目。加大资助政策宣传力度,提高学生资助精准度,全年资助学生5049人次,资助金额443.38万元。

【学前教育】 2020年,太仓市深化公办、民办发展共同体协作机制,推动城乡、公办、民办幼儿园优质协同发展。推动《抓住"三个关键",纵深推进区域课程游戏化》项目研究,幼儿园课程游戏化建设取得新进展。强化省、市优质园创建工作,太仓市浏家港幼儿园通过省级现场评估,太仓市镇洋幼儿园、太仓市新毛幼儿园、太仓市东安幼儿园通过苏州市级现场评估,省、市优质园在园幼儿占比85.1%,在公办和普惠性民办幼儿园就读幼儿占比92.4%。召开全市学前教育工作会议,制定江苏省学前教育普及普惠示范县(市、区)创建计划。

【义务教育】 2020年,太仓市解决教育重点、难点问题,推进义务教育综合改革,获评新时代首批江苏省义务教育优质均衡发展县(市、区)。提档升级义务教育学校管理,获评苏州市管理标准特色校8所。提升义务教育内涵品质,获第五届江苏省教育教学优秀成果二等奖3项,获苏州市教育教学成果奖11项，其中特等奖3项。与市科技馆开展“馆校合作”项目建设，太仓市荣文中学等6所学校获评苏州市中小学课程基地和学校文化建设项目。

【普通高中教育】 2020年，太仓市实施江苏省太仓高级中学“高品质计划”、江苏省沙溪高级中学“跨越式发展计划”和太仓市明德高级中学“争先进位计划”，创新人才选拔模式，推进高级中学综合素质评价招生改革。推进高中教育与义务教育有机衔接，江苏省太仓高级中学与西北工业大学太仓长三角研究院联合创办“飞天志远班”教育项目签约。提升教育教学质量，全市高考本一达线人数和达线率创历史新高，本一达线率较上年提高7.85%，高分段人数取得历史性突破，400分以上25人。召开普通高中全面提高教育质量工作会议，部署2021年新高考工作任务，推动新高考、新教材、新课程研究与实践。

【特殊教育】 2020年，太仓市统筹规划特殊教育资源，新建融合教育资源中心2个，实现乡镇融合教育资源中心全学段覆盖。关爱特殊需要儿童少年，落实适龄残疾儿童少年入学工作，做好随班就读和送教上门。多平台提高教师专业水平，30名教师完成特教专职教师上岗培训，壮大融合教育师资队伍。推广成功经验，提升影响力，《江苏教育报》等平台宣传报道太仓区域融合教育经验。

【职业教育】 2020年，太仓市召开中等职业教育全面提升教育质量工作会议，印发《太仓市中等职业教育质量提升三年行动计划（2020—2022年）》，推进江苏省太仓中等专业学校领航计划建设任务以及城区、港区2个校区基础建设和专业调整工作。江苏省太仓中等专业学校获评2020年全省教科研工作先进集体，通过省级现代学徒制试点项目验收，“走向回归：他新培智学校多向融合‘走学’方式的实践研究”“让儿童插上想象的翅膀：小学科幻教育实践探索”2个项目分别获评苏州市教学成果特等奖和二等奖。中德四方合作首届“双元制”（源于德国的一种职业培训模式，“双元”是指职业培训要求参加培训的人员必须经过两个场所的培训，一元是指职业学校，其主要职能是传授与职业有关的专业知识；另一元是企业或公共事业单位等校外实训场所，其主要职能是让学生在企业里接受职业技能方面的专业培训）本科、大专培养项目学员毕业，全部合同就业，江苏省人民政府专刊《江苏政务督查》第3期发表《双元制教育助推高质量发展》，全省推广太仓典型经验做法。海瑞恩、克恩—里伯斯获评第二批省产教融合型企业，欧托凯勃（太仓）机电企业学院获评第三批苏州市职业院校优秀企业学院。太仓市举办2020年“嘉昆太”职教联盟论坛，建立“双师”（教师既具备理论教学的素质，也具备实践教学的素质）队伍培育区域协同机制。

【社区教育】 2020年，太仓市创建江苏省社区教育示范区，获评全国农村职业教育和成人教育示范县，相关创建工作经验在全国总结大会上交流发言。举办太仓市2020年全民终身学习活动周开幕式，提升市民终身学习意识，获评省级“百姓学习之星”1人，获评省级“优秀成人继续教育院校（培训机构）”1所。举行太仓市首届社区教育教师能力大赛，印发《关于印发项目化推进社区教育工作的意见（试行）》，落实项目推进计划，提升各社区教育中心建设工作质效。编印《娄东文化100问》，推动太仓市民学习在线与老年大学网络学习课程有效融合。

【师资队伍建设】 2020年，太仓市开展“做三好、守三道、做新时代教书育人楷模”师德主题教育活动，举办教师节表彰活动。探索建立县域特色思政工作体系，组织全市920名思政课教师分学段开展全员培训。印发《太仓市义务教育学校教师“县管校聘”管理体制改革实施方案（试行）》《义务段学校教师基本工作量基本标准》，推进教师队伍综合改革。按照义务教育优质均衡发展要求，突出教师总量配置，完成326名教师轮岗交流工作。改革人才招聘政策，落实“4225”（3年内引进教育特聘人才40人，选拔培养姑苏教育名家2人、姑苏教育领军人才和省特级教师20人、姑苏青年拔尖人才和苏州市名教师50人）教育人才计划，赴10所“双一流”（世界一流大学和一流学科）高校选聘优秀毕业生132人，全年分8批招聘2020年度新教师464人、2021年度新教师325人，引进特级教师和大市级以上学科带头人7人，完成签约师范生34人、

2020年10月20日，太仓市首届学生节闭幕式暨颁奖典礼在江苏省沙溪高级中学举行
（顾 晖摄）

乡村定向师范生30人，提升教育人才层次和水平。按照“打造名家、培育骨干、提升整体、推进均衡”人才发展策略，构建专业化培育体系，举办第三期名师俱乐部、第四期名师研修班中期成果汇报会。市教育局与市总工会开展第一届引航教师评选，建立大赛第一名直接颁发“太仓市五一劳动奖章”激励机制。全年新增苏教名家1人、江苏省名师工作室主持人1人、正高级教师2人、姑苏教育领军人才3人、苏州市名教师3人、苏州市青年拔尖人才11人、苏州市学科带头人31人，新增省“四有”（有理想信念、有道德情操、有扎实学识、有仁爱之心）好教师团队1个、苏州市“四有”好教师团队3个，省级教师培训基地2个。

【素质教育】 2020年，太仓市制定《新时代太仓市中小学德育工作第一期行动方案（2021—2023年）》，发布“德育新时空”品牌，开展首届“学生节”系列活动。太仓市高新区第二小学《百川学园：德育一体化建设的试验田》入选教育部首批“一校一案”落实《中小学德育工作指南》典型案例。推进中小学生品格提升项目建设，太仓市高新区第二小学获评江苏省级项目，太仓市科教新城实验小学获评苏州市级项目，8所学校获评第二批太仓市级项目。推动印发《关于实施清单式管理规范进校园活动的办法》，扩容社工进校园项目至18个，举办2020年“嘉昆太温”家校合作论坛活动，推进家校政社协同育人工作。太仓市经贸小学等5所学校获评苏州市家庭教育课程优秀项目学校。市教育局联合市委宣传部、团市委等部门举办未成年人思想道德建设工作推进会和青春仪式、成人仪式观摩会，加强未成年人思想道德建设。教育系统奋战全国文明城市创建工作，获评太仓市创建全国文明城市先进集体。江苏省沙溪高级中学等3所学校获评江苏省文明校园，太仓市实验中学等12所学校获评苏州市文明校园，23个下属单位获评太仓市文明单位。太仓市陆渡中学获评第19批江苏省绿色学校。举办第13届班主任基本功竞赛、第12届班主任工作论坛、2020年度初任班主任培训，推进中小学德育干部实训班、名师工作室建设，提升德育队伍工作水平，1人获获班主任能力竞赛全国二等奖。打造学科德育精品课程资源库，入选苏州市级精品课程11节，获评苏州市级优秀德育案例15个，推出线上心理微课和“话题班会”微课20节。开展新时代文明志愿活动，累计志愿服务时长26.49万小时。举办第11届阅读节活动，市教育局被推荐为苏州市阅读工作先进集体。拔尖人才培养取得进展，获批苏州市创新人才培养项目学校10所，获江苏省数学、物理、化学、生物、信息学科奥赛一等奖35人，获二等奖、三等奖近120人。推动学校体育特色发展，太仓市荣文中学获评国家级足球特色学校，江苏省太仓高级中学等4所学校获评省健康促进学校金银牌学校，太仓市第一中学桥牌队在“桥见未来”中国桥牌新秀网络赛中夺得冠军，江苏省沙溪高级中学等4所学校获评“江苏省体育特色学校”，太仓市高新区第二小学、太仓市新湖小学分别获苏州市“市长杯”足球赛男女乙组冠军。推动艺术教育多元发展，太仓市陆渡小学等5所学校获评苏州市艺术教育特色学校，获苏州市中小学艺术节艺术工作坊一等奖1所。获评苏州市儿童青少年近视防控示范校8所。举办新时代中小学劳动教育现场会，发布劳动清单2个，太仓市科教新城实验小学等10所学校入选太仓市首批新时代中小学劳动教育实践基地。

【教育信息化建设】 2020年，太仓市省市智慧校园创建取得实效，27所学校通过江苏省中小学智慧校园暨苏州市三星级智慧校园验收，太仓市科教新城实验小学获评江苏省智慧校园示范校，太仓市第一中学等5所学校获评苏州市四星级智慧校园。组织开展各级各类信息化培训，参与培训2200余人。推进信息技术与教育教学深度融合，实现学科半日活动与云研训全覆盖。加快苏州线上教育中心太仓市分中心建设，完成苏州市“云上教育同城帮扶”计划，实现区域内优质教育资源线上共建共享。开展网络信息安全保障工作，网络信息安全态势良好，市教育局获评2020年苏州市教育系统网络安全责任制考核优秀单位。推动媒体深度融合体系建设，“太仓教育”微信推送466期，关注人数超15万人，浏览量超240万次，公众号综合影响力位居苏州教育系统前列。

【“活力教育”三年行动计划】 2020年，太仓市落实“活力教育”主张，印发《太仓市建设“活力教育”三年行动计划（2020—2022年）》，落实教育优先发展战略和太仓教育“三聚三争”（聚焦人民满意、聚焦立德树人、聚焦活力教育，争当优质均衡排头

2020年9月10日，“点燃活力梦想”第36个教师节庆祝大会在市文化馆举行，会上发布“活力教育”区域教育主张 （顾 晖摄）

兵、产教融合领航者、教育现代化示范区）目标任务，加快推进教育治理体系和治理能力现代化，共建共享优质教育。开展太仓“活力教育”表述语、释义征集和表彰活动，举行“活力教育”启动仪式，发布“活力教育”吉祥物。推进“活力教育”实践，立足“活力课堂”，成就“活力教师”，激发“活力学生”，推动区域教育样态升级。举办第一期“活力教育”大讲堂，强化高端引领，深化基础教育教学改革，谋划高质量教育体系新思路。印发《太仓市中小学“活力课堂”建设实施方案（试行）》，与苏州市教科院共同组织全市“活力课堂”展示课活动，完善活力课堂教学质量监控与调研体系，实现“双线”融合，开设江苏省名师课堂公开课43节、苏州市级公开课近70节、太仓市级公开课220余节。

【教育科研发展】 2020年，太仓市教育课题《政社协同视域下县域教育治理创新的行动研究》获批全国教育科学“十三五”规划教育部重点课题。年内，太仓市召开课题开题论证会和科研创新发展会议，推进区域教育科研发展。印发《太仓市教科研训一体化半日研修活动实施意见（试行）》，建立全市教科研训一体化半日研修制度，推动“活力研训”建设任务落实。激发科研张力，推动各级各类课题研究规范开展，结题鉴定省教研课题2个、省规划课题2个、苏州市规划课题15个、太仓市微型课题112个，完成省市规划课题中期评估工作，其中省级15个、苏州市级14个。重点指导省重点资助课题中期评估2个，开展太仓市2020年度教育科研项目开题论证48个。

【课程体系构建完善】 2020年，太仓市深化课程改革，以课程基地建设为抓手，推动区域中小学课程建设，新增省级基础教育内涵建设项目6个，太仓市港城小学等7所学校获评2020年苏州市级课程基地示范学校、优秀学校。完善学生发展指导课程体系，组织全市中学和11所试点小学开展学生发展指导课程研讨活动。《区域推进中小学生发展指导的实践探索》获评2020年江苏省基础教育内涵建设项目。推进中小学科学课程衔接项目，立项省规划课题《整体改革背景下中小学科学课程衔接的区域实践研究》，太仓市实验小学获评“十三五”江苏省科学教育综合示范学校。

【教育重点项目提质】 2020年，太仓市印发《太仓市教育系统创新创优项目评审办法（试行）》，组织召开教育创新创优发展推进会，组织专家考评创新创优项目86个，评选优秀创新创优项目16个。组织教育联盟建设成果第三方考核工作，召开联盟建设工作总结会议，建立健全联盟协同发展机制，全链条、开放式联盟样态迈出新步伐，整体提升新时代教育联盟建设品质，统筹谋划“十四五”期间联盟发展新蓝图。推进中小学创新实验室项目，探索启发式、互动式、探究式教学和跨学科、综合化教学，完成项目建设22个，编制校本课程教材25套，新增创新课程20余项。

2020年12月19日，太仓市教育科研创新发展会议暨全国教育科学“十三五”规划教育部重点课题开题论证会在太仓举行　（顾　晖摄）

【教育交流协作】 2020年，太仓市举行区域教育合作办学签约仪式，与上海市嘉定区教育局、西北工业大学太仓长三角研究院开展深度合作，推动区域间优质学校合作共建。与上海师训中心合作签约，启动教师队伍培养新平台。创新教育协作模式，形成“1+X”对口帮扶机制（“1”即“组团式”帮扶项目，太仓—玉屏教育部门于2018年共同制定《太仓·玉屏教育对口帮扶协作方案（2018—2020）》、太仓—周至教育部门于2018年共同制定《太仓—周至教育对口帮扶合作协议书》，太仓市教育局派遣以校领导和骨干教师为首的帮扶团队到受援地组建管理团队，启动教育“组团式”支教帮扶项目。“X”即校际间一对一结对帮扶，太仓市28所学校与玉屏县26所学校签订对口帮扶协议，太仓市14所学校与周至县14所学校签订对口帮扶协议，覆盖对方全部学校），推动全市28所学校与贵州省玉屏县26所学校、陕西省周至县14所学校落实教育对口帮扶协议，全年派出教师169人次赴玉屏县和周至县帮教，安排玉屏县和周至县骨干教师106人次开展浸润式跟岗学习，开展优质资源共享活动31期、讲座120余场，开设交流课120余节。累计完成扶贫农产品采购85.75万元。

【教育督导与评估】 2020年，太仓市落实国家《教育督导条例》和教育评价改革等文件要求，调整充实责任区督学，印发《关于进一步加强责任督学队伍建设的意见》，配强教育督导督学队伍，提升督学队伍专业化水平。落实监测制度，开展2020年全国义务教育质量监测、江苏省义务教育学生学业质量监测、苏州市义务教育学业质量监测和江苏省教育现代化建设监测工作，市教育局获评2020年国家义务教育质量监测实施县级优秀组织单位。对太仓市金浪中学等10所学校开展素质教育综合督导，对太仓市高新区第二小学等9所学校开展督导"回头看"，组织23所幼儿园参加国家级综合督导评估，优良率100%。印发《太仓市中小学校内教学督导制度建设的指导意见（试行）》，率先开展校内自主督导工作。

【学校疫情防控】 2020年，太仓市坚持新冠肺炎疫情防控和教育教学两手抓。成立学校防控工作专班121个，开展联防联控，强化网格管理，落实"一校一策"防疫措施，创新"四个一"（面向师生员工开展一次疫情防控专题教育，对学校安全和师生健康风险隐患进行一次全面排查和整治，协调属地公安等部门对校园周边治安状况进行一次排摸和治理，与学生家长进行一次沟通联系）落实机制，确保教育系统防疫工作平稳有序。发挥各级党组织和共产党员在疫情防控中的作用，成立"红色在线"行动支部，为全市7.5万名学生提供优质在线课程6000余节。

【校园和校车专项整治】 2020年，太仓市树牢安全发展理念，落实安全生产三个责任，推进校园安全专项整治工作，强化安全隐患排查整治，健全完善校园安全风险防控体系。建立学校危化品和实验室废渣残液处置长效机制，坚持防治结合，师生安全教育实现常态化，定期举行实战性应急演练，实施"智慧安防校园"计划，提升安防智能化水平，全市中小学、幼儿园均达"苏州市平安校园"建设标准，获评江苏省平安校园26所。开展校园周边治安秩序集中整治和防范校园欺凌行动，实施防范网络诈骗和防溺水专项教育活动。健全校车安全管理制度，强化校车安全管理责任，完善管理举措，确保校车及学生公交专线规范、有序和安全运行。

（袁学红）

苏州健雄职业技术学院

【概况】 苏州健雄职业技术学院是一所由太仓市人民政府创办，经江苏省人民政府批准、教育部备案的普通高等学校，主要面向普通高中和中等职业学校招生，以三年制专科生培养为主，兼顾成人教育和社会培训。2020年，苏州健雄职业技术学院全日制在校生7678人，面向社会招全日制学生1132人，成人教育在校生8848人，社会培训6000人。全年普通类招生录取3006人，报到2888人（含参军保留学籍44人），报到率96.07%。社会招生录取134人。2020届毕业生就业率96.34%，协议就业率73.55%、灵活就业率0.32%、升学率22.47%，就业率位于全省高职院校第一梯队。

【学院科系及专业】 苏州健雄职业技术学院办学以全日制专科教育为主体，非学历教育、应用型本科、专业硕士为补充，专业结构与太仓重点发展产业相匹配。2020年，学院设专业31个，有中德工程学院、医药科技学院、软件与服务外包学院、电子信息学院、商学院和艺术学院等二级学院6个。设国家级重点专业2个（机电一体化技术、物流管理），省级重点专业5个（模具设计与制造、电气自动化技术、药品生产技术、计算机网络技术、软件技术、信息安全与管理），省级特色专业1个（机电一体化技术）。

【师资队伍】 2020年，苏州健雄职业技术学院有教职工386人，其中专任教师283人。专任教师中，高级职称占41.34%，硕士以上学位占83.39%，"双师"素质教师占91%，其中正高职称18人，博士21人。拥有全国石油化工行业优秀教学团队1个、江苏省优秀教学团队3个、江苏省"333高层次人才"6人、江苏省"青蓝工程"中青年学术带头人6人。

【特色基地、平台建设】 截至2020年年底，苏州健雄职业技术学院建有省级产教融合平台1个（中德智慧制造双元制教育产业园）、央财资助实训基地2个（计算机应用与软件技术、电气自动化技术）、省级实训基地2个（数控实训基地、中德机电"双元制"工程中心），中德培训中心是学院双元制教育特色基地。学院建有国家大学科技园、国家级大学生创业实训基地、国家级高校学生科技创业实习基地、省级中德精密机械部件制造国际技术转移中心、省级《智能化链条设备》工程技术研究中心、苏州市绿色生物催化技术重点实验室、苏州市智能家居无线传感器应用技术重点实验室。设有江苏省中小企业研究院、研究生工作站、太仓企业联合大学等社会服务平台7个。

【教学改革与人才培养】 2020年，苏州健雄职业技术学院组织申报中高职衔接"3+3"培养项目（中职培养3年

2020年12月27日，苏州健雄职业技术学院在江苏省第九届大学生安全知识竞赛决赛中获高职组第一名（何寿林摄）

加高职培养3年）20个，“3+2”高本衔接项目（高职培养3年加本科培养2年）4个，与本科合作“4+0”培养项目（高职培养4年，毕业直接取得本科文凭）取得突破，软件技术专业与常州大学合作开展本科层次培养。获批省重点教材2部、国家“十三五”规划教材14部，入选“十三五”职业教育国家规划教材数列全国第13位。教学能力比赛获省一等奖1项、二等奖3项，二等奖以上获奖项目数是2019年的两倍。与新疆兵团、石河子等院校合作参与国家教学能力比赛。参加化工生产技术、智慧物流作业方案设计与实施等赛项28个，获一等奖1个、二等奖4个、三等奖15个，学院获团体优胜奖。获2021年省级技能大赛——信息安全管理与评估赛项承办权，实现承办省级技能大赛工作零突破。在江苏省第九届大学生安全知识竞赛决赛中获高职组第一名，以总分208分刷新历届比赛总成绩记录。

【校企合作】 2020年，苏州健雄—星光现代新学徒制培训基地项目获批苏州印刷行业校企合作项目——现代印刷技术职业教学培训基地。苏州健雄职业技术学院与华盈电子材料太仓有限公司共建华盈学院，与昭衍苏州新药研究中心有限公司共建昭衍智慧医药产业学院，与苏州百因诺生物科技有限公司共建生物医药工艺研发中心，推动产教融合。申报太仓市双元制人才培养专项资金6项，合计获批专项财政资金709.8万元。

【科技与社会服务】 2020年，苏州健雄职业技术学院与太仓市200多家企业、德国商会组建双元制产教联盟，参与日本东芝电梯公司、意大利商会、瑞士上海企业团等招商项目洽谈，组织创新发展高层次人才论坛，吸引国内外知名高校70多位博士、硕士研究生与太仓生物企业对接，面向70余家企事业单位开展技术服务，在太仓就业学生数占毕业生总数50%，为行业企业培养在职硕士、成人教育本专科学历600多人，开展新型学徒制、创业就业、安全生产等培训6657人次。全年共报送各级各类课题100余项，立项50余项，结题50余项；立项江苏省高校哲学社会科学研究重大项目1项；申报江苏省高等学校自然科学研究项目面上项目立项1项，位于苏州高职院校前列。申报2020年度太仓市科技发展计划项目，立项基础研究计划面上项目3项、软科学7项。获2018—2019年太仓市自然科学优秀学术论文一等奖1篇、二等奖7篇、三等奖6篇。吴健雄陈列馆获批2020年度江苏省科普教育基地。举办苏州高校技术转移学术论坛，推进高校科技成果转移转化工作。全年共申请知识产权73项，其中发明专利49项、实用新型专利24项，受理发明专利34项，授权知识产权30项，其中发明专利12项、实用新型专利7项、软件著作权11项，授权发明专利数量排名全国高职高专院校第49名。

（房　芸）

2020年12月5日，苏州健雄职业技术学院与太仓市生物医药产业园主办的2020年太仓市生物医药创新发展高层次人才论坛举行　（何寿林摄）

西北工业大学太仓校区

【概况】 西北工业大学（简称“西工大”）太仓校区是西工大三校区之一，位于太仓市娄江新城科教创新区太仓大道以北、339省道以南、G15高速以东、岳鹿路以西，规划占地105.07公顷，总建筑面积94.3万平方米，总投资50亿元。2019年7月17日，太仓校区取得首宗土地。2019年8月28日，举行奠基仪式。2020年4月15日，一期项目开工建设，规划占地31.65公顷，建筑面积23.7万平方米。校区按“整体规划设计、分期建设验收、分期移交使用”总体思路，采取“交钥匙工程”模式合作办学。首批建设东西教学综合体、文体活动中心、学生宿舍、教师周转公寓等10幢建筑。

【合作办学】 2018年1月15日，太仓市人民政府与西北工业大学签署战略合作协议，开启合作共建西工大太仓校区和西工大太仓长三角研究院新征程。4月9日，江苏省人民政府与西北工业大学签署加强教育战略合作协议。6月，太仓市人民政府与西北工业大学签订合作共建西工大太仓校区协议书和合作共建西工大太仓长三角研究院协议书。2019年1月，西工大太仓长三角研究院投用。研究院以高水平聚合、产学研结合为理念，聚焦信息技术和微电子、智能制造、新材料、航空航天、新能源等领域，打造集人才培养、科研创新、项目孵化、国际交流于一体的研究机构。至2019年年底，入驻团队20家，获批太仓市各类科技计划项目12项，包括绿色智能化城市照明综合管理系统关键技术研发、二茂钴离子基高稳定性燃料电池用阴离子交换膜的研究等。2020年，西工大太仓长三角研究院新增入驻科研团队12支，累计32支；新增孵化企业8家，累计11家。与中国商飞、中船工业、

西北工业大学大学太仓校区一期项目航拍图 （李东旭摄）

航天八院、中广核热工院等科研院所、企业，围绕机械工程、材料科学与技术、电子科学与技术等学科领域开展产学研合作，推动前沿科学研究、成果转化和优质项目落户太仓。全年获批科技项目立项22项，累计51项。年内，西工大太仓长三角研究院获批江苏省新型研发机构、苏州市外国专家工作室、太仓市无人机行业协会、太仓先进载运装备创业孵化基地。

【架构规模】 西工大太仓校区是响应国家创新驱动、制造强国、军民融合发展战略，按照世界一流标准，围绕人才培养、科研创新、学科拓展、国际交流、产业融合等内容，建设由10个学院、10个研究中心组成的科教基本架构，设置本科专业17个、硕士学位授权点20个、博士学位授权点10个、博士后流动站6个。2018年启动招生工作，当年招收新生超300人。

【校区建设历程】 2019年4月4日，西工大太仓校区总体规划建筑设计确定，6月13日，校区总体规划建筑设计基本完成，部分建筑启动深化设计及施工图设计；6月27日，校区启动区项目立项；8月28日，举行开工仪式；11月1日，校区一期工程项目立项；11月4日，一期土地划拨完成。2020年4月15日，一期项目正式开工；9月3日，一期项目装修工程启动；9月25日，一期项目市政景观工程启动；9月30日，一期项目所有地下室完工；10月10日，一期项目智能化工程启动。11月，学生公寓结构封顶。

（王　斌）

西交利物浦大学太仓校区

【概况】 西交利物浦大学（简称“西浦”）太仓校区是西交利物浦大学两个校区之一，位于太仓市娄江新城科教创新区太仓大道以南、万金路以西、江南路以北、G15高速以东，总占地面积36.4公顷，总建筑面积49.7万平方米，总投资43亿元。其中，宿舍区占地4.31公顷，建筑面积15.4万平方米，主要建设内容包括学生宿舍、教师公寓和餐饮中心等；教学区一期占地19.18公顷，建筑面积29.3万平方米，主要建设内容包括周长约1000米的环状学习超市、磁铁形综合教学楼7幢；教学区二期由西交利物浦大学投资建设，占地2.73公顷，建筑面积5万平方米。校区按“整体规划、分步实施”原则开发建设，2019年4月29日，体育场项目动工；2020年6月25日，教学区项目动工；2020年10月，宿舍区项目动工。整体计划于2022年8月建成投用，满足不少于6000名在校师生教学、科研、生活需要。

【校园规划与专业设置】 2018年3月，西交利物浦大学与太仓市人民政府签署合作框架协议。西浦太仓校区探索培养在人工智能和机器人等领域引领新行业的高端人才的教育模式。整个校区按照西浦大学对未来大学及其校园的理解和融合式教育办学理念统一规划，体现“未来”“共生”“共享”“科技”“生态”等元素，涵盖学、研、训、创、产、居、商等领域，展示未来国际大学与企业、行业、社群、社会融合特色。西浦太仓校区突破传统高校学科教育模式，根据人工智能和机器人时代行业需求以及未来行业发展趋势，在人工智能、新材料、智能制造、机器人、供应链与项目管理、生物化学、医疗健康等领域，与未来有影响和领袖潜质的行业和企业合作，以融合式教育模式培养国际化行业人才。

西交利物浦大学太仓校区院企共建与专业设置一览表

表55

行业学院	创始企业	本科专业
产金融合学院	上海企源	供应链管理
人工智能与先进计算学院	中科曙光	数据科学与大数据技术

续表55

行业学院	创始企业	本科专业
文化科技学院	中国文化传媒集团	艺术与科技
物联网学院	欧朗中国、阿里云	物联网工程
芯片学院	正科芯云、上海微系统所	微电子科学与工程
智能机器人学院	中科新松	机器人工程
智造生态学院	海尔集团	智能制造工程

西交利物浦大学太仓校区航拍图 （李东旭摄）

【校区建设历程】 2019年2月15日，西浦太仓校区规划设计方案进入深化阶段，启动设计教学区室外体育场片区施工图；4月1日，取得首宗土地；4月29日，举行开工奠基仪式；9月30日，学校生活配套设施用房项目开工。2020年6月22日，启动学校教学区项目暨桩基工程；7月23日，太仓市人民政府与西交利物浦大学签订合作办学框架协议补充协议；8月6日，启动学校生活配套设施用房项目装修工程；8月7日，启动学校生活配套设施用房项目智能工程；9月25日，启动学校生活配套设施用房项目市政景观工程；11月4日，学校生活配套设施用房项目封顶；12月23日，完成学校教学区项目地下室结构。

（王　斌）

卫生健康

综　述

【医疗卫生机构概况】 截至2020年年底，太仓市有各级各类医疗卫生机构298所，其中三级乙等综合医院、三级乙等中医医院各1所，疾病预防控制、卫生监督、妇幼保健计划生育服务、精神卫生防治、卫生培训与健康促进、采供血、医疗急救机构各1所，二级专科医院4所，护理院2所，区域性医疗卫生中心5所，社区卫生服务中心13所，社区卫生服务站99所，卫生服务体系健全率100%。

【医疗机构床位数】 截至2020年年底，太仓市医疗机构实有床位数4335张，较上年增加236张。其中，医院3160张，较上年增加226张；社区卫生服务中心及卫生院1175张，较上年增加10张。全市每千常住人口医疗卫生机构床位数5.22张。

【卫生技术人员】 截至2020年年底，太仓市有卫生技术人员5638人。其中执业（助理）医师2336人，较上年增加43人，增长1.9%；注册护士2423人，较上年增加64人，增长2.7%。全市每千常住人口执业（助理）医师数2.81人，每千常住人口注册护士数2.92人。

【新冠肺炎疫情防控】 2020年，太仓市组织2批42名太仓医疗队员先后奔赴湖北抗疫。市卫健委牵头起草、推动出台疫情防控方案指南文件超100项，科学指导全市疫情防控工作，严格执行"四早"（早发现、早报告、早隔离、早治疗）防控要求，合理设置发热门诊、定点救治医院、集中隔离点。全年集中隔离医学观察6547人，居家医学观察2.71万人。接协查密接函199起，涉及协查人员461人，全部协查到位，均落实集中医学观察或排除。累计核酸检测15.88万人次。对中高风险地区到太仓人员、入境人员、冷链食品从业人员等开展健康管控。累计完成入境人员隔离2024人。全年采集冷链食品相关样品检测样本5619份，包括冷链食品及包装样本852份、环境样本535份、从业人员样本4232

份。参与重大活动疫情防控保障 29 次，出动医务人员 209 人次。组织制订针对第三届中国国际进口博览会等疫情防控应急预案，指导制订重大活动疫情防控方案 60 个，审核重大活动预案 60 个。

【卫生改革】 2020 年，太仓市调整优化医疗卫生机构布局与功能定位，推进以区域医疗卫生中心为核心的县域医共体建设、市级大型医院与基层医疗机构合作建设，增加城区社区卫生服务中心布点，调整基层社区卫生服务中心功能定位。推进政府实事工程，基本完成市公卫中心建设，推进基层医疗卫生机构提档升级工程，完成医疗卫生信息系统升级项目建设。加强长三角地区医疗合作，推进医联体建设和专（学）科发展，做好与苏州、上海等地知名医院、医学院校合作对接。加强智慧医疗建设，联合京东健康等启动“互联网 + 医疗体”项目，探索互联网医院建设。全市基层医疗卫生机构全部转型为市民健康管理综合服务平台。

（朱云倩）

公共卫生服务

【基本公共卫生服务项目】 2020 年，太仓市加强基本公共卫生服务项目督导管理，常住人口基本公共卫生服务项目经费标准为 91 元 / 人。全市累计建立居民健康档案 63.7 万份，建档率 88.56%。管理高血压患者 7.41 万人，规范管理率 67.56%；最近一次血压达标人数 4.84 万人，血压控制率 65.37%。管理糖尿病患者 2.01 万人，规范管理率 68.71%；最近一次血糖达标人数 1.04 万人，血糖控制率 51.82%。新登记管理肿瘤病人 738 人，累计管理肿瘤病人 5571 人；新登记管理脑卒中病人 2187 人，累计管理脑卒中病人 1.07 万人；新登记管理冠心病病人 531 人，累计管理冠心病病人 3089 人。完成老年人中医药健康管理服务 7.96 万人次；完成 60 岁以上老年人健康体检 11.86 万人次，60 岁以上老年人健康管理率 76.08%。管理肺结核患者 228 人，规范服药率 100%。新建儿童预防接种证 1.05 万份，累计建立 0~6 岁儿童预防接种证 6.23 万份，建证率 100%。产后访视 4977 人，产后访视率 98.40%。开展慢性病报告、高血压糖尿病筛查和死因统计，全年死因监测网络直报死亡人数 4731 例。其中，男性死亡 2554 例，女性死亡 2177 例。随机抽样调查显示，全市居民对国家基本公共卫生服务知晓率 99%，满意度 99%。太仓市疾病预防控制中心与苏州大学公共卫生学院合作，以太仓市 20 个村（社区）1 万名 30~70 周岁居民为研究对象，开展为期 10 年的慢性病队列研究，截至年底，经过问卷调查、样本筛选、体格检查，进入研究队列 1 万人。

【社区卫生与农村卫生】 2020 年，太仓市推进基层医疗卫生机构提档升级建设，科教新城、岳王等 2 家社区卫生服务中心完工投用，归庄、金浪等 8 家社区卫生服务中心建设稳步推进。沙溪人民医院达国家“优质服务基层行”推荐标准，获国家卫生健康委、国家中医药局通报表扬；浏河人民医院被确定为江苏省第三批社区医院；高新区社区卫生服务中心、科教新城社区卫生服务中心等 7 家单位转型为苏州市民健康管理综合服务平台，全市 18 家基层医疗卫生机构全部实现转型升级；浏河人民医院产科、城厢镇社区卫生服务中心康复科等 5 家单位 8 个科室获苏州市基层医疗卫生机构特色科室称号；建成全科医生工作站 50 个；成立专科联盟项目 7 个，家庭医生服务重点人群签约率 75.68%。年内，组织基层医务人员开展乡村医生实用技能、合理用药知识和急诊急救知识、康复与慢性病管理等专题培训，依托省基层卫生人员实训基地建设单位浏河人民医院，完成进修培训 32 次，培训 1716 人次；组织基层医务人员 464 人次参加省、苏州市、太仓市基层卫生适宜技术培训，提升基层医疗服务能力。

【妇幼保健】 2020 年，太仓市强化母婴健康管理，提高妇幼健康水平。全市孕产妇死亡率 19.77/10 万（孕产妇意外死亡 1 例），婴儿死亡率 0.59‰，出生缺陷发生率 3.88‰，5 岁以下儿童死亡率 1.98‰。完成新生儿 29 种遗传代谢性疾病免费筛查 4969 例、儿童先天性心脏病免费筛查 5032 例。完成在园儿童视力筛查 2 万人次。全市 0~6 个月婴儿纯母乳喂养率 67.59%，剖宫产率 43.12%，孕产妇保健管理率 92.33%。全年 0~6 岁儿童健康管理率 97.14%，3 岁以下儿童保健系统管理率 95.04%。完成宫颈癌 HPV（人乳头瘤病毒）+TCT（液基薄层细胞检测）联合筛查 4.59 万例，妇女“两癌”（宫颈癌和乳腺癌）检查全覆盖。全年婚检率 89.29%，新增叶酸服用人数 1892 人。孕产期艾滋病及梅毒、乙肝检测率 100%。将孕产妇健康管理、0~6 岁儿童健康管理纳入家庭医生签约内容。科教新城社区卫生服务中心建成苏州市示范基层医疗卫生机构妇幼健康规范化门诊。

【老年人健康服务】 截至 2020 年年底，太仓市户籍人口 51.05 万人，全市 60 周岁以上老人 15.84 万人，占全市户籍人口 31.03%。全市养老机构（护理院）16 家，其中机构床位（护理型床位）数 3949 张。医养结合机构 11 家，其中医疗床位 653 张，养老床位 901 张。日间照料中心 189 家、助餐点 156 家，医疗卫生机构与日间照料中心等建立签约合作关系 123 对。推进家庭医生服务，完成签约老年人 9.29 万人。举办全市“孝满娄城夕阳美”敬老月活动、百岁老人长寿健康状况调查、百岁老人慰问等活动。推进全国老年人心理关爱项目，为老年人提供心理健康服务。归庄阿姨志愿团队梁雪芳被全国老龄办授予全国“敬老爱老助老模范人物”称号。

【卫生监督】 2020 年，太仓市开展系列卫生监督专项检查 29 次，出动卫生监督员 5400 余人次，检查单位 4600 户次，实施行政处罚 33 户次，罚没款 97.56 万元，移送非法行医 1 人。受理各类举报投诉 154 起，查办涉非法行医举报投诉 28 件，取缔 13 户次。实施对医师不良执业行为记分 4 件，共计 25 分。完成卫生行政许可现场审查公共场所 461 家，医疗机构放射诊疗许可校验 56 家。完成“双随机”监

2020 年 11 月 25 日，第三届嘉昆太医疗卫生综合监管合作论坛在太仓市举办
（沈　静摄）

督抽查国家级任务 207 家、省级任务 88 家。推进信用风险监管机制落实，完成公共场所量化分级 1244 家，其中 A 级 19 家、B 级 371 家、C 级 610 家；82 家医疗单位传染病分类监督综合评价均为合格。完成放射辐射在线监测系统建设，收官互联网 + 监管项目。“太仓市某食品有限公司在缺碘地区生产的食品中添加非碘盐”案例获评苏州市卫生监督系统 2020 全市优秀执法案例，“卫生健康综合监管融入长三角一体化”项目获评太仓市 2019—2020 年行政执法示范点。

【职业健康】 2020 年，太仓市完成城厢镇、沙溪镇、浏河镇、浮桥镇等 4 个镇工业企业职业病危害现状调查 3031 家。完成职业病危害项目申报单位 3081 家次。完成工作场所职业病危害因素检测单位 1649 家次，完成在岗期间、上岗前、离岗前职业健康检查单位 2362 家次、7.81 万人次。开展尘毒危害专项治理、尘肺病防治攻坚等专项行动，检查用人单位 400 余家次，实施行政处罚 17 家次，罚没款 100.30 万元。

【精神卫生】 2020 年，太仓市做好贫困精神病人免费服药及安全检测工作，减轻精神病患者家庭负担，控制精神病患者病情，推进精神分裂症长效针剂试点工作。全市登记在册严重精神疾病患者 3009 人，检出率 4.18‰；完成随访 2775 人，患者管理率 92.22%；在册服药患者数 2714 人，服药率 90.2%。对纳入严重精神疾病规范化管理的病人，按规定落实每年最高 1200 元 / 人经济补助。加快社会心理健康服务体系建设，整合全市心理健康服务团体，成立太仓市心理健康协会，实施《太仓市社会心理服务体系建设试点实施方案》。

（朱云倩）

医疗服务

【医政管理】 2020 年，太仓市强化发热门诊建设，市第一人民医院通过省规范化发热门诊建设，市中医医院、沙溪人民医院通过省基本合格发热门诊建设。全年发热门诊就诊 8107 人次，留观 272 人次。市二级及以上医疗机构全面实行预约诊疗服务。深化胸痛、卒中、创伤、危重孕产妇和危重新生儿等五大救治中心建设，市第一人民医院与上海胸科医院合作建设国家房颤中心太仓分中心，建成国家标准版胸痛中心、国家级卒中中心和苏州市级创伤中心、危重孕产妇救治中心、危重新生儿救治中心；市中医医院获评国家基层版胸痛中心、国家胸痛地图医院、苏州卒中地图医院。推动重点专科建设，新增市中医医院脑病科为苏州市中医重点专科，新增市中医医院眼科为苏州市中医重点专科建设单位。全市门急诊总数 456.07 万人次，较上年减少 14.6%；出院总人数 9.42 万人次，较上年减少 15%；病床使用率 75%，平均住院日 9.3 天。

【中医药事业】 2020 年，太仓市持续推进公立中医医院综合改革，提升基层医疗机构中医药服务能力，完善中医药服务体系。推广中医药适宜技术，加强娄东医派传承，市中医医院高红勤获“江苏省名中医”称号。市中医医院新增脑病科苏州市重点专科，心病科、皮肤科、肺病科通过苏州市中医重点专科复评，眼科被列为苏州市中医重点专科建设单位。沙溪人民医院、科教新城社区卫生服务中心建成中医馆。城厢镇万丰、浮桥镇建红等 10 家社区卫生服务站建成中医阁。

【无偿献血】 2020 年，太仓市全血采集 7701 人次，其中 300 毫升以上占比 80.56%，采血量 11583.5 单位；采集血小板 658 个治疗量。按照血液来源，个人自愿献血量 6074.5 单位，占采血总量 52.44%，较上年增长 10.22%。临床用血中，红细胞类使用量 10206 单位，较上年增长 1.41%；血小板使用量 383.5 个治疗量，较上年下降 14.01%；冷沉淀使用量 1269.5 单位，较上年增长 15.20%；血浆使用量 5280 单位，较上年增长 17.14%。临床用血 100% 来自自愿无偿献血，血液供需基本平衡。

【卫生应急】 2020 年，太仓市完善卫生应急体系，健全应急机制，提升应急反应速度和院前应急救治能力。接听急救电话 9.62 万次；出车 1.65 万次，较上年增长 1.2%；接送病人 1.41 万人次，较上年增长 1.2%；其中救治危重病人 2009 人，较上年下降 1.3%。急救车平均调度时间 64 秒，平均出车时间 70 秒。做好医疗保障和应急救援培训，组织医护人员参加重大活动医疗卫生保障工作 72 次；参加长江太仓段水上搜救应急演练、登革热应急处置等 8 次。

（朱云倩）

疾病预防控制

【概况】 2020年，太仓市人均期望寿命84.09岁，其中男性81.69岁、女性86.44岁。甲乙类法定报告传染病报告发病率123.27/10万，死亡2例，艾滋病1例，肺结核1例；报告发病率较上年下降22.51%。开展职业病危害因素监测15家次，监测职业病危害因素427项次，合格394项次，合格率92.3%。持续开展学校卫生监测与管理工作，重点开展近视眼、龋齿、营养不良和肥胖等防治工作。开展学生因病缺课监测，网络直报覆盖率100%。开展学校教学环境卫生监测，对13所学校教室开展教学环境卫生监测。抗击新冠肺炎疫情期间，开展多轮次督导和指导工作，其中幼儿园68所、中小学62所、校外机构111所。全面铺开学生屈光检查，对全市初一住宿新生和高一新生开展结核菌素皮肤试验，实检人数3597人。开展食源性疾病风险监测，监测270例，阳性16例，其中，副溶血性弧菌3例，诺如病毒13例，阳性率5.9%。接报突发食源性疾病事件9起。

【免疫预防】 2020年，太仓市有标准化儿童预防接种门诊14家。实施江苏省扩大儿童免疫规划，全市一类疫苗接种17.11万剂次，地方扩大免疫规划项目疫苗接种1.57万剂次，免疫规划疫苗基础免疫接种率均在95%以上。按住址统计，全市共报告疑似麻疹病例17例，均排除麻疹；报告急性乙肝9例、乙脑1例。全年报告疑似预防接种异常反应172例，其中异常反应3例，其余均为一般反应。

【艾滋病防治】 2020年，太仓市新发HIV（人类免疫缺陷病毒）感染者/AIDS（艾滋病）36例，较上年减少7例。其中HIV感染者22例、艾滋病14例。太仓市持续拓宽艾滋病干预途径，与社会组织签订干预协议书，加强娱乐场所等重点场所及重点人群干预，干预4431人次，发放宣传资料8000余份、安全套1.31万只，检测1242人次。加强在校大学生、外来务工人员艾滋病宣传，普及艾滋病防治知识，促进全社会对艾滋病防治工作的理解、支持与参与。

【结核病防治】 2020年，太仓市登记结核病初诊病人617人，初诊查痰率96.11%。发现活动性肺结核病人228例，其中病原学阳性肺结核病人111例，占病人数50.22%。登记病人系统管理率98.87%，病人完成治疗率96.67%。病人报告率100%，病人转诊率100%。全年开展免费痰涂片检查6212张。开展高危人群耐药筛查15例，确诊耐多药患者3例，纳入治疗2例。及时处置学校结核病散发疫情9起、聚集性疫情1起，筛查密切接触者709人次。

【肠道传染病防治】 2020年，太仓市各医疗机构肠道门诊腹泻病就诊数3419人，其中镇级2924人、村级495人。用金标法初筛1082人，检索率31.65%，检查中未发现阳性霍乱病例。全市肠道传染病报告51例，其中甲肝3例、戊肝23例、未分型肝炎12例、细菌性痢疾12例、伤寒1例，按照苏州市工作要点肠道传染病监测与防制要求，所有病例均作流行病学调查及疫源地处理。

【血吸虫、地方病、寄生虫防治】 2020年，太仓市完成47个流行村、31个非流行村查螺工作，共计查螺环境455个，查螺面积146.33万平方米。累计药物灭螺环境13个、灭螺面积2.06万平方米。改造有螺环境2个，改造环境面积0.35万平方米。开展血吸虫病监测工作，监测5125人，未发现血检阳性，血吸虫孵化结果为阴性。救助晚期血吸虫病病人4例，救助金额2万元。全市随访体检在册晚期血吸虫病病人89人，病人情况均录入江苏省血吸虫病防治平台。按照苏州地方病监测要求，对沙溪镇、浮桥镇、璜泾镇、娄东街道等4个镇（街道）进行居民户食用盐采样，共采集盐样301份。开展重点地区碘盐抽样监测工作，共采集200名8~10岁儿童和101名育龄妇女的尿样和盐样，儿童尿碘中位数214.05微克/升，孕妇尿碘中位数144.10微克/升。市第一人民医院、市中医医院等21家医疗卫生机构设立的门诊镜检站共对“三热”（疟疾、疑似疟疾、不明发热原因者）病人进行血检672人次，无阳性病例。市疾病预防控制中心督查全市基层医疗卫生机构门诊镜检站工作，覆盖面100%；共复审血片268张，均为阴性，无误诊漏诊，制作合格率100%，染色合格率100%，清洁度合格率100%。

（朱云倩）

爱国卫生与健康促进

【农村改水改厕】 2020年，太仓市持续推进农村“厕所革命”，继续将农村户厕长效管护工作作为重点任务。全年完成提档改造农村卫生户厕602户，农村无害化卫生户厕普及率99.99%。

【健康城市建设】 2020年，太仓市持续推进健康场所“531”行动计划，璜

2020年12月3日，太仓市国家卫生城市苏州市级复审考核汇报会在太仓召开

（沈　静摄）

泾镇建成江苏省健康镇，城厢镇太丰社区、梅园社区等14个村（社区）建成江苏省健康村（社区），城厢镇永丰村等27家单位获评苏州市级健康场所。资产经营集团建成江苏省健康企业。新建健康步道、健康小屋等健康场景26个。江苏省太仓高级中学获省级健康促进学校金奖，江苏省太仓中等专业学校、市良辅中学、市高新区第三小学获省级健康促进学校银奖。市卫健委会同妇联命名健康家庭50户，推荐申报苏州市健康家庭10户。国家卫生城市复审苏州市级暗访成绩位列苏州第一，高标准通过苏州市级明察；浮桥镇通过国家卫生镇省级评估。浮桥镇浮桥村等3个村建成江苏省卫生村。48个江苏省卫生村通过复审后再获确认命名。

【健康教育与促进】 2020年，太仓市实现以村（社区）为单位的健康自我管理小组全覆盖，创新建组模式，扩大自管小组受众范围。开展市民健康素养提升工程，举办“娄东健康大讲堂”“肿瘤俱乐部”等公益活动142场，受众近万人次。持续做好健康生活方式指导员培训，累计聘任健康生活方式指导员1056人，二星级指导员218人。加强控制烟草危害干预，开展少年写劝控烟信、共唱控烟歌等控烟宣传系列活动，组建“无烟娄城啄木鸟”控烟监督员队伍，加强对重点控烟场所明察暗访，即时发现、上报公共场所禁控烟问题，整改相关控烟问题。检查公共场所4492家，下发整改通知书24份，处罚单位65家次、个人429人次。协助周至县中医医院和玉屏侗族自治县人民医院开设戒烟门诊。

【病媒生物防制】 2020年，太仓市持续开展病媒生物防制示范小区建设等活动，结合新冠肺炎疫情防控工作，开展环境综合整治，滋生地处置，推动病媒生物防制设施落实。实施“健康太仓灭蚊行动”等，开展灭鼠、灭蟑、灭蚊蝇等集中消杀行动，引入第三方开展绩效评估，提高全市病媒生物防控质量，全年无虫媒传染病发生。

（朱云倩）

计划生育

【“全面两孩”政策】 2020年，太仓市依法实施“全面两孩”政策，改革完善计划生育服务管理，实行生育登记服务制度。全年户籍人口出生2043人，办理户籍人口“一孩”生育登记1802例，“二孩”生育登记1601例。全年常住人口出生政策符合率99.99%，出生性别比96.07。全年流动人口出生政策符合率99.98%。

【计划生育奖励扶助】 2020年，太仓市落实计划生育奖励扶助制度，发放农村奖励金2652.95万元，惠及2.6万人；发放一次性奖励金1980.72万元，惠及5502人；发放特别扶助金1794.86万元，惠及2106人。计划生育公益金一次性救助家庭107户，发放公益金25.6万元。

【计生特殊家庭帮扶】 2020年，太仓市开展计划生育特殊家庭“三个全覆盖”（计划生育特殊家庭联系人制度、家庭医生签约服务、优先便利医疗服务）专项行动，落实双岗联系人制度，为全市1283户（2089人）计划生育特殊家庭，建立双岗联系人制度。将计划生育特殊家庭成员纳入重点签约对象，优先签约、优先服务，全年计划生育特殊家庭实现应签尽签。开通优先便利医疗服务。在开通市第一人民医院和市中医医院两家市级公立医院计划生育特殊家庭就医绿色通道基础上，港区、城厢镇等镇（区）分别出台计划生育特殊家庭就医优先优惠政策，为计划生育特殊家庭提供更加便捷有效的健康服务。

（朱云倩）

文　化

文化设施

【太仓市图书馆】 太仓市图书馆位于上海东路100号，国家一级图书馆，总建筑面积1.9万平方米，阅览席位900余个，藏书量146万册，与苏州地区公共馆外购共享CNKI中国知网、万方、维普、龙源等数据库15个，自建共建数据库8个，容量共14TB（数据存储单位，1TB=1024GB）。图书馆一层为少儿活动及阅览区域，设有少儿图书借阅室、亲子阅读区、多功能报告厅、4D影院等服务区域，其中少儿图书借阅室收藏少儿图书22万册、少儿报刊70余种；多功能报告厅面积150平方米，座位192个；4D影院座位32个。图书馆二层为综合服务区域，设有数字阅读空间、报刊阅览室、盲文阅览室等，其中：数字阅读空间设有非遗文化墙，包含200余种国家非物质遗产资源的介绍，读者体验区配备电脑36台和“超星阅读本”10台；报刊阅览室拥有杂志760种、报刊141种；盲文阅览室拥有盲文书籍800余册。图书馆三层为流通区域，设有文学阅览室和社科科技阅览室2个，开架书籍98.15万册。图书馆四层设有地方文献室、珍贵文献室、东仓书库、生活阅读空间等，其中：地方文献室陈列太仓地方文献3100余册；珍贵文献室陈列文献3000册；生活阅读空间设有“方寸之间”“立言之境”，举办各类阅读分享活动。2020年，太仓市图书馆接待读者69.9万人次，有效图书借阅证累计51.94万张（含市民卡），办理新证1650张，开通信用借阅电子证1.15万张；藏书总量146万册，新增馆藏9.11万册；全年外借册次102.5万册。全年馆内举办各类活动265场次，联合乡镇分馆举办140余场次，参与人员5.2万人次。“太仓市图书馆”微信公众号推文1122篇，阅览量54.49万次。3月，哔哩哔哩视频网站太仓市图书馆正式上线，拥有粉丝603人次，视频播放量8885次。

【太仓博物馆】 太仓博物馆是地志类综合性博物馆，成立于1987年，为江苏省内率先创办的县（市）级博物馆。2010年12月，太仓博物馆新馆落成；2011年1月，正式开放；2020年12月，被核定为国家二级博物馆。该馆地处市行政中心东南侧，建筑面积1.4万平方米，共五层，其中地上四层、地下一层。一层至四层为陈列展览区，地下一层为太仓万丰古船基本陈列，展区面积近7000平方米。主要陈列展览有太仓历史文化陈列、馆藏文物（陶瓷、青铜器等）陈列、大元瓷仓陈列等。另有临展区4个，可承办不同类型和题材的临时展览。太仓博物馆承担全国重点文物保护单位张溥故居和江苏省文物保护单位王锡爵故居的管理职责。2020年，太仓博物馆及下属张溥故居、王锡爵故居共举办临时展览15场，接待游客10万人次，讲解180余场，开展巡展和社教活动31场，按照省文物征集规程完成4件文物藏品征集工作。

【太仓市文化馆】 太仓市文化馆为国家一级文化馆，位于上海东路98号，毗邻太仓大剧院，建筑面积7648平方米。文化馆一层设有小剧场（座位387个）、化妆间、展示厅、多功能厅、舞蹈戏曲排练厅等场所，二层为办公用房，三层为公共电子阅览室、舞美中心办公室。文化馆配有小剧场、流动舞台、流动演出车、专业录音棚等现代化演出技术设备。市文化馆组织群众文化活动，开展群众文艺创作、全民艺术普及，收集整理和保护民族民间文化遗产，开展社会公共文化服务和对外文化交流等。馆内常设"娄东戏台""舞林会友""太仓乐坛""新太仓人子女免费艺术培训班"及各类艺术培训等常态化免费开放项目。

【宋文治艺术馆（太仓名人馆）】 宋文治艺术馆位于太仓市县府东街6号，占地1400余平方米，总建筑面积536平方米，由太仓市人民政府于1989年拨款建成。全馆分为艺术馆和松石斋（宋文治故居）2个组成部分。艺术馆为南北向，共15间。宋文治汉白玉雕像坐落院内。艺术馆楼下展厅展出宋文治代表作品60幅，系宋文治创作于20世纪40—80年代。楼上陈列明清书画作品30幅和宋文治艺术成果资料及名家字画佳作、古陶文物等。

太仓名人馆位于太平南路38号，与宋文治艺术馆一街之隔，2013年建成开放，总建筑面积4050平方米，展厅面积2072平方米。展陈内容涵盖从宋代至今的太仓名人115位。馆内分三层，一层、二层为展厅部分，三层为办公区域。名人馆分8个部分，分别展出文苑撷英、翰墨清芬、名宦乡贤、科教精英、梨园艺坛、实业名家、状元及第、中外院士等内容。太仓名人馆是苏州市爱国主义教育基地及时代精神教育基地，并作为宋文治艺术馆新馆，承担相关美术展览功能。

（陈启洪）

公共文化服务

【概况】 2020年，太仓市政府实事工程美术馆新建工程稳步推进，基层综合性文化服务中心标准化建设实现全覆盖，浮桥镇文体活动中心改建工程、陆渡街道文化中心基本完成建设。南园辅房工程完成建设，太仓家风馆和娄东园林展示馆完成布展并对外开放。太仓市推进沙溪镇文体活动中心工程建设，娄江新城文化艺术中心完成初步规划。完成应急广播体系建设，有线智慧镇（街道）建设通过省级验收。健全公共文化运行管理体系，印发《关于推进全市乡镇文化馆分馆建设运行的实施意见》，继续推进文化馆总分馆制建设。推动文化艺术类社团发展，完成修订《太仓市文化艺术类团体扶持奖励办法》。规范文艺活动开展，制定文化艺术类调研及采风活动相关管理制度。完善新时代文明实践文化平台素材库维护、服务配送、活动建设等工作。提升"文化太仓"云平台App活跃度，文化太仓以太仓市民参加文明实践活动作为服务对象，整合新时代文明实践中心五大平台（理论宣讲、教育服务、文化服务平台、科技与科普服务、健身体育服务）的服务与应用，提供基于互联网+的智慧文化建设方案，完善太仓市现代公共服务体系的构建。开展一站式线上线下文明实践活动，实现资讯发布、服务提供和应用整合。

2020年12月20日，太仓·常州两地交流音乐会在市文化馆举行
（市文体广旅局供稿）

【文艺精品创作】 2020年，太仓市推进"抗击新冠肺炎疫情"主题文艺作品创作，市文化馆开设线上抗疫专题"抗疫冲锋号"，征集各类文艺作品300余件，连续推出36期。歌曲《把秀发珍藏》获江苏省第十四届"五星工程奖"，美术作品《众志成城》入选江苏省文旅厅主办的抗疫主题美术作品展览，上海说唱《致敬红马夹》获第十届全省残疾人艺术会演曲艺类一等奖。在抗击疫情中因公殉职的民警位洪明事迹改编的沪剧大戏《小卫警官》以及沪剧大戏《星火》入选苏州市艺术基金扶持项目，并入围第二届苏州江南文化艺术国际旅游节展演剧目。

【电影戏剧】 2020年，太仓市受新冠肺炎疫情影响，至8月开始恢复农村公益电影放映，共计放映830场次，观众8万余人次。全市7家影院共放映电影3.7万场次，观众49.4万人次，票房收入1774.6万元。微电影《蓝月亮》获第八届亚洲微电影艺术节最佳作品奖、江苏电视文艺奖三等奖。锡剧小戏《吃里爬外》入选第二届江苏省戏剧小戏小品展演。市戏曲家协会举办长三角一体化建设文化交流系列活动，先后与上海滑稽剧团、越剧团、京剧院、独脚戏艺术中心、上海文艺事业发展中心等合作演出。

（陈启洪　丁志刚）

文化市场管理

【概况】 2020年，太仓市持续净化文化市场环境，加强文化市场监管，确保全市文化市场平安稳定有序。全年共出动执法人员3862人次，检查各类市场经营主体1276家次，受理举报113起，开出责令改正通知书37份，拆除非法安装的地面卫星接收设施63个，收缴非法出版物1612册、光碟350盘，查处文体广旅市场违法违规行为14起。

【文化场所复工复业防控检查】 2020年5月，太仓市文体广旅局执法人员按照《苏州市互联网上网服务场所（网吧）、娱乐场所等经营单位复工指南》《太仓市网吧、娱乐场所等经营单位复工指南》等文件要求，重点检查场所有无落实入场检测登记制度、有无实施限流措施、场所内有无做好员工健康监测、有无配备口罩等防护物资、内外公共部位有无全面清洁消毒、场所有无经常性通风换气，场所内消防设施是否完好有效，疏散指示标志、应急照明、消防器材等配置是否齐全，疏散通道是否畅通无阻。对防控措施不到位、存在安全隐患的场所责令其立即整改，做好新冠肺炎疫情防控和安全生产工作。

（陈启洪）

媒体融合

综　述

【概况】 2020年，太仓市持续深化媒体融合改革，推进媒体深度融合，实施全媒体传播工程，做强新型主流媒体。年内，根据媒体融合功能定位以及原太仓日报社、原太仓市广播电视总台人员结构和生产流程实际情况，启动资产、人员及办公区域重组。6月，太仓市融媒体中心（传媒集团）机构改革完成。中心（集团）采用“两块牌子、一套班子”管理体制，保留太仓日报刊号、太仓广播调频FM96.7、太仓电视台播出呼号。原有苏州好报文化传媒有限公司、太仓市传媒文化发展有限公司由市资产经营集团有限公司划归传媒集团。中心设立党政办公室、人力资源部、经管财务部、综合后勤部、总编办公室、新闻采访部、报刊编发部、电视编辑部、广播节目部、新媒体运营部、融媒设计部、智慧服务部、综艺活动部、技术保障部、产业经营部、项目拓展部等内设机构16个。

【融媒体项目建设】 2020年，太仓市融媒体中心技术平台建设启动，在平台服务、内容建设、人才技术等方面加快融合步伐，构建网上网下一体、内宣外宣联动的媒体深度融合新模式。实施“中央厨房”改造，对接省广电总台“荔枝云”平台技术系统，打造移动端党媒旗舰“太融e”App。11月17日，太仓市应急广播体系建设项目通过省广电局验收。12月28日，市融媒体中心“中央厨房”正式启用；“太融e”App上线发布，该App是具有综合服务功能的移动端党媒旗舰。年内，完成全媒体直播室改造、广播设备机房整体搬迁改造及太仓市应急广播播控平台、信息制播系统建设。

【全媒体传播】 2020年，太仓市加快构建“融为一体、合而为一”全媒体传播格局，打通“报、台、网、端、微、屏”传播平台，建立“融媒体统筹、新媒体首发、全媒体跟进”运行模式。开设官方微博、微信订阅号、微信服务号、新闻客户端、新闻网站及各类平台账号12个。年内，“太仓融媒”微信公众号、“太仓日报”微博推送稿件2961篇，年总阅读量679万人次，向“学习强国”App供稿2897篇。延续发挥传统平台和渠道作用，强化互联网思维，实现传统媒体和新兴媒体交融并存、网上和网下一体发展态势。推进媒体深度融合、做大做强主流舆论。全年举行“2020年太仓金仓湖龙舟竞赛”直播、南洋广场“夜太美·姑苏八点半”系列活动直播、2020年“中国农民丰收节”庆祝活动直播、2020年沪太协同发展推介会直播及“主播走乡村带您购好物”“网聚青力量助农促消费”“为爱拼单助力小康”网络带货等全媒体直播活动90场次。

【“媒体＋政务服务商务”融合】 2020年，太仓媒体融合发展迈入新阶段，探索“媒体＋政务服务商务”融合模式，加快推进市、镇两级乡村振兴大数据中心平台建设，拓展大数据＋区块技术在农业生产管理、农产品质量追溯、农产品电商营销、农村环境治理、农村

2020年12月28日，太仓市融媒体中心举行中央厨房暨“太融e”App上线发布仪式举行

（计海新摄）

集体“三资管理”等领域的应用。市融媒体中心与璜泾镇政府合作，将农业物联网、农业大数据及区块链技术深度融合，在江苏乃至全国率先启动智慧农业区块链产业园项目规划建设。该项目以璜泾现代农业产业园区规模集约化土地资源及高度的组织化管理模式为基础，建设智能化、无人化操作的璜泾镇智慧农场，逐步建立从产地到餐桌的农产品质量追溯系统、农产品电子商务系统、农产品物流配送系统。璜泾镇乡村振兴大数据中心共设智慧农业、智慧农机、智慧水利等数据模块28个，主要依托“物联网+”，在农业生产、农机管理、农田灌溉、河道监测等方面，铺开一张“智联网”，推进农业生产智能化、智慧化；依托“5G+大数据”，对乡村振兴试点村发展、美丽乡村建设点位、农村人居环境整治成效等方面建设一张“监控网”，实现农业农村发展信息化、长效管理可视化；依托区块链技术，在农产品质量追溯、农村集体“三资”管理等方面进行精细化、智能化管理的探索与尝试。10月22日，人民网报道《江苏太仓：“媒体+政务+服务+商务”激发乡村振兴新动能》。

2020年太仓市融媒体中心部分创优获奖作品一览表

表56

序号	主题	主创	奖项
1	太仓市乡村振兴大数据中心项目	太仓市融媒体中心	2020年中国报业深度融合发展创新案例奖
2	微电影《蓝月亮》	何庆华 张 可 朱 青 达潮波 黄 帆 顾如刚 朱智航	第八届亚洲微电影艺术节最佳作品奖
3	“内容＋科技”：打通农村防疫情促生产的“最后一百米”	太仓市融媒体中心	全国县级融媒“基层综合服务平台创新举措”优秀案例
4	太仓中欧“卡车航班”首发	薛海荣 徐盛兵	2019年度中国县市区域报新闻奖一等奖
5	太仓为乡村振兴装上“智慧芯”	李 华 徐盛兵	2019年度中国县市区域报新闻奖一等奖
6	蘑菇云刚散，他就冲入爆心取样	周 斌 徐 静 徐盛兵	2019年度中国县市区域报新闻奖一等奖
7	庆祝新中国成立70周年特刊	顾 怡	2019年度中国县市区域报新闻奖一等奖
8	移动的“海上城市”	计海新 周 斌 刘少树 杨 芳	2019年度中国县市区域报新闻奖一等奖
9	壮丽70年·奋斗新时代——对口帮扶融媒行	周 斌 周 琦 徐 静 夏凤丹	中国县市报研究会“壮丽70年·奋进新时代”庆祝中华人民共和国成立70周年主题新闻竞赛一等奖
10	微视频《女儿》	鲍育兴 吴湘丹	中宣部“学习强国”学习平台“我爱我的祖国”微视频、摄影作品大奖赛三等奖
11	“内容＋科技”：打通农村防疫情促生产的最后一百米	太仓市融媒体中心	2020年江苏省广播电视媒体融合优秀案例——融媒体抗疫宣传优秀案例奖
12	全国首个县级乡村振兴大数据中心	太仓日报社	江苏省出版传媒融合发展优秀案例奖
13	原创短视频《云而有信》	高 峰 朱 青 张 可 达潮波 朱智航 黄 帆 顾如刚	江苏省委网信办“遇见美好生活”长三角原创短视频大赛一等奖
14	打下第一桩，南沿江铁路太仓段正式开工	王 倩 计海新 邢智丰 夏凤丹	2019年度江苏省县市融媒优秀作品奖一等奖
15	内容＋数据：服务乡村振兴的“头等舱”——太仓日报建设乡村振兴大数据中心的实践思考	张 忠 陆雪苑	2019年度全省好新闻奖新闻论文二等奖
16	县级融媒体中心建设的难题与对策	茅震宇	2019年度江苏省优秀广播电视节目政府奖（第十六届江苏省广播电视学术论文奖决策管理研究及其他）二等奖（兼获苏州一等奖）

续表 56

序号	主题	主创	奖项
17	以梅为品的朱屺瞻	张　清　杨丽峰 叶晨恺	2020 年度江苏省广播节目录制技术质量奖（语言类）二等奖、2020 年度苏州市广播节目技术质量奖二等奖
18	快乐出行	杨丽峰　张　清 潘宇迪	2020 年度江苏省广播节目录制技术质量奖（片花类）二等奖、2020 年度苏州市广播节目技术质量奖一等奖

（李晓红）

电　视

【概况】 太仓市建有 158 米高的调频电视发射塔 1 座，800 平方米综艺演播厅、高清新闻演播厅、全媒体高清虚实结合演播室等 18 个演播室、直（录）播室、配音间和 5.1 声道录音棚，拥有 8+2 讯道高清电视转播车 1 台。2020 年，太仓电视有太仓新闻频道、娄东民生频道、扬帆生活频道、影视娱乐频道等，截至年底，共开设自办电视栏目（节目）18 个，日均首播时长 70 分钟。全年公共电视节目播出时间 5840 小时，全年自制电视节目播出时间 3285 小时，全年制作电视节目时间 401 小时。

2020 年 4 月 16 日，原创脱贫攻坚主题微电影《蓝月亮》首映式在市融媒体中心综艺演播厅举行　（姚　松摄）

【电视新闻宣传】 2020 年，太仓电视新闻宣传以《太仓新闻》栏目为主，访谈栏目《相逢》、新闻评论栏目《新闻勇报》为延伸补充。《太仓新闻》全年制作 365 期，其中电视手语新闻节目 46 期，共播出新闻 7000 余条。年内，完成沪苏通铁路通车暨太仓站启用、娄江新城建设推进会、重点项目建设推进会、中德智能制造峰会、2020 年中国（太仓）航空航天产业峰会等重大活动报道。开设《不负韶华再出发》《辉煌十三五·夺取双胜利》《让投资创业最舒心》《脱贫攻坚融媒行》《文明之风吹遍幸福太仓》《高铁来了》《苏州人家的小康生活——走进百村千企万户》《夜太美》《区镇项目建设聚焦》《民生实事探访》等新闻专栏和系列报道 40 多个。制作播出《防控疫情·太仓在行动》《我是党员我先上》《重整旗鼓·共同抗"疫"》《我的战"疫" volg》等新冠肺炎疫情防控主题报道。年内，中央电视台收录太仓新闻稿件 15 条，江苏台收录太仓新闻稿件 187 条，苏州台收录太仓新闻稿件 538 条。

【电视社教综艺节目】 2020 年，太仓电视开设社教综艺类节目 15 个，其中自办节目 6 个，分别为《太仓闲话》《来赛了，我的娃》《娄城大爱》《娄东戏台》《梦江南》《成长乐园》；与市级部门联办节目 8 个，分别为《光辉太仓》《警方在线》《发展太仓》《绿色家园》《聚焦三农》《市场监管》《娄江夕阳红》《卫生与健康》；自办生活资讯类节目 1 个，即《生活在线》。全年拍摄制作《抗疫在行动》《身着白衣心有锦缎》《改变之路》《栉风沐雨铸大爱》《中德智能制造太仓经验》等短视频和宣传片 30 余部，微电影《蓝月亮》获亚洲微电影艺术节"最佳作品"奖，短片《云而有信》获长三角原创短视频大赛一等奖。

【电视综艺活动】 2020 年，太仓市举办大型电视综艺活动 30 余场次，主要包括"金鼠迎春·福满娄城"太仓市电视春节联欢晚会、太仓市少儿春节联欢晚会、"同心抗疫"主题冬训公开课暨"娄城乡音——定制宣讲"课程发布活动、"助力火红年代"苏州市离退休干部党员"云"主题党日活动、太仓市纪念"五四"运动 101 周年暨庆祝建团 98 周年主题团日活动、"同心抗疫·礼赞天使"太仓市庆祝"5·12"护士节主题活动、"学习强国"江苏学习平台线下系列活动太仓市专场、长三角区域（嘉温昆太）好家风好家训"云"宣讲暨太仓市第 11 届家庭文化艺术节开幕式、"郑和杯"中德青年创新创业大赛颁奖典礼、江苏省暨苏州市网络安全宣传周"青少年日"主题活动、第 16 届苏州"社保情"文艺会演、《县域养老：太仓养老服务透视》发布会暨太仓养老高质量发展推进会、"江苏省道德模范与身边好人（苏州·太仓）现场交流活动"等专题活动。

（李晓红）

2020年1月18日，"金鼠迎春·福满娄城"太仓市电视春节联欢晚会在融媒体中心综艺演播厅举行 （姚 松摄）

广 播

【概况】 2020年，太仓广播共开设广播自办栏目6个，全天播音16小时。其中，《早安太仓》《欢乐晚高峰》《有事我帮忙》《乐活太仓》为直播节目，总时长5.5小时；《太广新闻》《把耳朵叫醒》为录播节目，总时长1.5小时；转播节目1档，时长0.5小时；合作翻录节目8小时。调频FM96.7播出时长5284小时，其中直播节目1072小时。

【广播特色节目及活动】 2020年，太仓广播与太仓市委宣传部联合推出《娄东之声》公益报时栏目，全年播出10期。由太仓市政府办主办、太仓广播承办的《民声专线·政务直通车》节目通过太仓市人民政府网、调频FM96.7太仓广播、"太仓融媒"微信公众号、"太融e" App同步播出，全年共播出各类主题节目10期。太仓广播与市心理协会联合开办《心灵花园》栏目，为市民提供心理疏导，全年共播出40余期。制作播出新冠肺炎疫情防控宣传片花50余条，播放6000余次。开展"青春邀约·8090俱乐部"等广播线下活动30余场。7月1日，太仓广播与苏州新闻广播、苏州交通广播、上海长三角之声、上海交通广播、南通新闻广播、南通交通广播、常熟交通新闻广播联合举行"驰骋新时代，逐梦长三角"——沪苏通长江公铁大桥暨沪苏通铁路开通运营融媒直播活动。

（李晓红）

报 刊

【概况】《太仓日报》为对开8版全彩周六报，每周出版48版以上。2020年出版301期，由苏州日报印务中心承印，太仓市邮政局发行，每期发行量约2万份。年内，《太仓日报》以"权威可读、服务互动"为宗旨，创新栏目设置和版式美化，增强与读者互动性，开设《要闻》《民生》《观点》《影像》《深度》《网事》《"三农"报告》等新闻版面和《创新》《法治》《小记者》《乐活》《金融》《墨妙亭》等政务、生活周刊。

【报刊新闻宣传】 2020年，《太仓日报》围绕全市重大项目、重点工程、重要任务，开展新闻主题宣传。全年开设《新春走基层》《文明在身边》《让投资创业更舒心》《曝光台》《拥抱高铁新时代·跑出发展加速度》《走向我们的小康生活》等专栏25个。常态化开设《擘画大蓝图，激情大跨越》专栏。推出《众志成城·防控疫情》特别报道50多个版面，开设《党旗在"疫"线飘扬》《娄城有爱·抗疫有我》《文明太仓与抗疫同行》等专栏。制作《拥抱高铁新时代》特刊32版、《辉煌"十三五"·奋进新时代》特辑52版。

（李晓红）

网络媒体

【概况】 2020年，太仓市网络媒体发展总体平稳，微信平台新媒体在规范中稳步发展，抖音等短视频平台新媒体因其传播及时、互动性强等特点获得快速发展，影响力、传播力持续增强。新媒体成为太仓新闻宣传与信息传播的主要渠道，传统媒体新媒体号"太仓融媒"在微信平台实践"新闻+服务"形式，探索媒体融合与智慧政务互融共进路径，关注人数约12万人。全市自媒体微信公众号多数定位清晰，"太仓123""山梨酱""太仓零距离""太仓房天下"等均有一定粉丝基础。

【政务新媒体发展】 2020年，太仓市加强党对政务新媒体的管理，强化政务新媒体矩阵传播力建设，增强全市政务新媒体向心力和凝聚力，强化日常监管和运维保障，提升政务新媒体建设水平。借助5G技术，各地各部门政务新媒体在典型宣传、主题活动、舆论引导等方面创新传播方式，向可视化、智能化转型，激发政务宣传活力。政务新媒体紧扣账号定位与用户需求，拓展业务覆盖面，医疗、教育、交通等与民生密切领域建成较为完备的网络服务平台。"太仓发布"作为太仓市政府新闻办官方微信、微博，"太仓发布"微信公众号全年共推送文章1204篇，16篇推文阅读量10万余次，年阅读总量2000万次，累计关注人数17.5万人；"太仓发布"微博账号共推送文章2130篇，年阅读总量1374.3万次，累计关注人数65.3万人。

（丁志刚）

遗产保护

【物质文化遗产保护】 2020年，太仓市完成全国重点文物保护单位天妃宫遗迹、江苏省文物保护单位王锡爵故居修缮工程，并通过省级验收，完成太仓市文物保护单位朱氏老宅主体修

2020年11月，太仓市启动伯勋桥修缮工作　　（市文体广旅局供稿）

缮、太仓博物馆馆藏纸质文物修复验收，完成全国重点文物保护单位张溥宅第屋顶维修方案上报工作，指导江苏省文物保护单位龚氏雕花厅开展维修。启动太仓市文物保护单位阅兵台、南园和文物古建控制保护单位盛氏居民住宅、新发现的文物点伯勋桥等修缮工程。

【非物质文化遗产保护】 2020年11月，太仓市印发《太仓市非物质文化遗产扶持办法》，做好太仓市非物质文化遗产（以下简称“非遗”）保护传承工作，推动太仓优秀传统文化繁荣发展，满足人民群众精神文化需求。贯彻“保护为主、抢救第一、合理利用、传承发展”方针，坚持依法保护、科学保护原则，坚持社会主义先进文化发展方向，传承和发展中华文化，传播社会主义核心价值观。加强非遗保护管理工作，提高非遗保护传承人和非遗保护单位保护传承的积极性，促进太仓市非遗的传承与发展。成立非遗专家委员会，评审辖区内的非遗项目，考核非遗项目代表性传承人与保护单位，审核非遗项目代表性传承人或保护单位出版作品，鼓励促进非遗发展，开展非遗交流等。年内，认定公布太仓市第四批非物质文化遗产项目代表性传承人14人，推荐4名非遗传承人申报第五批苏州市级代表性传承人，通过第二次苏州市级非物质文化遗产代表性项目保护单位评估16家。制作《画说非遗》宣传册，以漫画形式，推广宣传市非遗项目。组织太仓市非遗项目——风筝制作技艺参加“匠心之美”苏州非遗传统技艺展，宣传太仓非遗传统文化，满足广大群众精神文化需求。以国际博物馆日、世界文化遗产日等纪念活动为契机，开展非遗项目展览、展示，扩大文化遗产保护的社会影响。

（陈启洪）

2020年6月19—20日，太仓市举行“多彩夏日·活力娄东——文化和自然遗产日”非物质文化遗产展示展演。图为双凤龙狮制作技艺展示

（市文体广旅局供稿）

编史修志

【概况】 2020年，太仓市统筹推进党史编研、地方志编修和《太仓年鉴》编纂出版等工作。市史志办持续修改完善《中共太仓地方史（1978—2002）》第三卷初稿，并启动2002—2012年资料编写整理工作，完成《庆祝中国共产党成立100周年——太仓100件重大事件》（暂定名）初稿编写；全市镇村志、专业志工作进度加快，建置镇志书整体进入出版阶段，中国名村志《电站村志》通过省级终审验收；《太仓市扶贫协作和对口支援志》编纂工作进入收尾阶段，同时编印出版《守望相助、一路同行——太仓援建工作巡礼》图册；11月，《太仓年鉴（2020）》正式出版发行，《太仓年鉴（2019）》获评全省年鉴质量评审一等奖（最高）。年内，全市首部镇级年鉴——《浏河年鉴（2020）》启动编纂。市史志办继续抓好地情文化宣传，运行维护“太仓史志”微信号和太仓史志地情网，全年推送宣传文章、工作信息等35篇，多篇文章被“方志江苏”“学习强国”等平台转载。

【党史编研】 2020年，太仓市继续推进《中共太仓地方史（1978—2002）》第三卷编写完善工作，制订统稿计划，重点修改完善前期形成的第三卷纲目及正文初稿，至年底，完成前4章统稿工作。结合党史第三卷下限延至2012年的实际情况，开展2002—2012年资料编写整理工作，年内基本完成资料收集，并形成初稿2章。为庆祝中国共产党成立100周年，回顾党的奋斗历程和光辉历史，启动编写《庆祝中国共产党成立100周年——太仓100件重大事件》，至年底基本形成全书初稿。

【地方志编修】 2020年，太仓市围绕修志工作重点，做好乡镇志编修推进和专业志编纂指导等工作。年内，全市8部建置镇志书整体进入出版阶段，其中《沙溪镇志》5部（含分卷4部）和《陆渡镇志》1部共6部志书完成出版社三审。专业志工作成果明显，《太仓市老干部工作志》和《太仓市环境保护志》于下半年出版发行，两部志书均全面系统反映所在部门和行业的历史现状，为保存专业历史、推动开创新的部门和行业工作提供历史经验及智慧。市史志办继续加强在编志书的编纂指导，全年指导《城厢镇志》《新毛镇志》做好终审后的修改工作，开展《鹿河镇志》《太仓市社保志》终审阅评修改，指导《太仓高新区志》《板桥镇志》《闸北村志》3部志书启动编修，做好启动培训和篇目商定等工作，其中《闸北村志》为全市第一部太仓市名村志。年内，《太仓市政法志》、中国名村志《电站村志》通过验收，进入出版阶段。

【《太仓市扶贫协作和对口支援志》编纂】 2020年，《太仓市扶贫协作和对口支援志》（以下简称《援建志》）编纂工作取得阶段性成果，至年底志书进入出版社二审阶段。在编纂《援建志》基础上，为进一步宣传太仓援建工作成果，弘扬奋斗奉献的援建干部精神，对太仓《援建志》进行创造性转化，市史志办选取《援建志》资料中的生动故事和典型照片，编印出版《守望相助、一路同行——太仓援建工作巡礼》图册，于年底正式发行，同时作为太仓"两会"资料面向委员、代表发放。

【年鉴编辑出版】 2020年，太仓市年鉴工作继续坚持编写框架的创新规范，编纂工作围绕框架微调、组稿编辑、校对修改、送审出版等环节展开，在全面、系统反映全市主要工作的同时，突出太仓地方特色和年度亮点。10月，《太仓年鉴（2020）》送审稿通过市政府审核。11月底，全市第24部综合年鉴——《太仓年鉴（2020）》正式出版发行，全书仍保留类目16个，共设分目74个、副分目175个、条目1118个，约95万字，全书使用图表106张、照片296幅。"封面故事"以"幸福金太仓"为主题，简要介绍太仓市第八次获评"中国最具幸福感城市"的相关情况；在"视觉太仓"中新设置"回望70年"专题，选取大量新旧照片，反映中华人民共和国成立70年间太仓翻天覆地的变化；在"特别报道"中突出县域养老太仓模式等内容，贴合太仓长寿之乡的特点。结合全市机构改革实际，继续微调编写框架。《太仓年鉴（2020）》一经出版，便面向全市各区镇和机关事业单位赠阅发行，同步在太仓史志地情网发布电子版。同时还通过"太仓史志"微信号向社会少量赠阅，扩大年鉴读者面，提升年鉴影响力。

【省地方志办调研全市地方志工作】 2020年4月22日，江苏省地方志办公室二级巡视员许善军一行到太仓市沙溪镇调研地方志工作。调研会上，沙溪镇党委副书记龚文彬介绍沙溪镇基本镇情和产业特色，汇报沙溪镇近年来地方志工作开展情况，特别是该镇采用"1+4"编纂模式，5年完成《沙溪镇志》主卷1部、撤并镇分卷4部的修志过程及主要做法，并汇报《中国名镇志·沙溪镇志》筹备和纲目编制情况。市史志办主任顾鸿飞汇报部门机构人员情况及近年全市地方志工作坚持"强化优势、力补短板、多业并举"工作思路所取得的成绩，重点汇报在推进新一轮乡镇志编纂工作中遇到的难点问题，并表明攻坚克难的决心，提出初步解决方案。苏州市地方志办公室副主任陈其弟介绍苏州市近年开展乡镇志编纂全覆盖及在名镇名村志编纂工作中主动服务、靠前指挥的主要做法。许善军肯定苏州地方志工作，并提出三点要求：一要加强对名镇名村志编纂工作重要性的认识，继续做好终审志书的打磨工作，同时要开拓思路，以更新的理念展示出名镇名村的美好风貌。二要挖掘好名镇名村的"新、美、特"，以志书的形式写好乡愁乡思乡忆，提升读者对家乡的归属感。三要确保志书的权威性，强化精品意识，确保最终出版的志书结构合理、内容丰富、特色突出，在内容和表现形式上都要经得起历史的检验。

2020年4月22日，省地方志办到沙溪镇调研市镇两级地方志工作

（邢友来摄）

【《电站村志》通过省级终审】 2020年4月23日，中国名村志《电站村志》终审会在太仓市城厢镇电站村生态园召开。江苏省地方志办公室二级巡视员许善军、苏州市地方志办公室主任陈兴南及常州、昆山、吴中地方志部门的专家参加终审会，会议就《电站村志》的编纂思想、篇目结构、内容记述、体例规范等方面开展评审。与会专家一致认为，《电站村志》指导思想明确，政治思想正确，篇目较为合理，内容比较翔实，融思想性、科学性、资料性为一体，客观记述太仓市城厢镇电站村的发展历史和产业特色。全书设置的生态农业、乡村旅游、工业走廊、温馨家园、精神文明等篇目，较好体现电站村村情特点和地域特色，是一部较为成熟的名村志终审稿。同时，与会专家对《电站村志》在完善篇目结构、优化提升内容、规范行文表达等方面提出具体修改意见和建议。《电站村志》于2018年启动编纂，是太仓市第一部正式编纂的村志，先后完成中国名村志、江苏名村志的申报工作，也是苏州市唯一一部以生态农业、乡村旅游为特色而列入国家名村志后备序列的志书。苏州市地方志办公室副主任陈其弟宣读《电站村志》通过终审的最终意见。市史志办主任顾鸿飞表示继续协助《电站村志》编委会做好终审会后的修改工作，及时总结村志编纂经验，推动全市村志工作有序开展。苏州市地方志办公室主任陈兴南对《电站村志》通过终审表示祝贺，要求《电站村志》编纂人员在市县两级地方志部门的指导下，结合终审意见修改志稿，提高站位，彰显特色，发挥《电站村志》示范作用。

2020年8月20日，《浏河年鉴（2020）》编纂工作会议在浏河镇召开
（浏河镇供稿）

【《浏河年鉴》启动编纂】 2020年8月20日，浏河镇召开《浏河年鉴（2020）》编纂工作会议，标志太仓市首部镇级年鉴——《浏河年鉴》正式启动。会上，浏河镇党委组织委员黄莉部署年鉴启动工作，要求各撰稿单位围绕大局，保证质量，协同配合，确保圆满完成年鉴编纂任务。市史志办主任顾鸿飞在肯定浏河镇地方志工作取得较好成绩的同时，就年鉴工作提出具体要求，强调各部门要认识开展镇级年鉴编纂的重要意义，打造彰显浏河特色的精品力作，发挥引领表率作用，坚持做到“一年一鉴、公开出版”，为全市其他镇区启动镇级年鉴总结经验。市史志办为《浏河年鉴》撰稿员开展专题辅导，具体讲解年鉴定义、框架设置、条目特点、稿件编写等业务知识，针对年鉴撰稿、编辑校对中的常见问题及年鉴行文规范进行详细说明。12月初，《浏河年鉴（2020）》通过市史志办审核，进入出版社审校阶段。

【史志地情宣传】 2020年，市史志办立足部门职能，发挥资政、存史、育人作用，挖掘党史资源和方志文化，面向社会开展史志地情宣传工作。每月在“太仓史志”微信号上推送红色人物、红色事迹等党史宣传文章，利用党史宣传阵地开展爱国主义教育，同太仓博物馆一起做好太仓革命历史陈列馆的更新改造工作。全年编发推送《沪太路百年史》《四位太仓人推动三部巨著》等人文历史文章10余篇，向社会大众传播太仓地情历史，推介太仓优秀文化。参与太仓廉砖文化、家风文化的挖掘整理和撰文工作，开展太仓优秀文化课题研究，为廉政教育基地提供文本资料。年内，邀请史志特约研究员在暑假期间开展地情文化讲座，面向青少年学生授课8次。

（邢友来）

档案管理

【概况】 2020年，太仓市档案管理工作坚持“为党管档、为国守史、为民服务”职责，增强全社会档案意识，释放档案资源潜能。市档案馆开发利用馆藏档案，通过开展专题展览、公益讲座、媒体宣传等活动，发挥社会教育功能，传承红色基因，增强文化自信。截至年底，馆藏档案总计全宗群9个、全宗234个、32.09万卷、43.6万件，资料1.52万册，书画档案2054幅，照片档案14.06万张。年内，持续加强档案信息化工作，启动智慧档案馆建设。

【民生档案管理】 2020年，太仓市档案馆接收进馆档案37家单位3953卷、1.81万件，包括2019年“出生医学证明”8222份、独生子女档案14卷、浏河镇拆迁档案332卷等民生档案。市档案馆查档窗口全年为群众免费查阅民生档案1.15万人次，调卷1.26万卷，出具证明1.02万份。在全市各镇便民服务中心开通民生档案基层查阅窗口，全年为群众提供查档服务753人次。

2020 年 11 月，璜泾镇便民服务中心“1+N”档案查询窗口　（王歆怡摄）

【疫情防控档案归集】 2020 年，太仓市档案馆建立新冠肺炎疫情防控档案，做好疫情防控期间各种载体类型档案的收集工作。年内，共接收疫情防控指挥部等 48 家单位疫情防控档案进馆，征集太仓援鄂医疗队员捐赠的定制机票、纪念册等实物档案 7 件，以及抗疫照片、工作文件等其他档案 413 件。

【特色档案征集】 2020 年，太仓市继续开展特色档案征集工作。年内，市档案馆征集照片档案 4138 张、礼品档案 9 件、荣誉档案 3 件等。征集清末太仓爱国实业家朱恺俦亲笔书信、股票凭证、证书、老照片等珍贵资料 86 件。

【基层档案工作和档案安全检查】 2020 年，太仓市提高档案安全风险防范和保障能力，确保档案馆库、档案实体和档案信息安全。建立档案安全检查长效机制，档案安全检查重点单位 8 家，现场检查单位 10 家。对全市各区镇、机关、企事业等 87 家单位开展档案年度检查（评价）工作，指导 24 家测评单位和 108 家复查单位开展档案星级测评及复查工作，市城投集团、市审计局通过省五星级测评。年内，市档案馆全面清点检查和重新排架馆藏所有档案，检修保养库房密集架，确保馆藏档案安全。

【档案编研宣传】 2020 年，太仓市档案馆出版馆藏第三本地方名人丛书《朱恺俦纪念文集》和第三本书画集《沧江墨韵》。年内，启动《太仓红色档案选编》编辑工作，回顾中国共产党建党初期的艰辛岁月和光辉历程。10 月，举办“幸福金太仓，携手奔小康”主题图片展，在市图书馆、市行政中心、万国码头创意中心和市档案馆展出，展览分“党的建设”“城乡巨变”“经济腾飞”“社会和谐”“民生幸福”“扶贫援建”6 个方面，通过档案史料和图片资料，反映太仓小康社会建设发展历程，以及在精准脱贫扶贫过程中取得的成果，让更多市民了解家乡发展变化。做好国际档案日系列宣传活动，制作电视专题片《相逢：探访档案馆》，在《太仓日报》刊登档案专版，开展档案法律法规宣传活动；开展未成年人建档培训和宣传活动，举办援鄂抗疫先进事迹报告会和抗疫档案捐赠仪式。　（王思诗）

【城建档案管理】 2020 年，太仓市共办理建筑安装工程报建登记项目 219 个，报建总面积 421.97 万平方米；办理建设工程档案移交手续 157 个，总建筑面积 515.9 万平方米。为城建档案需求人提供免费档案查询利用 1870 人次，利用案卷 2.77 万卷。年内，改进完善建设档案管理新系统，为工程建设相关单位提供便捷化服务。加强第三方档案整理服务机构指导，多次组织建设档案业务工作培训，安排专人对各家档案整理公司开展指导服务，提高档案整理质量和工作效率，确保入库档案合格、规范、完整。做好建设档案声像编研工作，拍摄专题片《航拍太仓》。新冠肺炎疫情期间，拍摄《太仓 2020 年高速封城实录》，保留城市记忆。市城建档案馆通过 2020 年全省建设档案馆目标管理评估“省示范城建档案馆”认定复查。　（董长根）

2020 年 11 月 3 日，太仓市档案馆举行《朱恺俦纪念文集》发行暨朱恺俦档案资料捐赠仪式　（王歆怡摄）

太仓市哲学社会科学界联合会

【概况】 2020年，太仓市社科工作坚持以习近平总书记在哲学社会科学工作座谈会上的讲话为指导，牢记“为党委政府决策服务，为经济社会发展服务”宗旨，围绕市委市政府中心工作和省、苏州社科联工作部署，创新思路、创设载体、创优品牌，推动全市哲学社会科学再上新台阶。年内，市社科联开展社科研究，征集社会科学研究课题，开展社科普及工作，加强社科管理和业务指导。

【社科研究】 2020年，太仓市社科联组织引导全市社科团体和社科工作者学习研究中共十九届四中、五中全会精神，营造理论学习研讨氛围。邀请相关专家学者评选产生2019年度太仓市优秀社科研究课题35个，并表彰奖励。围绕全市经济社会发展大局，针对创新转型、融入上海、改革开放、城乡融合、生态建设、民生改善等重点，征集2020年度太仓市哲学社会科学研究课题，共收到申报课题103项。《高中国学课程设计与实施的研究》和《推进移风易俗引领文明新风的对策研究》2个课题获2019年度“江苏省社科应用研究精品工程”市县专项立项。组织报送2020年度“江苏省社科应用研究精品工程”市县专项课题3个、2020年度“江苏省社科应用研究精品工程”课题5个、苏州市第15次哲学社会科学优秀成果5个、2020年度苏州市社会科学基金项目（应用对策类）6个，推荐苏州市新型智库调研基地12家。市档案学会文章《从太仓馆藏书画看娄东画派》被评为苏州市第15次哲学社会科学优秀成果奖三等奖。出版发行《张溥评传》和《娄东文化通览》等书籍。

【社科普及】 2020年，太仓市社科联配合做好新时代“苏州精神”调研工作，接待课题组到太仓调研，走访相关点位，组织座谈，修改报送涉及太仓的内容。在中区社区举办第15届社科普及宣传周开幕式，市教育学会、档案学会、税务学会等10家社科团体和新华书店现场摆摊，发放宣传资料，提供业务咨询，参与群众近200人。继续提升“学客空间”项目，新增萧茜宁驿站、樊登读书（太仓服务中心）点位2个，指导相关区镇做好与各点位签约事项，完成樊登读书（太仓服务中心）、市图书馆报告厅、天镜湖24小时图书馆氛围改造。根据内刊主管部门要求，调整《太仓社科论坛》版面设计，加强稿件送审制度、编辑责任制度和出版质量跟踪制度管理，彰显“弘扬主旋律、增强针对性、当好智囊团、发出最强音”办刊理念，保证刊物质量与水平，刊发理论性、应用性文章近60篇。优化“太仓发布”政务微信“娄东视点”栏目，改版“学习新思想”“视听加油站”“弇山撷英”等板块，累计发布各类文章250余篇。《太仓日报》刊发“娄东大讲堂”10期。

【社科管理】 2020年，太仓市社科联召开第三次代表大会，部署社科工作，选举产生市社科联第三届理事会和新一届领导班子。贯彻落实意识形态工作责任制，制定《太仓市社科类社会组织意识形态工作引导和管理办法（试行）》，发挥全市社科类社会组织在意识形态建设中的作用。摸排机构改革后各地各社科团体相关情况，组织填报《各区镇（街道）社科工作联系表》《各社科类社会组织基本情况表》《各社科类社会组织工作联系表》等，将市勤廉文化研究所、青年工作研究会、新视野社会发展与研究中心等10家机构纳入社科团体，由社科联进行业务指导。举行全市社科系统中共十九届五中全会精神宣讲会。

（蒋晓晨）

体　育

综　述

【概况】 2020年，太仓市体育工作持续巩固提升体育惠民、竞技强市、产业兴市，完善体育治理体系、提高体育治理能力。加快公共体育服务体系建设，开展全民健身运动，做好公共体育设施建设，适应不同群体的健身需求。做好重大体育设施规划。办好重大体育赛事，做好优秀体育后备人才培养工作。全年全市完成体育彩票销售2.01亿元。年内，经《2020年度全省县级体育重点工作督查办法》考核评分，太仓市以88.62排名全省第16位。

【太仓籍运动员】 截至2020年年底，太仓市注册苏州市级项目有田径、足球、篮球、排球、手球、乒乓球、武术、跆拳道等，总注册人数651人；注册江苏省级项目有田径、跆拳道、乒乓球、竞走等，总注册人数150人。年内，向苏州市体育运动学校自行车队输送运动员2人、田径队输送运动员3人，3名田径运动员在省队集训。在2020年省县组田径比赛中，太仓籍运动员叶淑琪获女子甲组1500米、800米2块银牌。

【体育组织】 截至2020年年底，太仓市共有各类体育社会组织49个，其中市级体育社团协会28个、体育俱乐部21个。市体育总会、市社会体育指导员协会、市老年体协、市武术协会、市门球协会实现镇、街道全覆盖。全年共有AAAA级社会组织2个，AAA级社会组织7个。社会体育指导员累计2873人。全年通过三级体育指导员考试90人，全市获二级社会体育指导员称号认定52人。

【体育设施】 截至2020年年底，太仓市共有体育场地3307个，新增场地面积76.32万平方米，累计面积383.32万平方米，人均拥有公共场地面积5.32平方米。年内，新建健身路径22套，约700平方米。新建体育场地5个，约2974平方米。其中，科教新城大学科技园对面的篮球场608平方米，科教新城天镜湖公园南侧三人制篮球场约300平方米；维新村新星小区篮球场608平方米；牌楼社区牌楼新村5个区篮球场608平方米；娄江社区居民委员会星际游泳馆约850平方米。新建健身步道7处，其中，庆丰村三星点西侧和东侧步行道530米，

合计面积约950平方米；雅鹿村唐家宅步行道400米，合计面积约600平方米。（陈启洪）

全民健身运动

【国民体质测试】 2020年，太仓市依托省级体质测定与运动健身指导站和志愿者服务平台，按时完成国民体质监测任务。太仓市监测对象为3~69周岁居民（不含7~19周岁人群），监测约4000人。

【群众体育运动】 2020年，太仓市共举办各级各类群众体育赛事活动100余项，参与人数10万人次。市文体广旅局举办太仓市文体旅活动季“全民健身·运动生辉”活动，组织夜跑争霸赛、时光隧道挑战赛、三对三篮球争霸赛（含趣味投篮活动）、亲子绳毽挑战赛和乒乓球擂台赛等比赛类活动；组织花绳、武术、体育舞蹈、轮滑等表演展示类节目。举办2020年太仓市第14届百村乒乓球和篮球比赛，参加苏州市局组织的千村万人总决赛，取得乒乓球女子团体亚军；组织开展2020年《国家体育锻炼标准》达标赛，全市450余人参加；举办苏州市第十届广场健身舞大赛（太仓赛区海选赛）等赛事，全市300余名广场舞爱好者参与。与市委宣传部、市卫健委等单位共同组织“i动娄东·E路同行”线上健步走活动。组织参加“江苏省首届健身气功·八段锦网络达标赛”，组织“全民健身·舞动太仓”2020年太仓市第一届广场舞（网络）大赛、苏州市第十届广场健身舞大赛总决赛、江苏省体质测试达标赛、长三角一体化全民健身示范区论坛等活动。

【特色品牌赛事】 2020年，太仓市体育指导协会开展足球、篮球、气排球、羽毛球、乒乓球、门球、围棋、桥牌等市级体育联赛8个。市门球协会开展“太仓市周边地区门球邀请赛”，城厢镇举办一年一度传统龙舟竞渡赛，市乒乓球协会举办第15届中行杯乒乓球邀请赛。各镇区协会开展10公里马拉松比赛、健步走等品牌赛事和体育舞蹈、太极拳等传统赛事。（陈启洪）

学校体育

【排球】 8月10—14日，2020年江苏省青少年排球锦标赛（女子17~18岁）在太仓市体育馆举行，7支队伍、100人参赛。比赛采用国家体育总局最新审定的《排球竞赛规则》，17~18岁组总分＝比赛积分（60%）＋基础体能竞赛（40%）＋高个队员分。南通市代表队、南京市代表队、苏州市代表队分获前三名。9月11—13日，2020年苏州市第15届运动会小学生排球比赛在太仓市体育馆举行。11支队伍、172人参赛。苏州市工业园区代表队、昆山市代表队、太仓市代表队分获小学女子组前三名。苏州市工业园区代表队、张家港市代表队、苏州市姑苏区代表队分获小学男子组前三名。9月18—20日，2020年苏州市第15届运动会中学生排球比赛在太仓市体育馆举行。16所学校、25支队伍、321人参赛。苏州工业园区金鸡湖学校代表队、张家港市南丰中学代表队、昆山市陆家中学代表队分获初中女子组前三名。张家港市大新实验学校代表队、张家港市南丰中学代表队、昆山市陆家中学代表队分获初中男子组前三名。苏州大学附属中学代表队、昆山陆家高级中学代表队、江苏省太仓高级中学代表队分获高中女子组前三名。张家港中等专业学校代表队、张家港第二职业高级中学代表队、昆山陆家高级中学代表队分获高中男子组前三名。

【足球】 10月24日—11月29日，2020年太仓市“市长杯”青少年校园足球联赛在太仓市新湖小学举行，50所学校、1011人参加276场赛事。太仓市高新区第二小学代表队、太仓市明德小学代表队、太仓市港城小学代表队分获小学男子甲组甲级前三名；太仓市朱棣文小学代表队、太仓市金仓湖小学代表队、太仓市沙溪镇直塘小学代表队分获小学男子甲组乙级前三名；太仓市双凤镇新湖小学代表队、太仓市沙溪镇直塘小学代表队、太仓市科教新城实验小学代表队分获小学女子甲组甲级前三名；太仓市浮桥镇牌楼小学代表队、太仓市金仓湖小学代表队、太仓市时思小学代表队分获小学女子甲组乙级前三名。太仓市实验中学代表队、太仓市高新区中学代表队、太仓市浮桥中学代表队分获初中男子组前三名；太仓市高新区中学代表队、太仓市荣文中学代表队、太仓市第一中学代表队分获初中女子组前三名。江苏省太仓高级中学代表队、江苏省太仓中等专业学校代表队、江苏省沙溪高级中学代表队分获高中男子组前三名；江苏省太仓中等专业学校代表队、江苏省太仓高级中学代表队、太仓市明德高级中学代表队分获高中女子组前三名。

2020年5月31日，太仓市文体旅活动季“全民健身·运动生辉”活动在天境湖公园举行（徐云峰摄）

9 月 25—27 日，2020 年苏州市第 15 届运动会中小学生武术（套路）比赛在太仓市体育馆举行

（市文体广旅局供稿）

【武术】 9 月 25—27 日，2020 年苏州市第 15 届运动会中小学生武术（套路）比赛在太仓市体育馆举行，11 支队伍、228 人参赛，分 2 个组别 20 个竞赛项目。其中，太仓市高新区第三小学、太仓市沙溪镇第二小学、太仓市第一中学等学校代表太仓市参赛。太仓市代表队获金牌 8 块、银牌 3 块、铜牌 5 块，金牌数第一。12 月 8—11 日，太仓市青少年阳光体育联赛小学生武术段位制比赛举行。赛事采取线上比赛，参赛学校在规定时间内上传参赛视频。太仓市沙溪镇第二小学代表队、太仓市高新区第三小学代表队、太仓市经贸小学代表队分获前三名。

【毽绳】 10 月 31 日—11 月 1 日，2020 年江苏省第八届全民健身运动会学生跳绳锦标赛在太仓市镇洋小学举行，27 所学校、394 人参赛。太仓市新塘小学代表队获小学组团体总分第一名，南京东山外国语学校代表队获初中组团体总分第一名，江苏省太仓高级中学代表队获高中组团体总分第一名。11 月 14—15 日，2020 年 江苏省第八届全民健身运动会学生踢毽锦标赛在太仓市镇洋小学举行，18 所学校、218 人参赛。无锡市张泾实验小学（寨门小学）代表队获小学组团体总分第一名，太仓市高新区中学代表队获初中组团体总分第一名，江苏省太仓高级中学代表队获高中组团体总分第一名。11 月 24—27 日，太仓市青少年阳光体育联赛中小学生踢毽比赛举行。赛事采取线上比赛，参赛学校在规定时间内上传参赛视频。太仓市浏河镇新塘小学代表队、太仓市朱棣文小学代表队、太仓市实验小学代表队分获小学组团体总分前三名，太仓市第一中学代表队、太仓市浏家港中学代表队、太仓市陆渡中学代表队分获初中组团体总分前三名，江苏省太仓高级中学代表队、江苏省沙溪高级中学代表队、江苏省太仓中等专业学校代表队分获高中组团体总分前三名。

【田径】 10 月 17—18 日，2020 年太仓市中小学生阳光体育运动联赛田径比赛在太仓市体育场举行，60 所学校、1007 人参赛。太仓市洪泾小学代表队、太仓市华顿外国语学校小学部代表队、太仓市弇贤小学代表队分获民办小学组团体总分前三名；太仓市经贸小学代表队、太仓市高新区第二小学代表队获公办小学组团体总分并列第一名，太仓市朱棣文小学代表队、太仓市实验小学代表队分获公办小学组团体总分第二、第三名；太仓市第一中学代表队、太仓市实验中学代表队获初中组团体总分并列第一名；太仓高新区中学代表队、太仓市第二中学代表队分获初中组团体总分第二、第三名；江苏省中等专业学校代表队、江苏省沙溪高级中学代表队、江苏省太仓高级中学代表队分获高中组团体总分前三名。

（陈启洪）

重大体育赛事

【垂钓】 2020 年 8 月 15—16 日，“化氏粒面有料” 中国垂钓电视直播精英赛（FTT—江苏太仓分区赛）在太仓市双凤生态园举行。比赛由中国钓鱼运动协会指导，太仓市人民政府、湖南广播电视台主办，太仓市文体广电和旅游局、太仓市双凤镇人民政府、湖南快乐先锋传媒有限公司承办。全国各地 258 名垂钓手参赛。比赛分 3.6 米手竿池钓鲫鱼尾数赛、3.6 米手竿池钓混合鱼重量赛（鲫鱼、鲤鱼、草鱼为有效

2020 年 8 月 15—16 日，“化氏粒面有料” 中国垂钓电视直播精英赛（FTT—江苏太仓分区赛）在太仓市双凤生态园举行

（市文体广旅局供稿）

11月18—24日，中国·太仓2020年全国桥牌A类俱乐部网络赛（总决赛）在太仓娄东宾馆举行（**市文体广旅局**供稿）

鱼）和4.5米手竿池钓混合鱼重量赛（鲫鱼、鲤鱼、草鱼为有效鱼）。陈振山、谢仁和杨惠分获FTT太仓揭幕战前三名。中国钓鱼运动协会为太仓市颁发“2019年度优秀组织奖”，表彰太仓为垂钓运动做出的推广普及工作。

【桥　牌】2020年11月6—8日，第31届华夏友好城市老年桥牌赛在太仓陆渡宾馆举行，60支老年桥牌代表队、360名运动员参赛。徐州汉风俱乐部队、上海长寿快乐队、武汉老年队分获前三名。太仓沙溪老年队获附加赛A组第八名。11月18—24日，由中国桥牌协会主办、太仓市人民政府承办的中国·太仓2020年全国桥牌A类俱乐部网络赛（总决赛）在太仓举行。武汉东方代表队、浙江钱塘代表队、普得时代代表队分获前三名。

（陈启洪）

社会保障

社会保险

【概况】2020年，太仓市社会保险基金总收入76.69亿元，总支出103.2亿元，当年度赤字26.51亿元，累计结余47.95亿元。企业职工基本养老保险在职参保人数35.78万人，机关事业单位基本养老保险在职参保人数1.58万人，城乡居民基本养老保险参保人数1831人，失业保险参保人数32.37万人，工伤保险参保人数39.35万人，实现参保扩面8357人。

【养老保险】2020年，受新冠肺炎疫情影响，太仓市减半征收大型企业2—6月3项社保费单位缴费部分，免于征收中小微企业2—12月单位缴费部分，总计减免19亿元。企业退休人员人均养老金2100元/月，机关事业退休人员人均养老金6800元/月，城乡居保人均养老金577元/月，其中基础养老金361元/月，居保综合指数在全省县级市排名第五位、苏州市第三名。完成2014年10月—2018年12月间退休“中人”（2014年9月30日之前参加工作和2014年10月1日申请办理退休且养老保险累计缴满15年的退休人员）待遇改办，改办人数1262人，改办率95%。完成2019年退休“中人”指数修正工作，涉及退休人员210人。

【工伤保险】2020年，太仓市办理劳动能力鉴定2326人次，平均每月鉴定2批次，包括因工、因病劳动能力鉴定。其中因工鉴定1~4级4人、5~6级17人、7~10级1955人。因病鉴定139人，完全丧失劳动能力占比61.2%。全市工伤认定2802起，因新冠肺炎疫情影响，较上年有所下降，其中因工死亡认定31人，与上年同期持平；因职业病认定为工伤25人，较上年增加18人。

【失业保险】2020年，太仓市发放失业待遇4.76万人次，共计8728.4万元。7月，失业保险金最低标准由每月1493元提高至1568元，最高标准2020元。3月1日—12月31日，对新增领取失业保险金期满仍未就业的失业人员、不符合领取失业保险金条件的参保失业人员发放失业补助金，对领取失业保险金期满仍未就业的失业人员按照每人每月990元标准、不符合领取失业保险金条件的参保失业人员按照每人每月300元标准发放6个月失业补助金，累计发放失业补助金4982人次、262.22万元，保障失业人员失业再就业期间日常生活，减轻失业带来的经济压力。

（吴可菲）

医疗保障

【概况】2020年，太仓市建立健全多层次医疗保障制度体系，持续推动医药价格和药品招标采购改革，完善城乡居民基本医疗保险制度、大病保险制度和城乡统筹的医疗救助制度，建立健全覆盖全民、城乡统筹的多层次医疗保障体系，提高医疗保障水平，确保医保资金合理使用、安全可控，推进医疗、医保、医药“三医联动”改革，保障人民群众就医需求、减轻医药费负担，提升医保公共服务水平。

【医保基金收支】2020年，太仓市职工医疗保险、居民医疗保险人数分别为53.7万人、12.4万人。职工和居民基本医保基金当年收入分别为27.2亿元和1.4亿元，当年支出分别为25.6亿元和1.1亿元，累计结余分别为17.1亿元和1.7亿元。大病保险基金收入4905.9万元，支出2082.9万元，当年结余2823万元，历年累计结余4525.6万元。长护保险基金收入5834.7万元，长护基金支出（2020年4—12月）3411.7万元，当年结余

2020年11月，太仓市医疗保障局与上海市嘉定区医疗保障局签订“沪太互助帮困人员医保服务”合作协议（市发改委供稿）

2423万元。医疗救助基金收入1345万元，支出1592万元，累计结余1453万元，5427人享受医疗救助。太仓市生育保险参保人数32.8万人，生育保险基金收入1.4亿元，支出7813万元，当年结余6376万元，累计结余2.9亿元。

【异地就医政策长三角一体化】 2020年5月，太仓市在长三角地区率先开通异地就医“自主转诊”划卡结算，破解垫支负担重、发票遗失、往返跑腿等难点问题。实现“自主转诊”人员在江浙沪所有定点医疗机构门诊、住院直接划卡结算，其余省份定点医疗机构住院直接划卡结算。全年实现划卡人数1.64万人次、医保基金支出2029万元。11月，太仓市医保局与上海市嘉定区医保局签订“沪太互助帮困人员医保服务”合作协议，分享上海市提供享受上海互助帮困医保，同时享受太仓市退休职工医保人员的医疗费用，利用信息系统进行直接结算医保待遇的差额部分，为参保群众提供医保服务便利。

【医疗保险苏州市级统筹】 2020年8月20日，太仓市政府印发《太仓市基本医疗保险和生育保险市级统筹基本政策和待遇标准调整方案》，保障市级统筹工作顺利推进。2020年，基本政策和待遇标准调整工作全部完成，包括统一全市职工医保参保范围，统一全市职工医保单位缴费比例，职工医保住院待遇标准跟通苏州市，实行统一的医疗机构等级划分、起付线、封顶线、支付比例；基本医保药品目录、诊疗项目完全与苏州市实现实时统一；大病保险各项待遇政策完成框架结构性调整，门诊与住院费用合并结算，长期护理保险筹资模式和评估标准全面跟通苏州。药品库、诊疗库的范围和支付规则实现与苏州统一。按病种付费病种数245个，在基金支出占比31%。

【医药价格和招标采购】 2020年，太仓市推进医药价格改革持续深化。贯彻新增、完善部分医疗服务项目价格以及公立医疗机构介入诊疗、心脏电生理诊疗、冠状动脉搭桥术等部分医疗服务项目价格调整政策。严格把关推进药品医用耗材阳光采购工作。落实国家组织三批次药品集中带量采购任务，全市21家公立医疗机构全员参加。截至年底，全市完成第一、第二批药品约定采购量，在苏州范围排名前列；完成第一、第二轮高值医用耗材联盟带量集中采购约定采购量。

【医疗保障基金监督】 2020年，太仓市建立健全医疗保障基金安全防控机制，组织开展打击欺诈骗取医疗保障基金行为。强化日常监管，现场巡查覆盖全市定点医药机构470家，暂停医保划卡机构3家，取消定点协议4家。开展医药机构集中宣传月活动，签订承诺书1097份。开展自查自纠活动，联合市卫健委，抽查复查全市二级以下定点医疗机构，共计追回5家医疗机构违规金额3.5万元。组建政策宣讲团，共开展培训8场，培训人员500人次。开展定点医疗机构基金监督专项治理“回头看”工作，共计追回违规金额1.4万元。依法实施行政处罚，按照监督执法落实的要求，加强监督执法力度。

2020年8月，太仓市医保局开展医保基金源头治理抽查复查工作（郑心意摄）

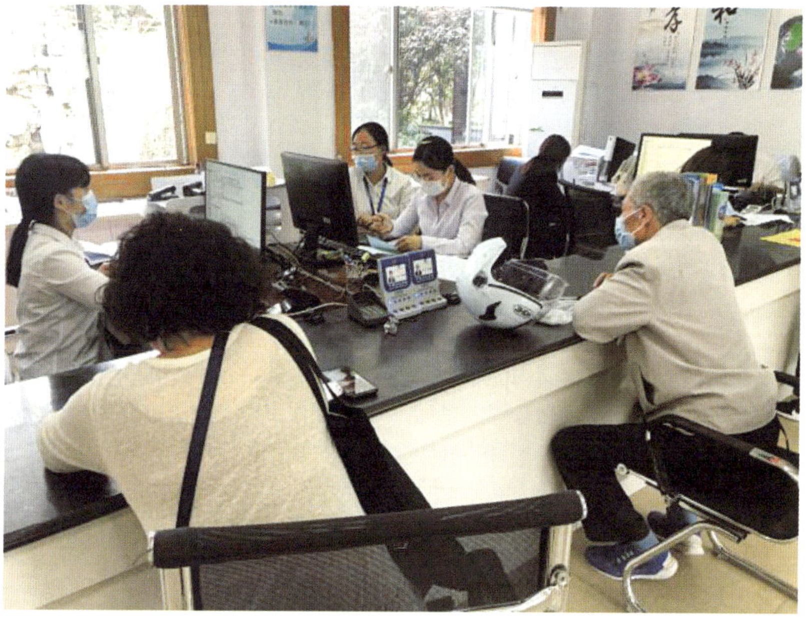

2020年10月，市民在太仓市医保结算大厅咨询办事　　（顾　喻摄）

【医保公共服务】2020年，太仓市落实阶段性降低全市职工基本医疗保险企业缴费费率政策。帮助企业纾困解难，累计惠及全市各类企业2.4万家，减征期内共为全市企业减免医保费用2.2亿元。3月，微信端覆盖医保窗口经办业务，确保群众医保待遇享受不断档、服务不断线。升级医疗报销窗口软硬件建设，推行“零星医疗报销材料农行受理”。协调“12345”热线解答医保咨询。推进和实现医保公共服务“网上办、掌上办、自助办、现场办、就近办”，提升群众办事满意度。组织窗口工作人员参加礼仪培训，规范服务礼仪；建立医保经办大厅现场总负责人制，提升现场高效快捷有效协调水平；优化窗口疫情常态化防控经办流程，现场先行受理零星报销材料，事后加班办理结报，缩短群众排队等候时间。加大医药机构管理和服务力度。在微信端开通线上受理零售药店、医疗机构纳入定点管理等事项快捷通道。对群众反映强烈的年初药店、诊所经常停刷卡行为和医药机构反映的增加定额难、主观因素多等情况，在充分调研基础上，实行医药机构总额预算管理改革，制定申请增加定额、考核管理办法，鼓励优质服务。

【多层次医疗保障体系建设】2020年，太仓市完善城乡居民基本医疗保险制度、大病保险制度和城乡统筹的医疗救助制度，建立健全覆盖全民、城乡统筹的多层次医疗保障体系，提高医疗保障水平，确保医保资金合理使用、安全可控，推进医疗、医保、医药“三医联动”改革，保障人民群众就医需求、减轻医药费负担。“大病保险”减轻人民群众大病医疗费用负担，缓解“因病致贫、因病返贫”现象，强化医保托底保障功能。全年大病住院保险享受总人数3.18万人次，补偿金额2931.23万元，大病保险医疗实际报销比例在基本医保基础上，城乡居民医保平均增幅超13个百分点，职工医保平均增幅超10个百分点，大额医疗费用患者减负明显。全市共有长期护理保险服务机构42家，长期护理保险累计申请3233人，失能评估2927人，累计享受对象4376人，长期护理基金共计支出3659万元。

（朱　琪）

社会救助

【最低生活保障】2020年7月1日，太仓市最低生活保障标准从995元/月调整到1045元/月。截至年底，全市共有低保对象677户、1071人，低保边缘对象598户、648人，特困对象113户、115人，困难“二无老人”（60周岁以上、无生活自理能力，且无法定赡养、抚养义务人或者其法定义务人无履行义务能力的老年人）24户、24人，全年累计向低保等困难家庭发放生活救助金1936万元。

【慈善救助】2020年，太仓市累计慈善捐赠收入2279.34万元（含物资238.18万元），较上年增长125.28%，接收物资1.42万件，救助支出2104.97万元，惠及2万人次。年内，太仓开展“抗击新型冠状病毒感染的肺炎疫情”捐款活动，共募集抗疫资金1080.21万元，实施“大爱无疆”对口扶贫、“善之行”、“星空下的慈爱”助学、“娄城益帮扶”等慈善项目。新增莱克尼盛集团慈善基金等慈善冠名基金11个，累计50个。开展“慈善月”系列宣传活动，传播慈善文化，树立慈善典型，营造慈善氛围。

【临时救助】2020年，太仓市发挥临时救助应急性、补充性、过渡性功能，对符合条件的急难型救助对象和支出型救助对象及时予以补助。截至年底，临时救助累计救助887人次、金额114.8万元。

【低收入困难家庭帮扶】2020年，太仓市发挥低收入家庭帮扶中心职能，强化救助资源整合，优化低收入家庭帮扶综合信息平台，建立因病致贫家庭风险预警，统筹民政、人社、教育等19个部门64个帮扶项目。截至年底，累计推送帮扶信息80余万条。

（王歆怡）

社会福利

【残疾人福利】2020年，太仓市做好残疾人生活补贴、护理补贴发放工作，全年发放生活补贴2369人、金额2000.4万元，重度残疾人护理补贴4134人、金额593.2万元。年内，太仓市推进“残疾人之家”建设，搭建残疾人就业“云服务”平台，开辟线上绿色服务通道。为116名残疾人发放疫情期间辅助性就业补贴3.42万元。开展“两项补贴”（困难残疾人生活补贴和重度残疾人护理补贴）专项核查工作，做好6493名残疾人享受困难残疾人生活补贴和重度残疾人护理补贴审核工作。为1766名残疾人发放普惠制慰问金176.6万元。为1915名重度残疾人缴纳社保补贴502万元；为492名智力、精神（三、四级）无业残疾人缴纳社保补贴86.5万元。为89名智力、精神（三、四级）残疾人发放生活补贴48.3万元。为266名残疾人发放辅助性就业补贴94.25万元。为57名残疾人发放护理费补贴16.47万元。为5名残疾人发放自主创业补贴2.5万元。为3886名残疾人购买团体意外伤害保险费15.54万元。为1782户重残户交纳有线电视费补贴14.85万元。为15名下肢残疾人发放代步轮椅车购置补贴1.7万元。为55名残疾人办理专用停车证。

【妇女儿童福利】 2020年3月，太仓市印发《关于加强事实无人抚养儿童基本生活补贴的通知》，提高事实无人抚养儿童基本生活补贴，参照社会散居孤儿基本生活费补贴标准100%发放。6月，印发《关于调整困境儿童基本生活费补贴标准和保障范围的通知》，将重病、重残儿童纳入困境儿童基本生活保障，参照社会散居孤儿基本生活费补贴标准50%发放。截至12月，全市共有机构养育孤儿6人、社会散居孤儿8人、事实无人抚养儿童30人、重病儿童54人、重残儿童198人、贫困儿童57人，全年发放困境儿童基本生活补贴156.57元。市民政局联合市慈善总会（基金会）开展“童舟共济”困境儿童慈善公益项目，为全市困境儿童及其家庭提供以“助医、助困、助学、助乐”为主题的关爱服务，累计服务困境儿童230人次，服务时长近400小时，该项目获评2020年度苏州市高质量民政事业发展优秀成果。年内，太仓市召开全市妇女儿童工作会议，加强妇女儿童发展统计监测和评估。继续实施“萱之爱”贫困妇女“两癌”（乳腺癌、宫颈癌）救助项目，1名妇女获全国妇联救助金1万元。深化“康乃馨”单亲贫困母亲关爱行动、“希望妈妈”帮困助学行动，赴陕西省周至县开展爱心助学捐赠和对口帮扶交流活动，牵手爱心企业为548名贫困学生提供爱心衣物、学习用品价值12万元和助学金5万元。

【老年福利】 2020年，太仓市发放80周岁以上老年人尊老金2140.45万元，发放养老建设、运营、奖补资金3132.97万元，发放居家养老服务经费3870.18万元。全年居家养老上门服务老年人6.37万人、新增享受长期护理保险对象2369人，各项惠老福利覆盖城乡老年人。

【福利彩票】 2020年，太仓市福利彩票累计销售1.6亿元，较上年减少4131.25万元，降幅20.43%。其中，电脑票销量6021.15万元，较上年减少231.62万元，降幅3.7%；“快3”销量8057.03万元，较上年减少665.52万元，降幅7.63%；即开票销量1752.02万元，较上年减少132万元，降幅7.01%。收到拨付福彩公益金2451.05万元，用于公益事业2451.05万元。

（王歆怡　徐　垠　顾　燕）

2020年9月28日，太仓市举办“慈善文化进校园”启动仪式

（市民政局供稿）

住房保障

【住房公积金管理概况】 2020年，太仓市贯彻落实《政府工作报告》关于公积金扩面工作指示要求，以区镇、承办银行扩面联动为抓手，强化行政推动，扩大住房公积金覆盖面，提高职工缴存水平。5月，苏州市住房公积金管理中心太仓分中心联合各家承办银行、区镇社保部门开展“企业服务月暨集中宣传月”活动，走访企业近200家，发放法治宣传材料近万份，实现政策直达企业，服务直达职工，企业主建缴意识增强。强化依法行政，通过向企业寄发缴存通知书、督办通知书、行政建议书以及开展行政约谈等措施，督促企业依法履行建缴义务。市委、市政府恢复区镇绩效考核指标体系公积金扩面考核。全年新增缴存单位1402家，完成年度计划的147.58%，较上年增长16.93%。受新冠肺炎疫情影响，全年新增缴存职工3万人，完成年度计划的96.73%；净增缴存职工0.54万人，完成年计划的41.52%。全年归集公积金30.57亿元，完成年计划的100.23%，较上年增长7.09%。全市4811家缴存单位参与年度公积金缴存基数调整，参调职工16.11万人，调整增加月缴存额2712万元。截至年底，全市公积金缴存职工20.06万人，完成太仓市《政府工作报告》提出的“公积金缴存职工突破20万人”工作任务。全年办理公积金贷款房源准入手续的楼盘44个，贷款房源量较上年增长25.72%。全年发放公积金贷款13.92亿元，较上年增长35.73%，公积金贷款支持购房面积29.77万平方米。全年公积金提取额23.27亿元，较上年增长13.26%。为购买保障性住房办理公积金贷款的7户中低收入家庭补贴贷款利息0.99万元；发放高层次人才贷款9笔1073万元，助

2020年5月，苏州市住房公积金管理中心太仓分中心开展公积金集中宣传月活动，扩面宣传小分队深入企业宣传公积金政策法规

（**公积金太仓分中心**供稿）

力人才在太仓安居。苏州市住房公积金管理中心太仓分中心服务大厅获评2020年度市级机关“服务先锋岗”。

【疫情期间公积金政策扶持】 2020年，苏州市住房公积金管理中心太仓分中心贯彻落实住建部关于新冠肺炎疫情应对工作的指示要求，围绕苏州住房公积金管理中心《关于妥善应对新冠肺炎疫情实施住房公积金阶段性支持政策的通知》精神，将疫情期间公积金降低缴存比例、缓缴等扶持政策送到企业，帮助企业保工资、保周转，优化营商环境。全年，全市办理降比业务企业143家，涉及职工1.75万人，企业每月减少支出591万元。缓缴公积金企业16家，涉及职工2600余人，企业每月延迟成本支出226万元。截至年底，对受疫情影响的97名缴存职工放宽贷款条件、放宽提取材料有效期、延长贷款逾期宽限期。

【苏州首个乡镇公积金综窗设立】 2020年，太仓市贯彻落实苏州市住房公积金管理中心综窗改革实施方案，苏州市住房公积金管理中心太仓分中心在服务大厅窗口实施综窗受理模式，下沉综窗服务模式。7月，在沙溪镇行政审批局设立苏州市首个乡镇公积金综窗，下放公积金单位、个人业务办理权限。区镇缴存单位和职工群众只需“进一扇门、到一个窗口”就可办理各项公积金业务。全年，沙溪镇、浏河镇、城厢镇等行政审批局设立公积金综窗3个。通过乡镇综窗建设，打通公积金业务服务“最后一公里”，为位于区镇的缴存单位和职工群众提供更加优质、高效、便捷的公积金政务服务。截至年底，区镇综窗业务量超2600笔。

【新办企业公积金开户融入“一件事”改革】 2020年，苏州市住房公积金管理中心太仓分中心贯彻落实优化营商环境、便利企业开办要求，与太仓市行政审批局开展跨部门业务协同，以太仓市“企业设立一窗登记平台”为依托，集成事项、服务和数据。8月20日，太仓市在苏州市率先实现企业在办理工商登记时同步设立住房公积金单位账户，当场出具《住房公积金缴存登记回执》，提升企业开办便利度。截至年底，通过“企业开办一件事”模式办理公积金开户登记企业超960家。

【苏州首笔“公积金小微企业贷”发放】 2020年，苏州市住房公积金管理中心与工商银行苏州分行就支持实体经济签订战略合作协议，将企业公积金缴存信息纳入银行信贷模型，向稳定缴存住房公积金的小微企业推出“全线上、纯信用、无抵押”贷款，将企业公积金缴存信用转为融资资金。苏州市住房公积金管理中心太仓分中心向符合条件的企业送政策。5月29日，太仓工商银行向太仓远东国际船舶代理有限公司发放苏州首笔无抵押信用贷款180万元，助推工行“公积金小微企业贷”政策落地，实现企业公积金缴存信用转化为融资资金。全年，全市10家企业通过“公积金小微企业贷”融资1100余万元，帮助企业渡难关稳经营，优化营商环境。

【租房委托提取公积金政策实施】 2020年，太仓市根据苏州市住房公积金管理中心《苏州市住房公积金缴存

2020年1月20日，苏州市住房公积金管理中心太仓分中心与城厢镇中区社区在新天地广场联合举办党员志愿者活动，为市民提供公积金政策答疑及“网上办、掌上办”服务宣传

（**王美洁**摄）

职工租赁住房消费提取管理办法（试行）》规定，自2月21日开始，缴存职工在太仓连续足额缴存公积金满3个月、本人及配偶在工作所在地无自有住房或没有涉房类提取、贷款记录的，租赁自住住房可以申请提取公积金支付租金。具体提取额度在申请人公积金账户留存一个月缴存额后的可用余额内，按月租金额、月公积金缴存额50%及最高限额三者取最小值计算。申请人单方最高提取限额为1100元/月，提取额度不足以支付租金的，其配偶符合提取条件的可以参与租房委托提取，夫妻双方最高提取限额为2200元/月。提取模式由原先柜面提取改为每月13日委托提取。

（汪彧婧）

2020年9月27日，民政部养老服务司副司长支红彬（左三）到太仓市调研养老服务工作（曹　磊摄）

【保障性住房建设与管理】 2020年，太仓市把保障性住房建设工作纳入区镇高质量考核个性指标体系考核。推进保障性安居工程，完成省政府下达的2020年度保障性安居工程目标任务，全市新开工1947套，基本建成1529套，租赁补贴86户，完成率分别为194.70%、152.90%、122.86%。全年市住保中心完成公租房资格审核322户，其中青年公寓253户，南城雅苑人才公寓64户，南城雅苑实物配租2户，租赁补贴3户。完成经适房上市审核3户，收缴差价收益89.42万元。落实保障337户，其中青年公寓配租246户套，南城雅苑实物配租2户，租赁补贴发放87户、金额42.97万元，购房补贴发放2户、金额68.39万元。

【城市更新改造】 2020年，太仓市共征收拆迁房屋1551户，建筑面积106.96万平方米，腾地面积132.46万平方米。开展征收拆迁工作同时，启动房屋征收拆迁“清零”计划，全市共“清零”腾地42块，签约完成138户，释放土地333.33公顷。通过“清零”工作解决一大批历史遗留问题，保障各项建设工程顺利推进，提高土地利用效率。年内，完成对主城区太平南路小区、花园新村等老小区的改造，建筑面积7.7万平方米，涉及楼房106栋，受益居民655户，总建设资金3000万元。改造内容包括房屋修缮、市政道路改造、管线改造、绿化景观改造、停车位改造等方面。

【农村住房建设】 2020年，太仓市村庄住宅竣工面积38.57万平方米，村庄实有住宅总建筑面积1020.5万平方米。全市村庄公共建筑竣工面积0.93万平方米，实有公共建筑面积57.9万平方米。

（董长根）

养老服务

【老年人口概况】 截至2020年年底，太仓市60周岁以上老年人口15.84万人，占户籍总人口31.03%。其中，70周岁以上老人7.99万人，80周岁以上老人2.69万人，百岁老人133人，最高龄老人106岁。

【养老服务设施建设】 2020年，太仓市围绕“养老服务提质增效”政府实事工程，新建双凤镇、科教新城区域性养老服务中心2家。市老年大学新校区投入运营。至年底，全市共有养老机构（老年护理院）16家，总床位3949张。新增助浴点2家，新增日间照料中心（站）25家，累计建成189家，村（社区）覆盖率超120%，完成老年人家庭适老化改造250户，老年人居家生活质量提升，基本养老服务覆盖老年群体。

【养老服务改革】 2020年，太仓市举办“县域养老：太仓养老服务透视”发布会，互助养老工作入选民政部《全国农村养老服务案例》，太仓市养老工作获江苏省政府“真抓实干”激励通报表彰。年内，太仓市开展省级居家和社区养老服务创新示范建设，实施十大改革任务，评选“星级”日间照料服务中心5家，完成提档升级10家，开展医养结合服务50多家。实施养老机构消防安全达标工程，完成消防改造并取得消防审验和机构备案2家，新建镇区机构2家。

（王歆怡）

社会事务

民政事务

【婚姻登记】 2020年，太仓市依法规范开展婚姻登记，全年办理结婚登记2540对，较上年增加76对；离婚1219对，较上年减少46对；办理补领婚姻登记证2046对，较上年增加286对。太仓市建成“一站式”婚姻登记服务平台，涵盖婚姻登记、人证识别、扫描打印等一体化功能，实现婚姻登记全流程免费服务。推进婚俗改革试点工作，扩大婚姻登记普法宣传和倡

2020年8月25日，太仓市举办“情满娄城·缘定太仓”暨首届娄城新人七夕集体颁证仪式　（市民政局供稿）

导文明婚俗范围，推广“时尚、节俭、温馨”婚俗文化，推进移风易俗，倡导文明健康的生活方式。

【收养登记】 2020年，太仓市依法办理收养登记16件，较上年减少5件。年内，优化收养登记工作流程，形成“收养评估前公益培训、收养办理中依法依规、收养登记后跟踪回访”的“三位一体”收养工作新模式。组织开展申请收养家庭公益培训，帮助收养申请家庭端正收养动机、转变收养观念、增强社会责任，确保被收养人更好地融入收养家庭。

【殡葬管理】 2020年，太仓市殡仪馆火化遗体4767具，为丧户免除基本殡葬收费超547万元。开展违建墓地专项整治成果巩固提升行动，做好违规建设殡葬设施排查整治工作，加强对殡葬服务机构日常监管，净化殡仪市场。推进散坟整治工作，至年底，复耕土地面积25.9万平方米。加大殡葬改革宣传力度，在全市村（居）建立红白理事会，将殡葬移风易俗纳入村规民约，推行“苏城云祭扫”公益信息平台，倡导无烟祭扫、绿色祭扫、网上祭扫，培育殡葬文明新风。

【地名管理】 2020年，太仓市命名地名99条，其中道路61条、桥梁7条、居民区28条、大型建筑物（群）3条。组织开展不规范地名清理整治工作，发挥和巩固地名普查成果转化作用，组织和指导各镇（区、街道）利用地名普查力量和普查成果，做好镇级地名规划编制工作。至年底，全市8个镇（区、街道）均启动镇级地名规划编制工作，其中，娄东、陆渡、双凤、浏河、浮桥、沙溪6个镇（区、街道）完成规划论证公示并进入审核备案阶段。推进吴文化地名保护工作，选取《吴文化地名保护名录（太仓卷）》中具备设置条件的地名，分批装设吴文化地名标志碑（牌），在标志上设置二维码，推动地名文化保护工作，扩大地名文化在太仓影响力，放大太仓历史文化名城效应。

（王歆怡）

退役军人事务

【概况】 2020年，太仓市贯彻落实中央关于退役军人事务的方针政策和省委、苏州市委、太仓市委的决策部署，在履行职责过程中坚持和加强党对退役军人事务工作的集中统一领导。市退役军人事务局强化“以退役军人为中心”工作理念，紧扣退役军人事务领域治理体系和治理能力现代化目标，推进“三抓一创”（基础工作抓规范、业务工作抓提升、难点工作抓突破、重点工作创特色），实现全国双拥模范城“两连冠”。截至年底，全市共有退役军人和其他优抚对象1.95万人，其中享受国家抚恤补助的优抚对象2532人。全市重点优抚对象792人，其中“三属”（烈士遗属、因公牺牲军人遗属、病故军人遗属）47人，在乡伤残123人。年内新增重点优抚对象6人，新增其他享受国家抚恤补助优抚对象33人。

【退役军人服务保障】 2020年，太仓市推进“基层基础基本建设年”活动，打造“标准化+特色化”示范型退役军人服务中心（站）。市退役军人服务中心及城厢镇退役军人服务站、娄东街道退役军人服务站、浮桥镇退役军人服务站、沙溪镇退役军人服务站、双凤镇退役军人服务站、浏河镇退役军人服务站、璜泾镇退役军人服务站、陆渡街道退役军人服务站等8个镇（街道）服务站全部成功创建为“全国示范型退役军人服务中心（站）”。

【双拥工作】 2020年，太仓市推进军地融合深度发展，打造一批双拥品牌亮点，形成独具一格的“太仓双拥模式”。《结缘郑和六世纪·军民携手新

2020年7月15日，嘉昆太迎八一“双拥杯”乒乓球比赛在太仓市体育馆开幕　（蔡慧蔚摄）

时代》《双拥书记》分别获江苏公益短片大赛三等奖和优秀作品奖。电站村党委书记王义平获评苏州市最美退役军人，退伍老兵胡学雷入选“中国好人榜”，王斌获“戎耀今生”首届江苏省退役军人书画大赛国画类一等奖。优化“百万双拥宣传经费”“百万拥军慰问经费”“百万拥军蔬菜经费”等“十个百万”拥军项目，发放慰问金314万元。协调解决事关军队练兵备战和地方高质量发展问题，建立军地互办实事“双清单”制度，梳理军地需求23项，投入经费250万元，帮助部队办实事。为驻太仓部队家属发放货币安置金183万元；协调解决驻太部队官兵子女入学入托等；下拨文化建设经费50万元为部队购买书籍、体育用品；为国防教育中心升级设备支持国防建设；为驻太仓部队建造环保垃圾用房10个；为市武装部、苏州海警局等建造荣誉室、改造篮球场等。开展嘉昆太迎八一“双拥杯”乒乓球赛，与上海长海医院、上海长征医院建立现（退）役军人入沪就医专用通道。

2020年9月23日，太仓市秋季退役士兵专场招聘会在城厢镇电站村生态园举行　（蔡慧蔚摄）

【优抚褒扬】 2020年，太仓市落实上级优抚政策，为全市3168名优抚对象发放抚恤补助经费2800万元。上调各类优抚对象待遇标准，烈士遗属补助从3541元/月上调至3959元/月，因公牺牲军人遗属补助从3148元/月上调至3520元/月，病故军人遗属补助从2754元/月上调至3080元/月，在乡老复军人补助从2361元/月上调至2640元/月，“两参”人员补助从1181元/月上调至1320元/月，60周岁以上烈士子女补助从560元/月上调至610元/月，60周岁以上农村籍退役士兵老年生活补助从每服役一年义务兵补助40元/月上调至45元/月，企业退休参战人员慰问金标准从每年8300元上调至8900元。义务兵家庭发放优待金标准从每年2.84万元上调至3.06万元。发放优抚安置对象生活补助金3137万元，落实重点优抚对象医疗补助金341万元，发放重点优抚对象丧葬费68万元。为义务兵家庭发放优待金957万元。建立困难退役军人“一本账”制度，为全市生活困难退役军人及优抚对象发放临时生活补助37万元。设立“建行老兵关爱基金”“工行双拥慈善基金”30万元，向困难退役军人发放关爱基金8万元。为全市614名重点优抚对象和1034名享受国家抚恤补助对象提供免费健康体检服务。联合市慈善总会设立全市退役军人重点群体商业保险项目，惠及全市二等功臣及以上、重点优抚对象、企业退休“两参”人员及部分家庭困难退役军人。为抗美援朝老战士颁发“中国人民志愿军抗美援朝出国作战70周年”纪念章。组织开展清明祭扫烈士活动、烈士纪念日公祭活动，推出“致敬·2020年清明祭英烈”云祭扫项目，参加“线上祭扫”活动2万人次。

【退役军人就业安置】 2020年，太仓市做优退役军人就业安置、培训创业等工作，提升退役军人获得感、尊崇感。全部完成接收军转干部和退役士兵安置。开展自主就业退役士兵适应性培训，与高新区合作组织退役军人学员参与退役士兵创业培训。对接江苏省太仓中等专业学校、苏州健雄职业技术学院，针对太仓外向型经济岗位需求，提供烹饪、叉车、数控等培训课程，丰富培训内容、创新培训形式。全年组织“线上+线下”退役军人专场招聘会4次，提供岗位700余个，达成就业意向100余人次。建立退役军人岗位提供机制，各镇区（街道）和政法、公安、消防救援等部门及文洋申荔等企业直接面向退役军人提供铁路巡视员、网格员、辅警、消防员等岗位近100个。年内，太仓市实现就业指导中心镇（街道）全覆盖，建成城厢、沙溪、浮桥和健雄学院“兵哥哥乐创园”基地4个，组建就业创业服务团队和导师团队，孵化企业32家。举办太仓市首届退役军人创新创业大赛，选送15个优秀项目参加苏州市大赛，太仓市获大赛“优秀组织奖”，苏州沿江物业管理有限公司获评全省退役军人就业创业示范基地。　（施亮东）

社会治理

社区建设

政社互动

【概况】 2020年，太仓市“政社互动”连续13年写入市委工作报告和《政府工作报告》，共建共治共享的社会治理机制持续完善。太仓市针对乡镇机构改革、村（社区）“一肩挑”等新形势，重新思考原有的“两份清单”（基层群众自治组织依法履行事项清单、基层群众自治组织协助政府工作事项清单）和双向评估、废除责任书等事项，构建“广泛参与、深度协商、双向监督、承接有力”的政治、法治、德治、自治、智治“五治融合”现代社会治理新机制，加强党领导下的社会协商治理，提高基层群众参与能力和议事协商能力。9月，市律师协会换届选举，产生新一届领导班子。律师工作融入社会治理，服务全市治理体系和治理能力现代化。年内，司法行政领域社会组织志愿者参与基层一线防疫工作，到汽车站、交通卡口、集中观察点等重点区域周边24小时值守，助力新冠肺炎疫情联动防控。

2020年2月4日，司法行政领域社会组织志愿者在桃园社区开展新冠肺炎疫情防控工作 （刘亚彬摄）

【“政社互动”法治创客文化节】 2020年11—12月，太仓市举行首届“政社互动”法治创客文化节，以“尊崇宪法、学习宪法、遵守宪法、维护宪法、运用宪法”为主题，以公益项目为载体，通过文艺、体育、讲座、志愿者公益活动等多种社会工作形式，提升宪法宣传实效，打造国家宪法日宣传新亮点。法治创客文化节在全市13个社区及学校开展普法宣传活动10余场次，普法对象覆盖在校学生、中老年居民、青年志愿者等群体，调动社会各界参与法治建设，以法治宣传、以案讲法、文艺会演等多种形式展示全市法治社会建设成效，提高大众学法积极性。

【“政社互动”优秀创新项目】 2020年，太仓市各镇（区）、部门持续开展“政社互动”工作，深化“政社互动”实践，创造独具特色的“太仓经验”。全市开展2020年度“政社互动”优秀创新项目评选，经推荐申报、综合评审，“娄东检爱多元化司法救助”等13个项目获评“政社互动”优秀创新项目，总结推广“政社互动”工作经验和成效。

【“政社互动”助力法治乡村建设】 2020年，太仓市开展省级民主法治示范村社复核及创建工作。经复核，全市67个省级民主法治示范村社全部保留，新申报8家。全市共有省级以上民主法治示范村社77个（国家级2个，省级75个），占全市村社区总数

49%，达到省乡村振兴实绩考核指标对省级民主法治示范村的比例要求。

（陈　虹）

基层自治组织

【概况】 截至2020年年底，太仓市共有村民委员会73个，村民小组2807个，社区居民委员会86个，居民小组2216个。年内，全市加快“政社互动”理论探索，协助中国社会科学院、华东师范大学开展社区治理项目研究。落实全国社区治理和服务创新实验区任务，推动“发展型”幸福社区建设工作，举办“发展型”幸福社区建设经验交流会，获评三星级及以上等级社区45个。推动实施城乡社区协商能动项目262个。指导村（居）委会换届选举工作，举办换届工作专题培训，实地走访座谈，加强业务指导。健全社区干部队伍建设体系，印发《关于进一步加强社区工作者队伍建设的实施办法》，健全社区工作者选聘、培训、薪酬、评估等机制。巩固村（居）民自治领域扫黑除恶专项斗争成果。启动“社区综合网格＋社会组织服务”工作，实施新一轮“邻里家园”项目，创新设立镇级社工服务站，对接群众需求。做好“综合受理”服务机制推动工作，编印《太仓市全科社工服务手册》，组建全科社工队伍，开展全市“全科社工”业务技能大赛。

2020年太仓市居民委员会一览表

表57

镇（街道、区）	居民委员会名称												数量（个）
娄东街道	惠阳	东郊	太平	洋沙	朝阳	香花桥	太东	太胜	华盛园	滨河	娄江	景瑞	19
	城北	浦溪	裕珑	柳园	丽景	花北	荷塘	—	—	—	—	—	
陆渡街道	陆渡	东城	珠江	—	—	—	—	—	—	—	—	—	3
科教新城	南郊	常丰	鹤桥	学苑	新丰	城南	文渊	良辅	—	—	—	—	8
城厢镇	南区	西区	梅园	德兴	康乐	西郊	东区	中区	南园	县府	府东	桃园	16
	弇山	新毛	伟阳	太丰	—	—	—	—	—	—	—	—	
沙溪镇	东市	西市	利泰	新北	直塘	岳王	归庄	沙东	—	—	—	—	8
浏河镇	复兴	渔村	新塘	河北	闸北	紫薇苑	东方	海塘	—	—	—	—	8
浮桥镇	浮桥	牌楼	九曲	时思	老闸	茜泾	马北	和平花园	六尺	建红	新城花园	浮南	15
	新港花苑	戚浦	陆公	—	—	—	—	—	—	—	—	—	
璜泾镇	银杏	西塔	王秀	玉影山	—	—	—	—	—	—	—	—	4
双凤镇	双凤	湖川桥	新川苑	凤雅	新苑	—	—	—	—	—	—	—	5
合计	—												86

2020年太仓市村民委员会一览表

表58

镇（街道、区）	村民委员会名称												数量（个）
陆渡街道	小桥	岳南	红庙	横沥	洙泾	陆渡	—	—	—	—	—	—	6
城厢镇	电站	万丰	东林	胜泾	新农	永丰	—	—	—	—	—	—	6
沙溪镇	涂松	印北	洪泾	半泾	中荷	泥桥	虹桥	泰西	胜利	松南	凡山	香塘	20
	渠泾	项桥	庄西	太星	岳星	新建	塘桥	岳镇	—	—	—	—	

续表 58

镇（街道、区）	村民委员会名称												数量（个）
浏河镇	东仓	何桥	新闸	闸北	浏南	万安	张桥	新塘	—	—	—	—	8
浮桥镇	浮桥	七丫	新邵	丁泾	茜泾	马北	时思	浪港	方桥	绿化	三市	—	11
璜泾镇	新华	新联	荡茜	永乐	王秀	孙桥	荣文	孟河	杨漕	新海	新明	长洲	13
	雅鹿	—	—	—	—	—	—	—	—	—	—	—	
双凤镇	庆丰	凤中	黄桥	勤力	泥泾	维新	新湖	新卫	新闾	—	—	—	9
合计	—												73

（王歆怡）

社会组织管理

【概况】 截至2020年年底，太仓市登记社会组织589家，备案社会组织1612家，新增登记社会组织26家，注销249家。年内，太仓市加强社会组织扶持力度，对重点领域社会组织给予人才经费补贴6万元，一次性开办资金补贴18万元，落实岗位补助政策。启动第九届公益创投和第三届联合公益创投，签约项目37个，总金额268万元。强化社会组织监管，出台《太仓市社会组织登记管理实施细则》和《太仓市社会组织监督管理暂行办法》，年检社会组织843家，参检率93.13%。抽查社会组织36家。推进社会组织“等级评估”，全年全市获评等级社会组织144家，其中AAAAA级社会组织1家，AAAA级社会组织24家，AAA级社会组织101家，AA级社会组织15家，A级社会组织3家。强化社会组织党建，社会组织党委新成立党支部1个，太仓市社会组织创新发展学院揭牌，开展“党旗领航、诚信自律”主题教育，推出“五行为民、五力提升”党建服务品牌，发布社会组织“十大”党建服务品牌，组建社会组织“三社先锋”志愿服务队，推进“红色海洋”党建联盟建设，举办“海棠花开·同心筑梦”太仓市党建引领社会组织发展创新周、“致敬最美逆行者”抗疫事迹分享交流会、“我们的红色故事”主题交流分享会等主题党日活动，推动太仓市社会组织健康发展。

2020年7月13日，太仓市社会组织创新发展学院成立揭牌 （吴　俊摄）

2020年太仓市新增等级社会组织一览表

表 59

序号	单位名称	等级
1	太仓市德力健康服务发展中心	AAAA
2	太仓市建筑行业协会	AAAA
3	太仓市娄东昆曲堂名社	AAA
4	太仓市启晨养老服务中心	AAA
5	太仓颐善护理站	AAA

续表 59

序号	单位名称	等级
6	太仓市养老服务行业协会	AAA
7	太仓市星星益站特殊儿童康复中心	AAA
8	太仓市众商公益互助会	AAA
9	太仓市室内设计研究会	AAA
10	太仓市乐福养老服务中心	AAA
11	太仓市志愿者总会	AAA
12	太仓市未成年人健康成长指导中心	AAA
13	太仓市振能社会工作发展中心	AAA
14	太仓市浩蓝社工服务中心	AAA
15	太仓市爱心商家联合会	AAA
16	太仓市娄东街道娄新法治服务社	AAA
17	太仓市娄东街道善爱益家残疾人之家	AAA
18	太仓市海天慈善基金会	AAA
19	太仓市城厢镇社会组织服务中心	AAA
20	太仓市自强服务社	AAA
21	太仓市沙溪镇社会组织服务中心	AAA
22	太仓市科教新城社会组织服务中心	AAA
23	太仓市心援应急救护公益服务中心	AAA
24	太仓市城厢镇东港法治文化艺术团	AAA
25	太仓市梅园社区红梅邻里互助服务社	AAA
26	太仓市阳光心理服务中心	AAA
27	太仓市艺雅幼儿园	AAA
28	太仓市浮桥镇小博士幼儿园	AAA
29	太仓市浏河镇居家养老服务中心	AAA
30	太仓市娄东街道朝阳社区戏曲俱乐部	AAA
31	太仓市福彩爱心艺术团	AAA
32	太仓市体育舞蹈运动协会	AAA
33	太仓市乒乓球协会	AAA
34	太仓市足球协会	AAA
35	太仓市交通运输协会	AAA
36	太仓市律师协会	AAA
37	太仓市酒类流通协会	AAA
38	太仓市城厢镇东林村晚晴睦邻会馆	AA
39	太仓市城厢镇东林爱心服务社	AA
40	太仓市沙溪镇归庄社区归庄阿姨志愿者服务队	AA

2020年新登记社会组织一览表

表60

序号	单位名称	登记日期	性质
1	太仓市心理健康协会	3月12日	社会团体
2	太仓市陕西商会	9月10日	社会团体
3	太仓市婚庆行业协会	9月29日	社会团体
4	太仓市湖南商会	12月7日	社会团体
5	太仓市璜泾镇慈善会	12月16日	社会团体
6	太仓市璜泾镇新明村启明爱心服务社	1月9日	民办非企业
7	太仓市英英养老服务中心	3月13日	民办非企业
8	太仓市瑞翼青少年社会工作发展中心	4月22日	民办非企业
9	太仓市星空社工事务所	5月27日	民办非企业
10	太仓市陆渡街道社会组织服务中心	6月8日	民办非企业
11	太仓市娄江青少年管弦乐团	7月27日	民办非企业
12	太仓市双凤镇求和调解服务中心	8月4日	民办非企业
13	太仓市诗安母婴健康指导服务中心	8月26日	民办非企业
14	太仓市智慧百屋语言文化社	9月1日	民办非企业
15	太仓市益佳社区工作服务中心	9月15日	民办非企业
16	太仓市悟源绿色社区发展中心	9月18日	民办非企业
17	太仓市宜悦社会工作发展中心	9月18日	民办非企业
18	太仓市光辉调解法律服务中心	10月29日	民办非企业
19	太仓市沙溪镇环境卫生管理所	11月6日	民办非企业
20	太仓市蜂鸟生境绿色社区发展中心	11月10日	民办非企业
21	太仓市夕爱社会工作发展中心	11月11日	民办非企业
22	太仓市弇山汉服文化研习社	12月3日	民办非企业
23	太仓市青柚文化服务中心	12月9日	民办非企业
24	太仓市百川职业培训学校	12月15日	民办非企业
25	太仓市满江红社会事务服务中心	12月30日	民办非企业
26	太仓市海棠茶文化交流促进中心	12月30日	民办非企业

【社工队伍建设】 2020年，太仓市举办“坚守初心担使命，乐于奉献勇担当”社工日主题宣传活动，开展人才服务月宣传活动，评选第二届“最美社工”，扩大社会工作的社会知晓度和影响力。推进社会工作岗位开发，11家机构派遣19名社工从事学校、医务、养老、司法等社会工作服务。组织开展社会工作者职业水平考前培训，通过考试195人，全市持证社工总数1103人。实施社会工作本土大学生资助项目，新增资助社会工作专业大学生4人，全年资助大学生中有3人与太仓社工机构签订劳动合同。资助社会工作者在职继续教育1人，补助实习大学生8人。

（王歆怡）

信　访

【概况】 2020年，太仓市加强信访突出问题化解，落实专项整治工作，推进信访工作改革创新和信访法治化建

2020 年 4 月 28 日，太仓市举办《信访条例》宣传日活动 （沈晴霓摄）

设，确保全市信访形势总体平稳可控。全年市信访局共受理办理群众来信来访 852 件批次，群众信访及时受理率、按期办结率均为 100%。年内，太仓市人民来访接待中心获评 2020 年度全省信访系统“人民满意窗口”建设质量提升工程示范单位。

【信访工作基层基础建设】 2020 年，太仓市完善市镇两级信访工作联席会议运行机制，建立健全分析研判、协调会办、多元化解、督查督导、考核评估、情况通报六大机制，发挥信访工作联席会议在解决信访突出问题、防范化解信访领域重大风险隐患、维护群众合法权益等方面的作用。将信访工作责任延伸至基层，在全市开展“党群连心·共解民忧”信访服务活动。以村（社区）为创建主体，以健全一套责权明晰的信访工作责任机制、搭建“一站式”信访服务平台、建立一支党员信访代理员队伍、构建一套完善的矛盾化解机制为抓手，从责任机制、工作平台、人员配备、化解机制四方面开展工作，整合利用现有资源，发挥基层党组织和党员先锋模范作用，就地解决群众信访问题。

【领导干部接访下访】 2020 年，太仓市根据中央、省、市关于落实领导干部开展接访下访工作要求，坚持和完善领导干部接访下访和领导包案制度，市党政领导坚持每人每月到市信访局接待群众来访、倾听群众诉求，协调解决信访问题。全年市党政领导共接待群众来访 125 批次，市委、市政府主要领导参与接访率 100%，市委、市政府班子领导参与接访率 100%。对信访重点难点问题，落实市、镇两级领导包案化解措施，有效化解信访重点难点问题。

【信访多元化解机制建设】 2020 年，太仓市推进“访调对接”“信访代理”制度建设，发挥信访疑难复杂问题“专家库”作用，坚持和完善律师、心理咨询师、第三方社会组织等社会力量参与的多元化解机制。通过多元力量参与案件梳理及信息筛查、信访人心理评估、心理疏导，畅通沟通渠道。深化第三方社会组织参与重点信访案件的服务督导工作，引入上海海布社工师事务所全程服务督导全市各镇（区、街道）56 个重点信访积案的化解工作，从案件梳理及信息筛查、案件服务评估、案清事明、片区督导等环节全程参与信访积案化解工作，推动矛盾化解并指导服务基层信访工作。

【“一战两整治”专项行动】 2020 年，太仓市推进“信访矛盾化解攻坚战”，印发《全市信访矛盾化解攻坚战实施方案》《关于明确信访矛盾化解攻坚战有关事项的通知》等。3 月 15 日，开展信访积案“清零计划”，梳理近年未化解及需要稳控的信访积案 36 件，列出《2020 年太仓市信访积案分级化解清单》，推动信访矛盾攻坚战。开展重点领域信访矛盾专项治理，针对城乡建设领域信访问题高发多发、老问题尚未解决、新问题不断出现等现象开展专项治理，印发《关于开展城乡建设领域信访问题专项整治工作实施方案》并召开会议专题部署治理。

【重复信访及信访积案专项治理】 2020 年，太仓市根据省、市关于集中治理重复信访、化解信访积案专项行

2020 年 6 月 28 日，太仓市市长汪香元（中）在市人民来访接待中心接待信访群众 （沈晴霓摄）

动工作部署，市委、市政府分管领导召开会议进行专题部署，实施《关于开展集中治理重复信访、化解信访积案专项工作的实施意见》，各地各部门对职责范围内的重复信访事项开展集中治理化解，计划用两年时间、分四个阶段执行专项工作。

（郭奕斐）

社会法治

人大法律监督

2020年7月31日，太仓市人大常委会召开土壤污染防治工作专题询问会
（市人大办提供）

【法律法规实施监督】 2020年，太仓市人大常委会组织开展《中华人民共和国土壤污染防治法》（以下简称《土壤污染防治法》）执法检查，推动《土壤污染防治法》贯彻执行。6月初，召开主任会议制订《土壤污染防治法》执法检查工作方案。6月22日，举办《土壤污染防治法》讲座暨听取市政府关于《土壤污染防治法》贯彻实施情况汇报会。市人大常委会执法检查组分2个小组赴有关单位就《土壤污染防治法》贯彻实施情况开展执法检查，重点检查土壤污染状况调查和监测开展情况、土壤污染源防控管理情况、土壤污染治理和修复情况、建设用地安全利用情况、农用地建立分类管理制度情况和土壤污染防治监督管理部门职责情况等方面内容。7月3日，召开《土壤污染防治法》贯彻实施情况座谈会。7月30日，市人大常委会第29次会议审议通过《土壤污染防治法》执法检查报告。7月31日，召开土壤污染防治工作专题询问会。执法检查组肯定政府在贯彻实施《土壤污染防治法》、完善规章制度、强化环境监管执法、落实污染防治措施等方面采取的措施和取得的成效，建议市政府加强宣传贯彻，突出治理重点，健全工作机制，持续改善全市土壤环境质量。太仓市人大常委会与省、苏州市人大三级联动，组织开展《中华人民共和国安全生产法》（以下简称《安全生产法》）、《江苏省安全生产条例》执法检查，推动《安全生产法》贯彻执行。3月初，召开主任会议制订《安全生产法》执法检查工作方案。6月29日，市人大常委会执法检查组分2个小组赴有关单位就《安全生产法》贯彻实施情况开展执法检查，重点检查《安全生产法》普法情况、履行安全生产法定职责等方面内容。7月17日，举办《安全生产法》讲座暨听取市政府关于《安全生产法》贯彻实施情况汇报会。7月30日，市人大常委会第29次会议审议通过《安全生产法》执法检查报告。执法检查组肯定政府在贯彻实施《安全生产法》、强化监管责任、突出监管重点、普法宣传等方面采取的措施和取得的成效，建议市政府提高安全生产管理队伍建设水平，建立完善安全生产责任制、事故责任追究制、公共安全项目协调机制，加大安全生产执法监督力度，确保人民群众生命财产安全。对《全国人民代表大会常务委员会关于全面禁止非法野生动物交易、革除滥食野生动物陋习、切实保障人民群众生命健康安全的决定》《中华人民共和国野生动物保护法》和《江苏省野生动物保护条例》开展执法检查，推动政府及相关部门落实法律责任，依法保护野生动物，强化公共卫生法治保障。开展《全国人民代表大会组织法》《全国人民代表大会议事规则》《苏州市供水条例》《苏州市道路交通安全条例》《苏州市农村集体资产管理条例》等立法调研，召开各类群体代表座谈会，对相关草案提出合理化建议，为上级立法机关法律法规草案的起草和法案审议提供有益参考。

【司法监督】 2020年，太仓市人大常委会听取市人民法院关于优化法治化营商环境服务保障高质量发展情况的报告，要求找准司法着力点，做细做实各项司法服务，为营造稳定、公平、透明、可预期的营商环境提供法治保障。听取市人民检察院关于检察队伍建设工作情况的报告，要求检察机关深化检察改革，健全完善检察治理体系，强化司法为民服务，坚持全面从严治检，锻造高素质专业化检察官队伍。组织人大代表旁听法院庭审、见证执行、指导调研、新闻发布会和走访座谈等活动13次，参与代表61人次，推动司法公开。

【法治政府建设推进】 2020年，太仓市人大常委会听取全市辅警队伍建设情况报告，从精细化辅警选人用人、落实辅警相关保障、加强辅警队伍宣传等方面提出建议，推动辅警队伍整体素质和战斗力提升。听取退役军人事务管理工作情况报告，督促政府提高退役军人服务保障体系建设和服务水平。健全规范性文件备案审查制度，对市政府报送备案的3件规范性文件进行审查，维护法制统一。受理人民群众来信来访及涉诉涉法事项，全年共依法受理群众来信40件，接待群众到访40人次，维护人民群众合法权益。

（王　谧）

政法工作

【概况】 2020年，太仓市政法工作以风险防控四项机制建设、市域社会治理现代化试点、扫黑除恶专项斗争等重点工作为切入点，推进平安太仓建设和社会治理现代化。组织实施维护国家安全和政治安全系列专项行动，印发《关于建立风险防控四项机制试点工作的方案》，"雪亮工程"建设达到全域覆盖、全网共享、全时可用、全程可控高质量考核要求，强化涉黑涉恶案件侦办工作，将铁路护路工作纳入平安建设总体规划，健全完善平安建设协调机制，全市累计注册平安志愿者5万余人。年内，省测网格化规范达标率全省第二名；省测公众安全感98.96%，创历史新高；人民群众对政法机关和政法队伍满意率97.28%，位列苏州各板块第一。

【平安太仓建设】 2020年，太仓市加强政治安全和社会稳定维护，强化平安志愿者队伍建设。年内，太仓市落实党委（党组）国家安全责任制，部署开展防范打击邪教组织、打击"精神传销"有害培训等专项行动。建立健全三级（市级、市级机关、各区镇三级）防线组织，成立市国家安全人民防线建设领导小组，在镇（区、街道）、主要党政部门、国有企业成立防线小组，完成"智慧防线"试点工作。着力维护社会稳定。成立风险研判、决策风险评估、风险防控协同、风险防控责任工作专班4个，开展每季度、每月、每周集中研判和重大决策风险评估以及12个重大风险领域部门协同。年内，开展定期集中研判8次、专题研判1次，实施社会稳定风险评估项目90个。依托市联动指挥平台开发"风险防控信息"模块，搜集各类风险信息740条，及时预警处置各类风险92起。部署开展"排风险、建清单、除隐患、保稳定"和社会矛盾大排查大化解"9445"（明确人员排查九类重点对象、查人控事四种方法策略、人员管控四大推进路径、工作落实五项重点要求）等专项行动，排摸建立突出问题风险清单和风险人员清单，逐项逐人制定针对性方案并落实化解稳控措施。以"大数据＋网格化＋铁脚板"扎牢社会及社区新冠肺炎疫情联防联控网，发动机关干部、专兼职网格员、平安志愿者1.1万人下沉网格开展地毯式摸排登记，实现对全市14.65万栋楼地址及46.64万户住户的"红黄蓝绿"（"红牌"为医学留观户，"黄牌"为未返回太仓的疫区人员隔离告知户，"蓝牌"为非疫区未返回太仓的人员，"绿牌"为正常状态户）动态管理。开展涉疫情矛盾纠纷集中排查化解专项行动，挂牌整治市镇两级社会治安重点地区（方面）23个，依法打击涉疫情违法犯罪活动。完成各级"两会"、中共十九届五中全会和第三届中国国际进口博览会等重大安保任务。成立市防范化解重大风险落实安全生产重点工作专班，制订重点工作任务和责任分解方案，压紧压实政法领域安全生产责任。强化平安志愿者队伍建设。推动平安志愿者总会和镇区、街道分会规范化、常态化运作。推行组织活动"菜单式"管理，实现"一月一菜单、月月有活动"。组织实施平安志愿者服务重点项目，打造"平安印溪""红印娄城"等品牌。设立"以奖代补""一事一奖""星级评定"等激励制度，建立健全平安志愿者队伍保障机制，发动群众参与平安建设。举办"幸福太仓、平安有你"平安志愿者活动现场汇报会，评选平安志愿活动"优秀团队"和最美平安志愿者。全市平安志愿活动总时长29万小时，参与人数4.5万人次。

【治安防控体系建设】 2020年，太仓市推进"雪亮工程"（以县、乡、村三级综治中心为指挥平台，以综治信息化为支撑，以网格化管理为基础，以公共安全视频监控联网应用为重点的"群众性治安防控工程"）暨升级版技防城建设，打造以环市域防线、重点目标防线、重点公共场所防线、民生防线、移动防线"五道防线"为基干的前端感知体系，完成公共安全视频监控系统高清化、智能化、数字化升级，共建成治安监控1.02万套，接入社会面高清监控6628套、高空瞭望83套、电子警察587套。在居民小区、车站、城市道路等人流、车流密集部位布建视频监控＋Wi-Fi嗅探模式智能采集终端860套，在重点单位、重要场所出入口部署车辆抓拍、动态人像识别比对系统等设备1345套。推动"案事件视频侦查""人像（Wi-Fi）"等智能系统实战应用，实现全省第一个泛在感知网雏形。推进"智慧小区"建设，探索小区全流程智慧化管理，全市接入人像感知系统小区175个。建成政法重点人员人像管控系统，实现重点人员轨迹追踪、校园防暴恐预警、重点人员实时预警、重要节点零报告等多场景应用。

【扫黑除恶专项斗争】 2020年，太仓市规范涉黑涉恶案件线索处置流程，组织专门力量跟踪督导、挂牌督办上级交办、转办的线索和重大涉黑涉恶线索。建立重大疑难线索案件和未办结案件会商会办制度，年内，市扫黑办牵头召开线索案件协调会10余次，协调政法各部门建成远程庭审系统。落实"两个一律"（对涉黑涉恶犯罪案件，一律深挖其背后腐败问题；对黑恶势力"关系网""保护伞"，一律一查到底，绝不姑息）、"一案三查"（既要查办黑恶势力，又要追查黑恶势力背后的"关系网"和"保护伞"，还要倒查党委、政府的主体责任和有关部门的监管责任）等工作要求，市纪委监委同步介入、同步核查公安机关在办黑恶势力、套路贷和"黄赌毒"重点案件，彻查涉黑涉恶背后腐败问题、"关系网""保护伞"和失职渎职问题。建立健全政法部门与行政部门查询、扣押、冻结涉黑涉恶财产协调机制，建好用好黑恶财产查控平台，综合运用追缴、没收、判处罚金等措施，摧毁黑恶势力经济基础。建立完善办案机关不同环节发现涉及行业监管和治理存在的风险隐患反馈机制，发出监察、司法、检察建议和公安提示函37份。部署开展十大重点行业领域突出问题专项整治行动，督促行业主管部门落实

2020 年 5 月，太仓市铁路护路浮桥工作站建成（刘天成摄）

市场准入、规范管理、动态监管等主体责任，推动扫黑除恶工作常态化。配合市委巡察组开展扫黑除恶专项巡察，做好反馈问题整改工作。三年扫黑除恶专项斗争，市扫黑办共受理群众举报等各类线索 1087 条，其中确定有效线索 405 条，全市九类犯罪案件立案 358 起，破案 293 起，刑事处理九类犯罪人员 676 人。捣毁黑社会性质犯罪组织 1 个、恶势力犯罪集团 2 个、多人多起犯罪团伙 4 个、涉信息网络黑恶犯罪团伙 1 个。查处黑恶势力"保护伞" 4 起 4 人。全市累计查封、扣押、冻结涉黑涉恶财产 3576 万元。开展非法金融活动专项治理，市法院启动涉"套路贷"案件再审程序 85 件，市公安局破获"套路贷"案件 12 起，打掉"套路贷"犯罪团伙 6 个，查封、扣押、冻结"套路贷"案件资产 2655 万元。

【铁路护路联防】 2020 年，太仓市成立市铁路护路联防工作领导小组，构筑"党委领导、政府主导、政法协调、部门联动、社会参与"的铁路护路工作责任体系。沪苏通铁路一期投入建设经费 1426 万元，采用政府购买服务方式建设铁路沿线防入侵智能管控系统，配备专职巡防队员 34 人，建成浏河、浮桥、科教新城护路联防工作站 3 处。推进疏港铁路护路联防项目规划及相关工作。开展铁路沿线基础信息排摸、安全隐患整治和铁路安全宣传工作，排查并消除各类安全隐患 50 余处。

2020 年 12 月，太仓市平安建设陈列馆建成（刘天成摄）

【社会治理现代化】 2020 年，太仓市以市域社会治理现代化试点工作为切入点，推进建立社会治理现代化体系。年内，成立市委平安太仓建设领导小组及办公室，从更宽领域、更高层次谋划推进平安太仓建设。印发《太仓市加快推进社会治理现代化工作方案》和评价指标体系及项目分解表，成立市市域社会治理现代化试点工作领导小组及办公室，组建社会治理现代化工作专班，召开全市推进会议，推进落实社会治理现代化指标任务 104 项。健全社会治理考评指标，检查评估各类责任主体完成社会治理目标任务的进度、质量、效果。全市统筹实施社会治理创新项目，涉及部门 15 个、镇区 9 个，涵盖社会治安防控、矛盾纠纷多元化解、网格化社会治理等各项重点工作。推动社会组织融入网格，建设市社会工作服务指导中心，布建镇级"邻里家园"社工服务站和社区心理咨询室（社工室），鼓励支持社会组织参与社区矫正、信访维稳、青少年正向成长、失独家庭关爱等工作。构建社会矛盾纠纷综合防控体系，太仓市非诉讼服务中心挂牌运行，成立市人民调解员孵化基地，培育镇级人民调解"领头羊" 8 人，打造"一镇一品"调解品牌升级版。建立健全特殊人群网格走访帮教机制，强化常态化规范化管理，网格走访家庭暴力、未成年性侵等重点关护家庭，保护妇女儿童权益。打造以服务民生为主题的"安居之路"，以服务德企为主题的"安商之路"，以平安古镇、长江大保护为主题的"安旅之路"，形成由 15 个风景串联成的社会治理"风光带" 3 条。建成苏州市首个平安陈列馆。

（刘天成）

社会综治联动

【概况】 2020 年，太仓市社会综合治理联动中心依托网格化联动机制优势，以"大数据 + 网格化 + 铁脚板"模式为支撑，探索市域社会现代化治理路径，“线上线下”联动，助力网格化社会治理向“专、精、细”方向发展，完善基层社会治理现代化运行体系建设，破解基层社会治理难点。年内，市联动指挥平台共受理各类群众诉求及网格事件76.9万件，处置75.8万件，处置率98.6%，办件满意度98%。太仓市成立市镇两级督查队，推行手机App督查模块，实现“督查—报告—督办”全平台操作，定期督查和不定期抽查相结合，做到群众反馈问题、平台流转问题必查。开展现场督查200余次，上报督查案件33起，督办案件2起，督查整改率100%。

2020年11月6日，市联动中心网格员在长江口旅游度假区钱泾新村开展住户摸排工作 （陈丹蕊摄）

【疫情防控协同管理】 2020年，太仓市开展新冠肺炎疫情防控工作，市社会综合治理联动中心统筹安排1.1万人次下沉网格进行地毯式摸排登记，通过开发“速复通”企业复工审核系统助力企业安全复工。通过社区登记一站式服务，兜牢社区管控底线，针对封闭式拆迁小区、敞开式老小区和城郊接合部不同类型小区分别打造管控样板。利用门磁、楼道摄像实时预警和用电数据监控功能等技术手段兜底贴牌户管控。开发疫情防控智能分析平台，收集疫情防控各类数据，动态管理防控人员及出租房情况，做好实有人口和重点人群服务管理，夯实网格治理在突发事件下平安稳定的根基。坚持运用信息化手段贯穿防控工作始终，强化信息化与大数据对网格疫情防控的支撑作用，节省疫情防控力量，提高全市疫情防控效能。

【网格走访工作】 2020年，太仓市社会综合治理联动中心在全市各镇区全面开展合租房走访工作，盘点疫情期间采集到的3.5万户商品房及农房合租房底数数据，明确合租房巡查任务，排查合租房安全隐患。累计走访摸排合租房1.4万户，上报各类隐患问题近400件。配合全市开展“小化工”摸排工作，推动安监、环保网格员入企走访。在城厢镇、璜泾镇试点开展环境保护、安全生产巡查，将相关事项纳入网格巡查清单，按照“定底数、定任务、定人员”网格走访工作模式，梳理走访清单、企业名单、人员名单，多网融合，多线联动，累计试点走访企业525家。

【文明城市创建类办件处置】 2020年，太仓市社会综合治理联动中心依托联动平台GIS（地理信息系统），实现责任区域、清单、人员挂图作战。发挥网格员“千里眼”及座席员“顺风耳”作用，加强对9个大类22项文明城市创建重点案件上报力度，加强对重点区域及多发问题分析，开展精准指导和督查督办。创建期间，网格员主动发现上报文明城市创建类案件4.44万件，“12345”政务服务便民热线受理4981件，通过联动平台处置4.89万件。

【综治联动服务】 2020年，太仓市社会综合治理联动中心践行“源头治理”理念，创新工作方法，重塑工作流程机制，以“新增餐饮前置服务”为模板，牵头各职能部门在各类公共场所装修阶段及时介入服务指导，范围涵盖大型商超、酒店住宿、餐饮服务、医疗美容等大型公众聚集场所。将后端被动执法变成前端主动服务，确保经营者合法合规经营，降低经营者投资经营风险，从源头上防控各类社会矛盾及安全隐患，解决“放管服”工作中“管”与“服”的衔接难题。通过抓取案件数据，及时介入“优思迈美语退费”“盛世一品小区停车收费纠纷”“易油通软件消费欺诈”等社会隐患问题，及时向市委、市政府预警汇报。主动聚焦非法加油、公共场所消防隐患、无证无照经营等基层治理顽疾，通过协商会办明确细化各行政部门职能分工、处置流程和结案标准，推进社会治理融合。

2020年11月，太仓市集成指挥中心投运 （陈丹蕊摄）

【社会综合治理信息化建设】2020年，太仓市社会综合治理联动中心从推进市域社会治理现代化高度开展顶层设计，推动信息化与基层整合审批服务执法力量深度融合，突出实时监控、信息归集、研判预警、协调联动和督查考核等核心功能，在整合现有数据、系统等资源基础上，构建一个集成指挥平台、一个数据中台、一个业务中台、N个核心业务应用的融合架构。其中，党建引领、审批服务、综合执法、网格管理、指挥调度模块进入试运行阶段。围绕"精准识别、精准决策、精准投放"三大理念，打造一体化平台，构建现代化基层治理体系。通过案件聚类分析，实现案件上报质量研判、高发案件类型占比研判、案件处置时限科学性研判、移车行为研判、广告智能识别等专题，达到预警预判、辅助决策的效果，指导业务关注重点；通过对网格事件上报、信息采集、网格巡查情况的智能分析，形成网格画像实景，实时掌握网格工作质态，提升网格员队伍管理水平，提高联动机制运转效率。

【智能语音移车系统上线】2020年7月1日，太仓市社会综合治理联动中心"12345"热线上线智能语音移车功能"太E移"，由语音机器人模拟人工座席接听、呼叫"12345"热线，缩短市民呼入排队等候时间，提高"12345"热线接通率。通过无障碍口语化人机交互，实现语音识别、车牌查询、呼叫车主、结果反馈全自动流转，依托智能语音机器人快速识别车牌号，识别率82%。全年累计完成移车工单6.7万件，分流移车热线53%。

（张姝敏）

全面依法治市

【概况】2020年，太仓市坚持依法治市、依法执政、依法行政共同推进，统筹法治太仓、法治政府、法治社会一体建设，促进实现党领导立法参与、保证执法、支持司法、带头守法，推动党政主要负责人履行推进法治建设第一责任人职责落实，开展法治政府"补短板、强弱项"和城乡社区"援法议事"专项活动，优化法治营商环境，助力夺取新冠肺炎疫情防控与经济社会发展"双胜利"，打造法治最硬"内核"成为太仓核心竞争力的重要标志，把法治思想贯穿到立法参与、严格执法、公正司法、普法守法等全过程和各方面，依法治市和法治太仓建设取得新成效。年内，太仓市人民群众法治满意度首次位列全省首位，获评中国最具幸福感城市和全省最高法治建设满意度城市。

2020年9月11日，太仓市召开市委全面依法治市委员会办公室主任（扩大）会议暨法治政府建设工作推进会（毛林林摄）

【依法治市统筹发展】2020年，太仓市把法治建设纳入全市经济社会发展总体规划，法治建设成效纳入党的建设和高质量发展综合考评体系，法治专项督察列入市委年度督察计划。年内，市委常委会专题研究依法治市工作，市委全面依法治市委员会第二次会议部署法治建设任务。市委理论中心组和市政府常务会议学法、新任职领导干部和新入职公务员学法用法考法、领导干部带头学习党内法律法规等形成制度常态，领导干部学法用法民主测评满意率99.25%。

【法治议事协调工作模式创新】2020年，太仓市发挥市委全面依法治市委员会办公室和4个协调小组职能优势作用，引领法治太仓建设。党（工）委全面依法治镇区（街道）委员会及办公室法治议事协调机构在全省率先实现全覆盖，党（工）委政法委员与法治副镇长（副主任）合力统筹法治建设。创新建立"4511"［指市委全面依法治市委员会4个协调小组，抽调5个不同类别法治督察库中的专家，挂钩联系11个镇区（街道），通过1~2年时间结对帮建活动，协助提升镇区（街道）法治建设水平］依法治镇区（街道）结对帮建工作模式，"双线引领、两翼策应、并联推进、互相促进、共同提高"依法治市工作制度体系被《人民日报》《新华日报》等主流媒体关注报道。创新建立党政主要负责人法治建设第一责任履责年度档案，104份档案实现100%管理，市镇两级推动法治政府和法治社会建设形成合力。

【法治政府建设提质增效】2020年，太仓市开展法治政府建设"补短板、强弱项"专项活动，整改落实全市查摆的8类24项108个问题。推进"放管服"改革，推动基层综合执法，行政执法"三项制度"（行政执法公示制度、执法全过程记录制度、重大执法决定法制审核制度）覆盖面率先实现100%。市镇两级纳入目录化管理的重大行政决策项目26个，严格执行法制审核的政府文件合同58份，向社会公布现行有效的市级行政规范性文件197件。以市政府为被告的34件行政诉讼未出现败诉案件，行政机关负责人出庭应诉率持续保持100%。全面优化法治化营商环境，确定涉企

“免罚轻罚”事项404项，“免罚轻罚”金额212万元。

【公正司法高效便民】 2020年，太仓市完善阳光司法机制，以公开促公正公平，激发增强司法公信力。支持“以审判为中心”的刑事诉讼制度、公益诉讼制度等司法责任制改革，推动案件繁简分流改革试点落地，推进“1+X”多元化司法救助机制（以检察机关为主、多方协调配合，以发放救助金为主、其他救助方式为辅，以刑事被害人救助为主、强化涉案未成年人和民事侵权当事人等对象救助的综合性救助格局）。推动政法机关信息数据共享，以法院为信息枢纽，连接检察院、看守所、法律援助中心，实现四方远程庭审，提高庭审工作效率。在苏州率先建立综合治理执行难工作格局，优化完善解决执行难长效机制，全市案件法定审结率等重点质效指标均位居苏州市前列。刑事案件律师辩护实现全覆盖，开展犯罪嫌疑人认罪认罚律师见证工作，司法建议、检察建议获省级通报表彰。

【法治社会群众满意度提升】 2020年，太仓市开展基层“执法为民、服务发展”主题实践群众评议活动，法治为民执法司法实践得到社会认同。建成市镇两级“关爱民生法治行”项目85个，开展城乡“援法议事”活动460多个，解决群众法治问题需求。“七五”普法收官，建成群众认可的普法品牌34个。全市省级以上民主法治示范村（社区）77个，占比49%。群众法治建设满意度95.2分，位列全省第一。

（曹　静）

公　安

【概况】 2020年，太仓市强化维稳处突和打防管控能力建设，打造“一所四中心”（智慧监所、情报指挥中心、反恐处突中心、执法办案管理中心、数字侦查中心），完成智慧监所建设运行，推进情报指挥中心优化升级，提档反恐处突中心，完善执法办案管理中心监管体系，强化数字侦查中心实战应用，对黑恶势力犯罪保持严打高压态势。全年破获各类刑事案件1024起，破案率31%；刑事打击处理1057人，行政处理2770人。全市违法犯罪类警情较上年下降14.3%，刑事案件发案数较上年下降10.2%，命案全部快侦快破，群众安全感满意度上升。年内，市公安局获各级表彰奖励先进集体50个、先进个人752人次，获评2020年度全省执法示范县级公安机关、“法治苏州”先进集体；刑警大队、巡特警大队、人管大队、城西派出所等部门均获集体三等功。

【社会稳定维护】 2020年，太仓市优化完善“情指行”（情报、指挥、行动）一体化作战模式，形成以指挥中心为中枢、情报研判为支撑、“四骑一特”（轻骑、重骑、铁骑、游骑、特警）反恐处突机动队为前端的扁平化指挥调度新模式。完善“大事牵引”工作机制，落实社会面治安管控各项措施，清除风险隐患。开展社会矛盾纠纷大排查大化解专项行动，梳理风险数据，清洗各类数据1.8万条。配合市信访局化解多起信访积案。完成第三届中国国际进口博览会等重大安保任务20余次，全年全市未发生惊扰性、有影响力的个人极端案件。推进“枫桥式派出所”（坚持发展“枫桥经验”，坚持贯彻党的群众路线好的派出所）建设。树立“大抓基层、大抓基础”导向，深化双网融合、基础信息采集、社会治安防控、风险隐患排查等工作，探索新时代“枫桥经验”的“太仓实践”。城西派出所、沙溪派出所成为苏州“枫桥式派出所”试点单位，高新区派出所等7个派出所完成“枫桥式派出所”TQM（全面质量管理）试点工作。

【违法犯罪打击】 2020年，太仓市推进扫黑除恶专项斗争，破获涉黑涉恶“九类案件”（聚众斗殴罪、强迫交易罪、寻衅滋事罪、敲诈勒索罪、非法拘禁罪、组织卖淫罪、强迫卖淫罪、开设赌场罪、故意毁坏财物罪）80起，破案率89.9%，上级交办39条线索全部清零；刑事处理涉信息网络黑恶违法犯罪嫌疑人18人，查扣资产2800余万元。推进打击网络贩枪专项行动，采取刑事强制措施32人，收缴火药动力枪支27把、气动力枪支5把。破获一起20年以上命案积案，实现14年命案全破；“八类案件”（故意杀人、故意伤害致人重伤或者死亡、强奸、抢劫、贩卖毒品、放火、爆炸、投毒案）破案率96.5%；打击防范通信网络诈骗犯罪，破获通信网络诈骗案件216起，破案率16.18%，较上年上升6.88%，抓获刑事作案对象160人，抓获率11.99%，较上年上升3.99%，挽回损失率9.2%，列苏州五县市第一；深化非法集资等涉众型经济犯罪专项严打行动。全年受理经济犯罪案件105起，破案31起，涉案金额4425.2万元，挽回损失3200万元，抓获犯罪嫌疑人62人；以创建全国禁毒示范城市为抓手，组织开展“净边2020”“涉毒乱点乱象专项整治”等行动，开展全民禁毒宣传，强化吸毒人员管控工作。全年破获涉毒违法犯罪案件58起，其中公安部督办案件1起，抓获各类涉毒违法犯罪嫌疑人76人，缴获各类毒品458.38克；开展“净网2020”专项行动。打击网络黑客、侵犯公民个人信息等“7+1”类违法犯罪（“7类”即非法侵入计算机信息系统罪，非法获取计算机信息系统数据、非法控制计算机信息系统罪，提供侵入、非法控制计算机信息系统程序、工具罪，破坏计算机信息系统罪，拒不履行信息网络安全管理义务罪，非法利用信息网络罪，帮助信息网络犯罪活动罪；“1类”即侵犯公民个人信息罪），净化网络空间，维护网络空间安全稳定。全年破获重要网络案件8起，抓获犯罪嫌疑人69人；持续推进打击整治黄赌违法犯罪，开展打击赌博违法犯罪百日行动、“猎鹰2020行动”“秋风行动”等系列专项行动，侦办公安部督办“5·28”特大跨境传播淫秽物品牟利案等一批涉网类黄赌娼案件。全年破获黄赌刑事案件26起，办理涉赌行政案件297起，处罚违法人员474人，查处涉娼案件355起，处罚违法人员406人；惩治环境、食品、药品犯罪，开展“昆仑2020”专项行动，打击长江流域非法捕捞犯罪专项行动，对违反野生动物保护、长江禁渔等工作的行为保持严打整治高压态势。全年抓获食药环案件犯罪嫌疑人61人，公诉23人。

【治安防控】 2020年，太仓市推进全市巡防一体化建设，推动巡特警、交警、派出所勤务有机整合，完善“135”快速反应机制（主城区接报涉恐涉暴袭击和个人极端暴力犯罪等重特大警情时，1分钟快速反应，重点区域3分钟赶到现场处置，人员密集场所5分钟赶到现场处置）。完成智慧卡口升级改造，构建全市数据巡防新模式。立足社会治安形势和沿江沿沪地理区位实际，以建成反恐处突机动队基地和深化勤务模式改革为切入点，打造全省一流县域巡特警“超级战队”，推进社会面防控管理体系提档升级。全市社会治安形势持续向好，“两抢”（抢夺和抢劫）案件连续5年下降，六类侵财案件较上年下降23.11%。强化长三角警务一体化建设，秉承“开放、合成、共赢”工作理念，与上海嘉定警方统筹整合两地公安安检力量、设施设备、信息数据等资源，创新探索省际新建打通道路“一点两检”（一个检查站同时检查出入城双向车辆）一体化卡口查控模式，坚持统分结合，建立健全联动指挥、分工协作、联动处置等运作机制，提升沪苏省际陆路卡口查控效能。规划布建智能感知网络、关联集成数据资源、赋能匹配警务实战，依托“大数据实战共享服务中心”，做到预防在先、预测在前，打早打小，变事后破案为事前预警，变被动应战为主动出击，打造太仓升级版“城市盾牌”。成立太仓市打击治理电信网络新型违法犯罪中心，开展通信网络诈骗案件打处研判工作，通过资金查控、技网联动等手段实现精准打击。建立基于反制技术实时反诈预警系统及反诈干预机制，累计劝阻被诈骗群众3989人次。

【警务信息化建设】 2020年，太仓市加强智慧警务规划统筹，推进公安智慧警务建设。围绕重点目标、重点场所、重点部位，织密智慧防控前端布点，市级平台联网汇聚视频监控4万路，平均每平方千米陆地面积覆盖60.1路。完成公安智慧监所“三流合一”（业务流、信息流、管理流合一的新型警务模式监所）建设，结合高科技信息化管理和传统管理，借助科技强警，提高核心战斗力，市看守所保持60年安全无事故。完善执纪执法监督中心平台，开发明镜系统——掌上督察App。年内，掌上督察App发布并在省厅及苏州市局推广运用。

【公共安全监管】 2020年，太仓市以创建文明城市为契机，开展道路交通综合治理行动。以春运、道路交通安全专项整治、减量控大（削减交通事故总量及控制特大交通事故发生）等专项行动为依托，落实“国省县道勤务”和“潮汐、高峰、夜间”三大勤务模式，对“两客一危一货”（公路客运、旅游客运、危化品运输车、货车）等重点车辆开展交通秩序大整治，查处超员超载、超限超速、违法载客、无证驾驶等违法违规行为，重点突出混凝土搅拌车、渣土车等工程运输车辆，引导主动统一更换符合国标的轻量化车型，全市混凝土搅拌车轻量化更换完成全覆盖。年内，现场查处交通违法行为22.3万起，查处货车违法2.5万起，查获醉驾378起、酒驾798起，查处超限、超载3518起。涉酒事故连续两年下降超20%；查处超载类交通违法行为较上年上升47.9%，国道省道交通在货车流量持续增大情况下，事故总量稳步压降。通过事故逐案排查路面风险隐患，依托专班流转隐患整改任务，一案一策闭环督促隐患整改到位。滚动排查各类道路风险隐患2818处，完成整改2535处，整改率89.96%。推进“331”专项整治［第一个“3”指容易引发火灾事故的“三合一”场所、出租房（群租房）和电动自行车这三类突出隐患，第二个“3”指专项行动要对照执行的任务清单、履职清单和追责清单“三张清单”，“1”指专项行动为期100天］，强化群租房安全管理和隐患排查整改，发现安全隐患3.32万处，并全部整改完成，“331”专项整治考核位列苏州优秀等次。开发启用寄递“OCR”（光学字符识别）系统，获苏州市公安局“十新场景”。推进无人机、民宿、楼宇经济、共享经济等新业态监管，守住不发生区域性、系统性、原发性风险底线。

【公安基层基础管理】 2020年，太仓市聚焦新冠肺炎疫情防控，完成各类排查行动29项，排查各类数据156.6万条；在全市范围梯次排查重点关注地区人员8.1万人，协助卫健部门排查新冠肺炎密切接触人员320人次。推出“红黄牌”（将各户居民防疫安全程度划分为红、黄两个等级，红色为从疫情较重地区归来，并在14天隔离观察期内的居民；黄色为还在疫情较重地区居住，春节期间离开后尚未返回的居民）动态管理机制，通过张贴红黄牌，精准、直观掌握人员在太仓情况，落实动态化管控。全年张贴红黄牌4.3万张，落实“五位一体”（社区干部、

2020年12月18日，太仓市召开全市冬春火灾防控工作会议暨“331”专项行动推进会 （简新海摄）

2020 年 1 月 4 日，太仓公安民警在 G15 沈海高速公路高新区出口开展新冠肺炎疫情防控执勤 （王　辉摄）

社区民警、网格员、志愿者、卫健基层工作人员协同配合）管控人员 5.9 万人。核查流动人员 114.28 万人次，登记流动人员 41.5 万人次，注销 40.2 万人次。结合“一标多实”（标准地址、实有人口、实有房屋、实有单位等公安基础信息）采集工作，梳理标准地址，核查流动人口，推广自主申报程序，提高全民自主申报意识，实现人口登记从被动向主动转变；布局智能感知平台应用，推动警务模式转型；升级旅馆前台登记系统，强化无证比对入住功能。加大无证网约房名单排摸核查力度，全年办理无证黑旅馆、网约房案件 6 起，办理率居苏州市前列；依托互联网管控平台，检查网吧 3200 家次；推进治安重点地区整治，全年排摸治安乱点 15 个，社会治安重点地区 13 个。

【公安服务管理】 2020 年，太仓市贯彻落实各项服务企业复工复产举措，提供 24 小时电话咨询、预约办证和预先审核服务。年内，公安服务窗口接听 24 小电话咨询 2589 人次，接受当场咨询 1230 人次。完成出入境大厅自助填表系统升级和沙溪出入境全业务分中心建设，实现让“数据多跑路，群众少跑腿”目标。做好涉外专管线上答疑解惑，境外人员签证受理、涉外服务和到期提醒服务、防疫政策宣传、“苏城码”注册引导等工作，做好申请出国境人员风险提示，窗口发放风险提示单近 500 份，国家移民局、江苏出入境微信公众号关注量 3000 余人次。策应全市对德合作工作，全年公安综合窗口办理涉德企相关行政审批事项 82 件次。开展“三非”外国人（未经合法手续而在中国非法就业、非法入境和非法居留的所有外国人）专项治理工作，查处“三非”案件 33 起；查处境外人员违法临住案件 96 起。在苏州市健雄职业技术学院创建全国禁毒示范城市示范点，开展警营开放日活动，扩大警营文化全景图项目辐射面。

【公安执法规范化建设】 2020 年，太仓市建立公安执法规范化建设考核评估体系，强化执法过程规范控制，提升执法主体能力水平。建立涉案财物运行管理体系，制定运行管理流程规范。加强各平台数据质量监管，建立平台数据质量内部管理机制。执法办案管理中心建设完成并投入运行。依托执法办案管理中心完善运行监督管理体系。中心办理各类案件 492 起，审查各类违法犯罪嫌疑人 565 人，进入办案管理中心办案区总量（审查、体检）1021 人次。常态化开展法制“三清”工作（清理违规违纪问题，剔除病变的毒瘤；清理易发问题环节，斩除利益的链条；清理违法犯罪场所，挖除腐化的土壤），实现基层派出所警情 100% 日清零，建立问题提醒制度，纳入作风效能监督。成立案审专业队，针对执法问题，借助市局执法管理平台，实现对案件全程监管、重点环节全程监督，审核各类案件 600 余起。

（花喆辰）

2020 年 10 月 24 日，太仓市公安第一届警营开放日活动举行 （蔡升晖摄）

检　察

【概况】 2020 年，太仓市人民检察院强化检察责任担当，提升检察办案质效，全面履行刑事、民事、行政、公益诉讼“四大检察”职能，持续优化法治化营商环境，回应群众司法需求，强化公益诉讼，做好未成年人检察工作。全年共办理刑事、民事、行政、公益诉讼、诉讼监督、司法救助等各类案件 2464 件。

【法治化营商环境优化】 2020 年，太仓市人民检察院坚决落实最高人民检察院“能不捕的不捕、能不诉的不诉、能不判实刑的就提出适用缓刑的建议”等办理涉民营企业案件的刑事司法政策，依法办理侵犯企业合法权益案件18件、30人，对企业涉案人员不批捕6人、不起诉17人。实施“企业法治服务年”行动计划，与市工商联建立案件互通机制，明晰涉企案件从宽处理标准，加强产权司法保护。通过法治讲座、合规考察、制发检察建议等方式，强化企业刑事犯罪风险防控。与市市场监管局、市人民法院、市公安局联合召开知识产权保护新闻发布会，开展打击侵犯知名注册商标专项整治，办理侵犯假冒知名品牌女鞋案件6起。系统分析近五年办理的127件侵犯非公企业产权犯罪案件，发挥法治参谋作用。1起案件入围苏州政法系统创新优化法治化营商环境典型案例。

【检察工作助力长江大保护】 2020年，太仓市人民检察院落实长江十年禁渔计划，办理涉非法捕捞、运输、销售渔获物产业链犯罪4件、7人。持续开展“守护长江”检察公益诉讼专项监督，联合调查长江水域船舶污染问题，提出防治污染对策建议。开展市镇村河道环境整治专项检察，推动清理河道33条，清除网簖1100余处。5月25日，与上海市宝山区、上海市崇明区、南通启东市、南通海门区四地检察机关建立长江口生态环境和资源保护联盟，就线索移送、调查核实、司法办案等方面开展务实合作。联合上海市宝山区、崇明区检察机关及渔政执法部门开展巡江执法活动，共同保护长江生态环境。

2020年5月25日，长江口生态环境和资源保护检察协作联盟云签约仪式举行（黄谱泓摄）

【安全生产服务保障】 2020年，太仓市加强安全生产行政执法与刑事司法衔接工作，依法惩治安全生产违法犯罪行为，保障人民群众生命财产安全和社会稳定。市人民检察院与市应急管理局建立安全生产领域“两法衔接”机制，参与安全生产事故调查28次，依法妥善办理安全生产领域刑事犯罪案件9件、12人。对一起“三无”（无船名船号、无船舶证书、无船籍港）船舶海上肇事致1人死亡、2人失踪的案件监督海警部门以重大责任事故罪立案侦查，提起公诉后获市人民法院判决支持。针对各类安全隐患问题，发出检察建议7份，督促相关单位完善监管机制，防范安全事故。参与城市基础设施等民生安全问题治理，会同市综治联动中心等部门开展窨井盖综合治理研判，持续落实最高人民检察院“四号检察建议”，依法严厉打击涉窨井盖违法犯罪行为，推动有关部门重视窨井盖安全问题，消除公共安全隐患。加强安全生产法治宣传，拍摄警示教育微视频，开展安全生产宣讲。

【未成年人司法保护】 2020年，太仓市人民检察院依法办理涉未成年人犯罪案件46件、56人，与市公安局、市民政局、市妇联等部门会签《关于建立侵害未成年人案件强制报告制度的意见》，加强对未成年人的司法保护。完善“检校联盟”工作机制，院领导全部担任学校法治副校长，开展法治课堂、模拟法庭等授课活动28场次，覆盖学生2万余人。联合市烟草专卖局、市市场监管局开展“净化校园周边环境，保障校园周边安全”专项监督活动，查处无证售烟商铺17家，取缔抓烟机10台。依托未成年人社区矫正损害修复基地，开展涉案未成年人观护帮教、损害修复、心理矫治等百余人次。

【群众司法需求回应】 2020年，太仓市人民检察院落实群众信访“七日内程序性回复、三个月内实体性答复”工作要求，办理各类信访143件。召开省、市、县三级检察院司法救助联合公开听证会，开展综合救助。联合市慈善总会成立定向用于检察机关国家司法救助工作的“娄东检爱慈善基金”，调动社会力量参与国家司法救助工作，释放“法度之外、情理之中”的司法关怀。办理刑事和解案件45件，化解社会矛盾。落实最高人民检察院、国务院扶贫办关于司法救助支持脱贫攻坚的意见，深化“1+X”多元化司法救助工作机制，以检察机关为主、多方协调配合，以经济救助为主、其他救助方式为辅，以刑事被害人救助为主、强化涉案未成年人和民事侵权当事人等对象救助的司法救助模式。全年共对36名生活困难的被害人及其近亲属发放救助金50.5万元，维护救助申请人合法权益。

【公益诉讼强化】 2020年，太仓市人民检察院树立“双赢多赢共赢”“诉前实现保护公益目的是最佳司法状态”等理念，共向行政机关发出诉前检察建议31件，办复率100%。针对药房违规销售处方药、自动贩卖机存在食品安全隐患、古树名木保护等问题，向有关部门制发检察建议督促整改。对福寿螺、凤眼莲、“一枝黄花”等外来入侵物种防治工作开展专项监督，向主管部门发出诉前检察建议，推动开展专项整治和长效防控，助力优化农村人居环境。联合市公安局、市资规局、市农业农村局等部门建立工作衔接机制，办理非法买卖非洲灰鹦鹉、猕猴等案件，保障群众生命健康和生物生态安全。

【检察工作服务疫情防控大局】 2020年，太仓市人民检察院严厉打击妨碍新冠肺炎疫情防控刑事犯罪，提前介入涉疫案件2件，引导侦查机关收集固定证据。在办理一起销售假冒伪劣口罩案时，对故意作虚假陈述的2名证人以涉嫌伪证罪监督立案。运用远程提审、远程庭审等方式，实现司法办案活动“零接触、面对面、高效率”。印发《关于疫情防控期间服务保障民营企业发展的十条意见》，深入企业了解防疫和复工复产情况，帮助解决法律问题。

（金　蕾）

法　院

【概况】 2020年，太仓市人民法院围绕“努力让人民群众在每一个司法案件中感受到公平正义”目标，落实服务大局、司法为民、公正司法要求，持续深化司法改革。全年共受理各类案件1.92万件（含旧存2494件），较上年上升6.46%，审执结1.67万件，较上年上升7.49%，解决争议标的额106亿元，为谱写太仓高质量建设“两地两城”（临沪科创产业高地、临江现代物贸基地、现代田园城市样板、中德合作城市典范）新篇章提供司法服务和保障。

【刑事审判】 2020年，太仓市人民法院强化刑事审判打击犯罪职能，增强人民群众安全感，共审结各类刑事案件855件，判处罪犯1152人。贯彻中央和上级关于扫黑除恶专项斗争部署要求，落实依法严惩方针，审结涉黑恶犯罪案件3件7人，涉黑“保护伞”案件4件4人。组建专门执行团队，加大黑恶财产甄别、查扣、执行力度，摧毁黑恶势力经济基础，执行到位罚金21.6万元，退赔款30.55万元，追缴、没收违法财产金额30.21万元。实施《关于建立扫黑除恶专项斗争长效机制的工作意见》，巩固和完善同纪检监察机关线索移送、反馈和协同办案机制，促进扫黑除恶与破网毁伞同频共振。

【民事、商事审判】 2020年，太仓市人民法院创新方式方法化解社会矛盾，共新收各类民事、商事案件9020件，较上年上升12.88%；审结8985件，较上年上升12.59%。针对新冠肺炎疫情对审判造成的影响，依托“网上办、电话问、线下寄”等灵活工作方式和互联网庭审技术，确保疫情期间民事、商事案件审理工作不停滞。针对劳动争议类纠纷，召开涉疫纠纷处置线上联席会议，加强对涉疫案件法律适用问题研究，审结劳动争议案件977件。针对房地产类群体性纠纷，释放示范调判机制效能，审结房屋买卖合同纠纷1248件。针对婚姻家庭纠纷，加强与综治、妇联、教育等部门的协调联动，创建“护家”家事调查中心，健全家事调查网络，审结各类婚姻家庭纠纷1140件。

【行政审判】 2020年，太仓市人民法院强化司法审查职能，坚持监督与支持并重，审结行政诉讼案件23件，其中行政机关败诉8件。健全府院联席会议等制度，促进行政争议实质化解，通过向当事人释法明理、督促行政机关完善行政行为等方式，促成和解、撤诉案件9件。配合文明城市创建、“散乱污”专项整治，促进人居环境改善，对非诉行政执行案件裁定准予执行46件。强化司法与行政良性互动，邀请市直机关领导干部和人大代表、政协委员旁听行政案件，提升领导干部运用法治思维和法治方式深化改革、推动发展、化解矛盾、维护稳定的能力。

【案件执行】 2020年，太仓市人民法院推进“切实解决执行难”工作，健全综合治理执行难工作格局，共新收执行案件6678件，执结6724件，较上年分别上升4.34%和5.05%，实际执结率、执行完毕率等指标位居苏州市法院首位。推动出台《关于加强综合治理从源头切实解决执行难问题的实施意见》，成立综合治理执行难工作领导小组，构建多部门协作联动的综合治理执行难工作大格局。依托“三统一”案管平台和“两管一控”办案平台，推进执行工作数字化转型。规范执行查控系统使用，实现“流程标准化、事务集约化、监管可视化”。运用视频约谈、司法网拍VR（虚拟现实技术）看样、网络直播看样等方式，保障执行工作开展。

【营商环境法治化】 2020年，太仓市人民法院延伸服务保障职能，出台《关于疫情防控期间为企业发展提供司法保障的实施意见》，走访调研德

2020年4月23日，太仓市人民法院、太仓市人民检察院、太仓市公安局及太仓市市场监督管理局联合召开保护知识产权新闻发布会 （郑金硕摄）

2020 年 11 月 12 日，太仓市人民法院召开优化营商环境新闻发布会
（吴羽娴摄）

企、民企，帮助企业纾困解难。以破产审判为抓手，服务供给侧结构性改革，促成 26 家企业退出市场，1 家企业重整成功，化解债务总额 42.45 亿元，盘活资产 12.47 亿元，释放土地 23.56 万平方米，安置职工 398 人。加强创新保护，审结各类知识产权案件 142 件，涉及“樱花”“剑南春”等著名品牌商标 18 个。召开新闻发布会，开展线上商业秘密保护专题培训，营造保护知识产权就是保护创新的浓厚氛围。开展非法金融专项整治工作，对 89 件涉嫌“套路贷”违法犯罪的民事案件依法裁定驳回起诉。

【司法为民】 2020 年，太仓市人民法院完成诉讼服务中心升级改造，实现诉讼服务“一站通办、一网通办”。诉讼服务中心共收转材料 2832 份，接受案件查询 1603 人次，接受咨询 1504 人次，办理外地当事人邮寄远程立案 1061 件、跨域立案 69 件。推进“审务进基层 + 法官进网格”全覆盖，加快“无讼村居”共建步伐，提升诉源治理水平。加大法治宣传力度，线上线下、点面结合推进《中华人民共和国民法典》普法工作，组织或受邀进行专题讲座 33 场，微信公众号推出“走进法典”专题栏目 10 期。依托庭审活动公开四大平台，构建开放、动态、透明、便民的阳光司法机制。累计公开裁判文书 9261 篇，互联网庭审直播 6055 次，智慧庭审 802 次。

【司法改革】 2020 年，太仓市人民法院立足繁简分流改革试点，提升审判质效。以沙溪法庭为试点，与辖区司法所、村（社区）搭建诉前解纷网络专线，实现诉调无缝对接，完成司法确认案件 689 件。在苏州范围内率先出台《关于民商事案件分案暂行规定》《民事诉讼繁简分流分案操作规程》，建立“首次甄别 + 二次甄别 + 补充甄别”交互有序的繁简甄别机制，一审简易程序适用率 80.35%，案件平均审理天数 73.77 天 / 件，速裁案件平均审理天数降为 21.56 天 / 件。修订《专业法官会议工作运行规则》和《审判委员会工作规则》，执行类案强制检索报告制度，落实均衡结案和院庭长审判监督管理职责，加强对“四类案件”（涉及群体性纠纷，可能影响社会稳定的；疑难、复杂且在社会上有重大影响的；与本院或者上级法院的类案判决可能发生冲突的；有关单位或者个人反映法官有违法审判行为的）监督以及程序转换事项的审批，释放改革效能。

（陆玖庆）

司法行政

【概况】 2020 年，太仓市律师行业办理各类案件 3102 件，较上年减少 12%，业务收费 1.07 亿元，较上年增长 0.38%。基层法律服务行业办理各类案件 783 件，较上年增加 6%，业务收费 889.99 万元，较上年增长 9%。太仓市公证处办理各类公证 3947 件。全市各类人民调解委员会及两级调处中心共调解纠纷 8850 件，涉及人员 5.9 万人次，涉及金额 1.23 亿元。调处成功率 100%。全年全市累计接收社区矫正对象 248 人，衔接刑满释放人员 285 人。截至年底，在册社区矫正对象 235 人，刑满释放人员 1241 人。市法律援助中心办理各类法律援助案件 1398 件，接受来电来访法律咨询 6351 人次。年内，太仓市群众法治满意度位居全省县（市、区）第一；市司法局获评“法治苏州”先进集体。

【公共法律服务】 2020 年，太仓市发布《太仓市优化营商环境创新行动》，深化开展“关于加强和改进法治服务，保障进一步优化营商环境专项行动”，挂牌苏州首个园区公共法律服务中心，建立常态化服务机制，法治营商环境持续优化。连续 8 年开展“暖阳一号”“五月的阳光”和“爱在金秋”等公共法律服务活动。优化调整全市城乡社区公共法律顾问，43 个村（社区）挂钩法律顾问。全市 17 家律师事务所 74 名律师和 7 家法律服务所的 27 名法律服务工作者以“现场签约 + 视频连线”方式与 155 个村（社区）完成聘用签约，实现法律顾问全覆盖。推进沪太公共法律服务一体化建设，太仓、上海宝山、上海嘉定三地司法行政部门建立公共法律服务一体化联盟，建设镇（街道）“7S”公共法律服务站（集“服务、指引、保障”和“智能、共享、社群”一体，集成全域公共法律服务规划、法治宣传教育中心、社区矫正教育中心、社会组织服务中心、公共法律服务展馆等，汇聚专业法律服务力量，为城乡居民和其他社会主体提供法律咨询、指引、帮助等“综合性、窗口化、一站式”公共法律服务），司法惠民实事工程建设全面建成。

【法治宣传教育】 2020 年，太仓市紧扣“七五”（2016—2020 年）普法规划总目标，以公共法律服务均等化为主体，持续打造“法治宣传 · 光辉太仓”品牌，完善“大普法”工作格局，全域化普法取得明显成效。实施“谁执法谁普法”评议报告制度、以案释

2020 年 6 月 2 日，太仓市召开“七五”普法推进暨评估验收工作部署会议
（毛林林摄）

法制度。每季度出台党委中心组学法建议，实施领导干部、公务员季度网上学法考试，提升公职人员法治意识。开展《中华人民共和国民法典》（以下简称《民法典》）宣传文艺会演活动，组建《民法典》讲师团和农村“法律明白人”团队。启动 2020 年“宪法宣传周”系列活动，举办首届“政社互动”创客文化节，评选出最受关注的普法特色品牌 21 个，打造星级普法特色品牌 45 个。推进法治乡村建设，健全乡村依法治理机制，提升法治乡村治理效能，打通公共法律服务“最后一公里”，筑牢全面依法治国根基。“光辉奖”法治系列微小说入选全省公民“全生命周期”公共法律服务优秀类产品。

【社区矫正和安置帮教】 2020 年，太仓市持续强化特殊人群教育管控帮教，推进刑罚执行一体化，推动监督管理和教育帮扶各项法定职责任务落实落地。社区矫正承担着判处管制、宣告缓刑、裁定假释和暂予监外执行四类罪犯的监督管理和教育帮扶工作。规范暂予监外执行人员病情诊断，组织保外就医社区矫正对象集中体检。做好特殊人群疫情核查防控工作。开展全省社区矫正对象脱管漏管、安全稳定等专项检查活动 4 次，对辖区内社区矫正对象开展过堂式筛查。贯彻《中华人民共和国社区矫正法》，执行《中华人民共和国社区矫正法实施办法》，利用远程视频调解系统开展社区矫正对象分类特色教育，常态化开展视频研判会议。全年发起与监狱的远程会见申请 226 次，成功会见 210 次。做好特殊人群安全稳定工作，开展走访帮困活动，梳理家庭经济困难社区矫正对象 8 人，困难家庭 49 户，发放帮扶资金 3 万元。开展暴力类社区矫正对象循证矫正项目，开展未成年社区矫正对象损害修复工作和涉企社区矫正对象损害修复专项行动。强化靠前指挥和督导指导，建立扫黑除恶工作长效机制。社区服刑人员和刑满释放人员保持总体安全稳定，后续照管对象实际照管率和戒治操守保持率 100%，市后续照管工作站被省司法厅表彰为先进集体。

【法律援助】 2020 年，太仓市完善劳动争议解决联动机制，市司法局联合劳动仲裁等部门对群体性或疑难性劳动争议案件及时配合、相互协作，为劳动者维权提供更加方便快捷专业的服务。与市信访局联合建立“访援对接”长效机制，明确涉法涉诉信访法律援助范围和条件。实施负面清单制度，提升法律援助案件数量。升级“12348”热线座席，提高接听质量。开展“法律援助——为弱者撑起公平正义的蓝天”、农民工讨薪等专题宣传活动，发放各类法律援助宣传品 5000 余件。发挥律师在解决农民工工资争议案件中的积极作用，加强劳动案件的办理力度，引导农民工依法维权。开展残疾人专项服务，畅通为残疾人提供优先接待、优先受理、优先指派的“绿色通道”，发放残疾人法律援助便民“爱心卡”150 张。加强服务窗口建设，推行“最多跑一次”服务，制作基本法律文书样本，提升规范管理水平。规范检察院律师值班管理，明确法律援助工作站值班律师工作职责，年内，值班律师见证犯罪嫌疑人签署认罪认罚见证 736 件次，申请变更强制措施 380 件次。

【人民调解】 2020 年，太仓市建立健全人民调解、行政调解、司法调解联动体系，建成非诉讼服务中心等多元化解矛盾纠纷平台，加快形成综合化解矛盾纠纷的新格局。全市聘请首批特邀调解组织 21 家、特邀调解员（执业律师和人民调解员）64 人。依托远程人民调解系统，提升矛盾纠纷预防化解质效。6 月 19 日，成立家事调解法律服务中心，组建家事调解法律志愿服务团队，首批 43 名公益志愿律师代表接受聘书。通过成立家事调解法律服务中心，树立优良家风，弘扬家庭美德，促进家庭文明建设，深化公共法律服务均等化改革，促进市域社会治理现代化。

【公证服务】 2020 年，太仓市公证处发挥公证职能，营造健康营商环境，与企业代表开展座谈会，了解企业公证需求，宣传不可抗力公证服务，向企业员工介绍委托公证，便利其进行房屋买卖等事项，向商户宣传司法利好政策。为全市大中小企业办理证据保全公证 10 余起。首次使用区块链公证摇号系统，为企业办理摇号公证。启动优待军烈属政策，为全国公安系统“二级英模”位洪明的家属开辟“绿色通道”，办理继承公证，免收全部公证费用。探索“减证便民”各项举措，为老弱病残孕等特殊群体上门办理继承和委托公证业务 50 余件。推进信息化建设，利用省司法厅“求真”公证业务系统实现公证档案整理、扫描、数据抓取、资源整合，核实证照类证明，避免当事人重复提供证明资料。

（陈　虹）

劳动仲裁

【概况】 2020年，太仓市有专兼职调解员93人、仲裁员30人（其中专职仲裁员12人，兼职仲裁员18人）。全年立案处理劳动人事争议案件1745件，较上年增加263件，其中网上微信立案159件。全年结案1717起，结案率98.37%，为职工挽回经济损失6604.39万元。

【劳动仲裁处理】 2020年，太仓市仲裁院立案1745件，涉及职工1750人。其中，劳动报酬争议455件，占立案总数26.07%；社会保险争议203件，占立案总数11.63%；解除、终止劳动合同（经济补偿金、赔偿金、二倍工资）争议937件，占立案总数53.69%；确认劳动关系争议107件，占立案总数6.13%；解除人事关系（人事争议）案件36件；其他争议7件。10人以上集体劳动争议18件，涉及415人。50人以上集体劳动争议2件，涉及213人。

【劳动保障维权】 2020年，太仓市实施"构建和谐劳动关系强基"工程，组建市级劳动保障维权"一窗式"服务平台，全市6个镇3个区155个村（社区）全部建立劳动人事争议调解组织。解答来访劳动者咨询、提供法律意见5069人次，调解劳动争议65起，涉及金额83.06万元，法律援助工作站接受劳动人事争议法律援助申请49起，参与重大疑难劳动维权案件论证、化解、处置3次，为劳动者挽回经济损失191.56万元。

（吴可菲）

公共安全

应急管理

【概况】 2020年，太仓市未发生较大及以上和有重大社会影响的安全生产事故。全年市委、市政府召开市安委会安全生产专题会议12次，研究安全生产工作。党政领导干部开展安全生产挂钩联系工作，市委、市政府领导带队调研督导相关领域安全生产工作253次；各镇（区）党政领导共挂钩联系村（社区）153个、重点企业432家，检查走访企业2322家次。市应急管理局监督检查企业1362家次，打击非法违法生产经营行为，事前立案685起，处罚金额1699.88万元，分别较上年上升20.39%和24.31%。全年三级政府挂牌督办重大事故隐患51项，全部按时整改完成，投入整改资金1.06亿元。修编并发布应急预案19部，各镇（区）、各部门和单位开展应急救援演练50余场。

2020年6月1日，太仓市开展危险化学品泄漏事故应急救援演练

（市应急管理局供稿）

【安全生产专项整治行动】 2020年，太仓市开展安全生产专项整治行动，包括全市宗教活动场所，油气输送管道，加油站和商业场所，危险化学品，金属冶炼、涉爆粉尘、涉氨制冷等重点工贸，医疗卫生，火灾防控，电力，文化旅游，化工，船舶修造，特种设备，校园和校车，养老等社会服务机构，危废固废，建筑施工，城镇燃气，城市地下管网，交通运输及内河港口危险化学品，内河水上交通运输，渔业，农业机械，铁路运输，森林绿化防火，道路交通，"331"专项行动等行业领域26个。各镇（区）、各部门出动检查人员2.1万人次，市级各部门领导带队检查1076次；检查企业（场所）3.3万家次，发现各类隐患2.54万项，其中重大隐患17项，全部整改完成，关闭取缔1208家（处），停产整顿9家（处）。7月20日，市委办公室、市政府办公室印发《太仓市安全生产专项整治三年行动实施方案》，部署在全市开展安全生产专项整治三年行动，重点分为学习宣传贯彻习近平总书记关于安全生产重要论述专题、落实企业安全生产主体责任专题2个和危险化学品、冶金工贸等工矿、消防、道路运输、交通运输（铁路、邮政、水上交通）和渔业船舶、城市建设、经济开发区、高新技术产业开发区、旅游度假区、危险废物等安全专项整治10项。

【安全生产四级联动督导】 2020年，国务院江苏安全生产专项整治督导组下沉督导期间，共交办太仓市整改有关投诉举报问题事项5件，太仓全部按时完成调查处理，上报反馈办理结果。3月24—27日，江苏省安全生产第五督导组督导太仓安全生产工作，收到12家企业反馈问题隐患60项，全部按时完成整改。2月28日—4月3日，苏州市安全生产第三督导组集中督导太仓安全生产工作，走访调研部门8个、镇（街道、开发区）10个，检查企业单位50余家，发现隐患问题161条。7月28日，召开苏州市安全生产第三督导组督导太仓市工作情况反馈会。全市根据督导反馈情况，印发《苏州市安全生产第三督导组督导太仓情况整改方案》，制定整改标准13项和管控措施17项，至11月底，所有问题隐患按时整改完毕。3月下旬起，太仓市级层面建立派驻督导工作机制，成立派驻督导组7个，督导镇（区）8个和市级单位7个，共开展个人谈话262人次，检查督导重点企业（场所）119家。9月17日，印发《安全生产集中督导报告》，反馈“安全生产责任不落实”问题148个、“重大安全风险隐患”76个。至10月底，各镇（区）、各部门全面整改完毕。

【违法违规“小化工”百日专项整治行动】 2020年5月下旬至8月底，太仓市按照“大数据＋网格化＋铁脚板”工作模式，在全市范围开展违法违规“小化工”拉网式排查摸底和集中整治。全市共排查企业1.61万家，发现非化工企业违法违规从事化工生产的企业3家，无证无照或者证照不齐涉及化工生产的小企业、小作坊和黑窝点16个，均整治完成并立案处罚，处罚金额15.42万元，移送司法机关3人。在完成违法违规“小化工”排查任务基础上，对排查整治范围作“6+4+3”拓展延伸（行业类别向六类“小字头”企业拓展，排查方向向出租厂房、物流堆场、建议堆场、关停企业深入，治理领域向“涉危全链条”“散乱污”“粉尘涉爆”延伸），共排查“小字头”（小冶炼、小电镀、小喷涂、小印染、小涉爆粉尘和各类小散乱污企业、作坊、窝点）及“停产停业”企业7883家次，发现存在问题小电镀企业1家、小喷涂企业4家、小涉爆粉尘企业10家、其他“小字头”企业3家，均整治完成，其中立案处罚5家，处罚金额12.86万元。

【工贸企业安全监管】 2020年，太仓市应急管理条线出动检查人员4098人次，检查工贸企业1764家，排查一般隐患3990处，全部整改完成。市应急管理局聘请第三方机构和专家，安全检查有限空间企业50家、金属冶炼企业20家、粉尘涉爆企业40家，并对粉尘涉爆企业开展两轮作业场所粉尘浓度监督性检测。至年底，全市共有有限空间企业439家；关停粉尘涉爆企业5家，全市共有粉尘涉爆企业40家；关停并拆除相关设备涉氨制冷企业1家，全市共有涉氨制冷企业14家；关闭并拆除厂房金属冶炼企业2家、取消工艺企业2家，全市共有金属冶炼企业66家。

【危险化学品安全监管】 2020年，太仓市应急管理局检查危化企业298家次，发现隐患3391处；查处危化品领域违法案件26起，处罚金额232.26万元；开展深度执法检查15家次、本质安全诊断22家次、防爆电气监督检测7家次；排查梳理使用服役15年以上设备企业4家，涉及相关危化品储罐、设备25台。开展危化品领域安全风险摸底调查，对57家危化企业按照风险高低，实施“红橙黄蓝”四色分类监管，其中红色企业9家、橙色14家、黄色30家、蓝色4家，所有危化企业均绘制企业内部“红橙黄蓝”安全风险分布图。开展危险化学品安全综合治理，清退不符合安全环保条件的危化企业6家，至年底，全市共有危化企业52家（年内新增区内危化企业1家）。开展化工园区层面7个方面、安全监管层面5个方面及企业管理层面24个方面自查自改；完成化工园区内危化企业安全风险分级分布“一张图”编制，涉及危化企业31家；完成化工行业“一企一策”及化工园区“一园一策”；化工园区实现封闭化管理。

【烟花爆竹安全监管】 2020年春节期间，太仓市应急管理局、市公安局、市交运局、市市场监管局对全市烟花爆竹零售点和集贸市场开展安全监管联合执法检查。配合苏州市应急管理局，每季度对全市1家烟花爆竹批发经营企业开展现场安全诊断。开展烟花爆竹经营（零售）许可证到期换证，全市共有零售点33家，其中符合条件予以换证31家，放弃换证1家，不符合条件需整改的1家。

【企业安全生产标准化建设】 2020年，太仓市开展标准化到期企业复评，复评三级标准化企业302家、小微标准化企业784家。推动标准化达标企业提档升级，新创建二级标准化企业13家。太仓市奖励26家二级标准化企业126.5万元，苏州市奖励1家一级标准化企业5万元、28家二级标准化企业56万元。开展标准化运行质量审计，市应急管理局审计三级标准化企业180家、小微标准化企业100家，各镇（区）开展标准化运行质量审计。根据审计结果，对未有效开展标准化运行、不再符合标准化达标要求的27家三级标准化企业和54家小微标准化企业，撤销其标准化证书。

【“百团进百万企业”安全生产学习宣讲】 2020年7月至11月底，太仓市各级各部门各类企业开展“百团进百万企业”安全生产学习宣讲活动，学习宣传贯彻习近平总书记关于安全生产重要论述和对江苏工作重要指示要求，宣讲安全生产、应急管理和自然灾害防治的形势任务、重点工作举措及法律法规等。市级党政领导班子开展宣讲22场次，各镇（区）、各部门累计开展宣讲421场次，全市累计参加宣讲1.36万人次。

【安全生产专项行动非常“6+1”竞赛】 2020年5月下旬起，太仓市应急管理局、市总工会联合开展安全生产专项行动非常“6+1”竞赛活动，推动企业开展“比隐患排查、比劳动保障、比安全教育、比防护技能、比健康关爱、比特色文化”安全生产“六项大比拼”，在职工中举办“我的安全意识”职工安全生产抖音视频“大奖赛”活动，参与企业2000余家、工会会员20万人。各镇（区）选报“大奖赛”优秀作品108件、企业安全生产工作创新经验做法30个；通过“职工微家园”微信公众号等网络媒体，开展“我的安全意识”职工安全生产抖音视频优胜作品网络点赞评优和系列展示活动，点击量超10万人次。

【应急管理信息化建设】 2020年，太仓市根据《2019—2020年苏州县级市（区）应急管理信息化第一批建设任务书》，制定信息化建设路线图、方案框架、建设计划。7月30日，应急管理信息化平台项目开标，至年底，应急管理信息化平台完成相关模块开发和系统搭建工作。建设太仓危险化学品监测预警系统，完成信息化平台建设危化企业39家。市应急管理局完成太仓危险化学品监测预警系统一、二期项目建设，接入企业13家（重大危险源危化企业11家、化工园区内普通危化企业1家、重大危险源工贸企业1家），共有视频121路、传感器接入528个，实现重大危险源感知数据及视频的上传汇聚。建设硬件场所及应急网络。6月，改造建设视频会议室、会商决策室；9月，改造完成投入使用。完成市应急局网络整合及应急指挥网下延工程，将视频会议系统延伸至9个镇（区）及化工园区办公室，实现省、苏州、太仓、镇（区）应急视频会议“一张网、一盘棋”。

（顾婷婷）

消防救援

【消防隐患排查】 2020年，太仓市加强对人员密集场所、危化企业、高层建筑等重点领域管控力度，开展专项排查，列出隐患清单和责任清单，确保“对单销账”，实行“清零管理”，保持火灾隐患排查治理高压态势。对重大火灾隐患单位组织实施集中攻坚，实行挂图作战，序时推进销案，做到排查整改有效闭环。全年火灾起数和财产损失大幅度下降，未发生重大和造成较大社会影响火灾。

【消防责任落实】 2020年，太仓市压实单位消防安全主体责任，市消防救援大队督促指导社会单位开展“自评、自查、自改”活动，推广“三自主两公开一承诺”做法（“三自主”指自主评估风险、自主检查安全、自主整改隐患，“两公开”指向社会公开消防安全责任人、管理人，“一承诺”指承诺本场所不存在突出风险或者已落实防范措施），深化社会单位“四个能力”（检查消除火灾隐患的能力、扑救初级火灾的能力、组织疏散逃生能力、消防宣传教育能力）建设，提升消防安全管理水平，发挥消防综合监管作用，加强工作协调，提供消防技术服务，帮助社会单位强化消防安全管理水平，提升本质安全。发挥消防安全委员会职能作用，督促各成员单位落实照单履职、定期报告工作制度，在监督执法、行政管理中加大消防工作力度，履行消防主体责任，集中整治行业消防安全问题，推行行业消防安全标准化管理，提升行业消防管理水平。在执法、处罚等工作中加大协调配合力度，建立完善分析评估、定期会商、联合执法、信息共享、情况通报等机制，畅通政务信息共享渠道，形成工作合力。

2020年7月28日，太仓市开展劳动密集型企业消防检查

（市消防救援大队供稿）

【消防体系建设】 2020年，太仓市完善消防体系，强化技防物防措施，持续推进灭火救援装备结构向“高、精、尖”升级转型。紧盯危险化学品行业系统性风险，健全化工园区应急处置救援圈站点分布、车辆配置、装备优化和人员构成，推进化工专业消防救援站建设，逐步探索建立应急救援物资、装备器材及灭火药剂联勤保障、动态存储、应急供应等综合保障服务效能，提升队伍应急救援水平。

【消防专业队伍提升】 2020年，太仓市提升消防队伍专业水平，消防指战员对标“全灾种、大应急”职能定位，做好“灭大火、打恶仗、救大灾”准备。年内，开展各类大练兵、大演练和大比武活动，从难、从严、从实战需要出发，以信息化手段提升辖区情况熟悉、灭火预案制作、消防水源管理效能，辖区重点单位、区域熟悉、演练、预案制作覆盖率100%。

【基层消防监管】 2020年，太仓市强化基层消防监管，以综治网格为依托，把消防管理工作嵌入基础网格，健全完善镇、街道消防安全组织，推进消防安全委员会实体化运行，在全市范围内构建“全覆盖、无盲区”网格化管理体系。依法加强对村（居）民委员会消防工作指导，整合现有资源，将消防基层工作融入网格化社会治理，把基层网格打造成消防治理的第一道屏障。利用网格化定点巡查功能，重点跟踪整治隐患的最新状况，督促落实长效管理措施，严防消防隐患回潮反弹和复发蔓延。

【消防宣传教育】 2020年，太仓市开展消防宣传“五进”（进社区、进学校、进企业、进农村、进家庭）工作，利用各类媒体渠道开展消防宣传，消防宣传车常态化开进全市大街小巷，提升人民群众消防安全知晓率和参与度。持续推进应急消防科普教育基地、消防主题公园等项目建设。结合“百名消防指挥长宣讲消防安全”“百团进百万企业”等活动，分批次、分类别组织培训消防安全责任人和管理人、社区民警、村（居）委会工作人员、网格员、安保人员、小企业主等重点人群，培养消防安全“明白人”队伍。督促企业落实入职必训、定期培训、转岗轮训等要求，提升员工消防安全意识、风险辨识能力和应急处置能力。

（叶　奕）

“331”专项行动

【概况】2020年，太仓市镇两级“331”工作专班贯彻落实习近平总书记关于安全生产的重要指示批示精神及安全生产专项整治“一年小灶”部署要求，对照风险隐患清单，持续开展隐患排查整改、场所疏导安置、常态长效治理等措施，压紧压实责任，在电动自行车隐患治理、网格化联动、餐饮场所整治等方面形成一系列符合太仓实际的特色经验和做法，“331”领域连续31个月未发生亡人事故和较大火灾事故，火灾起数下降19.4%，推动全市消防安全形势持续稳定向好，太仓市连续三年在苏州市“331”综合考核中位居前列。

【两类场所合格化改造】2020年，太仓市完成平台在册的“三合一”场所（住宿与生产、仓储、经营一种或一种以上使用功能违章混合设置在同一空间内的建筑）、出租房（群租房）两类场所合规改造1.98万处。7月，开展为期三个月的出租房屋“回头看”专项整治，共排查整改新录入隐患1.05万处，依法查处违法案件250起，处罚金额23.79万元，解决城中村、农村自建房安全隐患治理洼地死角。

【“9+1”场所安全整治】2020年，太仓市针对全市1.18万处在册隐患，按照每月销号30%进度集中开展整治，确保如期整改销号。组织专班技术力量集中开展以宣讲安全生产主体责任为主要内容的“春风行动”10余场，学习《企业落实安全生产主体责任重点事项清单》，落实“9+1”场所（小商店、小学校、小医院、小餐馆、小旅馆、小棋牌室、小歌舞厅、小网吧、小美容“九小场所”及小微企业）整改标准规范，共发放宣传手册和安全告知书3950份，签订安全生产承诺书950份，推送短信80余万条。

【三级重点隐患整治】2020年，太仓市根据隐患整治难易程度，挂牌督办苏州、太仓、镇（街道）三级风险高、存续时间长、整治难度大的重点隐患21处。组织实施集中攻坚，执行重大隐患三级挂牌督办机制，制定整治方案，挂图作战、时序推进，至6月底全部销号清零。

【电动自行车安全监管】2020年，太仓市持续打造“满电下班”品牌新高地，在全市完成建设电动自行车充电桩8.5万个，新增智能充电桩1.3万个，签署三方协议，多重保障居民充电安全。推动建设“梅花桩”100余个，推广安装智能阻车系统300余套，防止电动自行车进楼入户充电。

【餐饮场所提档升级】2020年，太仓市从源头上防治火灾隐患，提升全市餐饮场所整体安全防控能力，促进餐饮场所提档升级，制定《关于推进小餐饮“瓶改电”改造的指导意见》，在全市小餐饮场所推广“瓶改电”。联合市住建局、市供电公司开展为期100天的百日攻坚行动，对登记在册的3040处小餐饮场所，按照每个月合规改造20%的进度组织推进实施，合规改造率100%。

【安全宣传教育】2020年，太仓市利用社会主流媒体及短信、微信等方式，发布专项行动专业知识、教育警示短片、整治动态等内容。确保市民应知尽知、主动配合。全市共发送短信安全提示2615万条，悬挂横幅4.9万条，设置宣传栏3815个，开设户外显示屏5200个，组织专题讲座471场，省级以上媒体报道26篇。

（花喆辰）

人民武装

【概况】2020年，太仓市武装工作适应军事斗争准备、新冠肺炎疫情防控和国防动员系统改革总体形势要求，贯彻落实习近平总书记重要指示和党中央、中央军委决策部署，完成以战备训练、兵役征集、疫情防控为重点的各项工作任务，保持稳中有进、向上向好态势。年内，市人武部发挥民兵力量平时服务、急时应急、战时应战的职能作用，选派民兵干部骨干完成全市10所大、中学校8848名学生军训任务。发动市人武部机关及各镇（区、街道）民兵力量参与全国文明城市和双拥模范城创建。各基层人武部主动组织民兵近百人次参与雨季排涝、植树造林等任务。在市新冠肺炎疫情防控领导小组统一指挥下，组织民兵参与巡查警戒、稳控秩序、人员排查、复工复学、春耕春种、无偿献血等活动，沙溪镇民兵助力学校开学准备的事迹被中央电视台军事频道宣传报道。

【党管武装工作】2020年，太仓市委、市政府坚持把武装工作与经济社会发展统筹谋划，同步推进。市委书记审定市武装工作年度计划，筹划部署工作任务，带头参加议军会、武委会、第一书记述职等会议和活动。各镇（区、街道）党委落实党管武装，领导辖区武装工作。8家单位党（工）委书记参加整组点验并为基干民兵上党课，科教新城党（工）委班子全体成员参加民兵整组点验，并全程参与徒步拉练。城厢镇组织党政干部近30人到合成十旅集体过军事日。贯彻江苏省《关于加强和改进新时代基层人民武装部建设的意见》，提高基本设施、基本队伍、基本制度等建设水平，各镇（区、街道）人武部“三室一库”（办公室、资料室、执勤室、战备器材库）初步达到规范要求，沙溪镇武装部规范化建设受到省军区肯定。联合市委组织部门考察配备基层武装部长2人，提升或交流使用专武干部4人，通过军分区考核认证专武干部5人。以专武干部、民兵干部骨干和市武装部机关为重点，加强学习习近平强军思想，开设专题讲座9场次。为全市基干民兵编印《民兵教育手册》；各基层武装部利用民兵干部例会常态化开展政治学习，推动党的创新理论入心入脑。

【练兵备战】 2020年，太仓市人武部制订应对重大事变和灾害总体方案和配套方案18个，先后组织各类民兵分队共计7批参加基地轮训，组织民兵分队拉动演练5次。基层专武干部、民兵营（连）长参加上级集训考核全员达优，市人武部年度军事考核成绩位居苏州市第二名。5月，参加省重大演练任务，太仓市组织情况受到上级肯定。

【国防动员建设】 2020年，太仓市优化民兵整组，采取统一部署、分级实施、统一标准、集中会审的办法，完成基干民兵和普通民兵编组任务，通过各级检查验收。兵员征集数质量稳中有升，召开征兵宣传咨询会议10场次，印发征兵宣传单3200份，发放宣传挂图500套，结合学生军训开设国防教育讲座9场次，营造热爱国防、参军报国氛围，完成新兵征集任务，其中大学生新兵人数占征集任务的比例为88%，较上年提高10%。登记率、报名率、上站率、合格率以及大学生士兵征集完成情况均位列苏州前两名，未出现廉洁征兵问题。提高国防动员能力，以5月上级组织的演练活动为牵引，先后组织市国动委各专业办公室相关人员开展业务培训和实操训练2次，提高国防动员组织指挥能力，增强实战意识。市委、市政府对该次演练活动作出部署和批示，市领导全程参与指挥演练，全市预编分队实装拉动和指挥所演练情况受到军分区肯定。

（金涛涛）

武　警

【概况】 武警苏州支队执勤二大队太仓中队（简称武警太仓中队）隶属中国人民武装警察部队江苏省总队，主要负责太仓市看守所外围武装警戒，担负处置突发事件、抢险救援等临时性任务。2020年，武警太仓中队坚持把军事训练作为和平时期提高部队战斗力根本途径，按照科学组训提高官兵军事训练素质和应急处置能力。年内，开展应急综合训练，提升反恐处突和遂行多样化任务能力。

【执勤训练】 2020年，武警太仓中队注重战术研判，开展反恐处突演练，完善武器装备，不定期开展以万达广场、汽车客运站等重点区域为中心的城市武装巡逻任务，确保社会安宁、人员安居乐业。夏季汛期期间，武警太仓中队立足“防大汛、抗大洪、抢大险、救大灾”要求，完善抢险救援物资器材，模拟开展防汛抗洪演练。年内，武警太仓中队开展国防教育课活动，密切军民关系、宣扬军队优良传统。

（王国福）

边防检查

【概况】 2020年，太仓出入境边防检查站对标“港口边检业务走前列，职业化建设全面突破”目标，统筹做好新冠肺炎疫情防控和服务经济发展，开展严防水路疫情输入专项行动，闭环管理换班入境中国籍船员，妥善处置体温异常船员、核酸检测呈阳性船员，防止境外疫情经太仓口岸输入，实现队伍内部“三个零”（非法出入境渠道零输入、涉疫案事件零发生和队伍内部零感染）工作目标。打击各类违法活动取得新战果，完成各项出入境边防检查任务，全年检查出入境（港）船舶6000余艘次，业务量位居全省第三。

【口岸安全管控】 2020年，太仓出入境边防检查站站稳强边固防最前线，维护国家政治安全和口岸稳定。把防范化解政治风险摆在首位，每月、每季度及特殊节点提前分析研判口岸风险隐患，全流程开展出入境（港）船舶精准管控，构建综合立体防护网，在维护国门安全中体现边检作用。制订长江入海口常态化巡航工作方案，不定时开展现场巡查、视频抽查、数据筛查，精准管控锚地涉疫船舶，震慑非法出入境、未按规定路线行驶等违法行为，守好长江水域边检第一哨。

【边检服务】 2020年，太仓出入境边防检查站助力长三角航运枢纽建设和企业复工复产。按照促进长三角航运枢纽建设十项新举措要求，坚持一手抓新冠肺炎疫情防控，一手抓服务复工复产，贯彻落实“便企利民八项措施”。发挥“港口系统”“网窗系统”“单一窗口”等智能化管控系统作用，推行无纸化申报、“零等待”服务、临时入境许可便利化签发等举措，优化口岸环境。统筹推进企业复工复产，优化船舶申报、通关流程，缩短船舶停泊时间，降低船方运营成本，帮助驻地企业渡过疫后难关。探索创新“一体化”验放通关模式，落实国际船舶出入境手续“一次告知”“一次办结”。

（顾　俊）

2020年4月2日，太仓出入境边防检查站民警登上外轮进行船体检查

（邵志佳摄）

海 警

【概况】 2020年，苏州海警局把握“以稳为主、稳中求进”总基调，聚焦思想引领、积极维权、有效执法，完成上级赋予的各项任务，各项工作和队伍建设取得明显进步。年内，苏州海警局把海上综合执法作为中心工作，履职尽责，确保部队指挥不断链、战备不松懈、任务不断线。

【海上维权安保】 2020年，苏州海警局贯彻党中央、中央军委主席习近平经略海洋、维护海权的重要战略决策，完成各项维权安保任务。按照上级统一部署，完成各类重大安保任务和上级下达的各项指令，实现中央战略意图。安保期间，查获“5·7”走私国家禁止进出口货物案，策应安保工作大局。

【海上管控】 2020年，苏州海警局针对长江口海域特点和治安热点，增强海上管控效能。开展“净边2021”“碧海2021”“亮剑2021”等专项行动，推行“7×24”网格化勤务模式，推动形成严打严防、严管严控态势。累计办理刑事案件2起，查获涉案海砂9.3万吨、煤炭4600吨。与苏州市公安局联合侦办“1·18”非法采矿案，涉案人员上百人，涉案船只超20艘，打击海上违法犯罪。

【海警执法水平提升】 2020年，苏州海警局针对海上违法行为活动区域大、涉及环节多，调查取证难、超前防范难等现实问题，完善协作机制，提升综合执法水平。加强与海关、公安、渔政、环保等部门沟通联系，研究会商沿海走私、非法采砂等案件侦办，推动形成海陆一体依法治理、源头治理、综合治理“大格局”。巡回开展综合执法检查培训，强化舰船执勤能力，推动实现“一船多能、一警多能”。（唐 怡）

2020年5月，苏州海警局现场办理“5·7”走私国家禁止进出口货物案（夏湫阳摄）

人民防空

【人防工程建设管理】 2020年，太仓市落实人防工程“应建必建”、人防易地建设费“应缴必缴”要求，推进结建式人防工程中长期规划落实。全年发放人防工程平时使用证38张，完成各项计划指标。筑牢全市“地下长城”，对全市在建续建及竣工人防工程项目实行全过程跟踪，监管人防工程底板、墙板及顶板等关键环节施工质量。执行《江苏省人民防空工程维护管理实施细则》相关要求，确保工程战备功能完好。

【人防指挥通信体系建设】 2020年，太仓市新增防空警报器2台，累计安装警报器48台，完成太仓城区、乡镇全覆盖。举行“9·18”防空警报信号统一鸣放，鸣响率100%。在梅园社区集中组织150名小区居民开展防空隐蔽疏散演练。完成2020年度人防专业队整组任务，整组抢险抢修、医疗救护、交通运输、消防、治安、通信、防化、信息防护、心理防护、伪装设障等专业队10支，共有队员373人。健全防空组织指挥体系，修编基本方案1个、行动方案9个、保障方案10个，细化战时人口疏散接收安置方案。落实人防基本指挥所维修和信息化改造，优化升级全市人防指挥系统互联互通功能。

【人防宣传教育】 2020年，太仓市通过巩固老阵地、开辟新阵地，深化人防宣传“五进”（进机关、进学校、进社区、进企业、进网络）工作。以科普教育馆、村镇、社区等为主要阵地，开展系列科普宣传主题活动，提升广大市民文明素养，宣传人防法律法规和防空防灾知识。全年民防科普教育馆累计接待总数9628人次，接待团队18批次、640人次。年内，统一采购和发放全市58所中小学《人防知识》教材1.5万册，在太仓市朱棣文小学开展多媒体教学活动，做到全市中小学校开课年级受训学生全覆盖。（董长根）

中共太仓市委

综　述

【概况】 2020年，中共太仓市委贯彻中共中央总书记习近平重要讲话指示精神，坚决落实上级决策部署，各项事业实现新发展，决胜高水平全面建成小康社会取得决定性成就。太仓市位列全国县域经济综合竞争力百强县第六位、中国县级市全面小康指数第三位。获全国文明城市、国家生态文明建设示范市、全国双拥模范城、中国最具幸福感城市等多项荣誉。

【项目引建提速】 2020年，太仓市开展“项目建设提速年”活动，省重大项目个数和投资总量、苏州市重点项目计划完成投资额实现苏州“三个第一”，123个市级以上重点项目上半年全部开工，省、苏州重点项目投资完成率分别为125%、128%，项目开工率、投资进度始终领跑苏州。完成全社会固定资产投资468.59亿元，较上年增长16.4%，其中工业投资160.35亿元，较上年增长25%。创新招商引资工作机制和方式，引进项目792个，总投资超2065亿元，其中先进制造业项目数占比近60%；外资超亿美元项目19个，内资超10亿元项目10个。

【产业发展提质增量】 2020年，太仓市高端装备制造、新材料产业产值均突破千亿元大关，生物医药产业规上产值较上年增长7.8%。举办航空航天产业发展峰会，累计引进航空产业项目32个。“两新”产业（新兴产业、高新技术产业）产值占比分别为58.2%、49.3%。蜂巢汽车零部件工业互联网应用中心落户太仓，新增省星级上云企业61家。净增有效高新技术企业超200家。西北工业大学太仓长三角研究院获评省级新型研发机构，太仓激光智能制造创新研究院签约落户，中科院计算所科创中心建成投用。新入选苏州市级以上领军人才35人，获评苏州市人才科技工作创新进步地区。

【营商环境优化】 2020年，太仓市实施优化营商环境创新行动，位列营商环境百强县第六名。实现“1120”改革目标（开办企业1个工作日内完成、不动产登记1个工作日内完成、工业建设项目施工许可20个工作日内完成），审批事项总承诺时限压缩60%以上，企业开办常态化0.5天，重点项目平均审批时限9.2天。全国首创“双信三即”产业用地出让模式（“双信”即“政企互信＋政企守信”，“三即”即“成交即发证、交地即开工、竣工即登记”三个“即日办”），工程建设项目审批“全链改革”获“智慧赋能金数奖”，入选全国政务服务“好差评”试点。完成基层整合审批服务执法力量改革。深化商事制度改革，新增市场主体2.1万户。开展“三优三保”行动（以优化建设用地空间布局保障发展，以优化农用地结构布局保护耕地，以优化镇村居住用地布局保护权益）、征收拆迁“清零”计划，盘活存量土地391.67公顷，完成腾地333.33公顷。设立产业引导基金50亿元。

【开放合作拓展】 2020年，太仓市实际利用外资及港澳台资8.15亿美元，较上年增长78.6%。完成进出口总额133.35亿美元。举办沪太协同发展推介会等活动，新引进沪上项目182个。沪苏通铁路通车营运，上海嘉闵线（含北延伸）至太仓段项目合作备忘录签署，岳鹿路对接嘉定城北路正式通车。均瑶世外国际融合教育项目签约落户。德国中心二期、中德智能制造联合创新中心建成投运，实际利用德资较上年增长28.8%，德企总数超360家。太仓市发布全国首个双元制职业教育标准。港口四期集装箱码头工程交工验收，沪太通关一体化全面落地，综合保税区获批一般纳税人资格试点，获评全省唯一港口型国家物流枢纽。

【城市建设优势凸显】 2020年，太仓市推进国土空间规划编制，完善镇村规划体系。娄江新城“1+5+N”规划体系加快成型，西北工业大学太仓校区一期工程、西交利物浦大学太仓校区宿舍区封顶，娄江新城滨河公园建成投用。恒大、复星文旅项目持续推进。太浏快速路全线贯通。城区农贸市场提档升级完成，生活垃圾分类“三定一督”（定时定点定人督导的四分类模式）实现全覆盖。$PM_{2.5}$平均浓度下降至26微克/立方米，位居全省第三，空气质量优良天数比率85.2%，省考以上断面水质优Ⅲ比例100%。长江岸线清理整治任务完成。新增成片造林147公顷。

【人民生活质量提升】 2020年，太仓市城乡居民人均可支配收入较上年增长4.4%，村均可支配收入909万元。建成省级特色田园乡村4个，获评全国村庄清洁行动先进县，获批省级农村一二三产业融合发展先导区。城镇新增就业1.1万人，登记失业率1.8%。获评省义务教育优质均衡发展县（市、区）、社区教育示范区。位列全国健康城市建设示范市县级市第四位。“发展型”幸福社区建设项目获省基层社会治理创新成果奖。风险防控“四项机制”试点工作扎实推进，扫黑除恶专项斗争取得实效，安全生产形势持续稳定向好，公众安全感98.8%。

【党建工作加强】 2020年，太仓市开展《习近平谈治国理政》第三卷专题学习活动和“四史”（中共党史、新中国史、改革开放史、社会主义发展史）学习教育，健全“不忘初心、牢记使命”长效机制。深化意识形态领域“红色长城”2.0版建设。出台激励干部担当作为“1+N”系列文件（《关于进一步激励干部担当作为，全力冲刺“四大两提一进”的若干意见》《关于更大力度推进干部交流轮岗，激励广大干部奋力跑出高质量发展“太仓速度”的实施办法》《关于更大力度培养选拔优秀年轻干部，打造太仓高质量发展“赶超跨越”生力军的若干措施》《关于更大力度推动组织为干部担当，激励广大干部奋力展现高质量发展“太仓作为”的若干措施》），实施年轻干部选拔培养“六才”工程（江海引才、慧眼识才、淬火育才、实战铸才、赛场选才、制度促才）。村干部职业化体系建设走在全省前列，推进村（社区）“两委”换届选举。深化城市基层党建“融合力”工程、农村党建“红色领航计划”、党支部和党员“动力工程”。设立改革创新“特别奖”，用好转变作风“曝光台”，整治形式主义、官僚主义取得实效。完成省委专项巡视整改，提前实现本届市委任期内巡察全覆盖。重点项目派驻督察工作被列为中央纪委试点。坚持和加强党的全面领导，支持市人大及其常委会和市政协履职尽责，统一战线、人民武装、双拥、群团等工作，巩固党的执政基础。

（赵理平）

【调查研究】 2020年，中共太仓市委贯彻落实中共中央总书记习近平关于推动全党大兴调查研究之风的系列指示批示精神，紧扣全市中心工作，组织开展调查研究，提高决策参考能力。市委研究室围绕全市发展大局，组织开展2020年度市领导、镇（区、街道）领导和市级机关（部门）重点调研，形成并汇编重点调研报告80余篇，部分调研成果直接转化为市委、市政府政策措施。紧扣市委决策部署，动员相关职能部门围绕经济社会重大问题、热点难点问题开展调查研究，调研成果在《调研参考》上刊发，为市委、市政府决策提供智力支撑，全年共刊发《调研参考》14期。创新开展自主调研，聚焦领导关注，紧扣新发展格局下太仓全面融入上海、文旅融合发展等重点议题，深入基层一线走访，撰写调研报告，助力领导决策，全年共形成专项调研报告30余篇。

（袁宝峰）

重要会议

【中共太仓市第十三届委员会第十次全体会议】 2020年8月1日召开，市委常委会主持，出席会议的市委委员29人、候补委员6人。全会听取并审议通过市委书记沈觅代表市委常委会作的《坚定信心向前进、乘势而上求突破，奋力夺取疫情防控和经济社会发展“双胜利”》报告。全会肯定上半年全市新冠肺炎疫情防控与经济社会发展取得的成绩，指出要加快打造江苏进入上海重要枢纽门户城市，奋力夺取疫情防控和经济社会发展“双胜利”。

全会号召，确保“十三五”规划圆满收官，谋划未来五年发展，做好“十四五”规划编制工作。推进全面从严治党，紧密团结在以习近平同志为核心的党中央周围，实现高水平全面小康，开启现代化建设新征程，谱写高质量建设“两地两城”新篇章。

全会强调，下半年工作重点抓好六个方面：一是紧抓运行调度，提速项目建设，聚力招商引资，把经济底盘筑得更牢；二是推动产业攀高逐新，打造创新硬核力量，增强企业竞争实力，把发展引擎建得更强；三是深化重点领域改革，提升开放合作水平，做优营商环境品牌，把动力活力蓄得更足；四是高起点抓好城市规划建设，高标准提升社会文明水平，高水平推进农业农村发展，把城市能级提得更高；五是系统推进长江大保护，铁腕整治环境问题，营造优美生态环境，把颜值底色扮得更美；六是抓好常态化疫情防控，优化公共服务供给，强化民生兜底保障，促进社会和谐稳定，守牢安全生产底线，把幸福品牌擦得更亮。

【中共太仓市第十三届委员会第十一次全体会议】 2020年12月30日召开，市委常委会主持，出席会议的市委委员29人、候补委员4人。全会听取并审议通过市委书记沈觅代表市委常委会作的《与时俱进谋发展、奋力拼搏求跨越，开启全面建设社会主义现代化新征程》报告，审议通过《中共太仓市委关于制定太仓市国民经济和社会发展第十四个五年规划和二〇三五年远景目标的建议》，市长汪香元就建议（草案）向全会作说明。

全会肯定2020年全市经济社会发展取得的成绩，高度评价“十三五”时期太仓经济社会发展取得的重大成就。全会强调，2021年是“十四五”发展和现代化建设开局之年，全市要坚持系统观念，更好统筹发展和安全，聚焦聚力打造苏州对接上海重要枢纽门户城市，统筹抓好创新发展、融入上海、产业升级、改革开放、城市建设、生态环境、民生幸福等工作；要强化落实管党治党政治责任，更加紧密地团结在以习近平同志为核心的党中央周围，以优异成绩庆祝建党100周年。

全会指出，做好2021年工作，重点抓好七个方面：一是突出创新驱动，强化企业主体地位，加快创新载体建设，营造一流创新生态，在增强发展动能上实现新突破；二是突出率先同城，强化交通互联互通，促进经济相融互补，推动城市合作共享，在融入一体化上实现新突破；三是突出转型升级，坚定不移抓有效投资，着力构建“11155”产业矩阵（优化提升高端装备制造、新材料、物贸总部经济3个千亿元级产业，培育壮大生物医药、航空航天2个500亿元级产业），推进智能化改造和数字化转型，加快文化旅游融合发展，在提升产业水平上实现新突破；四是突出改革开放，深化重点领域改革，做亮对德合作特色，提高开放型经济水平，做优营商环境品牌，在放大特色优势上实现新突破；五是突出城乡融合，加强城市规划建设，提升城市功能形象，加快乡村振兴步伐，在完善功能品质上实现新突破；六是突出生态优先，深入推进长江大保护，狠抓污染防治攻坚，加强生态修复保护，在建设美丽太仓上实现新突破；七是突出优质均衡，强化富民保障，优化服务供给，创新社会治理，在增进民生福祉上实现新突破。

【中共太仓市第十三届委员会常委会议】 2020年，太仓市委常委会共召开常委会议21次。

第83次常委会。1月22日召开，学习贯彻十九届中央纪委四次全会精神。学习传达省委常委、苏州市委书记蓝绍敏参加苏州市人大太仓代表团审议时的讲话精神。听取关于市人大常委会、市政府、市政协、市法院、市检察院党组2019年工作情况汇报。讨论《关于建立风险防控四项机制试点工作的方案》。听取关于2019年度镇（区、街道）和市级机关单位综合考核情况的汇报。讨论2019年度市级机关作风效能建设先进建议名单。讨论太仓市2019年度“担当作为好干部”建议人选名单。听取有关案件情况汇报。

第84次常委会。2月8日召开，学习贯彻中共中央总书记习近平在中共中央政治局常务委员会会议研究加强新冠肺炎疫情防控工作时的重要讲话精神。听取关于太仓市新型冠状病毒感染的肺炎疫情防控工作情况汇报。听取关于企业复工工作准备情况的汇报。听取关于安全生产工作情况的汇报。

第85次常委会。2月26日召开，学习贯彻中共中央总书记习近平在统筹推进新冠肺炎疫情防控和经济社会发展工作部署会议上的重要讲话精神。研究部署太仓市社区疫情防控和企业复工复产工作。讨论《苏州市第七安全生产巡查组巡查太仓情况的整改方案》。书面审议《中共太仓市委常委会2020年工作要点》。讨论《2020年全市主要经济指标区镇分解方案》《太仓市2020年度关于有效投入专项考核的实施办法》《太仓市2020年度关于产业招商专项考核的实施办法》《太仓市2020年度关于创新发展专项考核的实施办法》。

第86次常委会。3月11日召开，学习贯彻中共中央总书记习近平在中共中央政治局常务委员会会议研究当前新冠肺炎疫情防控和稳定经济社会运行重点工作时的重要讲话精神和习近平总书记对全国春季农业生产工作重要指示精神。听取关于省委专项巡视整改落实工作情况的汇报。传达学习国家、省、苏州市宣传部长会议精神。讨论《太仓市民主党派代表人士队伍建设规划实施方案》。听取关于市人大常委会2020年度工作要点的汇报。听取关于市政协2020年度工作要点和协商计划的汇报。听取关于2019年巡察工作情况和2020年巡察工作计划的汇报。

第87次常委会。3月27日召开，学习贯彻中共中央总书记习近平在中共中央政治局常务委员会会议上的重要讲话精神。听取关于扫黑除恶专项斗争工作情况的汇报。研究部署太仓市涉外疫情防控和学校开学准备工作。听取关于做好省政府办公厅2019年真抓实干督查激励通报工作情况的汇报。传达学习中共中央办公厅、国务院办公厅《关于构建现代环境治理体系的指导意见》。讨论太仓市激励干部担当“1+N”系列文件（《关于进一步激励干部担当作为，全力冲刺“四大两提一进”的若干意见》《关于更大力度推进干部交流轮岗，激励广大干部奋力跑出高质量发展“太仓速度”的实施办法》《关于更大力度培养选拔优秀年轻干部，打造太仓高质量发展“赶超跨越”生力军的若干措施》《关于更大力度推动组织为干部担当，激励广大干部奋力展现高质量发展“太仓作为”的若干措施》）。讨论村干部职业化体系建设“1+7”系列文件。讨论《太仓市2020年东西部扶贫协作工作计划要点》。讨论《关于开展“作风效能建设提速年”活动的实施意见》。传达学习全国、省、苏州市统战部长会议精神。

第88次常委会。4月9日召开，学习贯彻中共中央总书记习近平在中央政治局会议和浙江考察调研企业复工复产时的重要讲话精神。听取关于新冠肺炎疫情以来上级各类惠企政策贯彻落实情况的汇报。讨论有关人事安排及2019年度市管干部考核优秀建议名单。

第89次常委会。4月23日召开，学习贯彻中共中央总书记习近平在中央政治局会议上的重要讲话精神。听取关于省纪委五次全会精神、苏州市纪委五次全会精神和市纪委五次全会工作报告起草情况的汇报。听取关于全省巡视巡察工作会议暨十三届省委第八轮巡视动员部署会议精神、十二届苏州市委第九轮巡察动员部署会议精神的汇报。讨论《太仓市打好污染防治攻坚战2020年工作计划》。讨论《2020年太仓市生活垃圾分类工作行动方案》。讨论《太仓市打好防范化解重大金融风险攻坚战实施方案》。讨论《2020年度市级政府投资项目》。讨论《太仓市推进基层整合审批服务执法力量改革方案》。听取关于关工委2019年工作情况和2020年工作安排的汇报。

第90次常委会。4月26日召开，讨论有关人事安排。

第91次常委会。5月20日召开，学习贯彻中共中央总书记习近平山西考察和在中央政治局常务委员会会议上的重要讲话精神。学习贯彻习近平总书记关于新冠肺炎疫情防控工作中加强新闻舆论和精神文明建设的重要讲话精神。听取关于全市新冠肺炎疫情常态化防控工作开展情况的汇报。听取关于集中整顿2020年度软弱涣散基层党组织情况的汇报。听取关于未成年人思想道德建设工作情况的汇报。听取关于省委、苏州市委落实“六保”任务（保居民就业、保基本民生、保市场主体、保粮食能源安全、保产业链供应链稳定、保基层运转）专项巡察动员部署会精神及太仓市贯彻落实意见的汇报。讨论有关人事安排。

第92次常委会。6月12日召开，学习贯彻中共中央总书记习近平在中央政治局第二十次集体学习时的重要讲话精神。学习传达《苏州市委办公室印发〈关于当前太仓市意识形态领域情况的通报〉的通知》文件精神，听取《2020年度市委领导班子落实意识形态工作责任制主要职责任务》《2020年度市委领导班子成员意识形态工作责任清单》《意识形态领域“红色长城”工程2.0版项目清单》起草情况的汇报。听取关于全市高新技术企业申报培育工作开展情况的汇报。讨论《关于全面落实中央决策部署抓“六保”促“六稳”的工作举措》《关于全面落实进一步保护关心爱护医务人员若干措施的实施办法》《关于进一步加强和改进全市机关党的建设 推进创建模范机关的实施意见》《太仓市优秀共产党员、优秀党务工作者和先进基层党组织建议名单》。听取有关案件情况汇报。

第93次常委会。6月18日召开，讨论有关人事安排。

第94次常委会。7月9日召开，学习贯彻中共中央总书记习近平关于防汛救灾工作重要指示精神。学习贯彻《中国共产党政法工作条例》。讨论《太仓市优化营商环境创新行动（2020年）》。讨论《太仓市贯彻落实国家统计局第六督察组督察反馈意见整改方案》。开展统计法律法规专题学习。讨论《市安委会成员单位等部门安全生产工作职责任务清单》《各镇（区）党（工）委、人民政府（管委会）和各安委会成员单位履行安全生产工作责任考核评价指标》。学习贯彻《中华人民共和国安全生产法》《江苏省安全生产条例》。讨论《市委常委会成员、市政府领导班子成员2020年安全生产重点工作清单》。讨论2020年度太仓市年度综合考核“1+5”文件。听取关于长江禁捕退捕工作情况的汇报。讨论《太仓市探索率先基本实现农业农村现代化三年行动计划（2020—2022年）》。

第95次常委会。7月15日召开，讨论有关人事安排。

第96次常委会。7月30日召开，学习贯彻中共中央总书记习近平在企业家座谈会上的重要讲话精神。听取关于扫黑除恶专项斗争“六清”工作情况的汇报。听取关于深化拓展为基层减负文件起草及省、苏州2020年度督查检查考核工作计划清单分解情况的汇报。听取关于《2020年度太仓市改革创新“特别奖”项目评选办法》起草情况的汇报。讨论《苏州市产业用地更新“双百”行动太仓落图方案》。听取关于太仓市2020年上半年禁毒工作的汇报。听取关于全国巡视工作会议、市县巡察办主任提级培训班主要精神和省委专项巡视整改进展情况的汇报。听取关于2020年上半年党风廉政建设和反腐败工作情况的汇报。听取关于市委十三届十次全会报告起草情况及会议方案的汇报。

第97次常委会。8月21日召开，学习贯彻中共中央总书记习近平关于“十四五”规划编制工作重要指示精神。学习贯彻习近平总书记对制止餐饮浪费行为作出的重要指示精神。听取关于国务院督导组安全生产专项整治“回头看”服务保障工作情况的汇报。听取关于苏州市第七安全生产巡查组巡查太仓反馈意见整改落实情况的汇报。讨论《苏州市安全生产第三督导组督导太仓情况整改方案》《太仓市委市政府党政领导干部食品安全工作责任清单》《关于深化改革加强食品安全工作的实施方案》。讨论有关人事安排。

第98次常委会。9月25日召开，学习贯彻中共中央总书记习近平在全国抗击新冠肺炎疫情表彰大会上的重要讲话精神。讨论《关于做好全市村（社区）“两委”换届工作的实施意见》。听取关于全面依法治市工作情况的汇报。讨论《太仓市侨联改革实施方案》《太仓市残疾人联合会改革实施方案》《太仓市红十字会改革实施方案》。讨论有关人事安排。

第99次常委会。10月29日召开，讨论有关人事安排。

第100次常委会。11月6日召开，学习传达中共十九届五中全会精神，学习贯彻省委常委、苏州市委书记许昆林调研太仓时的讲话精神。学习传达全省新时代文明实践中心建设工作推进会精神，听取太仓市下一步工作情况汇报。

第101次常委会。11月28日召开，传达学习贯彻中共中央总书记习近平考察江苏重要指示和全面推动长江经济带发展座谈会重要讲话精神。传达学习全国疫情防控工作电视电话会议及省续会精神，研究部署太仓市下阶段疫情防控工作。听取关于开展集中治理重复信访、化解信访积案专项工作情况的汇报。讨论太仓市创建全国文明城市工作先进集体、先进个人名单及2017—2019年太仓市文明单位（镇、村、社区、校园）拟表彰名单。传达学习省委巡察指导督导工作专题培训会精神。讨论有关人事安排。

第102次常委会。12月12日召开，讨论有关人事安排。

第103次常委会。12月26日召开，学习贯彻中共中央总书记习近平在中央经济工作会议上的重要讲话精神。讨论《太仓市推进安全发展示范城市创建及城市安全风险评估实施方案》。讨论2020年度太仓市年终综合考核工作方案。听取关于全市排查整顿农村发展党员违规违纪问题试点工作情况的汇报。听取关于市委十三届十一次全会报告起草情况、会议方案和《关于制定太仓市国民经济和社会发展第十四个五年规划和二〇三五年远景目标的建议》起草情况的汇报。听取关于全市新时代文明实践中心建设全国试点工作情况的汇报。听取关于省、苏州市意识形态领域情况通报精神和太仓市意识形态领域情况的汇报。传达学习全国、省、苏州民营经济统战工作会议精神，讨论《关于加强新时代民营经济统战工作的贯彻实施意见》。听取关于太仓市宗教活动场所安全工作专项整治行动工作情况的汇报。听取关于2021年政府实事工程候选项目安排情况的汇报。讨论《关于推进美丽太仓建设的实施意见》。听取关于市政协开展"有事好商量"协商议事活动情况的汇报。听取关于召开市十六届人大五次会议相关情况的汇报。听取关于召开市政协十四届五次全会相关情况的汇报。讨论有关人事安排。

（汪倩倩）

巡 察

【概况】 2020年，太仓市学习贯彻中共中央总书记习近平关于巡视巡察工作的重要论述，按照中央和省委、苏州市委、太仓市委关于巡视巡察工作的部署要求，统筹做好新冠肺炎疫情防控和巡察工作。组织巡察干部参加上级培训，邀请专家开展专题辅导，利用"以干代训""导师帮带"等形式，提高巡察干部履职能力和业务素质。深化政治巡察，强化政治监督，发挥"发现问题、形成震慑，推动改革、促进发展"作用，为全市高质量发展提供坚强政治保障。

【巡察组织领导】 2020年，太仓市坚持稳中求进工作总基调，科学安排巡察轮次和巡察任务，推进巡察全覆盖。3月17日，市委召开2020年巡察工作动员部署会，市委书记、市委巡察工作领导小组组长沈觅出席会议并作动员讲话。市委常委、市纪委书记、市监委主任、市委巡察工作领导小组副组长杨庆主持会议，市委常委、市委组织部部长、市委巡察工作领导小组副组长沈玉明宣布市委巡察组组长授权任职及任务分工。太仓市委把巡察工作作为履行全面从严治党主体责任重要抓手，落实市委书记专题会和领导小组会议定期听取巡视巡察工作制度，全年召开市委常委会5次、市委书记专题会2次、领导小组会议2次，研究和推动巡视巡察工作。

【巡察全覆盖】 2020年，太仓市组织开展两轮巡察，完成对22家市级机关部门党组织的巡察任务，发现问题220个，形成专题报告3份，提前实现十三届市委巡察全覆盖。其中，上半年开展第十轮巡察，对市委接待办、市发改委、市财政局、市资规局、市城管局、市文体广旅局、市退役军人事务局、市审计局、市统计局、市医保局、市信访局、市金融监管局12家单位党组织开展常规巡察。8月31日，市委召开第十一轮巡察暨危化品安全生产专项巡察动员部署会，市委常委、市委组织部部长、市委巡察工作领导小组副组长沈玉明出席会议并讲话。对市委宣传部、市委统战部、市委老干部局、市联动中心、市侨联5家单位党组织开展常规巡察，对市人民法院、市委政法委机关、市公安局、市司法局4家单位党组织开展扫黑除恶专项巡察，对市应急管理局开展安全生产专项巡察。落实省委、苏州市委部署要求，联动开展落实"六保"任务专项巡察和危化品安全生产专项巡察，强化巡察组与派驻纪检监察组协同联动，借助"第三方"力量和微信小程序。开展民意调查，形成专项报告2份，发现并推动解决相关问题86个。相关做法被《中国纪检监察报》和《新华日报》报道。

【对村（社区）巡察工作推进】 2020年，太仓市完成对浮桥镇10个村（社区）党组织的巡察，发现并推动解决群众最关心最直接最现实的问题94个，对村（社区）巡察覆盖率67.7%。

2020年3月17日，市委巡察工作动员部署会召开 （市委巡察办供稿）

2020年3月25日，苏州市纪委常委、市委巡察办主任施华（左三）到太仓市调研巡察整改村级示范点培育工作 （市委巡察办供稿）

配合苏州市委对沙溪镇半泾村、香塘村，城厢镇胜泾村、东区社区、中区社区5个村（社区）党组织开展提级巡察“回头看”，协助苏州市委对相城区4个村（社区）党组织进行提级巡察“回头看”。市委书记沈觅关于对村（社区）巡察的署名文章被《中国纪检监察报》刊载。

【巡视巡察问题整改】 2020年，太仓市开展省委实施乡村振兴战略专项巡视反馈问题整改工作，配合省纪委监委开展巡视整改情况调研督导2次。截至年底，巡视反馈的41个问题111条整改措施全部整改到位。巡视整改成效被省委办公厅主办的《江苏通讯》报道。通过市委书记约谈被巡察党组织主要负责人、与被巡察党组织主要负责人充分沟通和单独反馈、领导小组领导参与“双反馈”等机制，压实整改责任、传导整改压力。年内，市委书记沈觅2次集中约谈被巡察党组织负责人28人。市委印发《太仓市委巡察整改工作指引（试行）》《太仓市委对村（社区）巡察整改工作指引（试行）》，推进巡察整改规范化建设，实现巡察整改“有规可依”“有样可循”。专项督查市委第八轮、第九轮17家被巡察党组织巡察整改落实情况，督导督办城厢镇、沙溪镇、浏河镇部分村（社区）巡察整改落实情况。

（王由酉）

组织工作

【概况】 2020年，太仓市以党的政治建设为统领，拓展“不忘初心、牢记使命”主题教育成果，开展“海棠花开红七月”活动，建立村干部“专职化”管理体系，深化城市党建“融合力”工程，推动基层党组织建设。印发激励干部担当“1+N”系列文件（《关于进一步激励干部担当作为，全力冲刺“四大两提一进”的若干意见》《关于更大力度推进干部交流轮岗，激励广大干部奋力跑出高质量发展“太仓速度”的实施办法》《关于更大力度培养选拔优秀年轻干部，打造太仓高质量发展“赶超跨越”生力军的若干措施》《关于更大力度推动组织为干部担当，激励广大干部奋力展现高质量发展“太仓作为”的若干措施》），着力培养高素质专业化年轻干部。坚持党管人才，集成推出“1+4”（“1”指《太仓市创新人才引进三年行动计划（2020—2022）》，“4”指《太仓市推进高新技术企业高质量发展实施意见（试行）》《太仓市招才引智激励实施办法》《太仓市民营载体引育人才项目激励办法（试行）》《太仓市科技企业孵化器培育管理办法（试行）》）、“2+N”（“2”指《太仓市关于集聚产业人才助推高质量发展的若干措施》《太仓市关于引育民生人才助推高质量发展的若干措施》，“N”即围绕产业和民生人才出台系列配套实施细则）人才政策体系，提升人才集聚力和创造力。截至年底，全市共有基层党组织2112个（党委182个、党总支84个、党支部1846个），其中直属市委管理党组织38个，委托市委管理党组织1个（太仓港工委机关党委）。全市共有党员4.05万人，其中女性党员1.14万人；35岁以下党员8396人；60岁以上党员1.6万人；大专以上学历党员1.98万人。

【“不忘初心、牢记使命”主题教育成果拓展】 2020年，太仓市把学习贯彻习近平新时代中国特色社会主义思想作为首要政治任务，纳入党校主体班次必学课程、支部主题党日必备环节，开展中共十九届四中全会精神专题培训，抓好中共十九届五中全会精神和习近平总书记视察江苏重要讲话指示精神学习贯彻。探索建立健全“不忘初心、牢记使命”制度，制定出台《关于巩固深化“不忘初心、牢记使命”主题教育成果的实施意见》，开展“对标找差、再攀新高”专项工作，对标全国先进县市区，明确关键监测指标31个、赶超计划28项，强化重点项目跟踪，将“组织力”转化为“生产力”。

【基层党组织参与新冠肺炎疫情防控】 2020年，太仓市把围绕新冠肺炎疫情防控、做好组织工作作为突出政治任务，印发《致全市各基层党组织和广大党员的倡议书》，组织全市基层党组织2000余个、党员1万余人奋战一线，划拨专项党费500万元用于支持疫情防控，出台“鼓励抗疫攻坚硬核十条”“助力复工复产暖心十二条”，开设“最美白衣天使”“最美领头雁”等微信公众号专栏，动员全市各级党组织和广大党员干部同心战“疫”。注重在疫情防控一线考察识别干部，采取“四不两直”方式（不发通知、不打招呼、不听汇报、不用陪同接待，直奔

2020年2月4日，党员志愿者在景瑞社区参与新冠肺炎疫情防控工作
（市委组织部供稿）

2020 年 8 月，太仓市乡村振兴实践学院建成　（市委组织部供稿）

基层、直插现场），深入防控一线观察干部现实表现、研判干部能力素质，建立领导干部疫情防控工作纪实档案，提拔使用在疫情防控中表现突出的干部，凝聚抗击疫情合力。

【基层党建推进】 2020 年，太仓市围绕全市中心工作开展“海棠花开红七月”系列活动，以党建“红色指数”为发展“火红年代”保驾护航。突出“党建＋融合融入”，实施党建引领、融入上海“红飘带”行动，与上海市宝山区、嘉定区共推“聚邻党建”，做好融入上海大文章。突出“党建＋乡村振兴”，实施“红色领航 · 百村振兴”专项活动，新建 1200 平方米太仓市乡村振兴实践学院，推动率先基本实现农业农村现代化。突出“党建＋治理创新”，深化城市党建“融合力”工程，建立物业党建“3+3+N”协同治理体系（市—镇—社区三级联动，社区党组织—居委会—物业企业三位一体，N 个网格参与的工作体系），打造“海棠红管家”，提升城市治理现代化水平。突出“党建＋企业发展”，实施“党建领航 · 企业远航”党建惠企专项服务，集中发布惠企政策 154 类，优化涉企流程 200 多项，推动企业发展。

【基层党建规范化建设】 2020 年，太仓市开展中组部排查整顿农村发展党员违规违纪问题试点工作，摸排中共十八大以来农村发展党员 2211 人，处置问题党员。实施党支部和党员“动力工程”，制定“动力指数”30 项，开展“星级评定”，推动支部建设和党员管理。开展“知史爱党 · 助推发展”“党课开讲啦”等活动，创新“RED”党课模式，建设田间课堂、乡音课堂、车间课堂等“初心智慧学堂”100 余家，全市共开展专场党课 600 余场。实施“思源工程”，建设发展党员履职资格认证系统，建成源动力分中心 10 个。深化“海棠花红”先锋阵地建设，推进全市村（社区）党群服务中心建设全面达标。

【基层带头人队伍建设】 2020 年，太仓市落实村书记“县乡共管”要求，承接省委组织部村书记专职化管理试点工作，聚焦村干部“选育管评用激”六大方面，印发“1+7”系列文件（《关于在党建引领乡村振兴中推进村干部职业化体系建设暨村党组织书记专职五级管理的实施意见（试行）》《太仓市村干部选拔任用办法（试行）》《太仓市村干部教育培养办法（试行）》《太仓市村干部薪酬保障办法（试行）》《太仓市村干部考核评价办法（试行）》《太仓市村干部监督管理办法（试行）》《太仓市村干部“三项机制”实施办法（试行）》《太仓市村级事项准入机制实施办法（试行）》），构建村干部专职化管理体系。相关工作被《人民日报》《中国组织人事报》和省委办公厅《快报》等刊载推介，市委组织部作为唯一一家县级市代表在全省试点工作座谈会上交流发言。推进村（社区）“两委”换届工作，开发村（社区）干部专职化管理信息平台，健全完善社区工作者“三岗十八级”职业体系，印发《“两新”组织党务工作者专业化队伍建设实施意见》，加强基层干部系统管理。

【作风效能建设工作推进】 2020 年，太仓市印发《关于开展“作风效能建设提速年”活动的实施意见》，开展作风效能建设“三聚焦三推动”（聚焦强作风，推动发展动力再增强；聚焦优服务，推动发展环境再优化；聚焦提效能，推动发展质效再提升）主题实践活动，全市机关单位挂钩联系村（居）和企业 156 家，制订服务换位体验计划 206 项，优化一线服务流程 30 余项，提升机关作风效能建设整体水平。实施“营商环境净化行动”，落实市级营商环境重点项目 47 个，开展营商环境试评价，推动营商环境提升。开展市级机关作风效能示范单位评比创建、“服务先锋岗”“效能示范岗”评选和作风效能建设“三个十佳”（十佳先进个人、十佳示范窗口和十佳先进科室）表彰等工作，组建“服务高质量发展”先进典型事迹宣讲团，营造比学赶超、见贤思齐浓厚氛围。

【干部宏观管理】 2020 年，太仓市落实《2019—2023 年全国党政领导班子建设规划纲要》及全省《若干措施》要求，细化深化“五抓五强”要求（抓组织建设，强化党组织战斗堡垒作用；抓学习教育，强化党员队伍素质提升；抓督促检查，强化党建责任落实；抓扶贫工作，强化脱贫攻坚实效；抓信息化建设，强化基层党建宣传），提前谋划筹备下轮换届，开展全市科级领导班子配备情况综合分析及镇区（街道）领导班子专题调研，掌握各单位领导班子运行现状和领导干部现实表现，为换届人事安排奠定基础。拓展干部交流渠道，印发《关于更大力度推进干部交流轮岗，激励广大干部奋力跑出高质量发展“太仓速度”的实施办法》，畅通党政机关、事业单位、国企之间干部交流渠道，激发干事创业活力。

2020 年 11 月 21 日，太仓市开展优秀年轻干部“沙场比武·赛场选才”活动（市委组织部供稿）

年内，共调整科级干部 5 批次 198 人，其中提拔重用 76 人次，轮岗交流 72 人次。

【年轻干部培养】 2020 年，太仓市印发《关于更大力度培养选拔优秀年轻干部，打造太仓高质量发展“赶超跨越”生力军的若干措施》，实施“六才工程”（江海引才、慧眼识才、淬火育才、实战铸才、赛场选才、制度促才），推动年轻干部在工作实践中崭露头角、勇挑重担。围绕“七种能力”（政治能力、调查研究能力、科学决策能力、改革攻坚能力、应急处突能力、群众工作能力、抓落实能力）提升，举办第 21 期中青年干部培训班、年轻干部能力素质提升班，紧盯大学城建设、拆迁安置、信访综治等全市中心工作，成立“六个专班”（“对标找差、再攀新高”工作专班、百亿能源项目推进专班、基层“三整合”改革管理学习专班、大学城建设助力专班、信访“墩苗”挂职专班、“清零行动”工作专班），累计选派 16 名有培养潜力的年轻干部到发展一线、民生一线等岗位挂职锻炼、破题攻坚。开展“专业化青年人才定岗特选计划”，加大紧缺专业年轻干部补充力度。截至年底，全市“80 后”正科职干部 22 人，“90 后”正科职干部 1 人、副科职 14 人。

【干部激励机制】 2020 年，太仓市围绕高质量发展新要求，抓牢干部队伍建设关键点，制定出台激励干部担当“1+N”系列文件，打通从“资源优化配置”到“整体活力提升”、从“着眼近期需求”到“长远战略需要”、从“干部为事业担当”到“组织为干部担当”等多领域堵点，打造干事创业主力军。强化实干担当用人导向，选拔重用在重大改革实践中敢闯敢试、敢为人先的干部。强化正向激励举措，持续完善“三项机制”（鼓励激励机制、容错纠错机制、能上能下机制）配套措施，建立年度综合考核“1+5”制度体系[《太仓市 2020 年度综合考核实施办法》《2020 年度镇区（街道）推进高质量发展考核实施方案》《2020 年度市级机关单位服务高质量发展（绩效管理）考核实施方案》《2020 年度镇区（街道）党的建设考核实施方案》《2020 年度市级机关单位党的建设考核实施方案》《2020 年度综合考核满意度评价实施方案》]，强化综合考核结果运用，选树 2020 年度“担当作为好干部”19 人，落实职务与职级并行、及时奖励、谈心谈话等制度。

【公务员综合管理】 2020 年，太仓市落实苏州市委“建设高素质专业化公务员队伍三年行动计划”，把公务员工作放到干部队伍总体框架下布局，通盘考虑、系统谋划、同步推进。突出能力素质，选拔高素质专业化优秀人才进入党政机关，科学编制招录计划，年内，招录紧缺岗位或专业职位占 90.1%；做好新冠肺炎疫情防控常态化要求下公务员考录工作。推行公务员职务与职级并行制度，全年共晋升职级 85 人，做好公务员职务职级并行工资套改工作，健全各类别公务员待遇保障制度。

【人才强市】 2020 年，太仓市把人才“战略资源”放在引领创新发展的“战略方位”，召开全市创新发展推进会。制定出台“1+4”创新人才政策体系、“2+N”产业和民生人才新政，全国首创“首次考察补贴”“首年生活补贴”等举措，在项目扶持、招才引智、乐居

2020 年 10 月 19 日，太仓市开展新录用公务员初任培训（市委组织部供稿）

保障上持续加码，打造“创业者乐园、创新者天堂”。全年新增企业创新人才超2万人，新入选苏州市以上领军人才35人，再创历史新高。截至年底，全市人才资源总量突破19万人，高层次人才数超1.34万人。太仓市获评“苏州市人才科技工作创新进步地区”。

【人才产业融合】 2020年，太仓市围绕“产业链”布局“人才链”，印发《太仓市重点产业专项培育支持办法》，引进航空航天、汽车等先进载运装备人才项目25个，先进载运设备细分领域获评姑苏领军人才重点产业专项。策应苏州生物医药“一号产业”布局，牵头成立太仓市生物医药产业育成联盟，构建优势互补、协同发展的区域创新孵化体系。推进“两校多院”（西北工业大学、西交利物浦两个太仓校区，西北工业大学太仓长三角研究院、中科院上海硅酸盐所苏州研究院、太仓激光智能制造创新研究院、同济大学太仓高新技术研究院等）建设，成立上海交通大学太仓博士后创新中心、西北工业大学太仓先进载运装备创业孵化基地等双创平台，西北工业大学太仓长三角研究院累计入驻高水平双创团队29支。

【引智品牌提升】 2020年，太仓市突出招才引智“不断线”、项目落地“不断档”，以“1+10+X”模式［1场开幕式，10个分项活动（大赛、论坛、路演等），X个自选活动］打造国际精英创业周太仓分会场，举办“太西才·航空产业嘉年华精英峰会”等论坛、路演20余场，累计签约落户项目超100个，较上年翻倍。成立高层次人才跨境路演中心，放大“创赢太仓”全球创业大赛品牌效应，举办先进载运装备、生物技术与医疗器械、新材料等专场行业赛5场。举办“校园苏州日”走进上海交通大学、西北工业大学系列活动，共吸引到太仓对接考察海内外人才超5000人。

【创新创业生态优化】 2020年，太仓市联合东吴创投等市场主体成立规模2亿元的科创人才培育基金，推出“人才金融服务卡”，累计惠及高层次人才325人，帮助企业融资超4亿元。整合金融保险、科创支撑、政务服务等资源构建人才服务生态圈，以120余项“暖心服务清单”打造“最舒心”人才发展生态。着眼便捷高效，建成投用高层次人才“一站式”服务平台，运营“太仓人才”掌上服务端，打通信息壁垒，关注多元需求，实现各类人才政策“一网查”、待遇申报“一网办”。实施“乐居工程”，加大高层次人才子女教育保障力度，全年累计享受乐居政策1541人次，发放购房补贴等奖补资金近400万元，让人才感受“来太仓、全无忧”礼遇。（缪　斌）

2020年8月25日，江苏省太仓高级中学开设《习近平谈治国理政》第三卷主要精神进校园暨高一新生首堂思政课（市委宣传部供稿）

宣传工作

【思想理论武装】 2020年，太仓市学习宣传《习近平谈治国理政》第三卷，开展中共十九届四中、五中全会精神宣讲。获评2019年度全省基层党员冬训工作示范县（市、区），“定制‘乡音收音机’确保农村老党员新冠肺炎疫情期间学习‘不断线’”获评2019年度全省基层党员冬训工作创新项目。实施“娄城飞燕”行动，定制培育“率先垂范”领头燕等6类理论宣讲员230人，推出“太·爱学习”工作品牌，全省首创市镇村三级“学习强国”阅

2020年5月14日，太仓市举办“学习打卡我来了”线下系列活动太仓专场（市委宣传部供稿）

享空间建设，承办省平台“学习打卡我来了”和苏州平台“火红年代一起学”主题活动。举办“我身边的小康”主题宣讲活动，开展“新时代大家说”系列学习活动，用好“乡音收音机”和娄东视点、娄东之声、娄东答人系列理论学习宣传矩阵。完善“学习强国”供稿体系，全国平台录用稿件145篇，省级平台录用301篇，苏州市级平台录用1311篇。

【新闻宣传】 2020年，太仓市新闻宣传工作围绕习近平总书记关于新冠肺炎疫情重要指示批示精神和中央、省、市各级防控要求，挖掘典型人物和暖心故事，展现各行各业防控疫情举措。策划推出“众志成城·防控疫情”“党旗在‘疫’线飘扬”等系列专题，累计在苏州市级及以上媒体发布疫情相关各类稿件450余篇。利用“太仓发布”等新媒体平台，累计发布疫情防控相关稿件887条，累计阅读量超900万人次，其中阅读量在10万人次以上稿件13条。太仓抗疫宣传案例《“内容”+“科技”：打通农村防疫情促生产的“最后一百米”》获评全国“县级融媒抗疫宣传优秀案例”。全市围绕长三角区域一体化、决胜全面建成小康社会等重大主题，举办虹桥高铁站“乡愁小栈”太仓城市形象专题展览，辐射受众超1000万人次。6月，抓住沪苏通铁路开通契机，组织中央电视台、新华社、《光明日报》、《经济日报》、《中国日报》、中国新闻社、《解放日报》、《新华日报》、江苏卫视等主流媒体到太仓调研采访，宣传报道太仓作为入沪重要交通枢纽节点城市的地位与作用。6月20日，新华社刊发报道《通沪铁路通车倒计时，“太仓双姝”展芳颜》。策划推出“拥抱高铁时代·跑出发展加速度”系列专题。与新浪江苏网合作，运营推广微博话题“上海下一站·下一站上海”，总阅读量超3000万人次。拍摄制作“上海下一站·下一站上海”城市形象宣传片，制作《26分钟》同名纪录片，在各主流媒体平台传播。启动“走向我们的小康生活——脱贫攻坚融媒行”大型新闻采访行动，推出全媒体稿件33篇。借助沪太协同发展推介会、第四届德国中小企业合作论坛暨第13届“太仓日”活动向上海发出太仓声音。结合全市重大活动，展示各区镇各部门重点工作推进情况，组织策划苏州“两会”，太仓“两会”，市委十三届九次、十次和十一次全会，2020年中国·太仓旅游美食文化节，2020年对话太仓——中日韩经贸合作交流会，中国（太仓）航空航天产业峰会，金秋经贸月等重大活动宣传报道工作。全年累计在苏州市级及以上媒体发布太仓融入长三角一体化相关稿件450余篇，累计刊播太仓对德合作相关报道600余篇。6月和9月，人民日报江苏分社社长何聪、新华社江苏分社社长刘亢、新华社柏林分社社长马建国分别到太仓调研高质量发展和对德合作。全市围绕第15届太仓啤酒节、中德智能智造峰会、中国德国商会上海“商会之夜”、中国航空航天产业发展峰会、中德智能制造科技创新合作联盟等活动，全景展示中德合作典范城市建设新进展。10月，12家中央新闻网站媒体记者齐聚太仓，探寻太仓港在长三角一体化中扮演的角色。全年中央级媒体到太仓集中采访16批次，各类央媒刊播太仓新闻400余篇，其中登上中央电视台各频道16次，各类省级媒体刊播太仓新闻600余篇，苏州市级媒体刊播太仓新闻1300余篇。

2020年6月17日，太仓市举办“迈入高铁时代的太仓”大型媒体采访活动（市委宣传部供稿）

【新闻管理】 2020年，太仓市制定《关于进一步加强在苏州市级媒体新闻宣传工作的考核办法》《太仓市新闻发布管理实施办法》，调动全市各地各部门开展对外新闻宣传工作积极性。开展新闻奖项评选活动，获评“太仓新闻奖”作品20件，获评“太仓俞颂华奖”2人、江苏省新闻媒体“走转改”先进个人1人、苏州市优秀新闻工作者3人。开设曝光台栏目，加强舆论监督职能，助力各地各部门提升作风效能，强化责任担当。推进媒体深度融合，推进市融媒体中心机构改革，打通“报、台、网、端、微、屏”资源，创新策、采、编、发、评流程，优化传播体系。

【融媒体中心建设】 2020年，太仓市融媒体中心（传媒集团）按照“融为一体，合而为一”目标，整合原太仓日报社、原广电总台技术平台，构建融媒体指挥中心和技术平台。3月，启动太仓市融媒体中心技术平台建设项目，列入全年政府投资信息化新建项目。4月20日，成立市融媒体中心技术平台建设项目领导小组，优化技术方案，加快项目建设。按照《县级融媒体中心建设规范》要求，完成物理空间改造和平台系统升级工程，10月底，对接启用省广电“荔枝云”平台。投入试运行“太融e”App，为政府智慧管理城市和群众智能生活提供条件和技术保障。

【新闻发布】 2020年，太仓市利用太仓新闻线索微信群、QQ群新闻发布功能，向媒体推送城乡发展一体化、推动实体经济高质量发展等新闻线索，引起主流媒体报道，形成新闻热点。策划开展2020年新闻发言人培训班，在"学习强国"平台建立太仓市新闻发言人交流云平台，推进党务政务公开，推动新闻发布工作常态化、规范化、制度化。完成太仓迈入高铁时代集中采访活动、2020年中国·太仓旅游美食文化节、沪苏通铁路太仓段开通仪式、中德智能智造峰会暨太仓先进制造业创新合作交流会、2020年中国（太仓）航空航天产业峰会暨"新产业新动能"太仓高新区项目集中签约活动、2020年太仓·金秋经贸月开幕式、沪太协同发展推介会、第四届德国中小企业合作论坛暨第13届"太仓日"活动等多场新闻发布活动，助力招商引资工作开展。

【网络信息工作】 2020年，太仓市组织召开网络安全和信息化委员会第二次会议。打造"网聚娄城"太仓网信工作品牌，推出统一品牌视觉Logo（徽标或商标），发布网信品牌人物形象，制作IP相关文创产品，提升太仓网信工作辨识度和影响力。提升网络舆论引领能力。以"幸福小康e起来"为主题，举办网络文化节活动，推出网络文化精品活动24项。"太仓发布"微博获评"2020江苏年度微博最佳创意传播"，"太仓发布"微信获苏州政务微信优秀奖，《云而有信》新媒体作品获"遇见美好生活"长三角原创短视频大赛一等奖。深挖一批网络公益达人和网络公益项目，创新开展"i动娄城"线上健步走等网络公益活动，获评苏州市网络文化季活动"苏美奖"。构建网络综合治理体系。启动党政机关互联网直播活动备案工作，全年完成备案登记20余场次，督促属地直播平台自行清理有害不良信息22.5万条，关闭违规账号4000余个。组建"网聚人心'凌云燕'"普法宣讲团，先后举办"青春偕行·筑梦飞扬"网络安全进校园主题班队课、网络普法宣讲电竞专场等"五进"系列普法宣讲活动10余场次，推出人民群众喜闻乐见的普法作品，构建网络普法宣传体系。筑牢全市网络安全屏障。出台《太仓市信息化项目网络安全评估办法（试行）》，巩固内生安全防线。与上海市嘉定区、江苏省昆山市签订"嘉昆太"网络安全战略合作协议，织密长三角省际毗邻区域网络安全防线。引领政校企合作，指导协调西北工业大学网安学院、奇安信公司共建太仓网安"双创"实践人才基地。承办"清朗网络青年力量"江苏省暨苏州市网络安全宣传周"青少年日"主题活动，策划太仓市青少年网络安全巡展，组织开展第二届"天翼云杯"网络安全技能竞赛，推送选手参加江苏省党政机关网络安全竞赛并获二等奖。

【文明城市创建】 2020年，太仓市着力创建人民满意的全国文明城市，召开全市决胜全国文明城市创建工作誓师大会、全市全国文明城市创建工作推进会等重点会议，安排部署创建工作。深化市领导挂钩创建重点项目、双月点评会等工作机制，开展城市公共秩序百日攻坚等专项治理行动，提档升级老旧小区、背街小巷、农贸市场、停车场、公共厕所等项目，提升城市整体功能形象。推进"百万市民学礼仪""啄木鸟"等活动，做亮"家在太仓·情暖娄城"等志愿服务品牌，在苏州市推广文明家庭诚信积分管理、乡风文明岗等创新做法，提升公民文明素质和社会文明程度。年内，太仓市获评第六届全国文明城市。

【群众性精神文明建设】 2020年，太仓市立足科学抗击新冠肺炎疫情，推出两版《文明太仓抗"疫"十二条》，累计发放各类市民文明手册30万本。推进农村精神文明建设"十个一"示范工程，宣传"红六条、白六条"（"红六条"：婚事新办，重视婚礼内涵，提倡集体婚礼、旅行结婚等形式；乔迁新居、庆生祝寿等喜事俭办，不讲排场、人员从少；低碳环保，不在禁燃区域燃放烟花爆竹，少用迎亲车辆，不扰民、不阻碍交通、不污染环境；厨房干净、食材新鲜、安全用餐、光盘不浪费、使用公筷公勺；不索要天价彩礼，不攀比礼金，份子钱不超过500元，提倡互免；婚宴时长不超过1天，摆宴席规模不超30桌，餐费标准不超200元/人。"白六条"：丧事简办、不讲排场、仪式从简、人员从少；厚养薄葬，不建豪华墓地，提倡生态安葬；倡导文明低碳祭扫方式，不在禁燃区域燃放烟花爆竹，不在公共场所等禁火区域焚烧纸钱，不扰民、不阻碍交通、不污染环境；厨房干净、食材新鲜、安全用餐、光盘不浪费、使用公筷公勺；杜绝封建迷信祭祀品，送鲜花代替花圈，吊唁金不超过500元，提倡免收；摆宴席规模不超30桌，餐费标准不超150元/人）移风易俗公约，推动核心价值观进村入户，各类文明村镇占比90%以上。推进文明家庭创建活动，开展文明家庭建设诚信积分管理，评选第二届市级文明家庭50户。开展各级文明单位、文明村镇、文明社区、文明校园、文明家庭评选推荐工作，评选太仓市级文明单位129个、文明镇6个、文明村68个、文明社区74个、文明校园50个。太仓海关、太仓市税务局、璜泾镇永乐村获评全国文明单位、文明村，华能太仓电厂、城厢镇、璜泾镇雅鹿村、沙溪镇中荷村通过复查保留全国文明单位、文明村镇荣誉。开展"弘扬时代新风，文明行业、文明单位在行动"主题活动。深化诚信建设，开展诚信缺失突出问题专项治理行动11项，发布诚信"红黑榜"2期。

【思想道德建设】 2020年，太仓市深化公民道德提升行动，把培育践行社会主义核心价值观融入创建全过程。学习贯彻两个"纲要"（《新时代公民道德建设实施纲要》《新时代爱国主义教育实施纲要》），做优核心价值观文化长廊、主题公园（广场）等阵地。举办"太仓好人"发布会4次，承办江苏省道德模范与身边好人现场交流活动，开展道德模范等典型礼遇慰问工作。王耀宏获评"中国好人"，顾海波获评"江苏省疫情防控优秀志愿者"，获评"江苏好人"2人、"苏州市道德模范"2人、"苏州时代新人"3人。评选"第三届太仓市道德模范"10人（组）、"太仓好人"47人（组）、2019年度太仓市精神文明建设十佳新人、十佳新事。

2011—2020年太仓市民当选“中国好人”一览表

表61

序号	当选时间	姓 名	推荐类别
1	2011年8月	闵知行	助人为乐
2	2011年9月	朱建国	孝老爱亲
3	2011年10月	郭　跃	诚实守信
4	2011年10月	范依萍	孝老爱亲
5	2012年3月	杨建清	孝老爱亲
6	2013年1月	陆丁兴	敬业奉献
7	2016年2月	王振球	诚实守信
8	2016年6月	钱惠新	诚实守信
9	2017年4月	顾文忠	敬业奉献
10	2018年5月	魏晓云	见义勇为
11	2019年8月	胡学雷	乐于助人
12	2020年12月	王耀宏	孝老爱亲

【未成年人思想道德建设】 2020年，太仓市开展“扣好人生第一颗扣子”主题教育活动，市关工委等3家单位获评苏州先进集体，获评先进个人5人。明德小学健雄少年宫入选中央公益彩票支持项目。表彰“新时代太仓好少年”“新时代文明小义工”“优秀小公民”共85人，其中获评“新时代江苏好少年”1人、“新时代苏州好少年”2人。组织“网上祭英烈”“童心向党”“向国旗敬礼”等活动，开展“抗疫一线人员与青少年面对面”活动30场。开展中华优秀传统文化进校园活动，组织专业剧团进校园巡演15场次。加强未成年人心理健康教育，开设“新时空‘心’课堂”线上心理课程，启动“花开阳光下·抗疫心动力”首届省心理健康教育，组织“青听·娄情心语”团体辅导活动进校园进村（社区）80场，受益人数5379人。深化文明礼仪“五进工程”，命名未成年人文明礼仪教育实践基地24家，建立“1+2+N”实践服务模式。

【新时代文明实践中心建设】 2020年，太仓市召开新时代文明实践工作推进会、联席会议，梳理全市新时代文明实践“资源库”阵地556个、“项目库”项目879个、“需求库”服务需求349个。开展新时代文明时代示范点评审工作，命名首批“太仓市新时代文明实践示范点”50个，城厢镇新时代文明实践所、雅鹿村新时代文明实践站等入选苏州市“十所十站十点”示范项目。举办2020年太仓市新时代文明实践集中志愿服务暨文化科技卫生“三下乡”活动，全市47家单位和组织参与活动，捐赠扶持资金和物资价值119.3万元。开展新时代文明实践工作督查，对照省级评估细则，督查评估全市各新时代文明实践所（站）。完成“新时代文明实践V+”培训项目，设置培训课程10次，覆盖培训人员686人。

【全民阅读】 2020年，太仓市举办第15届阅读节，以“阅读在场·全城在线”为主题，开展阅读节开幕直播活动，当天在线人数5.1万人次。推出阅读活动180余项，其中获评2020年度苏州市全民阅读优秀活动奖活动6项、先进单位5家、先进个人3人。获评苏州市优秀阅读推广组织2家、优秀阅读推广人2人、优秀阅读创新项目3个。更新完善新一代“娄东书仓”，新建24小时自助借阅“娄东书柜”2个。开放政府实事工程“方寸之间”和“立言之境”生活阅读空间2处，举办各种形式阅读活动87场。围绕“书香农家·阅享小康”主题，举办“我的书屋·我的梦”农村少年儿童阅读实践活动，开展分众阅读推广活动300余项。组织开展帐篷“星空”夜读、悦夜悦读等夜读活动共计20场次。2020年度太仓市全民阅读指数79.54，位列苏州各县市第一。

【文化惠民】 2020年，太仓市受新冠肺炎疫情影响创新文化传播方式，推出数字展览、线上教学等栏目，设立线上艺术培训课程，组织开展云上抗疫、文化慕课等线上文娱活动。复工复产后，在严格落实各项防疫措施前提下，开展各项文化活动。年内，举办第七届文化养老艺术节暨第13届业余文艺团队“百团大展演”、2020年度群众文艺创作节目大赛、第五届“江南丝竹演出季”等系列市级文化活动。开展“欢乐文明百村（社区）行”“欢乐百企行”“娄东大讲堂”“娄东戏台”等文艺演出活动。全年开展各类文化惠民活动4300余场次，惠及群众200万余人次。开展送戏下乡240场次，惠及群众10万人次。落实省“文化进万家”活动方案，开展优秀作品下乡巡演30余场次。

【文艺创作】 2020年，太仓市出版文艺专著16部，获苏州市级以上奖项540件，省级以上发表、入选、入展作品430余件。歌曲《把秀发珍藏》获评江苏省第14届“五星工程奖”，美术作品《众志成城》入选江苏省文旅厅主办的抗疫主题美术作品展览，说唱作品《致敬红马夹》获第十届全省残疾人艺术会演曲艺类一等奖。沪剧《小卫警官》《星火》、文学报告《小康之路》入选苏州市艺术基金扶持项目，其中《小卫警官》作为2020年第二届中国苏州江南文化艺术·国际旅游节参演剧目在苏州保利大剧院公演。太仓市推进“抗疫”主题文艺作品创作，推出各类原创文艺作品800余件。开展第二届太仓市文学艺术“金月季奖”评选工作，锡剧小戏《老赖逃债》等13部作品获文学艺术“金月季奖”荣誉奖，诗歌《阳小杏的礼物》等35部作品获“金月季奖”扶持奖，发放奖励扶持资金92.7万元。

【文化产业发展和出版市场管理】 2020年，太仓市推进恒大童世界、复星冰雪世界两大文旅项目建设，两个项目同时入选苏州市2020年重点文化旅游项目，恒大童世界项目获苏州市文化产业发展奖励和补贴资金扶持。组织文化企业参展第九届中国苏州文化创意设计产业交易博览会，展馆设计突出“上海下一站·下一站上海”主题元素。组织召开太仓国际艺术与乡村振兴主题会议，以“艺术振兴乡村·文旅IP赋能”为主题，启动“艺术振兴乡村联盟”等文旅项目4个。推进“扫黄打非”工作，加大市场监管力度，全年“扫黄打非”各类集中行动共出动人员1152人次，检查印刷企业58家、出版物经营单位89家次，定期检查出版物市场582次，收缴非法出版物1025件。集中开展网络直播行业专项整治行动，关停违法账号6042个，约谈网站和个人30余次。联合市应急局、市消防救援大队、市文化执法大队开展安全生产专项检查，出动人员108人次，检查各类场所58家。

【宣传文化人才建设】 2020年，太仓市强化宣传文化人才理想信念教育，围绕学习贯彻习近平新时代中国特色社会主义思想，联系宣传工作实际，引导党员干部读原著学原文悟原理。举办全市宣传文化系统干部培训班，组织开展“笔力”提升行动，提升宣传思想文化干部履职尽责能力。根据市政府民生人才引育计划，制定《太仓宣传文化旅游人才计划实施细则（2020—2022年）》，启动新一轮宣传文化旅游人才评选工作，利用3年时间引进和培养高层次宣传文化旅游人才29人。组织开展2015年、2016年宣传文化人才项目结题验收工作，组织第三方会计师事务所对项目资金使用情况进行专项审计。组织开展2018年宣传文化人才项目中期评估工作和2017年度、2019年度太仓宣传文化人才项目年度考核工作。年内，全市文艺人才晋升国家级会员6人，晋升省级会员13人，晋升苏州市级会员14人，入选省乡土人才“三带”行动计划第二批培养对象名单2人，获评2020年度姑苏宣传文化人才2人。

【志愿服务】 2020年，太仓市组织开展“文明实践·志愿抗疫”学雷锋主题活动，发动全市志愿者冲在抗疫一线，开展住户排摸、卡口轮值、知识宣传等各类疫情防控志愿服务，参与志愿者14万人次，志愿服务时长超100万小时。针对赴鄂医护人员及其家庭开展“6+1”（市委宣传部、市文明办协调有关部门组织志愿者力量与每一位赴鄂医护人员及其家庭结对，提供包括应急志愿者、教育志愿者、巾帼志愿者、青年志愿者、心理志愿者、交通志愿者等6类志愿服务）精准志愿服务。组织“聚力文明实践·建设志愿太仓”志愿服务，开展送理论、送温暖、送文化、送健康平安、送文明新风等活动。完成太仓市重点志愿服务项目申报评审工作，入选苏州市百个重点项目12个。苏州健雄职业技术学院青年志愿服务队入选苏州市十佳志愿服务团队、双凤镇凤雅社区入选苏州市十佳“金乡邻”社区。全年共开展各类志愿服务6.4万场，时长574.8万小时。“理论飞燕”进万家志愿服务项目获评省志交会金奖。

（丁志刚）

统战工作

【概况】 2020年，太仓市学习传达全国、省、苏州市统战部长会议精神以及民营经济统战工作会议精神，研究部署新时代民营经济统战、宗教活动场所安全工作专项整治行动等重点工作。年内，召开第四次市委统一战线工作领导小组全体会议。统战工作纳入全市区镇和机关党的建设考核，全党齐抓共管统一战线工作局面形成并得到提升。全年各民主党派、统战团体共发展新成员86人，其中各民主党派27人，无党派知联会8人，留学人员联谊会36人，新的社会阶层人士联谊会15人。

【统一战线政治思想基础】 2020年，太仓市组织引导广大统战干部和统战成员学习领会中共十九大和十九届三中、四中、五中全会精神及习近平总书记关于加强和改进统一战线工作的重要思想。将统战知识和理论政策学习纳入全市党组织理论学习中心组学习内容，列入宣传工作计划和党校教学内容。12月16日，组织召开全市统一战线学习中共十九届五中全会精神专题会议，对中共十九届五中全会精神进行解读，引导统战成员投身“十四五”发展新征程，确保全会精神落地生根。支持民主党派、无党派人士开展“不忘合作初心、继续携手前进”主题教育活动，在新的社会阶层人士中开展“凝聚新力量，筑梦新时代”“红色基因”等系列活动。组织40余名年轻一代企业家赴井冈山开展民营企业家理想信念主题教育培训。依托“三会一桌”常态化开展留学人员思想引领活动。举办“统战课堂”专题讲座6期。强化统一战线意识形态工作，着重做好宗教领域意识形态工作。

【多党合作】 2020年，太仓市制订政党协商安排计划，定期召开专题民主协商会，强化协商意见建议的落实反馈。支持党派和无党派人士参政议政，市政协十四届四次会议民主党派上交提案中，被确立为重点提案8件，占政协重点提案总数2/3。组建“睿言堂”参政议政骨干队伍，全年收集各民主党派围绕优化行政审批事务流程、保障民企贷款等主题社情民意10条，民建江苏省委录用2条。召开各界人士情况通报会5次，收集涉及长三角一体化、安全生产、公共卫生应急体系建设等工作专题性意见建议100余条。推进领题调研活动，开展党派、统战团体领题调研暨特色支部创建专题交流会。引导党派开展社会服务，深化各民主党派、无党派知联会公益项目，提升影响力。11月19日，中国农工民主党太仓市基层委员会成立，产生新一届领导班子。

2020年8月15日，太仓市举行“娄东新力量·燃情仲夏夜”暨网络人士助力夜文化主题活动启动仪式 （市委统战部供稿）

【党外代表队伍建设】 2020年，太仓市加强市民主党派代表人士队伍建设，坚持并完善组织、统战两部门党外干部工作协作配合机制。完善发现党外知识分子工作机制，加强对苏州健雄职业技术学院等高校统战工作指导。举办太仓市党派骨干培训班，培养、储备一批与党同心、立场坚定、敢于担当、甘于奉献的党派骨干队伍。举办第三期新的社会阶层人士培训班。完善新的社会阶层人士“实践创新基地+品牌创建”模式，制定《太仓市新的社会阶层人士统战工作实践创新基地（驿站）管理细则（试行）》，建立五级基地架构，辐射带动、吸纳培养新阶层代表人士。加强网络人士统战工作，制定《关于加强网络人士统战工作的实施意见》，与市委宣传部联合开展网络人士情况调研，建立代表人士数据库。8月15日，开展“娄东新力量·燃情仲夏夜”暨网络人士助力夜文化主题活动。12月7日，上海市嘉定区、浙江省温州市、江苏省昆山市、江苏省太仓市新的社会阶层人士统战工作协同创新峰会暨2020年“新友梦想”Y4（长江三角洲Yangtze River Delta嘉定、温州、昆山、太仓四地的简称）协同创新论坛在温州召开，嘉定、温州、昆山、太仓四地统战部、新联会等各界嘉宾160余人出席活动，四地新联会共同发布《2020年“新友梦想”Y4协同创新论坛温州宣言》，以创新峰会为契机，促进人才互动、民间往来、文化融通，携手推进新的社会阶层人士统战工作协同创新，共同助力长三角一体化高质量发展。

【民族宗教工作】 2020年，太仓市召开市委民族宗教工作领导小组全体会议。逐一对照完成宗教领域巡察问题回头看整改。在全市登记备案的34个宗教活动场所继续开展“四进”（国旗国歌进场所、宣传标识进场所、法治教育进场所、道德典范进场所）活动。对全市基层宗教干部、宗教教职人员集中进行宗教法律法规培训。试点宗教活动场所法人登记工作，确定第一批试点场所，开展法人登记试点。加强宗教活动场所档案管理，健全各项档案工作规章制度。全市各镇（区、街道）开展第17个民族团结进步宣传月宣传教育活动。召开全市宗教活动场所安全工作专项整治行动领导小组会议和全市宗教活动场所安全工作专项整治行动部署会，制定落实《太仓市宗教活动场所安全工作专项整治行动工作方案》，成立安全工作专项领导小组，构建三级网络分工负责制，梳理宗教活动场所风险隐患。

【非公经济统战工作】 2020年，太仓市贯彻落实上级关于大力推动民营经

2020年1月17日，太仓市举办首届民营企业家沙龙 （市委统战部供稿）

济高质量发展的各项决策部署和文件精神，以《关于进一步促进民营企业健康发展八项措施的实施意见》为抓手，打造“民企店小二”创新服务品牌，延伸搭建四大服务平台（企业家与政府沟通平台、企业家与企业家交流平台、企业与高校科研院所合作平台、企业与第三方机构服务平台），为科技成果转化、市场主体培育、企业投融资需求等牵线搭桥，促进民营企业转型升级。建立市民营经济统战工作协调机制，推进“民企服务月”各项工作。全年共举办民营企业家沙龙10期，累计邀请170名企业家与市委、市政府主要领导、分管领导直接对话，收集的诉求意见建议事事有回音。依托“太仓统一战线”微信平台推送各级各类涉企政策近2000条，畅通企业家获取政策的渠道。多渠道收集民营企业反馈的问题，上报《太仓市民营企业信息专报》6份，为相关政策出台提供参考。开展“311”（30名左右领航型企业家，100名左右骨干型企业家，另辐射100名左右年轻一代企业家）新生代企业家“互联、互访、互享”企业行活动3期，推动民营企业与民营企业、国有企业、外资企业合作交流。引导非公经济人士履行社会责任，开展对口帮扶活动，在精准扶贫脱贫攻坚中发挥作用。

【港澳台统战工作】 2020年，太仓市加强与港资、台资企业和在太仓的港澳台同胞联络联谊，举办加强对港经贸文化交流专题协商等活动，形成联络机制。常态化开展台企走访调研工作，通过“太仓台协”微信公众号推送重点涉台政策、台协工作动态等微信140余篇。

【留学生及海外统战工作】 2020年，太仓市创新设立苏州范围内首批归国留学人员会合点8个，形成理事会—专业组—会合点三级工作网络，打造留学人员创新创业窗口。促成德国森岚科技项目落户太仓，该项目成为首个2020年华侨华人创新创业苏州“云峰会”签约项目。深化侨务工作进社区、园区，太仓市生物医药产业园获评全省基层侨务工作优秀单位。将留学人员工作纳入园区重要工作内容，服务留学人员创新创业。

【区镇社区统战工作】 2020年，太仓市在各镇（区、街道）开展统战创新项目评选活动，以夯实基层统战工作基础为切入点，加强基层统战工作特色载体建设，涌现一批优秀创新项目，城厢镇“睦邻厢家”项目在优化营商环境、促进民族团结、维稳宗教安全等方面发挥促进作用；高新区“智荟高新·心联同行”项目通过整合资源、打造阵地，再添新阶层人士统战工作新亮点；沙溪镇“立足新起点·共创新未来”项目在集聚创新资源、优化发展环境上求突破，助推生物园区新发展。制定《关于落实基层党组织统战工作职责的指导意见》，召开镇（区、街道）统战工作座谈会，创新“1+3+3”工作法（构建1个大统战工作格局，聚焦民族宗教工作、民营经济统战工作、新的社会阶层人士工作3个工作领域，凝聚思想共识、发展共识、斗争共识3个共识）夯实基层统战工作，推动全市基层统战工作创新发展。

（龚莺莺）

【太仓市无党派知识分子联谊会概况】 2020年，太仓市无党派知识分子联谊会（以下简称“市无党派知联会”）设城乡建设组、社会事业组、财经组和新阶层组界别组4个，每个界别组设组长1人，由理事兼任。截至年底，市无党派知联会共有会员90人，会员中有苏州市政协委员1人，太仓市人大代表5人（其中人大常委会委员3人），太仓市政协委员18人（其中政协常委6人）。年内，市无党派知联会强化组织建设，按照个人申请、组织考察、理事会审议等程序，吸收新会员5人，向民主党派输送优秀会员2人。会员宋世良撰写的2篇有关新冠肺炎问题的研究论文在国际相关杂志相继发表，并被国际科学技术会议中心邀请参加“2019年新冠肺炎国际云端研讨会”大会交流。会员提丽娜参加长三角G60九城女性创业项目大赛，申报的《自适应智能机器人手及抓取系统的研发和产业化》项目获优秀项目奖。会员张旻璐获2020年度苏州“最美劳动者”称号。会员陆杨获“2019年度太仓市打好污染防治攻坚战先进个人”称号。

【市无党派知联会学习实践活动】 2020年，市无党派知联会组织会员参加苏州市委统战部举办的“苏州市无党派人士、新的社会阶层人士、归国留学人员”清华大学网络培训班。推荐顾燕、朱慧、钱奇琦等7名骨干会员参加市委统战部举办的2020年党派骨干培训班，结合自身实际继续在全体会员中开展“书香知联”主题读书活动。根据市委统战部“统战课堂”开放式

2020年6月24日，市无党派知联会赴市疾控中心开展领题调研

（金庆苏摄）

讲座活动要求，会员宋世良报名参与“统战课堂”讲座授课，介绍新冠肺炎发展趋势、中国控制新冠肺炎做法经验以及科学防疫知识。组织20名会员观看爱国励志电影《夺冠》，厚植爱国情怀，坚定理想信念。

【市无党派知联会参政议政】 2020年，市无党派知联会根据市委统战部党派领题调研活动要求，将“完善太仓市公共卫生体系建设”作为领题调研课题，成立调研小组，研究制订调研方案。先后赴市疾控中心、市第一人民医院、市中医医院、市财政局等地调研座谈，与防疫一线医护人员座谈交流。立足全市实际，收集和梳理遇到的困难、存在的不足等问题，确保课题调研取得实效。撰写的调研报告作为知联会大会发言及集体提案提交2021年政协全会。各小组坚持“一组一调研”“一组一提案”制度，围绕文旅新业态发展、实验动物危废处理项目建设、新能源汽车配套服务产业发展等课题开展小组调研并转化成集体提案，提升提案质量。年初“两会”期间，共提交建议、提案16件，其中人大建议2件，政协集体提案6件，个人提案8件。市政协常委、副会长陈俭代表知联会向大会作题为《深化产教融合，助推高质量发展》大会发言。集体提案《关于加快天镜湖水环境污染治理的建议》被市政协列为2020年度重点提案、优秀提案。全年按计划与市财政局、市城管局、市审计局以及市水务集团开展座谈交流、参观调研等对口联系活动，畅通参政议政、民主监督渠道。

【市无党派知联会社会服务】 2020年，市无党派知联会号召全体会员投身全市社会管理各项重要工作，参与年初新冠肺炎疫情防控以及贯穿全年的全国文明城市创建工作，为全市夺取疫情防控阻击战和全国文明城市创建攻坚战“双胜利”贡献力量。据不完全统计，会员累计捐款2.38万元。在新冠肺炎疫情防控工作中，市无党派知联会作为“表现突出的单位”，会员朱晓华、李华、张旻璐3人作为“表现突出的各界人士”受到市委统战部通报表扬。会员张旻璐获苏州市委统战部通报表扬。市无党派知联会结合“书香知联”主题读书活动，连续7年开展“书香进校园活动”。10月，向璜泾镇王秀小学捐赠图书价值2万余元，促进书香校园建设。鼓励会员立足本职工作和专业特长，参与回报社会、奉献爱心等活动。会员宋世良、夏建东在沙溪镇洪泾村、苏州健雄职业技术学院等地开展幽门螺旋杆菌防治、高血脂防治等养生保健专题讲座。会员陆宁初、张璟发挥律师专业优势，受邀为太仓市基层妇女干部、太仓城投集团作《中华人民共和国民法典》专题讲座。社会事业组以“参政议政”为主题打造特色小组，在全市各党派（团体）特色支部（小组）创建成果参评活动中获三等奖。

（金庆苏）

2020年10月30日，市无党派知联会赴璜泾镇王秀小学开展图书捐赠活动
（金庆苏摄）

全面深化改革

【概况】 2020年，中共太仓市委全面深化改革委员会（以下简称“市委深改委”）坚持以习近平新时代中国特色社会主义思想为指导，围绕“六稳”（稳就业、稳金融、稳外贸、稳外资、稳投资、稳预期）、“六保”（保居民就业、保基本民生、保市场主体、保粮食能源安全、保产业链供应链稳定、保基层运转）重大任务，持续深化重点领域和关键环节改革，推进9个方面37项重点改革任务和具体事项。年内，市委深改委制定实施《2020年工作要点》，以清单化、责任化推动落地见效。创新设立改革试点专题调研、重点工作跟踪调研、改革事项月度通报三项制度，开展一线调研10余次，撰写调研报告20余篇。开展改革创新“特别奖”评选活动，获奖单位25家、项目25个。

在新冠肺炎疫情防控中发挥基础作用。太仓市第一时间成立疫情防控工作领导小组和指挥部，落实落细“大数据+网格化+铁脚板”，创新实施重点人员“红黄牌”管理，严格执行集中隔离、健康码管理、核酸检测，保障医疗用品，稳价保供生活物资，守住“外防输入、内防反弹”底线。实施太“惠”十二条等政策，全年为2408家企业提供新增贷款391.7亿元，为2262家企业提供续贷225.2亿元；为2.9万户企业落实稳岗返还1.7亿元；为3.6万户次小规模纳税人减征减免增值税1.7亿元；为3468户次受疫情影响纳税人减免房产税、城镇土地使用税5762万元；全市主动减免中小企业租金4560.6万元。

在融入长三角一体化发展中发挥突破作用。太仓市突出“区域一体、双向赋能”，深度融入以上海为龙头的长三角一体化，建立健全对接上海各项体制机制，承接上海各类优质资源。

主动对接上海交通发展规划，加速推进沪太交通一体化，沪苏通铁路一期通车营运，嘉闵线北延太仓段项目合作备忘录成功签署，岳鹿路对接嘉定城北路正式通车。深度融入上海航运中心建设，全国首创“联动接卸”监管模式，实现沪太通关一体化闭环，入选港口型国家物流枢纽建设名单。研究上海重点区域产业发展，推进沪太产业协作，嘉昆太科技产业园核心园建成，新引进上海项目182个，新增注册资本50亿元，较上年增长13.8%。深化教育医疗等领域合作，上海世外国际融合教育项目签约，在长三角地区率先实现异地就医“自主转诊”划卡结算，“一网通办”“一卡通行”等措施陆续推出。

在优化营商环境中发挥引领作用。太仓市推进优化营商环境创新行动，落实《太仓市优化营商环境创新行动（2020年）》，打出打响“太舒心”品牌。纵深推进“放管服”改革，落实《关于推行“1120”改革的实施意见》，开展政务服务“好差评”全国试点等工作，全国首创“双信地”出让模式，工程建设项目审批“全链改革”获“智慧赋能金数奖”，审批事项总承诺时限压缩60%以上，企业开办常态化0.5天。完成基层整合审批服务执法力量改革，城厢镇获苏州考评“优秀”等次。推进“关于加强和改进法治服务保障进一步优化营商环境专项行动”，2020年度法治建设满意度位居全省县（市、区）第一。信用城市监测全国第五。太仓市位列全国营商环境百强县第六名。

在全方位对德合作中发挥关键作用。太仓市立足打造中德城市合作典范，持续完善对德合作各类机制，推动全方位对德合作。发挥对德合作工作领导小组作用，积极对上争取，打造国家级全方位对德合作平台。成为中德经济顾问委员会新一届理事单位成员。推进高水平载体项目建设，德国中心二期、中德智能制造联合创新中心等建成投用，对德合作载体面积超100万平方米。引入德资项目32个，实际利用德资增长53.4%，德企总数超360家。鼓励在太德企向产业链、价值链中高端攀升，舍弗勒航空轴承获美国FAA认证资质，黑龙智能获美国AS9100D认证。推进双元制职教融合改革，发布全国首个双元制职业教育标准。营造德国生活场景，举办中国德国商会“商会之夜”、中德智能制造峰会等活动，做优啤酒节等品牌活动。

【经济体制改革】 2020年，太仓市聚焦“11155”产业发展（优化提升高端装备制造、新材料、物贸总部经济3个千亿元级产业，培育壮大生物医药、航空航天2个500亿元级产业），落实市领导挂钩区镇招商工作机制，成立专业化招商公司，上线投资热力图、云招商平台，举办航空航天产业发展峰会等活动，全年共引进项目792个，总投资2065亿元。聚焦项目建设，落实市领导挂钩联系重点项目制度，推进项目审批制度改革等工作，全市重点项目平均审批时限降至9.2天，省重大项目个数和投资总量、苏州市重点项目计划完成投资额实现苏州“三个第一”，市级以上重点项目开工率、投资进度领跑苏州。聚焦创新转型，落实《关于推动工业经济发展向中高端迈进的若干政策》，集成打造“1+4”（“1”指《太仓市创新人才引进三年行动计划（2020—2022年）》，“4”指《太仓市推进高新技术企业高质量发展实施意见（试行）》《太仓市科技企业孵化器培育管理办法（试行）》《太仓市关于集聚产业人才助推高质量发展的若干措施》《太仓市关于引育民生人才助推高质量发展的若干措施》）创新政策体系，制定“2+N”（“2”指《太仓市关于集聚产业人才助推高质量发展的若干措施》《太仓市关于引育民生人才助推高质量发展的若干措施》，“N”即围绕产业和民生人才出台系列配套实施细则）产业和民生人才新政，全国首创考察补贴微信申领、民营载体引才等政策举措。全年净增高新技术企业240家，较上年增长182%。新增省级企业研发机构11家。西北工业大学太仓长三角研究院获评省级新型研发机构。新增企业创新人才2.3万人、苏州市级以上领军人才35人。获评苏州市人才科技工作创新进步地区，进步指数位居苏州各板块第一。聚焦资源高效配置，实施产业用地更新“双百”行动，强力推进“三优三保”、拆迁“清零”行动，为城市建设、产业发展腾挪空间，完成拆旧复垦超333.33公顷、低效用地再开发超200公顷。

【城乡一体化改革】 2020年，太仓市聚力城乡融合，推进国土空间规划体系建设，加快编制2035年国土空间总体规划和2035年城市综合交通规划，控制性详细规划实现全覆盖，娄江新城“1+5+N”规划内容系统深化，镇村布局、城市双修、快速路网等专项规划和研究全面完成。聚力乡村振兴，落实市领导赴联系挂钩镇（区、街道）、村（社区）开展调研督查制度，实施《太仓市探索率先基本实现农业农村现代化三年行动计划（2020—2022年）》，基本建设完成第三批乡村振兴试点村30个、重点项目127个。建成全省首家智慧植保预警监测系统、全省首家“四位一体”数字农业综合示范区。现代农业产业示范区入选全省农村一、二、三产业融合发展先导区建设名单。获评全省唯一的中央农作物秸秆全量利用县。聚力试点突破，深入推进农业保险、农村集体经济融合发展等试点工作，启动“激活农村集体建设用地、承包地、宅基地权能”等2项新获批国家级试点，高标准完成省级供销合作社服务乡村振兴示范区先行县试点。房地一体农村不动产登记颁证全面推开。农村集体经济组织登记赋码颁证总体完成。村均可支配收入909万元，集体经济相对薄弱村全部脱贫转化。

【民主法治改革】 2020年，太仓市完善人大、政协工作制度，建立健全党委、人大、政府协调机制，加强人民政协专门协商机构制度建设，全年办理人大代表议案建议126件、政协委员提案157件，满意和基本满意率100%。健全统战工作组织领导机制，推进民主党派代表人士队伍建设，探索创新商会治理和运行模式，优化民营企业家沙龙等活动。创新推进社会治理，整合“基础＋专业＋企业”网格力量，联动指挥平台全年处置各类群众诉求及网格事件75.8万件，办件满意度98%。"发展型"幸福社区建设获评省基层社会治理创新成果奖。

【文化体制改革】 2020年，太仓市推进新时代文明实践文化服务平台全国试点等工作，市、镇、村三级文明实践中心（所、站）实现全覆盖，成功创建全国文明城市。实施《太仓市文化繁荣兴盛三年行动计划（2018—2020年）》，推进娄东文化品牌建设，推动文旅产业创新发展、开放发展、特色发展、融合发展。复星复游城、恒大文旅城加速建设。培育"夜太美"品牌，举办旅游文化美食节、"乐购太仓"等活动。太仓市获评省级全域旅游示范区。持续深化公共文化服务体系建设，落实基层公共文化设施建设扶持等政策，推动市民文体中心、美术馆新馆建设，年内开展文体惠民活动近3000场次。持续推进文化领域"管办"分开，厘清文化行政部门与所属行业协会的职能边界。

【社会民生改革】 2020年，太仓市推进社会保障体系建设，通过社区劳动保障服务信息平台等手段，实现服务就业创业"五个不出村"，年内扶持自主创业人数超2000人，带动就业近万人。落实教育领域改革任务，统筹规划、妥善安排年度学校新建、改扩建任务，建成投用学校新改扩建工程8项，新增学位1755个，获评省义务教育优质均衡发展县（市）。推进医药卫生体制改革，夯实分级诊疗基础，市公共卫生中心建成，沙溪、浏河人民医院晋升二级乙等综合医院。深化养老服务改革，全市社区养老社会化运营率超96%。推进退役军人服务体系建设，获评全国双拥模范城"两连冠"。构建市镇村三级政务服务体系。连续五年位居中国最具幸福感城市县级市首位。

【生态文明体制改革】 2020年，太仓市全市域推进长江大保护，加强生态保护和修复制度建设，统筹抓好入江河道、沿江排污口、沿江环境面貌等排查整治工作，长江岸线清理整治任务全面完成，长江禁捕退捕工作严格落实。协同推进岸上产业绿色转型，关停淘汰低端低效产能企业（作坊）170家，单位地区生产总值能耗下降3.9%。打好污染防治攻坚战，落实"河长制""断面长制"，$PM_{2.5}$平均浓度下降至26微克/立方米，连续两年为苏州最低。空气质量优良天数比率85.2%。国省考断面、主要入江支流水质优Ⅲ比例均达100%。推进生态美丽河湖建设，建成生态美丽河湖50条。完成农村人居环境整治三年行动计划，获评全国村庄清洁行动先进县。"一心两湖三环四园"城市生态体系持续完善。获评国家生态文明建设示范市。

【党的建设制度和纪检监察体制改革】 2020年，太仓市建立健全"不忘初心、牢记使命"长效机制，巩固拓展主题教育成果。出台激励干部担当作为"1+N"系列文件，实施年轻干部选拔培养"六才"工程，干部队伍素质不断提升、结构持续改善。推进党建引领乡村振兴示范区建设，乡村振兴实践学院揭牌启用，村干部职业化体系建设试点成效走在全省前列。推进城市基层党建"融合力"工程、农村党建"红色领航计划"、党支部和党员"动力工程"，提升基层组织战斗力。深化纪检监察体制改革，建成党员干部廉政档案系统，精准实施容错纠错机制。省委专项巡视整改全面完成，第十三届市委任期内提前实现巡察全覆盖。

（杨志栋）

机构编制

【概况】 2020年，太仓市委编办通过改革理清职责管理权限，执行各项改革任务，做到权责匹配，把握机构编制工作定位方向，为高质量建设"两地两城"提供体制机制保障；聚焦关键重点，做好机构编制资源优化配置，向发展最需要的部门流动、向基层最繁忙的一线倾斜；强化责任担当，增强机构编制管理约束力，提升机构编制工作质效水平。年内，增加（新设或升格）副科级及以上机构10个，围绕服务全市经济发展和民生事业，盘活用好机构编制资源，配强安全生产、疾控中心、教育系统师资工作力量。深化相对集中行政许可权改革，按照省关于进一步推进相对集中行政许可权改革工作的要求，完成第二批85项审批事项划转工作。

【机构编制法治建设】 2020年，太仓市贯彻落实《中国共产党机构编制工作条例》，在全市年轻干部能力素质提升培训班、第21期中青年干部培训班上开展专题宣讲。落实《机构编制报告制度实施办法（试行）》，提升机构编制管理科学化规范化制度化水平，确保党的机构编制工作方针政策和决策部署贯彻落实到位。

【基层"三整合"改革】 2020年，太仓市贯彻落实关于推进基层"三整合"（基层审批服务执法力量、网格管理、指挥平台）改革工作相关精神，打造资源配置合理、权责清晰顺畅、管理扁平高效的基层政府架构。推进驻镇机构属地化管理，转隶动防、交管、水利、城管执法和劳动监察等5个领域人员至属地，人员下沉比例76%。分别赋予镇（街道）审批服务类权限36项或21项，下放城市管理等行政处罚权限。整合多部门、多层级数据资源，建设市镇两级集成指挥平台和综合执法业务平台，推动"大数据+指挥中心+执法队伍"综合执法新模式在太仓落地。通过基层"三整合"改革评估验收，城厢镇获评苏州市基层"三整合"改革先行示范区。

【经济发达镇行政管理体制改革】 2020年，太仓市加强对经济发达镇行政管理体制改革工作的组织领导，按照改革方案，明确责任，细化措施，健全机制。浏河镇围绕"融入上海"和"打造全域旅游"特色定位，研究探索规范赋权、机构设置、统筹编制、集中高效审批、综合行政执法、高位指挥协调等环节，推进改革各项工作，提高镇级现代化治理能力。年内，浏河镇通过省第二批经济发达镇行政管理体制改革验收；沙溪镇集成指挥中心二期项目通过中央编办验收，创新智慧城市镇级建设。

【机构编制督查】 2020年，太仓市委编办结合机构编制年报、月报工作，强化机构编制人员信息系统维护和实名制管理。按照“用编先审批”原则，严格审批机关、事业单位用编申请。配合市委组织部，对城厢镇、浏河镇进行领导干部履行机构编制责任情况的离任（任中）审计。

【市级机关服务高质量发展（绩效管理）考核】 2020年，太仓市委编办围绕市委“作风效能提速年”要求，制定《太仓市市级机关单位服务高质量发展（绩效管理）考核工作实施方案》。年底，根据市考核办统一部署，落实开展2020年度市级机关单位服务高质量发展（绩效管理）考核工作。

【事业单位登记管理】 2020年，太仓市完成全市407家事业单位2019年度报告公示工作。全年设立登记事业单位4家，变更76家，注销5家。全年新申领统一社会信用代码证书31家，变更18家，换证5家。

（王春鹰）

保密工作

【概况】 2020年，太仓市树立做好新时代保密工作就是保党的长期执政地位、保国家安全、保人民幸福、保民族复兴的大局观念，加强党管保密、依法治密、科技强密建设。将保密工作纳入党委工作规划，定期研究部署保密工作，组织开展重点保密要害部门保密检查，发现并消除风险隐患。完善领导体制机制建设，定期向保密领导小组汇报工作并传达领导小组批示，为太仓高质量发展提供保密服务保障。

【保密工作规范化管理】 2020年，太仓市完成年度党政机关定密数据统计和上报工作，推进定密工作规范化、精准化。细化涉密人员管理，做好涉密人员岗前教育、在岗培训、保密承诺等工作，抓好核心、重要涉密人员信息报备等事项。加强专项保密管理，制定内部通讯录等工作秘密载体相关管理办法，指导机关、单位做好新冠肺炎疫情防控期间保密工作。组织开展高考、学业水平测试等国家统一考试的保密监督检查。

【保密工作科技支撑】 2020年，太仓市加强涉密专用信息设备技术监管，全市涉密单机、内网终端全部安装“三合一”管理终端。加大保密科技创新力度，依托太仓市协同办公管理系统，创新开展保密工作网上备案。加强保密技术服务能力建设，组织参加苏州涉密信息系统“三员”（系统管理员、安全保密管理员、安全审计员）培训，参训人员均获“三员”资格认证。参与市人民检察院、纪检监察系统等单位涉密信息系统测评风评工作。提升涉密载体分类销毁服务保障水平，优化销毁操作流程、完善工作机制。

【保密工作宣传培训】 2020年，太仓市组织开展全市保密宣传教育系列活动，落实领导干部保密工作责任制，组织保密主官、干部保密教育培训，开展密码保密知识有奖竞答。邀请相关单位参加信息安全保密系列公益讲座，开展各类专题片、宣讲团警示教育活动，为全市各地各部门提供多形式保密指导服务。以国家安全日和《中华人民共和国保守国家秘密法》修订实施10周年为契机，开展保密宣传活动，印发保密宣传手册、宣传品，在全市100多个公益屏和太仓市电视台循环播放保密宣传片。增强保密形势、反窃密防泄密教育、典型案件警示教育和红色保密传统教育力度，组织观看系列保密教育片，为《中国红色保密故事大全》编订提供素材。

（黄　琼）

老干部工作

【概况】 2020年，太仓市共有离休干部131人、市管退休干部1259人。年内，太仓市以习近平总书记对老干部工作的重要论述为遵循，学习贯彻全国、全省离退休干部“双先”表彰大会和苏州市离退休干部党建工作会议精神，按照“六有一提升”（有党的组织、有领导班子、有工作制度、有组织活动、有作用发挥、有工作保障，提升离退休干部党组织组织力）要求建设离退休党支部，全市达标离退休干部党支部46个，其中获评全省先进1个，获评苏州先进3个。分4批召开全市离退休干部党建工作推进会。各支部以线上与线下相结合方式，每月固定开展主题党日活动，其中港区、市市场监管局等16家离退休干部党支部以“助力火红年代”为主题，引导老党员开展活动。市卫健委举办“荣退仪式”观摩会。苏州市委老干部局主办、太仓市委老干部局承办的“助力火红

2020年6月4日，太仓市老干部志愿者开展垃圾分类宣传活动

（夏琳娜摄）

年代”“云”主题党日活动，关注人数188万人次，《人民日报》、新华社等多家媒体报道。

【老干部思想政治学习】 2020年，太仓市利用“一报一网一平台”（常青藤月报、老干部家园网、常青藤微家园微信公众号）组织老党员学习党的最新理论，组织四套班子老领导60余人先后赴高铁站、城厢镇考察调研，引导老干部以习近平新时代中国特色社会主义思想武装头脑。“七一”前夕，开展基层走访调研“六个一”（收集一批社情民意，促进一批企业创新，推动一批项目建设，化解一批矛盾问题，总结一批基层典型，完善一批政策措施）系列活动，教育引导老干部、老党员不忘初心、牢记使命。举办为期2天的离退休干部党支部书记培训班，参加培训50人。邀请苏州市委党校卜泳生主讲《习近平谈治国理政》第三卷，组织离退休干部到如皋市参观中国工农红军第十四军纪念馆和李昌钰刑侦科学博物馆。朝阳社区离退休干部党支部等20多个支部组织老干部学习培训精神。协助市委组织副处级以上老干部70余人听取中共十九届五中全会精神报告2次。

【老干部引领作用发挥】 2020年，太仓市引导老干部为党的事业增添正能量。新冠肺炎疫情期间，老干部党员自发到小区协助疫情防控10余次。全市老干部共计捐款16.77万元。在助力创建全国文明城市中，组织开展“文明创建我同行”“垃圾分类我在行”“一盔一带我先行”等志愿服务活动。200余名老干部筹建“爱心图书室”，捐款3.14万元。7000余名“五老”（离退休老干部、老战士、老教授、老专家、老模范）志愿者在“娄城关爱班”帮助1万余名双职工、困难家庭和流动人员未成年子女度过暑期。举办“银发守初心，余晖耀娄东”老干部双先事迹宣讲暨第35个国际志愿服务日活动。为国强武术工作室、钱老师工作室、金丽萍调解工作室、培乐调解工作室授牌，成立红色宣讲队、爱心帮教队、武术健身队、社会治理队、文

2020年12月2日，太仓市举办“银发守初心，余晖耀娄东”老干部双先事迹宣讲暨志愿服务主题活动 （夏琳娜摄）

明先锋队等志愿者分队5个。“常青藤”老干部志愿者团队在太仓志愿者网站上注册信息47人，老干部志愿者结合“五个助力”（助力新时代党的建设、助力脱贫攻坚、助力乡村振兴、助力社会治理、助力培育时代新人）开展活动，团队获评苏州市离退休干部先进集体，胡国芬、袁国强、毛义明、邢高前获评苏州市离退休干部先进个人。拍摄老干部发挥余热专题片《余晖耀娄东》。

【老干部服务管理】 2020年，太仓市开展“书墨相伴·分享悦读”活动，9名老干部分享自选文章或自创作品10篇。在苏州市委老干部局“全面建成小康社会”征文评选活动中上报作品4篇，3名老干部分享“我的幸福生活”。组织40名花艺爱好者开展插花品茗活动，组织3批100余名老干部体验高铁新变化，组织2批100余名老干部到昆山开展健步走活动。承办“我身边的幸福小康”嘉昆太三地老干部摄影展，组织老干部外出交流学习8次，接待常熟、苏州姑苏区等地老干部到太仓参观6次。做好“三有一落实”（有就医绿色通道、有家庭签约医生、有医疗特困帮扶机制，落实好离休干部提高享受医疗待遇政策）、走访慰问、组织健康体检等工作。为27名85周岁老干部送寿盘，慰问参加抗美援朝市属老干部11人。新冠肺炎疫情期间与老干部保持沟通联系，到老干部家中送关怀，讲解防疫相关信息，为老干部安全保驾护航。

（环素珍）

党校教育

【概况】 2020年，中共太仓市委党校以习近平新时代中国特色社会主义思想为指导，贯彻落实《中国共产党党校（行政学院）工作条例》和全国全省党校工作会议精神，发挥“干训阵地、资政智库”作用，各项工作迈上新台阶。年内，市委党校举办各类培训班43期，参训学员3968人次，其中主体培训班次13期，参训学员1200人次；组织线下全市领导干部理论知识讲座3期，参训干部933人次；与太仓有关部门联合举办各类培训班次18期，参训学员1381人次；接待外来培训班次9期，参训学员454人次。全年开发新课程12门。开展“红色讲堂”“微型党课送基层”“优秀党课送基层”等活动，为各单位、村（社区）提供党课宣讲230余场次，参与学习人数1.2万人次。全年出版《实践》4期，刊发反映太仓经济社会发展实际的调研文章50余篇。完成省级课题2项、苏州市级课题8项、校级重点课题7项、一般立项课题8项。

2020年太仓市领导干部理论知识讲座一览表

表62

序号	讲座名称	日期	主讲人	人数（人）
1	贯彻新发展理念，做好经济工作助推高质量发展	5月27日	李　猛	209
2	《习近平谈治国理政》第三卷	8月28日	奚洁人	440
3	学好“四史”坚定中国特色社会主义信念	11月2日	王金定	284

2020年市委党校（行政学校）干部培训主体班次一览表

表63

序号	班次名称	日期	联办单位	人数（人）
1	2020年全市发展对象“云培训”示范班	5月21—22日	市委组织部	35
2	太仓市2020年度“源动力”发展对象标准化培训班（第一期）	5月26—27日	市委组织部	58
3	太仓市2020年度“源动力”发展对象标准化培训班（第二期）	5月28—29日	市委组织部	64
4	2020年度市级机关入党积极分子培训班（第一期）	8月19—21日	市委组织部	114
5	2020年度市级机关入党积极分子培训班（第二期）	8月24—26日	市委组织部	112
6	周至县科级领导干部能力素质提升班	9月7—12日	市委组织部	34
7	周至县村（社区）党组织书记、致富带头人示范培训班	9月14—19日	市委组织部	51
8	太仓市年轻干部能力素质提升培训班	9月14—25日	市委组织部	36
9	2020年度太仓市新党员标准化培训班（第一期）	10月12—14日	市委组织部	216
10	2020年度太仓市新党员标准化培训班（第二期）	10月19—21日	市委组织部	234
11	太仓市2020年新录用公务员初任培训班	10月19—30日	市委组织部	116
12	太仓市第21期中青年干部培训班	10月26日—11月23日	市委组织部	32
13	2020年太仓市党务干部业务能力提升培训班	11月3日	市委组织部	88

2020年5月27日，市委理论学习中心组专题学习报告会在市行政中心举行
（市委党校供稿）

【太仓市第21期中青年干部培训班】 2020年10月26日—11月23日，太仓市委党校与市委组织部联合举办太仓市第21期中青年干部培训班，参训学员32人。培训班突出党性教育和市情教学，集中安排专题教学27次、市情导读8次、自我教学12次，以及多次体验式教学、现场教学、视频教学。教学内容包括学习《习近平谈治国理政》第三卷、《感悟梁家河，体会大学问——追寻习近平总书记的初心》《新时代好干部的必备素质和能力素养》《长三角经济一体化发展问题与对策》《城市发展中的创意文化因素与人才吸引战略》《太仓科技创新发展》等。授课教师主要为太仓市领导干部和全国高校专家学者，包括

中国浦东干部学院、上海市委党校、江苏省委党校、上海交通大学、国防大学等院校。培训通过体验式教学、现场教学、分组讨论、辩论赛等相结合方式，教育引导学员负重奋进、改革创新、争当表率，增强贯彻新发展理念的识变之智、应变之方、求变之勇。

【年度科研立项课题结题】 2020年，太仓市委党校完成省级课题2项、苏州市级课题8项、校级重点课题7项、一般立项课题8项，出版社科期刊《实践》4期，刊发反映太仓经济社会发展的文章50余篇，获“苏州市党校系统第八届科研工作组织奖”。省级课题《乡村振兴战略视域下强化基层农村党建工作路径探析——以江苏省太仓市为例》获“江苏省党校系统调研课题优秀结项”。8项苏州市级课题全部结项，其中《苏州推进制造服务化研究——聚焦苏州制造业企业的服务化转型》为2020年度苏州市委书记圈定课题，《国际比较视阈下大都市圈内小城市发展经验与启示——太仓市融入上海战略新论》获“苏州市党校系统第八届优秀决策咨询奖”三等奖，个人课题《讲政治顾大局的典范——抗战期间苏南东路地区革命战争历史及启示》获“苏州市党校系统第八届优秀科研成果”三等奖。参与环太湖研究中心课题研究，《多式联运，三轴驱动——太仓推进交通互联互通助力长三角一体化高质量发展研究》结项。全年获太仓市2020年度社科应用课题立项并结项课题15项。

【基层理论宣讲工作】 2020年，太仓市委党校克服新冠肺炎疫情影响，探索网络直播等线上理论宣传载体。参与全市“同心抗疫”主题冬训公开课暨“娄城乡音——定制宣讲”活动，组织3位骨干教师协作打磨“乡村振兴战略解读”“学习地方革命历史，坚守初心勇担使命”等定制课程，通过融媒体直播平台向全市发布。疫情平稳后，恢复线下宣讲活动，组建“听党话、感党恩、跟党走”、“全面小康、奋斗有我”、中共十九届五中全会精神宣讲团等。全年累计开展理论宣讲活动230余场次。其中，开展《习近平谈治国理政》第三卷“进机关、进企业、进社区、进学校、进生产一线”宣讲活动50余场次，中共十九届五中全会精神宣讲活动30余场次，全年宣讲活动服务对象累计1.2万人次。

2020年7月15日，市委党校“云课堂”开展学“四史”理论宣讲

（市委党校供稿）

【党校师资队伍建设】 2020年，太仓市委党校探索建立“思想淬炼、政治历练、实践锻炼、专业训练”四位一体贯通式培育体系，综合运用学习培训、挂职锻炼、传帮带、跟班学习等形式，加大人才培养力度。组织开展“用学术讲政治”教学竞赛活动，“传承延安精神，践行初心使命”“学习‘四史’，坚持和发展中国特色社会主义”“品读毛泽东诗词，加强‘四史’学习教育”等12门本土化课程通过评审。组织青年教师参加苏州市党校系统教学竞赛活动，参加全省党校系统教研骨干研修班、教学示范班，苏州市党校系统科研业务能力提升班、“用学术讲政治”专题师资班，赴浙江参加党校培训者能力提升培训班，赴北京、南京、贵州等地参加中共十九届五中全会精神教学宣讲研修班，安排教师分批次赴上海图书馆参加大型宏观信息讲座等。选派到市委办、市委宣传部挂职锻炼2人。通过引路、搭台、压担、助力等措施，历练人才队伍真功夫，提振干事创业精气神。

【党校新校区启用】 2020年7月1日，太仓市委党校新校区启用。新校区为2017年市政府投资建设项目，2017年12月开工建设，位于科教新城邻沪地块，毗邻沪苏通铁路太仓南站，占地8.33公顷（包括拓展实训基地3.33公顷），建筑面积3.5万平方米（其中包括教学用房面积1.1万平方米，其他用房面积1.3万平方米，地下面积1.1万平方米），建有行政教学楼（明德楼）、学员宿舍楼（唯实楼）、专家楼（求是楼）、餐饮楼（致和楼）、文体楼（知行楼）等建筑5幢，具有行政教学、会务培训、拓展实训、文体活动、餐饮住宿等功能，可容纳1500名学员培训。建有大中小型报告厅、小组讨论室、模拟演播室多功能教室等，可组织开展案例研讨式教学、情景模拟式教学、访谈式教学、体验式教学等新型教学活动。

（张曼娜）

老区开发建设

【概况】 2020年，太仓市老区开发促进会、太仓市扶贫开发协会、太仓市合作经济研究会（以下简称市扶贫“三会”）根据市委“在加快推进两个率先的路上，不能让一村一户掉队”的要求，提出全市各村和涉农社区实现开发式扶贫工作全覆盖目标，助力脱

2020年7月17日，太仓市召开扶贫"三会"五届五次理事扩大会议
（市扶贫"三会"供稿）

贫攻坚取得较好成效。全年，市扶贫"三会"投入扶贫资金144.09万元，其中开发式扶贫项目30.54万元，资助贫困学生20.9万元，济贫帮困3.65万元，用于支持革命老区和经济相对薄弱村发展等支出89万元。年内，市扶贫"三会"围绕推进乡村产业、人才、文化、生态、组织振兴，在抓重点、补短板、强基础等方面开展调查研究，形成调研文章、宣传报道35篇。《老区杨漕村新貌》《喜看乡村振兴示范村》《太仓璜泾，农业大镇向产业强镇跨越》《太仓市老促会助力实现开发式扶贫全覆盖》《三条雅路展现的幸福生活图景》被中国老区网录用。

【开发式扶贫全覆盖】 2020年1月，太仓市扶贫"三会"召开工作年会，动员部署全市各村和涉农社区实现开发式扶贫全覆盖工作，明确具体要求。调整扶贫帮困标准。根据最低生活保障标准，将2019年年人均收入1.1万～1.8万元的相对贫困户帮困标准调整到1.2万～2万元；同时将拨付载体以奖代补资金标准调整到1600元（2018年拨付标准为1000元，2019年调整为1500元），其中市扶贫"三会"负担600元，镇区街道负担1000元。基层分会抓紧确定各村社区精准帮扶对象，对辖区内相对贫困户实行动态管理，将脱贫农户移出贫困农户名单，并继续跟踪管理，将因特殊原因导致贫困的农户列入新增重点帮扶名单。动员更多社会力量参与其中，确定帮扶载体，巩固和提高帮扶载体的帮带能力，加大帮扶力度。3月下旬，召开基层分会秘书长会议，要求各基层分会做好相对贫困户摸排工作，注意将因疫情或其他原因收入骤减或支出骤增的新发生贫困家庭纳入帮扶对象，并张榜公示帮扶对象名单。5月13日，举行2020年扶贫开发帮带协议签约仪式，签约扶贫载体68家，帮扶家庭509户，市镇两级联动拨付扶贫载体以奖代补资金81.44万元。至9月底，全市市镇两级扶贫载体以奖代补资金全部到位。10月下旬至11月底，市扶贫"三会"到全市各基层分会督查开发式扶贫村、涉农社区全覆盖落实工作，509户相对贫困户户均年收入增加超5600元。

【老区精准扶贫】 2020年，太仓市扶贫"三会"在做好开发式扶贫全覆盖工作的基础上，重点关注革命老区和相对经济薄弱村的发展，实施精准扶贫。各基层分会全面摸底调查各村、社区经济发展状况，深入革命老区和相对经济薄弱村、社区调研，增拨资金，完善相关村、社区基础设施建设和公益事业建设，助力现代农业发展。全年面向14个革命老区和相对经济薄弱村、社区下拨扶贫经费84万元。帮助相对经济薄弱村协调争取项目资金。协调争取苏州市扶贫基金会项目2个、资金70万元，其中浮桥镇三市村50万元，沙溪镇倪桥村20万元。引导村集体做大帮带载体，惠及更多贫困农户脱贫。根据各基层分会对全市贫困学生摸底调查情况，对全市40名贫困学生开展精准扶贫助学，拨付助学资金14.9万元，具体标准为小学生2000元、初中生2500～3000元、高中生4000～5000元、大学生6000～8000元。联合市教育局、太仓农商行开展"滴水·筑梦"扶贫助学工程，审核确定助学对象20人。

【村级扶贫专项资金建立推广】 2020年，璜泾镇永乐村、新联村、新明村创新扶贫工作方式，动员社会力量，开展社会募集，结合打造党建品牌建立爱心公益金，累计募集资金270万元，主要用于区域内开展助学、助困、助医等相关扶贫活动，累计助学140人，帮困122人。其中永乐村募集资金120万元。双凤镇黄桥村、浮桥镇时思村学习璜泾镇永乐村、新联村、新明村经验，动员辖区内企业和爱心人士捐款，建立村级扶贫专项资金，资助贫困户和老年人等弱势群体。市扶贫"三会"总结经验，在全市有条件的村和涉农社区推广建立村级扶贫专项资金，筹备建立村级扶贫小组。至年底，沙溪镇建立村级扶贫小组7个；双凤镇建立镇扶贫基金协会，募集资金175.8万元。

（章昌健）

太仓市关心下一代工作委员会

【概况】 2020年，太仓市关心下一代工作完善"党建带关建"工作机制，加强校外教育辅导站和优秀"五老"（老干部、老战士、老专家、老教师、老劳模）志愿者工作站、公安派出所关爱工作站建设，开展"爱党爱国、立德立行"主题教育和法治教育活动、扶贫助学、"三扶两创"（扶志、扶技、扶创业，创建创业示范基地、评选创业之星）和企业关工委等各项工作。截至年底，全市10个镇（区、街道）、156个社区（村）及所属村（居）民小组、63个市级机关部门、79所学校、6个农技站、1034个企业建立关心下一代工作组织，新成立陆渡街道关工委。年内，根据省、苏州市关工委2020年

《关于开展全省校外教育辅导站优秀活动推广项目和特色活动品牌征集评选的通知》要求，太仓市关工委组织浮桥镇六尺社区、浏河镇复兴社区校外教育辅导站拍摄活动视频，浮桥镇六尺社区校外辅导站《扬起理想的风帆》、浏河镇复兴社区校外辅导站《不朽的身影》分获省优秀活动视频特等奖、二等奖。市关工委被省文明办和省关工委联合表彰为"全省校外教育辅导站工作先进集体"，被苏州市精神文明建设指导委员会评为"未成年人思想道德建设工作先进集体"。

【关工委队伍建设】 2020年，太仓市关工委继续学习贯彻《江苏省关心下一代工作委员会工作规则》和《关于完善和落实"党建带关建"工作机制的意见》"两个文件"精神，落实"党建带关建"工作机制。配强各级关工委工作班子，提高"五老"队伍综合素质。全市共有"五老"志愿者7000人，其中"五老"讲师团成员526人，网吧义务监督员110人，"五老"帮教员794人，"三扶两创"老科技工作者17人，村、社区校外辅导站志愿者2232人（"五老"辅导员1340人，在职教师志愿者辅导员638人，大学生村官辅导员190人，其他社会志愿者64人）。

【校外辅导站建设】 2020年1月7日，太仓市十六届人大四次会议批准全市校外教育辅导站建设项目列入2020年市政府实事工程。5月25日，市关工委召开市政府实事工程校外辅导站建设工作推进会，制定《关于全面推进全市校外教育辅导站"强内涵、提质量、上水平"的若干意见》《关于选聘部分在职教师担任校外教育辅导员》等文件5个。市关工委与团市委、市教育局、市财政局等部门召开协调会，明晰各自分工与职责。校外辅导站列入市政府实事工程项目经费共计335万元，其中135万元通过招标采购电脑360台，配发到各村（社区）校外辅导站电子阅览室；100万元用于举办娄城关爱班20个，解决部分未成年人在暑假期间的托管和教育问题；100万元用于在职教师和"五老"志愿者进校外辅导站志愿服务的专项补贴。市关工委组织编印《工作指南》和《志愿者手册》，完善市、镇、村（社区）各级辅导站以及"五老"工作站等工作制度29项。全市参与校外辅导站工作"五老"1500人、在职教师285人。163个校外教育辅导站（点）共计招收未成年人学员12.65万人次。娄东街道丽景社区、城厢镇县府社区校外辅导站获评"全省优秀校外教育辅导站"。

【"娄城关爱"班】 2020年7月20日，太仓市关工委在双凤镇维新村校外辅导站举行"娄城关爱班"暨"七彩夏日"开班仪式，市关工委举办"娄城关爱"班20个，作为"七彩夏日"青少年暑期校外教育的重要内容，共分两期，每期3周，第一期7月20日至8月7日，第二期8月10日至8月28日。"娄城关爱"班为公益性惠民项目，主要解决部分有困难家庭、双职工家庭和在太仓务工人员的未成年子女的暑假期间托管和教育问题。全市共有在职教师350人、大学生村官和在职干部300人、回乡大学生志愿者320人、社会志愿者161人、"五老"志愿者56人参与"娄城关爱"班的服务管理，为"娄城关爱"班学员共计授课3600节。"娄城关爱"班于7月20日开班，至8月28日结束，共招收学员1565人，惠及家庭1500个。

【青少年主题教育】 2020年，太仓市关工委开展"爱党爱国、立德立行"主题教育活动。3月，调整市关工委青少年思想道德、法治教育讲师团成员，组织部分"五老"志愿者编写《爱党爱国、立德立行主题教育辅导参考材料》，发放各镇（区、街道）、系统关工委校外辅导站和有关中小学校2500本，作为主题教育辅导材料。联合市文明办、市融媒体中心等部门，组织"颂时代楷模、赞中国精神"老少同台演出和"梦圆小康"演讲比赛等活动，动员青少年参加上级关工委组织的各类征文、电子小报制作及"我为国旗点个赞"等网络活动。全市关工委组织举办各类教育实践活动907场次，受教育青少年14.97万人次。

【青少年法治宣传教育】 2020年，太仓市关工委加强青少年法治宣传教育，利用全市校外教育辅导站、电子阅览室等平台，宣传《中华人民共和国民法典》等国家法律法规。全年开展各类法治讲座71场次，受教育青少年1.3万人次。配合有关部门，开展"宪法至上、守法光荣"等系列法治宣讲活动，推进"关爱明天、普法先行"活动。"校园宪法志愿宣讲团"开展讲座37次，听课学生6500人。在市联动中心配合下，娄城政务App中增加"青少年关爱帮扶人员"板块。

2020年7月14日，太仓市关工委开展"娄城关爱"班开班动员暨业务培训
（市关工委供稿）

【结对帮教】 2020年，太仓市关工委聚焦“五失”（失足、失管、失学、失业、失亲）、“三困”（贫困、学困、德困）青少年和服刑人员的未成年人子女等重点人群，开展结对帮扶。8月21日，市关工委印发《关于做好2020年度“关爱未来、扶贫助学”助学金工作的通知》，明确资助对象为全市初中、小学学校中相对品学兼优的贫困学生，其中孤儿贫困生、残疾贫困生、因病致贫家庭和城乡低保范围家庭的贫困生是重点助学对象，资助标准为每位受助学生600元。9月22—25日，市关工委到横沥、三港、红旗、耀华、弇贤、洪泾、新华、新港8所学校开展关爱助学活动。“六一”国际儿童节期间，市关工委与市建筑商会联合走访慰问太仓市特殊教育学校。年内，市关工委加强与企业、行业协会及各界爱心人士联系，募集资金，资助结对贫困青少年完成学业。全年共帮扶贫困学生188人，助学资金24.25万元。

【网吧义务监督】 2020年，太仓市关工委加强网吧义务监督，护卫下一代身心健康。在新冠肺炎疫情特殊情况下，全市110名“五老”网吧义务监督员，对61家恢复开业网吧的开展日常监督。4月底，市公安局关工委组织“五老”志愿者和民警对全市网吧开展巡查。在暑假期间，“五老”们坚持常态化监督不松懈，杜绝未成年人进入网吧。

【“三扶两创”工作】 2020年7月15日，太仓市关工委加强与市、镇分管领导和农业农村系统的协调沟通，使“三扶两创”工作融入乡村振兴计划，搭建市、镇、村三级为农服务网络。各级关工委组织协助有关部门安排青年农民参加农技培训班，开展技术传、帮、带活动。全市关工委协同市农业农村局创办专业合作社545家、家庭农场20个，创建青年农民创业基地17个，帮扶青年农民创办合作社186个，评选青年农民创业之星12人。

【企业关工委工作】 2020年，太仓市关工委落实企业关工委建设要求，联合市市场监管局开展调研，探索在多元所有制、联合体中加强关工委组织工作的途径。各级关工组织围绕“急企业所急、想青工所想、尽关工所能”，以抓好思想道德、法治宣传、技能培训、企业文化、帮困助学等为基本任务，以“校企结合”“企站结合”“企社（村）结合”为拓展方式，促进企业和青工的健康发展。太仓万方、同维电子、苏州佳电飞球等公司加大青工培训力度，并为企业职工子女解决入学问题，浮桥、沙溪等镇的社区（村）校外辅导站为解决企业双职工子女“看护难”问题，举办“爱心寄托站”。

（陶陵夏）

太仓市人大

综　述

【太仓市人大常委会概况】 2020年，太仓市人大常委会强化使命担当，依法履职尽责，为促进全市经济社会发展和民主法治建设发挥作用。全年共召开常委会会议7次、主任会议11次，组织和配合开展执法检查3次、专题视察4次、专题询问3次，听取和审议“一府一委两院”专项工作报告30项，作出决议决定12项，依法任免国家机关工作人员72人次，听取政府组成人员报告履职情况12人次。批准授予4位国际友人“太仓市荣誉市民”称号。截至年底，太仓市第十六届人民代表大会共有代表235人，在太仓的江苏省人大代表2人，在太仓的苏州市人大代表41人。

【人事任免】 2020年，太仓市人大常委会坚持党管干部和依法任免有机统一，认真行使人事任免权，任免市人大常委会及其工作机构10人次，市政府及其工作部门25人次，监察委员会3人次，法院、检察院34人次。市十六届人大常委会第27次会议决定接受蒋华辞去市人民政府副市长职务的请求，决定任命吴敬宇为市人民政府副市长；第28次会议决定接受冯晋辞去市人民政府副市长职务的请求，决定任命周强为市人民政府副市长；第29次会议决定接受闵正兵辞去苏州市人大代表职务的请求，补选李军为苏州市第十六届人民代表大会代表；第30次会议决定接受岳智宏辞去市人民政府副市长（挂职）职务的请求，决定任命张顺为市人民政府副市长（挂职）；第32次会议决定接受顾晓东、胡捷辞去市人民政府副市长职务的请求，决定任命郑丙华为市人民政府副市长，补选钱文辉为苏州市第十六届人民代表大会代表。

（王　谧）

重要会议

【太仓市第十六届人民代表大会第四次会议】 2020年1月4—7日，太仓市第十六届人民代表大会第四次会议召开。应到代表235人，实到代表230人。会议听取和审议市人民政府代市长汪香元作的《政府工作报告》；审查批准《太仓市2019年国民经济和社会发展计划执行情况与2020年国民经济和社会发展计划》《太仓市2019年预算执行情况和2020年预算》。听取和审议市人大常委会主任陆卫其作的《太仓市人大常委会工作报告》、市人民法院代院长吴岚作的《太仓市人民法院工作报告》和市人民检察院检察长董启海作的《太仓市人民检察院工作报告》；会议通过上述各项报告的决议和《实施主城区水质提升工程，切实改善城市水环境质量》议案的决议。会议补选汪香元为市人民政府市长，杨庆为市监察委员会主任，吴岚为市人民法院院长，左明、徐韬、曹锋、蔡东辉为市十六届人大常委会委员；通过市十六届人大监察和司法委员会、社会建设委员会组成人员人选。

【太仓市第十六届人大常委会会议】 2020年，太仓市第十六届人大常委会共召开常委会会议7次。

第26次会议。1月7日召开。审议通过市人大常委会2020年度工作要点。

第27次会议。4月20日召开。听取和审议政府实事工程启动情况报

2020 年 1 月 4 日，太仓市第十六届人民代表大会第四次会议在市行政中心开幕（市人大办供稿）

告、2019 年度全市环境状况和环境保护目标完成情况报告、市人民法院关于优化法治化营商环境服务保障高质量发展情况的报告；决定接受蒋华辞去市人民政府副市长职务的请求，决定任命吴敬宇为市人民政府副市长；通过市人大常委会、市人民政府、市监察委员会、市人民检察院有关人事任免事项。

第 28 次会议。5 月 29 日召开。听取和审议“发展型”幸福社区建设情况报告、科技创新载体建设情况报告、市人民检察院关于检察队伍建设工作情况的报告；审议通过《太仓市人民代表大会常务委员会专题询问办法》；听取部分政府组成人员履职情况报告；决定接受冯晋辞去市人民政府副市长职务的请求，决定任命周强为市人民政府副市长；通过市人民政府、市监察委员会、市人民法院有关人事任免事项。

第 29 次会议。7 月 30 日召开。听取和审议 2019 年度本级预算执行和其他财政收支情况的审计工作报告、2019 年市级决算草案及 2020 年上半年预算执行情况报告、2020 年上半年国民经济和社会发展计划执行情况报告、义务教育优质均衡发展情况报告，作出相关决议；审议通过《中华人民共和国安全生产法》执法检查报告、《中华人民共和国土壤污染防治法》执法检查报告；会议决定接受闵正兵辞去苏州市人大代表职务的请求，补选李军为苏州市第十六届人大代表。

第 30 次会议。9 月 29 日召开。听取和审议 2019 年度行政事业性国有资产管理情况专项报告，市十六届人大四次会议议案实施情况报告，代表建议、批评和意见办理情况报告；书面审议 2019 年度国有资产管理情况综合报告；审议通过关于实施民生实事项目人大代表票决制工作的决定；听取部分苏州市人大代表履职情况报告；决定接受岳智宏辞去市人民政府副市长（挂职）职务的请求，决定任命张顺为市人民政府副市长（挂职）；通过市人民政府、市监察委员会、市人民法院、市人民检察院有关人事任免事项。

第 31 次会议。11 月 26 日召开。审议通过关于召开市十六届人民代表大会第五次会议的决定；听取和审议辅警队伍建设情况报告、2020 年市级预算调整报告，作出相关决议；听取部分政府组成人员履职情况报告，并进行测评；表决通过关于授予尹嘉侠等 4 人“太仓市荣誉市民”称号的决定；书面听取市“十四五”规划纲要草案编制情况报告；对市人大常委会审议意见落实情况开展满意度测评。

第 32 次会议。12 月 31 日召开。审议通过代表资格审查报告、优秀代表建议和代表建议办理先进单位的表彰决定、关于调整市十六届人大五次会议召开时间的决定、市人大常委会工作报告草案；听取市政府关于 2021 年民生实事候选项目情况的说明，确定提交市十六届人大五次会议票决的 2021 年民生实事候选项目；听取和审议通过市十六届人大五次会议准备工作情况报告；决定接受顾晓东、胡捷辞去市人民政府副市长职务的请求，决定任命郑丙华为市人民政府副市长；补选钱文辉为苏州市第十六届人大代表。

【太仓市第十六届人大常委会主任会议】 2020 年，太仓市第十六届人大常委会共召开主任会议 11 次。其中第 47 次、第 50 次、第 53 次会议主要内容如下：

第 47 次会议。4 月 28 日召开。听取农业“双 10”园区（10 个水稻园区和 1 个蔬菜园区、2 个水产园区、3 个休闲园区、4 个综合性园区）建设情况报告、职业教育工作情况报告。

第 50 次会议。6 月 30 日召开。听取全市工业企业智能制造推进情况报告、加强住宅燃气安全管理工作情况报告、基层医疗卫生队伍建设情况报告。

第 53 次会议。10 月 29 日召开。听取退役军人事务管理工作情况报告、2019 年度审计发现问题整改情况报告、垃圾分类设施全覆盖工程推进情况报告，会前组织视察垃圾分类工作推进情况。

（王　谧）

法律监督

参见 187 页“社会治理 · 社会法治”。

工作监督

【市委决策部署落实推动】 2020 年，太仓市人大落实人大系统机构改革部署要求，设立市人大社会建设、监察和司法专委会 2 个，社会建设委员会配备专职工作人员，实现实体化运作。市人大常委会内务司法工作委员会更名为监察和司法工作委员会，以便相关工作职能衔接和上下工作对应。深化人大工作规范化、标准化建设，完善各项议事规则和优化工作程序，制定《太仓市人民代表大会常务委员会专题询问办法》，为依法开展专题询问提供制度保证和操作依据。

【经济工作监督】 2020年，太仓市人大常委会听取上半年计划执行、财政预算执行、审计工作及问题整改情况等报告，强化预算联网监督。听取国有资产管理情况综合报告和行政事业单位国有资产管理情况专项工作报告，督促政府健全国有资产管理体系，提升规范化水平。视察港区、高新区发展，督促重点区块把握国家战略机遇，做好“三篇文章”（以港强市、融入上海、对德合作），深度融入长三角一体化发展。听取工业企业智能制造推进情况、科技创新载体建设情况等报告，助力提升全市智能制造发展和企业自主创新水平。听取农业“双10”园区（10个水稻园区和1个蔬菜园区、2个水产园区、3个休闲园区、4个综合性园区）建设情况报告，督促政府发挥园区示范带头作用，加快推进农业现代化。专题视察文旅产业发展情况，助力加速文旅产业全域发展深度融合。市镇、街道联动开展“代表评营商，助力最舒心”专项工作，首次实现代表参与、评议层级、法定职权运用全覆盖，促进全市营商环境持续优化。通过“营商环境专题调研月”和专题询问等活动，收集民意民智477条，其中作为重点建议交市政府办理20条。代表对太仓营商环境总体评价满意率96.8%，排名苏州市第一。

2020年10月29日，太仓市人大常委会视察政府实事工程建设情况
（市人大办供稿）

【民生工作监督】 2020年，太仓市人大常委会全过程监督政府实事工程建设，制定督查方案，组织专题视察，督促政府按时保质完成项目建设。听取职业教育、义务教育发展情况报告，促进教育水平和人才培养质量提升。听取基层医疗卫生队伍建设情况报告，对健康“531”系列行动计划（健康城市“531”、健康市民“531”、健康场所“531”、健康卫士“531”、健康市民“531”倍增等5个行动计划）实施情况开展专题询问，推动提升优质医疗资源供给能力和医疗卫生服务水平，构建主动健康服务新格局。听取垃圾分类设施全覆盖工程推进情况报告，开展视察督查，提升治理实效。听取住宅燃气安全管理专题工作报告，建议健全双重预防体系、构建安全长效机制。听取“发展型”幸福社区建设情况报告，督促政府创新完善“协商能动”机制，推动社区建设水平提升。听取全市年度环境状况和环境保护目标完成情况报告，促进产业结构优化提升和绿色发展。围绕土壤污染防治工作开展执法检查和专题询问，督促政府提升风险防控和科学治理水平。

（王　谧）

2020年7月6日，苏州市人大代表太仓代表小组开展“代表评营商，助力最舒心”调研活动
（市人大办供稿）

代表工作

【代表议案建议督办】 2020年，太仓市十六届人大四次会议表决通过顾永忠等11名代表提出的《实施主城区水质提升工程，切实改善城市水环境质量》议案为大会议案。市人大常委会加强督办力度，全过程跟踪把关，提升办理成效。市十六届人大四次会议期间，代表提出书面建议、批评和意见127件，其中10名以上代表联名的议案转为建议、批评和意见的4件。其

中：农业农村方面10件，工业环保方面3件，财税金融方面4件，水利水务方面4件，交通运输方面14件，教育卫生方面24件，规划建设管理方面32件，政法民政方面18件，社会保障方面2件，文化体育方面5件，其他方面11件。常委会及时交办代表提出的建议，确定重点建议7件，加强跟踪督办，听取办理情况，广泛征询代表意见，督促政府及各承办部门加大办理力度，提高办理质量，推动代表提出的问题得到解决。截至年底，代表对建议办理表示满意121件，基本满意6件。市政府在政府门户网站代表建议栏公开建议办理情况，接受社会监督。开展争先创优活动，组织评选表彰优秀代表建议11件，代表建议办理先进单位8家。

2020年市人大常委会主任会议重点处理建议一览表

表64

建议编号	建议名称	建议人
第15号	关于进一步推进垃圾分类工作的建议	王　益
第24号	关于加强基层医疗队伍建设的建议	钱美萍
第30号	关于加强太仓市灾害应急管理能力的建议	邢丽萍
第71号	关于整治新港路沿线大型车辆无序停放的建议	张卫青
第73号	关于加快设立并运作生物医药产业专项基金的建议	刘文涛
第86号	关于加强太仓市污水管网建设与管理的建议	曹庆峰
第114号	关于建设政府OA办公系统的建议	王　莉

【代表履职服务保障】 2020年，太仓市人大常委会扩大代表对常委会活动的参与，组织代表聆听讲座、列席常委会会议、参加视察调研、旁听法院庭审，拓展代表知情知政渠道。组织开展代表向选民述职活动，加强对代表履职情况的监督，7名在太仓的苏州市人大代表向市人大常委会报告履职情况，42名市人大代表向原选区选民述职。完善代表履职管理系统，线上履职平台与线下人大代表之家相互补充，通报代表活动及工作动态，促进代表履职高效便捷。注重街道人大工作创新，成立陆渡街道人大工委，深化街道议政代表制度，推行街道议政代表会，完善和发展基层民主制度。

【社情民意渠道畅通】 2020年，太仓市人大常委会执行常委会组成人员联系代表制度，以召开座谈会、走访等形式，保证常委会组成人员和代表保持经常性联系。常态开展主任接待代表日活动，围绕新冠肺炎疫情下企业面临的困难与建议、基层医疗卫生队伍建设、健康"531"系列行动计划（健康城市"531"、健康市民"531"、健康场所"531"、健康卫士"531"、健康市民"531"倍增等5个行动计划）实施情况、优化营商环境等主题听取代表意见建议。组织开展市人大代表接待选民日活动，112名各级人大代表和38名议政代表参加活动，共接待选民226人次，收集各类意见、建议234条。

【民生实事项目代表票决制推行】 2020年，太仓市人大常委会审议通过《关于实施民生实事项目人大代表票决制工作的决定》，制定《关于实施民生实事项目人大代表票决制工作的意见》。指导各镇、街道人大先行实践，通过代表投票选出2020年民生实事项目，形成"群众提、代表定、政府办、人大督"的格局，推动政府公共决策的民主化、科学化和法治化。建立完善常态化沟通交流机制，保障全市民生实事项目代表票决制工作有序推进。

【人大代表助力新冠肺炎疫情防控】 2020年，太仓市人大常委会向全市各级代表发出倡议书，动员代表参与新冠肺炎疫情联防联控和复工复产。全市各级人大代表、街道议政代表积极捐款捐物，投身抗疫一线，以各种形式参与支持政府防控工作，助推"六保六稳"（保居民就业、保基本民生、保市场主体、保粮食能源安全、保产业链供应链稳定、保基层运转，稳就业、稳金融、稳外贸、稳外资、稳投资、稳预期）任务，在勇夺"双胜利"（疫情防控胜利和经济社会发展胜利）战役中贡献力量。

（王　谧）

重要工作

【市委人大工作会议召开】 2020年，太仓市人大常委会党组协助市委筹备会议，总结过去40年人大常委会工作情况，查找人大工作和建设中存在的突出问题，推动中央和省市各级党委有关文件精神落地生根。围绕加强党对人大工作的全面领导、支持人大及其常委会依法履行职权、发挥人大代表主体作用、强化人大及其常委会履职能力建设等方面提出建议，为市委制定《关于加强新时代人大工作和建设的实施意见》提供参考。6月23日，市委人大工作会议暨纪念太仓市人大设立常委会40周年大会召开，市委书记沈觅出席会议并讲话，强调要深入学习贯彻习近平总书记关于坚持和完善人民代表大会制度的重要思想，开创新时代太仓人大工作新局面，为高

2020年6月23日，太仓市委人大工作会议暨纪念太仓市人大设立常委会40周年大会在市行政中心召开（市人大办供稿）

质量建设“两地两城”凝聚更多智慧、发挥更大作用。市人大常委会主任陆卫其回顾市人大常委会40年工作总体情况和经验，指出要把牢政治方向，精准谋划人大工作，旗帜鲜明讲政治，坚持在全市的工作大局中谋划和推进人大工作；要提升履职实效，展现人大作为，突出监督重点，强化人大依法监督的刚性和实效，行使重大事项的决定权，提高人大常委会的议事质量；要坚持与民同心，彰显人大为民代言，健全工作制度，加强议案建议办理，严格代表履职管理。

【人大调研宣传】 2020年，太仓市人大常委会围绕地方人大行使人事任免权、实施民生实事项目人大代表票决、新形势下退役军人事务管理工作、从安全生产谈加强社会管理的必要性思考、从行政诉讼浅析如何加强依法行政、生态环境司法保护、融入长三角一体化、企业智能制造、镇村布局规划优化完善、特色田园乡村建设、农民专业合作社发展、推进“双10”园区（10个水稻园区和1个蔬菜园区、2个水产园区、3个休闲园区和4个综合性园区）建设、非物质文化遗产保护和传承、企业自主创新能力等课题开展调查研究。创新人大宣传工作机制，启用“太仓人大”微信公众号发布工作信息，及时报道常委会工作动态，扩大人大工作影响。

【基层人大指导工作】 2020年，太仓市人大常委会加强对乡镇人大、街道人大工委的联系指导。年内，定期召开镇人大主席、街道人大工委主任工作例会，组织镇街人大干部学习培训，加强工作交流，指导各镇依法召开人代会，保证乡镇人大工作规范开展。

【地区人大常委会协作】 2020年，太仓市人大常委会深化人大交流协作。嘉昆太人大常委会主任联席会议围绕“共推乡村振兴，共促民生改善”“融入长三角，对接大上海”主题开展交流；宝山太仓两地人大围绕城市规划建设与新农村建设工作等开展考察交流，共谋融合发展。

（王　谥）

太仓市政府

综　述

【概况】 2020年，太仓市政府做好“六稳”（稳就业、稳金融、稳外贸、稳外资、稳投资、稳预期）工作，落实“六保”（保居民就业、保基本民生、保市场主体、保粮食能源安全、保产业链供应链稳定、保基层运转）任务，新冠肺炎疫情防控和经济社会发展取得“双胜利”。全市实现地区生产总值1386.09亿元，较上年增长3.9%；一般公共预算收入171.12亿元，较上年增长5%；完成全社会固定资产投资468.59亿元，较上年增长16.4%。年内，太仓市位列全国县域经济综合竞争力百强县第六位、中国县级市全面小康指数第三位，获评全国文明城市。

【新冠肺炎疫情防控】 2020年，太仓市运用“大数据＋网格化＋铁脚板”模式，执行集中隔离、健康码管理、核酸检测，保障医疗用品，稳价保供生活物资。42名医护人员驰援湖北。常态化抓牢疫新冠肺炎疫情防控，加强重点场所、重点人群、重点环节管控。加快恢复生产生活秩序，实施太“惠”十二条等政策组合拳，延长企业授信、减免房产租金和企业社保费、降低水电气热价格、开通“速复通”线上平台，4月产能恢复至上年同期水平。市疾控中心及6位典型代表被授予省抗疫先进集体、先进个人。

【经济发展稳中有进】 2020年，太仓市抓投入、促转型，实现规模以上工业产值2504.53亿元，较上年增长5%，高端装备制造、新材料、生物医药三大主导产业产值较上年增长8.4%。高新产业、新兴产业产值占比分别为49.29%、58.2%。省重大项目数及投资总量、苏州重点项目年度计划投资额均位列苏州第一。完成工业投资160.35亿元，较上年增长25%。扬子三井等项目投产，德珂斯等项目竣工，海美智能制造创新产业园等载体建成。新增省星级上云企业61家。完成社会消费品零售总额425.04亿元。复星复游城、恒大文旅城加速建设。百亿级清洁能源数字产业园成功落户。旅游文化美食节、“乐购太仓”等成功举办。获评省级全域旅游示范区。50亿元产业引导基金及生物医药等5支专项子基金正式设立。“1+4”创新政策体系实施。全社会研发经费支出占地区生产总值比重3.34%。净增高新技术企业240家，较上年增长182%。新增省级企业研发机构11

家、省级以上科创载体5个、省外国专家工作室3家、苏州市级以上领军人才35人。万人有效发明专利拥有量75.61件。新建高标准农田2800公顷，建成水稻绿色高质高效创建示范片6个。800公顷“菜篮子”工程蔬菜基地完成提档。万头规模猪场建成投运。“太仓白蒜”“新毛芋艿”获评国家农产品地理标志。建成“全程机械化+综合农事”服务中心4个。新增向村集体流转农户承包土地800公顷。优化营商环境创新行动加快实施，“太舒心”服务品牌不断做靓，“1120”改革实现常态化。全国首创土地出让“双信三即”模式。“全链改革”获全国政务服务优秀案例奖。举办民营企业家沙龙、“BEGI · N”金融沙龙20期。完成环天镜湖核心圈等40个重点地块拆迁“清零”，释放土地333.33公顷。

【改革开放深化】 2020年，太仓市编制完成“十四五”规划。基层整合审批服务执法力量改革完成。新增市场主体2.1万户。新增国家农业农村改革试验任务2项。第七次全国人口普查工作基本完成。沪苏通铁路一期开通运营。苏锡常城际铁路太仓先导段（上海嘉闵线北延至太仓段）被列入国家重大项目。岳鹿路对接嘉定城北路通车。沪太协同发展推介会等活动成功举办。新引进上海项目182个。在长三角地区率先实现异地就医“自主转诊”划卡结算。引进德资项目32个。新增德企“隐形冠军”3家。中德智能制造联合创新中心启用。全国首个中德职业教育领域合作标准化成果发布。中国德国商会“商会之夜”、中德中小企业合作论坛暨“太仓日”、啤酒节等活动成功举办。入选港口型国家物流枢纽建设名单。太仓港完成集装箱吞吐量521.2万标箱。集装箱码头四期工程交工验收，疏港铁路加快建设。沪太通关进出口一体化全面打通。综合保税区一般纳税人资格试点落地。港区化工园区通过全省化工园区评定。优化招商机制，成立专业化招商公司，上线投资热力图、云招商平台。举办金秋经贸月等活动。完成注册外资及港澳台资19.46亿美元，实际使用外资及港澳台资8.15亿美元，均创历史新高。完成进出口总额133.35亿美元。

【生态环境优化】 2020年，太仓市坚持提能级、优生态，加快提升城市品质。2035年国土空间总体规划、娄江新城“1+5+N”规划加快编制，镇村布局、城市双修、快速路网等专项规划完成编制。娄江新城科教创新区一期项目启动，西北工业大学太仓校区一期工程、西交利物浦大学太仓校区宿舍区封顶。南沿江铁路加快建设。太浏快速路全线贯通。提档升级背街小巷9条、老旧小区8个、农贸市场12个。“百万”拆违攻坚行动强势推进。458个居民小区“三定一督”（定时定点定人督导的四分类模式）实现全覆盖。新改建公厕77座。新增停车泊位2.5万个、电动汽车充电桩100个、纯电动公交车55辆。第三批乡村振兴试点村127个重点项目加快建设。农村集体经济组织登记赋码颁证总体完成。村均可支配收入895万元，集体经济相对薄弱村全部脱贫转化。农村人居环境整治三年行动计划完成。深化河长制改革，建成生态美丽河湖50条。完成农村生活污水治理27个村、1834户。新增省特色田园乡村4个、苏州康居特色村2个、三星级康居乡村68个。获评全国村庄清洁行动先进县。单位地区生产总值能耗下降3.9%。$PM_{2.5}$年均浓度26微克/立方米，连续两年为苏州最低；空气质量优良天数比率85.2%。国省考断面、主要入江支流水质优Ⅲ比例均达100%。长江流域禁捕退捕全面落实。关停淘汰低端低效产能企业（作坊）170家。减煤56万吨。3座生活污水处理厂完成提标扩建。新改建污水主管网121.6千米。再生资源综合利用、建筑垃圾资源化利用项目开工建设。获评国家生态文明建设示范市。

【民生福祉增进】 2020年，太仓市扩面提质公共服务，与民生相关支出占公共财政支出比重77.7%。8个大类22项政府实事工程有序推进。南郊小学等8项学校新改扩建工程投用，新增学位1755个。东郊幼儿园等16项学校新改扩建工程启动。获评省义务教育优质均衡发展县市。市公共卫生中心建成。沙溪、浏河人民医院晋升二级乙等综合医院。市民文体中心、美术馆新馆加快建设。居民人均可支配收入较上年增长5.6%。困难群体就业帮扶、职业技能提升等深入实施。城镇新增就业1.3万人，登记失业率1.77%。退休人员基本养老金较上年人均上调6.45%。新建升级日间照料服务中心20家。社区养老社会化运营率超96%。实现全国双拥模范城“两连冠”。“发展型”幸福社区建设获评省基层社会治理创新成果奖。创新建立律师、信访代理、第三方社会组织等多元化解机制。“七五”普法圆满收官。“基础+专业+企业”网格力量有效整合。扫黑除恶专项斗争、打击电信网络诈骗等纵深推进。落实安全生产党政领导责任、部门监管责任、企业主体责任。四级巡查、督导反馈问题整改全面落实。“1+26+1”（第一个“1”指全市开展安全生产专项整治行动工作方案；“26”指26个行业领域安全生产专项整治实施方案；第二个“1”指全市危险化学品安全综合治理实施方案）安全生产专项整治行动深入开展。关停取缔违法违规“小化工”19家。安全生产标准化、企业双重预防机制建设持续深入。“331”专项行动深入实施。生产安全事故实现“双下降”，未发生较大及以上和有重大社会影响的生产安全事故。

【政府建设加强】 2020年，太仓市扎实推进依法行政，法治政府建设示范市创建持续深化，行政执法“三项制度”实现全覆盖。政务公开标准化规范化省级示范区加快建设。政府网站、政务新媒体管理水平不断提升。接受市人大的法律监督、工作监督和市政协民主监督。办理人大代表议案建议126件、政协委员提案157件，满意和基本满意率100%。市镇村三级政务服务体系全面构建，镇级“综合窗口”、村级“全科社工”服务模式不断拓展。推出新生入学等10个高频“一件事”掌上办。联动指挥平台处置各类群众诉求及网格事件76.9万件，办件满意度98%。大数据开放共享有效推进，数据交换共享平台汇集

46个部门、近200个业务系统。深入学习贯彻中共十九届五中全会精神，开展“四史”学习教育。“作风效能建设提速年”活动深入开展。坚决贯彻中央“八项规定”及其实施细则精神，力戒形式主义、官僚主义。“三公”经费有效压降。强化财政资金调度管理，各类审计扎实开展。

（瞿　晨）

重要会议

【市政府常务会议】 2020年，太仓市政府共召开常务会议13次（第40次至第52次）。

第40次常务会议。2月7日召开，传达学习习近平总书记关于新冠肺炎疫情防控的重要指示批示精神，审议《2020年政府各项主要工作任务和实事工程分解落实情况》，通报国务院督导组第一批反馈督办5个典型问题整改情况，审议《太仓市危险化学品综合治理方案》《太仓市人民政府关于在新型冠状病毒疫情期间支持外贸企业稳定发展的十五条政策措施》，听取关于调整居民基本医疗保险筹资标准、审议《长江太仓段水上搜救应急预案》《长江太仓段防御台风专项应急救援预案》，听取关于调整公务员医疗补助筹资比例的情况汇报，审议《太仓市现代农业产业示范园总体规划（2019—2025年）》。

第41次常务会议。2月25日召开，审议《苏州市第七安全生产巡查组巡查太仓情况的整改方案》《太仓市2020年度关于有效投入专项考核的实施办法》《太仓市2020年度关于产业招商专项考核的实施办法》《太仓市2020年度关于创新发展专项考核的实施办法》《太仓市2020年主要经济指标区镇目标分解方案》《太仓市职业技能提升行动实施方案（2019—2021年）》《太仓市贯彻落实苏州市“开放再出发”30条政策举措任务分解方案》，听取关于对太仓中集冷藏物流装备有限公司发放稳岗返还补贴的情况汇报，审议《2020年度市政府常务会议学法计划安排》，学习《中华人民共和国基本医疗卫生与健康促进法》。

第42次常务会议。3月10日召开，听取全市第一批安全生产巡查工作情况、苏州市第三安全生产督导组和全市安全生产督导工作安排情况汇报，审议《关于进一步加强安全生产工作的实施意见》《关于推进城市安全发展工作的实施意见》《太仓市推进高新技术企业高质量发展实施意见（试行）》《太仓市科技企业孵化器培育管理办法（试行）》《太仓市创新人才引进三年行动计划（2020—2022年）》《太仓市招才引智激励实施办法》《太仓市民营载体引育人才项目激励办法（试行）》，听取关于加快恢复生猪生产保障猪肉供应的汇报，听取2019年太仓市东西部扶贫协作工作情况汇报并审议《太仓市2020年东西部扶贫协作工作计划要点》，审议《太仓市义务教育学校教师“县管校聘”管理体制改革实施方案（试行）》，学习《苏州市党政领导干部防范和惩治统计造假、弄虚作假责任制实施细则》。

第43次常务会议。4月18日召开，分析关于第一季度及当前经济运行情况，审议《太仓市打好污染防治攻坚战2020年工作计划》《2020年太仓市生活垃圾分类处置工作行动方案》，听取2020年度全市拆旧复垦任务下达情况汇报，审议《关于推进存量工业用地高质量利用的实施意见》《2020年太仓市水环境质量提升专项行动方案》《太仓市区镇空气质量补偿实施办法（试行）》《太仓市工程建设项目审批制度改革实施方案》《2020年度市级政府投资项目》，听取关于2020年市级政府投资信息化项目申报评审情况汇报，讨论市政府领导分工调整，学习《优化营商环境条例》。

第44次常务会议。5月29日召开，传达学习习近平总书记有关抓“六保”促“六稳”重要指示精神，审议《关于全面落实中央决策部署抓“六保”促“六稳”的工作举措》《关于进一步加强全市被撤并镇（管理区）长效管理工作的意见》，听取关于开展全市村镇小型建设工程（含农房自建）安全生产专项整治行动的情况汇报，审议《关于加快推进第五代移动网络建设发展的若干政策措施》《太仓市镇（街道）相对集中行政处罚权工作实施方案》《太仓市镇（街道）相对集中行政处罚权工作管理规定》《关于全面落实进一步保护关心爱护医务人员若干措施的实施办法》，听取关于全市中小学德育工作情况汇报、关于《太仓市土地指标有偿使用管理办法（试行）》中部分条款调整的汇报，审议《2020年度太仓市政府重大行政决策事项目录》，学习《中华人民共和国社区矫正法》。

第45次常务会议。6月17日召开，听取关于市政府领导班子成员2020年安全生产重点工作清单的汇报，审议《市安委会成员单位等部门安全生产工作职责任务清单》《各镇（区）党（工）委、人民政府（管委会）和各安委会成员单位履行安全生产工作责任考核评价指标》《太仓市贯彻落实国家统计局第六督察组督察反馈意见整改方案》《太仓市优化营商环境创新行动（2020年）》《关于太仓市推行“1120”改革的实施意见》《2020年太仓市深化“放管服”改革工作要点》《关于加快太仓市夜间经济发展的实施意见暨“夜太美”系列活动实施方案》《太仓市探索率先基本实现农业农村现代化三年行动计划（2020—2022年）》《关于促进乡村产业振兴推动农村一二三产业融合发展走在前列的意见》，听取关于确定2020年度企业职工社会保险缴费基数下限标准的汇报、关于太仓再生资源综合利用项目重大行政决策工作的汇报和关于调整市级机关、事业单位新职工住房补贴发放方式的汇报。

第46次常务会议。7月2日召开，学习宣传贯彻习近平总书记关于安全生产重要论述推进城市安全发展（安全生产专题宣讲），审议《关于进一步完善招商引资工作机制的实施办法》《太仓市区镇招商引资绩效奖励办法（试行）》《太仓市招商引资社会化专项激励实施办法（试行）》《太仓市城乡生活污水处理提质增效精准攻坚“333”行动实施方案》《太仓市节约用水管理办法》《太仓市水利工程管理养护实施意见》《太仓市产业引导基金管理办法（修订稿）》《太仓市产业引导基金及其管理公司组建方案》《太仓市政务信息资源共享管理暂行办法》《基本医疗保险和生育保险市级统筹基本政策调整方案》《第二批划转至市行政审批局事项清单》《乡镇（街道）赋权清单（政务服务及公共服务类）》，听取关于新舟房产新沪紫郡项目部分土地完善手续的情况汇报。

第47次常务会议。7月29日召开，审议《太仓市政府领导干部食品安全工作责任清单》《关于深化改革加强食品安全工作的实施方案》《关于聚焦民生补短板推进基础教育高质量发展的实施办法》《太仓市创建全国“四好农村路”示范县实施方案》《苏州市产业用地更新“双百”行动太仓落图方案》《太仓市域G15高速两侧高炮广告布点规划》和《太仓市高速公路沿线高炮广告设施清理规范工作实施方案》。

第48次常务会议。8月17日召开，审议《苏州市安全生产第三督导组督导太仓情况整改方案》，听取关于苏州市第七安全生产巡查组巡查太仓反馈意见整改落实情况汇报、关于国务院督导组安全生产专项整治“回头看”服务保障工作情况汇报、关于贯彻落实省统计督察整改落实推进会精神情况汇报、关于太仓市第七次全国人口普查工作推进情况汇报、关于2019年度太仓市本级预算执行及其他财政收支审计情况和整改建议的汇报，审议《关于加快推进城乡公交一体化发展的实施意见》，听取太仓科教新城高铁南站片区21号至29号地块人防工程专项规划情况汇报、关于2家拆迁企业完善用地手续相关情况汇报、关于设立钟鼎六号基金立项方案的汇报，学习《中华人民共和国土地管理法》。

第49次常务会议。9月18日召开，听取《全市危险化学品、金属冶炼、涉爆粉尘、涉氨制冷等工贸安全生产专项整治工作情况汇报》《全市特种设备安全生产专项整治工作情况汇报》《全市建筑施工、城镇燃气安全生产专项整治工作情况汇报》并部署当前全市安全生产工作，审议《当前政务公开重点工作安排》《太仓市地下管线管理实施办法》，听取房地一体农村不动产登记工作推进情况汇报，审议《关于开展镇（区）地区生产总值核算工作的方案》《太仓市大院大所创新绩效评价管理办法（试行）》《太仓市推动对德合作产业发展若干政策》和《太仓市市级行政事业单位国有资产管理办法》。

第50次常务会议。10月17日召开，传达学习习近平总书记在深圳经济特区建立40周年庆祝大会上的讲话精神，传达学习贯彻习近平总书记在中央全面依法治国委员会第一次、第二次和第三次会议上的讲话精神，听取《油气输送管道、电力安全生产专项整治工作情况汇报》《化工行业领域、船舶修造行业安全生产专项整治工作情况汇报》《渔业安全、农业机械安全生产专项整治工作情况汇报》，审议《太仓市市属国有企业投资监督管理办法（试行）》，听取关于设立嘉御三号基金立项方案的汇报和关于朝阳路原香塘发展大厦地块重建的情况说明，学习《中华人民共和国食品安全法实施条例》。

第51次常务会议。10月17日召开，传达全国疫情防控工作电视电话会议及省续会精神，审议《太仓市秋冬季新冠肺炎疫情防控应急预案（试行）》，研究部署下一阶段疫情防控工作，听取《火灾防控专项整治工作情况汇报》《危废固废安全生产专项整治情况汇报》《交通运输及内河港口危险化学品、内河水上交通运输、铁路运输安全专项整治工作情况汇报》《道路交通安全生产专项整治工作情况汇报》，审议《太仓市推进安全发展示范城市创建及城市安全风险评估实施方案》《太仓市突发事件总体应急预案》《太仓市中小学幼儿园建设联审联批制度实施意见》《太仓市民宿、农家乐规范管理实施办法》《太仓市关于集聚产业人才助推高质量发展的若干措施》《太仓市关于引育民生人才助推高质量发展的若干措施》《关于进一步加强既有建筑安全管理工作的意见》，听取关于农村乱占耕地建房问题专项整治工作的情况汇报，审议《太仓市畜禽养殖管理办法（修订）》《关于农村阳光房建设的指导意见（试行）》，听取关于设立科创人才基金、博行资本四期基金和星药太浩基金立项方案的汇报、关于评选“太仓市荣誉市民”和“太仓之友”荣誉称号的情况汇报、关于浏河镇申请调整320585-024-070-0018-000地块用地规划的情况汇报。

第52次常务会议。12月11日召开，听取太仓市加油站和商业场所安全生产专项整治工作情况汇报、太仓市寺庙等宗教活动场所安全生产专项整治工作情况汇报、太仓市医疗卫生机构安全生产专项整治工作情况汇报、太仓市文化体育和旅游安全生产专项整治工作情况汇报、太仓市校园和校车安全生产专项整治工作情况汇报、太仓市养老等社会服务机构安全生产专项整治工作情况汇报、太仓市城市地下管网、森林防火安全生产专项整治工作情况汇报、太仓市绿化防火专项整治工作情况汇报、太仓市“331”专项整治工作情况汇报，部署全市岁末年初安全生产工作，审议《太仓市危险化学品使用安全专项治理行动工作方案》《太仓市既有多层住宅增设电梯的实施意见》，听取2021年政府实事工程候选项目安排情况汇报，审议《2021年度省、苏州市和太仓市三级重点项目》《2021年度市级政府投资项目》，听取2020年度苏州市高质量发展考核共性指标三季度完成情况的汇报、关于苏州市高质量发展考核个性指标和加减分项完成情况的汇报、关于全市主要经济指标2020年预计完成情况和2021年安排建议的汇报，审议《太仓市城区城市管理领域财政事权和支出责任划分改革方案》。

【全市性重要会议】 2020年3月30日，太仓市召开生活垃圾分类工作推进会议。4月8日，召开全市安全生产工作会议。4月10日，召开全市民政工作会议。同日，召开全市退役军人工作会议。4月16日，召开全市教育工作会议。5月13日，召开全市打好污染防治攻坚战工作会议。7月8日，召开全市长江流域禁捕退捕工作会议。8月19日，召开全市政府性债务管理领导小组会议。12月9日，召开全市危险化学品使用安全专项治理工作会议。 （瞿　晨）

外事工作

【概况】 2020年，太仓累计完成外事接待任务7批149人次，主要活动包括外商投资企业迎新会、中国德国商会“商会之夜”活动、第四届中德中小企业合作论坛暨第十三届“太仓日”活动等。年内，市外事办坚持严防境外新冠肺炎疫情输入，做好疫情常态化防控背景下的外事工作，继续开展涉外事务管理，强化友好城市交流，对外宣传推介太仓。

【涉外新冠肺炎疫情防控】 2020年，太仓市外事办作为市涉外新冠肺炎疫情联防联控指挥中心涉外协调组组长单位，联合市公安局、市交运局、市卫健委等单位组成驻省昆山中转交接基地工作专班，接收由省统一转运自上海浦东国际机场和上海虹桥国际机场入境返回太仓人员，累计接驳737人。在接驳工作中运用大数据织密织牢防控网络，与市公安局、市卫健委等单位建立健全信息报送、共享等制度。做好入境、转运等环节信息采集工作，做到可知可控、精准防控，防范化解风险。通过“太仓发布”微信公众号发布《致外籍人士的公开信》《告市民书》等。2月28日，开通24小时中英文咨询服务热线，为涉外人员提供政策解答、预录衔接、复产复工等服务，累计受理并解决疫情防控涉外事宜600余项。及时调整全市因公出国（境）计划和审批政策，暂停党政干部因公出国审批，暂停发放疫情严重国家来访邀请函，摸排全市因公出访和海外经商、务工、留学、派驻等人员信息，引导其加强自我防护，避免回国或返乡过程中的风险。

【涉外管理】 2020年，太仓市发挥市涉外事（案）件领导小组作用，多部门配合协调新冠肺炎疫情期间外轮离港、处置外籍船员失踪等涉外事（案）件，继续做好国外媒体到太仓的采访保障工作。开展2020年“太仓市荣誉市民”“太仓之友”评选，表彰鼓励在太仓经济建设、社会发展和对外交流与合作等方面作出突出贡献的外国公民，增强在太仓的外籍人士归属感和获得感。

【友好交流】 2020年，太仓市统筹做好新冠肺炎疫情防控友好交流合作，通过官方渠道累计向德国莱茵内卡大区、德国于利希市、意大利马切拉塔市、匈牙利布达佩斯十五区、爱尔兰梅奥郡、日本宝塚市等友好交流城市捐赠口罩14.5万只、防护服1300套、护目镜600副等防疫物资。4月，太仓市与意大利马切拉塔市正式缔结友城关系。

【外事服务企业】 2020年，太仓市按照“一企一策”原则精准服务，帮助企业保市场、保份额、保订单，最大限度降低新冠肺炎疫情对涉外企业的影响。为经由“快捷通道”返太仓的外籍专家、高管等3批14人次做好保障服务。实行“不见面”审批，推进外国人来华邀请电子管理系统的使用，受理APEC卡申请5人次。疫情期间，中国驻外使领馆暂停认证业务，太仓3家外资企业无法获得注册所需的认证件，影响项目落地转化。市外事办协调联系中国驻美国、荷兰、澳大利亚大使馆，完成投资项目相应文书及公证件的认证工作，确保总计3亿美元的投资项目顺利进行。 （马一玮）

2020年11月27—28日，第四届中德中小企业合作论坛暨第十三届“太仓日”在上海举行。活动期间，太仓市与BVMW德国联邦中小企业联合会签订战略合作协议 （市外事办供稿）

政务服务

【概况】 2020年，太仓市政务服务工作聚焦深化“放管服”改革，优化营商环境，以企业群众办事“找最少部门、交最少材料、花最少时间、跑最少路程”为目标，致力以“最极限的速度、最极致的服务、最极智的技术”推进政务服务改革。党员带头认领年度重点工作任务30项，实行“工作项目化、项目目标化、目标节点化、节点责任化”管理，汇聚改革创新动力。年内，太仓市行政审批局获评全市首批“四星级”作风效能建设单位、招商引资先进单位，获评苏州市“双争双创”先进单位、“干事创业火红年代”营商环境先进集体，“放管服”成效被省政府通报表扬，全省政务服务满意度位列第一。年内，太仓市入选政务服务“好差评”全国试点市，建立政务服务“好差评”系统，创新建立“3553”差评整改提升体系（“面对面、背靠背、点对点”三源汇集差评；“人、机、料、法、环”五步研判分析；“整改、评估、回访、奖惩、曝光”五项推进机制；“点、线、面”三维优化提升），实现评价全面覆盖、差评全面整改、服务全面优化，让群众“好差评”成为政务服务“指挥棒”，推动政务服务水平和群众获得感满意度持续提升。

【市场准入改革创新】 2020年，太仓市聚焦保市场主体活力，推进企业开办常态化0.5天零费用改革，在全省率先实现开办企业“七件事”［企业开办

2020年5月15日，太仓市召开全市行政审批系统提升企业开办便利度现场会
（市行政审批局供稿）

所涉及的营业执照办理、公章刻制、银行开户、领取发票（获得申领资格）、社保开户、公积金开户、医保开户7个事项］一环节两小时办结，比省要求提速83.3%。全市72%新设企业半日内开办，占比全省第一。免费刻章举措为6842户企业节约成本286万元。苏州率先实现营业执照智能"秒批"。长三角区域内企业异地开办"跨省办、零材料"。全市新增市场主体1.96万户，较上年增长23.3%。《中国日报（海外版）》专版报道太仓创新做法。

【项目审批全链改革】 2020年，太仓市聚焦保投资建设热度，推进投资建设项目审批"全链改革"，全市所有六大类415个项目开工审批兜底时间20天，比省要求提速70%。全链重塑流程将土地和建设"两条主链"平行审批，至少为企业节约报建时间65天。市行政审批局会同市资规局全国首创"双信三即"模式（"双信"即政企互信+政企守信，"三即"即成交即发证、交地即开工、竣工即登记），工业项目、房地产项目"拿地即开工"，从摘地到开工审批时间从100天压缩至30天内。在全省率先实现"全链电子报批"，全流程"五化报批"（申报无纸化、审批智能化、材料共享化、过程可视化、证照电子化）事项35个，自动归集调用电子证照32类，前道事项材料全程复用。"7方微客厅""3方代办员"线上线下精准疏堵点解难题，助力项目早开工。123个三级重点项目平均审批时间9.2天。"全链改革"案例获评全国智慧政务金奖。

【"一件事"掌上办零材料】 2020年，太仓市聚焦服务企业群众，推出"一件事"集成便利改革，在多领域推出"出生""人才落户""开办餐饮""开办超市"等高频"一件事"10个，其中"入学""新房入住"等"一件事"率先实现"掌上办"。"入学一件事""掌上办"线上完成新生入学信息采集2.37万人；"退役军人一件事"集成4部门一次填报事项14个、材料25份且"只跑一次"；"新房入住一件事"实现水、电、天然气、有线电视等5部门开通业务掌上一次办理。全年以"一件事"改革为牵引，全市行政审批事项材料缩减50%，环节缩减30%。

【互联网+基层政务服务】 2020年，太仓市深化"互联网+政务服务"改革，打造线上线下相融合的一体化新型政务服务模式，为企业提供就近办、网上办、放心办满意体验。全年实现网上可办政务服务事项1355项，占比97.79%；全市行政许可承诺时间压缩86.5%，即办件占比40.7%。依托"互联网+政务服务"平台，建成完善"1+9+155"的市镇村三级政务服务体系，实现业务系统及服务站点全覆盖，就近办理赋权事项36项、公共服务事项158项。创新推出"太e办"微信公众平台及政务服务自助一体机，自助办、掌上办政务服务事项477项、便民服务事项30项。

【互联网+长三角跨省通办】 2020年，太仓市与上海市嘉定区、宝山区、青浦区等地对接合作，在全省率先构建长三角"跨省即办"通道，"长三角一网通办"事项89项，"跨省即办"涉企高频事项26项。"证照联办套餐服务"实现长三角区域内企业开办"零材料、线上办"。

【互联网+公共资源交易】 2020年，太仓市在苏州率先实现建设工程和政府采购"双领域"不见面开标，全年实现"不见面开标"双领域项目170个，政府采购和建设工程不见面开标占比分别为87%、80%。在苏州率先推出"电子保函"，减少企业往返1.6万次，减少企业资金占用7400万元。公共资源交易中心获"全国县级市十佳公共资源交易机构"称号和"全国县级市公共资源交易优化营商环境奖"。

（陈怡婷）

扶贫协作与对口支援

【概况】 2020年，太仓市委、市政府贯彻落实习近平总书记关于脱贫攻坚重要讲话精神，推进东西部扶贫协作、对口支援和南北五方挂钩工作，协同西部地区打赢决战决胜脱贫攻坚战。年内，太仓教育"组团式"帮扶、稳岗就业入选2020年国务院扶贫办全国"携手奔小康"行动案例。太仓市获评2018—2019年江苏省南北五方挂钩帮扶工作先进集体。

【东西部扶贫协作】 2020年，太仓市制定《太仓市2020年东西部扶贫协作工作计划要点》，向贵州省玉屏县、陕西省周至县等地区拨付额外帮扶资金3850万元，结合玉屏、周至两地东西部扶贫协作实际需求，实施帮扶项目54个，带动4.5万名建档立卡贫困户增收致富。推动全市各区、镇、街道、村和企业开展产业合作、劳务协作、人才支援和携手奔小康行动。全年拨付镇级帮扶资金500万元、村级帮扶资金86万元、企村结对帮扶资金210万元。向玉屏、周至派遣支医、支教、支农"三支人员"69人，其中派驻一年以上"三支人员"14人。引导19家东部地区企业到玉屏、周至地区投资，实际投资5.48亿元。助力西部地区向东部地区销售带贫农畜牧产品2.18亿元，带动2.83万名建档立卡贫困户增收。举办各类劳务协作培训班12期，培训贫困人口566人，帮助贫困人口实现就业1670人。举办党政干部培训班10期，培训党政干部267人次。举办专技人才培训班15期，培训西部地区专技人才741人次。全市各区镇（街道）分别与西部地区15个乡镇，24个村（社区）、5个社会组织、22家企业与西部地区52个村开展结对帮扶工作，25所学校与西部地区39所学校开展校校结对帮扶，9家医院与西部地区11家医院开展院院帮扶。组织2家企业参与国务院扶贫开发领导小组办公室组织的社会力量结对助力帮扶云南会泽县挂牌督战村工作，企业捐赠专项帮扶资金40万元。新冠肺炎疫情期间，针对东西部两地企业复工复产需求，推动西部地区在太仓就业贫困人口和在西部地区投资的扶贫车间复工复产工作。出台政策措施助力西部贫困人口到太仓复工211人，在苏州地区稳定就业777人。太仓企业共向玉屏、周至两地捐赠医用口罩、护目镜、防化服等防疫物资价值45万元。

【对口支援】 2020年，太仓市拨付援藏、援疆、援青资金共6170万元。对口帮扶重庆云阳县资金35万元。市委常委韦国岭作为苏州市第九批援藏干部领队组织开展援藏工作。太仓向西藏林周县捐赠资金100万元。

【南北五方挂钩】 2020年，太仓市进一步健全南北五方挂钩合作交流机制。年内，向连云港市灌南县拨付对口帮扶资金700万元。推动太仓·灌南高新技术产业园区申报省级创新园区筹备工作，加强省内产业转移工作力度。太仓·灌南高新技术产业园2019年度考核排名第11位，提升3位。推进对灌南县苏口村五方挂钩帮扶工作，捐赠各类资金、物资共计39.28万元，并在城厢镇电站村支持设立消费扶贫专柜，减免租金、装修费用共计6万元。

（潘　坚）

机关事务

【概况】 2020年，太仓市机关事务工作坚持标准化、信息化"两轮驱动"，全面推行"全流程管理"模式，深化集中统一管理，抓好节约型机关建设，持续建设平安行政中心，提升后勤服务满意度。年内，市机关事务中心继续推进党政机关垃圾分类和公共机构节能工作，加强公务用车和办公用房管理，进一步提升机关后勤服务保障能力。

【机关后勤服务保障】 2020年，太仓市机关事务中心做好市行政中心新冠肺炎疫情防控工作，开展行政中心保洁消杀。全年更换灭火器2300只，更新消防炮灭火系统。全年累计登记接待访客8万人次，查验到访车辆6万辆次。接待会议服务1400余场次。提供用餐逾60万人次。推进节约型机关创建，持续推进光盘行动，制止餐饮浪费行为。完成27家单位代理记账工作和财务决算报表编制工作。

【公务用车管理】 2020年，太仓市印发《太仓市市级党政机关公务用车加油卡管理暂行规定》和《关于在全市开展公务用车加油卡专项治理工作的通知》，建立健全制度体系，堵塞制度漏洞，严明纪律要求，明确加油卡实行"一车一卡一账、定号定点定人、里程油量匹配"管理规定。在全市开展公务用车加油卡管理使用专项整治活动，在各单位自查自纠基础上，市机关事务中心会同市纪委监委、市财政局、市审计局等，采取查阅加油卡管理台账、财务凭证等方式，对公务用车加油卡专项治理自查自纠情况开展抽查监督。对落实自查自纠工作主体责任不力，存在瞒报漏报、敷衍整改、虚假整改等情形，依规依纪进行处理；对仍然存在"私车公养"等顶风违规违纪行为，从严从重查处。做好全市公务用车更新工作，建立规范透明、监督科学有效的公务用车管理制度。

【办公用房管理】 2020年，太仓市机关事务中心厘清全市党政机关办公用房基本情况，对全市100处办公用房面积开展测绘，共计建筑面积77.38万平方米。做好市财政局、市发改委等部门移交的不动产产权变更及移交手续。建立办公家具信息化管理平台，办公家具全部录入数据库，实行动态管理。

（顾秋艳）

2020年1月，太仓市行政中心执行"两会"安保任务

（市机关事务中心供稿）

2020年12月，太仓市机关事务中心工作人员进行办公用房面积测绘
（市机关事务中心供稿）

城市精神、呈现太仓城市灵魂。市委书记沈觅强调，要以文化品牌凝聚精神力量、增强综合实力、增进民生福祉，丰富居民文化生活，增强群众对文化品牌建设成果获得感、满意度。

【民生专题活动】 2020年8月31日，太仓市政协办公室在璜泾镇雅鹿村举办"有事好商量·民生专题协商议事月"启动仪式暨"移风易俗我先行"专题协商会。市、镇、村三级党委书记和省政协、苏州市政协、太仓市政协三级委员围绕移风易俗主题互动交流。现场通报太仓市移风易俗情况，介绍太仓市璜泾镇在推进移风易俗工作中的经验和做法，举行"有事好商量·民生专题协商议事月"启动仪式。

【政协"同心行"第二党支部成立】 2020年5月29日，太仓市政协在双凤镇江苏皇冠新材料科技有限公司开展"同心行"第二党支部成立暨经济二组界别活动。市政协党组副书记、副主席王国其，市政协经济科技和农业农村委主要负责人出席活动。与会人员观看宣传片并参观党群服务中心、技术中心、生产车间等地，了解企业在全市文明城市创建及新冠肺炎疫情防控、复工复产等关键时期建设、运行及作用发挥情况。王国其介绍市政协党组关于推进政协系统党建"两个全覆盖"指导思想、主要任务以及工作要求，宣布市政协"同心行"第二党支部成立并举行授旗仪式。市政协经科农委主任顾振清宣读《太仓市政协中共党员委员联系非中共党员委员制度》。与会委员代表就"同心行"支部建设、履职情况及复工复产情况交流发言，建言献策。"同心行"支部通过将政协党员委员按所属界别编入对应的"同心行"党支部，突出思想政治引领、政协履职表率、团结汇聚各界群众力量三个功能，找准政协履职和党的中心工作结合点和着力点，落实市委决策部署，凝聚全市各界群众的共识和力量。

【"党的生日，我们一起过"主题活动】 2020年6月17日，太仓市政协、城厢镇政协工委联合举办"党的生日，我

太仓市政协

综　述

【概况】 2020年，太仓市第十四届政协委员、常委会组成人员规模及界别设置与上届保持一致，分别为232人、45人、界别组18个。各界别人数：中共28人，民革7人，民建7人，无党派6人，工商联14人，工会、共青团、妇联、科协13人，侨联、台联8人，文体新闻和艺术界13人，科学技术界8人，教育界9人，医药卫生界11人，经济界48人，农业和农村界19人，社会福利和社会保障界13人，少数民族界、宗教界8人，特邀人士20人。232名委员中，中共委员95人，非中共委员137人。政协常委会组成人员45人，其中中共21人，非中共24人。非中共常委中，民革2人、民建1人、无党派2人、工商联2人、科技界3人、文体新闻和艺术界1人、教育界1人、医药卫生界2人、经济界6人、农业和农村界1人、社会福利和社会保障界2人、宗教界1人。在太仓的苏州市十四届政协委员15人，其中民进1人、工会界1人、妇联界1人、文艺界2人、经济界4人、教育界1人、医卫界2人、社会福利和社会保障界1人、特邀人士2人。在太仓的省政协委员2人，其中科技界1人、农业和农村界1人。

【"政协大讲堂"活动】 2020年6月24日，太仓市政协举办"政协大讲堂"活动，邀请江苏省政协副秘书长、研究室主任金建明作《贯彻落实新要求、干出新时代政协新样子》专题报告。金建明重点阐述全国政协十三届三次会议的意义、特点、精神，以及对政协工作的要求，强调做好"五篇大文章"：一是做好坚持党的全面领导大文章，二是做好发挥专门协商机构作用大文章，三是做好广泛凝聚共识大文章，四是做好强化委员责任担当大文章，五是做好完善政协工作制度大文章。

【"政协大家谈"活动】 2020年7月17日，太仓市政协办公室举办"幸福金太仓——政协大家谈"活动。交通运输部原副部长徐祖远、全国政协委员贺云翱、复星旅游文化集团董事长兼CEO钱建农等专家学者、政协委员和社会各界人士参加会议。与会者围绕"聚焦打响太仓文化品牌"共论如何打响太仓文化品牌，如何表达太仓

2020 年 9 月 29 日，太仓市政协举办各界人士“迎国庆 · 中秋”茶话会
（市政协办供稿）

们一起过”主题活动，市政协主席邱震德出席活动并讲话。活动包含实践炼党性、光影忆党史、云端话党建、协商凸党旨、群众感党恩、结对跟党走等环节，与会人员参观东林村循环农业展示厅、乡村振兴学院，委员们分享经典红色电影，交流观后感，运用学习强国 App 视频会议功能云端连线场外委员。部门与委员围绕文明城市创建、移风易俗、垃圾分类、农村环境整治、社区治理等话题互动。

【政协委员企业复产复工调研】 2020 年，太仓市政协通过“太仓政协”微信公众号、政协网站、委员履职平台等途径向政协委员发出《致全市各级政协委员的倡议书》，号召全市各级政协组织和全体政协委员认识新冠肺炎疫情防控工作重要性和紧迫性，参与疫情防控、后勤保障、物资捐赠等工作。市政协主席、副主席分 5 组分别率队走访政协委员企业，了解企业复工和防疫工作情况。

【各界人士“迎国庆 · 中秋”茶话会】 2020 年 9 月 29 日，太仓市政协办公室和市委统战部联合举办太仓市各界人士“迎国庆 · 中秋”茶话会。市委书记沈觅，市委副书记、政法委书记钱文辉，市政协主席邱震德等与各界人士代表同庆佳节，畅叙友谊，共话发展。市委书记沈觅代表市委、市政府向参加茶话会的各界人士代表和所有关心支持太仓经济社会发展的社会各界人士致以节日问候和祝愿，指出面对新形势、新任务、新要求，需要包括各民主党派、无党派人士在内的全市上下凝聚思想共识，为决胜高水平全面建成小康社会、开启现代化建设新征程、高质量建设“两地两城”作出新的更大贡献。

（沈晨宇）

重要会议

【太仓市政协十四届四次会议】 2020 年 1 月 3 日，中国人民政治协商会议太仓市第十四届委员会第四次会议在市行政中心开幕。会议应到委员 232 名，实到 221 名，符合法定人数。市委书记沈觅讲话，市政协主席邱震德作工作报告，市政协副主席王国其作市政协十四届三次会议提案工作情况报告。

2020 年 1 月 3 日，中国人民政治协商会议太仓市第十四届委员会第四次会议在市行政中心开幕
（市政协办供稿）

太仓市政协 2020 年度优秀提案一览表

表 65

提案号	提案案由	主办单位	协办单位	提案单位或个人
第 1 号	关于鼓励民营企业创新发展的建议	市工信局	—	杨　勇
第 5 号	关于加快太仓港冷链物贸发展的建议	市商务局	太仓海关	民革太仓市委三支部

续表 65

提案号	提案案由	主办单位	协办单位	提案单位或个人
第 24 号	关于太仓市融入上海对接大虹桥的建议	市发改委	—	沈自强、张丽琴、周勇伶
第 27 号	关于做强招商引资，助推产业能级提升的建议	市招商局	—	民进太仓市基层委综合支部
第 37 号	关于促进太仓中德企业融合发展的建议	市商务局	市工信局	张臻伟、郁颖珠、代作晓朱登明
第 53 号	关于打造老城厢特色文化街区的建议	市文体广旅局	城厢镇、市住建局、市资规局	文体新闻和艺术界
第 56 号	关于培育高层次教师队伍的建议	市教育局	市人社局、市财政局、市编委办	费佳玉
第 64 号	关于促进太仓市护理人员市场培育的建议	市人社局	市民政局、市卫健委	市政协港澳台侨（民族宗教）委
第 72 号	关于打造移风易俗“太仓样板”的建议	市委宣传部	市纪委监委、市市场监管局、市文体广旅局、团市委、市总工会、市科协、市妇联、市民政局、市委统战部	工会、共青团、妇联、科协界
第 113 号	关于加强基层人民调解员队伍建设，促进太仓市治理体系和治理能力现代化的建议	市政府办	—	民建太仓市委
第 121 号	关于加强太仓市住宅小区消防安全建设的建议	市消防救援大队	—	李昭陵
第 129 号	关于加快推进非诉讼纠纷解决机制建设的建议	市司法局	—	农工党太仓市基层委
第 136 号	关于加快天镜湖水环境污染治理的建议	市政府办	—	市无党派知识分子联谊会
第 137 号	关于做好农村环境整治和完善长效管理的建议	市农业农村局	市资规局、市财政局、市水务局	姚巍峰
第 152 号	关于在农民安置小区物业管理上探索“共建共担共享”模式的建议	市城管局	港区、浏河镇、璜泾镇、高新区、娄东街道、陆渡街道、科教新城、双凤镇、浮桥镇、沙溪镇、城厢镇	城厢镇政协工作委员会

太仓市政协 2020 年度提案承办先进单位一览表

表 66

序号	单位名称	序号	单位名称	序号	单位名称
1	市委办公室	5	市工信局	9	市农业农村局
2	市政府办公室	6	市公安局	10	市文体广旅局
3	市委宣传部	7	市住建局	11	市卫健委
4	市发改委	8	市城管局	12	市金融监管局

【常委会会议专题协商】 2020 年，政协太仓市第十四届委员会共召开常委会会议 7 次。

第 18 次常委会会议。1 月 4 日召开。会议讨论选举办法草案。酝酿协商增补常委会组成人员候选人建议人选。

第 19 次常委会会议。1 月 5 日召开。会议听取各组关于增补常委会组成人员候选人讨论情况及酝酿协商情况，通过候选人名单。通过选举办法草案。通过选举工作人员建议名单。审议《市政协十四届四次会议决议（草案）》。

第 20 次常委会会议。1 月 6 日召开。会议审议并通过《政协太仓市第十四届委员会常务委员会2020年工作要点》。

第21次常委会会议。8月11日召开。会议贯彻落实市委十三届十次全体会议精神，与市政府协商半年度全市经济社会发展情况，回顾总结市政协半年度工作。市委书记沈觅为全体政协委员作形势报告，市委常委、副市长顾晓东作全市经济社会发展情况通报。听取市政府办理政协委员提案工作情况通报。通过有关人事事项。

第22次常委会会议。11月22日召开。会议专题协商太仓文化建设，市政协副主席王国其就《关于新时代建设"文化太仓"的建议案(草案)》进行说明。部分政协常委、委员围绕文化品牌、文化事业、文化魅力、文化保护传承、文旅融合发展等交流发言。

第23次常委会会议。12月10日召开。会议专题协商全市经济社会发展"十四五"规划编制情况。听取市发改委关于全市经济社会发展"十四五"规划编制情况及主要内容的通报，围绕"十四五"战略布局、目标任务、产业转型、科技创新、长三角一体化、交通枢纽建设等问题交流讨论。

第24次常委会会议。12月31日召开。会议听取市政府工作情况通报。听取市政府对《关于新时代建设"文化太仓"的建议案》的答复。传达学习市委十三届十一次全会精神。审议通过《关于召开中国人民政治协商会议太仓市第十四届委员会第五次会议的决定》。审议通过十四届五次会议的其他事项。审议通过市政协第十四届委员会常务委员会工作报告(征求意见稿)和《市政协常委会2021年工作要点》。审议通过常务委员会关于提案工作情况的报告(征求意见稿)。协商通过有关人事事项。部分常委作履职工作情况交流。

【市政协工作务虚会】 2020年12月18日，太仓市政协召开工作务虚会。会议强调，把学习贯彻中共十九届五中全会精神与贯彻落实习近平总书记考察江苏重要讲话精神结合起来，聚焦全市经济社会高质量发展，提升履职水平。会议就市政协全年工作开展情况作总结

(沈晨宇)

参政议政

【主席会议专题协商】 2020年7月31日，太仓市政协召开主席会议，专题协商科创载体建设工作，市政协主席邱震德出席会议并讲话，副市长许超震，市政协副主席王国其、周健慧、吕寅、朱凤兰、高扬参加会议。会议指出，要提升全市科创载体能级与影响力，打造多样化科创载体集群；凝聚改革创新合力，加快科创载体建设步伐；完善载体培育机制，提升科创载体管理水平；扩展载体培育渠道，加强科创载体资源汇聚。10月15日，市政协召开主席会议，与市政府专题协商推进全市教育人才队伍建设工作，市政协主席邱震德，副市长顾建康，市政协副主席王国其、周健慧 、吕寅、朱凤兰 、高扬 、黄浩忠出席会议。邱震德强调，要就教育质量提高、教师队伍建设做好"十四五"规划；要坚持党建引领，引导教师带头践行社会主义核心价值观；要创新教师队伍建设机制，培育高素质教师梯队；要提升教师社会地位，建立健全义务教育教师工资随当地公务员待遇调整的长效联动机制；要从政府重视、家长支持、教师"减负"等角度，为教育教学营造良好社会环境。

【市政协专题调研视察】 全市残疾人工作情况调研。2020年3月24日，太仓市政协主席邱震德率队到市残联调研全市残疾人工作情况。调研组实地考察市残疾人综合服务中心，参观残疾人辅助器具服务中心、文体艺展能中心等功能区，听取市残联理事长陈永忠作全市残疾人工作情况和下一步重点工作汇报。邱震德指出，要做好残疾人权益保障、就业创业、康复服务等工作，重点做好残疾儿童、老人和精神病患者的保障工作，确保残疾人事业各项工作落到实处。

城区背街小巷提档改造工程及智慧停车系统建设项目调研。2020年3月24日，市政协副主席高扬带领城乡建设委、无党派界别组、经济一组部分政协委员调研城区背街小巷提档改造工程及智慧停车系统建设项目。调研组视察洛阳路、农林局西侧S弄、钱家祠弄等背街小巷及重点路段改造工程，了解店招立面、停车场地、路面路域环境整治等改造情况。委员们就提升城市品位、完善城区背街小巷功能、优化人居环境等方面建言献策。

工业企业资源集约利用综合评价工作专题调研。2020年5月13日，市政协召开主席会议专题调研工业企业资源集约利用综合评价工作。市政协主席邱震德率队调研博纳环境设备(太仓)有限公司，了解企业运行发展等情况。听取市工信局关于全市工业

2020年10月15日，市政协召开主席会议与市政府专题协商推进全市教育人才队伍建设工作
(市政协办供稿)

企业资源集约利用综合评价工作专题汇报。邱震德指出，要加大工作宣传力度，强化“亩产论英雄”“创新论英雄”发展导向；完善评价标准，综合考虑科技创新、智能生产、环境保护等要素；发挥综合评价工作辅助决策作用，推动全市工业经济高质量发展。

企业资本市场融资情况调研。2020年5月14日，市政协主席邱震德带领课题组专题调研企业资本市场融资情况。课题组与港区、高新区、沙溪镇以及市财政局、市金融监管局、市科技局等部门相关负责人进行座谈交流，了解太仓市企业资本市场融资相关情况。课题组到苏州予信天材新材料、多感科技、创扬医药、富尔达等公司，与企业负责人交流，了解企业生产经营、资本市场融资情况及遇到的困难和问题。邱震德指出，要认识资本市场在推动经济调结构、促发展中的重要作用，把更多企业引向资本市场，利用资本市场资源加快转型升级，为全市经济发展注入动力。相关企业要利用自身优势资源和核心技术，拓宽直接融资渠道，结合实际制订发展规划，加强技术创新，优化内部管理，提升企业现代管理水平，增强核心竞争力，促进企业做大做强。

公共卫生体系建设调研。2020年5月21日，市政协召开主席会议专题调研新冠肺炎疫情防控工作情况。市政协主席邱震德率队调研太仓市第一人民医院、太仓市公共卫生中心、珀金埃尔默医学检验所等地，了解全市公共卫生体系建设、新冠肺炎疫情防控进展等情况。调研组听取太仓市卫健委关于全市公共卫生体系建设工作和新冠肺炎疫情防控工作情况汇报。与会者们围绕推进三级公共卫生体系建设、加强公共卫生人才培养、完善应急物资保障等方面建言献策。邱震德指出，要加强常态化疫情防控工作，按标准加快建设相关实验室，提升核酸检测能力；完善重大疫情防控体系和公共卫生应急管理体系，建立健全领导指挥体系、有效协同机制；统筹推进全市公共卫生服务体系建设，守护人民群众生命安全和身体健康。

法治宣传教育工作调研。2020年7月31日，市政协召开主席会议专题听取“七五”普法工作情况通报。市司法局汇报全市“七五”普法实施情况和下阶段重点工作。与会人员围绕如何加大全民普法力度、加强普法骨干队伍建设、提升群众法治获得感等问题交流讨论。市政协主席邱震德强调，加强法治宣传教育工作责任重大，要认识法治宣传重要性，以重点对象法治意识提升带动全社会法治能力提高，打造太仓法治文化特色品牌，提升普法社会参与度，彰显法治宣传社会价值，让法治成为全体市民生活方式，为全市高质量发展提供优质法治保障。

科教创新区建设调研。2020年8月5日，市政协主席会议专题调研西北工业大学、西交利物浦大学两所高校太仓校区建设情况。市政协主席邱震德率队到两所高校太仓校区建设现场，了解项目布局、施工进度、办学模式、专业设置、招生等情况。邱震德强调，加快项目建设进度，高标准高效率抓好科创区各项目建设任务；抓好项目安全质量，把两所高校太仓校区建设成“标杆”性工程；建运同步，通过放大科创区辐射效应，助力娄江新城建设，提速太仓发展。

宗教活动场所建设情况专题调研视察。2020年12月23日，市政协主席会议专题调研视察全市宗教活动场所建设情况。市政协主席邱震德，市委常委、统战部部长施燕萍，市政协副主席高扬出席活动。调研组视察双凤玉皇阁、清真寺、南广寺等宗教活动场所，听取相关负责人介绍场所建设和工作情况，了解存在的问题及开展宗教工作的意见、建议等。邱震德主席指出，各宗教团体要确保在现行法律规定框架下合法开展宗教活动，强化宗教活动场所管理，特别是安全管理，在继承和发扬宗教文化的同时，为和谐太仓建设服务。相关部门加强宗教事务管理，做好宗教教职人员教育培训工作，增强教职人员自觉抵制邪教和非法宗教组织渗透意识。

【各镇、区（街道）政协工委工作会议】2020年12月17日，太仓市政协召开各镇、区（街道）政协工委工作会议，推进基层政协工作迈上新台阶。市政协主席邱震德出席会议并讲话，市政协副主席王国其、周健慧、高扬、黄浩忠参加会议。会议总结全年基层政协工作，就做好镇、区（街道）政协工委工作提出要求。邱震德指出，要开创新时代基层政协工作新局面，形成政协工作合力，健全组织架构，建章立制，发挥“有事好商量”协商议事室载体作用，推进基层政协工作思路理念、内容形式、方法手段、工作机制创新。各镇、区（街道）政协工委主任总结交流2020年工作。

【重点课题专题调研】长江入海口段管控工作调研。2020年4月22日，苏州市政协人资环委原主任陆伟跃率苏州市政协人资环委一行到太仓市调研长江入海口段管控工作，太仓市政协城乡建设委主任严桂清参加调研。调研组视察太仓长江沿岸污染治理、生态保护、船舶管控等情况，肯定太仓在长江沿岸管控方面所做的工作，希望太仓市政协继续履行好民主监督职能，助力长江大保护向纵深发展。

太仓市经济社会发展情况和市政协工作情况调研。2020年4月14日，苏州市政协主席周伟强、苏州市政协党组成员浦荣皋到太仓市调研经济社会发展情况和市政协工作情况。苏州市政协秘书长金建立参加调研。太仓市委书记沈觅，市委副书记、市长汪香元，市政协主席邱震德，市委常委、高新区党工委书记王红星陪同调研，市政协全体副主席参加汇报会。调研组到太仓航空产业园、新大洲本田摩托（苏州）有限公司、欧亚瑟水艺（太仓）有限公司、娄江新城科教创新区、市民公园等地了解太仓市经济社会发展情况，到娄东街道景瑞社区和天工设计工业园，走访“有事好商量”协商议事室，了解太仓市政协如何通过创新履职方式、探索履职特色，提升履职质量和成效。周伟强指出，要重视疫情防控和经济社会发展形势的复杂性、紧迫性和艰巨性，做好下步工作；应对疫情带来的挑战，寻找出路“化危为机”；启动“十四五”规划编制工作，抓住长三角一体化发展历史机遇，提升城市能级和核心竞争力；完善创新生态体系，打造江苏进入上海重要枢纽节点城市，推动太仓实现跨越发展。

长江沿岸生态保护情况专题视察。2020年8月17日，苏州市政协主席周伟强率队到太仓市专题视察长江沿岸生态保护情况。视察组一行到港区规划馆听取太仓港经济技术开发区近年发展情况介绍，考察沿江生态湿地、太仓港化工园区净水湿地公园项目、七期围滩绿化及水源地保护项目，听取太仓市在长江大保护方面做的工作。周伟强指出，太仓应加快沿江产业结构调整，推动沿江绿色发展迈向高质量；要补齐生态环境保护短板，推进环境综合治理和生态修复；要以共抓大保护、不搞大开发为导向，推动太仓长江经济带高质量发展走在前列。

美丽乡村建设联动视察。2020年7月24日，上海市嘉定区政协主席刘海涛、人大常委会副主任张德祺、政协副主席陈宾率嘉定区人大、政协代表团到太仓市考察特色田园乡村、美丽乡村和政协"有事好商量"协商议事室建设工作。市政协主席邱震德、市人大常委会副主任邹家宏参加活动。考察组考察沙溪镇庄西村特色田园乡村建设情况、城厢镇万丰村美丽乡村建设情况和设在万丰村的政协"有事好商量"协商议事室。

自然资源和规划局、行政审批局工作情况调研。2020年7月29日，太仓市政协主席邱震德率队调研市自然资源和规划局、市行政审批局。市政协副主席周健慧、高扬，秘书长潘井亚参加调研活动。调研组听取全市自然资源和规划工作基本情况，专题调研市行政审批局开展优化营商环境相关工作，在政务服务大厅实地调研24小时自助服务、开办企业、投资建设和不动产登记等专区业务办理情况。

"两区"经济社会发展情况调研。2020年11月17—18日，太仓市政协主席会议专题调研视察"两区"经济社会发展情况。市政协主席邱震德出席活动并讲话。市领导徐志强、王红星、王国其、周健慧、吕寅、高扬、黄浩忠出席活动。在港区，调研组察看沿江绿化建设、利洁时全球研发制造中心项目、鸣志电器太仓智能产业基地项目和斯凯奇中国物流销售中心项目，听取港区经济社会发展情况通报。在高新区，调研组视察德珂斯自动化项目、沪工智能科技（苏州）有限公司、天镜湖创新创业核心区、娄江新城滨河公园及娄江新城展示馆，听取高新区经济社会发展情况通报。

新的社会阶层人士统战工作调研。2020年11月19日，太仓市政协主席会议专题调研视察新的社会阶层人士统战工作。市政协主席邱震德，市委常委、统战部部长施燕萍，市政协副主席高扬参加活动。与会人员实地调研樊登读书"乐享·空间"、娄东工匠园、禾世木艺术馆等工作驿站建设情况。邱震德指出，新的社会阶层代表人士要带领新联会会员、新阶层人士实现质量更好、效益更高、竞争力更强、影响力更大的发展；要提高政治站位，围绕中心工作服务发展大局；要建言献策，做好党和政府团结各界人士的桥梁和纽带；要体现社会价值，做优新阶层工作品牌。

第三次国土调查工作情况专题调研。2020年12月1日，太仓市政协召开主席会议专题听取全市第三次国土调查工作情况通报。市政协主席邱震德出席会议并讲话。市政协副主席王国其、周健慧、吕寅、朱凤兰、高扬、黄浩忠出席会议。市自然资源和规划局主要负责人在会上作关于全市第三次国土调查工作情况汇报。邱震德指出，要强化土地作为自然资源生态本底基本属性，高度认识开展第三次国土调查是编制"十四五"规划重要依据，相关部门要做好自然资源统筹和规划。

（沈晨宇）

民主监督

【安全生产民主监督】 2020年4月20日，苏州市政协副主席周晓敏、党组成员浦荣皋率苏州市政协安全生产民主监督第五组到太仓开展民主监督，听取太仓市安全生产工作情况汇报。太仓市政协主席邱震德，市委常委、太仓港经济技术开发区党工委副书记、管委会副主任徐志强，副市长许超震，政协副主席吕寅参加活动。周晓敏一行实地调研斯凯奇中国物流销售中心项目、琪优势化工（太仓）有限公司、太仓阳鸿石化有限公司、七丫口生态湿地、七浦塘生态公园一期等地，分别与太仓市相关部门和企业代表进行座谈，听取太仓市关于安全生产工作情况汇报以及部门安全生产监管责任、企业安全生产主体责任落实情况介绍。4月27日，市政协主席邱震德一行到高新区开展安全生产专项民主监督。市委常委、高新区党工委书记王红星，高新区管委会主任李刚参加活动。邱震德一行调研合兴汽车电子（太仓）有限公司和卓能电子（太仓）有限公司，了解企业安全生产管理工作情况，实地检查生产现场，了解安全生产主体责任制落实情况。听取高新区安全生产工作通报。强调要筑牢安全生产责任体系，提高风险防控效能和管理能力，确保安全生产形势稳定，提升安全生产综合监管水平，为全市安全生产工作提供经验。

【垃圾分类"太仓经验"探索】 2020年11月12日，太仓市政协主席会议聚焦垃圾分类工作，专项民主监督该项工作推进情况。市政协主席邱震德出席活动并讲话，市政协副主席黄浩忠参加活动。邱震德一行到怡景南苑附属商业体、怡景南苑小区、体育弄等地实地查看部分垃圾分类集中投放点位，听取市城管局主要负责人关于全市垃圾分类工作情况通报，指出要提升"三定一督"小区整体质量，加快再生资源综合利用项目推进工作，探索垃圾分类"太仓经验"。

【提案工作】 2020年，太仓市政协委员、政协参加单位、专门委员会、界别小组和镇、区（街道）政协工委共提交提案182件，经审查，立案166件，不立案16件。立案提案中，集体提案63件，委员个人或联名提案95件，界别小组提案8件。提案分送36个承办单位办理，至2020年6月底全部办复。提案所提问题已解决或正在解决的（A类）153件，占比92.2%；列入计划拟解决的（B类）12件，占比7.2%；留作参考的（C类）1件，占比0.6%。收到委员对提案办理结果的反

2020年11月12日，市政协主席邱震德（右二）查看部分垃圾分类集中投放点位 （市政协办供稿）

馈意见166件，满意率100%。

【市委书记督办重点提案】 2020年7月16日，太仓市委书记沈觅专题领衔督办市政协重点提案。围绕如何打造老城厢特色文化街区（53号政协提案），提案办理单位市文体广旅局主要负责人和提案者文学艺术界代表委员张忠等开展面对面协商。沈觅表示，要坚持保护发展原则，借鉴国内外优秀历史街区典型经验做法，创新思路，细化工作举措，打造彰显太仓魅力老城厢特色文化街区。要求提案办理单位精准定位，实现人文、商业、旅游、产业聚合共生；保护风貌，通过遗址、古建、历史人物、非物质文化遗产等要素支撑；创新机制，探索共建共享路径。

【提案交办督办工作】 2020年3月30日，太仓市委、市政府召开市人大代表建议和政协委员提案交办工作会议。市委副书记、市长汪香元强调，要增强办理工作的自觉性、主动性、实效性、严肃性，高质量完成建议、提案办理工作，向人民代表、政协委员、人民群众交出一份满意答卷。顾晓东、周鸿斌、蒋华、王国其出席会议。7月30日，太仓市政协召开重点提案督办会议，督办十四届四次会议期间提交的《关于培育高层次教师队伍的建议》等5件民生类提案。副市长周强、市政协副主席高扬出席会议。市教育局、市人社局、市司法局等提案承办单位对《关于培育高层次教师队伍的建议》《关于促进太仓市护理人员市场培育的建议》《关于加强基层人民调解员队伍建设，促进太仓市治理体系和治理能力现代化的建议》《关于加强太仓市住宅小区消防安全建设的建议》《关于加快天镜湖水环境污染治理的建议》5件提案办理思路、进度、成效等作情况通报。提案者对参会部门提案办理工作表示满意，并就如何加快提案办理工作及提升办理实效，协调推动相关民生问题解决进行交流探讨。

【政协委员视察政府实事工程建设情况】 2020年12月4日，太仓市政协组织部分委员视察政府实事工程建设情况。市政协主席邱震德出席活动并讲话。副市长顾建康，市政协副主席王国其、周健慧、吕寅、高扬、黄浩忠出席活动。委员们参观实验小学高新区校区新建工程、太仓美术馆新建项目、沪苏通铁路太仓南站配套基础设施工程、生活垃圾分类全覆盖工程等政府工程施工现场，听取关于全年政府实事工程实施情况的通报。

（沈晨宇）

太仓市纪委监委

综　述

【概况】 2020年，太仓市纪委监委发挥监督保障执行、促进完善发展作用，为夺取疫情防控和经济社会发展“双胜利”、高质量建设“两地两城”（临沪科创产业高地、临江现代物贸基地、现代田园城市样板、中德合作城市典范）提供坚强保障。市纪检监察机关推进正风肃纪，维护群众利益，不断深化政治巡察，持续深化纪检监察体制改革，一体推进“不敢腐、不能腐、不想腐”机制，锻造纪检监察铁军，全面从严治党取得新成果。

【中共太仓市第十三届纪律检查委员会第五次全体会议】 2020年4月24日，中共太仓市第十三届纪律检查委员会第五次全体会议召开，回顾总结2019年纪检监察工作，研究部署2020年重点任务。市委书记沈觅出席会议并讲话。市委常委、市纪委书记、市监委主任杨庆作题为《坚守初心使命，忠实履职尽责，为太仓高质量建设“两地两城”提供坚强保障》工作报告，要求全市纪检监察机关以习近平新时代中国特色社会主义思想为指导，全面贯彻中共十九大和十九届二中、三中、四中全会精神，增强“四个意识”、坚定“四个自信”、做到“两个维护”，坚决落实习近平总书记对江苏工作的重要讲话指示精神，按照上级纪委全会和市委十三届九次全会部署要求，坚持稳中求进工作总基调，协助市委持续深化全面从严治党，坚持把思想政治工作贯穿纪检监察工作全过程，健全完善监督制度机制，强化对权力运行的制约和监督，发挥监督保障执行、促进完善发展作用，一体推进“不敢腐、不能腐、不想腐”机制，建设高素质专业化纪检监察干部队伍，推进新时代纪检监察工作高质量发展，为谱写高质量建设“两地两城”新篇章提供坚强保障。 （王　鹏）

2020 年 4 月 24 日，中国共产党太仓市第十三届纪律检查委员会第五次全体会议召开　（先　杰摄）

全面从严治党

【概况】 2020 年，太仓市纪委监委协助市委开展全面从严治党工作情况检查考核、召开主体责任述职会。市委主要领导对 28 名党组织主要负责人提醒谈话，市委其他班子成员开展廉政谈话 92 人次。督促落实管党治党责任不力的 6 个党组织整改问题 9 个，4 个党组织、30 名党员干部因履责不力被问责，对各级党委（党组）和党的工作机关实施问责 11 起。持续开展镇（区、街道）、市属国企政治生态监测评价工作。根据信访举报和审查调查工作中发现的突出问题，向市委提交专题报告 7 份，市委书记批示 3 次。

【决策部署监督落实】 2020 年，太仓市纪委监委坚持党中央重大决策部署到哪里、监督检查就跟进到哪里，围绕长三角一体化、打好“三大攻坚战”（防范化解重大风险、精准脱贫、污染防治）、长江流域禁捕退捕、农村乱占耕地建房整治等工作，强化政治监督，确保政令畅通。积极应对疫情，组建 9 个督导组以“四不两直”（不发通知、不打招呼、不听汇报、不用陪同接待，直奔基层、直插现场）方式深入村（社区）、企业及医院等 64 个现场开展暗访督导，专项监督 11 个镇（区、街道）和 19 个村（社区）疫情防控资金和物资管理使用情况。实施重点项目派驻督察，运用“互联网 + 监督”模式，保障全市 123 个重点项目上半年 100% 开工，较上年提高 23 个百分点，信息化支撑政治监督工作被列为中央纪委试点。紧跟惠企政策落实开展监督，推动生产生活秩序恢复。紧盯安全生产领域，制定市纪委监委领导班子和班子成员安全生产重点工作任务清单，开展安全生产专项巡察单位 8 家，专项督查违法违规“小化工”企业 19 家，政务立案 4 人。全市生产安全事故起数、死亡人数较上年分别下降 76.24%、70.27%。

（王　鹏）

正风肃纪

【“四风”问题查纠】 2020 年，太仓市纪委监委开展违规公款吃喝和餐饮浪费专项监督，针对作风建设制度方面存在的模糊地带、突出问题，有针对性地提炼“可为”“不可为”行为清单，编印《落实中央“八项规定”精神简明手册及制度汇编》。全年共查处违反中央“八项规定”精神问题 54 起 78 人，通报曝光 67 起，持续释放违纪必究、执纪必严强烈信号。

【形式主义、官僚主义整治】 2020 年，太仓市纪委监委及时监督市作风建设“曝光台”所曝光的问题，针对背后存在的推诿塞责、敷衍了事等问题，立案审查责任人 6 人。全年共查处形式主义、官僚主义问题 15 起 26 人，通报曝光 30 起。加强对“基层减负 22 条措施”落实情况的监督检查，解决形式主义突出问题。

2020 年 3 月 26 日，市纪委监委派驻纪检监察组对企业复工保障和疫情防控工作开展监督检查　（朱敬明摄）

【干部严管和激励】 2020年，太仓市纪委监委落实“三个区分开来”（把干部在推进改革中因缺乏经验、先行先试出现的失误和错误，同明知故犯的违纪违法行为区分开来；把上级尚无明确限制的探索性试验中的失误和错误，同上级明令禁止后依然我行我素的违纪违法行为区分开来；把为推动发展的无意过失，同为牟取私利的违纪违法行为区分开来）要求，为敢担当、善作为干部撑腰，实施廉洁风险报备项目4个，实施容错8人，澄清正名2人，其中1人被追授“太仓市优秀共产党员”称号，激发党员干部干事创业内生动力。回访教育受处分干部102人，帮助其重拾初心、继续奋斗。

（王　鹏）

2020年12月18日，市纪委监委派出监察员办公室深入一线开展监督检查

（王　斌摄）

群众利益维护

【民生领域突出问题处置】 2020年，太仓市纪委监委提升“信、访、网、电”举报办理质效，形成群众广泛参与的社会监督机制。开展扶贫（涉农）资金专项监督，持续跟进13项扶贫资金、25项涉农资金使用、管理情况，推动资金管理规范。开展“为官不为”专项整治，处置“为官不为”信访举报5件。

【群众身边腐败和作风问题整治】 2020年，太仓市纪委监委专项监督“12345”等诉求平台群众反映强烈问题，整治损害群众利益突出问题。开展人防系统腐败问题专项治理，党纪政务处分6人。严肃查处学校食堂物资采购领域违规违纪问题，党纪政务处分16人。开展低保、尊老金、残疾人补贴等领域专项治理，立案26人，追缴违规发放资金11.17万元。全年查处群众身边的腐败和作风问题43起54人，通报曝光28起。

【涉黑涉恶案件查处】 2020年，太仓市纪委监委以“黑恶积案清零、问题线索清零”为目标，核查上级交办问题线索3件，同步排查问题线索10件，党纪政务处分3人，其中移送司法机关1人。排查非法金融活动专项治理工作中发现的“套路贷”虚假诉讼问题线索，党纪政务处分3人，向相关职能部门制发监察建议，督促整治非法金融监管不到位等问题。

（王　鹏）

纪检监察体制改革

【廉政监督】 2020年，太仓市纪委监委制定工作规定和考核办法，规范市纪委监委派驻机构、市属国有企事业单位纪委、健雄学院纪委履职。建成干部廉政档案管理系统，采集信息1.94万人，实现市管干部和监察对象监督全覆盖。规范党风廉政意见回复，全年回复党风廉政情况72批次7031人次，提出暂缓及否定性意见10次。

【基层监督】 2020年，太仓市纪委监委制定《关于加强和推进镇（区、街道）纪（工）委标准化规范化建设的实施意见》，解决基层体制机制和工作运行中存在的问题。建设以“一人一委一网”为重点的基层监督体系，制定《关于进一步加强力量规范村级纪律监督的意见》，92个村（涉农社区）全部配备纪委书记（纪检委员）。配合做好苏州市廉勤监督平台推广应用，依托阳光村务监督平台，试点开展村级事务逐项逐笔公开信息化工作。

【监督融合】 2020年，太仓市纪委监委建立派驻机构分片协作、审查调查部门与派驻机构、市属国有企业纪检机构挂钩联动工作机制，派驻机构查办案件数较上年增长100%。深化巡察与派驻（派出）机构联动协作，推动监督形成合力。统筹派出监察员办公室、镇（区、街道）纪检力量，通过交叉监督、协同办案，解决基层力量薄弱、熟人监督难等问题，镇（区、街道）自办案件较上年增长206.3%。建立纪检监察机关与审计机关、统计部门协作配合机制，提升监督效能。

（王　鹏）

执纪监督

【概况】 2020年，太仓市纪委监委共立案250件，其中自办案件185件，较上年增长56.8%。涉嫌犯罪移送司法机关9人，为国家和集体挽回经济损失1075.17万元。坚持高压震慑与政策感召相结合，在全省率先制定《关于推行主动认错认罪从宽处罚的意见（试行）》，全年主动投案5人。市监委调查严重职务违法犯罪案件100%签署认罪认罚具结书，仇某某单位受贿案获评最高检职务犯罪精品案件。全年共运用监督执纪“四种形态”教育帮助和处理571人次，“四种形态”（第一种形态：经常开展批评和自我批评、约谈函询，让“红红脸、出出汗”成为常态；第二种形态：党纪轻处分、组织调整成为违纪处理的大多数；第三种形态：党纪重处分、重大职务调整的成为少数；第四种形态：严重违纪涉嫌违法立案审查的成为极少数）占比分别为62.9%、28.9%、2.8%、5.4%。

【监管机制构建】 2020年，太仓市纪委监委开展公务用车加油卡专项治理，立案查处18人，推动出台《太仓市市级党政机关公务用车加油卡管理暂行规定》，严肃纠治“私车公养”等问题。按照市委主要领导就市属国企领域信访举报突出问题批示精神，推动各市属国企党委完善制度规范，强化日常监管。坚持以案促改、以案促建，全年制发纪检监察建议10份，其中获评苏州市纪委优秀纪检监察建议1份。

【警示教育和廉政教育】 2020年，太仓市纪委监委推动警示教育常态化制度化，协助市委召开全市警示教育大会和国有企业专题警示教育大会，制作警示教育片《叩问初心》《国企“蛀虫”湮灭录》，对92名新任职领导干部开展集体廉政谈话。开展“廉砖·我爱廉”系列宣传教育活动，引导广大党员干部筑牢拒腐防变防线。整合丰富勤廉文化观览线，建成太仓市家风馆和监察御史廊，打造网上“党的纪律建设历程展示馆”，推动廉政教育入脑入心。（王　鹏）

民主党派

中国国民党革命委员会太仓市委员会

【概况】 2020年，中国国民党革命委员会太仓市委员会（以下简称“民革太仓市委”）共有党员118人，下辖支部8个，内设办公室、祖国和平统一促进委员会、社会法制和资源环境委员会、经济和“三农”委员会、教科文卫体委员会、青年工作委员会、理论研究与学习工作委员会、妇女工作委员会、老年党员工作委员会、法律服务中心等工作职能部门。党员中本科学历占比93%，中高级职称占比86%，硕士以上学位占比30%，其中博士学位6人。江苏省特级教师2人，“省333工程高层次人才”3人，省“双创人才”1人，省宣传文化系统青年文化人才1人，姑苏人才3人。民革中央第十三届代表1人；苏州市人大代表、政协委员2人（其中政协常委1人）；太仓市人大代表、政协委员24人（其中人大常委会委员1人，政协副主席1人，政协常委3人）。

【思想建设】 2020年，民革太仓市委开展“两会”精神、中共十九届五中全会精神、习近平视察江苏重要讲话精神等专题学习会，学好用好《习近平新时代中国特色社会主义思想学习纲要》。7月2日，民革太仓市委主办“统战课堂”专题讲座开讲，邀请章念翔作《发挥党派优势，做好参政议政工作》专题讲座，市委统战部副部长吴向阳参加，民革及兄弟党派、统战团体60多人参加讲座。

【组织建设】 2020年是民革组织建设年，民革太仓市委以中共中央《关于加强中国特色社会主义参政党建设的意见》《民主党派代表人士队伍建设规划（2018—2027年）》和《各民主党派中央关于新时代组织发展工作座谈会纪要》3个文件确定的原则方向、目标任务和政策措施为指南，提升组织建设水平。坚持“以质为重、量质并举”“以德为先、德才兼备”“以特色为主、全面发展”原则，做好党员发展工作，严把党员入口关，优化党员结构。规范党员发展程序，上好新党员培训第一课，增强党员加入民革组织的仪式感、荣誉感，全年发展新党员6人。重视“示范支部”“特色支部”和优秀“中山博爱之家”引领示范作用，在各支部中开展“示范支部”“特色支部”创建活动，加强支部组织建设。8月5—9日，组织骨干党员赴宁夏学习考察。8月18—21日，组织10名党员参加市委统战部组织的太仓市民主党派班子成员和骨干赴江苏省社会主义学院培训。9月14—15日，组织4名党员参加民革苏州市委举办的2020年民革基层骨干党员培训。11月30日，组织11名党员参加民革苏州市委举办的新党员培训班培训。在市委统战部开展的特色支部创建活动中，大科园支部获三等奖，四支部获鼓励奖。

【参政议政】 2020年，民革太仓市委围绕中共太仓市委、市政府关注的重大问题和发展难题，关注人民群众反映强烈的热点、焦点问题，发挥特色优势和机制优势，提高建言协商质量和水平。依托人大和政协“两会”平台建言献策，为太仓经济社会发展服务。在太仓市政协十四届四次会议上提交集体提案10件、个人提案16件、大会发言2篇。市委会刘剑撰写的《关于将太仓县抗战指挥部旧址打造成特色党性教育基地的建议》集体提案被太仓市政协列为2019年重点提案并评为2019年度优秀提案。在太仓市人大十六届四次会议期间，贺延辉撰写的《积极挖潜现有资源，增设特殊时段（晚间）停车位的建议》和李红撰写的《关于关爱外来务工人员提升城市温度的建议》被市人大评为2019年度优秀代表建议。年内，民革太仓市委被市政协列为重点提案有集体提案1件、个人提案2件，李骅撰写的《关于建设“太仓科创源”共享实验室平台的建议》集体提案，被市政协列为重点督办提案，市政协召开专题会议督办。组织开展领题调研活动，成立专题调研组开展专题调研，形成调研报告4篇。《关于提升太仓市突发公共卫生事件应急体系的建议》的调研报告获市委统战部领题调研三等奖，《“后疫情时代”劳动用工的困局与出路》《一网统管，提升太仓市社会治理能力现代化水平》获鼓励奖。11—12月，组织开展系列对口联系活动，到市住建局、市资规局、市公安局、市司法局、市资产经营集团公司开展对口联系交流座谈活动，通过看现场、听介绍、交流座谈，了解对口联系部门情况，提出有针对性建议。

【社会服务】 2020年，民革太仓市委开展对贵州省铜仁市思南中学“博爱牵手思南行”公益助学活动，资助2名贫困学生6000元，三年合计资助2名贫困学生2万元。开展消费扶贫活动，民革党员及党员企业合计消费2万元。年内，向太仓市第二中学30名优秀学生发放“博爱”奖学金。做好新冠肺炎疫情防控工作，引导党员奉献爱心，支持一线防疫工作。民革党员为新冠肺炎疫情捐款捐物10万元，参加各部门组织的防控志愿者工作20人，民革太仓市委被民革苏州市委授予“抗击新冠肺炎疫情工作先进集体”称号，吕红、朱坚、陆丹丽、赵峰、战军、姜俭6位党员被民革苏州市委授予“抗击新冠肺炎疫情工作先进个人”称号。民革太仓市委及宁爽黎、吕红、朱坚、朱弇菁、赵峰、姜俭6位党员获市委统战部通报表扬。

（张建民）

中国民主同盟苏州市委员会太仓支部委员会

【概况】 2020年，中国民主同盟苏州市委员会太仓支部委员会（以下简称“民盟太仓支部”）共有盟员21人，其中本科以上学历20人；中级职称6人，高级以上职称5人；硕士学位6人，博士学位1人。盟员中担任苏州市政协委员1人，担任太仓市政协常委1人。

【思想建设】 2020年，民盟太仓支部把自身组织建设、盟员整体素质提高放在首要位置。组织盟员学习习近平新时代中国特色社会主义思想和中共十九大精神，学习市委、市政府中心工作会议精神，确保每位盟员知情明政，保持政治上高度自觉和政治方向完全正确。年内，盟员参与由市委、市政府召开的党外人士座谈会、民主协商会、情况通报会等。召开支部会议学习市委书记沈觅在市委十三届十次全会上的讲话并交流意见。开展“不忘合作初心、继续携手前进”主题教育活动。与文教投党支部开展对口联谊活动，参观西北工业大学太仓校区、西交利物浦大学太仓校区工地。开展读书交流活动，增进盟员间相互了解。

【组织建设】 2020年，民盟太仓支部在市委统战部组织的各民主党派、无党派知联会特色支部评选中获三等奖，《关于娄江新城科技创新规划的调研》获各党派、统战团体领题调研鼓励奖。年轻盟员发挥自身优势，盟员王奉振参与《上前线》《我要回家》《严阵以待》等多部小品广播剧创作和编排，作品入选江苏文化公共云、江苏戏剧文学创作院等微信平台，并获市委统战部通报表扬。盟员屠也的《众志成城》入选江苏省抗疫主题美术书法精品展，被江苏省美术馆收藏，在苏州民盟微信公众号推送；《乡土本色》获民盟云南省委主办的纪念费孝通110周年诞辰美术作品展优秀奖（最高奖）。年内，做好盟员发展工作，按照发展程序，发展新盟员1人，转入组织关系1人。

【参政议政】 2020年，民盟太仓支部参加苏州民盟“一盟新思”苏盟云议厅活动，讨论社会热点问题。提交《关于加速太仓市在长三角区域一体化建设中高质量发展的建议》《关于引进优质儿科资源的提案》《关于加快太仓老旧小区加装电梯及动用公共维修金粉刷外墙的建议》《关于出台主城区农房自主更新和改造指导意见的建议》等提案7个。

【社会服务】 2020年，民盟太仓支部继续开展家庭教育咨询公益活动，由资深教育专家盟员为家长答疑解惑，帮助和引导家长树立正确的家庭教育观念。受新冠肺炎疫情影响，线下咨询改为线上咨询，建立家庭教育指导微信群，群内家长100余人，每周一到周五发送相关家庭教育指导文章或案例探讨，共计222篇。在临近高考和中考期间，制作相关微信推文2期，与图书馆娄东微讲堂联合推出线上讲座《父母如何陪孩子赢得高考》，指导家长如何帮助孩子克服考前焦虑症状，三期推送阅读量超1100人次。在图书馆、中小学学校门口开展家庭教育现场面对面咨询活动，全年共举办现场咨询7次。

（范媛媛）

中国民主建国会太仓市委员会

【概况】 2020年，中国民主建国会太仓市委员会（以下简称“民建太仓市委”）下设创业园、工业、财经、商业、机关、文教、卫生、综合、大科园支部9个和参政议政、社会服务、企业家、妇女、文化、老年专门工作委员会6个。年内，发展新会员8人，共有会员184人。会员中有江苏省政协委员1人，苏州市政协委员3人，太仓市人大常委会委员1人，太仓市政协委员30人（其中常委5人），享受国务院政府特殊津贴2人。

【思想建设】 2020年，民建太仓市委坚持以习近平新时代中国特色社会主义思想为指导，对标“思想教育强化之年”工作目标，抓学习型政党建设。通过“班子带头导学、支部分组研学、线上平台自学”方式，引导会员学习贯彻中共十九大和十九届二中、三中、四中、五中全会精神，跟进学习中共中央总书记习近平最新讲话精神。支部分头开展“两会”专题研讨，集中学习中共十九届五中全会精神、《中华人民共和国民法典》内容解读等，开展“四史”（中共党史、新中国史、改革开放史、社会主义发展史）学习。组织开展“向英雄致敬，向国旗敬礼”爱国主义教育活动，卫生、大科园支部先后参观太仓第一个党支部纪念馆、上海四行仓库；工业、文教支部集中观看爱国主义电影《夺冠》。

【组织建设】 2020年，民建太仓市委以“会员之家建设之年”为工作抓手，推进自身建设。严把组织发展关口，全年发展新会员8人，其中担任市政协委员1人，苏州市青联委员1人，太仓市政府法律顾问1人，优化人才结构。开展分层培训，邀请民建江苏省委驻会副主委常本春及专家学者到太仓开展中青年骨干会员培训座谈和开放式讲座。组织27名会员参加市委统战部、上级民建发起的交流培训4次，提高队伍整体素质。推进平台

2020年7月24日，民建太仓市委举办"长三角一体化背景下的交通发展战略"开放式专题讲座
（民建太仓市委供稿）

载体建设，建成并挂牌支部"会员之家"5个，为服务会员、增进共识提供固定阵地和实体精神家园。打磨"一支部一特色"发展雏形，点亮"西交利物浦校外师生分享会""红烛文教"等品牌项目。创业园支部蝉联市各民主党派特色支部创建一等奖，商业、机关、文教、综合、大科园等支部均获表彰。会员孙剑良、杨春雨先后获民建中央、民建省委"优秀会员"表彰，会员凌玲、沈亚分别获"太仓市担当作为好干部"称号和"苏州市五一劳动奖章"称号。

【参政议政】 2020年，民建太仓市委瞄准"参政议政成果之年"工作任务，共向市政协十四届四次会议提交集体提案18件、个人提案23件，其中《关于加强基层人民调解员队伍建设，促进太仓市治理体系和治理能力现代化的建议》等4件获评市政协优秀提案。在太仓的苏州政协委员孙剑良的《关于完善税务机关与法院联通协作机制，避免国家税收流失的建议》获苏州市政协十四届四次会议优秀提案。民建太仓市委在完成各项提案答复工作基础上，推进《人口对城市竞争力影响的探析》等领题调研5项；各支部围绕深度融入长三角一体化、打造生物医药产业高地、完善城市智慧管理体系、大力发展文旅产业等议题，完成"一支部一调研"任务。在市委统战部举办的全市统战团体领题调研成果汇报评比活动中，机关、卫生、创业园3个支部的调研成果分别获一、二、三等奖。全年共计报送社情民意信息32件，其中《关于通过榜样来真正落实〈江苏省进一步健全容错纠错机制的办法〉的建议》《关于合理控制5G基站建设运营成本的建议》等建言信息被民建中央、省委统战部、省政协采用15篇次，实现信息工作成果新突破。

【社会服务】 2020年，民建太仓市委坚定"社会服务提优之年"工作导向，擦亮公益特色品牌。新冠肺炎疫情发生后，民建太仓市委响应安排部署，第一时间通过微信群向全体会员发布《"战疫情、聚合力"倡议书》，号召广大会员主动投身疫情防控，履行社会责任。据不完全统计，疫情期间会员及会员企业累计捐款捐物超43万元；参与社区、卡口等重要场所防疫检查志愿服务会员20余人，平均服务时长超15小时。年内，民建太仓市委参与民建中央对口扶贫任务，向河北省丰宁县河东村赠送生活物资，价值1.2万元，用于当地"爱心积分超市"建设；与宿迁市花园村一户低收入家庭建立"三年帮扶计划"，助力当地乡村振兴。8月，民建太仓市委"思源工程——生育关怀"爱心助学团队走进陕西省周至县，为当地学生送上学习用品、艺体器材和丰富多元的支教拓展活动；8月下旬，组织全市46名贫困家庭学生赴科技创业园参观教学，发放助学金3万元。开学季，"爱心妈妈助学行"到结对家庭和市福利院，开展秋季助残扶贫慰问。10月，社会服务工作委员会组织会内医生、律师会员开展"同心共建和谐社区——义诊关怀、法律援助进社区"活动，彰显民建良好社会形象。

（王　蕾）

中国民主促进会
太仓市基层委员会

【概况】 2020年，中国民主促进会太仓市基层委员会（以下简称"民进太仓市基层委员会"）共有会员137人，下设文化、教育、高教、医卫、综合、经济支部6个和小组1个，集中一批著名书画家、工艺美术家、表演艺术家、教育家、文学家和一部分科技、医卫、经济、司法、政府机关、中介组织的代表人士。会员中有江苏省人大代表1人，苏州市人大代表1人，苏州市政协委员3人，太仓市人大代表3人（其中人大常委会委员1人），太仓市政协委员15人（其中副主席1人、常委4人）。

【思想建设】 2020年，民进太仓市基层委员会以学习贯彻习近平新时代中国特色社会主义思想为主线，把学习贯彻中共十九届四中、五中全会精神作为重要政治任务。引导广大会员领会中共十九届四中、五中全会精神实质，坚定理想信念和制度自信。召开基层委委员微信群会议，组织学习中共太仓市委十三届九次、十次全会精神；学习市委书记沈觅在全市招商引资、项目建设工作情况汇报会上的讲话精神。9月，赴安徽凤阳调研，在小岗村农家小院、沈浩同志先进事迹陈列馆、大包干纪念馆开展学习活动。国庆期间，以"向英雄致敬，向国旗敬礼"为主题，开展爱国主义学习活动，组织支部加强理论学习，举办《中国制度面对面》专题读书会，聆听"习近平治国理政"讲座；观看电影《夺冠》。开展参观学习海棠花红党建工作，"习近平新时代中国特色社会主义思想"系列专题学习，弘扬"三大"法宝、再创“火红年代”主题讨论学习等系列活动，通过活动提高政治站位、凝聚思想共识。

【组织建设】 2020年，民进太仓市基层委员会巩固基层组织建设成果，提升党派凝聚力。深化领导班子建设，发挥带头人引领作用。主委朱凤兰带领会内年轻骨干会员参加苏州民进举办的全市基层干部（骨干会员）学习培训班。推进代表人士队伍建设，特别是后备干部队伍、班子梯队建设发展，提高自身建设成效。年内增补委员1人、副主委1人，成立昆山小组。用足用好统战群团组织、各工作小组等平台，给骨干会员、年轻会员履职搭建平台，提升组织凝聚力和感召力。推荐会员加入市政协智库、市委统战部“睿言堂”参政议政骨干队伍；组织会员参加2020年太仓市党派骨干培训班、全省机关干部交流学习；继续举办“统战课堂”开放式讲座，推送会员优秀事迹选入教师节专辑——寻找“助力脱贫攻坚最美教师”。推进发展会员工作，贯彻民进中央全国组织工作会议精神，注重以党派核心价值吸引人才入会，组织新会员们参加2020年新会员培训班；建成“民进会员之家”4个，做好服务会员工作，凝聚各方面力量。抓好基层支部建设，继续推进创建“特色支部”活动，支部创建活动与领题调研、学习培训、社会服务等活动结合，做到规范化、突出特色化，树立品牌意识，扩大社会影响力，提升党派基层工作整体水平。医卫、教育、综合、经济4个支部获苏州民进“民进全市基层组织活力奖”。组织开展春节慰问、“爱满重阳，情暖人心”——重阳观万国码头主题艺术馆专题活动、走访会员企业等活动。

【参政议政】 2020年，民进太仓市基层委员会紧扣履职能力建设年主题，提高参政议政水平。优化工作机制，增强参政意识。完善参政议政工作机制，注重发挥全会合力，拓展参政议政活动平台参与度，依托参政议政工作小组、信息宣传工作小组、骨干会员力量，打造一支年轻化、知识化、专业化的参议队伍。加强对口联系机制，与市卫健委、市文教投公司等单位开展对口联系活动，参观爱心献血屋（人民路）、血站采供血工作实地、西北工业大学太仓校区项目建设现场，开展对口座谈，提出意见建议。继续抓好信息工作，被民进中央采用信息4篇，报送的信息“网约车监管漏洞亟须重视”被评为省委会参政议政成果二等奖。重视“两会”平台，提升参政高度，履行党派参政议政职能。“两会”期间，共提交大会发言2件、集体提案14件、委员个人提案16件、代表建议6件；《关于打响海运文化品牌助力城市能级提升的建议》作为大会发言；《关于加快推进太仓市“城中村”改造的建议》被评为2019年度优秀提案；《关于做强招商引资助推产业能级提升的建议》《关于太仓市融入上海对接大虹桥的建议》被列为市政协十四届四次会议重点提案。加强领题调研，提高建言质量。赴城厢镇永丰村调研独溇小海农业生态园发展，为美丽太仓建设注入文化元素出谋划策。调研组依据独溇小海独特的地理位置优势和水杉林、人工湖等特点，提出要走农旅、文旅融合发展道路，把“独溇小海”打造成具有人文特色的乡村观光旅游产业，吸引上海等周边地区游客。赴丁泾村、万安村、七十二家村了解农村土地流转情况，就如何提高土地利用率，提高经营效益，壮大村级经济实力开展调研。赴安徽凤阳小岗村、江苏淮安金湖县开展调研，了解小岗村的改革发展之路，学习土地流转的先进经验和创新做法。年内，完成《提高土地经营效益，助推村级经济做强》《加强防控中小企业经营过程中法律风险》《保障太仓市民间艺术馆的健康发展》等市委统战部领题调研课题3个；完成《长三角一体化背景下推进苏州市域一体化发展》《市民垃圾分类意识的内化途径》等党派调研课题8个，做到“一支部一调研”，共形成调研报告11篇。

【社会服务】 2020年，民进太仓市基层委员会推进社会服务工作，发挥人才优势，提升社会服务能力。倡导“双岗建功”，鼓励广大会员在“本职工作岗位上建功、在履行会员职能上建功”，展现民进会员风采。提倡“服务就在身边，人人可参与”微公益理念，持续开展各项社会服务活动。春节前夕组织会内书画家、医卫专家走进老闸社区，开展庚子年民进“春联万家、义诊活动”。在景瑞社区举办安全使用电梯知识讲座，开展降低白色污染公益宣传，提升社区特种设备安全管理水平和社区居民的环保理念。常态化开展太仓民进“医心为民”科教新城专家义诊工作站工作，专家们每周六上午开设专家门诊，并指导中心医疗工作，提升社区整体医疗服务能力，工作站全年举办培训12场，培训人员约300人。鼓励会员们发挥自身特长，参与光彩事业、慈善公益事业，关注民生，服务社会。据不完全统计，新冠肺炎疫情期间，组织会员向市红十字会捐款4.86万元，向其他慈善机构、渠道捐款4.16万元，民进太仓市基层委员会和7名会员获市委统战部通报表扬。

（邢莉萍）

中国农工民主党太仓市基层委员会

【概况】 2020年11月9日，中国农工民主党太仓市总支部委员会换届成立中国农工民主党太仓市基层委员会（以下简称“农工党太仓市基层委”），下辖支部3个，党员46人，年内发展新党员3人，1名党员的组织关系转至农工党上海市委。党员中本科学历占比81%，中高级职称占比72%，硕士以上学位占比20%。农工党苏州市第十三届委员会委员1人，苏州市人大代表1人，太仓市人大代表、政协委员6人（其中人大常委会委员1人，政协常委2人）。

【思想建设】 2020年9月，农工党太仓市基层委组织党员赴苏州市吴江区参加庆祝中国农工民主党成立90周年党史教育活动，激励广大党员坚定理想信念。开展“不忘合作初心、继续携手前进”主题教育活动，以学习“四史”（中共党史、新中国史、改革开放史、社会主义发展史）为抓手，加强

2020年11月19日，中国农工民主党太仓市基层委员会成立　（顾　阳摄）

理论学习，提高政治站位。“三八”妇女节组织女党员开展“品读人生”读书沙龙活动；发动党员广泛参与农工党党史知识微信线上答题活动；组织班子成员赴南京社会主义学院参加基层组织负责人培训班；组织党员分享赴井冈山参训学习心得；组织骨干党员参与苏州党史理论研究会的文稿校验工作。

【组织发展】 2020年，农工党太仓总支部第一届委员会成立五周年，按照农工党章程规定进行换届。为加强组织建设，决定升格为中国农工民主党太仓市基层委员会，成立大会于11月19日在娄东宾馆召开。会议选举产生农工党太仓市第一届基层委员会，冯瑞兴、胡永明、倪敏玉、沙大喜、王莉、顾阳当选为农工党太仓市第一届基层委员会委员。在农工党太仓市第一届基层委员会第一次会议上，冯瑞兴当选为主任委员，胡永明、倪敏玉当选为副主任委员。农工党太仓基层委下设卫生环境支部、社会法制支部、经济科技支部，分别设支部委员3人，其中主任委员1人。拓展“农工党党员之家”建设，增设“党员之家”场所2处。

【参政议政】 2020年，农工党太仓市基层委推动履职尽责，多方协同，营造参政为民氛围。围绕抢抓长三角一体化战略机遇、“十四五”规划编制、创新基层治理、乡村振兴等重大问题，基层委通过建立支部协作、单位协同、资源共享的工作机制，形成契合全市实际的提案和调研成果，履行政治协商、民主监督和参政议政职能。年内，共上报社情民意4篇，政协提案和人大建议案9篇，其中《关于加快推进非诉讼纠纷解决机制建设的建议》获评市政协优秀提案。围绕乡村振兴、老龄化、医卫体制改革、放管服、生态文明等重点领域开展调查研究。9月，组织党员赴东林村现代农业科技服务中心开展生态循环农业建设发展情况主题调研，课题报告《推进生态循环农业发展面临的问题与建议》作为领题调研成果参加苏州农工市委会专题交流，并入选市政协会议书面交流材料。

【社会服务】 2020年，农工党太仓市基层委服务社会，助力民生，在抗击新冠肺炎疫情中，发挥医药卫生领域人才优势，向农工党苏州市委会、太仓市政协报送疫情防控专报，农工党医务人员投身抗疫一线。新冠肺炎疫情期间，党员们通过中国初级卫生保健基金会等渠道累计捐款1.97万元。每年定期组织党员参与“党费一月捐”活动，全年向苏州前进慈善基金捐款7000元。探望和关爱市福利院孤残儿童，结对帮扶双凤镇、沙溪镇等地贫困家庭、贫困学生。持续开展精准扶贫，启动陕西省周至县对口帮扶计划，农村农业界党员与各地专家实地考察研究，向种植大户、务农群众等普及最新农业生产技术，推进循环农业、校企合作等项目发展，带动各界别党员助力乡村振兴，延伸社会服务纵深度。

（顾　阳）

九三学社太仓市支社委员会

【概况】 2020年，九三学社太仓市支社委员会（以下简称“九三学社太仓支社”）共有社员29人，其中太仓市政协委员3人。年内，王文华被九三学社江苏省委评为2020年度组织建设先进个人。九三学社太仓支社被九三学社苏州市委评为2020年度宣传工作先进集体、2020年度参政议政先进集体，苏青青获2020年度参政议政先进个人一等奖，王海燕、杨琳华获2020年度参政议政先进个人二等奖，周奕、任友媛、苏清波获“2020年度宣传工作先进个人”称号。王文华、苏青青获市委统战部通报表扬。

【组织建设】 2020年，九三学社太仓支社本着“立足本职、发挥特长、全员参与、奉献爱心、服务社会”原则，打造与“九三精神”相统一的支部特色，打造“特色支部”示范效应链，把“九三同行”公益性品牌打造成特色鲜明、主题突出、内涵丰富、社会认可的九三支部品牌。全年共发展新社员4人。在市委统战部“特色支部”创建活动中被评为三等奖。

【参政议政】 2020年，九三学社太仓支社围绕社会经济发展、民生热点问题开展调查研究。开展《关于推进智能化转型升级破解传统制造业发展难题的建议》《太仓智慧小区建设现状和发展路径研究》《关于知识产权服务业高质量发展路径研究》《关于服务区域经济发展构建现代职业教育体系的建议》等课题研究，其中中标九三学社苏州市委参政议政调研课题1个，中标市委统战部党派领题调研项目3个。调研交通建设情况，“两会”期间共提交提案4件。在2020年苏州市政协上的提案《加快推进苏州一体化进程，更好融入长三角一体化国家战略的建议》获苏州市领导关注。在市委统战部2020年度各党派、统战团体领题调研课题中获二等奖、三等奖、鼓励奖各1项。

【社会服务】 2020年，九三学社太仓支社社员投入抗疫、防疫、治疫各项工作中，坚守岗位，助力抗疫。据不完全统计，全体社员向援助新冠肺炎防控项目捐款捐物累计1万元。年内，九三学社“健康同乐”科普讲座继续开讲，开展“健康同乐”送医进社区活动。

（苏青青）

群众团体

太仓市总工会

【概况】 2020年，太仓市新建工会组织102家，其中独立工会53家，联合工会3家，覆盖工会46家。新增工会会员6249人，其中新增农民工会员3237人。全市累计建会2577家，其中独立建会2285家，联合建会292家，覆盖单位1.13万家。累计会员数28.57万人，其中农民工会员11.46万人。年内，市总工会落实工会组建“百日攻坚行动”，扩大工会组织覆盖面。加强基层规范化建设，开展“职工之家”示范建设。以“双亮”（工会组织亮牌子、工会主席亮身份）、“三公开四统筹”（“三公开”指工会组织公开职责、工会干部公开身份、工会工作公开服务项目，“四统筹”指非公企业党、工组织组织统筹建立、人员统筹配置、活动统筹开展、保障统筹落实）等活动为载体，推进基层工会规范化建设。落实浏河镇非公企业改革试点工作。做好非公企业工会主席在职岗位补贴工作。强化“互联网+”工会建设，完善工会综合服务管理平台，增加线上互动活动，增强网络宣传吸引力。加强工会干部队伍建设，利用各级工会阵地，分层分类开展工会干部培训，全年共举办各级各类工会干部培训班43期，培训人数2693人次。

【职工思想引领】 2020年，太仓市总工会深化“中国梦·劳动美·幸福路”主题宣传教育，升级“职工大讲堂”，定制课堂宣教内容。依托省级职工网络素养教育基地建设，与市委网信办联合实施“太仓市职工网络素养提升计划”。通过“太仓职工微家园”微信公众号开展文明防疫复产知识竞赛、“学习强我·法治同行”工会劳动法律知识竞赛、中共十九届四中和五中全会精神宣传和线上知识竞赛、“好书分享·快乐共享”主题阅读活动。突出非公经济组织等重点领域和农民工、青年职工等重点群体，加强心理疏导和人文关怀，增强工会思想政治工作的亲和力、感染力、凝聚力。

【劳模选树服务管理】 2020年，太仓市总工会贯彻中共中央总书记习近平在2020年全国劳模表彰大会上的重要讲话精神，掀起弘扬劳模精神、劳动精神、工匠精神热潮。结合在新冠肺炎疫情抗击过程中涌现的各类战疫职工典型，推出“疫情防控·劳模在一线”“战疫线上巾帼红”等线上专栏，推动劳模精神宣传深入职工群众。开展劳模先进推荐评选活动，推荐并获评全国劳动模范1人，省五一劳动奖章1人、荣誉奖章1人，苏州市五一劳动奖章25人、荣誉奖章1人；省五一劳动奖状1家、工人先锋号3家，苏州市五一劳动奖状6家、工人先锋号14家。发放劳模“三金”（特殊困难帮扶金、低收入生活困难补助金和春节慰问金）及荣誉津贴等总计77.5万元。参与苏州万名“最美劳动者”推荐活动，推荐评选各行业劳动者850人，激发广大职工干事创业热情。

【产业工人队伍建设改革】 2020年，太仓市总工会贯彻落实《新时代太仓产业工人队伍建设改革实施方案》文件精神。履行产改办职责，牵头制订责任落实分工表，明确推进改革的实施细则和配套措施。召开太仓市产业工人队伍建设改革联席会议暨工作推进会并开展实地现场调研。调整联席会议组成人员，研究解决改革过程中重点难点问题。协调落实苏州市产改试点工作。制订《太仓产业工人队伍建设改革试点工作方案》，明确产改项目试点地区、部门和试点工作内容13项。建立产改观察员制度，听取职工对产改工作的意见建议并及时回应解答。推进产业工人赋能成长，加强培训基础能力建设，成立上海工匠学院太仓分院，建立太仓市第一批产业工人赋能站，涵盖精密机械、汽修、生物制药、数控、信息技术等工种。

【职工素质提升】 2020年，太仓市总工会在全市重大项目、重点产业和新经济新业态中举办立功竞赛、防疫税务优惠等市级劳动竞赛10余项、技能比武50余项，带动全市50多个行业举办各类竞赛超百场，参赛职工10余万人次。与相关部门联合开展第二届太仓市职业技能大赛，竞赛项目涵盖机电一体化、工业机器人、服装定制等工种12个。培育省级劳模工作室1家，苏州市级劳模工作室18家，太仓市级劳模工作室25家。全市职工提出合理化建议3300余条，技术革新成果1300余项，创造经济价值15亿元。开展电工、焊工培训4期和送教进企19期、班组长培训15期，参加职工2000余人次。与苏州健雄职业技术学院合作，在中化霍尼韦尔、旭川化学、昭衍（苏州）新药研究中心等企业开设新材料、生物医药等产业工人培训班。开展农民工“求学圆梦行动”，补贴金额12万元。

【安全生产责任落实】 2020年，太仓市总工会健全劳动保护工作体系。以工会安全生产专项整治行动为抓手，开展以工会安全生产专项行动非常“6+1”竞赛、“安康杯”竞赛、线上线下“安康课堂”、“我为安全生产献一计”、职工安全隐患“随手拍”为主要内容的群众性安全生产活动，参与企业2000余家。开展劳动保护监督检查440次，提出整改意见1200余条。夏季“三送”（送清凉、送安全、送法律）走访企业和工地509家，发放防暑用品115万元和宣传资料8万份。参与安全生产事故调查11起。

【工会助力文明城市创建】 2020年，太仓市总工会结合文明城市创建，开

2020 年 9 月 20 日，第二届太仓市职业技能大赛服装定制技能竞赛开赛
（程　杰摄）

展群众性精神文明创建活动。开展文明城市创建主题宣传周活动，发出文明创建倡议书。依托“太仓职工微家园”微信公众号举办文明创建知识有奖问答，发放红包 5 万元。举办“崇德向善 · 文明和谐”摄影大赛、“工声会读”等职工精神文明系列活动。联合市文明办、市委网信办和市公安局等相关单位，开展“文明交通”系列活动。结合夏季“三送”，慰问全市路段长单位 105 个。结合劳动故事征集和宣传、劳模思政“双进”（劳模工匠进校园、思政教师进企业）、职工大讲堂等活动，进企业、进工地开展文明城市创建主题宣传。开展“聚力文明、工会在一线”宣传整治行动，做好责任路段巡查和问题整改工作。

【工会助力复工复产】 2020 年，太仓市总工会结合工会实际做好“六稳”（稳就业、稳金融、稳外贸、稳外资、稳投资、稳预期）工作、落实“六保”（保居民就业、保基本民生、保市场主体、保粮食能源安全、保产业链供应链稳定、保基层运转任务）任务。新冠肺炎疫情期间，加强宣传引导，发放相关资料 1 万余份。开展疫情防控普法宣传进企业、工地专场活动 80 余场次。拨付抗疫专项资金 50 万元。各镇（区）总工会向一线人员赠送抗疫物资 10 万件。指导全市 70 多家企业依法履行“申请实行综合计算工时工作制”。

【和谐劳动关系建设】 2020 年，太仓市总工会加强劳动争议预警调处，信访办结率 100%。获评和谐企业 36 家。培育厂务公开民主管理示范单位 10 家，获评省厂务公开民主管理先进单位企业 4 家。获评苏州市集体协商质效评估三星级企业 21 家。签订集体合同企业 1984 家。开展集体协商业务培训 10 余场。

【职工合法权益维护】 2020 年，太仓市总工会进企业、进工地、进园区开展“尊法守法 · 携手筑梦”服务农民工公益法律服务行动、“春风行动”助力农民工返乡系列法律援助等各类普法活动 50 余场次，覆盖职工 2 万人。建立职工法律援助中心 1 个、中心站 9 个。

【服务职工体系完善】 2020 年，太仓市总工会向驰援湖北的医护人员每人发放慰问金 9000 元。面向 1100 名抗疫一线职工开展疗养休养活动。推出苏工惠 App 太仓市总工会专场。抓好职工（劳模、工匠）创新工作室、安康驿站、职工书屋等服务载体动态管理，打造城区“10 分钟服务圈”。建成苏州市“妈妈驿站”示范点 94 家。通过官方微信宣传推广工会创业贷并开展专题培训。按期保质做好新工人文化宫建设。（陈　怡）

中国共产主义青年团太仓市委员会

【概况】 2020 年，太仓团市委贯彻落实市委、市政府及上级团组织决策部署，以“凝聚青年、服务大局、当好桥梁、从严治团”为工作导向，团结引领广大团员青年投身经济社会高质量发展，各项工作取得新成效。截至年底，

2020 年 9 月 16 日，太仓市总工会举办“文明共建奔小康”主题宣讲活动
（俞　玲摄）

太仓团市委共有下级组织 2532 个，其中团委 42 个、团工委 9 个、团总支 45 个、团支部 2261 个、毕业生团组织 175 个。全市有区镇街道团委 11 个，学校领域团支部 709 个。团员团干部总数 29818 人，其中党政机关 1997 人、事业单位（不含公立学校）1282 人、普通高等院校 289 人、职业教育学校 3720 人、普通高中 2462 人、初中 851 人、小学 468 人、国有企业 587 人、集体企业 238 人、非公企业 10136 人、新社会组织（不含民办学校）91 人、城市社区 3630 人、农村 4040 人、其他 27 人。

【青少年思想引领】 2020 年，太仓团市委坚持以思想政治引领为主线，把青年凝聚在党的周围，壮大主流意识形态，推进“青年大学习”行动，推送主题学习 23 期，参加人数超 36 万人次，开展太仓青年思想动态大调研，形成《聚焦青年问题，促进青年发展》专题调研报告。建活用好“两微一网”团属新媒体平台，“七彩阳光 · 青春偕行”微信公众号粉丝数量突破 7.6 万人。承办江苏省暨苏州市网络安全宣传周“青少年日”主题活动。持续增强社会主义核心价值观引领作用，举办纪念“五四运动”101 周年暨庆祝建团 98 周年主题团日活动，参与青年代表 200 人，举办“弘扬三大法宝、再创火红年代”新时代大家说活动 3 场。围绕“诚信建设”“爱国爱党”等主题开展各类“青春微聚会”活动 500 场，举办“诵读学传”活动 30 场，市实验小学获评江苏省中小学“诵读学传”工作示范校。选树创新创业、抗疫奉献等领域好青年 51 人，获评“江苏好青年”2 人。青年思想阵地拓面提质，建成青年学习社 42 家，其中苏州市级青年学习社 10 家、学习线路 1 条。挖掘各领域先进青年典型，选优配强青年讲师团队伍，其中江苏省青年讲师团 1 人、苏州市青年讲师团 2 人。开展“绽放战疫青春 · 坚定制度自信”等主题宣讲 400 场，覆盖 3 万人次。“新农菁英”等亮点工作被《人民日报》《中国青年报》等媒体报道 6 次，“学习强国”苏州平台录用 10 次。

【青年创新创业】 2020 年，太仓团市委深化“郑和杯”中德青年创新创业大赛，扩大分赛区规模，吸引海内外参赛项目 300 个，现场达成意向落户签约项目 5 个。举办第二届青年乡村振兴创业创新大赛，深化“青春四进 · 建功乡村”行动，推动青商企业、金融资本、青年人才和青年风尚进乡村，引导青年企业参与“万企联万村”。开展“手绘乡村”专项行动，改善农村人居环境。依托网络平台，农产品“直播带货”销售额超 13 万元，“新农菁英贷”累计发放贷款超 16 亿元。深化与贵州省玉屏团县委共建交流，落实未成年人关爱、青年企业家创新创业等重点结对帮扶项目 10 个。与灌南团县委、灌南青商会签订合作备忘录，建立常态化交流合作机制，加强产业对接和工作联络。

2020 年 10 月 23 日，共青团太仓市第二十一次代表大会在市行政中心召开
（团市委供稿）

【青年志愿服务】 2020 年，太仓团市委发挥“青年突击队”作用，参与卡口执勤、社区排摸、联系企业等青年 500 人，协助新冠肺炎疫情防控和复工复产。募集抗疫慈善捐款 58 万元，号召青年无偿献血。开展“U+ 展翅”“春风行动”和优秀大学生暑期实习等就业帮扶活动，参与企事业单位 130 家，提供工作岗位 1200 个、实习岗位 199 个。发扬青年文明风尚，获评市级“青年文明号”单位 15 家，青年创益大赛获评 2020 年太仓市“政社互动”优秀创新项目。深化“创全国文明城市 · 太仓青年在行动”主题实践活动，组织青年开展路长制巡路、垃圾分类、光盘行动、“河小青”共建幸福河等志愿服务，全年服务总时长超 2 万小时。

【青少年发展环境优化】 2020 年，太仓团市委把服务青年作为根本出发点，满足青年对美好生活的向往。健全青年发展工作机制，建立太仓市青年工作联席会议制度，落实 2020 年度青年发展重点工作，突出青年需求导向，优化服务青年发展环境。开展“共青团与人大代表、政协委员面对面”活动 10 场，参与人大代表政协委员 85 人，反映青年诉求，形成调研报告 1 篇，覆盖青年 150 人次。维护青少年合法权益，创新“网格化 + 权益”工作，完善入库青少年信息，走访关爱重点青少年 290 人，设置智慧预警派单，形成个案线上闭环流转机制，该项工作获全省推广。“青春偕行 · 筑梦飞扬”青少年普法获太仓市四星级普法品牌。实施“检爱护航”检察院驻院社工、“青柠檬”青少年禁毒等项目 8 个。擦亮服务青年品牌，升级优化青年文化交友平台“太友 i”，举办“娄城夜太美 · 缘定盛夏时”青年交友汇，常态化开展“青春邀约”活动 15 场。深化“青年之家”建设，发布青年文化活动166场，累计覆盖青年超6500人次。

【基层团组织建设】 2020年，太仓团市委巩固团的基层基础，召开共青团太仓市第二十一次代表大会，选举产生新一届委员会，基层和一线代表比例明显提高，增强团的广泛性和代表性。实施非公团建"达标创优"计划，全年新增非公企业团组织480家。制定"磐石工程"攻坚年实施细则，系统推进基层团建重点工作。运用"智慧团建"系统，落实"三会两制一课"（支部大会、支部委员会、团小组会，团员教育评议制度、团员年度团籍注册制度和团课）制度，规范各区镇（街道）团组织团费收缴和管理工作。加强团干部队伍建设，选优配强团干部队伍，举办"学习新思想，争当青先锋"2020年度基层团干部能力素质提升班，覆盖全市基层团干部290人。建立联青服务站11家，开展集中服务日活动45场，走访事实孤儿30人、重点青少年273人、企业155家。探索建设团代表联络站，进站市级团代表10人，省级团代表1人。加强团员先进性教育管理，推进"双积双评"积分入团工作全覆盖，落实"十步骤三公示六必须"，从严把控团员发展程序关、材料关，定期抽查团员发展合格率。加强"学社衔接"毕业学生团组织关系线上转接，学社衔接率99.2%。常态化开展团员主题教育活动，引导团员把政治先进摆在首位，表彰先进团员，落实"推优入党"制度安排。

（崔贤朕）

太仓市妇女联合会

【概况】 2020年，太仓市各级妇女组织学习贯彻中共中央总书记习近平关于妇女工作的重要指示精神，贯彻落实省妇女十三大、苏州市妇女十四大精神，把党建带妇建贯穿始终，做好引领服务联系，做大妇联传统工作品牌，推动县级妇联改革活力。截至年底，全市共有镇（区）妇联（妇工委）11个，村（社区）妇联151个，机关部门妇联、妇工委（妇委会）48个。

【妇女宣传教育】 2020年，太仓市妇联开展"三八"国际妇女节系列网络宣传服务活动，在主流媒体、妇联官微推出专版专题，通过"书记寄语""娘家人的一封信""抗疫典型宣传"等形式，激励妇女立足岗位、争做最美巾帼奋斗者。举办第11届家庭文化艺术节，围绕七大主题，开展"城文明·家幸福"家庭才艺大赛、"小康路上我的家——晒晒我家的幸福生活"短视频征集等群众性文化活动。培树省抗疫最美家庭1户、省五好家庭1户，新增苏州级最美家庭、农村文明户标兵等22户，表彰太仓市第二届文明家庭50户、太仓"最美家庭"20户及各类特色家庭100户。联合市纪委等部门，打造太仓市级家风馆，开展"清风颂廉"家风故事诵读活动。长三角区域（嘉昆太）家风家训宣讲团开展好家风好家训"云"宣讲活动，在《太仓闲话》栏目推出家风家训故事20期，推动形成社会主义家庭文明新风尚。

【妇女创业就业】 2020年，太仓市妇联紧扣全市统筹推进新冠肺炎疫情防控和经济社会发展要求，深化政企对接，走访女企联会员企业并召开复工复产座谈会5场，做好惠企政策宣传和跟踪服务。联合相关部门举办第二届太仓市新时代女性创新创业大赛，吸引参赛项目108个，择优推荐参加G60九城女性创业项目大赛、长三角女性创新创业大赛。搭建校企、银企合作平台，联合上海第二工业大学举办"乘风破浪、智创未来"沙龙活动，实现高校技术成果和女企联企业对接互动。联合金融部门开展"巾帼荣誉贷"，为获得巾帼建功标兵、三八红旗手等荣誉的优秀女企业家和创业女性提供金融服务，把政策红利转化为经济活力。深化"巾帼文明岗"创建，推荐省岗1个，新命名太仓岗36个，选树省三八红旗手1个、苏州市巾帼建功标兵1个、太仓市巾帼建功标兵33个。召开农村女致富带头人座谈会暨"乡村振兴·巾帼行动"现场推进会，加大巾帼新农人培育力度，太仓市林港农场专业合作社获评省级巾帼示范专业合作组织。联合市农业农村局开展美丽庭院、美丽菜园建设，举办"美丽庭院"建设专题培训班、现场推进会，开展摄影和征文比赛，选树苏州级、太仓级"美丽庭院"示范户340户，璜泾镇杨漕村获评省"美丽家园"示范村，1个家庭获评苏州市"十佳"美丽庭院称号。

【妇女儿童合法权益维护】 2020年，太仓市妇联创新维权服务实践，融入全市"大数据+网格化+铁脚板"治理模式，推动妇女儿童维权工作与网格化社会治理深度融合。实施"关爱

2020年6月14日，太仓市纪委、市文明办、市妇联联合举办长三角区域（嘉昆太）好家风好家训"云"宣讲暨太仓市第11届家庭文化艺术节开幕式

（市妇联供稿）

2020年11月23日，太仓市平安家庭建设现场会暨"舞妈舞爸"平安志愿队广场舞大赛在市体育馆举行（市妇联供稿）

民生法治行"项目，举办"和谐家庭'一村一讲'法治行"主题宣讲68场次，走进《相逢·问策》栏目专题解读《苏州市妇女权益保障条例》，建立市级妇女议事会示范点10个。联合市司法局成立家事法律服务中心，联合市人民法院成立"护家"家事调查中心，联合市卫健委成立家事心理服务中心，协助调查审理家事案件21件次。联合市公安局、市联动中心建立特殊人群走访平台，把有家庭暴力出警记录尤其是开具家暴告诫书的家庭列入重点关护对象，组织村（社区）妇联干部、综治网格员走访排查370多户。"维权天团C位出道，家事服务芳华盛绽"维权创新工作在2020年全省妇联系统交流推广。深化"平安家庭"创建，举办"舞妈舞爸"广场舞大赛、女性社区矫正对象技能培训班，发挥市妇女权益维护服务中心作用，市级累计处理来信来访来电62件次。

【妇女儿童实事项目】2020年，太仓市妇联召开全市妇女儿童工作会议，加强妇女儿童发展统计监测和评估，接受省、苏州市妇儿发展纲要规划终期评估督查。开展"娘家人暖心服务行动"，为全市42名援鄂医护人员家庭送"暖心菜""暖心包""暖心话"，链接各方资源提供关心关爱服务。继续实施"萱之爱"贫困妇女"两癌"（乳腺癌、宫颈癌）救助项目，1名妇女获全国妇联救助金1万元。深化"康乃馨"单亲贫困母亲关爱行动、"希望妈妈"帮困助学行动，赴陕西省周至县开展爱心助学捐赠和对口帮扶交流活动，牵手爱心企业为548名贫困学生提供爱心衣物、学习用品价值12万元和助学金5万元。召开太仓、玉屏两地妇联"太仓妈妈"帮困助学项目座谈会，玉屏妇联向太仓妇联和璜泾镇女企业家协会赠送锦旗，玉屏学子向"太仓妈妈"寄送感谢小视频、感谢信、感恩小报等，"太仓妈妈"常态化资助周至、玉屏两地贫困生231人，提供助学金23.16万元。推进儿童友好公园、儿童友好示范社区建设，指导新建儿童乐园和母乳哺育室4个。

【家庭教育】2020年，太仓市妇联着眼立德树人目标，完善覆盖城乡的家庭教育指导服务站点建设，开展村（社区）家长学校规范化建设专项督查，推动服务下沉基层、做深做实。举办第三届儿童绘本"故事达人"大赛，开设"好家风好家训"电视专栏、家教直播室，开展父母沙龙、父母成长课堂等活动26场次，实施"陪伴孩子健康成长"家教普及、"阅读起跑线"亲子阅读等微创投项目，线上线下普及科学家教知识。开设"家庭教育"微信专栏，定期推送疫情期间亲子关系处理、如何引导孩子上网课等知识，打造"家教在身边"云服务平台。选树"新时代好少年"10人、"优秀小公民"55人、"文明小义工"20人。

【巾帼志愿服务】2020年，太仓市妇联全方位融入全市新时代文明实践中心试点建设工作，在基层妇联组织开展"十百千万"巾帼新时代文明实践点建设项目，依托市、镇、村（社区）和"妇女微家"四级巾帼新时代文明实践基地，实施思想政治引领"她宣讲"、家庭文明建设"她文明"、困境群体帮扶"她关爱"、乡村振兴助力"她发展"、权益维护保障"她平安"五大行动，举办新时代女性大讲堂157场，开展近千次巾帼志愿活动，服务妇女儿童2万人次，培育"法护家""泾心为你"等巾帼新时代文明实践特色项目品牌20个。市妇女儿童活动中心入选首批"太仓市新时代文明实践示范点"。联合共建社区、企业开展"党建引领新时尚·文明创城巾帼行"主题宣传实践、"娄城飞燕进万家"等活动，下发文明创城倡议书，常态化开展环境整治、文明劝导、创建宣传等巾帼志愿服务，助力全国文明城市创建，当好垃圾分类、绿色低碳、移风易俗的宣传者和实践者。

【妇联组织建设】2020年，太仓市妇联实施"县级妇联改革活力提升计划"，推进"四新"（新领域、新业态、新阶层、新群体）妇联、妇女微家建设，指导太仓海关、市民政局等单位新建改建妇联，落实妇女代表联系制度和常委、执委工作制度、妇联执委轮值主席制度。开展妇联系统风险隐患防范化解专项整治行动，举办基层妇女干部培训班，以项目领办激发执委履职活力。建立网站和微信公众号信息审核发布管理制度。实施第四届妇女儿童家庭公益微创投项目8个，开展活动140多场次，服务妇女儿童3984人次。

（顾　燕）

太仓市文学艺术界联合会

【概况】2020年，太仓市文联坚持文艺"二为"（为人民服务、为社会主义服务）方向和"双百"（百花齐放、百家争鸣）方针，履行团结引导、联络协调、服务管理、自律维权职能，带领广大文艺工作者围绕中心、服务大局，开展各项文艺工作。年内，全市晋升国家级会员6人，晋升省级会员13人，晋升苏州市级会员14人。全年出版文艺专著16部，获苏州市级以上奖项近540件，省级以上发表、入选、入展作品430余件。市文联获评苏州市文联系统优秀集体，市摄影家协会、浏河镇文联获评苏州市文联系统优秀基层组织，太仓江南民间现代诗歌馆、青少年活动中心小百灵合唱团获评苏州特色文艺创作基地。

【文艺方向把握】 2020年，太仓市文联坚持党对文艺工作的绝对领导，把学习贯彻习近平新时代中国特色社会主义思想作为首要政治任务，团结引领广大文艺工作者听党话、跟党走。组织文艺家参加全国文联系统干部增强“四力”（脚力、眼力、脑力、笔力）网络培训班，选拔人员参加江苏省文联、苏州市文联组织的培训活动，举办太仓百名文艺人才培训班等，组织学习习近平新时代中国特色社会主义思想等，抓好理论武装。太仓文艺人才培训班项目被列为苏州文艺大讲堂共建二类项目，分期分批培训全市文艺家200人。市文联深入协会、美术馆座谈调研，走访艺术家，宣传中国特色社会主义制度优越性，班子成员带头上党课，形成《学习贯彻十九届五中全会精神，全面推进文化强市建设》等调研文章。

【文艺主题活动】 2020年，太仓市文联发挥组织优势和人才优势，在服务中心大局中展现新作为。围绕抗击新冠肺炎疫情，市文联组建防疫志愿队伍，深入社区开展防疫工作，组织艺术家创作文艺作品600余件，向抗疫一线捐赠作品500多件。5月28日，由江苏省书协、苏州市书协、太仓市文联、太仓市卫健委、娄东街道办事处等主办的“文艺进万家·健康你我他”——到人民中去文艺志愿服务主题活动暨致敬抗疫一线医护工作者和脱贫攻坚奔小康建设者书法志愿笔会在太仓美术馆举办。书画家们现场创作书画作品20幅，把作品捐赠给医护工作者和脱贫攻坚奔小康建设者。编印《金太仓》杂志和娄东文艺专版，策划编辑抗击疫情文艺特刊。围绕“夜经济”，组织天镜湖演唱会、江南丝竹纳凉晚会、艺术夜沙龙、“夜游美术馆”主题特色展览等活动30余场次。围绕小康主题，组织摄影图片展，开展文化扶贫，举办“太仓——周至摄影展”、灌南文艺（文学）扶贫交流活动、“援建初心·筑梦初心”主题活动和慰问脱贫攻坚奔小康建设者等活动。完善美术馆创建设施，发挥美术馆文明窗口展示作用。组织开展楹联、摄影图片展进社区等活动，宣传文明礼仪，营造城市文化和文明氛围。以文艺的形式对接融入长三角区域一体化发展。太仓美术馆加入长三角地区美术馆联盟，成为25家联盟单位之一。太仓音乐家协会加入长三角城市合唱联盟。太仓戏曲家协会举办长三角一体化建设文化交流系列活动，先后与上海滑稽剧团、上海越剧团、上海京剧院、上海独脚戏艺术中心、上海文艺事业发展中心等合作演出。太仓书法家协会、太仓美术家协会、太仓民文家协会、太仓摄影家协会等相继与长三角各区市以及相关单位交流合作，举办“嘉定、昆山、太仓”书画联展、“我身边的小康”嘉昆太老干部摄影展、“江浙沪娄东昆曲雅集”、楹联书法展等多项活动。承办国家级文艺活动，扩大影响，举办“江南画风”中国书画名家邀请展、“南宗新韵——江浙沪皖书画名家邀请展”等，新娄东画派焕发生机。举办第七届“太仓七夕杯”全国爱情诗大奖赛、“郑和杯”大美浏河全国摄影作品展等活动，逐步提高诗歌、微型小说、摄影、江南丝竹等一批本土文化品牌知名度。

【文艺精品打造】 2020年，太仓市文联抓住繁荣文艺创作关键点，加大人才培养力度，壮大文艺人才队伍，夯实文艺发展基础。新命名文艺家工作室18个，发挥文艺骨干示范引领、传习帮带作用。引导文艺工作者把作品作为立身之本，立业之基，推出更多温润人心、文质兼美的文艺佳作，把更多优秀人才集聚到文艺创作生产中，形成精品力作竞相涌现局面。郁文明、周舟获评苏州市文联系统优秀会员，陈静获评江苏省乡土人才“三带”能手等。一批文艺家作品在《小说选刊》《诗刊》《中国摄影报》《大众摄影》《中国儿童音乐》等重点刊物发表、在“学习强国”平台刊登；凌鼎年全年创作各类文学作品40多万字，发表120多篇；吴利明创作的歌曲《把秀发珍藏》获江苏省“五星工程奖”，2人作品入展；杨喜良、薛建国获第12届江苏省新人书法篆刻作品展优秀奖，4人作品入展；靳慧慧、李志炜获第三届江苏省文艺大奖·书法奖提名奖，3人作品入展；徐东油画《远眺岭上》获江苏省第七届新人美术作品展佳作奖；孙亚芬国画《享·课后》获“小康颂”第三届江苏美术奖作品展提名奖等；陈永明创作的锡剧小戏《吃里爬外》入选第二届江苏省戏剧小戏小品展演；陈静舞蹈作品《绵绵河水悠

2020年5月28日，“文艺进万家·健康你我他”——到人民中去文艺志愿服务主题活动暨致敬抗疫一线医护工作者和脱贫攻坚奔小康建设者书法志愿笔会在太仓美术馆举办
（市文联供稿）

悠情》入选江苏省第七届社会舞蹈展演2020年“戴爱莲杯”人人跳全国群众舞蹈展演江苏赛区选拔活动；何庆华、朱青等创作的微电影《蓝月亮》获第八届亚洲微电影艺术节最佳作品奖、江苏电视文艺奖三等奖等；摄影“太仓模式”经验在全国推广，在国家级展赛中获奖作品16幅，在省级摄影赛中获奖作品105幅。推出《太仓70年摄影作品精选》《太仓70年文学作品精选》等，反映太仓经济社会建设取得的成就。

2020年8月4日，太仓市举办首届“夜太美”江南丝竹纳凉晚会
（市文联供稿）

【文艺惠民】 2020年，太仓市文联开展文艺惠民活动，在打造文艺品牌上有新内涵。坚持开展万幅楹联进万家活动，累计为市民赠送春联近30万幅。参与省楹联研究会名家走基层活动，代表江苏联合举办“文艺进万家 健康你我他”文艺志愿活动、省作协文化惠民进太仓活动等。开展“我们的中国梦”——文艺惠民系列活动，组织各文艺家协会举办戏曲演唱会、音乐会、传统文化进校园、娄东戏台、太仓乐坛、舞林会友等活动近百项，深受群众欢迎。探索线上文艺活动新模式，推出线上书画展览、线上文艺培训，利用网络开展纪念中国人民抗日战争暨世界反法西斯战争胜利75周年戏曲专场演出等活动。各镇文联文艺志愿服务形式多样，城厢镇文联开展“文化进乡村·幸福奔小康”“古韵城厢”等活动，突出公益性、参与性；沙溪镇文联开展“走进诗意沙溪”“乡愁诗韵”等活动，体现古镇沙溪古韵新风；浏河镇文联开展“摄影进农村，暖心全家福”公益拍摄、“江南画风”等文艺活动，提升群众幸福感、满意度；璜泾镇文联开展“幸福璜泾·文化惠民”送春联、送福、送书、送戏等活动；双凤镇文联弘扬中华优秀传统文化，开展“我们的节日”系列文艺演出，丰富群众精神文化生活，双凤龙狮和双凤山歌打造成镇文联深化文艺项目建设中两张“文化名片”。12月17日，由江苏省作家协会主办，市教育局、市文联、市作家协会协办的省作协文化惠民进太仓活动举行。首站在太仓市第一中学举办文学讲座，为老师和学生代表赠书。举办诗歌文学沙龙，来自江苏省作家协会和全市作家协会的作家诗人们就诗歌创作进行学习和交流。

【文艺阵地拓展】 2020年，太仓市文联适应新形势下文艺家协会建设需要，建成太仓文艺之家，解决协会办公无场所、创作无场地、交流无平台问题。文艺之家地处南洋商圈内，总面积590平方米，内部办公室、会议室、创作室齐全，办公条件、活动条件成熟，是全市文艺工作者处理协会事务、创作展览交流的重要平台。加强对恒发摄影艺术馆、新天祥美术馆等民间艺术馆群、文艺家工作室指导。随着网络文学兴起，通过组织开展改稿会、讲座培训提升网络作家文学修养，引导他们为时代发展创作精品力作。太仓美术馆举办“笔墨描绘新征程·丹青助力再出发”苏州三市五区美术书法作品展等展览活动12项，全年接待观众3万人次。市文联全年推出《金太仓》文艺杂志4期、《娄东文艺》报4期，指导镇文联办好文艺期刊，发挥文化平台作用。更新太仓美术馆微信公众号、书法家协会微信公众号、摄影家协会微信公众号、恒发摄影网、江南楹联公众号、沧江吟社公众号等内容，做强网络文艺传播平台，提升线上宣传工作实效。

【娄东戏台】 2020年1月10日，“娄东戏台200期——名家与名票同台”专场在太仓大剧院举行。上海、南京、无锡、苏州等地著名戏曲名家钱慧丽、唐元才、小王彬彬、毛新琳、张爱华、张美华等与全市票友同台演出，戏曲表演唱《娄城戏台春满堂》、沪剧《大雷雨——自从你嫁到此地来》、越剧《孟丽君——君臣游苑》等节目上演。该期娄东戏台表彰上年度组织联络奖、热情参与奖等，激发戏曲爱好者参与热情。

【新年合唱音乐会】 2020年1月11日，“我和我的祖国”太仓市新年合唱音乐会在太仓大剧院举行。小百灵合唱团、福彩爱心艺术团、金秋合唱团、侨声爱乐合唱团、高新区爱乐合唱团、老年大学银翎合唱团等演唱《山楂树》《青海梦》等经典歌曲，全体演员合唱《我和我的祖国》。

【江苏省楹联研究会召开】 2020年1月11—12日，江苏省楹联研究会年度工作会议在太仓召开。市楹联学会作创建工作交流发言。会议采取经验交流与现场参观相结合方式，展现太仓楹联教育成果。对太仓创造性地指导开展楹联教育给予肯定。著名联墨家、省楹联研究会副会长刘云虎等4位书法家赴科教新城社区参与“我们的中国梦·文化进万家”——楹联名家走基层活动，为市民送春联。

【南宗新韵——江浙沪皖书画名家邀请展】 2020年11月26日，由太仓市文联主办，上海市江南书画研究院、太仓美术馆、太仓书画院、太仓市邢少兰艺术馆承办的“南宗新韵——江浙沪皖书画名家邀请展”在太仓美术馆举办，并召开娄东画派专题学术研讨会。该次展览展出太仓和沪浙皖50位书画名家作品100件，展现当代南宗书画新架构。

【海洋诗会助推诗坛“一带一路”创作】 2020年11月26—29日，由诗刊社、中国诗歌网主办，太仓市文联、浏河镇人民政府协办，太仓市诗歌学会承办的2020年海洋诗会暨第五届“一带一路”背景下的当代诗歌创作研讨会在浏河镇举行。全国各地的诗人、学者、评论家、刊物主编等20余人出席活动。诗人们聚焦新时代海洋诗歌，围绕互联网时代诗歌的创作与批评展开深入探讨。主办方编辑出版太仓海洋诗会五年诗选《大海之门即将打开》。

（蒋喜桔）

太仓市科学技术协会

【概况】 2020年，太仓市科协系统学习贯彻习近平新时代中国特色社会主义思想，助力复工复产，服务科技人才，开创科协事业新局面。年内，开展2018—2019年太仓市自然科学优秀学术论文征集评选，共收到论文204篇，评出一等奖10篇、二等奖30篇、三等奖51篇，获奖论文及作者由市政府发文表彰。市科协获评苏州市自然科学优秀学术论文评选工作优秀组织单位。截至年底，全市共有区镇科协9个，社区（村）科协158个，各类学会、协会、研究会26个，企事业单位科协32个，科技服务站、院士专家工作站和企业研发中心12个，注册科技志愿者2000人。太仓市被中国科协科普部评为2016—2020年全国科普示范县（市、区）总结评估优秀单位。

【“苏州科学家日”活动】 2020年，太仓市科协对接“苏州科学家日”相关政策举措，与中国科学院上海硅酸盐研究所研究员、中国科学院院士施剑林建立联系，为院士助力家乡发展打基础。配合2020年国际科学家苏州峰会召开，主动对接协调中国科学院上海硅酸盐研究所5名科学家出席峰会，施剑林作主题报告。峰会上，太仓市人民政府与中国科学院上海硅酸盐研究所签订《共建精准智疗创新基地框架合作协议》，聚焦生物医药大健康产业，打造“中国生物医药看苏州”品牌和具有全球竞争力的产业地标。施剑林、朱美芳等院士受聘为太仓市创新发展顾问。

【海智和离岸工作】 2020年，太仓市科协推进海智和离岸工作，把海智和离岸工作与服务对德合作相结合，主动对接并邀请中国资深外交官、前驻德国大使、中德友好协会会长史明德到太仓，推动太仓与中德友好协会建立联系。建成太仓首家中国科协（苏州）海外人才离岸创新创业基地海外工作站，培育智巢、英智汇等海外服务机构，开辟招才引才新渠道。与市科技局联合举办苏州离岸创新资源太仓行活动，邀请苏州离岸基地美国站、德国站、马来西亚站等8家苏州离岸基地海外站点、专服中心及区服中心的代表及部分海外人才项目到太仓对接，苏州科姆创企业管理有限公司与太仓港签订“人才直通车”协议。

【新时代文明实践服务】 2020年，太仓市科协开展新时代文明实践服务，全年发布活动4700项。市科协作为科技与科普服务平台牵头单位，注重科技志愿服务队伍建设。科技与科普志愿服务大队共有志愿者服务队伍12支，志愿者2000人。志愿者活跃在农村、社区、学校等基层，开展各类文明实践活动。太仓市科技志愿服务大队获评“2020年江苏省科技志愿服务队先进典型”。

【科技工作者服务】 2020年，太仓市科协举办“致敬科学家——太仓籍院士风采和邮票中的科学家”主题展览、“苏州科学家日”人才科技沙龙、“5·30”全国科技工作者日暨第八届吴健雄节等活动，营造尊重人才、尊重创造氛围。举办“企业研发项目和创新点的专利挖掘”知识产权、“抗疫情、化危机、保发展”企业云课堂等系列线上培训。在《太仓日报》开展“创新长河的娄东之光——走近苏州魅力科技人物”系列报道，宣传太仓优秀科技人才先进事迹。李振勇获评2019年度苏州魅力科技人物，陈宇豪获评2020年度江苏省企业“创新达人”，姜伟等3人获2020年度苏州市科协青年科技人才托举工程资助。实施《太仓市科协走访慰问科技工作者实施办法》，为常态化走访慰问科技工作者提供制度保障。

【科普信息化建设】 2020年，太仓市推进科普信息化建设，以中国科协的“科普中国”应用推广为新的科普工作起点，推动实施“互联网+科普”建设。全年注册科普员超7万人，传播科普知识46万次。太仓市科协被中国科协评为“2020年科普中国信息员队伍建设优秀单位”，“让伪科学无处可藏——科普中国推广行动”获评2020年度“典赞·江苏科技”十大科学传播事件。

【科普品牌建设】 2020年，太仓市科协加强科普品牌建设，科普宣传周和全国科普日期间，全市全民科学素质工作领导小组成员单位围绕科技方针政策、节约能源资源、保护生态环境等内容，举办活动729项，受益市民30万人次。市科协被中国科协评为2020年全国科普日活动优秀组织单位。新冠肺炎疫情期间，市科协争取上海市科协科普资源“科技战疫”——长三角疫情防控一体化专题巡展首站在太仓举办，累计参观人数近4000人次。

【科普阵地建设】 2020年，太仓市拓展科普阵地建设。太仓科技馆在新冠肺炎疫情期间推出线上原创科普视频“探奇”实验室——科学实验DIY系列活动30期，被中国科协科普部、中国科技馆评为“全国科学实验挑战赛优秀组织单位”。原创科普视频《“疫”探究竟》被省科协、省文明办、省科技厅、省新闻出版局、省广电局和江苏凤凰传媒评为“江苏省第11届优秀科普作品评选活动新媒体类三等奖”。全年策划开展“创梦工坊——深度看展

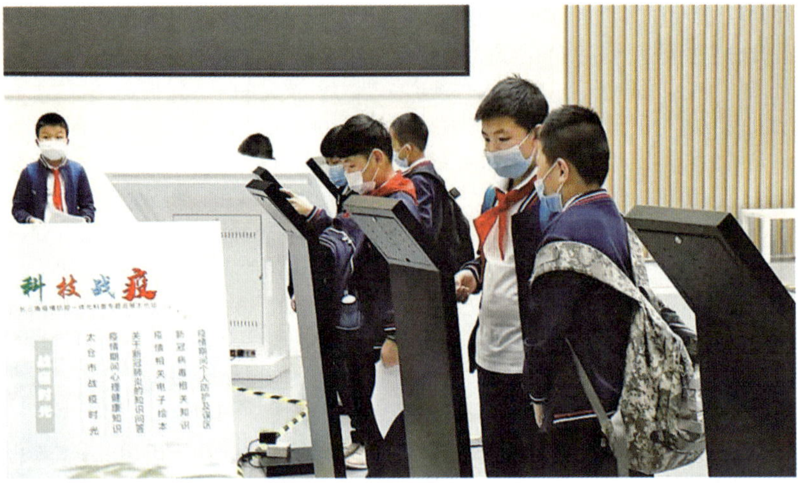

2020年5月25日，学生参观“科技战疫”——长三角疫情防控一体化专题巡展
（市科协供稿）

品”系列活动62场，中科健雄青少年创客基地活动77场。“大开眼界——魔术幻象”等主题临展参观人数超1.3万人次。“馆校合作”全年参与学校12所、学生6862人，该项目被省科普场馆协会评为“2020年度十佳科普品牌活动一等奖”。全年立项资助重点科普项目10个，新增江苏省科普教育基地2家、苏州市科普教育基地2家，命名太仓市科普教育基地6家。

（牛春艳）

太仓市归侨侨眷联合会

【概况】 2020年，太仓市侨联以中共中央总书记习近平关于侨务工作的重要论述为指导，按照上级侨联及市委要求和部署，团结归侨侨眷和海外侨胞，在服务经济发展、依法维护侨益、积极参政议政、弘扬中华文化、拓展海外联谊、参与社会建设等方面开展工作。年内，推进侨联改革，《太仓市侨联改革实施方案》经市委常委会讨论通过，厘清侨联工作思路和组织职能，创新协同联动工作机制，持续拓展侨联基层组织网络，建设适应侨需的多样化“侨胞之家”，提升为侨服务水平。12月16日，太仓15位侨界代表参加苏州市侨联“九代会”。12月24日，太仓市第七次归侨侨眷代表大会召开，选举产生新一届市侨联委员会和领导班子。年内，市侨联助力新冠肺炎疫情防控，联络太仓籍侨界知名人士、复星集团高级副总裁、复星旅游文化集团董事长兼总裁钱建农，捐赠太仓医用口罩5000只、医用防护服100件、防水防护服200件。联络侨资企业苏州华益美生物科技有限公司，捐赠检测试剂盒50套、价值35万元。联络侨联委员孙卫红，其海外亲属向市城管局一线人员捐赠口罩1800只和防疫服若干。

【侨界思想政治引领】 2020年，太仓市侨联依托“网上侨联”等联络服务手段，组织海内外侨胞和侨联委员干部学习贯彻中共十九大精神、习近平新时代中国特色社会主义思想，特别是中共中央总书记习近平关于侨务工作的重要论述，增进侨界群众思想认同和行动响应。召开侨联六届33次全委扩大会，组织侨联委员参加苏州侨务干部培训班，参与主办“我和我的祖国”2020年太仓市新年合唱音乐会。加强媒体合作，用好侨联网站、微信公众号，推动面向侨界的思想政治引领。

【侨界联谊工作】 2020年，太仓市侨联加强“太仓市侨联海外联络点”建设，密切与海外侨团、新侨专业人士沟通联系。重点打造“侨界知名人士太仓行”，把各种侨界资源汇聚到太仓，精准服务太仓发展。利用移动互联网加强对外联络，发展“太仓人在海外”微信群。通过匈牙利华侨何女士的联络，太仓与匈牙利布达佩斯十五区政府间协商建立友好城市事宜。新冠肺炎疫情发生后，太仓侨联协同市委统战部通过福建太仓商会筹集资金10万元，采购口罩5万只，捐至匈牙利布达佩斯。

【侨界文化交流】 2020年，太仓市侨联做响“亲情中华”文化工作品牌，苏州禾世木文化创意有限公司获批苏州市级“华侨文化交流基地”。4月28日，以网络直播形式举办“侨界娄东文化大讲堂”，邀请著名作家开展阅读交流讲座，给受到疫情影响的海外侨胞送去祖国和太仓人民的人文关怀。常态化建设侨声爱乐合唱团，活跃侨界文化社团建设。

【为侨服务工作】 2020年春节前夕，太仓市侨联驻会干部分组走访看望在太仓、上海、苏州的归侨侨眷和侨界代表人士，为他们送去党和政府的关怀和太仓侨联的祝愿。走访慰问归侨侨眷20余人次，发放慰问金1万元。连续七年在端午节前后，开展“颗颗粽子总关情、声声问候暖侨心”侨界大走访活动。提升“维权行动”实效，发挥侨界法律顾问的专业力量，在微信公众号开设学法专栏，为侨界群众提供法律咨询和服务。

（时海炜）

太仓市工商业联合会

【概况】 2020年，太仓市工商联贯彻落实中共中央总书记习近平在企业家座谈会上的重要讲话精神，紧扣“两个健康”（促进非公有制经济健康发展、促进非公有制经济人士健康成长）工作主题，引导民营经济人士坚定理想信念、动员商会企业参与疫情防控、发展商会组织体系、优化改善营商环境等。年内，筹建成立太仓市陕西商会、太仓市湖南商会，并吸收市智能制造行业协会、市汽车零部件行业协会团体入会。截至年底，市工商联共有下属基层商会37家，其中区镇商会12家，行业商会15家，异地商会9家，新一代企业家商会1家，会员企业近3200家。雅鹿集团股份有限公司入围2020年中国民营企业500强，位列第418位，并与香塘集团有限公司共同入围2020年中国制造业民营企业500强。

【思想建设】 2020年，太仓市工商联加强思想政治引领，引导基层商会学习贯彻中共中央总书记习近平在企业家座谈会上的重要讲话精神，鼓励企业家集中力量办好自己的事。组织学习《关于加强新时代民营经济统战工作的意见》，把广大民营企业团结在党的周围。联合市委统战部组织井冈山理想信念教育培训班，与《太仓日报》合作开展优秀民营企业、企业家系列报道，组织商会企业参与太仓市“我的小康梦”暨社会主义核心价值观主题微电影（微视频）活动，弘扬优秀企业家精神。

【组织建设】 2020年，太仓市工商联组织争创全国、省、苏州市“四好”（领导班子好、团结教育好、服务发展好、自律规范好）商会，抓好太仓“四好”商会创建工作。新推荐申报全国“四好”商会1家、省“四好”商会4家、苏州“四好”商会4家。以“四好”商会创建为抓手，提升全市商（协）会组织建设、服务效能。建立领导班子成员挂钩联系重点商会制度，市工商联领导班子成员分组带班挂钩联系，通过加入商会微信群、日常走访企业等形式，了解联系商会发展情况和日常重要事项，推动商会组织健康发展。坚持党建引领，与下属商（协）会党支部组织联合党日活动，推动党建与业务深度融合；党组成员与商会党支部建立支部工作联系点，与党员群众面对面交流，宣讲党的理论和路线方针政策。加强基层商会党组织建设，指导筹建成立福建商会党支部、河南商会党支部。太仓市安徽商会党支部获评太仓市社会组织“先锋党组织”。

【会员服务】 2020年，太仓市工商联畅通政企沟通渠道，明确企业家沙龙、微信群、政策直通车、信息直报等服务民营企业措施。牵头建立市工商联主席（会长）微信群、市工商联常执委企业家微信群，市委、市政府领导加入微信群，倾听企业意见、建议。举办民营企业家沙龙10期，参加企业家194人，累计收集意见建议149条，均协调转办。开展常态化法律服务。聘请法律顾问帮助企业梳理法律问题，与市司法局联合下发《关于组织开展“千所帮万企”专项法律服务活动的通知》，与市人民检察院沟通反馈办理企业家诉求和意见建议。与市税务局合作搭建线上“纳税人之家”，扩大征纳沟通交流渠道。举办中德合作专题沙龙，推动民营企业与德资企业代表融合交流。开展融入上海工作，签订嘉定太仓两地工商联共建协议，助力放大沪太“同城效应”。

2020年9月14—18日，太仓市民营企业家理想信念主题教育培训班在井冈山举办 （市工商联供稿）

【参政议政】 2020年，太仓市工商联提升建言履职水平，做好政协工商联界别大会发言和集体提案工作。开展工商联参政议政小组活动、“有事好商量”——用心倾听企业呼声协商议事活动。开展民营企业调查点工作，组织调查点企业开展涉及企业运营情况、全市营商环境情况等问卷调查7次。做好规模民营企业调研和民营经济发展报告组稿工作。开展“百企”走访调研工作，把调研重点下沉到一线会员企业，畅通建议意见收集上报渠道。履行社会责任。加强与对口的陕西省周至县、贵州省玉屏县和宁夏回族自治区灵武市三地联系，组织动员商会、企业通过消费扶贫、产业对接、项目扶贫等形式开展工作。市安徽商会、市建筑行业协会分别向贵州省玉屏县捐赠消费扶贫资金10万元；市港区商会向贵州省玉屏县文旅农投资有限责任公司捐款5万元，市房地产行业协会为长华村捐款5万元用于产业扶贫发展。市天熙房地产有限公司、市建筑行业协会分别捐款5万元，用于陕西省周至县“佳家美光彩超市”项目启动。各商会坚持开展助学、助贫、敬老等公益活动，履行社会责任。据不完全统计，捐款捐物总额超74万元。

（施燕秋）

太仓市残疾人联合会

【概况】 2020年，太仓市巩固残疾人扶贫脱贫成果，补齐残疾人基本公共服务短板，深化残联组织改革，提高服务残疾人能力和水平，推动残疾人事业高质量发展。年内，市残联被省人社厅、省残联评为“全省残联系统先进集体”。截至年底，全市共有持证残疾人10035人，其中肢体残疾人5431人，精神残疾人1316人，智力残疾人1199人，视力残疾人920人，听力残疾人558人，言语残疾人52人，多重残疾人559人。全年处理残疾人来访来信诉求，为残疾人解答调处问题。解答电话咨询526人次，接待残疾人来访305人次，收到来信19件（含市综治联动平台办件），办结率100%；为3名残疾人在诉讼过程中提供法律援助服务。

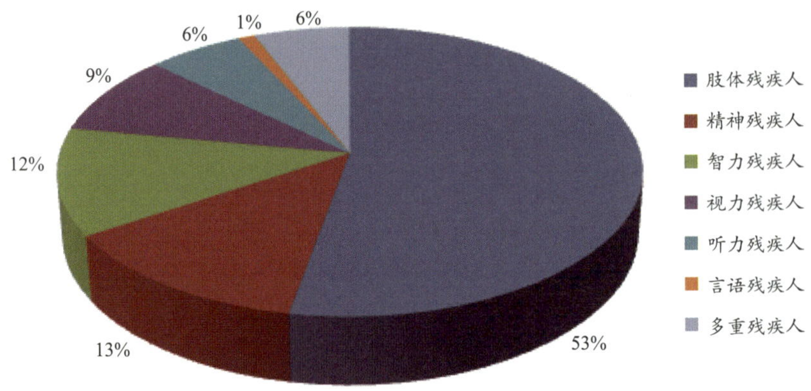

图 6　2020 年太仓市持证残疾人比例图

【残疾人就业增收】 2020 年，太仓市推进“残疾人之家”建设，增强就业服务能力。搭建残疾人就业“云服务”平台，开辟线上绿色服务通道。为 116 名残疾人发放新冠肺炎疫情期间辅助性就业补贴 3.42 万元，取消奖励年限和使用的残疾人户籍限制，发放用人单位按比例安排残疾人就业补贴和超比例奖励。实地指导“残疾人之家”分批次、分步骤、有序复工，举办“防疫知识进残疾人之家”系列培训，加强机构规范化建设管理。全市 27 个“残疾人之家”实现镇级全覆盖并延伸至村（社区）。推出定制服务，强化培训实效。引入社会专业力量，以市场需求为导向，用赛训结合方式为 110 名残疾人开展 3D 打印、新娘彩妆、盲人按摩等技能培训，其中被京东网站录用 1 人。采用“一对一”私人定制方式，联合举办残疾人电商创业培训和首届网络主播大赛，让残疾人了解、学会和应用直播。掌握精准数据，落实惠残政策。开展“两项补贴”（困难残疾人生活补贴和重度残疾人护理补贴）专项核查工作，做好 6493 名残疾人享受困难残疾人生活补贴和重度残疾人护理补贴审核工作。为 1766 名残疾人发放普惠制慰问金 176.6 万元。为 1915 名重度残疾人缴纳社保补贴 502 万元；为 492 名智力、精神（三、四级）无业残疾人缴纳社保补贴 86.5 万元。为 89 名智力、精神（三、四级）残疾人发放生活补贴 48.3 万元。为 266 名残疾人发放辅助性就业补贴 94.25 万元。为 57 名残疾人发放护理费补贴 16.47 万元。为 5 名残疾人发放自主创业补贴 2.5 万元。为 3886 名残疾人购买团体意外伤害保险费 15.54 万元。为 1782 户重残户交纳有线电视费补贴 14.85 万元。为 15 名下肢残疾人发放代步轮椅车购置补贴 1.7 万元。为 55 名残疾人办理专用停车证。

2020 年太仓市残联惠残补贴情况表

表 67

序号	类别	人数（人）	金额（万元）
1	城乡重度无业残疾人缴纳城镇职工基本养老保险	1011	368.93
2	城乡重度无业残疾人缴纳城镇职工基本医疗保险	904	132.48
3	城乡智力、精神（三、四级）无业残疾人享受特惠政策参加城镇职工基本养老保险	216	46.43
4	城乡智力、精神（三、四级）无业残疾人享受特惠政策参加城镇职工基本医疗保险	276	40.17
5	智力、精神（三、四级）残疾人生活补助	89	48.30
6	残疾学生和残疾人家庭子女助学补贴	346	28.55
7	托养护理费补贴	56	23.54
8	残疾人自主创业补贴	3	3.00
9	残疾人免费参加人身意外伤害商业保险	4031	16.12
10	下肢残疾人代步机动（电动）轮椅车购置补贴	15	1.70
11	残疾人机动轮椅车燃油补贴	80	2.08

续表 67

序号	类别	人数（人）	金额（万元）
12	听力和言语残疾人短信信息费补助	294	8.82
13	0~14 周岁残疾儿童康复训练补贴	226	355.90
14	残疾人假肢矫形器补助	48	17.80
15	助听器适配补助	44	6.40
16	听力障碍人员人工耳蜗植入手术费用补贴	1	6.00
17	贫困精神残疾人免费服药	339	3.25
18	辅助器具适配与租借服务	280	17.50
19	残疾人家庭无障碍建设	9	7.27
20	残疾人春节慰问补贴	1766	176.60

【残疾人康复服务】 2020年，太仓市争创“省级社区康复示范点”，提升康复服务水平。升级改造沙溪镇中荷村和双凤镇新湖村硬件设施，配备专业人员，完善规章制度，为辖区内210名残疾人提供需求调查、康复训练、医疗卫生等服务。在苏州范围内率先恢复评残服务，保障残疾人评残需求。提前完成5960本2009年、2010年有效期满残疾人证换发工作。开展违规持有残疾人证清理“回头看”工作。提高残疾儿童基本康复服务项目补助标准。补助范围扩大至18周岁以下，幅度领先苏州市区标准。为54名新发现残疾儿童解读救助政策、落实康复机构；为214名儿童发放康复训练补贴269万元；为11名残疾人发放假肢装配补贴5.1万元；为15名残疾人发放矫形器装配补贴4.5万元；为32名残疾人发放助听器适配补贴2.6万元；为1名听力残疾儿童发放人工耳蜗植入手术补贴6万元；为443名精神残疾人减免基本用药费5.2万元。实施残疾人辅助器具适配补贴新政。由实物发放转变为定点购买和限额补贴，新增类别8个，总数增至74种，放宽服务对象年龄和类别。全年提供辅具借用服务540件次、辅具适配280件。

【残疾人文体宣传】 2020年，太仓市残联加强与市融媒体中心合作，在《太仓日报》开设《自强圆梦·助残小康》专栏，在太仓广播设立《我的兄弟姐妹》专栏，在《相逢》栏目录制访谈节目，每周进行手语新闻播报。在太仓残联微信公众号开设《苏州市残疾人保障条例》和“小杨说民法典”等法律知识专栏。组织参与首届嘉昆太残疾人展能节，以“非遗传承”“金非昔比”“摄入人心”“绣出精彩”和“个性生活”五大主题集中展示太仓特色传统文化技艺作品107件，4名残疾人进行现场展示。市残疾人艺术团创作的上海说唱《致敬红马夹》在全省第十届残疾人艺术会演中获曲艺类一等奖。开展“扶贫济困、与爱同行”为主题的“99公益日”网络公益助残募捐工作。全市23家爱心企业、社会组织和个人筹集善款14万元，专项用于残疾人展能之家、康复关爱童亭、残疾人扶贫3个项目。在市慈善总会设立苏州华南印务慈善（助残）基金，为市残疾人艺术团和50名困难残疾人开展定向帮扶。联合市慈善总会继续实施“幸福亮居”工程，提升贫困残疾人居家环境。12个市级机关和2家国有企业党组织作为首批市残联同心助残党建联盟成员单位，共建共驻残联业务管辖的14个“残疾人之家”。以公益助残共同体的形式，帮助解决运营中的实际困难，发挥党建在助残工作中的引领作用。（徐 垠）

2020年11月29日，太仓市残联组织残疾人参加首届嘉昆太展能节
（王婷婷摄）

2020年9月10日，太仓市红十字应急救援队成立　　（太仓邮政供稿）

太仓市红十字会

【概况】 2020年，太仓市红十字会以推进群团改革为契机，坚持“抓重点、干实事、见效果”，开展人道救助和服务工作，发挥党委政府人道助手作用，完成各项工作任务。全年市红十字会完成各类公益性应急培训1.2万人次；新增遗体捐献登记27人，实现遗体捐献3例、眼角膜捐献3例、器官捐献2例；造血干细胞新增登记201人，实现第11例造血干细胞志愿者完成捐献。开展献血普及动员活动近60场；社会化运作养老照护项目，有固定的养老照护志愿服务队，养老照护培训完成176人次。年内，市红十字会向市民政局申报公益创投项目——“善行”计划，通过实施“探心”“信心”“连心”3个子计划，有计划帮助经济困境、躯体困境、心理困境、社会融入困境四类人群。改进新冠肺炎疫情防控工作中显现的短板问题，与太仓邮政签订合作协议，在物流仓储方面，筹建标准化备灾救助物流仓库；在应急救援方面，建立应急救援队，落实队伍备勤制度和派队机制，常态化开展救援、救灾演练。做实“网上红十字会”，推动互联网与红十字事业深度融合，实现急救培训工作全程信息化，提高培训效率。发展投入大幅提升，在争取上级资金、本级财政支持、公益创投项目申报、争取各区镇板块投入和社会助学项目等方面取得进展，全年增加各类救助资金近100万元。印发《太仓市红十字会改革实施方案》，召开第四次会员代表大会，选举产生第四届理事会理事、第一届监事会监事，听取、审议并通过市红十字会第三届理事会工作报告，健全组织机构和领导班子，提高治会能力和水平。

【红十字助力新冠肺炎疫情防控】 2020年，太仓市红十字会落实新冠肺炎疫情防控部署要求，第一时间确认募捐资质，发布捐赠公告，制定分工方案，开展防控工作。遵照海外爱心人士捐赠意愿，对接省红十字会和太仓海关，合力打通海外捐赠防疫物资快速通道，为海外捐赠人完善清关手续，出具捐赠证明，落实跟踪服务。帮助太仓企业协调京东冷链车运送检测试剂到武汉，实现疫情物资发送“零延时”。疫情期间累计接收“疫情防控”社会捐赠款物共计564.52万元，款物接受、使用和管理工作做到“快进快出、物走账清”，实现“零差错”。疫情平稳后，对大额捐赠及特殊捐赠，逐一登门回访，关心企业复工复产情况，储备一批人道救助资源。

【红十字社会救助】 2020年，太仓市红十字会推进“扶贫救助”“爱心助学”“大病救助”等救助品牌运作，做到“为百姓解难，为政府分忧”。全年常态化发放各类人道救助金96万元。其中“点亮生命”帮扶项目帮助低保优抚重病家庭44户。“曙师缘助”慧学项目资助25名贫困学生学业直至高中毕业。“博爱光明行”项目让贫困家庭白内障患者在手术后获得相应救助，资助患者37人。“博爱送万家”项目慰问873人。融入东西部扶贫“大救助”格局，持续开展四川省隆昌县、贵州省玉屏县、江苏省连云港市灌南县对口帮扶活动，共计资助学生362人。

【红十字阵地建设】 2020年，太仓市红十字会加强阵地建设。按照社区“博爱家园”建设标准，建好用好勤力村“博爱园”，完成景瑞社区“博爱家园”建设，强化服务功能，按项目清单在社区、乡村开展应急救护知识普及、人道救助慰问、知识竞赛、红十字文化宣传等服务。完成双凤中学、直塘小学“红十字生命体验教室”建设。

（张　燕）

城镇街道

城厢镇

【概况】 城厢镇位于太仓市域西南部，西接昆山，南临上海，镇域面积52.95平方千米，辖6个村、2个涉农社区、14个城市社区，总人口16.5万人。2020年，城厢镇实现地区生产总值196.58亿元，完成一般公共预算税收收入13.12亿元。年内，城厢镇获评2020年度苏州市推进高质量发展进步地区、苏州市“激励干事创业、奉献火红年代”先进集体、苏州市抗击新冠肺炎疫情先进集体、苏州市双拥工作先进单位、苏州市基层“三整合”改革评估优秀等次，通过全国文明镇复查。

【经济发展】 2020年，城厢镇实现全社会固定资产投资47.6亿元，较上年增长25.58%，其中工业投资22.02亿元，较上年增长39.36%。规模以上工业产值125.48亿元，较上年增长11.9%。注册外资及港澳台资1.59亿美元，较上年增长113.4%。实际利用外资及港澳台资6020.24万美元，较上年增长139.89%。规模以上工业企业利润、利税分别增长74.2%、65.3%。全年累计签约落户重大产业和人才项目超40个，总投资近200亿元，其中超亿美元项目3个，超10亿元项目6个。总投资60.3亿元的16个市级以上重点项目全部开工，锐泽先进复合材料、海美工业互联等12个新签约项目开工，中欧先进制造产业园、骏伟精密汽车门锁部件等12个项目竣工投运。

2020年10月，城厢镇新建成的集成指挥中心 （城厢镇供稿）

【创新转型】 2020年，城厢镇签约长三角生物医药和医疗器械材料创新中心、复旦大学张江研究院太仓科创中心等重大科创平台5个。成立亿元科创产业投资基金，建立释放政策红利、搭建优质载体、创新金融手段、引进高端平台、建设服务机构创新创业“五大生态链”，营造良好创新创业生态。完成科技产业园导视系统提档升级和展厅建设，打造“科创之芯”品牌。净增高新技术企业38家，新认定省民营科技企业16家、科技型中小企业96家。获评省“双创计划”创业类人才1人、姑苏创新创业领军人才5人、太仓科技领军人才9人。

【城乡统筹】 2020年，城厢镇新建提档高标准农田1200公顷。推进省级现代生态循环农业试点项目建设，高密度循环水养殖系统工程建成投产。加大“引企入园”力度，引进博彦科技、坂田种苗、苏粮集团、本来果坊等规模农企4家。新增太仓市级农业园区面积172公顷，实现农业园区面积占耕地面积比85.8%。村均可支配收入1400万元，较上年增长13.1%。完成集体产权线上交易130宗，增加收

2020年5月19日，城厢镇举办“金仓湖之春”文化艺术节暨璀璨“厢”色文明云游启动仪式（城厢镇供稿）

益2931万元。开展“金仓湖之春”文化艺术节暨璀璨“厢”色云端农文旅活动，举办村书记触网代言、美食直播等新业态活动。农旅融合深度发展，东林村获评苏州市现代“智慧农业”示范基地，“味稻公园”获评江苏省主题创意农园，电站村旅游发展有限公司获评全国休闲农业与乡村旅游三星级企业。万丰村等5个村申报2020年太仓市乡村振兴试点村。进入苏州市率先实现农业农村现代化试点镇行列。加快美丽村庄建设，获评苏州市特色田园乡村建设先进集体，太丰花墙获评省级特色田园乡村，新增三星级康居点3个，电站村、东林村获评苏州市人居环境示范村，万丰村获评苏州市十佳最美乡村，“三水一宅”休闲农庄通过苏州市共享农庄验收。做好主要农产品稳产保供工作，完成电站村“菜篮子”基地建设81.33公顷。落实发放各类涉农资金1058.4万元。

【生态环境】 2020年，城厢镇落实强化减排措施重点涉气企业24家，专项整治扬尘污染码头19个，开展企业排污许可登记648家。推进“河长制”工作，建设生态美丽河湖5条，实施东长泾、致和塘、庙前港等河道水质提升综合治理项目。完成新农村、永丰村等6个村污水接管工程，农村生活污水治理率95.6%。启动总投资1200万元、总面积46.67公顷的河道绿化全覆盖项目。新建侯塘、杨泾河、仗义泾木桩护岸4.25千米，种植水生植物1000余平方米。实施太丰片区水岸同治工程，拆除违建2万平方米，实现水、岸同“绿”。启动乡村水脉林网覆盖三年行动计划，完成沪苏通铁路沿线绿化美化工程10万平方米。

【社会民生】 2020年，城厢镇建成启用新毛幼儿园，推进盛园幼儿园、城四小翻扩建、镇福利院迁建、镇垃圾中转站新建等工程。推行居家养老、社会化养老，新改建日间照料服务中心8家。建成镇级残疾人之家1个。健全社区卫生服务体系，建成投用东林村、电站村卫生服务站2个，梅园社区、太丰社区获评省健康社区。全市首家完成镇域内小区生活垃圾分类“三定一督”模式（定时定点定人督导的四分类模式）全覆盖，推进8个村（涉农社区）生活垃圾分类就地处置工作。丰富人民群众精神文化生活，开展“‘云’聚金仓、‘网’约城厢、璀璨‘厢’色文明云游”五大主题15项活动。

【社会治理】 2020年，城厢镇新增“发展型”幸福社区11个。成立镇慈善会，募集善款近200万元。推进基层整合审批服务执法力量改革，总面积9261平方米的为民服务中心建成投用，成立“一办七局一中心”（党政办公室、党群工作局、社会事业局、财政和资产管理局、经济发展和建设局、行政审批局、农村工作局、综合行政执法局、社会治理指挥中心），构建党建引领机构改革工作体系，建成便民服务一窗口、综合执法一队伍、基层治理一张网、集成指挥一中心的“四个一”体系。推进平安法治建设、扫黑除恶专项斗争。创新矛盾纠纷多元化解机制，全年调处各类民间纠纷950件。推动全市首个人民调解孵化基地落户，获评省优秀人民调解员1人。

2020年城厢镇主要经济社会指标一览表

表68

项目	单位	数值	项目	单位	数值
地区生产总值	亿元	196.58	注册外资及港澳台资	亿美元	1.59
财政收入	亿元	13.12	实际利用外资及港澳台资	万美元	6020.24
耕地面积	公顷	1805	镇村主干道	千米	100.64
农业总产值	亿元	1.2	科技人员	人	7602
粮食总产值	万吨	1.24	中小学校	所	6

续表 68

项目	单位	数值	项目	单位	数值
农机总动力	万千瓦	2.56	在校中小学生	人	9213
出栏生猪	万头	—	在职教师	人	552
出栏家禽	万羽	61.00	开通有线电视	万户	3.93
工业企业	家	997	医院	家	4
工业销售收入	亿元	165.71	卫生室	个	12
工业利税	亿元	17.05	农民人均可支配收入	元	37521
三产增加值	亿元	146.25	农民人均住房	平方米	60

2020 年城厢镇各村（涉农社区）基本情况一览表

表 69

村（社区）名	人均可支配收入（元）	户籍人口（人）	户籍户数（户）	村级总资产（万元）	村集体总收入（万元）	村集体可支配（万元）
伟阳社区	39286	6841	1241	12987	1798	1312
太丰社区	37480	2796	723	8115	2079	1012
新农村	35630	2894	915	6552	3360	876
胜泾村	36510	2969	640	4786	2251	1006
永丰村	37612	3234	1046	5890	2143	1141
电站村	41980	2519	619	9058	4268	2248
万丰村	39412	2493	801	5981	1841	803
东林村	39801	2716	765	23954	5348	2805

2020 年城厢镇骨干企业一览表

表 70

企业名称	法人代表	销售收入（万元）	利税总额（万元）
苏州隆祥电子有限公司	冈野晋滋	88333	5112
上海连成集团苏州股份有限公司	张锡森	68685	8630
太仓市华盈电子材料有限公司	钟海军	64133	4384
亿迈齿轮（太仓）有限公司	STEVEI-CHUEHHWANG	63572	13874
苏州金纬机械制造有限公司	何海潮	57036	27549
苏州佳电飞球电机有限公司	李雪东	45603	3402
苏州杰威尔精密机械有限公司	何海潮	44864	12388
苏州金纬片板膜智能装备有限公司	何海潮	39776	23670
资勇五金制品（太仓）有限公司	陈建昆	36793	1066
苏州金韦尔机械有限公司	辛文胜	30993	6122
瑞铁机床（苏州）股份有限公司	汪立新	28752	3511
苏州久和砼有限公司	周文斌	28349	3836
骏伟塑胶制品（太仓）有限公司	李源昌	27565	1726

续表 70

企业名称	法人代表	销售收入（万元）	利税总额（万元）
新中联物流设施（苏州）有限公司	TAN HOCK SENG	24653	3089
富乐压铸（太仓）有限公司	FRANKUWEKIRKOROWICZ	22624	4158
太仓市锦澄混凝土有限公司	于立梅	20504	729
苏州捷赛机械股份有限公司	刘　枫	20842	6453
苏州宝鼎玉盛砼业有限公司	曹继忠	19719	1262
太仓金煜电子材料有限公司	刘晓萍	16625	3925
苏州东帝士纤维地毯有限公司	郑寿全	16559	-2626
太仓康源化建医药有限公司	徐建青	16487	1439
苏州施必牢精密紧固件有限公司	杨大泓	16440	236
苏州岩谷金属制品有限公司	室留宏行	16171	1177
太仓制药厂	许建新	15706	9790
辛柏机械技术（太仓）有限公司	木信德	14250	-50
苏州睿昕汽车配件有限公司	岳胜桥	13151	3219
苏州金纬化纤工程技术有限公司	杨建锋	12835	4800
贝卡尔特采暖科技（苏州）有限公司	LIAOJUN	12626	-4164
格林莱特实业（苏州）有限公司	JEAN-MARIENAEGELE	12413	-724
上海阿美泰克工业设备苏州股份有限公司	刘哲民	12324	718
莱斯特瑞兹机械（太仓）有限公司	SVEN WOLF	12202	1700
太仓肇丰电器有限公司	许美玉	11937	208
太仓市南丰特种有色合金厂	沈忠华	10997	340
太仓华庆汽车配件有限公司	黄华平	10779	1973
太仓荣宇混凝土制品有限公司	倪建荣	10451	447
德禄（太仓）家具科技有限公司	伍　力	10046	1192
苏州英丰电器有限公司	陈玉溪	9646	138
美利驰医疗器械（苏州）有限公司	郑明权	9583	515
联禾厚普（太仓）精密机械有限公司	杨文奎	9297	817
敬得（苏州）科技有限公司	刘兴台	9162	367
沪金（苏州）实业有限公司	刘林家	8702	250
苏州舒适家具有限公司	汤若斌	8420	577
太仓华易塑业有限公司	刘　刚	8371	313
苏州诺伊曼实业有限公司	王伟卫	8233	305
天永机械电子（太仓）有限公司	荣俊林	8181	287
科伯舒特（苏州）汽车科技有限公司	HANS-OTTOKROMBERG	8054	-3453
太仓欧亚标准板材有限公司	陈撷盈	7588	238
苏州美源达环保科技股份有限公司	周爱成	7046	108
苏州安帝尔金属制品有限公司	ROlf Matthias Verspuij	7091	-26

续表 70

企业名称	法人代表	销售收入（万元）	利税总额（万元）
苏州金纬中空技术有限公司	梁瑞强	7020	1208
苏州海力金属粉体材料有限公司	张晓东	6916	198
苏州新亚科技有限公司	闻建中	6414	603
太仓长臂猿机器人科技有限公司	常留勋	6218	1092
苏州和昌电子材料有限公司	刘建隆	5857	441
苏州东伸汽车地毯有限公司	中川利一（NAKAGAWA TOSHIKAZU）	5779	142
苏州卓胜工贸有限公司	罗兆忠	5619	124
太仓市嘉峰涂装有限公司	陈春生	5397	245
太仓博特精工机械设备有限公司	蔡秀枝	5096	95

说明：收录销售收入 5000 万元以上企业

（耿秋艳）

沙溪镇

【概况】 沙溪镇东与港区、浮桥镇相连，西与双凤镇、昆山市周市镇接壤，南与城厢镇毗邻，北接璜泾镇和常熟市支塘镇，镇域面积 132.4 平方千米，辖 20 个村、8 个社区居委会。2020 年，全镇户籍人口 8.23 万人，常住人口 14.02 万人。全年实现地区生产总值 129.95 亿元，一般公共预算税收收入 8.55 亿元，全社会固定资产投资 47.36 亿元。年内，沙溪镇获评江苏省公共机构节能示范单位、苏州市社会治安综合治理先进集体、苏州市农村人居环境整治工作示范镇、苏州市一二三产业融合发展先进集体。

2020 年 11 月 27 日，沙溪镇举行“金秋看沙溪”重点产业项目集中签约开工投运仪式 （李警钟摄）

【经济发展】 2020 年，沙溪镇实现工业总产值 285.7 亿元，其中 176 家规模以上工业企业实现产值 214.3 亿元，较上年增长 7.4%。聪明制药、西域供应链、迈迪赫兹等总投资超 130 亿元的 105 个项目落户。全年完成注册外资及港澳台资 1.42 亿美元，较上年增长 91.05%；实际利用外资及港澳台资 5613.76 万美元，较上年增长 199.79%，年度任务完成率居全市首位。省重大项目太仓星药港，苏州重点项目昭衍生物硅谷、祥平智能产业园、远溪食品、丰东热处理等 16 个市级以上重点项目完成年度投资 34.1 亿元，年度投资任务完成率超 130%。思睿观通、鸿基伟业等 9 个超亿元项目竣工投产，世界 500 强企业柯锐世锂电池项目当年签约、当年投产。全年实现规模以上服务业增加值 11.53 亿元，规模以上服务业营业收入 88.81 亿元，新增入库服务业企业 10 家。中广核集团认定总部经济。房地产业健康发展，挂牌出让住宅用地 2 块，在售楼盘 11 个，完成销售额 20.3 亿元，较上年增长 3%。新增省民营科技企业 49 家，入库省科技型中小企业 124 家，纳入省高企培育库企业 41 家，净增高新技术企业 25 家。新兴产业产值占规模以上工业产值比重 46%，高新技术产业产值占规模以上工业产值比重 30%。获评苏州市级以上领军人才 2 人，新增企业创新人才 2540 人。净增有效发明专利 126 件。

【园区建设】 2020 年，太仓生物医药产业园启动 6 平方千米国际产业社区规划设计，通过国家火炬特色产业基地复核，获评省级生产性服务业集聚示范区。园内众创空间获评苏州市级众创空间。动物尸体处置中心、创业孵化基地、人才公寓等生产生活配套投用。设立博行笃实、宁悦等创投基金4个。信立泰、赛业等100多家企业集聚发展，其中昭衍（苏州）新药被列入苏州首批生物医药产业潜力地标企业培育名单，获评省级工程研究中心、省外国专家工作室；百因诺获2020年“创客中国”创新创业大赛一等奖。岳王科技创新产业园共入驻企业87家，其中规模以上企业28家，实现规模以上工业产值44亿元，较上年增长15.6%。园内瑞宏精密电子获评省级企业技术中心，悠远环境获评省级小巨人企业，久本机械获评苏州市示范智能车间、专精特新示范企业，安佑生物获评苏州市十佳农业创新企业。推进美农生物、久本机械二期等4个在建产业重点项目建设，其中平谦现代产业园二期投运、鸿基伟业主体竣工。岳王消防站完成建设，于11月投入使用。新材料产业园共入驻企业83家，其中规模以上企业40家，全年实现规模以上工业产值52.3亿元。园区在建市级以上重点项目5个，其中印溪科技创新产业园投运，思睿观通电子元器件、吉派阀门管件项目投产，祥平智能产业园部分主体竣工，丰东热处理项目开展主体建设。园内企业沪试试剂获评省级企业技术中心，艾迈实业获评苏州市示范智能车间，凡甲电子获评苏州市级企业技术中心，爱克机械获评苏州市服务型制造培育企业。

【城乡统筹】 2020年，沙溪镇南部新城、老镇区、北部工业区及岳王科技创新产业园控规完成报批，实现控制性详规全覆盖。南部新城城市设计完成编制，国土空间规划及村庄规划启动编制。虹桥路南延、邢巷线、项桥中心线完成提档通车，南弄桥、凌家桥改造开工建设。探索率先基本实现农业农村现代化，建设生态稻田2973.33公顷、高标准农田2286.67公顷，新增农事综合服务中心3个，粮食产能稳定提升。归庄、直塘现代农业产业园分别通过苏州市级园区复审、评审。完成项门小区、洪泾小区等7个农民安置小区提档扩建，新增天然气入户通气1000户。建成三星级康居乡村点

2021年8月21日，沙溪镇举行第五届“美德沙溪民俗古镇”嘉年华暨“舒心夜沙溪”游园会 （李警钟摄）

29个，总数76个，庄西村创成省级特色田园乡村。推进“万企联万村”，培育松南村农贸市场、虹桥村湿地公园等联建项目10个。村均可支配收入超1150万元，较上年增长37.3%，超千万村14个，松南村、半泾村超2000万元。洪泾村、中荷村、庄西村入围太仓乡村振兴试点村。

【生态环境】 2020年，沙溪镇开展“三优三保”（以优化建设用地空间布局保障发展，以优化农用地结构布局保护耕地，以优化镇村居住用地布局保护权益）、违建攻坚、拆迁清零专项行动，复垦土地46.33公顷，拆除违建超25万平方米，拆迁企业及农户137户，清理“一户两宅”232户。拆除老棉小危旧公房34户，第二批危旧公房有序腾退。推进垃圾分类工作，完成38个居民小区生活垃圾分类“三定一督”（定时定点定人督导的四分类模式）工作，实现农村和居民小区覆盖率“双百”目标。人居环境优化提升，新建公共卫生间22座，整体改造2座，无障碍设施改造11座。提档农村卫生户厕387个，取缔148个。疏浚河道47条、31.4千米，建设美丽河道55条，清理“三无船舶”（无船名船号、无船舶证书、无船籍港的船舶）99条。销号中央、省环保督察案件26件。完成重点企业工业炉窑治理4家，“散乱污”企业整治182家，排污许可登记1226家、申领33家。全镇18个高质量发展考核断面水质达标率88.9%，空气质量优良天数比例86.7%。凡山村、洪泾村等5个村获评苏州市农村人居环境整治工作示范村，获评数量居苏州市乡镇首位。创建江苏省健康村2个、苏州市健康村2个、太仓市健康村2个，通过省级卫生村复查14个。

【公共服务】 2020年，沙溪镇东安幼儿园、归庄小学风雨操场、岳王消防站投用，久陵殡仪服务中心竣工，新沙溪镇第一小学市政及内部装修完成85%，印溪幼儿园、归庄卫生院、直塘幼儿园和直塘卫生院土建竣工。沙溪医院获评二级乙等医院，完成PCR（基因扩增）实验室建设。日间照料中心提档、新建、迁建5家，总数39家，社会化运营率100%。推进文体服务，有声图书项目全覆盖，举办“美德沙溪·书香传韵”阅读系列主题活动、第五届“美德沙溪·民俗古镇”嘉年华等活动。镇、村（社区）应急广播全覆盖。加大稳就业促创业，提供就业岗位9173个次，意向录用1427人次。首届新型学徒制培训培育技能人才50人，新培育高级工461人。完成城镇各类社会保险新增扩覆4612人，公积金扩面851人。孵化军创企业3家，退役军人就业安置率保持100%。成立沙溪镇慈善会。发放慰问金、社会救助金、临时补助等1188万元。

【社会治理】 2020年，沙溪镇推进行政管理体制改革，行政审批推行“4+3+2”服务模式（开设不动产集成受理专窗、公安专窗、税务专窗、公共

资源交易专窗4类窗；综合服务一窗、市场准入一窗、投资建设一窗等3类一窗；咨询辅导和24小时自助服务区2个专区），全年办件22万件，新增企业法人事项0.5天完成占比全省领先，打造苏州市乡镇第一家公积金全业务窗口、太仓市乡镇首家出入境分中心，获评全国最具创新力政务服务大厅，被列入“好差评”国家标准试点。集成指挥中心拓展“农房及宅基地审批”“疫情防控”等专题应用，投用监控租赁项目、容灾项目，完成信访、开工报告等办公电子化流转。综合执法打造“执法会客厅”，推行“事前提示、事中指导、事后回访”服务式执法，全年查处行政处罚案件4356件。推进社会治理现代化，太仓首家园区公共法律服务中心——太仓市生物医药产业园公共法律服务中心成立，阿贾调解室等第三方调解组织成立，泰西村信访服务站试点推进多元力量参与信访工作。全年各类群众诉求及网格事件处置率99.1%。中荷村获评苏州社会治安综合治理先进集体。推进扫黑除恶专项斗争工作。抓好安全生产，“一年小灶”（国务院对江苏省安全生产问题进行专项整治）收官，全年安全生产事故起数、死亡人数分别下降50%、60%，未发生较大及以上安全生产事故。

2020年沙溪镇主要经济社会指标一览表

表71

项目	单位	数值	项目	单位	数值
地区生产总值	亿元	129.95	出口创汇	亿美元	4.42
财政收入	亿元	16.46	三产增加值	亿元	61.22
耕地面积	公顷	5556.87	乡镇公路里程数	千米	182
农业总产值	亿元	13.21	科技人员	人	11000
粮食总产量	万吨	3.16	中小学校	所	10
农机总动力	万千瓦	3.06	在校中小学生	人	11434
出栏生猪	万头	1.4	在职教师	人	896
出栏家禽	万羽	4.1	开通有线电视	户	41980
工业企业	家	2334	医院	家	1
工业销售收入	亿元	286.7	卫生室	个	3
工业利税	亿元	17.5	农民人均可支配收入	元	42809
合同利用外资及港澳台资	亿美元	1.42	农民人均住房	平方米	64
实际利用外资及港澳台资	万美元	5614	—	—	—

2020年沙溪镇各村基本情况一览表

表72

村名	党组织书记	村委会主任	村级经济总收入（万元）	人均可支配收入（元）	设立时间	面积（平方千米）	户籍户数（户）	户籍人口（人）	可用财力（万元）	总资产（万元）
涂松村	龚利江	龚利江	1667	42500	1983年8月	4.53	861	3650	1552	9984
印北村	张永彬	—	1056	42626	1983年8月	3.68	624	2985	1014	6153
洪泾村	孙燕红	孙燕红	1295	39964	1983年1月	4.2	651	2358	1016	6068
半泾村	沈建国	沈建国	2259	45674	1983年10月	5.2	805	2863	2066	12820
中荷村	曹　峰	徐建新	1607	45200	1983年9月	8.2	996	4000	1262	14563
松南村	刘文涛	—	2582	47272	1983年10月	4.81	540	2307	2324	13556
胜利村	汤庆丰	汤庆丰	1758	46512	1983年10月	7.6	1108	4593	1561	12184
泥桥村	蒋洪彬	李建清	1141	41616	2004年1月	9.7	1464	5960	1133	8300
虹桥村	张卫彪	周国清	1509	46379	2004年4月	7.65	1024	3766	1089	7464

续表 72

村名	党组织书记	村委会主任	村级经济总收入（万元）	人均可支配收入（元）	设立时间	面积（平方千米）	户籍户数（户）	户籍人口（人）	可用财力（万元）	总资产（万元）
泰西村	吴莉芳	吴莉芳	931	40739	1983年10月	7.11	1110	3826	781	5539
太星村	陆志豪	陆志豪	851	41272	1982年10月	7.16	1040	3942	726	4463
岳星村	王秋明	—	1458	41147	2004年5月	9.2	1099	3853	1038	5860
新建村	闻　斌	—	908	38976	2004年4月	5.69	657	2865	800	4685
岳镇村	王曹平	江晓明	636	42955	1999年9月	2.14	240	1021	536	3894
塘桥村	王哲峰	王哲峰	1344	45230	2004年4月	6.24	823	3514	1259	6128
项桥村	朱利兵	—	1352	45802	1983年8月	2.12	242	758	1001	14903
庄西村	徐　健	徐　健	1130	44521	1983年8月	5.96	662	2328	1020	6977
凡山村	洪　庆	—	1136	39954	1983年10月	5.4	560	2197	1051	5676
香塘村	龚志昌	徐振兴	1032	38590	1983年8月	6.43	1009	3564	832	5937
渠泾村	奚卫明	奚卫明	1105	39250	1983年3月	7.9	859	3111	944	6316

2020年沙溪镇骨干企业一览表

表 73

企业名称	企业负责人	销售收入（万元）	利税总额（万元）
太仓逸枫化纤有限公司	桂明日	245623	19153
太仓振辉化纤有限公司	顾振其	196620	751
太仓利泰纺织厂有限公司	潘雪平	144582	−3330
香塘集团有限公司	顾振其	96724	1543
苏州仓松金属制品有限公司	程　帅	61174	832
苏州英利汽车部件有限公司	林上炜	51718	2254
苏州悠远环境科技有限公司	刘晓彤	44209	1826
江苏德威新材料股份有限公司	周建明	43498	1660
凡甲电子（苏州）有限公司	游万益	41903	9671
苏州宏达制酶有限公司	CHALUPPE DOS SANTOS MAL	39272	3391
瑞宏精密电子（太仓）有限公司	郑宝瑞	37580	3738
太仓仲扬金属印刷有限公司	刘炤雄	35997	4100
安佑生物科技集团股份有限公司	洪　平	32074	54070
苏州艾迈实业有限公司	许　飞	26883	−6325
立川木业（太仓）有限公司	黄建富	25519	731
爱克（苏州）机械有限公司	提莫希尔顿	25300	1364
环琪（太仓）塑胶工业有限公司	蔡　镮	25418	4773
布莱史塔粉末冶金制品（太仓）有限公司	EKKEHARD MAXIMILIAN KO	23973	2392
丰武光电（苏州）有限公司	田中肇	22083	2148

续表 73

企业名称	企业负责人	销售收入（万元）	利税总额（万元）
太仓安佑生物科技有限公司	苏美俐	22187	4134
太仓仲英金属制盖有限公司	刘炤雄	23949	3246
奥普拉（太仓）塑料制品有限公司	Roland Wallner	22794	2798
太仓宏达热电有限公司	谢海岐	21495	5521
创艺卫生用品（苏州）有限公司	山田菊夫	20245	1278
苏州上好佳食品有限公司	施学理	18017	2707
苏州青蛈混凝土制品有限公司	陈　军	17682	930
太仓市中明化纤有限公司	顾学明	14837	−305
太仓沪试试剂有限公司	张雪岐	14002	1383
太仓中博铁路紧固件有限公司	林　波	13920	565
太仓市宇神机械有限公司	周永良	12974	2155
太仓市恒力纺织有限公司	唐惠元	12817	193
太仓久本机械科技有限公司	倪利平	12605	4184
苏州绿香源食品有限公司	胡兴兆	12306	186
苏州如德纺织品有限公司	倪水忠	11185	187
龙钜超洁净科技（苏州）有限公司	蒋宪隆	11709	1935
苏州花仙子环保科技有限公司	王佩诗	11554	758
太仓海震金属制品有限公司	陈慧慧	10640	198
太仓市开林油漆有限公司	徐锦明	10156	1257
苏州莱尔特清洁器具有限公司	支晓峰	10704	444
苏州华益美生物科技有限公司	刘劲林	10175	1884
江苏斯穆一碧根柏金属制品有限公司	洪小南	10872	808
苏州鸿源特种纤维制品有限公司	徐志强	10253	1227
琥珀环保技术（中国）有限公司	FRANCK GEORGES GERARDL	10535	1400
太仓天宇电子有限公司	王春飞	10476	396
苏州莹澳节能科技有限公司	何艳茹	10003	223
太仓市海峰电镀有限公司	王海峰	9022	1464
太仓市月生电镀有限公司	夏月生	9715	1121
太仓市盛龙纺织有限公司	张　健	9418	299
苏州金莱特化纤有限公司	陆伟兵	9324	−191
太仓市俊达塑化有限公司	龚　清	8532	571
太仓市万隆混凝土制品有限公司	朱　赟	9402	289
苏州耀田金属制品有限公司	ENATSU KIYOKO	6579	234
苏州申乐化纤有限公司	孟　驰	8479	−151
太仓星盛汽车零部件制造有限公司	王　琳	7012	457

续表 73

企业名称	企业负责人	销售收入（万元）	利税总额（万元）
太仓大中包装材料有限公司	黄　洁	7715	601
苏州生富科技金属材料有限公司	简川富	7836	336
斯科茨曼制冰系统（苏州）有限公司	Ubaldo De Blasio	8145	106
太仓市沙溪印染厂	胡　健	6574	286
太仓市骋贸纺织有限公司	张　骋	6865	-222
太仓恩力成密封件有限公司	刘云爵	8213	465
太仓市元晖纺织实业有限公司	金祖元	8019	1221
苏州市雄林新材料科技有限公司	袁　华	7564	696
苏州金马纺织有限公司	万解平	7881	152
太仓市陆林实业有限公司	林光瑞	7420	130
福玻斯（太仓）物联网科技有限公司	朱　力	7586	-1097
太仓市恒兴工艺品有限公司	霍华妹	7073	319
太仓鑫昌光电材料有限公司	董寰乾	6897	609
太仓驰太电子新材料有限公司	金昌万	5539	146
妙管家（苏州）日用品有限公司	庄启传	6955	224
龙帛生物科技有限公司	张宝根	6715	166
太仓市明顺和纺织有限公司	曹雪英	6943	94
沃尔伯格（苏州）压缩机有限公司	吴晓军	6664	432
康辉医疗科技（苏州）有限公司	陈利忠	7826	1116
顶淳大厨房食品（苏州）有限公司	陈金红	6328	377
太仓东诚塑胶有限公司	刁佛新	6475	1083
太仓市远舰化纤有限公司	陆　峰	6078	82
江苏弘海皮革制品有限公司	张建芳	6075	264
益昌铝制品（太仓）有限公司	陈威瑾	5904	308
苏州市万松电气有限公司	洪焕松	5875	2772
苏州市桑林汽车配件有限公司	屠晓斌	5714	368

（孙　静）

长江口旅游度假区

【概况】 长江口旅游度假区（浏河镇）位于太仓市东南部，东临长江，西连太仓主城区，南与上海市宝山区、嘉定区接壤，北靠太仓港。区域交通便捷，距上海虹桥国际机场35千米、上海浦东国际机场70千米。苏昆太高速、沿江高速、346国道、339省道直达境内。全镇总面积68平方千米，辖8个村、7个社区。2020年，实现地区生产总值96.46亿元，完成一般公共预算税收收入8.14亿元。年内，获评苏州市先锋镇，入选苏州市率先基本实现农业农村现代化示范镇。

【经济发展】 2020年，长江口旅游度假区实现规模以上工业产值96.25亿元，全社会固定资产投资46.04亿元，注册外资及港澳台资9535万美元，实际利用外资及港澳台资3627万美元，规模以上工业企业研发投入4.12亿元。签约落户新泽智能机器人等超亿元项目9个，推进建设意欣智能科技

2020 年 9 月，太浏快速路建成通车　（长江口旅游度假区供稿）

等市级以上重点项目 10 个，竣工投产好博医疗等项目 14 个。对德合作取得历史性突破，签约落户德资企业 3 家。获评姑苏领军人才项目 2 个、太仓领军人才项目 5 个、省产学研合作项目 1 个，贯龙电磁线获评全市首家国家级专精特新“小巨人”企业。全域旅游规划完成编制。推进恒大文旅城项目建设，浏河古镇亮化二期工程完工，推进建设七十二家村田园综合体，打造“夜太美 · 为‘浏’而来”夜间经济品牌。全域旅游智慧系统建成投用。省级旅游度假区年度考核排名提升 2 位。

【镇村建设】 2020 年，长江口旅游度假区持续激发农业农村发展活力，推进国家级秸秆综合利用项目、省级优质农产品基地建设，“稻虾蟹共生”标准化生产技术在全市推广应用。乡村振兴示范村覆盖率 67.5%，村均稳定性收入 1171 万元。开展重点项目地块动迁工作，完成“清零”地块 15 个，腾出净地 39 公顷。实施社区区划调整，筹建海塘社区。闸北二区二期 22 万平方米安置房竣工验收，建设新闸小区、闸北二区三期安置房 18 万平方米，浏西一村、丁泾路两侧老小区完成改造。完善农村自建小区配套。张楼路、凤洲路完成“四好农村路”建设。建设新塘村特色田园乡村。建成三星级康居乡村 2 个。

【城乡统筹】 2020 年，长江口旅游度假区核心片区控制性详细规划获批，编制村庄发展规划。推进“三优三保”（以优化建设用地空间布局保障发展，以优化农用地结构布局保护耕地，以优化镇村居住用地布局保护权益）、产业用地更新“双百”行动，盘活存量建设用地 79.2 公顷。持续保持拆违整治高压态势，拆除各类违章建筑 26 万平方米。推广垃圾分类，47 个居民小区实现“三定一督”（定时定点定人督导的四分类模式），推进农村垃圾分类集中收运点建设。实施“厕所革命”，实现三星级康居乡村公共厕所布点全覆盖。新塘管理区获全市被撤并镇考核第一等次。闸北村、复兴社区获评省健康村（社区），新闸村、河北社区、紫薇苑社区获评苏州市健康村（社区）。

【生态环境】 2020 年，长江口旅游度假区实施污染防治攻坚战，落实大气污染防治管控，完成大气污染治理项目 48 项。落实长江禁捕退捕工作，建成湿地防护林 28 公顷，长江经济带审计问题及省级曝光环境问题完成销号。深化“河长制”改革，建成生态美丽河道 6 条，国省考断面水质优Ⅲ比例 100%，消除城乡黑臭水体。国家级农业面源污染综合治理试点项目基本完成。推进农村人居环境整治，开展村庄清洁行动。东仓村获评苏州市人居环境整治工作示范村。

【公共服务】 2020 年，长江口旅游度假区提高社会保障，发放各类救助金 523 万元，尊老金 228 万元，各类稳就业补贴 784 万元。推进养老保险省级统筹衔接工作。退役军人就业创业服务中心建成投用。周至产业兴旺示范店落户浏河古镇，深化与贵州省玉屏县田坪镇、陕西省周至县楼观镇东西部协作。公共服务扩面提质，新塘小学体育馆完成桩基施工，明德二中、明德二小开工建设。浏河人民医院创成二级乙等医院，标准化日间照料服务中心实现村（社区）全覆盖，社会化运营率 100%。全市首家镇级慈善会成立。发展文化事业，举办“大美浏河”全国摄影作品展、“江南画风”中国书画摄影名家邀请展等活动。丰富“小善大美 · 文明浏河”品牌内涵。

2020 年 12 月 2 日，明德二中、明德二小建设项目开工
（长江口旅游度假区供稿）

【社会治理】2020年，长江口旅游度假区安全生产专项整治取得实效。深化“331”专项行动。开发“智慧浏河”集成指挥平台，构建“多网融合”格局，受理各类办件2.5万件，按时处置率和满意率均超96%。筑牢食品安全防线，取缔无证小作坊82家。扫黑除恶专项斗争取得实效，公众安全感99.13%。人民调解措施得当，挽回群众经济损失超4000万元。推行领导班子信访接待制度，化解一批群众操心事。第七次全国人口普查工作基本完成。建设社会信用体系。镇安监办获评苏州市“激励干事创业、奉献火红年代”先进集体。

2020年长江口旅游度假区主要经济社会指标一览表

表74

项目	单位	数值	项目	单位	数值
地区生产总值	亿元	96.46	中小学校	所	4
财政收入	亿元	18.44	在校学生总数	人	6128
耕地面积	公顷	2800	镇村主干道	千米	262
农业总产值	亿元	3.20	工业企业	家	1145
粮食总产值	万吨	1.48	工业销售收入	亿元	120.06
农机总动力	万千瓦	0.88	工业利税	亿元	8.61
实际利用外资及港澳台资	万美元	3600	在职教师	人	351
合同利用外资及港澳台资	万美元	9535	开通有线电视	%	100
出栏生猪	万头	0.03	医院	个	2
出栏家禽	万羽	0.57	卫生室	个	15
科技人员	人	1583	—	—	—

2020年长江口旅游度假区各村基本情况一览表

表75

村名	党组织书记	村级稳定性收入（万元）	人均可支配收入（万元）	设立时间	面积（平方千米）	户数（户）	人口（人）	可用财力（万元）	总资产（万元）
浏南村	胡静艺	1458	3.72	2007年5月	12.9	1913	5238	2117	7012
东仓村	徐默涵	3006	3.89	2007年5月	2.97	652	2350	681	16634
何桥村	王叶青	580	3.7	2007年5月	8.5	870	3204	350	5912
新闸村	顾解龙	980	3.5	2007年5月	9.8	1371	4468	1813	7994
闸北村	陈　怡	922	3.94	2007年5月	7.92	1556	5044	1000	6647
万安村	刘传松	637	3.6	2007年5月	8.2	1025	3625	900	6489
张桥村	朱春智	979	3.9	2007年5月	8.4	1476	4307	1100	7540
新塘村	朱　鹰	632	3.25	2007年5月	2.6	485	1523	552	5418

2020年长江口旅游度假区骨干企业一览表

表76

单位名称	企业负责人	销售收入（万元）	利税总额（万元）
苏州贯龙电磁线有限公司	郑一帆	86423	7214
江苏保捷锻压有限公司	吕景林	59990	4293
三樱包装（江苏）有限公司	陈子荣	53882	7312
太仓敬富塑胶制品有限公司	黄世彰	40656	4148

续表 76

单位名称	企业负责人	销售收入（万元）	利税总额（万元）
苏州铃兰医疗用品有限公司	国枝靖弘	34628	1241
奇兴家居（太仓）有限公司	顾品兴	28692	1398
苏州巨能发电配套设备有限公司	潘耀冻	25206	4158
太仓市华鼎塑料有限公司	范兴华	24619	2224
太仓意欣智能科技有限公司	宣秋兴	22946	4077
太仓乐盈纸业有限公司	陈永平	22937	483
苏州米汉钠机床有限公司	蒋　伟	21293	673
太仓南雁新能源传动有限公司	何　剑	20254	677
星光印刷（苏州）有限公司	吕光权	20091	−839
太仓科益精密模塑股份有限公司	曾荣源	19565	42
太仓优尼泰克精密机械有限公司	夏源涛	18544	4635
苏州科博尔机床集团有限公司	陈立新	17916	555
苏州好博医疗器械有限公司	万永钢	15811	4130
太仓海嘉车辆配件有限公司	张　晓	14622	154
太仓市新塘电镀有限公司	徐振华	14173	1886
苏州宜安诺包装科技有限公司	徐　军	14080	1277
江苏保捷精锻有限公司	葛　泓	13727	1427
苏州久鋐电子有限公司	汤慧芳	13553	1030
苏州兴亚钉业有限公司	何永兴	11814	−102
太仓力九和塑胶工业有限公司	姚聪明	10335	1985
苏州磐宇科技发展有限公司	江　键	10004	537
苏州双慧机械制造有限公司	李建荣	9089	1165
康峰（苏州）纸品有限公司	Yuanbo Wang	8600	493
诺浩家具（中国）有限公司	森山惠	8594	−546
太仓市新星轻工助剂厂	卢正洪	8359	988
太仓富田瑞兰得电机有限公司	陶　骏	8032	706
太仓市新创机电有限公司	郭向红	7978	1921
太仓越华精密机械配件有限公司	张晓芳	7883	461
太仓海祥家具有限公司	李德忠	7427	725
江苏星瑞防务科技有限公司	张光付	6671	1516
苏州东力机电工业有限公司	林义杰	6537	793
太仓中佑机械工业有限公司	吴永顺	6072	522
吉翔宝（太仓）离型材料科技发展有限公司	於险峰	5989	515
苏州双鸿服饰有限公司	黄丁其	5743	257
太仓安美五金机械有限公司	吕济安	5687	92
苏州英群传动系统有限公司	吕景林	5549	482
苏州佳可机械工业有限公司	黄正雄	5482	140
睿欧启富（苏州）包装科技有限公司	王仁松	5466	362
铼德美装饰材料（苏州）有限公司	沙先才	5214	133

说明：收录销售收入5000万元以上企业

（钱凯佳）

浮桥镇

【概况】 浮桥镇位于太仓市东部，东临长江，位于国家级太仓港经济技术开发区中心腹地，水陆交通便捷，拥有长江黄金岸线20多千米，苏昆太高速、疏港高速、339省道、346国道贯通全镇。镇域面积144.4平方千米，户籍人口7.34万人、5.8万户，常住人口13.4万人。辖浏家港、金浪（九曲）、牌楼、时思、老闸5个管理区及1个老镇区、25个村（社区），其中11个村、6个涉农社区、8个城市社区。2020年，浮桥镇完成地区生产总值73.6亿元，较上年增长4.1%。

【经济发展】 2020年，浮桥镇完成一般公共预算收入5.76亿元，较上年增长10.56%；新增规模以上工业企业10家，完成规模以上工业产值72.6亿元，较上年增长5.4%，其中新兴产业产值30.8亿元，增加2.7个百分点；完成全社会固定资产投资13亿元，较上年增长67.1%。新增注册内资15.7亿元，较上年增长18.7%；新增注册外资及港澳台资6798万美元，实际到账4182万美元，实现大幅增长。产业升级提速，鼓励现有企业转型发展，重点抓好信立通等10个重点工业项目，促成企业重新规划标准厂房3.7万平方米。创新发展引领企业，新增企业创新人才4175人、高技能人才1237人，完成规模以上企业研发经费投入1.59亿元，净增省高新技术企业16家、科技型中小企业入库评价78家。绿丰公司获评省农业科技型企业，锐驰朗公司工程技术中心获苏州市级立项。推进动能转换，淘汰落后产能企业30家，关停木材企业20家、散乱污企业（作坊）82家，腾出土地13.33公顷。加强镇级集体资产管理，腾出土地3.41公顷，收回中兴街沿路集体资产。

【镇村建设】 2020年，浮桥镇村级总资产8.18亿元，村均可支配收入1016万元，较上年增长17%，富桥公司可分配到村收益超1500万元。村企联建启动，录入省级服务平台项目11个。规范农村集体资产管理，腾出土地3.68公顷，规范租金标准实现增收226.7万元，苏州市级产权交易平台累计成交租赁2034万元。集聚土地资源，累计流转4766.67公顷，兑付年度土地流转奖补资金1947万元；新增"三优三保"（以优化建设用地空间布局保障发展，以优化农用地结构布局保护耕地，以优化镇村居住用地布局保护权益）土地28.87公顷，增减挂钩0.81公顷，占补平衡6.11公顷。发展现代农业，规划建设高标准农田420公顷、高标准鱼池13.33公顷。稳定粮食生产，水稻种植面积2493.33公顷，水稻良种统一供种率93.8%。加大农业投入，农业机械化率91%；3个烘干中心日烘干粮食696吨。品牌建设初显成效，三市村"菜篮子"基地通过市级验收；茜泾村"桃李"文化项目实现亩均增收3000元，吸引游客近1.5万人次。推进美丽村庄建设，三家市获评省级特色田园乡村，方家桥被列为苏州市精品乡村试点村落，北王家宅等11个村落获评苏州市三星级康居乡村。推进政府实事工程建设，浏家港中学改扩建、龙江路北门桥新建、10个拆迁安置小区消防设施维修改造、港区（浮桥）新时代文明实践所（新所）等工程竣工，推进庆丰路改造等12个重点工程建设。

2020年12月29日，太仓港区（浮桥镇）新时代文明实践所启用
（浮桥镇供稿）

2020年4月28日，"太仓白蒜"杨林基地采收蒜苗 （浮桥镇供稿）

【城乡统筹】 2020年，浮桥镇突破动迁安置重点，完成疏港铁路等重大基础设施建设项目动迁，拆迁"清零"重点地块5个。静江佳苑安置房新建工程开工。全年完成动迁315户、8.8万平方米，腾地101.75公顷；完成分房安置683套、不动产权证发放696套、不动产转移登记申请6632套。加强"两违"（违法用地和违法建设）管控力度，拆除各类违章建筑21.57万平方米。推进基层整合审批服务执法力量改革，党建引领下的"便民服务一窗口、综合执法一队伍、指挥调度一中心、社会治理一张网"改革初步成型，梳理对接市级赋权清单158项。办理市长信箱、"12345"平台等各类来信来电。落实意识形态和网络意识形态责任制，完善新时代文明实践体系建设。

【生态环境】 2020年，浮桥镇打好"蓝天、碧水、净土"保卫战，调处环保信访问题728件。紧抓大气污染防治，完成工业窑炉治理4家、天然气锅炉超低氮改造8家、有机废气无组织排放深度治理35家。持续开展长江大保护环保大提升，落实长江"禁捕、退捕"。强化水环境治理，完成企业截污纳管58家、河长制"一河一策"项目55个，疏浚河道52条、24.56千米。加快实施畅流工程，新建桥梁、闸站各10座，完成市级危桥改造1座。严抓土壤污染防治，完成重点企业用地调查和土壤监测8家。开展危险废物处置专项整治行动，完成问题整改14个。优化人居环境。加大环境整治和长效管理投入，新增成片造林30.07公顷，新建农村公厕14座，兑付村庄环境卫生长效管理奖补资金近800万元，省级卫生村实现全覆盖。推广垃圾分类，13个居民小区开展垃圾分类"三定一督"（定时定点定人督导的四分类模式），覆盖率100%；17个村（涉农社区）生活垃圾分类收运实现全覆盖。绿化村获评2020年度"苏州市农村人居环境整治示范村"。

【公共服务】 2020年，浮桥镇优化党群服务体系，新建"红立方"党员驿站9个。均衡基础教育，按计划推进港城二小等教育实事工程6个，义务教育均衡比例100%。规范发展民办教育，清理无证培训机构8家，普惠性幼儿园覆盖率94%。完善社区卫生服务体系，金浪和牌楼社区卫生服务中心市民健康综合服务管理平台完成建设。国家卫生镇创建通过省级评估，建红社区等6家单位获评市级以上健康单位。文化惠民取得实效，全年举办各类文体活动348场次，人均接受文化场馆服务6.08人次，六尺社区居民老手艺文化传承宣传服务项目获评苏州市百个重点志愿服务项目。贯彻落实"五个一批"（发展生产脱贫一批、易地搬迁脱贫一批、生态补偿脱贫一批、发展教育脱贫一批、社会保障兜底一批）扶持政策，累计帮扶2155人，发放低保、低保边缘、重残等各类慰问补助1073.2万元，困难群众精准救助率、计生特扶家庭结对帮扶率均为100%。推进"慈善助力工程"，成立浮桥镇慈善会，获企业捐助106万元。提升养老水平，新建日间照料中心2家、提档1家，获评太仓市养老服务高质量发展先进镇。

【社会治理】 2020年，浮桥镇开展扫黑除恶专项斗争，破获九类涉黑涉恶案件1起。依法打击各类违法犯罪，完成接处警4944起。开展治安乱点整治专项行动，查处关停各类无证无照经营场所32家。推进"雪亮工程"，共有各类治安监控及社会面视频监控5316个。联动网格全年接处案件2.61万件，满意率超98%。动员社会力量参与平安浮桥建设，累计注册"平安志愿者"8200人。开展矛盾调解"百日会战"，化解各类矛盾纠纷804起。实施《浮桥镇安置小区物业管理考核办法》，加大安置小区物业考核力度。实施《浮桥镇安全生产专项整治三年行动工作方案》，加大专项整治攻坚力度，完成涉爆粉尘等重点行业领域安全隐患整改1517条；完成重大隐患挂牌督办整改7家，查处小化工1家、"六小企业"1家；完成立案处罚75起，罚款71.4万元。严抓食品安全，搬离或取缔黑作坊41家。落实消防安全监管责任，新建充电桩297套，完成"三合一"场所合规化整改5575处、"回头看"隐患整改752处、小餐饮燃气整治648家。保障就业创业，发放各类稳岗就业补贴300万元，公积金扩覆工作全市领先。加强农民工权益保障，处理劳动争议案件134起，涉及金额770万元。完善退役军人双拥体系，发放重点优抚等各类慰问金302.7万元。

2020年浮桥镇主要经济社会指标一览表

表77

项目	单位	数值	项目	单位	数值
地区生产总值	亿元	73.60	农民人均住房	平方米	90
财政收入	亿元	5.76	镇村主干道	千米	130
耕地面积	公顷	5606.9	科技人员	人	3000
农业总产值	亿元	10.61	中小学校	所	10
粮食总产量	万吨	3.51	在校中小学生	人	10743
农机总动力	万千瓦	2.48	在职教师	人	714

续表 77

项目	单位	数值	项目	单位	数值
出栏生猪	万头	0.17	开通有线电视	户	23000
出栏家禽	万羽	7.6	医院	家	4
工业企业	家	1200	卫生室	个	19
工业销售收入	亿元	135.5	医保普及率	%	99
工业利税	亿元	8.35	农民人均可支配收入	元	37376

2020 年浮桥镇各村（涉农社区）基本情况一览表

表 78

村名	党组织书记	村（居）委会主任	工农业总产值（万元）	人均可支配收入（元）
浮桥村	展益峰	展益峰	35877	40193
七丫村	钱　健	钱　健	16771	29699
方桥村	陈　超	陈　超	11485	38301
时思村	顾世伟	顾世伟	97649	36431
浪港村	庄文迪	庄文迪	10519	39217
绿化村	倪昌铃	倪昌铃	9960	37458
三市村	浦春花	浦春花	7030	38772
茜泾村	陈志强	陈志强	33255	36420
马北村	张正彬	张正彬	23111	32740
丁泾村	闻　健	闻　健	25028	42240
新邵村	陆利平	陆利平	12344	32802
九曲社区	施小峰	施小峰	51387	34241
时思社区	顾　琴	顾　琴	35127	33970
老闸社区	陆建雄	陆建雄	7356	33174
建红社区	黄学明	黄学明	4500	32700
浮南社区	陆叶青	陆叶青	5418	33158
牌楼社区	单丽婷	单丽婷	35691	36777

2020 年浮桥镇骨干企业一览表

表 79

企业名称	法人代表	销售收入（万元）	利税总额（万元）
怡球金属资源再生（中国）股份有限公司	黄崇胜	154023	4683
太仓巨仁光伏材料有限公司	徐春玲	67049	6050
苏州良浦住宅工业有限公司	朱卫民	50130	13565
太仓市金鹿电镀有限公司	王琴珍	29027	3165
苏州金汇科技材料有限公司	杨　柳	31006	890
格瑞夫（太仓）包装有限公司	张文星	28116	3268

续表 79

企业名称	法人代表	销售收入（万元）	利税总额（万元）
太仓上电混凝土制品有限公司	王学芹	20786	1336
苏州良浦天路新型建材有限公司	朱卫民	19962	4617
太仓上建同高混凝土有限公司	朱　锋	19119	-389
苏州茂泰纸制品有限公司	沈陆健	17547	63
太仓祥好塑胶科技有限公司	陈　镐	18910	1209
鼎泰铝业科技（太仓）有限公司	洪玉环	14588	1774
太仓市伊丝利化纤有限公司	龚逸平	13747	160
太仓市龙和混凝土有限公司	王国政	9605	-496
太仓市远斗铸造有限公司	盛　贵	9558	530

（张永斌）

璜泾镇

璜泾镇新镇区鸟瞰图　（沈美林摄）

【概况】 璜泾镇位于太仓市东北部，毗邻常熟经济技术开发区和太仓港经济技术开发区，拥有长江黄金岸线11千米，全镇面积83.55平方千米，设2个管理区，辖13个村、4个社区，户籍人口4.4万人，流动人口约3.8万人。2020年，璜泾镇实现地区生产总值58.2亿元，一般公共预算收入3.48亿元，财政收入6.5亿元。

【经济发展】 2020年，璜泾镇优化工业结构，提高经济发展质效，全社会固定资产投资27亿元，较上年增长96.4%；工业投资15亿元，较上年增长243%；服务业投资1.24亿元，较上年增长19.8%；新增规模以上企业14家，产值150.6亿元；引进内资18.4亿元，较上年增长81.9%，个私净增21.57亿元，较上年增长71.6%。招商引资精准施策，引进德资企业4家，储备内资、外资及港澳台资项目30个；举办金秋经贸月活动，签约项目总投资超80亿元。突破科创短板，净增高新技术企业14家，战略性新兴产值占比13.4%，先导产业产值占比7.7%；获评太仓领军人才项目9个、姑苏领军人才项目2个。减免企业社保7800万元，申请稳岗补贴1100万元；主导推进银企协作，帮助企业获授信3000万元；落实惠企"十二条"，发放奖补401万元；雅鹿集团入选"中国民营企业500强"。

【镇村建设】 2020年，璜泾镇提升功能品质，报批中心片区和鹿河工业园区控制性详细规划，完成镇村布局规划论证，启动3.8平方千米的沿江工业园区概念规划；扩容农民集中安置小区，挖掘存量宅基192个；优化用地布局，完成"三优三保"（以优化建设用地空间布局保障发展，以优化农用地结构布局保护耕地，以优化镇村居住用地布局保护权益）复耕入库土地39.4公顷、原地盘活20.53公顷；开展工业企业资源集约利用综合评价，评价地块606个，涉及企业851家。高标准推进城镇建设，"荟生活"商业综合体开工建设，生态湿地修复项目按序实施；完善中心镇区功能，园林路、玄武路东延、蒋泾塘路改造、玄岳街提档等工程竣工；王秀卫生院、综合服务中心等工程按序实施，王秀门面房、新明一条街改造项目完工，王秀管理区获全市被撤并镇（管理区）三年整治提升工作考核第一等次。

【城乡统筹】 2020年，璜泾镇坚持城乡协同发展，实现现代农业再升级，全年共投资1.2亿元新增三星级康居点14个、康居特色村1个，杨漕村获评"省特色田园乡村"。完善农村基建，红色健身公园获评"省最美乡村公园"；完成河长制整改项目210个，建设"美丽河湖"12条。特色农业成效突出，全国农业产业强镇示范建设

2020 年 11 月 3 日，璜泾镇举行“荟生活”商业综合体开工奠基仪式
（计海新摄）

通过验收，新增高标准农田 266.67 公顷，创建绿色优质农产品基地 226.67 公顷，实现镇域全覆盖，“菜篮子”工程建成投用；农机化水平走在全市前列，提高蔬菜生产机械化水平，新认证绿色农产品 7 个；璜泾大米获“太仓好味稻”金奖；村均稳定性收入 849 万元。

【生态环境】 2020 年，璜泾镇优化生态环境，取缔散乱污企业 73 家，完成大气污染防治项目 31 个，送审璜泾镇产业园规划环评。开展重点行业企业用地土壤污染状况调查，完成地块信息采集 13 个，实施危废专项检查 28 次。实施农村人居环境整治，完成整治点位 103 个，新增绿化 13.33 公顷，村庄环境长效考核位列全市第一，获评“苏州农村人居环境整治先进集体”。清理河湖“两违”（违法占地和违法建设）12 项，疏浚河道 67 条，完成雨污分流改造小区 6 个，新建污水管网 62.8 千米，完成接管 1200 户，新增水质自动监测站 3 个，实现入江口水质预警系统全覆盖，省考断面水达标率 100%，位列全市第一。

【公共服务】 2020 年，璜泾镇把握民生幸福主旨，兜底民生保障，运用“大数据 + 网格化 + 铁脚板”模式，推动生产生活秩序恢复。帮扶困难群体，累计发放各类救助金 1659 万元；发放尊老金 290 万元，居家养老月服务 1.5 万小时；新增就业岗位 4570 个，城乡失业再就业 305 人；投入 4700 万元，推进 1033 名失地农民社保置换工作。完善民生服务，推进基层“三整合”改革工作，“一办七局一中心”（党政办公室、党群工作局、社会事业局、财政和资产管理局、经济发展和建设局、行政审批局、农村工作局、综合行政执法局和社会治理指挥中心）挂牌实质运行；镇审批局月均办理申请超 9000 件，村（居）二级网点全面覆盖，打通便民服务“最后一公里”；创建五星级“发展型”幸福社区 1 个、四星级 3 个；发展教育服务，完成荣文中学、小学操场改造，发放“思源慈善基金”22.5 万元。

【社会治理】 2020 年，璜泾镇加快社会治理步伐，紧抓疫情联防联控，排查到璜返璜人员近 5 万人、各类车辆 1.6 万辆。强化治安防控，新增治安监控 150 个；健全大网格管理，答复各类诉求 1.4 万件，满意率 97.7%；强化窗口阵地建设，处置各类信访案件 170 件，接待群众到访 1300 次，协调解决各类矛盾纠纷 1780 起。发挥法律援助作用，接待法律咨询 2700 批次，呈报法律援助 41 起，代写诉状 20 起。安全管控提档加码，取缔整顿企业 21 家，事前执法立案 63 起、处罚 80 万元，完成三级政府重大事故隐患挂牌整改项目 5 个；落实重点行业领域安全隐患治理 1382 项，查扣叉车 92 辆；审核发放食品经营许可证 252 张，整治关停非法食品小作坊 25 家；开展成品油市场秩序专项整治，查处非法加油车 31 辆，缴获油品 22 吨。

2020 年璜泾镇主要经济社会指标一览表

表 80

项目	单位	数值	项目	单位	数值
地区生产总值	亿元	58.2	三产增加值	亿元	1.57
一般公共预算收入	亿元	3.48	农业总产值	亿元	5.03
财政收入	亿元	6.5	粮食总产量	万吨	2.6
耕地面积	公顷	3813	农村总动力	万千瓦	2.37
出栏生猪	头	53	农技服务机构从业人员	人	18
出栏家禽	万羽	3.79	中小学校	所	5

续表 80

项目	单位	数值	项目	单位	数值
工业企业	家	1579	在校中小学生	人	3903
工业总产值	家	200.79	在职教师	人	261
工业销售收入	亿元	184.39	开通有线电视	户	25633
工业利税总额	亿元	1.65	医院	个	2
实际利用外资及港澳台资	万美元	4198.5	卫生院	个	18
进出口总额	亿美元	1.2	初保普及率	%	100

2020 年璜泾镇各村基本情况一览表

表 81

村名	党组织书记	村委会主任	设立时间	耕地面积（公顷）	户籍户数（户）	户籍人口（人）	工业总产值（万元）	总资产（万元）
新华村	胡庆丰	胡庆丰	1999 年	128	731	2527	168393	4593
荣文村	王旭聪	王旭聪	2006 年	376	1219	4070	162905	4759
新联村	赵宏义	赵宏义	2006 年	442	1077	3944	233764	6101
永乐村	朱雪琴	朱雪琴	2004 年	327	693	2606	265372	4181
荡茜村	浦英杰	浦英杰	1982 年	122	166	641	4085	3801
王秀村	高　萍	高　萍	2004 年	240	762	2266	106599	3120
孙桥村	赵琼宇	赵琼宇	1999 年	235	584	1922	17209	2288
盂河村	薛　英	薛　英	2006 年	383	988	3239	5344	4665
杨漕村	吴振清	吴振清	2004 年	388	1169	3883	3745	7697
新明村	王天驰	王天驰	2006 年	225	993	3446	812188	7715
新海村	周　雅	周　雅	1999 年	236	469	1797	11241	3914
长洲村	何永刚	何永刚	1999 年	301	819	2837	50852	4323
雅鹿村	顾爱东	顾爱东	2006 年	388	1081	3870	25917	10494

2020 年璜泾镇骨干企业一览表

表 82

企业名称	销售收入（万元）	企业名称	销售收入（万元）
江苏申久化纤有限公司	189217	苏州双友汽车零部件有限公司	10361
江苏长乐纤维科技有限公司	48768	太仓市展宏化纤有限公司	9887
太仓荣文合成纤维有限公司	45439	太仓有道化纤有限公司	9470
苏州鸿轩蛋业有限公司	43782	太仓市新磊化纤有限公司	9184
华伦皮塑（苏州）有限公司	38332	太仓市施美电镀有限公司	8304
苏州荣文库柏照明系统股份有限公司	27448	太仓市新佳化纤有限公司	8224
苏州瑞高新材料有限公司	26543	中润科技股份有限公司	8184
太仓市美丽纱化纤有限公司	26416	苏州天彩化纤有限公司	8156
太仓济丰包装纸业有限公司	22378	伟建实业（苏州）有限公司	8071

续表 82

企业名称	销售收入（万元）	企业名称	销售收入（万元）
太仓市吉炜化纤纺织有限公司	19938	太仓市天航化纤有限公司	8035
苏州荣文纤维制品有限公司	18799	苏州高鸿家纺有限公司	7983
苏州双宏纺织有限公司	18530	太仓市威豪化纤有限公司	7907
苏州申久高新纤维有限公司	17422	太仓佩博实业有限公司	7855
苏州东源化纺有限公司	17114	太仓市隆纺油剂有限公司	7684
太仓市德隆化纤有限公司	16970	太仓至纯新材料有限公司	7646
太仓大田铭博包装容器有限公司	16629	太仓市文胜化纤有限公司	7643
江苏团结纤维科技有限公司	16518	太仓市杰畅化纤有限公司	7587
江苏悦孚油品有限公司	15859	太仓云洁日用品有限公司	7323
太仓市宏亿化纤有限公司	14835	太仓市利旺化纤有限公司	7093
太仓市锦飞电镀有限公司	14642	太仓市智顺纺织有限公司	6917
太仓市天之路化纤有限公司	14337	太仓市太荷纺织助剂有限公司	6864
太仓市景泰化纺有限公司	14271	太仓时代潮化纤有限公司	6854
太仓市天丝利塑化有限公司	14257	太仓市华美化纤有限公司	6789
太仓鹿影包装材料有限公司	12577	太仓市桑榆化纤有限公司	6743
太仓市晨希化纤有限公司	12232	江苏学泰印务有限公司	6597
苏州精艺纺织有限公司	11869	苏州肖氏化纤纺织有限公司	6565
太仓市雄瑞化纺有限公司	11765	钜亚汽车零部件科技（太仓）有限公司	6186
太仓市明正化纤有限公司	11446	太仓同益化纤有限公司	5920
太仓芳怡化纤纺织有限公司	11068	太仓市良艳印染有限公司	5911
太仓市鑫海纸业有限公司	11003	苏州振跃化纤有限公司	5653
太仓德力纺织品有限公司	10685	苏州万鸿化纺有限公司	5607
太仓市中江化纤厂	10474	太仓市华茂化纤有限公司	5577
太仓市兰顺化纤有限公司	10473	太仓建晖化纤有限公司	5104
太仓市烨烨化纤有限公司	10423	苏州市龙誉天化纤纺织有限公司	5003
太仓市贞观化纤有限公司	10375	—	—

说明：收录销售收入 5000 万元以上企业

（洪培源）

双凤镇

【概况】 双凤镇位于太仓市西部，紧邻城区，204 国道、339 省道、苏昆太高速贯穿全境。全镇总面积 62.6 平方千米，辖 1 个管理区、9 个村、5 个社区，常住人口 6.9 万人，户籍人口 3.17 万人。2020 年，双凤镇实现地区生产总值 63.96 亿元，实现一般公共预算税收收入 4.48 亿元。年内，双凤镇举办首届双凤伏羊节、第 13 届中国·双凤羊肉文化旅游节暨 2020 年双凤金秋经贸月活动、2020 年中国垂钓电视直播精英赛、2020 年双凤镇大型慈善晚会暨“12·5”国际志愿者主题活动，成立双凤镇慈善会、“德润福地”文明实践基金，累计筹集资金 175.9 万元。通过国家卫生镇复审，获评江苏省生态文明建设示范镇和 2020 年度苏州市平安镇。

【经济发展】 2020 年，双凤镇完成工业总产值 127.3 亿元，其中 104 家规模以上企业实现总产值 107.18 亿元，较上年增长 5.6%。全社会固定资产投资 27.15 亿元，较上年增长 74.5%，

2020 年 12 月 3 日，双凤镇举行大型慈善晚会暨“12・5”国际志愿者日主题活动 （段玉洁摄）

其中工业投资 16.77 亿元，较上年增长 41.8%。三大重点产业产值 87 亿元。先导产业产值 32.07 亿元，较上年增长 8.7%。奥德伟尔、贝斯特、剑派等 32 家企业销售超亿元，其中皇冠、口水娃、马勒 3 家企业销售超 5 亿元。高新产业、新兴产业占比分别是 46.2%、62.4%。年内净增高新技术企业 20 家，总数 73 家。完成注册外资及港澳台资 5446 万美元，较上年增长 77.7%，实际利用外资及港澳台资 4156 万美元，较上年增长 193.2%。全年新开工广晋、申江通、宏马等总投资 10 亿元项目 7 个，竣工马勒、格利索拉等总投资 14 亿元项目 13 个，投运太仓绿色产业园、卓纳、优珀斯等总投资 19 亿元项目 14 个。企业累计拥有有效发明专利 388 件，较上年增长 10.86%。规模以上企业研发经费投入 3.42 亿元。获评苏州及以上领军人才 2 人。

【镇村建设】 2020 年，《太仓市双凤镇总体规划（2013—2030 年）》的重大修改和新湖片区控制性详细规划通过市政府审批，双凤镇主镇区控制性详细规划编制通过专家第二轮评审，并上报市政府。完善镇村路网建设，凤苑路、中市路、建业路提档改造完工通车。全镇 105 座农村公路桥梁防护设施排查整改完成。推进美丽村庄建设，苏州市三星级康居乡村示范点验收通过 11 个。盘活低效存量建设用地，打开发展空间，全年共完成土地挂牌上市 10 宗，面积 36.36 公顷，成交金额 2.2 亿元。优化营商环境，完成划拨土地 4 宗，面积 10.04 公顷。加大闲置土地处置力度，完成批而未供土地 17.33 公顷，闲置土地处置完成率 100%。全年完成土地复垦 26.59 公顷，目标完成率 108%，耕地占补平衡项目共入库 7.24 公顷。

【城乡统筹】 2020 年，双凤镇加大拆违力度，推进“百万”违法建设攻坚行动、“331”专项行动，全年拆除各类违建 19 万平方米。推进拆迁安置工作，共完成动迁农户签约 94 户，安置宅基地 8 户，共安置公寓房 124 套，投入拆迁资金共支付 1.27 亿元。强化庆丰稻麦、勤力水产、新湖蔬菜 3 个现代农业产业片区规划引领，年内实现 1840 公顷高标准农田建设全覆盖，投入 2500 万元建设渔业产业园生产服务中心和新湖片烘干中心。加快现代农业产业三大片区建设，完成高标准农田建设 78.53 公顷、高标准鱼塘建设 20.27 公顷，新湖“菜篮子”工程核心区 20 公顷完成建设并投产，庆丰农机服务中心、新卫综合农事服务中心投入运行。勤力渔业产业园获评国家级水产健康养殖示范场。新增土地流转面积 120 公顷，全镇土地流转率 90%。村级合作农场自主经营面积 840 公顷，全镇水稻实种面积 986.67 公顷。2020 年，村均集体可支配收入 915 万元。

【生态环境】 2020 年，双凤镇推动绿色发展，强化源头管控，做好生态整治。完成双凤镇工业区（双凤片区、新湖片区）规划环境影响评价报告书报批工作，再生资源综合利用项目动工，完成黄桥村垃圾堆放点封场工作。完成全镇企业环保管家系统开发并投入使用，开展 2020 年固定污染源排污许可清理整顿和排污许可发证登记工作，永久关停企业 194 家，发证或登记企业 663 家。完成农村人居环境整治三年行动计划，庆丰村、新湖村获评第二批苏州市农村人居环境示范村。镇

2020 年 9 月 19 日，农民在双凤镇勤力村“水八仙”蔬菜种植基地采摘莲蓬 （双凤镇供稿）

域内全面完成黑臭河道治理，城镇污水集中收集处理率 92.59%，农村生活污水接管率 92%。新增绿化面积 6.93 公顷，新增成片造林面积 7.07 公顷。推进全镇生活垃圾分类工作，完成垃圾分类"三定一督"（定时定点定人督导的四分类模式）及入户分类小区建设 28 个，垃圾分类设施实现村居全覆盖。深化河长制改革工作，完成市镇村三级河道"一河一策"治理任务 226 项，建成苏州美丽生态河道 4 条，完成村级河道疏浚工程 22 条、总长 21.7 千米，拆除河岸"两违"（违法占地和违法建设）建筑 1.5 万平方米。

【公共服务】 2020 年，双凤镇提升城乡公共服务供给能力和质量。双凤福利院迁建、双凤人民医院提档、双凤小学扩建等项目完工并投入使用，实施双凤中学综合楼主体建设、新湖卫生院迁建工程。城镇社会养老保险累计新增 9258 人，工伤、失业、生育保险累计新增 8687 人，基本医疗保险累计新增 9075 人。被征地农民办理土地置换保障共计 892 人，合计金额 7769 万元。完成公积金扩覆 798 人。为 2350 家企业阶段性减免社保费近 1.23 亿元。为低保、低保边缘家庭发放慰问金 560 万元。养老服务多元化，新建双凤镇养老服务中心，床位 300 张，8 月投入使用。新增双凤社区、湖川桥社区、新苑社区和新闾村日间照料服务中心（站）4 家，累计 18 家，日间照料覆盖率 128%，社会化服务率 94%。每月为 5175 人提供居家服务，居家养老上门服务率 45%。发放各类退役军人补助、慰问 129 万元。双凤及新湖管理区农贸市场提档升级完成并交付使用，安居双凤智能化项目完成，新湖管理区便民会所新建完成并投入使用。双凤镇为民服务中心提档升级，推进"一门受理、一窗通办、帮办代办、不见面审批"等服务，设服务窗口 34 个，办理行政审批和公共服务类事项 261 项，办结率 100%，满意度 100%，提升企业和群众的便利度和获得感。

【社会治理】 2020 年，双凤镇创建发展型幸福社区 10 个，搭建平台培育和孵化专业性社会组织 21 个，开展民主协商事项 224 项，打造共建、共享、共治新格局。推进社会综合治理联动机制建设，受理办件 2.03 万件，办结 1.98 万件，办结率 97.8%。提升信访工作专业化水平，来访接待 309 批次、500 人，受理上级和联办中心信访事件 92 件，办结率 100%。开展"22+1"安全生产专项整治，检查企业 6189 家次，排查隐患 6078 处，整改隐患 4950 处，立案查处 43 家。完成安全生产信息化系统建设。开展各类安全生产培训 19 期，培训 1782 人次。整治无证无照或证照不齐化工小企业、小作坊和黑窝点 11 个。8 家三级政府挂牌督办整改重大隐患企业全部整改完成。

2020 年双凤镇主要经济社会指标一览表

表 83

项目	单位	数值	项目	单位	数值
地区生产总值	亿元	63.96	卫生院	个	2
一般公共预算收入	亿元	4.48	卫生室	个	9
农业总产值	亿元	1.57	执业（助理）医师	人	56
工业总产值	亿元	127.3	初保普及率	%	100
服务业总产值	亿元	8.3	开通有线电视	户	9234
实际利用外资及港澳台资	万美元	4156	镇村主干道	千米	79.682
注册外资及港澳台资	万美元	5446	农民人均可支配收入	元	37780
中小学校	所	4	户籍人口	人	31654
在校中小学生	人	4891	常住人口	人	69042
在职教师	人	286	—	—	—

2020 年双凤镇各村基本情况一览表

表 84

村名	党组织书记	村委会主任	设立时间	耕地面积（公顷）	村集体收入（万元）
庆丰村	马　健	马　健	1983 年 7 月	659.67	2617
凤中村	金　鑫	张学军	1983 年 7 月	80.00	1202
黄桥村	张贤峰	张贤峰	1983 年 7 月	415.60	1733

续表 84

村名	党组织书记	村委会主任	设立时间	耕地面积（公顷）	村集体收入（万元）
勤力村	高树云	高树云	1983 年 7 月	264.53	1113
泥泾村	吴 邹	吴 邹	2000 年 7 月	86.73	1287
维新村	顾芳芳	顾芳芳	2000 年 7 月	165.27	1181
新湖村	张建忠	张建忠	2000 年 7 月	419.00	1632
新卫村	张建明	张建明	2000 年 7 月	140.00	1104
新闾村	孙春华	孙春华	2000 年 7 月	334.07	956

2020 年双凤镇骨干企业一览表

表 85

企业名称	销售收入（万元）	利税总额（万元）	企业名称	销售收入（万元）	利税总额（万元）
皇冠（太仓）胶粘制品有限公司	63365	4663	苏州佳侣家用电器有限公司	9865	121
马勒电驱动（太仓）有限公司	57745	−2465	苏州创扬医药科技股份有限公司	9241	942
苏州口水娃食品有限公司	54479	6612	苏州圣雷动力机械有限公司	8898	346
苏州贝斯特装饰新材料有限公司	35845	2139	苏州华盟塑化有限公司	8736	476
苏州剑派实业有限公司	34655	1409	桑德斯热交换器（太仓）有限公司	8476	157
苏州富瑞合金科技股份有限公司	31489	71	太仓容嬴纺织实业有限公司	8350	−13
太仓市汇湖电镀有限公司	30661	2591	太仓格利索拉精密金属制造有限公司	8324	−434
伍享汽车配件（太仓）有限公司	29514	2797	太仓新宏电子科技有限公司	8196	1132
苏州富洲胶粘制品有限公司	28062	1707	太仓鸿恩电子科技有限公司	8163	252
羽田电子科技（太仓）有限公司	27570	2640	太仓市荟轩机械有限公司	7849	143
赛纳（苏州）安防用品有限公司	27192	1443	太仓协鑫垃圾焚烧发电有限公司	7814	5045
苏州飘志华复合材料科技有限公司	25055	886	比赫电气（太仓）有限公司	7396	873
江苏宏马科技股份有限公司	24677	4274	苏州朝露新材料科技有限公司	7379	120
太仓新锦表面处理有限公司	23194	4974	腾禾精密电机（苏州）有限公司	7147	577
太仓欣华盈电子有限公司	20744	732	苏州扬信德汽车零部件有限公司	7100	125
太仓大东保健器有限公司	20365	727	辉泰（太仓）汽配有限公司	7065	489
苏州市富尔达科技股份有限公司	18366	3742	江苏仕沃精密机械科技有限公司	6642	465
勃格科技有限公司	17285	1598	苏州塑之源机械制造有限公司	6500	281
江苏优珀斯材料科技有限公司	17275	665	苏州市嘉华聚氨酯制品有限公司	6203	408
苏州维港包装有限公司	16809	2248	众铄（苏州）汽配有限公司	6156	196
苏州健能新材料科技有限公司	16697	313	苏州花蝴蝶新材料科技有限公司	5979	405
科曼车辆部件系统（苏州）有限公司	15009	979	苏州科博思流体科技有限公司	5888	691
苏州联畅特种纤维有限公司	14899	1566	苏州东翔碳素有限公司	5811	845
苏州东南佳新材料股份有限公司	13425	2362	苏州多凯复合材料有限公司	5717	2009
苏州地和桩业有限公司	13352	110	苏州仓庆金属制品有限公司	5697	521

续表 85

企业名称	销售收入（万元）	利税总额（万元）	企业名称	销售收入（万元）	利税总额（万元）
苏州毅远住宅科技有限公司	12564	906	苏州鼎力福机电科技有限公司	5593	382
太仓浦源医药原料有限公司	12239	574	太仓新奇乐婴儿用品有限公司	5580	199
太仓富豪铜业有限公司	12208	-241	江苏车视杰电子有限公司	5357	-482
联冠（太仓）胶粘制品有限公司	12041	150	苏州百狮腾电气有限公司	5330	380
苏州伊斯丹实业有限公司	11799	1856	江苏富日精密机械有限公司	5251	355
苏州德能电机股份有限公司	11736	1447	太仓市宝马油脂设备有限公司	5207	457
太仓奥德伟尔有色金属零部件有限公司	11314	6220	太仓群特电工材料有限公司	5122	626

说明：收录销售收入 5000 万元以上的企业

（翟晓雨）

科教新城

【概况】 科教新城位于太仓市西南部，东侧和南侧均至上海市边界，西至 204 国道，北至新浏河，辖区面积 13.6 平方千米。2020 年，科教新城有常住人口 5 万人，规划总人口约 9 万人。辖南郊、新丰、常丰、学苑、鹊桥、城南、文渊、良辅 8 个社区。

【经济发展】 2020 年，科教新城推进省级重点项目清华力合天镜湖科技谷建设，复游文旅城阿尔卑斯雪世界与商业街实现开工并完成桩基，泰禾商业综合体及铂尔曼酒店、天镜湖创新创业广场、精品酒店基本竣工。天镜湖智能互联众创社区确定为省级试点单位，"夜太美·美在新城"系列活动获苏州市文旅消费优秀活动三等奖，海运堤二期获评苏州市特色商业街。

2020 年 7 月 1 日，沪苏通铁路太仓南站投入使用 （科教新城供稿）

【城乡统筹】 2020 年，科教新城配合促进沪苏通铁路太仓南站和市委党校启用。良辅路贯通 204 国道，加快复游城配套道路、河道工程施工。界河、施家泾改造工程基本竣工，子冈路、凤洲路、安道街、东仓新路延伸段、江申大道延伸段、正夫路东段竣工投入使用。海运堤路桥启动施工图设计。实现环天镜湖核心区地块清零，释放临湖城市建设空间 20.8 公顷。完成农户拆迁 84 户，小企业拆除 16 家。拆除无证建筑近 5.2 万平方米。整治农村人居环境 1.05 万平方米。安置农户 98 户，安置房屋 122 套，办理安置房不动产证 522 套。推进安置房项目建设，群星四期、城南二期进入验收阶段，完成利民五期地下室工程。

【生态环境】 2020 年，科教新城推进污防攻坚"321"专项行动、"1233"水污染（省考断面）专项整治行动、"一断面一方案"专项行动。整治"散乱污"企业（作坊）20 家。完成老浏河闸、明之河闸建设，完成天镜湖、竖头泾、罗家泾等 8 条河道美丽生态河湖建设任务。高质量发展水环境监测断面考核达标率 100%。完成盐铁塘非雨出流排口整治 8 个。完成点金广场、精品酒店等截污纳管 5 处。完成铁路沿线、沿沪、东仓新路延伸段、江申大道延伸段绿化提升工程，新增绿化面积 33.33 公顷。推进建设城市田园示范方项目和文澜路两侧 13.33 公顷四季花海、铁路南侧 10 公顷都市果园。

【公共服务】 2020 年，科教新城南郊小学和医疗养老服务中心投用。提升老年人日间照料中心服务水平。安置房小区实现充电桩全覆盖。加强安置房维修服务，年内共维修 311 户。辖区内 35 个小区垃圾分类实现全覆盖，投放分类垃圾桶 1500 只，完成"撤房并点”，设置宣传栏31处，布置宣传树牌、宣传地插牌780处。居民小区阳台水接管工作开工。第七次全国人口普查工作基本完成。

【社会治理】 2020年，科教新城开展安全生产大排查大整治，以“1+18+1”专项整治为抓手，推进隐患排查整治和化学品综合治理，全年检查各类单位（场所）1268家次，消除隐患894处，查处涉化违法行为3起，行政拘留1人。持续深化“331”专项行动增容扩面，开展“9+1”场所隐患排查整治，共计检查各类企事业单位及“九小场所”706家，整改消防隐患138处。

（周　倩）

娄东街道

【概况】 娄东街道与高新区实行“区街合一”管理体制，行政区域面积25.02平方千米，实际管辖区域面积37.22平方千米。2020年，娄东街道登记人口19.2万人，管理娄江、太平、惠阳、滨河、景瑞、城北、浦溪、裕珑、丽景、柳园、荷塘11个城市社区和朝阳、太东、洋沙、东郊、太胜、华盛园、香花桥、花北8个涉农社区。

【城乡统筹】 2020年，娄东街道加快城乡一体化进程，构建基层政权建设常态机制，优化资源配置，调整香花桥和花北社区2个居民委员会行政区域管理及服务区域，并增设荷塘社区居民委员会。全年完成惠阳新园、华盛六园、华盛二园等小区1274套安置房办证工作。完成重点清零计划地块签约5块，拆除5块，释放土地空间68.87公顷。完成拆迁签约115户，其中农户27户、商品房5户、门面房13户、企业5家、承租户及其他零星户65户，涉及建筑面积3.1万平方米，土地面积4.6万平方米。村级经济稳步发展，德民公司全年收入1090.4万元，较上年增长11.3%。

【生态环境】 2020年，娄东街道围绕“百万”违法建设攻坚行动，完成整治南丁园、镇江路、星光码头、东仓园、洋沙五村等650户，拆除违建5.3万平方米，启动整治区域环境提档工程。完成庙龙泾南支河、北中心河、老白泾、陈子河、叶泾等6条河道整治工程。累计清理各类户外广告设施875处、8545平方米。打造“净美娄东”生活垃圾分类工作品牌，320个垃圾分类投放点监控设施实现投用，完成133个“三定一督”（定时定点定人督导的四分类模式）小区的生活垃圾分类设施全覆盖。

【公共服务】 2020年，娄东街道推进公共服务能力提升，在社区日间照料中心全覆盖基础上，完成18个社区的适老化改造项目，完成朝阳社区卫生服务站新建工程。完成公厕改造升级13座。完成桃园菜场提档改造工程。开设娄东街道“城市工匠”便民服务平台，通过线下关联药店、汽修等行业商家，提高为民服务水平。开班运营娄东街道老年大学，共设置戏剧、绘画、书法等课程15门，第一期开班共服务居民4600人次。结合“关爱民生法治行”，探索法治专员参与大型小区治理共建模式，为居民提供优质法律服务。建立街道慈善总会，推动街道公益慈善事业发展。

【社会治理】 2020年，娄东街道获评四星级幸福社区4个、三星级幸福社区3个。按照推进基层整合审批服务执法力量相关要求，构建“1+4”（加强党的全面领导、审批服务一窗口、综合执法一队伍、基层治理一网格、指挥调度一中心）基层治理模式，综合设置党政办公室等职能机构7个，娄东街道综合行政执法局、为民服务中心和集成指挥中心建成使用。全年开展各类专项整治287次，其中联合执法146次，共现场纠违7.87万件。共受理案件3.53万件，办结3.52万件，办结率99.8%。持续推动“雪亮工程”建

2020年10月30日，娄东街道“三整合”改革揭牌　　（娄东街道供稿）

设，增加封闭式小区人像抓拍系统27个。开展“安全生产月”活动和“消防宣传月”暨消防安全演练活动。完成华盛六园、洋沙二村和津华园等12个小区500余间车库整治。完成万达广场、宝龙广场等102家“三合一”场所整治工作。苏州、太仓两级督办件摘牌。餐饮场所“瓶改电”工程相关经验被央视媒体报道。

2020年娄东街道涉农社区基本情况一览表

表86

社区名	党组织书记	居委会主任	村集体收入（万元）		农户及人口情况		总资产（万元）
			总收入	可支配	户籍户数（户）	户籍人口（人）	
朝阳社区	王中明	王中明	802	549	345	1686	7656
太东社区	苏　林	—	1917	292	336	1425	7940
洋沙社区	夏琳芳	夏琳芳	908	891	604	2758	13573
东郊社区	张益民	苏红卫	796	339	570	2174	4038
太胜社区	张建红	张建红	925	827	650	2848	6366
华盛园社区	倪佳柱	朱卫元	1632	1533	1940	7200	16658
香花桥社区	孙建春	韩兴福	954	822	1382	5225	9794
花北社区	陈卫红	陈卫红	902	674	618	2570	8270

（张　懿）

陆渡街道

【概况】 陆渡街道东与浏河接壤，西至G15沈海高速，南至新浏河，北至S48沪宜高速，区域面积46.7平方千米。2020年，辖区户籍人口2.5万人，流动人口4.1万人，辖陆渡、横沥、红庙、洙泾、小桥、岳南村民委员会6个和陆渡、东城、珠江（涉农社区）居民委员会3个。

2020年4月，陆渡街道绿化美化拆违整治地块　（陆渡街道供稿）

【城乡统筹】 2020年，陆渡街道完成地块“清零”12个，签约农户83户、拆除60户，签约企业89家、拆除53家，腾出土地133.33公顷，保障2所大学、智汇谷科创产业园、星悦里—洙泾湾商业街等重点项目落地。集中拆除各类违建超17.28万平方米，依法拆除应拆未拆农户22户，整理土地、绿化美化超26万平方米。项目化推进石头塘东侧企业整治，完成签约腾房企业共计30家，建筑面积4万多平方米。启动三港区域拆违大整治，先期开展三港菜场、三港集宿区和2号河地块整治，确保集体资产安全。

【生态环境】 2020年，陆渡街道结合“百万”违法建设攻坚行动，通过整合人力和政策等资源，拆除辖区内违法搭建2348处，总面积近5万平方米。拆除别墅区、厂区违建25处，总计4258平方米。全年累计整治违规住人车库500间，拆除农户违建出租屋1600间，整改群租房500套。探索创新“红黄绿”三色车库住人整治机制、出租房专项整治“1111”工作机制，并在全市推广。结合“百日整治”工作要求，整治陆渡街道重要道路及城市建设领域，“马路市场”、占道经营、市场周边乱摆乱放、乱搭篷架等现象减少，改善居住环境。加大河道治理力度，开展河道岸坡综合整治，完成恒通佳苑河道、抢水浜、老浏河水环境治理，加强农村河道日常保洁，清理河道围网1处、拦网3处、网簖14个和地笼316个。实体化运作鼎欣城乡、娄丰公司、金娄江公司，做大做强集体经济。推行生活垃圾分类“三定一督”模式（定时定点定人督导的四分类模式），设置点位72个，安装分类房66座，改造、新建垃圾分类亭21座，购置垃圾桶800个；建设9吨级地埋式有机垃圾厌氧发酵处理项目，实现街道厨余垃圾日产日清。

【公共服务】 2020年，陆渡街道常态化做好新冠肺炎疫情防控工作，设立集中医学观察点4处，累计接收集中观察人数729人，100%落实入境人员2次核酸检测制度。加大民生保障，落实救助政策，共走访慰问1171户，并发放各类慰问金。新建老年人日间照料中心2个，完成提档升级方案1个，完成20户符合条件的家庭适老化改造。入驻街道社会组织服务中心项目10个。街道为民服务中心建成投运，临沪国际社区邻里中心完成前期规划设计工作，高新区医养中心完成选址、前期研究工作。提档升级老镇区基础设施，建设临时停车场12个，增加停车位963个，缓解居民群众停车难问题。中市路改造工程启动，完成老厕所提档改造7个；实施陆渡菜市场及周边环境改造工程，提升菜市场整体环境；完成申宏小区沿街立面改造；新装和改造路灯294套。

【社会治理】 2020年，陆渡街道完成基层“三整合”改革，成立陆渡街道综合行政执法局，开展违章搭建整治“清零计划”，推进地块和农村乱占耕地整治工作，强化小区垃圾分类工作，夯实文明城市创建常态化管理基础。信访秩序有序平稳，信访接待室落实到位。阳光信访系统登记、办理信访事项117件，日常接访、劝返369批次、616人次，妥善办理信访事项78件，完成调解案件291件，成功率100%。稳控群体信访事项。实施《安置小区物业管理考核办法》，调解物业纠纷332件；创新设立“多功能”特勤队伍，全年治安案件、刑事案件分别下降11.3%和24.5%。推进重点行业领域专项整治，每月开展安全生产专项检查。执行三级挂牌督办机制，摘牌市级督办件和镇级挂牌督办件。加强“九小场所”火灾防控，消防安全检查辖区内千余家门面店铺，并形成闭环管理。开展“小化工”百日专项整治，排查场所142处，开展集中整治行动6次，排查停车场、企业、工地近200处，抽样检测油品20份，整治固定非法加油点6处，查扣非法流动加油车11辆。成立“娄江新城综合整治专班”，规范辖区企业、商铺合法经营；印发陆渡街道《关于加强工业厂房出租管理的通知》，提高辖区内新增企业主体准入门槛。

2020年陆渡街道各村（涉农社区）基本情况一览表

表87

村（社区）名	党组织书记	村（居）委会主任	村集体收入（万元）		农户及人口情况		总资产（万元）
			总收入	可支配	户籍户数（户）	户籍人口（人）	
陆渡社区	陈海青	陈海青	—	—	2873	9024	—
东城社区	朱文荣	朱文荣	—	—	4200	9000	—
珠江社区	许海刚	—	1754	1383	2425	7316	19208
小桥村	陈伟刚	顾　彬	1871	820	1095	4380	14677
岳南村	龚　列	龚　列	1070	765	624	4000	8254
红庙村	张　婷	张　婷	956	569	480	5111	10591
陆渡村	李　晔	李　晔	1012	803	2511	7683	11660
横沥村	杨建钢	蒋丽琴	769	705	2642	7775	7780
洙泾村	张玲琳	张玲琳	1422	1270	236	6557	5726

（刘　佳）

组织机构及负责人名录

（2020 年 1—12 月）

中共太仓市委员会

书　记　沈　觅

副书记　汪香元　钱文辉

常　委　韦国岭　徐志强　施燕萍　王红星　杨　庆　沈玉明　赵建初　刘启雄　戚振宇（12 月—）　吴敬宇（12 月—）　岳智宏（挂职，—8 月）　顾晓东（—12 月）

太仓市人大常委会

主　任　陆卫其

副主任　朱大丰　陆　燕　邹家宏　周鸿斌

太仓市政府

市　长　汪香元（1 月—）

副市长　吴敬宇（4 月—）　韩　飚　许超震　顾建康　郑丙华（12 月—）　周　强（5 月—）　邵　建（挂职）　张　顺（挂职，9 月—）　蒋　华（—4 月）　冯　晋（—5 月）　岳智宏（挂职，—8 月）　顾晓东（—12 月）　胡　捷（—12 月）

太仓市政协

主　席　邱震德

副主席　王国其　周健慧（1 月—）　吕　寅　朱凤兰　高　扬　黄浩忠

中共太仓市纪委

书　记　杨　庆

副书记　郑　洁（4 月—）　戚启蒙（—7 月）

常　委　秦建刚　程　达　黄建刚　浦　强

太仓市监察委

主　任　杨　庆（1 月—）

副主任　郑　洁（5 月—）　戚启蒙（—7 月）

委　员　程　达　黄建刚　吕　品　周亚飞

市纪委监委派驻纪检监察组

组　长　张永强　陈　杰　王国新　黄海波　汪　俊　张　华　胡　敏　毛　静　钱　峰　顾惠清　陆艳艳　陆月明　陆晓清　任芳敏（4 月—）　张玉飞　汪　军（11 月—）　张宏斌（—4 月）　黄建刚（—11 月）

太仓市人民法院

院　长　　吴　岚（1 月—）
副院长　　袁　满　龚红星　陈晓凯
政治处主任　　周永飞
党组书记　　吴　岚
第十三派驻纪检组组长　　陆晓清

太仓市人民检察院

检察长　　董启海
副检察长　　杨耀红　张莹玮　李　峰　李兆民
政治部主任　　孙　倩
党组书记　　董启海
第十四派驻纪检组组长　　任芳敏（4 月—）
张宏斌（—4 月）

市委各部门

市委办公室

主　任　　何永林（4 月—）　蒋　华（—4 月）
副主任　　夏家辉　赵理平　何晓玲（8 月—）
王　益（8 月—，试用一年）
顾　强（—8 月）
第一派驻纪检组组长　　张永强

市委研究室

副主任　　袁宝峰（8 月—，试用一年）

市委机要局

副局长　　徐　震

市国家保密局

副局长　　何晓玲（—8 月）

市国家密码管理局

副局长　　杜凌明（—8 月）

市委组织部

部　长　　沈玉明
副部长　　王晔豪　王维峰　高　洁
宋　蔚（常务，—8 月）
第三派驻纪检组组长　　王国新

市公务员局

局　长　　王晔豪
副局长　　冯　谡

市委党建工作领导小组办公室

主　任　　宋　蔚（—8 月）
副主任　　缪　斌（8 月—，试用一年）

市级机关党工委

书　记　　王维峰
副书记　　朱　丽（—4 月）

市委非公有制企业和社会组织工作委员会

副书记　　严　俊

市委宣传部

部　长　　赵建初
副部长　　王永伟（常务）　张　忠　刘　菊
沈　晖（4 月—）　陆文卫（—4 月）
第四派驻纪检组组长　　黄海波

市精神文明建设指导委员会办公室

主　任　　王永伟
副主任　　马千里（4 月—，试用一年）
沈　晖（—4 月）

市新闻出版局（市版权局）

副局长　　刘　芳

市委网络安全和信息化委员会办公室

主　任　　刘　菊（8 月—）
副主任　　朱　慧

市委统一战线工作部

部　长　　施燕萍
副部长　　沈建青（常务）　杨建新　杨惠林　吴向阳
第五派驻纪检组组长　　汪　俊

市委台湾工作办公室、市政府台湾事务办公室

主　任　　沈建青
副主任　　单晓风

市民族宗教事务局

局　长　　杨惠林
副局长　　时永建

市政府侨务办公室

主　任　　杨建新

市委政法委员会

书　记　　戚振宇（12 月—）　钱文辉（—12 月）
副书记　　周　强（5 月—）　沈虹健（常务）
徐向明　陈卫平　冯　晋（—5 月）
政治处主任　　袁其桃

市委机构编制委员会办公室

主　任　　王伟刚
副主任　　李　丽　张　健（—4 月）

市事业单位登记管理局

副局长　　钱　峰

市委巡察工作办公室

主　任　　秦建刚
副主任　　孙方金　孙晶凌

市委巡察组

组　长　　须永良　朱新风　石　英
张宏斌（4 月—）　顾虹蝶（—4 月）
副组长　　张迎红　苏梅芳　王　茜　张　敏
郁胜宝　江件新　黄建锋　翟金龙

市委老干部局

局　长　　高　洁
副局长　　李春皓　施海鹰

市委离退休干部工作委员会

书　记　　高　洁
副书记　　李春皓

市委党校

校　长　钱文辉

副校长　龚金明（常务）　毛树兵　李春生　印春平

市档案馆

馆　长　仇　君

副馆长　张海华　顾江峰

市史志办公室

主　任　顾鸿飞

副主任　高健彪

市接待办公室

主　任　方海宁（4月—）　刘利民（—4月）

副主任　周叶萍　王益锋　印亚瑜

市融媒体中心

主　任　张　忠

总编辑　张　忠

副主任　郁　鹰　奚海燕　周　斌　山　飚　王　嵘

党委书记　张　忠

纪委书记　毛　胜

市人大各部门

办公室

主　任　沈　炯

副主任　张伟林　杨　敏

人事代表联络工作委员会

主　任　张顺明

副主任　金雯艳

内务司法工作委员会

（8月更名为监察和司法工作委员会）

主　任　周　华

副主任　姚忆江

财政经济工作委员会

主　任　左　明

副主任　贺　仁　程　澄（—4月）

城建环保工作委员会

主　任　朱柏华

副主任　程　澄（4月—）　高荣奎（—4月）

农业农村工作委员会

主　任　沈　忠

副主任　丁晓红

教科文卫工作委员会

（外事民宗侨台工作委员会）

主　任　曹　锋

副主任　杨其康　陈士基（—4月）

研究室

主　任　浦绍兴

副主任　陈艳萍

市政府各部门

市政府办公室

主　任　夏永华

副主任　王志坚（兼职）　房宇峰　汪志杰　邵　旻（5月—）　蔡　健（8月—）　倪明德（8月—）　赵隽春（9月—）　方海宁（—4月）　徐晓锋（—4月）　徐志豪（—8月）　白　斌（—9月）　马相连（挂职，—11月）

党组书记　夏永华

第二派驻纪检组组长　陈　杰

市大数据管理局

副局长　马　帅（8月—，试用一年）　蔡　健（—8月）

市发展和改革委员会

（市粮食和物资储备局）

主　任　王莉萍

副主任　顾星球　陈伟峰　李　强（4月—）　倪香萍（4月—）　许子云（—4月）　王晨清（—9月）

总工程师　凌　喆（9月—，试用一年）

党委书记　王莉萍

第六派驻纪检组组长　张　华

市长三角地区合作与发展办公室

副主任　郁　斑（4月—，试用一年）　倪香萍（—4月）

市教育局

局　长　王晓芸

副局长　吴　健　张跃忠　顾新华（11月—）　张金晔（—11月）

市委教育工委

书　记　王晓芸

副书记　张跃忠

第八派驻纪检组组长　毛　静

市政府教育督导室

副主任　顾新华（—11月）

市科学技术局

局　长　万芬奇

副局长　朱卫清　何伟伟　杨　勇（挂职，8月—）　成洪业（挂职，—8月）　陈加林（—11月）

党组书记　万芬奇

市工业和信息化局

局　长　吴忠良

副局长　唐正道　丁　曜　龚锦芳（8月—，试用一年）　樊　荣（—4月）

党委书记　吴忠良
副书记　王　新
第七派驻纪检组组长　胡　敏

市公安局

局　长　周　强（5月—）　冯　晋（—5月）
副局长　唐　健　王文军　毛晓波　包顶益
　刘　文（挂职，8月—）
　刘　旸（挂职，—2月）
政　委　杨伟东
副政委　施军平
党委书记　周　强（5月—）　冯　晋（—5月）
副书记　杨伟东
督察长　周　强（5月—）　冯　晋（—5月）
政治处主任　顾晓红
第十五派驻纪检组组长　张玉飞

市民政局

局　长　黄　海
副局长　周红亚　王娴敏　董志军
党委书记　黄　海
副书记　刘友佺

市司法局

局　长　顾潇军
副局长　孙建国　高　峰　徐林峰　陈志群
　顾泉山（—4月）
党委书记　顾潇军

市委全面依法治市委员会办公室

副主任　金　泉

市财政局

局　长　凌晓波
副局长　项建军　顾莺燕　吴　艳　金佳敏
党委书记　凌晓波
第九派驻纪检组组长　钱　峰

市政府国有资产监督管理办公室

副主任　潘学沅

市人力资源和社会保障局

局　长　严　枫（8月—）　楼浩平（—8月）
副局长　蔡　峻　钱琼瑛　唐志灏　孙小峰
　朱文高
党委书记　严　枫（8月—）　楼浩平（—8月）

市自然资源和规划局（市林业局）

局　长　李　焱（4月—）　何永林（—4月）
副局长　王青青　王海波　姚金鑫　缪永华
　韩小翔
党组书记　李　焱（4月—）　何永林（—4月）

市住房和城乡建设局

局　长　童　刚
副局长　钱建初　曹　宏　李红艳　李文骞
　徐　勤（—4月）
党委书记　童　刚
副书记　张　英

第十派驻纪检组组长　顾惠清

市人民防空办公室

主　任　童　刚
副主任　曹　宏

市城市管理局（市综合行政执法局）

局　长　严国强
副局长　黄　健　徐　彬　祁建庚
　李　强（—4月）
党委书记　严国强
副书记　石培红
第十一派驻纪检组组长　陆艳艳

市交通运输局

局　长　徐　勤（4月—）　陶乐平（—4月）
副局长　倪永良　陈　艇　王国文　王文华
　卢忠茂
党委书记　徐　勤（4月—）　陶乐平（—4月）

市水务局

局　长　李　峰（4月—）　金　明（—4月）
副局长　周　栋　陆振超　吴南山
党委书记　李　峰（4月—）　金　明（—4月）

市农业农村局
（市政府扶贫工作办公室）

局　长　顾宇靖
副局长　曹炳华　冯瑞兴　邹　翔　闻　铭
　朱红华　张　震　肖海明（—4月）
党委书记　顾宇靖
第十二派驻纪检组组长　陆月明

市委农村工作领导小组办公室

主　任　顾宇靖（11月—）

市商务局（市口岸办公室）

局　长　刘利民（4月—）　张　皓（—4月）
副局长　张玦青　肖伟模　王轶蕊　陈利锋
党组书记　刘利民（4月—）　张　皓（—4月）
副书记　张玦青

市文体广电和旅游局（市文物局）

局　长　严　浩
副局长　王　冰　王雪春　陆　坚　殷　托
　费春燕　杨冬梅
党委书记　严　浩
副书记　王　冰

市卫生健康委员会

主　任　陆文卫（4月—）　邱根生（—4月）
副主任　朱　坚　刘　俊　张　英　钱军民
　张春龙
党委书记　陆文卫（4月—）　邱根生（—4月）

市退役军人事务局

局　长　陈立华
副局长　徐忠诚　蒋建东
党组书记　陈立华

市应急管理局

局　长　　袁志强
副局长　　张文明　金　鑫　王晓峰
党组书记　　袁志强

市安全生产委员会办公室

专职副主任　　朱　进（9 月—，试用一年）

市审计局

局　长　　王建平
副局长　　张玉柱　袁蕴玉　杨洪生
　　倪明德（—8 月）
总审计师　　倪敏玉（4 月—，试用一年）
党组书记　　王建平

市行政审批局（市政务服务管理办公室）

局　长　　李　烨
副局长　　吴　龙　凌　玲　高菊平
总规划师　　董兰兰
党委书记　　李　烨
副书记　　吴　龙

市市场监督管理局（市知识产权局）

局　长　　周建平
副局长　　唐宪中　张　燕　沈　渊　李伟丰
　　方海清　晏四祥
党委书记　　周建平

市统计局

局　长　　周淑亚
副局长　　廖丽萍　苏静妍　屠丹平
党组书记　　周淑亚

市医疗保障局

局　长　　叶俭洁
副局长　　杜凌明（8 月—）　王宇舟
党组书记　　叶俭洁

市信访局

局　长　　王志坚
副局长　　张　健　徐国锋
信访督查专员　　顾慧玉（8 月—，试用一年）
党组书记　　王志坚

市地方金融监督管理局（市政府金融工作办公室）

局　长　　王晨清（9 月—）　郑　洁（—5 月）
　　白　斌（5—9 月）
副局长　　杨怀球　朱婉君（4 月—，试用一年）
　　李泉龙（—4 月）
党组书记　　王晨清（9 月—）　郑　洁（—5 月）
　　白　斌（5—9 月）

市检验检测中心

主　任　　唐宪中
副主任　　苏　珂（8 月—）　时　连

市招商局

局　长　　陆　征
副局长　　徐　兰　顾　超（8 月—，试用一年）
　　苏　珂（—8 月）

市供销合作总社

理事会主任　　杨　俭
理事会副主任　　王　辉　包燕珍
监事会主任　　浦永明（11 月—，试用一年）
党委书记　　杨　俭

市社会综合治理联动中心（12 月更名为市社会治理现代化综合指挥中心）

主　任　　徐向明
副主任　　朱弇菁　浦卫纲

市机关事务中心

主　任　　朱晓峰
副主任　　于俊伟　武建国

市政协各部门

市政协委员会办公室（与秘书处合署办公）

秘书长　　潘井亚
副秘书长　　张　翼　李永川
主　任　　张　翼
副主任　　游　洋（11 月—，试用一年）

提案委员会

主　任　　吴伟红
副主任　　王俭飞　顾钱医

经济科技和农业农村委员会

主　任　　顾振清
副主任　　陈加林（11 月—）　闻　铭（兼职）
　　唐正道（兼职）
　　许子云（兼职，—4 月）

社会事业委员会

主　任　　钱丁良
副主任　　夏永刚　张跃忠（兼职）
　　周红亚（兼职）　朱　坚（兼职）

城乡建设委员会

主　任　　严桂清
副主任　　王丽坚　唐四新　石培红（兼职）
　　周洪海（兼职）

港澳台侨（民族宗教）委员会

主　任　　展建良
副主任　　顾敏华　沈建青（兼职）
　　杨建新（兼职）　杨惠林（兼职）
　　闵诣昉（—4 月）

文化文史委员会

主　任　　李永川
副主任　　黄　蓉　仇　君（兼职）
　　顾鸿飞（兼职）　徐卫岗（—4 月）

研究室

主　任　　张　炜
副主任　　朱自元

民主党派

民革太仓市委

主　委　　黄浩忠
副主委　　朱　坚　陆建清　贺延辉

民盟太仓支部

主　委　　王雪春
副主委　　袁新海

民建太仓市委

主　委　　吕　寅
副主委　　曹一清　孙剑良　黄卫东
　　　　　孙建国（3月—）

民进太仓市基层委员会

主　委　　朱凤兰
副主委　　周建明　朱自元　邢曦峰
　　　　　黄冬明　王　燕（12月—）

农工党太仓市总支（—11月）

主　委　　赵麒森（—11月）
副主委　　姜利农（—11月）　胡永明（—11月）
　　　　　冯瑞兴（—11月）

农工党太仓市基层委员会（11月—）

主　委　　冯瑞兴（11月—）
副主委　　胡永明（11月—）　倪敏玉（11月—）

九三学社太仓支社

主　委　　王文华
副主委　　杨成德

群众团体

市总工会

主　席　　楼晓舟
副主席　　周惠东　徐昭君　何国清（8月—）
　　　　　黄海松（—4月）
挂职副主席　　王丽娜
兼职副主席　　唐志灏　邵维东
党组书记　　楼晓舟

共青团太仓市委员会

书　记　　陈　颖（5月—）　邵　旻（—5月）
副书记　　龚　迪　陆　菲
挂职副书记　　曾　妍
兼职副书记　　姜春艳　陈　超
党组书记　　陈　颖（5月—）　邵　旻（—5月）

市妇女联合会

主　席　　张英姿
副主席　　李　黎　朱　丽（4月—）
　　　　　陈静怡（—4月）
挂职副主席　　刘　娅
兼职副主席　　王娴敏　陆　莺
党组书记　　张英姿

市科学技术协会

主　席　　顾熙虹
副主席　　吴　巍　王志萍（8月—）
　　　　　严子祥（11月—）　胡俊韬（—4月）
兼职副主席　　李广耀　周　纯　沈文忠　代作晓
党组书记　　顾熙虹

市文学艺术界联合会

主　席　　杨喜良
副主席　　乐　琦　许正明
兼职副主席　　王雪春　邢曦峰
党组书记　　杨喜良

市归侨侨眷联合会

主　席　　杨建新（11月—）
副主席　　周　燕
挂职副主席　　董　伟（11月—）
兼职副主席　　顾　准（11月—）　杨　力（11月—）

市工商业联合会

主　席　　汤文英
副主席　　王益清　朱文强
兼职副主席　　朱约辉　刘　枫　许惠忠　杨春雨
　　　　　张　斌　周建明　周善高　郑岳海
　　　　　姜建农　顾振其　黄丁其　黄耀臻
　　　　　彭红卫　管星宇　魏建良
党组书记　　王益清

市残疾人联合会

理事长　　陈永忠
副理事长　　许　斌　陆志萍（8月—）
　　　　　杨人庆（—4月）
挂职副理事长　　何　逸（11月—）
兼职副理事长　　孙异锋（11月—）　徐　燕（11月—）
党组书记　　陈永忠

市哲学社会科学界联合会

主　席　　刘　芳（8月—）　刘　菊（—8月）
副主席　　金　钰（8月—）
兼职副主席　　夏家辉　汪志杰　李春生

市红十字会

会　长　　顾建康
常务副会长　　李云汉（11月—）
专职副会长　　李云汉（—11月）
挂职副会长　　陆叶萍（11月—）
兼职副会长　　朱　坚（11月—）　朱燕红（11月—）
兼职监事会监事长　　张玉柱（11月—）

市无党派知识分子联谊会

会　长　　顾建康
副会长　　陈　俭　李永川　顾　燕
　　　　　王　燕（—6月）

太仓港经济技术开发区及下属部门

党工委

书　记　　沈　觅
副书记　　汪香元　徐志强
党工委委员　　冯玉良　孙旭明　王　哲　张培明
凌晓波　吴建国（11月—）
陆湘元（—11月）
纪工委书记　　孙旭明
纪工委副书记　　龚利花

管委会

副主任　　汪香元　徐志强　冯玉良　王　哲
张培明　凌晓波
吴建国（11月—，试用一年）
段雪萍（挂职，8月—）
岳海莉（挂职，8月—）
陆湘元（—11月）

港区党委

书　记　　徐志强
副书记　　孙旭明　王　哲　张培明
委　员　　马　骏　张舒源　钱振刚　胡雪峰
芮　萌　李　焱（—4月）
陆湘元（—11月）

党政办公室

主　任　　赵　勇
副主任　　孙　昉　李　萍　杨　波　韩季琳

宣传办公室

主　任　　赵　勇
副主任　　李　萍

科学技术局

局　长　　钱振刚
副局长　　陆燕芳　张宗庭
臧建彬（挂职，8月—）
曲寿江（挂职，—8月）

组织人事和劳动保障局

局　长　　王孝红
副局长　　傅锦花　唐利祥（11月—，试用一年）
周　珏（—4月）　江宏卫（—11月）

规划建设局（城市管理局）

局　长　　陆建清（5月—）　李　焱（—4月）
副局长　　杨艳萍　金　俊　殷海洋
陆建清（—5月）

经济发展局

局　长　　钱　进
副局长　　陆利璟　钱　琪　赵　倩

安全生产与环境保护局

局　长　　卢阳松
副局长　　江宏卫（11月—）　陆健峰
许惠星　宋巍伟（—4月）

行政审批局

局　长　　马　骏
副局长　　王晓军　柯　峤　张　敏

财政局（国有资产管理局）

局　长　　王　燕
财政局副局长　　傅晓斌　徐建东
国资局副局长　　张红友　张　瀚（11月—）
陆　益（—11月）

社会事业管理局

局　长　　胡月林
副局长　　张玉明

化工园区管理办公室（4月—，机构设立）

主　任　　宋巍伟（4月—）
副主任　　陆　益（11月—）
曹志强（4月—，试用一年）

总工会（武装部）

主　席　　王　浩

太仓港综合保税区管理委员会

主　任　　张舒源
副主任　　谢伟峰　方　正

招商中心

主　任　　芮　萌
副主任　　汪华明　张　瀚　顾千慧
郁莺莺（11月—，试用一年）
任晓玲（挂职，—11月）

现代服务业发展中心

主　任　　胡雪峰
副主任　　奚　玲　张艳维

太仓高新技术产业开发区及下属部门

党工委

书　记　　王红星
副书记　　李　刚　王维军　白　斌（9月—）
纪工委书记　　王维军
委　员　　夏远峰　陆定峰　王宏宾
冯玉良（—4月）　浦利兵（—11月）

管委会

主　任　　李　刚（7月—，试用一年）
副主任　　夏远峰　陆定峰　王宏宾　郁颖珠
冯玉良（—4月）　浦利兵（—11月）

党政办公室

主　任　　夏远峰
副主任　　李青玉　征　垚
钱丽丽（5月—，试用一年）

党群工作部

副部长　　吴炜芬　李慧华

科学技术局

局　长　　张荣海

副局长　沈　宁（5月—）　王永健
阮　娜（挂职，8月—）
马喜斌（—5月）
丁良辉（挂职，—8月）

经济发展局

局　长　孙文彪（5月—）
副局长　潘国忠　殷　伟　周　骏（—4月）

应急管理局（4月—，机构设立）

副局长　周　骏（4月—）

规划建设和环境保护局

局　长　王　彦（5月—）
副局长　查晓冬　范伟民　张珺晖
王　彦（—5月）

人力资源和社会保障局

副局长　马喜斌（5月—）　王秋琼
沈　宁（—5月）

农村工作局

副局长　乘　康（9月—）　张一帆
孙文彪（—5月）

财政局（国有资产管理局）

局　长　陈　俭
副局长　沙海丰　朱　敏

工　会

主　席　笪文敏

招商局

局　长　胡晓瑜
副局长　段月强　沈超未

市科教新城

党工委

书　记　陆定峰
副书记　韩志敏　顾凯凯
肖鼎新（挂职，—8月）
纪工委书记　顾凯凯
委　员　龚宣东　吴振键　袁金华　陈洲洋
陈　佳

管委会

主　任　韩志敏
副主任　龚宣东　吴振键　袁金华　陈洲洋
陈　佳

娄东街道

党工委

书　记　顾技峰（11月—）　浦利兵（—11月）
副书记　江芝才（11月—）　朱　琼
顾技峰（—11月）
纪工委书记　莫振宙
委　员　顾永忠　朱建东　莫振宙　颜庭宇
朱　渊　陈苏燕　金利锋

办事处

主　任　江芝才（11月—）　顾技峰（—11月）
副主任　朱建东　马永平　颜庭宇　朱　渊
陈苏燕　金利锋

人大工委

主　任　顾永忠

陆渡街道

党工委

书　记　顾益新
副书记　毛华乾　徐晓锋（4月—）　周燕晨
纪工委书记　孙　博
委　员　徐立军　张小宏　徐晓华　孙　博
王乐屏

办事处

主　任　毛华乾
副主任　居远志　吴开洋
李新超（8月—，试用一年）

人大工委

主　任　徐晓锋（4月—）

太仓长江口旅游度假区

党工委

书　记　徐洪明
副书记　张　义　顾晓峰　郭亚萍　邵立新
委　员　张俊国　朱学锋　杨志刚　黄　莉
王　莉
纪工委书记　王　莉

管委会

主　任　张　义
副主任　王　东　周　静　钱　宇　李　伟
钱敏芳　陈　颖（—5月）

太仓大学科技园

管委会

主　任　吴敬宇（12月—）　顾晓东（—12月）
副主任　苏霄飞（5月—）　陆定峰
万芬奇　魏晓锋（—5月）

太仓市现代农业园区

管委会

副主任　吴建华

条线部门

苏州海警局

局　长　　常汉军
政　委　　倪　鸣
副局长　　阮伟磊

太仓出入境边防检查站

党委书记　　叶林军
站　长　　叶林军
副站长　　徐宝峰　黄　翔
边检处处长　　陈国华
政治处主任　　周正山
后保处处长　　刘　海

太仓市消防救援大队

大队长　　袁　骏
教导员　　童　斌

太仓海关

关　长　　林伟东
副关长　　罗建国　范英姿　陈　康　郭　健　江红星　许　强（—11月）
纪检组长　　黄友永（10月—）　袁建国（—7月）

太仓海事局

局　长　　赵　震
政　委　　丁安林
党委书记　　赵　震
党委副书记　　丁安林
副局长　　王宏宇　胡　红　金　波（8月—）　方志成（—8月）
纪委书记　　丁安林

长江引航中心太仓引航站

站　长　　周　彬（8月—）　秦　文（—8月）
副站长　　张　猛　朱建忠（11月—）

税务局

局　长　　王洪斌
副局长　　陈　秋　陈　健　金　骁　蒋志达　徐　喆　曹敏强　陆　强
纪检组长　　龚莉芳

太仓电信

总经理　　王志勇
副总经理　　陈　峰　陆献秋　李　炫（5月—）　金志强（—3月）
党委书记　　王志勇
纪委书记　　陈　峰

太仓邮政

党委书记　　金　明
总经理　　金　明（7月—）
副总经理　　王彩兵　孙云激　张亚倩（4月—）　张　开（—4月）
纪委书记　　张　开（—4月）　张亚倩（9月—）

太仓移动

总经理　　郑　翎（9月—）　张庆红（—9月）
副总经理　　吴　佳　郑　翎（—9月）

太仓联通

总经理　　赵剑毅
副总经理　　张　阳　李志刚

供电公司

总经理　　王晓东（9月—）　王生强（—9月）
副总经理　　沈国民（12月—）　顾文献　王加臣　龚海华（4月—）　王晓东（—9月）　顾海林（—4月）
党委书记　　沈国民（12月—）　王晓东（—9月）
党委副书记　　王生强（—9月）
纪委书记　　张　奕（6月—）　戴　俭（—6月）

太仓公积金中心

主　任　　陆伟光（10月—）　龚志浩（—10月）
副主任　　任　燕　胡　倩

烟草专卖局（分公司）

局长（经理）　　金江洪（6月—）　沈　诚（—6月）
副局长　　曹　忠
副经理　　贾红霞

盐业公司

执行董事　　邓　逾
副经理　　邓　逾（主持工作）
监　事　　陈文华
副书记　　陈文华（主持工作）

气象局

局　长　　钟惠平
副局长　　曾山佰

人行太仓市支行

行　长　　唐生枝（8月—）
副行长　　唐生枝（主持工作）（—8月）
副行长　　周立兴（3月—）　陈平频（7月—）　徐　琍（—7月）　张丽琴（—3月）

苏州银保监分局太仓监管组

组　长　　陆晓红

农发行太仓市支行

行　长　　钱　晓
副行长　　黄　玉　汪　峰（—12月）

工行太仓支行

行　长　　徐　军
副行长　　顾翼飞
纪委书　　王文亚（—3月）　钱　忠（4月—）
行长助理　　陶　涛（—11月）　周　莉（12月—）

农行太仓分行

行　长　　周文杰
副行长　　张琳莹　顾晓中　王　义（2月—）
纪委书记　　陈建国（3月—）　陈晓曦（—3月）
行长助理　　严　伟（—9月）

中行太仓分行

行　长　陈建伟（4月—）　闻晓雷（—4月）
副行长　吴海燕　吴戈亮　张　鹏

建行太仓分行

行　长　吉长龙
副行长　宋　健　殷　勤　王　敏　孙艳丹
黄惠国（—6月）

交行太仓分行

行　长　沈　玲（—10月）
副行长　杨　循（主持工作）　张　宏
周　刚（5月—）　高晓静（8月—）
胡　江（—10月）
行长助理　高晓静（—8月）

邮储银行太仓市支行

行　长　陈娟娟（—11月）
副行长　李　壮　周利庭　李陈篩（11月—）

中信银行太仓支行

行　长　朱广超
副行长　包　颖　顾　卫
行长助理　许　峰

华夏银行太仓支行

副行长　林　隐（主持工作）　蒋美芬（6月—）
行长助理　周添逸　蒋美芬（—6月）

招商银行太仓支行

行　长　廖洪军
副行长　顾玉麒
行长助理　朱秋华

中国光大银行太仓支行

行　长　胡　尧
副行长　冯　汇
行长助理　唐益菲

中国民生银行太仓支行

行　长　俞志钢
副行长　高佳锋　罗　娟（5月—）
行长助理　徐　健　时　洁

兴业银行太仓支行

行　长　张艺玲（8月—）　王　昕（—8月）
副行长　肖　丹
行长助理　孙少华

恒丰银行太仓支行

行　长　李　明（3月—）　张　敏（—3月）
副行长　黄越鹏

江苏银行太仓支行

行　长　陆　群
副行长　赵　岚
行长助理　吴　雷　吴　燕

苏州银行太仓支行

行　长　张　锋
副行长　将宏杰　柳　婷

太仓农村商业银行

董事长　沈向东
行　长　王　星
监事长　冯　建
副行长　丁　娅　顾必武　夏立军　吴　健

太仓民生村镇银行

董事长　王盛文
行　长　王　伟
风险总监　秦允胜

东吴证券太仓分公司

太仓分公司总经理　董伟年
上海东路证券营业部总经理　林　玲
人民南路证券营业部副总经理　赵　洪（主持工作）
沙溪镇白云中路证券营业部总经理　顾卫东

华泰证券太仓太平南路营业部

总经理　卢仁艳（4月—）　李圣羽（—4月）

人保财险太仓中心支公司

总经理　彭静梅
副总经理　朱　鸢（3月—）　蔡洪良（12月—）
齐松松（12月—）

中国人寿太仓支公司

总经理　朱李乐
总经理助理　孙　峰　邵　强

太平洋财险太仓中心支公司

总经理　朱煜伟
高级专务　张　渊
副总经理　吕　靖
总经理助理　黄　君

平安财险太仓支公司

总经理　司　明

太平洋人寿太仓支公司

总经理　周　平
副总经理　闻金平

苏州健雄职业技术学院

党委书记　顾晓东
院　长　苏宵飞（4月—）　魏晓锋（—4月）
副院长　张学军　周晓刚
纪委书记　盛建军（—4月）

各　镇

城厢镇

党委书记　毛雅萍
副书记　顾　强（8月—）　陆　明
秦　超（挂职，8月—）
严　枫（—8月）
潘向强（挂职，—8月）
江芝才（—11月）

委　员　张俊华　陆红玉　郁卫清　沈　华
高　成　成　露（8 月—，试用一年）
钱　宸（11 月—，试用一年）
赵隽春（—9 月）
纪委书记　沈　华
人大主席　张俊华
人大副主席　吴　平
镇　长　顾　强（8 月—）　严　枫（—8 月）
副镇长　李　健　赵　健　张　寅　陈　晨
陈　敏（11 月—）　赵隽春（—9 月）

沙溪镇

党委书记　潘红忠
副书记　王晓红　龚文彬　王建春
刘　春（挂职）
委　员　毛剑峰　郑　珑　叶　强　曹丹丹
陈　晓　季春芳　王建宏
纪委书记　季春芳
人大主席　袁志强（11 月—）　徐　韬（—11 月）
人大副主席　龚小青
镇　长　王晓红
副镇长　毛剑峰　刘　君　张国华　苏益初
吴昊波　彭　渊　彭　盛
尹旸艳（11 月—）

浏河镇

党委书记　徐洪明
副书记　张　义　郭亚萍　邵立新
委　员　王　东　张俊国　朱学锋　杨志刚
黄　莉　王　莉
马　震（11 月—，试用一年）
纪委书记　王　莉
人大主席　楼浩平（4 月—）
人大副主席　陈文贤
镇　长　张　义
副镇长　王　东　周　静　钱　宇　李　伟
钱敏芳

浮桥镇

党委书记　王　哲
副书记　宋　蔚（8 月—）　顾晓春　陆建忠
李　峰（—4 月）　张　皓（4—8 月）
委　员　吴莉华　顾春兰　张　锋　吕春燕
龚益锋　浦春燕
纪委书记　顾春兰
人大主席　吴莉华
人大副主席　龚建国
镇　长　宋　蔚（8 月—）　李　峰（—4 月）
张　皓（4—8 月，负责政府工作）
副镇长　吕春燕　龚惠琴　杨琴洁　吴建达
庄　晓　许卫国　陆佳斌（11 月—）

璜泾镇

党委书记　李天一（11 月—）　吴建国（—11 月）
副书记　张　杰（9 月—）　周志强　吴　强
张亮亮（挂职，8 月—）
李天一（—11 月）
委　员　郭平原　李　健　祁殿成　蒋婷婷
周陆彦　姚巍锋
王艳飞（8 月—，试用一年）
杨佳倩（11 月—，试用一年）
纪委书记　祁殿成
人大主席　郭平原
人大副主席　陆洪昌
镇　长　张　杰（11 月—）　李天一（—11 月）
副镇长　李　健　刘翔宇　杨理贤　倪伟峰
杨翠珠

双凤镇

党委书记　盛海峰
副书记　陆　江　朱　清
委　员　徐建明　吴静怡　张蓓婷　周丽清
王宜刚　张贤峰（8 月—，试用一年）
沈佳乐（11 月—，试用一年）
何国清（—8 月）
纪委书记　张蓓婷
人大主席　徐建明
人大副主席　吴建斌
镇　长　陆　江
副镇长　吴静怡　陈　凯　朱庆兰　杨　政
沙春明

（市委组织部、港口管委会、各条线部门）

年度荣誉

先进集体一览表（部分）

表 88

序号	获奖单位	荣誉称号	授予单位
1	太仓市	全国文明城市	中央精神文明建设指导委员会
2	太仓市	第四批国家生态文明建设示范市县	生态环境部
3	太仓市	全国双拥模范城	全国双拥工作领导小组、退役军人事务部、中央军委政治工作部
4	太仓市	“中国最具幸福感城市”县级市榜首	新华社《瞭望东方周刊》、瞭望智库
5	苏州（太仓）港口型国家物流枢纽	2020 年国家物流枢纽建设名单	国家发改委、交通运输部
6	太仓市	全国县域经济综合竞争力百强县（市）第六位	中国社会科学院财经战略研究院
7	太仓市	2020 年中国县级市全面小康指数第三位	中国信息协会信息化发展研究院、竞争力智库
8	太仓市	第三批节水型社会达标县（区）	水利部、全国节约用水办公室
9	太仓市	全国健康城市建设示范市	全国爱卫办
10	太仓市	国家卫生城市（2019—2021 年）	全国爱卫办
11	太仓市行政审批局	政务服务“好差评”制度国家标准试点单位	国务院办公厅
12	太仓市自然资源和规划局	2019—2020 年节约型公共机构示范单位	国家机关事务管理局、国家发改委、财政部
13	太仓高新区	太仓国家汽车核心零部件高新技术产业化基地	科技部
14	太仓高新区	国家火炬苏州太仓高新区汽车关键零部件特色产业基地	科技部火炬中心
15	太仓市荣文中学	国家级足球特色学校	教育部
16	太仓市行政审批局	全国政务服务创新先进单位	中国通讯工业协会数字政务专业委员会、华中科技大学电子政务研究中心、中国国际数字政务博览会组委会
17	太仓市供销合作总社	2019 年度信息报送工作先进集体	中华全国供销合作总社办公厅
18	太仓市沙溪镇行政审批局	2020 年全国政务服务软实力指数最具创新力政务服务大厅	中国科学院国家创新与战略发展研究会、一窗（北京）互联网科技研究院
19	太仓市沙溪镇	2020 年度老区宣传工作优秀奖	中国老区建设促进会
20	苏州市太仓生态环境局	2020 年度中国环境报宣传工作先进单位	中国环境报社有限公司
21	苏州市太仓生态环境局	第二次全国污染源普查表现突出的集体	国务院第二次全国污染源普查领导小组办公室
22	太仓市	江苏省推进高质量发展先进县（市、区）	省委、省政府
23	太仓市疾病预防控制中心	全省抗击新冠肺炎疫情先进集体	省委、省政府

续表 88

序号	获奖单位	荣誉称号	授予单位
24	太仓市	推动“放管服”、商事制度等改革工作成绩突出的地方	省政府办
25	太仓市	真抓实干激励通报	省政府办
26	太仓市	全域旅游示范区	省文化和旅游厅
27	太仓市	新时代首批江苏省义务教育优质均衡发展县（市、区）	省教育厅
28	太仓市	2020 年省级社区教育示范区	省教育厅
29	太仓市	江苏知识产权强省建设示范县（市、区）	省知识产权局
30	太仓市	2018—2019 年江苏基层社会治理创新成果奖	省民政厅
31	太仓市浮桥镇三市村三家市	第一批江苏省传统村落	省住建厅、省文旅厅、省财政厅、省自然资源厅、省农业农村厅
32	沙溪镇泥桥村安里街	第一批江苏省传统村落	省住建厅、省文旅厅、省财政厅、省自然资源厅、省农业农村厅
33	太仓海关查验一科	南京海关 2016—2019 年先进集体	南京海关
34	太仓市水上搜救中心办公室	2019—2020 年江苏省水上搜救先进集体	省水上搜救中心
35	太仓海事局	2020 年度长江海事系统文明单位	长江海事局
36	太仓海事局政务中心（船舶监督处）	2020 年度江苏海事局先进集体	江苏海事局
37	太仓海事局指挥中心一号工班	2020 年度江苏海事局先进班组	江苏海事局
38	太仓海事局海巡 0686 艇	2020 年度江苏海事局先进班组	江苏海事局
39	中国人民银行太仓市支行	2020 年度全省团属报刊宣传工作“先进单位”	共青团江苏省委
40	太仓市财政局	全省法治财政标准化管理 2019 年度优秀单位和连续三年以上先进单位	省财政厅
41	太仓市财政局	江苏省 2019 年度公共基础设施等行政事业性国有资产报告工作表扬单位	省财政厅
42	太仓港经济技术开发区	江苏省智慧园区	省商务厅
43	太仓港经济技术开发区	省知识产权示范园区创建单位	省知识产权局
44	太仓港经济技术开发区	全省基层党员冬训工作示范乡（镇、街道）	省委组织部、省委宣传部
45	太仓市生物医药产业园	第五批江苏省生产性服务业集聚示范区	省发改委
46	太仓高新技术开发区总部企业集聚区	第五批江苏省生产性服务业集聚示范区	省发改委
47	太仓高新区	江苏省智能制造产业产学研协同创新基地	省科技厅
48	太仓高新区	江苏省国际合作园区	省商务厅
49	太仓市应急管理局	2020 年度危险化学品安全生产先进集体	省应急管理厅
50	太仓市科协	2020 年科普中国信息员队伍建设优秀组织单位	中国科协办公厅
51	太仓市科协	2020 年全国科普日活动优秀组织单位	中国科协办公厅

续表 88

序号	获奖单位	荣誉称号	授予单位
52	太仓市科协	2016—2020 年全国科普示范县（市、区）总结评估“优秀”单位	中国科协科普部
53	太仓科技馆	2020 年全国科学实验挑战赛优秀组织单位	中国科协科普部、中国自然科学博物馆学会科技馆专委会、中国科技馆
54	太仓市科协	2020 年江苏省科技志愿服务及科普中国信息传播工作优秀组织单位	省科协
55	太仓市科技志愿服务大队	2020 年江苏省科技志愿服务队先进典型	省科协
56	太仓市实验小学	“十三五”省科学教育综合示范学校	省科协、省教育厅
57	太仓光电技术研究所	江苏省科普教育基地	省科协、省科技厅、省教育厅
58	吴健雄陈列馆	江苏省科普教育基地	省科协、省科技厅、省教育厅
59	太仓市关心下一代工作委员会	全省校外教育辅导站工作先进集体	省关工委、省文明办
60	太仓市广播电视台	高清电视播出机构	省广播电视局
61	太仓市融媒体中心	江苏省县市融媒体 2020 年度先进单位	省县市报（融媒）研究会
62	太仓市融媒体中心	江苏省县（市）报出版质量综合评估优秀	省新闻出版局
63	太仓市城厢镇退役军人服务站	2020 年度全省优秀退役军人服务中心（站）	省退役军人服务中心
64	国网太仓市供电公司	2020 年度安全生产先进集体	国网江苏省电力有限公司安全生产委员会
65	太仓市人民来访接待中心	2020 年度全省信访系统“人民满意窗口”建设质量提升工程示范单位	省信访局
66	太仓市司法局	2020 年度全省司法行政系统信息工作先进集体	省司法厅
67	江苏周瑞昌律师事务所	全省法律援助工作先进集体	省司法厅
68	太仓市娄东街道人民调解委员会	江苏省优秀人民调解委员会	省司法厅、省人民调解协会
69	太仓市打好污染防治攻坚战指挥部办公室	2020 年度打好污染防治攻坚战宣传工作先进集体	省打好污染防治攻坚战指挥部办公室
70	太仓市颐悦园（养老服务体系指导中心）	江苏省健康单位	省爱卫办
71	太仓市娄东街道朝阳社区	江苏省健康社区	省爱卫办
72	太仓市娄东街道惠阳社区	江苏省健康社区	省爱卫办
73	太仓市城厢镇梅园社区	江苏省健康社区	省爱卫办
74	太仓市浏河镇复兴社区	江苏省健康社区	省爱卫办
75	太仓市浏河镇闸北村	江苏省健康村	省爱卫办
76	太仓市城厢镇梅园社区	江苏省第十四批省级民主法治示范社区	中共江苏全面依法治省委员会办公室、省司法厅、省民政厅
77	太仓市娄东街道朝阳社区	江苏省第十四批省级民主法治示范社区	中共江苏全面依法治省委员会办公室、省司法厅、省民政厅
78	太仓市沙溪镇	江苏省公共机构节能示范单位	省机关事务局、省工信厅、省财政厅
79	太仓市公安局	2020 年全省“扫黄打非”先进集体	省“扫黄打非”办

续表 88

序号	获奖单位	荣誉称号	授予单位
80	太仓市水务局	全省抗旱抗台抗洪工作先进集体	省水利厅
81	太仓市纪委监委	全省纪检监察信访举报工作先进单位［县（市、区）纪委监委二等奖］	省纪委监委
82	太仓市	省级全域旅游示范区	省文化和旅游厅
83	太仓市法院	司法宣传和通联工作先进单位	人民法院新闻传媒总社
84	太仓市法院刑庭	全省法院刑事审判工作先进集体	省高级人民法院
85	太仓市法院民三庭	全省法院破产审判工作先进集体	省高级人民法院
86	苏州健雄职业技术学院	2020 年智慧校园	省教育厅、省工业和信息化厅
87	苏州健雄职业技术学院	2020 年度江苏省科普教育基地（吴健雄陈列馆）	省科协、省科技厅、省教育厅
88	苏州健雄职业技术学院	江苏省五四红旗团总支	共青团江苏省委
89	苏州健雄职业技术学院	江苏省安全生产培训示范职业院校	省应急管理厅
90	太仓市福利彩票管理中心	2019 年度全省福利彩票销售十强县（市）	省福利彩票发行中心
91	太仓市老年大学	2020 省级优秀成人继续教育院校（培训机构）	省成人教育协会
92	太仓市住建局	2020 年度县级优秀单位、地震科普宣传工作先进单位	省地震局
93	太仓市陆渡中学	第十九批江苏省绿色学校	省生态环境厅、省教育厅
94	江苏省太仓高级中学	江苏省健康促进学校金牌学校	省教育厅、省卫健委、省体育局、省食品药品监管局、省爱卫办
95	江苏省太仓中等专业学校	江苏省健康促进学校银牌学校	省教育厅、省卫健委、省体育局、省食品药品监管局、省爱卫办
96	太仓市良辅中学	江苏省健康促进学校银牌学校	省教育厅、省卫健委、省体育局、省食品药品监管局、省爱卫办
97	太仓市高新区第三小学	江苏省健康促进学校银牌学校	省教育厅、省卫健委、省体育局、省食品药品监管局、省爱卫办
98	江苏省沙溪高级中学	江苏省体育特色学校	省教育厅、省体育局
99	太仓市浏河镇新塘小学	江苏省体育特色学校	省教育厅、省体育局
100	太仓市浮桥镇九曲小学	江苏省体育特色学校	省教育厅、省体育局
101	太仓市高新区娄江幼教中心陆渡幼儿园	江苏省体育特色学校	省教育厅、省体育局
102	江苏省太仓中等专业学校	2020 年江苏省教科研工作先进集体	省教育科学研究院
103	太仓市实验小学	“十三五”江苏省科学教育综合示范学校	省科协、省教育厅
104	太仓市交通运输局	全省交通干线沿线环境综合整治五项行动先进单位	省交通干线沿线环境综合整治五项行动工作领导小组
105	太仓市规划管理处	江苏省优秀测绘地理信息工程三等奖	省测绘地理信息协会
106	太仓市人力资源和社会保障局	江苏省人力资源和社会保障系统先进集体	省人社厅
107	太仓市现代农业产业示范区	2020 年江苏省农村一、二、三产业融合发展先导区	省农业农村厅

（市史志办）

先进个人一览表（部分）

表 89

序号	姓名	单位	荣誉称号	授予单位
1	孙惠栋	太仓交通运输集团有限公司	全国劳动模范	中共中央、国务院
2	汪雪琴	江苏尚修律师事务所	全国法律援助工作先进个人	司法部
3	李　惠	苏州市太仓生态环境局	第二次全国污染源普查表现突出的个人	国务院第二次全国污染源普查领导小组
4	张志明	太仓市关工委	全国关心下一代工作先进工作者	中国关心下一代工作委员会、中央精神文明建设指导委员会办公室
5	顾叶锋	苏州市太仓生态环境局	2020 年全国固定污染源排污许可全覆盖工作中表现突出的个人	生态环境部办公厅
6	陆振豪	苏州市太仓生态环境局	地方参与 2020 年长江经济带生态环境警示片制作工作表现突出个人	生态环境部办公厅
7	高军会	江苏皇冠新材料科技有限公司	全国优秀农民工	国务院农民工工作领导小组
8	梁雪芳	太仓市归庄阿姨志愿团队	全国敬老爱老助老模范人物	全国老龄办
9	宋昌盛	太仓海关	全国海关岗位练兵技能比武走私物品鉴定技能比武二等奖	海关总署思想政治工作办公室
10	庄　岩	太仓市人民检察院	2020 年度全国检察宣传先进个人	检察日报社
11	郑志高	太仓海关	全省抗击新冠肺炎疫情先进个人	省委、省政府
12	崔宗可	太仓海事局	全省抗击新冠肺炎疫情先进个人	省委、省政府
13	徐向明	太仓市社会综合治理联动中心	全省抗击新冠肺炎疫情先进个人	省委、省政府
14	胡　昊	太仓市公安局交警大队	全省抗击新冠肺炎疫情先进个人	省委、省政府
15	陈　艇	太仓市邮政管理局	全省抗击新冠肺炎疫情先进个人	省委、省政府
16	周锦桃	太仓市第一人民医院	全省抗击新冠肺炎疫情先进个人	省委、省政府
17	陆　兵	太仓市中医医院	全省抗击新冠肺炎疫情先进个人	省委、省政府
18	胡春江	太仓市直塘卫生院	全省抗击新冠肺炎疫情先进个人	省委、省政府
19	位洪明	原太仓市浏河派出所	江苏省新冠肺炎疫情防控工作先进个人	省委、省政府
20	位洪明	原太仓市浏河派出所	江苏省优秀共产党员	省委
21	张绪美	太仓市农业技术推广中心	2020 年江苏省有突出贡献中青年专家	省政府
22	范　红	中国人民银行太仓市支行	公德奖	中国人民银行
23	黄坚辉	太仓海关	南京海关 2016—2019 年先进个人	南京海关
24	崔宗可	太仓海事局	2020 年交通运输部系统优秀共产党员	交通运输部办公厅
25	崔宗可	太仓海事局	2019—2020 年江苏省水上搜救中心先进个人	省水上搜救中心
26	金　波	太仓海事局	2020 年度长江海事系统先进工作者	长江海事局
27	施胤婷	太仓市供销合作总社	2019 年度信息报送工作先进个人	中华全国供销合作总社办公厅

续表 89

序号	姓名	单位	荣誉称号	授予单位
28	黄　强	太仓市供销合作总社	2020年度长三角供销合作社名优农产品展销会先进个人	省供销合作总社
29	魏宗友	太仓市农业农村局	江苏省乡土人才“三带”能手	省委组织部、省人才办、省发改委、省教育厅、省住建厅、省农业农村厅、省文旅厅
30	顾振华	太仓市农业机械技术推广站	江苏省乡土人士“三带”新秀	省委组织部、省人才办、省发改委、省教育厅、省住建厅、省农业农村厅、省文旅厅
31	钟亚华	太仓市应急管理局	2020年度危险化学品安全生产先进个人	省应急管理厅
32	黄懿铭	太仓市应急管理局	2020年度安全生产执法工作先进个人	省应急管理厅
33	张志坚	太仓市应急管理局	2020年度全省应急指挥工作先进个人	省应急管理厅
34	邵　旻	共青团太仓市委员会	江苏省优秀共青团干部	共青团江苏省委
35	张　悦	中国人民银行太仓市支行	2020年度全省团属报刊宣传工作“先进个人”	共青团江苏省委
36	严　浩	太仓市文体广旅局	全省广电系统“七五”普法先进个人	省广播电视局
37	浦卫纲	太仓市社会综合治理联动中心	抗击新冠肺炎疫情先进个人	中国民主建国会江苏省委员会
38	蔡慧蔚	太仓市退役军人事务局	江苏省退役军人工作模范个人	省退役军人事务工作领导小组办公室、省委组织部、省人社厅、省退役军人事务厅、省军区政治工作局
39	张　旭	国网太仓市供电公司	2019年供电可靠性劳动竞赛先进个人	省电力有限公司、省电力有限公司工会
40	杜　培	国网太仓市供电公司	2019年推动乡村电气化工作劳动竞赛先进个人	省电力有限公司、省电力有限公司工会
41	姚　瑶	太仓市城厢镇司法所	2019年度全省司法行政系统新闻宣传工作先进个人	省司法厅
42	谢丽雯	太仓市沙溪镇司法所	全省法律援助工作先进个人	省司法厅
43	张　健	太仓市城厢镇法律服务所	2016—2019年江苏省优秀基层法律服务工作者	省司法厅
44	程立勇	太仓市人民检察院	全省检察机关对口支援工作先进个人	省人民检察院
45	徐　静	太仓市融媒体中心	江苏省新闻媒体2019—2020年“走转改”先进个人	省委宣传部、省新闻战线“三项学习教育”活动领导小组办公室
46	夏凤丹	太仓市融媒体中心	2020年度争先创优活动评比获江苏省县市融媒体百佳新闻工作者	省县市报（融媒）研究会
47	王晓雅	太仓市融媒体中心	2020年度争先创优活动评比获江苏省县市融媒体百佳新闻工作者	省县市报（融媒）研究会
48	王　倩	太仓市融媒体中心	2020年度争先创优活动评比获江苏省县市融媒体百佳新闻工作者	省县市报（融媒）研究会
49	王　俊	太仓市融媒体中心	2020年度争先创优活动评比获江苏省县市融媒体百佳新闻工作者	省县市报（融媒）研究会

续表 89

序号	姓名	单位	荣誉称号	授予单位
50	王静微	太仓市融媒体中心	2020 年度争先创优活动评比获江苏省县市融媒体百佳新闻工作者	省县市报（融媒）研究会
51	吕惠东	城厢镇建设局	江苏省水利系统先进工作者	省人社厅、省水利厅
52	邹惠昌	太仓市公安局禁毒大队	个人二等功	省公安厅
53	包顶益	太仓市公安局	个人二等功	省公安厅
54	崔常照	太仓市公安局内保大队	“全省公安机关校园安全稳定工作成绩突出个人”通报表扬	省公安厅
55	杨学兵	太仓市璜泾派出所	“李树干”式派出所民警，记个人三等功	省公安厅
56	刘　盛	太仓市公安局刑警大队	全省公安百优刑警	省公安厅
57	寇明明	太仓市城西派出所	嘉奖	省公安厅
58	马　鑫	太仓市公安局巡特警大队	嘉奖	省公安厅
59	高　雁	太仓市公安局政治处	2019 年度江苏省三八红旗手标兵名单	省妇联
60	位洪明	原太仓市浏河派出所	入选“江苏好人榜”	省文明办
61	位洪明	原太仓市浏河派出所	江苏省五一劳动奖章	省总工会
62	王牧阳	太仓市纪委监委	全省纪检监察信访举报工作先进个人	省纪委监委
63	赵建平	太仓市人民法院	2018—2019 年表现突出个人二等功	省高级人民法院
64	季　光	太仓市人民法院	2019 年度全省扫黑除恶专项斗争成绩突出通报表扬个人	省高级人民法院
65	樊　奇	苏州健雄职业技术学院	江苏省第五期“333 工程”考核优秀	省委组织部
66	费晓丹	苏州健雄职业技术学院	江苏省“技术能手”	省人社厅
67	王文英	太仓市高新区第二小学	江苏省名师工作室主持人	省教师培训中心、省教育行政干部培训中心
68	陈国良	江苏省沙溪高级中学	江苏省卓越校长创新培育计划培养对象	省教师培训中心
69	陈文杰	太仓市沙溪镇岳王学校	江苏省乡村优秀青年教师培养奖励计划人选	省教育厅
70	陈　艇	太仓市邮政管理局	优秀县（市、区）邮政管理局局长	省邮政管理局
71	孙王益	太仓市自然资源和规划局	江苏省第三届“苏小登杯”不动产登记业务技能竞赛第二名	省自然资源厅
72	孙王益	太仓市自然资源和规划局	不动产登记金标识	省自然资源厅
73	孙王益	太仓市自然资源和规划局	江苏省“技术能手”	省人社厅
74	孙王益	太仓市自然资源和规划局	江苏省“五一创新能手”	省总工会
75	赵志俊	太仓市自然资源和规划局	首届江苏省自然资源科普作品创作大赛三等奖	省自然资源厅、省科协
76	曹　简	苏州市太仓生态环境局	全省生态环境系统优秀青年	省生态环境厅
77	王　静	苏州市太仓生态环境局	2020 年度中国环境报宣传工作先进个人	中国环境报社有限公司

（市史志办）

重要文献

与时俱进谋发展 奋力拼搏求跨越 开启全面建设社会主义现代化新征程

——在市委十三届十一次全会上的讲话

沈 觅

2020年12月30日

一、积极应对复杂严峻的变化变局，始终保持坚强定力、扛起责任担当，在特殊之年交出了一份精彩答卷

今年是极不平凡的一年。面对突如其来的新冠肺炎疫情和复杂严峻形势，我们认真贯彻习近平总书记重要讲话指示精神，坚决落实上级决策部署，在应对挑战中奋进突围、在把握机遇中乘势而上，各项事业实现新发展，决胜高水平全面建成小康社会取得决定性成就。全年完成地区生产总值1386亿元，增长3.9%；一般公共预算收入171.1亿元，增长5%；规模以上工业总产值2504.5亿元，增长5%。位列全国县域经济综合竞争力百强县第六位、中国县级市全面小康指数第三位。

这一年，我们旗帜鲜明讲政治，自觉用新思想定向领航，始终把稳奋斗前行的正确方向。市委常委会坚持以习近平新时代中国特色社会主义思想为指导，准确把握形势变化和阶段性特征，对标对表"把人民生命安全和身体健康放在第一位""扎实做好'六稳'工作，落实'六保'任务""在危机中育新机、于变局中开新局"等指示要求，以最高标准最严要求抓好贯彻落实，确保中央决策部署在太仓落地生根，确保各项事业行稳致远。五中全会闭幕及总书记视察江苏后，我们迅速掀起学习贯彻热潮，深刻领会新发展阶段、新发展理念、新发展格局的重大意义和丰富内涵，牢牢把握"争当表率、争做示范、走在前列"新的更高要求，引领全市上下勇担新使命、奋力开新局。

这一年，我们一着不让抓落实，统筹推进疫情防控和经济社会发展，奋力夺取"双胜利"丰硕成果。疫情发生以来，市委常委会坚持两手抓、两手硬，一方面按照"可知可控、精准防控"的要求，因时因势调整工作重心，精准精细落实防控措施，团结带领全市上下牢牢守住"外防输入、内防反弹"的防线；另一方面，我们坚持目标不变、任务不减，率先全面复工复产，立即作出"开局一季度、奋战二季度、冲锋三季度、决战四季度"的部署安排，用战时手段调度经济运行，以连环之势冲刺项目建设，下非常之功狠抓招商引资，主要指标增速位居苏州前列，"1222"重大项目取得显著进展。同时，经过艰苦卓绝、众志成城的付出和努力，我们收获了全国文明城市、国家生态文明建设示范市、全国双拥模范城、中国最具幸福感城市等多项重磅荣誉，顺利实现百强县进位次的目标。

这一年，我们顺时应势谋发展，坚持更高标准、更宽视野，科学擘画"十四五"发展蓝图。谋划好未来五年发展，对于太仓开启现代化建设新征程，具有十分重要的意义。市委常委会认真贯彻落实上级指示精神特别是许昆林书记调研太仓讲话精神，深入研究规划编制重大问题，召开座谈会广泛听取意见建议，进一步明确方向、理清思路，经过多次修改完善，形成了提请这次全会审议的《建议》。我们一致认为，谋划"十四五"新蓝图，必须以五中全会精神和总书记对江苏发展一系列重要讲话指示精神为指引，把"争当表率、争做示范、走在前列"要求体现在"十四五"发展各方面，科学确定发展目标、方向和举措；必须锚定"现代田园城、幸福金太仓"和高质量建设"两地两城"目标定位，坚定不移做亮特色、提升能级、补齐短板；必须牢牢把握国家战略交汇叠加历史机遇，深度融入上海都市圈建设，加快打造苏州对接上海重要枢纽门户城市，在具备条件的领域率先实现与上海的同城化。

一年来的成绩主要体现在以下几个方面：

（一）*项目引建在速度力度上勇攀新高*。深入开展"项目建设提速年"活动，省重大项目个数和投资总量、苏州市重点项目计划完成投资额实现苏州"三个第一"，123个市级以上重点项目上半年全部开工，省、苏州重点项目投资完成率分别达125%、128%，项目开工率、投资进度始终领跑苏州。太仓绿色产业园正式投用，同高科技、德珂斯等项目竣工投产。完成全社会固定资产投资468亿元，增长16.2%，其中工业投资160亿元，增长25%。举全市之力抓招商引资，创新招商引资工作机制和方式，引进项目792个，总投资超2065亿元，其中先进制造业项目数占比近60%；外资超亿美元项目19个、超5000万美元项目26个；内资超10亿元项目10个。清洁能源数字产业园、博泽汽车驱动系统、事达同泰等项目签约落户。

（二）*产业发展在体量质量上实现突破*。高端装备制造、新材料产业产值均突破千亿大关，生物医药产业产值增长9%。成功举办航空航天产业发展峰会，上海交大太仓空天技术创新中心等平台签约入驻，累计引进航空产业项目32个。"两新"产业产值占比分别达58.2%、50%。蜂巢汽车零部件工业互联网应用中心落户太仓，新增省星级上云企业61家、苏州市级以上示范智能车间23个。宝洁入选全球灯塔工厂，贯龙获评国家级专精特新"小巨人"企业。净增有效高企超200家。西工大太仓长三角研究院获评省级新型研发机构，太仓激光智能制造创新研究院签约落户，中科院计算所科创中心建成投用。新入选苏州市级以上领军人才35人，获评苏州市人才科技工作创新进步地区。高新区获评国家汽车核心零部件高新技术产业化基地、省智能制造产业产学研协同创新基地，位列全省省级高新区创新驱动发展综合评价第二位。

（三）营商环境在效率效能上大幅提升。优化营商环境创新行动深入实施，获评营商环境百强县第六名。纵深推进"放管服"改革，审批事项总承诺时限压缩60%以上。"1120"改革目标全面实现，企业开办常态化0.5天，重点项目平均审批时限9.2天。全国首创"双信三即"产业用地出让模式，工程建设项目审批"全链改革"获"智慧赋能金数奖"，被列为政务服务"好差评"全国试点。完成基层整合审批服务执法力量改革。深化商事制度改革，新增市场主体超2万户。累计兑现各类优惠95亿元、政策性减税17.5亿元。深入开展"三优三保"行动、征收拆迁"清零"计划，盘活存量土地5578亩，完成腾地5000亩。设立50亿元产业引导基金。帮助2800多家企业获授信466亿元。

（四）开放合作在深度广度上双向拓展。完成实际利用外资8.2亿美元，增长79.8%，创历史新高。完成进出口总额133.6亿美元。加速融入上海，举办沪太协同发展推介会等活动，新引进沪上项目182个，总投资103亿元。沪苏通铁路通车营运，上海嘉闵线（含北延伸）至太仓段项目合作备忘录成功签署，岳鹿路对接嘉定城北路正式通车。与上海异地就医划卡结算范围实现新拓展。做优对德合作，德国中心二期、中德智能制造联合创新中心建成投运，德资实际利用外资增长53.4%，德企总数达360家，中德智能制造峰会、中德中小企业合作论坛等活动顺利举办。发布全国首个双元制职业教育标准。深化以港强市，港口四期集装箱码头工程交工验收，沪太通关一体化全面落地，综保区获批一般纳税人资格试点，获评全省唯一港口型国家物流枢纽。

（五）城市建设在宜居宜业上凸显优势。国土空间规划编制扎实推进，镇村规划体系不断完善。娄江新城"1+5"规划体系加快成型，西工大、西交利物浦大学两个校区提速建设，娄江新城滨河公园建成投用。恒大、复星文旅项目扎实推进。太浏快速路全线贯通。城区农贸市场提档升级全面完成，梅园社区改造试点有序实施，生活垃圾分类"三定一督"实现全覆盖。$PM_{2.5}$平均浓度下降至26微克/立方米，位居全省第三，空气质量优良天数比率达86%，省考以上断面水质优Ⅲ比例达100%。长江岸线清理整治任务全面完成。长江禁捕退捕工作严格落实。新增成片造林2205亩。

（六）民生福祉在厚度温度上不断增进。城乡居民人均可支配收入增长5.6%，村均可支配收入达895万元。粮食产能稳定提升，生猪保供任务全面落实。建成三星级康居乡村65个、康居特色村2个，获评全国村庄清洁行动先进县。城镇新增就业1.1万人，登记失业率1.8%。获评省义务教育优质均衡发展县（市、区）、社区教育示范区。新改建日间照料中心20家。港区医院开工建设，公共卫生服务中心顺利竣工，位列全国健康城市建设示范市县级市第四位。应急广播体系全面建成。"发展型"幸福社区建设项目获评省基层社会治理创新成果奖。风险防控"四项机制"试点工作扎实推进，扫黑除恶专项斗争取得实效，公众安全感达98.8%。深入开展"1+26+1"安全生产专项整治行动，安全生产形势持续稳定向好。

（七）党的建设在从严从实上取得实效。积极开展《习近平谈治国理政》第三卷专题学习活动和"四史"学习教育，"不忘初心、牢记使命"长效机制不断健全。意识形态领域"红色长城"2.0版建设持续深化，网络安全工作责任制全面落实。出台激励干部担当作为"1+N"系列文件，实施年轻干部选拔培养"六才"工程。乡村振兴实践学院揭牌启用，村干部职业化体系建设走在全省前列，村（社区）"两委"换届选举稳步推进。城市基层党建"融合力"工程、农村党建"红色领航计划"、党支部和党员"动力工程"不断深化。深入开展"作风效能建设提速年"活动，设立改革创新"特别奖"，用好转变作风"曝光台"，整治形式主义官僚主义取得实效。建成党员干部廉政档案系统，科学运用容错纠错机制。省委专项巡视整改全面完成，本届市委任期内提前实现巡察全覆盖。重点项目派驻督察工作被列为中央纪委试点。坚持和加强党的全面领导，支持市人大及其常委会和市政协履职尽责，统一战线、人民武装、双拥、群团等工作得到新加强。

在肯定成绩的同时，必须清醒地认识到，我市推进高质量发展还存在一些问题和不足。主要是：产业转型步伐还不够快，创新能力仍不够强，数字化、智能化水平还不高；优质公共服务供给还不足；生态保护、安全生产还需下更大力气；部分干部能力素质与新形势新任务新要求不相适应。对此，我们必须采取有力措施切实加以解决。

二、深入学习贯彻党的十九届五中全会精神，以习近平总书记视察江苏重要讲话指示精神为根本遵循，奋力开启现代化建设新征程

站在"两个一百年"奋斗目标的历史交汇点上，朝着新的更高目标迈进，我们必须准确把握习近平总书记视察江苏重要讲话指示精神的核心要义与实践要求，与时俱进谋划目标、思路和举措，继续集中精力把太仓的事情办好，用实干、实效、实绩，描绘出现代化建设的现实模样。

（一）开启新征程，必须充分肯定成绩，坚定信心决心。"十三五"时期是太仓经受多重考验、取得显著成绩的五年。五年来，我们抓大事、谋全局，建立了指引发展的共同愿景。加强前瞻性思考、全局性谋划，明确"现代田园城、幸福金太仓"和高质量建设"两地两城"目标定位，践行做亮特色、提升能级、补齐短板的工作路径，结合阶段性特征和形势任务变化，提出"四大两提一进""两个高于"和打造苏州对接上海重要枢纽门户城市等目标抓手，引领太仓始终沿着高质量发展方向不断前进。五年来，我们抓要事、求突破，实现了前所未有的能级跃迁。明确“11155”产业发展目标，部署推进“1222”重大项目建设，高端装备制造、新材料、物贸总部经济三大主导产业均突破千亿，“5+1”铁路网络加快构建，50平方公里娄江新城加速崛起，两所高校提速建设，太仓从“江海时代”跨入“高铁时代”，正以更强的匹配度和承载力迈向“同城时代”。五年来，我们抓实事、惠民生，打造了可观可感的幸福样板。用心用力用情办好民生实事，被撤并镇（管理区）旧貌换新颜，各类教育优质协同发展，养老服务体系建设全国领先，“政社互动”、大病保险等亮点纷呈，沿江万亩绿廊加快打造，“一心两湖三环四园”城市生态体系构建完善，实现了由“美丽金太仓”向“幸福金太仓”的拓展升级。五年来，我们加速跑、奋力跳，交出了厚重提气的高分答卷。地区生产总值年均增速6.5%，一般公共预算收入年均增速8.4%，百强县排名进位突破，蝉联省推进高质量发展先进县（市、区），连续五年位列中国最具幸福感城市县级市首位，成功拿下全国文明城市“金字招牌”。更为重要的是，通过五年的团结奋斗，广大党员干部的目标追求持续攀高，视野格局不断放大，精神状态更加火热，应对各种挑战、破解瓶颈难题的经验信心更加充足，这些都是我们开启现代化建设新征程的底气所在。

（二）开启新征程，必须把握形势要求，加强系统谋划。谋划“十四五”发展，必须把准大局大势。当今世界，百年未有之大变局加速演变，不稳定性不确定性明显增多；我国发展仍然处于重要战略机遇期，继续发展具有多方面优势和条件；从太仓自身来看，战略机遇交汇叠加、基础优势累积释放，各项事业全面协调发展，我们正处在一个势能转动能、优势变胜势的黄金发展期。总书记视察江苏，提出了“在改革创新、推动高质量发展上争当表率，在服务全国构建新发展格局上争做示范，在率先实现社会主义现代化上走在前列”的新要求。这是全省现代化建设的总纲领、总命题、总要求，也是谋划未来发展的重大战略指引和根本行动遵循。我们要以高度的政治自觉，坚决扛起新的重大使命，做好开顶风船和先行探索的准备，把着眼未来太仓应该干、能够干、必须干好的事情办好，努力展现发展的探索性、创新性、引领性。在目标定位上，紧扣“现代田园城、幸福金太仓”和高质量建设“两地两城”目标定位不动摇，不断强化“田园”“幸福”概念，与时俱进赋予新的内涵，加快推动高质量发展、创造高品质生活、实现高效能治理，在现代化建设进程中走在前列。在主攻方向上，坚持把提升产业、城市两个能级摆在突出位置，加快发展现代产业体系，建设现代化高品质城市，进一步做大经济体量、做优功能业态，大幅提升人口集聚力、人才吸引力，让太仓这座城市更加开放包容、充满活力。在工作抓手上，更大力度、更深层次、更宽领域融入上海，突出“区域一体、双向赋能”，构筑最优营商环境、最强比较优势，努力成为临沪综合性价比最高地，加快打造苏州对接上海重要枢纽门户城市，在具备条件的领域率先实现与上海的同城化。

（三）开启新征程，必须聚焦关键重点，做到精准发力。谱写“十四五”高质量发展新篇章，既要高点定位、科学谋划，更要突出重点、靶向发力。要打造充满活力的创新高地。坚持创新核心地位，用足用好“两校多院”创新资源，吸引更多人才团队、科创项目，促进创新链与产业链双向深度融合，加快建设一座以创新为鲜明标识和主要动力的现代化城市。要打造竞争力强的产业体系。紧扣“11155”产业发展目标，推动主导产业做大做强、优化升级，加快把生物医药、航空产业打造成为未来发展的新增长极，全面推进数字赋能，提高经济质量效益和核心竞争力。要打造更高能级的现代城市。推进以人为核心的新型城镇化建设，集中力量抓好“1222”重大项目建设，加快构建现代综合交通运输体系，更高水平统筹城乡发展，进一步增强城市集聚高端资源要素的能力。要打造深度融合的开放格局。突出特色更特、亮点更亮，丰富提升新时期对外开放“三篇文章”发展内涵，建立更高水平的开放型经济新体制，实现高质量引进来和高水平走出去，形成更大范围、更宽领域、更深层次的全面开放格局。要打造令人向往的幸福生活。加快实现公共服务供给从“有”向“优”转变，精心绘就“美丽太仓”新画卷，扎实推进城市治理体系和治理能力现代化，使幸福太仓更有内涵、更具品质。

（四）开启新征程，必须坚持解放思想，弘扬担当精神。更加彻底地用新思想解放思想、统一思想，推动我们的视野格局、思维理念、工作方法全面适应新时代、引领新征程。要保持发展定力。认真学习贯彻习近平新时代中国特色社会主义思想，做到知其然、知其所以然、知其所以必然，持续深化对经济社会发展规律的认识和把握，不断增强贯彻新发展理念的自觉和定力，专心致志做好自己的事，以自身发展的确定性有效对冲外部环境的不确定性。要掌握科学方法。坚持把马克思主义哲学作为自己的看家本领，善于运用系统思维、辩证思维、底线思维等科学思维方法，审视把握太仓在新发展格局、长三角一体化中的方位方向，准确识变、科学应变、主动求变，不断增强工作的前瞻性、系统性、科学性。要强化担当实干。始终保持使命在肩、奋斗有我的精神状态，切实增强“谋定后动”的思考力和“谋定快动”的执行力，进一步提升工作主动性和落实穿透性，拿出更多真招实招硬招，各环节发力、全周期提速，努力开创各项工作新局面。

三、坚持以推动高质量发展为主题，切实抓好明年经济社会发展各项工作，在现代化建设新征程上迈好第一步

明年是建党100周年，也是“十四五”发展和现代化建设的开局之年，做好明年工作意义重大。全市上下要以习近平新时代中国特色社会主义思想为指导，全面贯彻党的十九大和十九届二中、三中、四中、五中全会以及中央经济工作会议精神，紧扣“强富美高”新江苏建设，着眼“争当表率、争做示范、走在前列”，坚持稳中求进工作总基调，立足新发展阶段，贯彻新发展理念，构建新发展格局，以推动高质量发展为主题，以深化供给侧结构性改革为主线，以改革创新为根本动力，以满足人民日益增长的美好生活需要为根本目的，坚持系统观念，巩固拓展疫情防控和经济社会发展成果，更好统筹发展和安全，继续做好“六稳”工作、落实“六保”任务，围绕“现代田园城、幸福金太仓”和高质量建设“两地两城”目标定位，聚焦聚力打造苏州对接上海重要枢纽门户城市，统筹抓好创新发展、融入上海、产业升级、改革开放、城市建设、生态环境、民生幸福等工作，不断提升党的建设质量和水平，奋力推动太仓现代化建设开好局、起好步。

明年发展主要预期目标是：地区生产总值增长6%以上，一般公共预算收入增长6%左右，全社会固定资产投资增长15%以上，规模以上工业增加值增长5%以上，城乡居民收入增速高于地区生产总值增速。

（一）突出创新驱动，在增强发展动能上实现新突破。坚持创新核心地位，统筹抓好创新企业培育和载体平台建设，不断优化创新生态，进一步提升创新驱动发展水平。

一是强化企业主体地位。加大创新型企业培育力度，壮大以民营科技企业和科技型中小企业为基础、高新技术企业为主体、瞪羚企业和独角兽培育企业为标杆的创新梯队，力争全年净增有效高企200家。扶持琥崧智能装备、赛业生物、优珀斯新材料、百德医疗等成长性较好的科技企业加快发展，推进具备条件的高新技术企业科创板上市。鼓励企业加大研发投入，建设高水平研发中心、技术中心，新增省级以上企业研发机构15家，全社会研发支出占地区生产总值比重达3.6%。加大对民营科技型企业引育扶持力度，鼓励中小微企业深耕行业细分市场，打造一批具有较强影响力的骨干企业和“专精特新”企业。

二是加快创新载体建设。深化“大院大所”战略，充分发挥“两校多院”资源优势，加快推动政校院企“硬结合”，积极构建“松耦合”协同创新体系，打造科技创新和成果转化两个“活力极”。支持西工大太仓长三角研究院创建国家级创新平台。做优做强科技产业园，加快建设昭衍生物硅谷、清华力合科技谷、太仓港科创园等载体，建设产业公共技术服务平台，筑牢“众创空间—孵化器—加速器—产业园”孵化链条。推进太仓德累斯顿创新中心建设，发挥好法兰克福太仓创新中心、斯图加特离岸孵化创新中心作用，吸引集聚更多国际高端创新资源。加快推进国家级高新区创建，力争进入省部共建试点。

三是营造一流创新生态。完善落实“1+4”创新政策体系，充分发挥“双创”综合服务平台作用，进一步强化政策兑现和服务保障。推动“2+N”产业和民生人才新政落地见效，优化人才公寓、教育医疗等配套服务，打好“引育留用”组合拳，力争新增苏州市级以上领军人才超35人。发挥产业引导基金作用，用好“苏科贷”“苏微贷”“娄城贷”等金融产品，建立健全多元化科技投入体系。优化科技评价体系和激励机制，营造开放包容、鼓励试错、宽容失败的创新创业氛围。

（二）突出率先同城，在融入一体化上实现新突破。围绕上海打造国内大循环中心节点和国内国际双循环战略链接的定位，主动对接上海“五个中心”特别是科创中心、航运中心建设，不断提升发展紧密度、协同度、融合度，赋予“上海下一站、下一站上海”更多内涵。

一是强化交通互联互通。深入研究对接全省及上海交通规划，突出抓好轨道交通建设，扎实推进南沿江铁路、北沿江高铁、沪苏通铁路二期建设，推动嘉闵线北延太仓段与上海段同步开工、同步建设、同步运营。梯次推进接沪道路建设工程，做好东仓新路对接嘉定北和公路工作。抓好沪宜高速金仓湖互通、沪武高速扩容等工程，持续优化沪太公交线路。主动融入上海国际航运中心建设，与上港集团深化航道衔接和港口枢纽合作，优化沪太通关一体化服务体系，扎实推进疏港铁路、集装箱四期建设，提升港口综合能级和辐射带动力。

二是促进经济相融互补。认真研究上海“五型经济”，结合实际找准切口、加强协作，进一步放大溢出效应，打造上海科创产业重要功能区。重点对接上海汽车、航空、生物医药等产业，突出建链强链补链延链，谋划建设一批先进制造业和现代服务业项目，努力形成错位发展、融合互补的产业格局。深入推进嘉昆太协同创新核心圈建设，深化与上海院士中心、研发公共服务平台合作，探索在上海建设飞地孵化器，吸引集聚更多创新项目和科技成果。支持企业通过上海这一窗口，参与国际国内分工与合作。

三是推动城市合作共享。深入研究上海城市总体规划和功能布局，进一步优化我市各类发展规划，努力实现规划布局精准对接。深化合作办学、医联体建设，推进与上海异地就医直接结算便利化，推出更多“一网通办”“一卡通行”等措施，促进沪太公共服务便利共享。加强与嘉定、宝山等地环保协作，完善区域污染联防联动机制和环境应急制度，共建生态涵养区、清水通道维护区。建立完善跨区域社会治理联动机制，抓好异地联动执法、交界区域巡防联控等工作。

（三）突出转型升级，在提升产业水平上实现新突破。瞄准产业基础高级化、产业链现代化方向，加快产业转型升级步伐，更大力度融入长三角区域产业链集群，努力构建竞争力强的现代产业体系。

一是坚定不移抓有效投资。紧扣时序进度，集中力量抓好150个市级以上重点项目建设。加快推进利洁时、施迈茨等123个重点工业项目建设，力争工业投资增长20%。突出招强引优，聚焦产业发展方向和产业链关键环节，紧盯国内外500强、跨国公司和大型央企，引进一批投资规模大、科技含量高、带动能力强的优质项目。优化完善开放创新合作热力图、云招商服务平台，全力推动炬龙新能源、世纪互联二期、威露士华东总部等在谈项目尽快签约落地。加强项目全生命周期管理，做好土地、资金等要素保障，确保项目建设有力有序推进。

二是着力构建“11155”产业矩阵。继续做大高端装备制造、新材料和物贸总部经济三个千亿级产业，加快培育生物医药和航空两个500亿级产业，不断夯实经济高质量发展“底盘”。强化与上汽、上海特斯拉等企业配套协作，培育壮大新能源汽车核心零部件产业。扶持斯凯奇等企业加快成长为销售额超百亿元物贸企业。发挥复星生物医药产业基金作用，推动更多优质医疗资源落地太仓。建优建强太仓生物医药产业园、生物港等载体平台，加强与上海张江、临港生命蓝湾及苏州工业园区等重点地区的协作，大力扶持康乃德、昭衍、科方等标杆企业，打造生物医药产业发展高地。发挥中俄地区基金平台作用，深化航空产业合作共建。依托西工大、上海交大等科研优势，高水平建设航空产业园，加快推进舍弗勒航空轴承、华钛瑞翔航空发动机叶片等项目建设，加强与中国商飞配套协作，努力建设长三角航空创新成果转化基地。

三是推进智能化改造和数字化转型。加快培育一批智能化改造标杆企业，鼓励技术领先的企业走出厂门、输出方案，确保创成30个苏州市级以上示范智能车间（工厂），完成智能化改造和数字化转型项目600个。推动企业“上云上平台”，发挥中德智能制造联合创新中心作用，招引更多双跨平台龙头企业，打造一批工业互联网示范企业，新增省星级上云企业80家。培育一批提供智能制造整体解决方案的企业，推动生产性服务业与制造业融合互动。加快消费服务业数字化转型，不断挖掘消费潜力。大力发展人工智能、大数据、区块链等新技术新业态新模式，促进实体经济与数字经济深度融合。

四是加快文化旅游融合发展。实施文化产业倍增计划，坚定不移走产业化、品牌化发展道路，不断提升文化产业贡献度。加快恒大文旅城、复星复游城项目建设，深度发掘沙溪古镇、浏河古镇等历史文化资源，传承江南丝竹、娄东画派、郑和航海等特色文化，统筹抓好旅游环境优化、精品路线打造、线上线下营销等工作，打造长三角重要旅游目的地、休闲度假“后花园”。完善“文化＋旅游”发展模式，加强与头部文娱企业、机构合作，壮大电子竞技产业，积极发展数字文化和创意文化产业。

（四）突出改革开放，在放大特色优势上实现新突破。坚定不移推动更深层次改革和更高水平开放，充分释放市场主体活力，拓展未来发展空间，为高质量发展增添新优势。

一是深化重点领域改革。深入推进“放管服”改革，持续抓好经济发达镇行政管理体制改革，不断完善综合行政执法体制改革，认真落实事业单位改革各项任务。抓好苏州自贸区联动创新区建设，推进开发区管理体制机制创新。加快推进国资国企、商事制度、财税金融等领域改革，不断激发市场主体活力。明年确保新增上市企业2家。紧扣融入长三角一体化、打造综合最优营商环境等重点工作，谋划推进一批关键性改革创新举措。抓好农村集体经济融合发展等省级以上改革试点工作，强化改革举措系统集成，打造一批改革亮点品牌。

二是做亮对德合作特色。深入推进以产业合作为核心的多领域对德合作，打造国家级全方位对德合作平台。更大力度引进一批规模型、旗舰型德企，力争新引进德企40家。鼓励德企在太设立研发中心，大力吸引和利用德国制造专利技术，推动本土企业与德企深度融合发展。加快建设中德四期项目，做优德国中心、德中工商技术咨询公司等平台。抓好中德职业资格比照认定，推动中德专业技术人才评价体系融合。推进双元制教育研究院建设，深化教育、卫生、文化、环保等领域交流合作。建设罗腾堡德风文旅城，引进德国酒店、餐厅等生活配套，推动两所大学开设德语专业，营造更浓德国生活场景。

三是提高开放型经济水平。突出战略性新兴产业和现代服务业重点，引进更多外资总部项目和功能性机构，力争全年完成实际利用外资8.5亿美元。引导加工贸易企业加强研发创新和技术升级，大力发展数字贸易、离岸贸易等新型贸易，深化跨境电商、服务贸易试点工作，保持对外贸易平稳运行。抓住RCEP签署等重大机遇，深化与日韩、东盟等国家和地区合作。支持有条件的企业加强与“一带一路”沿线国家经贸合作。港区要以国家级开发区十周年为契机，高标准建设港口型国家物流枢纽，持续壮大临江先进制造业和现代物贸经济，推动港口流量转变为经济增量，不断提升发展能级和综合竞争力。高新区要围绕建设国内一流、国际知名的中德高科技产业园，不断优化营商环境和创新生态，推动高水平开放与高层次创新协调发展，进一步增强集聚高端资源要素、参与经济合作竞争的能力。

四是做优营商环境品牌。瞄准市场化、法治化、国际化方向，不断深化优化营商环境创新行动，进一步打响“太舒心”品牌。扎实推进审批服务智慧化，推动政务服务“太e办”改革，加快实现“线上一网好办”“线下一窗办成”。做强“企业服务总入口”功能，发挥“政策计算器”作用，实现企业享受优惠政策“一键直达”。建立健全企业全生命周期服务机制，提高政务服务和政策制定精准性。不断完善综合金融服务体系，引导金融资本更多流向实体经济。继续办好民营企业家沙龙、“BEGI·N”金融沙龙等活动。优化法治服务保障，强化知识产权保护，加大市场信用体系建设力度，切实维护投资者合法权益。

（五）突出城乡融合，在完善功能品质上实现新突破。推进以人为核心的新型城镇化，提升城市规划建设管理水平，进一步优化城市功能布局，彰显品质风貌。

一是加强城市规划建设。紧扣“产城融合、绿色、数字”的定位要求，科学把握娄江新城对内对外发展关系，统筹衔接各项规划设计，全力打造精品之城。集中力量加快新城建设进度，重点抓好科教创新区开发建设，确保明年西工大太仓校区一期竣工投用，西交利物浦大学太仓校区生活配套项目完工。推进道路管网、生态景观等基础设施建设，加快布局科创载体、商业街区、学校医院等功能配套。持续做优高铁商务区功能形态，提前谋划布局与交通枢纽相配套衔接的信息网络，因地制宜抓好铁路场站周边区域综合开发。扎实推进2035国土空间总体规划、“多规合一”实用性村庄规划编制，有序实施镇村布局规划。优化完善环天镜湖片区、金仓湖片区功能形态，统筹抓好港城及各镇建设，推进被撤并镇（管理区）长效管理。

二是提升城市功能形象。开工建设太仓大道、龙江路快速化项目，完成太浏快速路延伸段、正夫路西延项目建设，加快构建城市快速路网。统筹推进老旧小区改造、城市景观亮化等工程，不断做优城市形象面貌。加快建设均瑶世外国际融合教育项目，确保西交利物浦附属学校、铂尔曼酒店及综合体竣工投用。加速5G基础设施建设，确保5G信号全市域覆盖。突出城市治理数字化方向，抓好城管智慧化升级省级试点，推进智慧交通、智慧停车建设，确保市、镇集成指挥平台全部建成运行。制定出台新一轮文明城市创建三年行动计划，推动创建工作常态长效。深化社会主义核心价值观教育实践活动，推动新时代文明实践中心提质增效。深入推进生活垃圾分类，积极倡导“光盘行动”、节约用水，抓好移风易俗，促进文明新风养成。

三是加快乡村振兴步伐。突出乡村建设重要位置，深入实施乡村振兴战略，抓好农业农村现代化示范镇建设，打造农业主导产业现代化“太仓模式”，力争率先实现农业农村现代化。加强现代农业园区运营管理，深化高标准农田建设，强化农业科技和装备支撑，加快建设智慧农业，大力发展绿色生态循环农业。抓好蔬菜生产、生猪保供等工作，提升重要农产品自给水平。做优孟河、勤力、香塘、七十二家村等农文旅融合项目，培育壮大现代休闲农业。加大农业龙头企业培育力度，提升合作社规范化运作水平。推进富民载体项目改革、村企联建发展，力争村均可支配收入超940万元。深化农村人居环境整治，抓好苏州特色精品乡村试点、特色康居和特色宜居乡村建设。完善农村道路、电商物流、天然气等基础设施，创建全国“四好农村路”示范县。

（六）突出生态优先，在建设美丽太仓上实现新突破。全市域推进长江大保护，深入打好污染防治攻坚战，加大生态修复和保护力度，不断放大田园城市生态优势。

一是深入推进长江大保护。把修复长江生态环境摆在压倒性位置，持续深化“2982”行动计划，统筹抓好入江河道、沿江排污口、沿江环境面貌等排查整治工作，完成长江及入江支流水岸同治项目，确保长江及入江支流水质达到III类及以上。严把项目环境准入关，严控长江岸线开发利用，协同推进岸上产业绿色转型，积极培育绿色技术创新龙头企业和绿色工厂。扎实推进化工产业安全环保整治提升，完善化工区安全环保智慧平台和“一企一管”监管平台功能，加快危险物品运输车辆专用停车场以及化工专业消防救援站建设，提升化工园区封闭化管理水平。严格船舶污染防治。全面落实长江禁捕退捕任务，严厉打击非法捕捞行为，做细做实退捕渔民转产安置和生计保障。

二是狠抓污染防治攻坚。严格落实“河长制”“断面长制”，加大城乡河道治理力度，持续推进十八港、横沥河等骨干河道整治工程，加快疏浚农村河道。扎实推进生态美丽河湖建设，强化河湖空间管控。加大大气污染防治力度，扎实开展挥发性有机物污染治理，确保空气质量优良率稳步提升，$PM_{2.5}$浓度指标继续保持全省前列。认真开展企业用地土壤环境质量调查，强化农业面源污染综合治理，建立健全土壤环境治理监管体系。启动污水处理提质增效达标区建设，深入推进生活污水处理厂提标改造和工业污水处理厂建设，建成投用建筑垃圾资源化利用项目，基本完成再生资源综合利用项目。

三是加强生态修复保护。协调落实生态保护红线、永久基本农田、城镇开发边界三条控制线，筑牢生态安全屏障。提档改造薪园、弇山园、城北河湿地公园，推进环城生态廊道、独溇小海等生态项目建设，持续完善“一心两湖三环四园”城市生态体系。认真抓好沿江造林绿化工作，打造沿江最美生态湿地。稳步推进街头绿化提升、道路绿化提档改造，着力推动城市绿化由绿色向彩色发展、彩色由空中向地面延伸，不断提高城区绿化覆盖率。深入开展“三优三保”、产业用地更新“双百”行动，盘活土地5000亩。确保通过中国人居环境奖复查。

（七）突出优质均衡，在增进民生福祉上实现新突破。聚焦人民群众对美好生活的更高期待，不断提升公共服务供给能力和质量，促进人的全面发展和社会全面进步。

一是强化富民保障。严格落实就业优先政策，抓好重点群体、重点行业就业扶持，确保全市城镇登记失业率控制在2.5%以内。大力弘扬劳模精神、劳动精神、工匠精神，深化职业技能提升行动，培养更多高素质劳动者。扎实推进社保扩面提标，配合做好养老保险省级统筹和医保苏州市级统筹工作，完成医保跨省异地门诊结算项目，持续优化城乡低保、住房保障等举措。实施特困人员照料护理制度，做好因灾因病致贫困难家庭帮扶，提高精准救助帮扶水平。常态化抓好东西部扶贫协作、南北挂钩、双拥优抚安置等工作。

二是优化服务供给。抓好学校新改扩建项目，明年力争11个项目投用。加大高层次教育人才引育力度，深化区域教育联盟合作，争创全国义务教育优质均衡发展县（市、区）。深化健康太仓建设，抓好医疗卫生机构提档升级，推进第一人民医院、中医医院三甲医院创建，加快筹建娄江新城医院。完善公共文化服务体系，推进基层文化中心新建改建工程，完成美术馆新建项目主体工程建设。深化医养结合，做好省级居家和社区养老服务创新示范工作，实现区域性养老服务中心全覆盖。

三是创新社会治理。毫不松懈抓好常态化疫情防控，紧盯重要时段、重点场所、重点人群，突出“人”“物”同防，加强进口冷链食品集中监管，完善医防结合的疾病预防控制体系和重大疫情防控救治体系，持续做好群众防疫教育引导。严格落实苏州市域社会治理现代化试点各项任务。深化网格化社会治理联动机制建设，完善拓展“大数据+网格化+铁脚板”社会治理机制。高质量推动“发展型”幸福社区建设。落实风险防控“四项机制”，强化矛盾纠纷源头预防与多元化解，抓好新一轮“雪亮工程”建设，常态化推进扫黑除恶专项斗争。扎实开展“1+2+10”安全生产专项整治行动，加大重点领域安全隐患排查整治力度，建立防灾减灾、应急救援机制，不断完善城市安全发展体系。

四、强化落实管党治党政治责任，把全面从严治党不断引向深入，为开启现代化建设新征程提供坚强政治保证

深入贯彻新时代党的建设总要求，全面加强管党治党各项工作，着力增强各级党组织的政治领导力、思想引领力、群众组织力和社会号召力，为现代化建设提供坚强政治保证。

（一）加强思想政治建设。把学习贯彻习近平总书记视察江苏重要讲话指示精神作为重大政治任务，以高度的政治自觉认真学习、坚决抓好贯彻落实。扎实开展“四史”学习教育，在学思践悟中坚定理想信念。严守政治纪律和政治规矩，不断增强政治敏锐性和政治鉴别力，以实际行动做到“两个维护”，坚决把上级各项决策部署不折不扣落到实处。认真落实“三会一课”、民主生活会、领导干部双重组织生活、谈心谈话等制度。开展高水平全面建成小康社会、建党100周年等主题宣传活动。严格落实意识形态工作责任制，加强高校、宗教、新媒体等重点领域管理，完善网络综合治理体系，守牢守好宣传舆论阵地。

（二）锻造坚强有力队伍。严格执行《党政领导干部选拔任用工作条例》，深化用好“五突出五强化”选人用人机制，锻造一支忠诚干净担当的高素质干部队伍。高标准做好换届干部工作，统筹抓好干部交流工作，进一步优化各级领导班子配备。持续做好年轻干部选育管用工作，深入开展专业化青年人才定岗特选计划，不断提升年轻干部总量和质量。统筹抓好党外干部、女干部工作。健全完善年度综合考核体系，持续开展“担当作为好干部”评选，选树先进典型，发挥示范引领作用。深化落实“三项机制”及激励干部担当“1+N”制度体系，用好用足职务与职级并行政策，强化干部日常管理监督，精准有效实施容错纠错，促进干部敢于担当、守责尽责。

（三）夯实党的基层基础。深入贯彻新时代党的组织路线，不断增强基层党组织的政治功能和组织力，推动基层党组织建设全面进步、全面过硬。做深做实村干部专职化管理工作，完成村（社区）“两委”换届，选优配强基层党组织“带头人”，不断提升村（社区）书记、主任“一肩挑”比例。完善沪太同城基层党建组织体系，做足做细党建引领融入上海这篇大文章。推进“红色领航百村振兴”专项行动，加强党建引领乡村振兴示范区建设。深化城市党建“融合力”工程。强化“行动支部”建设，打造党支部和党员“动力工程”升级版。推进“海棠花红”先锋阵地群建设，建成全市党性教育实践基地。

（四）营造良好政治生态。牵牢全面从严治党主体责任“牛鼻子”，严格落实“两个责任”。紧扣“六稳”“六保”任务落实、三级换届、重大项目建设、安全生产等重点，持续加大监督检查力度。严格落实中央八项规定及其实施细则精神，持之以恒纠“四风”、转作风，坚决纠治形式主义官僚主义，巩固拓展基层减负实效。紧盯“关键少数”、关键岗位，推动纪律监督、监察监督、派驻监督、巡视巡察监督贯通融合，不断强化对权力运行的制约和监督。严肃查处重点领域和群众身边的腐败问题，推动警示教育常态化制度化，一体推进不敢腐不能腐不想腐，营造良好政治生态和发展环境。

政府工作报告

——在太仓市第十六届人民代表大会第五次会议上

市长　汪香元

2021年1月12日

“十三五”发展及2020年政府工作回顾

过去五年，我们在中共太仓市委的坚强领导下，坚持以习近平新时代中国特色社会主义思想为指导，深入贯彻习近平总书记对江苏工作重要讲话指示精神，坚持稳中求进工作总基调，自觉践行新发展理念，同心同德、团结拼搏，高质量建设“两地两城”，生动勾勒“现代田园城、幸福金太仓”美好愿景，全力书写“强富美高”时代答卷，较好完成了“十三五”规划确定的主要目标任务。

——经济在稳增快转、创新开放中变得更“强”。综合实力稳居全国前十。地区生产总值年均增长6.5%，人均超19万元。一般公共预算收入年均增长8.4%。三次产业结构优化为2.5∶47.5∶50。高端装备制造、新材料、物贸总部经济产值均突破千亿。高新、新兴产业产值占比分别提高14.8个、8.1个百分点。新增省级以上各类领军人才78人。省级高新区获批。获评国家新型工业化产业示范基地、国家知识产权强县工程示范县。沪太“同城效应”持续放大，累计引进上海项目1223个。对德合作成果丰硕，德企总数达364家。太仓港跃升至全球集装箱港口第30位。累计完成注册外资55.8亿美元，实际使用外资28亿美元。与德国于利希市、意大利马切拉塔市缔结为友好城市。

——百姓在普惠共享、优化供给中变得更“富”。居民人均可支配收入年均增长8.3%，城乡收入比控制在1.95以内。城镇新增就业人数超6万人，城镇登记失业率控制在2%以内，应届高校毕业生就业率保持在95%以上。各项社会保险参保率保持在99%以上。低保标准由每人每月810元提高至1045元。养老服务经验全国推广。人均期望寿命达84.7岁。新改扩建学校项目30个，新增学位1万余个。建成三级医院2所。成功承办世界竞走团体锦标赛等重大赛事。助力周至、玉屏打赢脱贫攻坚战。获评首批全国健康城市建设示范市、中国民间文化艺术之乡。连续五年位居中国最具幸福感城市县级市首位。

——环境在城乡统筹、生态优先中变得更“美”。主城区提档升级，港区产城相融，娄江新城拉开框架。“5+1”轨道交通网络加快构建，阔步迈入“高铁时代”。西北工业大学、西交利物浦大学落户太仓。乡村振兴战略全面实施。13个被撤并镇（管理区）整治提升工程成效明显，农村人居环境持续改善。获评省“四好农村路”示范县。“一心两湖三环四园”城市生态体系基本形成，市民公园建成开放，人均公园绿地面积达15.33平方米。长江大保护深入推进，“2982”专项行动成效显著，建成沿江绿廊7000亩。“散乱污”企业整治持续开展。生活垃圾分类全面推开。$PM_{2.5}$浓度下降45.8%。空气质量优良天数比率提高8.8个百分点。获评国家生态园林城市、首批生态文明建设典范城市。

——社会文明程度在有效治理、安全发展中变得更“高”。“政社互动”实践项目名列“中国社区治理十大创新成果”之首。公共法律服务“太仓模式”全国推广。“雪亮工程”“技防城”建设成效明显。扫黑除恶专项斗争保持高压态势，违法犯罪率逐年下降，公众安全感保持在98%以上。城市安全体系不断健全，安全生产专项整治全面推进，企业本质安全水平日益提升，安全生产形势总体保持稳定。食品药品监管扎实有效。获评省优秀管理城市、省社会治安综合治理先进集体、省法治建设示范县市、省信访工作“三无”县市。获评全国文明单位、文明村镇7个。

各位代表，2020年是极不平凡的一年。面对突如其来的新冠肺炎疫情，我们在中共太仓市委的正确领导下，认真落实中央、省和苏州市各项决策部署，全力做好“六稳”工作、落实“六保”任务，疫情防控和经济社会发展取得“双胜利”。全年实现地区生产总值1390亿元（预计数，下同），增长5%；一般公共预算收入171.1亿元，增长5%；完成全社会固定资产投资468亿元，增长16.2%。蝉联省推进高质量发展先进县市。位列全国县域经济综合竞争力百强县第六位、中国县级市全面小康指数第三位。持之以恒、久久为功，成功摘得全国文明城市桂冠。

我们众志成城战疫情、严防控，生产生活平稳有序。全市上下闻令而动、日夜坚守，奋力投身疫情防控阻击战，谱写了人民至上、生命至上的感人赞歌。充分运用“大数据+网格化+铁脚板”模式，严格执行集中隔离、健康码管理、核酸检测，有效保障医疗用品，稳价保供生活物资。42名医护人员白衣执甲、驰援湖北。常态化抓牢疫情防控，加强重点场所、重点人群、重点环节管控，牢牢守住了“外防输入、内防反弹”防线。加快恢复生产生活秩序，实施太“惠”十二条等政策组合拳，延长企业授信、减免房产租金和企业社保费、降低水电气热价格、开通“速复通”线上平台，4月份产能即恢复至上年同期水平。市疾控中心及6位典型代表被授予省抗疫先进集体、先进个人。

我们精准施策抓投入、促转型，经济发展稳中有进。工业经济平稳向好。实现规上工业产值2505亿元，增长5.1%，高端装备制造、新材料、生物医药三大主导产业产值增长8.4%。高新、新兴产业产值占比分别达50%、58.2%。百强企业产值增长7.4%。雅鹿跻身中国民营企业500强，香塘入围中国制造业民营企业500强。“项目建设提速年”活动扎实开展，省重大项目数及投资总量、苏州重点项目年度计划投资额，均位列苏州第一；123个市级重点项目上半年全部开工。完成工业投资160亿元，增长25%；其中技改投资84亿元，增长17%。扬子三井、沪工一期等项目投产，德珂斯、马勒二期等项目竣工，海美智能制造创新产业园、星药港一期等载体建成。参与制修订国家级标准64项。建成5G基站1200个，新增省星级上云企业61家。宝洁获评全球灯塔工厂。贯龙电磁线获评国家级专精特新“小巨人”企业。服务业提质增效。服务业增加值增长5.5%。完成社会消费品零售总额425亿元。复星复游城、恒大文旅城加速建设。斯凯奇一期投入运营，耐克四期加快推进。百亿级清洁能源数字产业园成功落户。“夜太美”品牌加快培育，旅游文化美食节、“乐购太仓”等成功举办。获评省级全域旅游示范区。金融机构本外币存、贷款余额分别增长16.6%、16.9%。50亿元产业引导基金及生物医药等5支专项子基金正式设立。新增总部企业3家。房地产市场平稳发展。获评省级生产性服务业集聚示范区2家。科技创新势头良好。“1+4”创新政策体系出台实施。全社会研发经费支出占地区生产总值比重达3.34%。净增高新技术企业240家，增长182%。康乃德入选苏州“独角兽”培育企业。新增省级企业研发机构11家。西工大太仓长三角研究院获评省级新型研发机构。新增省级以上科创载体5个、省外国专家工作室3家。万人有效发明专利拥有量达72件。新增企业创新人才2.3万人、苏州市级以上领军人才35人。获评苏州市人才科技工作创新进步地区。科技镇长团工作成效显著。高新区获批国家高新技术产业化基地、国家火炬汽车关键零部件特色产业基地。现代农业稳步发展。新建高标准农田4.2万亩，建成水稻绿色高质高效创建示范片6个。1.2万亩“菜篮子”工程蔬菜基地完成提档。新增国家级水产健康养殖示范场2家。万头规模猪场建成投运。“太仓白蒜”“新毛芋艿”获评国家农产品地理标志。建成“全程机械化+综合农事”服务中心4个。新增向村集体流转农户承包土地1.2万亩。获评全国秸秆全量利用示范县、省农村一二三产业融合发展先导区。营商环境持续优化。优化营商环境创新行动加快实施，位列营商环境百强县第六位。“太舒心”服务品牌不断做靓，“1120”改革实现常态化。全国首创土地出让“双信三即”模式。工程建设项目审批“全链改革”获全国政务服务优秀案例奖。入选全国政务服务“好差评”试点。企业服务总入口上线运行。举办民营企业家沙龙、“BEGI·N”金融沙龙20期。减税降费41.9亿元。划定工业和生产性研发用地空间11万亩，制定更新计划12平方公里，盘活存量土地5875亩。完成环天镜湖核心圈等40个重点地块拆迁“清零”，释放土地5000亩。

我们乘势而上谋改革、强活力，特色优势持续彰显。综合改革不断深化。“十四五”规划高质量编制。基层整合审批服务执法力量改革完成，镇街职能机构设置、条线部门属地化管理等有效落实。城区城市管理领域财政事权改革实施。商事制度改革扎实推进，新增市场主体2.1万户。新增国家农业农村改革试验任务2项。农业水价综合改革通过省级验收。第七次全国人口普查工作基本完成。融入上海全面提速。沪苏通铁路一期开通运营。苏锡常城际铁路太仓先导段（上海嘉闵线北延至太仓段）列入国家重大项目。岳鹿路对接嘉定城北路正式通车。嘉昆太科技产业园核心园完成建设。沪太协同发展推介会等活动成功举办。引进上海项目182个，新增注册资本50亿元，增长13.8%。在长三角地区率先实现异地就医“自主转诊”划卡结算。实现长三角电子证照跨区域互认。对德合作亮点纷呈。引进博泽驱动电机、因代克斯机床等德资项目32个。新增宝得流体等“隐形冠军”3家。德国中心二期运营，中德智能制造联合创新中心启用，对德合作载体面积超100万平方米。太仓（斯图加特）海外离岸孵化创新中心揭牌运营。全国首个中德职业教育领域合作标准化成果发布。太仓成为中德经济顾问委员会新一届理事单位成员。中国德国商会“商会之夜”、中德智能制造峰会、中德中小企业合作论坛暨“太仓日”等活动成功举办。啤酒节、足球国际邀请赛等顺利举行。以港强市深入推进。成功入选港口型国家物流枢纽建设名单。太仓港完成集装箱吞吐量521万标箱、货物吞吐量2.16亿吨。集装箱码头四期工程交工验收，疏港铁路加快建设。沪太通关进出口一体化全面打通。高端装备、功能材料、健康医药、现代物贸等临江产业加速集聚。综保区一般纳税人资格试点成功落地。港区化工园区通过全省化工园区评定。港区医院、港城二小等启动建设，七浦塘生态修复三期、郑和公园扩园提档等工程完工。开发开放成效明显。优化招商机制，成立专业化招商公司，组建社会化招商团队，上线投资热力图、云招商平台。成功举办金秋经贸月、航空航天产业发展峰会等活动。共引进项目792个，总投资2065亿元。新增内资注册资本290亿元，增长27.3%。引进外资项目102个，其中欧特菲电子、奎克润滑油、西溪供应链等投资超亿美元项目20个。完成注册外资19.5亿美元、实际使用外资8.2亿美元，均创历史新高。完成进出口总额132亿美元。完成接包合同额11亿美元，离岸执行额4.1亿美元。

我们统筹谋划提能级、优生态，城市品质加快提升。城市功能日益完善。2035国土空间总体规划、娄江新城“1+5+N”规划加快编制，片区控规实现全覆盖，镇村布局、城市双修、快速路网等专项规划完成编制。主城区更新提档有序实施，城市功能配套更加完善。清华力合科技谷加快建设，科教新城城市形态基本形成。娄江新城滨河公园建成开园，科教创新区一期项目全面启动，西北工业大学太仓校区一期工程、西交利物浦大学太仓校区宿舍区封顶。南沿江铁路加快建设。太浏快速路全线贯通，沙溪服务区改建扩容，204国道双凤段获评省十佳集镇段。十八港北段治理、杨林塘口门建筑物等工程完工。太仓500千伏变电站扩建工程有序推进。城市管理不断优化。城区学耕路等9条背街小巷、花园新村等8个老旧小区、兴业楼等12个农贸市场完成提档升级。“百万”拆违攻坚行动强势推进，存量违建有序消化，新增违建有效遏制。整治违规户外广告、店招标牌超1000块。依法实施城乡生活垃圾分类，458个居民小区“定时定点定人督导”实现全覆盖。新改建公厕77座。智慧交通体系启动建设。新增停车泊位2.4万个、电动汽车充电桩100个、纯电动公交车55辆。乡村振兴有力实施。第三批乡村振兴试点村127个重点项目加快建设。房地一体农村不动产登记颁证全面推开。农村集体经济组织登记赋码颁证总体完成。村均可支配收入达895万元，集体经济相对薄弱村全部脱贫转化。农村人居环境整治三年行动计划全面完成。新增成片造林2205亩、农路13公里。深化河长制改革，建成生态美丽河湖50条。完成农村生活污水治理27个村、1834户。新增省特色田园乡村4个、苏州康居特色村2个、三星级康居乡村68个。获评全国村庄清洁行动先进县。生态质量持续提升。单位地区生产总值能耗下降3.9%。$PM_{2.5}$年均浓度26微克/立方米，连续两年为苏州最低；空气质量优良天数比率达85.2%。国省考断面、主要入江支流水质优Ⅲ比例均达100%。长江流域禁捕退捕、水上过驳作业取缔工作全面落实。关停淘汰低端低效产能企业（作坊）170家。减煤56万吨，淘汰高污染机动车8466辆。3座生活污水处理厂完成提标扩建，沙溪工业污水处理厂开工建设。新改建污水主管网121.6公里。再生资源综合利用、建筑垃圾资源化利用项目开工建设。获评国家生态文明建设示范市、节水型社会建设达标县。

我们提升标杆优供给、善治理，民生福祉更加厚实。公共服务扩面提质。与民生相关支出占公共财政支出比重达77.7%。八大类22项政府实事工程有序推进。南郊小学、新毛幼儿园等8项学校新改扩建工程投用，新增学位1755个。东郊幼儿园、西交利物浦大学附属实验学校等16项学校新改扩建工程启动。获评省义务教育优质均衡发展县市。市公共卫生中心建成。沙溪、浏河人民医院晋升二级乙等综合医院。基层医疗卫生机构提档升级有序推进。市民文体中心、美术馆新馆加快建设。开展文体惠民活动近3000场次。社会保障全面提高。居民人均可支配收入增长5.6%。困难群体就业帮扶、职业技能提升、高校毕业生全过程就业服务等深入实施。城镇新增就业1.3万人，登记失业率1.77%。退休人员基本养老金人均上调6.45%。科教新城、双凤养老服务中心投用，新建升级日间照料服务中心20家。社区养老社会化运营率超96%。镇级慈善会实现全覆盖。公积金建制扩面深入推进。退役军人服务体系有效构建。实现全国双拥模范城“两连冠”。社会治理深入推进。“发展型”幸福社区建设获评省基层社会治理创新成果奖。创新建立律师、信访代理、第三方社会组织等多元化解机制，有效化解突出信访问题和信访积案。“七五”普法圆满收官。网格化联动机制不断拓展，“基础+专业+企业”网格力量有效整合。扫黑除恶专项斗争、反走私综合治理、打击电信网络诈骗等纵深推进。“一盔一带”“亮尾工程”等行动成效显著。“光盘行动”、分餐制、“食安封签”大力推广。信用城市监测全国第五。安全生产平稳有序。严格落实安全生产党政领导责任、部门监管责任、企业主体责任。国务院、省、苏州及市本级巡查、督导反馈问题整改全面落实。“1+26+1”安全生产专项整治行动深入开展。整改挂牌督办重大事故隐患51项。关停取缔违法违规“小化工”19家。安全生产标准化、企业双重预防机制建设持续深入。突发公共事件总体应急预案及18个专项应急预案发布实施。全省水上搜救综合演习在太举行。“百团进百万企业”专题宣讲全面开展。“331”专项行动深入实施，新增智能电动自行车充电桩1.5万个。岳王消防站建成投用，璜泾、双凤消防站改扩建工程基本完成。生产安全事故起数、死亡人数实现“双下降”，未发生较大及以上和有重大社会影响的生产安全事故。

我们持之以恒尚法治、增效能，政府建设不断加强。依法行政扎实推进。法治政府建设示范市创建持续深化，行政执法“三项制度”实现全覆盖，行政复议和应诉工作持续加强。政务公开标准化规范化省级示范区加快建设。政府网站、政务新媒体管理水平不断提升。自觉接受市人大的法律监督、工作监督和市政协的民主监督，主动向市人大报告工作、向市政协通报情况。办理人大代表议案建议126件、政协委员提案157件，满意和基本满意率达100%。为民服务切实提升。“互联网+政务服务”持续深化。市镇村三级政务服务体系全面构建，镇级“综合窗口”、村级“全科社工”服务模式不断拓展。推出新生入学等10个高频“一件事”掌上办。联动指挥平台处置各类群众诉求及网格事件77.4万件，办件满意度达98%。大数据开放共享有效推进，数据交换共享平台汇集46个部门、近200个业务系统，累计交换数据超1亿次。作风建设务实高效。深入学习贯彻党的十九届五中全会精神，巩固拓展“不忘初心、牢记使命”主题教育成果，积极开展“四史”学习教育。认真落实全面从严治党要求，强化“一岗双责”。严格落实意识形态工作责任制。“作风效能建设提速年”活动深入开展。坚决贯彻中央八项规定及其实施细则精神，力戒形式主义、官僚主义。“三公”经费有效压降。强化财政资金调度管理，各类审计扎实开展。

同时，妇女儿童、残疾人、对口帮扶、民族宗教、侨务、对台事务、兵役、人防、供销、机关事务、地方志、气象、盐务、邮政、电信等工作成效明显。

各位代表，过去的一年，我们打赢了惊心动魄的抗疫大战，通过了艰苦卓绝的发展大考，成绩殊为不易！这是中共太仓市委正确领导的结果，是全市人民不懈奋斗的成果。在此，我谨代表市人民政府向全体市民，向人大代表、政协委员，向离退休老同志，向各民主党派、工商联、无党派人士，向各人民团体，向驻太人民解放军、武警官兵和公安民警，向国家和省驻太单位，向所有参与、关心和支持太仓发展的海内外朋友，表示衷心的感谢和崇高的敬意！

在取得成绩的同时，我们也清醒地看到，当前太仓经济社会发展还存在一些问题和挑战：产业转型升级还不够快；头部企业的招引储备还不足；城市能级还需加速提升；民生资源供给与群众需求还存在一定差距；生态保护、安全发展的任务依然艰巨；政府系统部分干部担当意识还需进一步强化。对此，我们将采取有力措施，切实加以解决。

“十四五”时期工作总体要求和目标任务

“十四五”时期是开启全面建设社会主义现代化国家新征程、向第二个百年奋斗目标进军的第一个五年，也是太仓奋力谱写高质量建设“两地两城”新篇章的关键五年。提交大会的《太仓市国民经济和社会发展第十四个五年规划纲要（草案）》，为我市在新的历史起点上推动经济社会更高质量发展，提供了新路径、指明了新方向。

“十四五”时期政府工作的总体要求是：**坚持以习近平新时代中国特色社会主义思想为指导，全面贯彻党的十九大和十九届二中、三中、四中、五中全会精神，认真落实习近平总书记对江苏工作重要讲话指示精神，紧扣“强富美高”新江苏建设，着眼“争当表率、争做示范、走在前列”，坚持稳中求进工作总基调，立足新发展阶段，贯彻新发展理念，构建新发展格局，以推动高质量发展为主题，以深化供给侧结构性改革为主线，以改革创新为根本动力，以满足人民日益增长的美好生活需要为根本目的，更好统筹发展和安全，围绕“现代田园城、幸福金太仓”和高质量建设“两地两城”目标定位，着力推进产业升级、创新发展、改革开放、城乡统筹、生态建设、民生幸福、社会治理等各项工作，聚力打造苏州对接上海重要枢纽门户城市，奋力推动太仓社会主义现代化建设开好局、起好步。**

“十四五”时期我市经济社会发展的主要目标是：经济实力迈上新台阶。经济综合实力和区域竞争力持续增强。经济结构更加优化。创新能力显著提升。开放型经济质量和水平持续提升。有效投入持续增加。消费成为经济增长的重要拉动力。城市能级达到新高度。规划建设水平显著增强。新型城镇化建设成效明显。枢纽功能全面提升。城市品质更加厚实。智慧城市建设成效更加明显。幸福生活实现新提升。居民收入增速高于经济增速。公共服务体系优质均等化水平显著提升。社会大局保持稳定。美丽太仓建设深入推进。社会文明程度得到新提高。治理能力取得新突破。制度优势转化为治理效能。法治城市、法治政府、法治社会率先基本建成。营商环境达到国际一流标准。社会治理特别是基层治理水平明显提高。突发公共事件应急能力显著增强。

为了实现上述目标，“十四五”期间我们需把握以下方面：

——*迈入新发展阶段，要树立更奋进的开拓精神。*新征程呼唤新作为。要坚持解放思想、强化担当意识，把事业放在心中、把责任扛在肩上、把困难踩在脚下，在育先机中顺势而为，在开新局中奋勇争先，对标先进、对表蓝图，敢于争第一、善于创唯一，勇当“两争一前列”先行军、排头兵。

——*贯彻新发展理念，要激发更强劲的增长动能。*理念是行动的先导。要把高质量作为鲜明主题，把“一盘棋”作为工作基调，把差异化作为区域特色，全市域统筹功能布局、高效率配置土地资源，聚力推动创新创业，倾力招引头部企业，全力推进项目建设，着力构建现代产业体系，致力构筑高质量发展新增长极。

——*融入新发展格局，要构建更开放的合作平台。*大格局需要大视野。要主动适应“大循环”“双循环”新要求，彰显发展特色。深度融入上海，全速推进沪太同城化，把“上海下一站”的空间优势转化为“下一站上海”的目标追求。坚持“三港”联动，全面提升港口承载力、港区竞争力、港城吸引力。全领域拓展对德合作，全方位提升合作层级，全力打造国家级对外开放新窗口。

——*锚定新规划蓝图，要打造更现代的田园城市。*新蓝图擘画城市未来。要构建“双心驱动、多极带动”的空间格局，高品质建设娄江新城，立体化构建融沪交通体系，智慧化提优城市管理，一体化推进城乡融合，加快建设生产空间集约高效、生活空间宜居适度、生态空间水清岸绿的现代田园城市样板。

——回应新民生期盼，要铸就更靓丽的幸福品牌。人民对美好生活的向往就是我们的奋斗目标。要创造高品质生活，推动高效能治理，让群众有更优质的教育、更高端的医疗、更满意的收入、更可靠的保障、更优美的环境、更文明的氛围、更安定的秩序，努力建设更有温度、更具内涵的"幸福太仓"。

2021 年目标任务和主要工作

今年是建党 100 周年，也是"十四五"发展和现代化建设的开局之年，做好政府工作意义十分重大。今年经济社会发展主要预期目标是：地区生产总值增长 6% 以上，一般公共预算收入增长 6% 左右，规上工业产值增长 5%，社会消费品零售总额增长 8% 左右，城镇登记失业率控制在 2.5% 以内，居民人均可支配收入增幅高于地区生产总值增幅，单位地区生产总值能耗下降率、$PM_{2.5}$ 年均浓度、水域功能区达标率完成上级下达任务。

为实现上述预期目标，重点做好以下八个方面工作：

一、致力推动量质齐升，共谋产业升级新突破

狠抓项目建设。深化重大项目指挥部、挂钩联系、协调会办等制度，办好现场推进会、集中开工开业等活动，强化项目全生命周期管理，加快推进省、苏州和市本级 171 个重点项目建设，力争全社会固定资产投资增长 15% 以上，完成工业投资 200 亿元。全力推动利洁时一期、康斐尔环境设备、通快激光发生器等项目快投产，联合利华食品基地、苏宁电商、舍弗勒新基地等项目快建设，有维科技、康乃德生物医药、聪明制药等项目快开工。实施弘森、骏伟等 50 个重大技改项目。投用平伊大健康产业园、祥平智能产业园一期等载体，开工建设玖龙智能装备产业园二期、易商智能产业园等载体。加快实施 282 个政府投资项目。

调优产业结构。实施产业强链行动，做优汽车核心零部件、精密机床等高端装备制造，做强无机非金属、特种合金等新材料，做大电商物流、大宗商品等物贸总部经济。主攻新药研发、医疗器械、医药服务外包等细分领域，加快推进 6 平方公里生物医药产业园规划建设，打造生物医药产业集聚区。围绕航空零部件、航空新材料、专业无人机等领域，壮大航空产业规模，努力建设长三角航空创新成果转化基地。推动纺织化纤、电力石化等传统产业改造提升。提高新兴产业产值占比。加速推进现代服务业发展，加快网络强市建设，推动大数据、云计算、人工智能、区块链等技术和产业发展。新增上市企业 2 家、总部企业 3 家、产业引导子基金 8 支。实施文化产业倍增计划，深化商文旅融合发展，加快推进复星复游城、恒大文旅城等项目，争创国家级全域旅游示范区，积极打造长三角休闲旅游目的地。拓展网络消费、信息消费、夜间消费，打造新消费平台。推动房地产业健康发展。

强化数字赋能。实施"十百千"工程，着力推进制造业智能化改造和数字化转型，扩大 5G、工业互联网覆盖范围，促进实体经济与数字技术融合发展。启用蜂巢汽车零部件工业互联网平台，发挥中德智能制造联合创新中心作用，培育一批智能制造整体解决方案服务商，全面推动企业"上云上平台"，完成智能化改造和数字化转型项目 600 个，创成苏州市级以上示范智能车间（工厂）30 个，新增省星级上云企业 80 家。

统筹资源配置。坚持向存量要增量、以强度换空间，深入实施产业用地更新"双百"行动，强力推进"三优三保"、拆迁"清零"行动，大力腾退镇村低端低效产业，高压整治"散乱污"企业，完成拆旧复垦超 5000 亩、低效用地再开发超 3000 亩。建设市级土地交易平台，推进土地资源向重点区域配置。严格开展工业企业资源集约利用综合评价，落实差别化政策激励倒逼机制。鼓励金融支持实体经济，用活用好产业引导基金，扩大应急转贷资金、风险补偿资金等使用覆盖面。

优化营商环境。做优"太舒心"服务品牌，全面深化政务服务"太 e 办"改革。推行全链集成式审批服务，"1120"改革从"快办"向"好办"升级。拓展"双信地"出让模式服务范围。发挥企业服务总入口作用，精准投送政策。健全完善商事制度，激发市场主体活力。落实减税降费政策。加强知识产权保护，支持企业打造质量标杆、制定行业标准。健全政企常态化沟通机制，深化民营企业家沙龙、"BEGI · N"金融沙龙等活动。

二、致力强化科技创新，共育转型发展新动能

壮大创新企业集群。突出企业创新主体地位，促进各类创新要素向企业集聚，打造高新技术企业、瞪羚企业集群，着力培育"独角兽"企业，净增高新技术企业 200 家，新增科技型中小企业 700 家，高新产业产值占比提升 1 个百分点。鼓励企业加大研发投入，提升企业技术创新能力，支持设立新型研发机构，新增省级以上企业技术中心 15 家。全社会研发经费支出占地区生产总值比重达 3.6%。新增高价值发明专利 200 件。

做大创新平台规模。加快推进国家级高新区创建，力争进入省部共建试点。深化"大院大所"科技合作，积极对接中科院上海药物所、苏州产研院，鼓励西工大太仓长三角研究院、太仓港科创园争创国家创新平台，加快建设激光智能制造创新研究院，鼓励区镇、企业建设公共研发平台、新型研发机构。发挥科技镇长团桥梁作用，促进校地企合作。完善众创空间、孵化器、加速器、产业园等孵化链条。新增省级以上科创载体 3 个，科创载体总面积突破 55 万平方米。

放大创新生态优势。实施"2+N"产业和民生人才新政，优化配套服务，加强重点产业、领域紧缺人才引育，新增苏州市级以上各类领军人才 35 人。完善科技创新服务体系，加大与上海高校技术市场、上海研发公共服务平台等合作交流。开展长三角科交会、高校院所太仓专场、创新创业大赛等活动。用好"苏科贷"等金融产品，积极推动金融机构、投融资平台与企业深度联动。

三、致力深化改革开放，共谱对外合作新篇章

加快综合改革。纵深推进"放管服"改革。巩固提升经济发达镇行政管理体制改革、基层整合审批服务执法力量改革成效。全面开展事业单位改革。复制推广自贸区经验做法，推动开发区管理体制机制创新，打造自贸试验区中德联动创新区。大力弘扬企业家精神，扶持民营企业发展。深化国资国企改革，优化国有资本布局。加强财政资源统筹，优化政府债务结构。扎实推进户籍制度改革，实施流动人员积分管理。继续抓好对口帮扶工作。

深度融入上海。主动融入长三角一体化，全面对接上海城市总体规划、五大中心建设等，持续擦亮“上海下一站、下一站上海”城市标识，率先实现与上海的同城化，争当融入上海的示范标杆。全力推动上海嘉闵线北延至太仓段与上海段同步开工。实施沪武高速拓宽工程，推进东仓新路对接嘉定北和公路等项目，提升沪太毗邻公交运营质效。参与上海大飞机、新能源汽车、生命健康等产业链创新链分工。对接大虹桥商务区，大力招引会展会务、现代金融、文化创意等现代服务业。引入上海优质高端教育、文化、康养等功能性公共服务资源，引进上海知名三甲医院。完善沪太跨区域污染防治、社会治理等联动机制。

深耕对德合作。全力拓展深层次、多领域合作，着力打造国家级中德合作平台。构建全面对德城市合作体系，与德国萨克森州、汉堡等地建立合作关系。加快飞势、欧托凯勃等项目建设，大力招引头部德企和“隐形冠军”，鼓励德企增资扩股、设立财务和研发等功能性机构，力争新增德企40家。支持本土企业与德企协作，推动汽车零部件、精密机械、增材制造等产业补链延链强链。建设中德生命科学产业园、德累斯顿工大太仓石墨烯新材料创新中心、德国中小企业（太仓）孵化中心。优化对德人才服务体系，制定双元制教育培训标准化体系，深化中德职称比照认定。开工建设罗腾堡德风文旅城，营造纯正德式生活场景。做优德国“太仓日”、啤酒节、足球赛等窗口性品牌。

深化以港强市。全力推进太仓港与上海港、宁波舟山港合作，加强与长江沿线港口协作，持续拓展国内国际航线。建成投用疏港铁路、集装箱码头四期，新增对外开放泊位7个。积极承接上海国际航运中心“溢出效应”，推动太仓港从“物流通道”向“物贸街道”转型。拉长高端装备、功能材料、健康医药等产业链，加快建设宝洁新智造中心、鸣志电器等重点项目，努力培育京东健康、中瑞贸易等百亿级物贸项目。放大综保区一般纳税人资格试点效应，积极拓展出口加工、保税维修等新业态。开工建设龙江路快速化工程、滨江大道延伸工程（339省道—虹桥路、万方路—林场线）。着力完善生态、商业、文化等功能配套，推进浮桥老镇区更新，打造宜居宜业现代港城。

拓展对外开放。优化市场化招商机制，强化绩效考核激励。用好投资热力图，推进线上线下联动招商，精心筹划各类专场招商对接活动，切实办好北上深等境内、欧美日韩等境外招商活动。坚持专业招商，加强与国外重要协会、中介机构合作。坚持产业链招商，推进以商招商、以企招企。坚持精准招商，持续引进世界500强、央企、民营500强等旗舰级项目。力争全年完成注册外资18亿美元，实际使用外资8.5亿美元。巩固深耕传统市场，积极拓展“一带一路”等新兴市场，加快发展跨境电商、市场采购贸易等新业态，实现进出口总体稳定。

四、致力优化功能品质，共建田园城市新格局

加快城市建设。完成2035国土空间总体规划编制。加快编制综合交通、地下空间等专项规划。推动主城区城市更新，优化环天镜湖、金仓湖片区功能形态。全面提速娄江新城建设，投用西北工业大学太仓校区一期，建成西交利物浦大学生活区及体育场，开工建设科教创新区商务中心、智汇谷、浏泾湾商业街。加快建设南沿江铁路，启动北沿江铁路、沪苏通铁路二期建设。完成太浏快速路东延、滨河新路东延等工程，开工建设沪宜高速金仓湖互通、太仓大道、陆璜公路（新港路—太仓大道）。开展浏泾河（十八港—岳鹿路）、新塘河（向阳河—朝阳河）综合治理。新改建供水管网10公里。开工南郊220千伏输变电等工程。

优化城市管理。全面落实城区城市管理领域财政事权改革。统筹推进原电机厂等地块更新。推进梅园新村、华淞园等老旧小区改造。有序推进既有多层住宅增设电梯。实施市民公园周边、新浏河风光带、上海路等景观亮化提升工程。强化地下管线协同管理。启动新一轮违法建设治理三年行动。推进户外广告设施整治提升。布局智慧交通、智慧园区、智慧物业等场景应用。实施生活垃圾分类闭环提升工程。新改建公厕55座。提升道路河道保洁、绿化养护水平。积极创建省级城市管理示范社区、示范路。

推进乡村振兴。提档升级现代农业园区，打造农旅融合示范窗口。建成水稻绿色高质高效创建示范片5个，改造高标准池塘4000亩。休耕轮作面积超2万亩。保障粮肉菜供给安全，完成生猪出栏8.1万头。建好种质资源保护基地。扩大绿色优质农产品供给，争创国家农产品质量安全县市。实施乡村建设行动，打造“数字乡村”，建设“智慧农村”示范村，常态化推进农村人居环境整治，创建省特色田园乡村2个、苏州特色康居乡村30个。鼓励引导集体经济抱团联合发展，力争村均集体可支配收入超940万元。完善新型职业农民培育体系，新增示范家庭农场10家。探索建立农村土地有偿使用制度和农村闲置宅基地流转机制。完成房地一体农村不动产登记颁证。严格耕地保护，加强农村乱占耕地建房清理整治。争创全国“四好农村路”示范县。

五、致力推进生态建设，共绘美丽太仓新底色

强化污染防治。持续改善空气质量，完成300个挥发性有机物治理项目，提升臭氧污染治理成效。加强非道路移动机械污染治理，淘汰国三及以下柴油车。强化工地扬尘管控。深化河长制、断面长制改革，实现12个国省考断面水质稳定达标。建设90条生态美丽河湖、40个污水处理提质增效达标区。运行水上绿色综合服务区，提升港口岸电使用率，降低船舶污染。推进土壤污染防治，严厉打击非法转移倾倒固废行为。强化环境监察执法。完善生态环境信用体系，严格执行环境损害补偿制度。

加强生态修复。深入落实《长江保护法》，严格执行长江十年禁渔计划，推进生态安全缓冲区建设，持续打造沿江万亩绿廊。提档城区公共绿地，布局口袋公园，改造城北河湿地等公园，建成区绿化覆盖率达41.1%。完成主城区水质提升控导工程。疏浚河道95.3公里。加快推进城区、娄江新城、江城、璜泾生活污水处理厂新改扩建工程。新改建污水管网18公里。加速推进再生资源综合利用、建筑垃圾资源化利用项目。

推进绿色发展。大力发展节能环保、清洁能源产业，推进节能产品、节能产业、节能商业模式创新，培育省级以上“绿色工厂”“绿色产品”。淘汰低端低效化工生产企业10家，化工企业入园进区率达76%，加强化工园区封闭化管理。推进海绵城市建设，积极发展绿色建筑，促进建筑产业现代化。打造智慧高效的城市能源互联网。推广新能源汽车应用，布局建设充电站点。鼓励绿色消费，倡导绿色出行，创建绿色家庭，建设环境友好型社会。

六、致力增进社会福祉，共享幸福民生新成果

提高社会保障水平。强化就业优先政策，促进高校毕业生、退役军人等重点人群充分就业。完成职业技能提升三年行动。健全农民工工资支付保障制度。实施城乡低保自然增长机制、特困人员照料护理制度。开展“娄城益帮扶”慈善项目。完成救助站新站建设。推进日间照料中心新建、老年人家庭适老化改造，迁建城厢养老机构，深化医养融合。平稳推进医保苏州市级统筹，实现跨省异地就医实时结算。加强住房保障体系建设，扩大保障性租赁住房供给。推进公积金制度均衡覆盖。

优化公共服务供给。投用省太中专港城校区一期、实验小学高新区校区等11个学校工程。新改扩建板桥中学、利泰幼儿园等8个学校工程。竣工投用西交利物浦大学附属实验学校，启动建设世界外国语学校。推进优质高中提质计划。加强教育内涵建设，争创全国义务教育优质均衡发展县市。支持市一院、中医医院创建三甲医院，推进县域医共体、互联网医院建设。投用市公共卫生中心。加快港区医院和8家社卫中心建设。推动文化太仓建设，打造特色文化品牌，传承发展传统文化。积极推广全民阅读。投用市民文体中心、美术馆新馆。广泛开展全民健身活动，办好市第十六届全运会、国际田联竞走挑战赛等赛事。

办好民生实事项目。聚焦人民群众最关心、最直接、最现实的民生问题，均衡配置民生资源，强化优质服务供给，全力以赴把民生实事项目办成百姓满意的民心工程、精品工程。

七、致力创新社会治理，共筑城市安全新体系

常态开展疫情防控。慎终如始抓好疫情防控，压实防控责任，强化应急物资保障，提高核酸检测能力，有序扩大新冠疫苗接种覆盖面。做好入境人员闭环管理，紧盯进口冷链食品，严防“境外输入”。加强人员出行、聚集性活动管控，落实重点场所防控举措，做好中高风险地区来太返太人员健康监测，严防“境内反弹”。加强爱国卫生宣传教育，落实个人防护措施，全力保障群众身体健康和生命安全。

提升社会治理水平。加快推进县域治理体系和治理能力现代化建设，探索实施城市运行“一网统管”。实施新一轮全国文明城市创建三年行动计划。丰富拓展“政社互动”“三社联动”发展内涵。推进“社区综合网格+社会组织服务”实践，完善“全科社工”服务机制。依法依规做好村（居）委会换届选举。推动专业力量进网格，高效运行网格化社会治理联动机制。推进公共法律服务“7S服务”全域化。启动“八五”普法。健全社会信用体系，推进信用联合奖惩应用。常态化打击涉黑涉恶、电信网络诈骗等违法犯罪行为。构建立体化信息化社会治安防控体系，开展新一轮“雪亮工程”建设。强化矛盾纠纷排查化解，提高初信初访和网上信访办理质效，集中治理重复信访，化解信访积案。

筑牢城市安全防线。坚决落实安全生产责任制，坚持“党政同责、一岗双责、齐抓共管、失职追责”，强化部门及属地安全生产监管责任。督促企业严格落实主体责任，全面提升本质安全水平。深入开展安全生产专项整治三年行动，强化交通、消防、建筑施工等重点领域安全生产综合治理，扎实推进危险化学品使用安全专项治理行动，深化“331”专项行动，压降生产安全事故起数和死亡人数，坚决防范遏制较大及以上生产安全事故。做好第一次全国自然灾害综合风险普查。从严监管食品药品安全，创成省级食品安全示范城市。构建综合性、全方位、系统性的城市安全发展体系，争创省级安全发展示范城市。

八、致力加强政府建设，共启干事创业新气象

加强政治建设。深入学习贯彻党的十九届五中全会精神和习近平总书记视察江苏重要讲话指示精神，不断增强“四个意识”、坚定“四个自信”、做到“两个维护”，始终同以习近平同志为核心的党中央保持高度一致，确保中央、省、苏州和市委决策部署不折不扣落实到位。扎实推进“四史”学习教育，始终坚定理想信念。坚持民主集中制，遵守党内政治制度。落实意识形态工作责任制。

坚持依法行政。统筹推进法治太仓建设，深入开展法治政府建设示范市创建。健全依法决策机制，规范重大行政决策程序。提高行政复议应诉工作质量。加大对重点领域行政执法监督力度，实行行政执法“三项制度”、涉企“免罚轻罚”清单。坚决执行市人大及其常委会决定决议，自觉接受市人大法律监督、工作监督和市政协民主监督，主动听取民主党派、人民团体和社会各界意见建议，认真办理人大议案建议和政协提案。

优化便民服务。始终把为民服务作为政府工作的出发点和落脚点，增强服务意识，提高服务效能。深入基层开展调研，积极回应群众关切。建设数字政府，强化数据资源共享，上线城市生活服务总入口，为市民办事提供“一码通办”“一码通行”等便利化服务。优化“一件事”改革，再推出10个高频“一件事”主题服务。深化政务公开，推进政府网站、政务新媒体等建设。持续提升“市长信箱”、12345热线服务质效。

建设廉洁政府。深入贯彻全面从严治党和党风廉政建设各项规定，严格执行“一岗双责”。加强对政府权力运行的规范、制约和监督，加大对公共资金、国资国企、公共资源交易等重点领域监管，加强预算管理和审计监督，压减“三公”经费支出。坚决落实中央八项规定及其实施细则精神，大力整治形式主义、官僚主义，严防“四风”问题反弹。

规范督查考核，优化绩效管理，锻造务实担当、清正廉洁的干部队伍。

有关词、句及内容的说明

1.“5+1”轨道交通网络：沪苏通铁路一期、沪苏通铁路二期、南沿江铁路、北沿江铁路、苏锡常城际铁路等 5 条铁路和 1 条上海市域铁路嘉闵线延伸线。

2.“一心两湖三环四园”：以市民公园为一心，以金仓湖和天镜湖为两翼，以盐铁塘、新浏河、娄江河、城北河，盐铁塘、湖川塘、十八港、新浏河，吴塘河、新浏河、石头塘、杨林塘三层水系绿道为三环，以现代农业园（植物园）、萩园、西庐园、独溇小海湿地公园为四园。

3.“2982”专项行动：第一个“2”指水路长江航道、陆路长江江堤；“9”指新七浦塘、钱泾河、新泾河、鹿鸣泾、浪港河、七浦塘、杨林塘、新塘河、浏河塘 9 条主要入江支流；“8”指扬子江码头、鑫海码头、美锦码头、万方码头、武港码头、华能港务码头、华能电厂码头、集装箱码头 8 个港口码头；第二个“2”指煤电片区、石化片区 2 个重点片区。

4. 灯塔工厂：在第四次工业革命尖端技术应用整合方面卓有成效、在大规模采用新技术方面走在世界前沿的领先企业。

5.“1+4”创新政策体系：“1”指《太仓市创新人才引进三年行动计划（2020—2022）》；“4”指《太仓市推进高新技术企业高质量发展实施意见（试行）》《太仓市科技企业孵化器培育管理办法（试行）》《太仓市关于集聚产业人才助推高质量发展的若干措施》《太仓市关于引育民生人才助推高质量发展的若干措施》。

6.“1120”改革：开办企业 1 个工作日内完成、不动产登记 1 个工作日内完成、工业建设项目施工许可 20 个工作日内完成。

7. 土地出让“双信三即”模式：“双信”指政企互信、政企守信；“三即”指成交即发证、交地即开工、竣工即登记，即成交阶段颁发建设用地规划许可证、建设工程规划许可证，交地阶段颁发不动产权证书、建筑工程施工许可证，竣工阶段颁发不动产权证书（含厂房）。

8.“BEGI · N”金融沙龙：B 代表银行，E 代表企业，G 代表政府，I 代表投资方，N 代表其他主体。

9.“食安封签”：监管部门联合外卖平台督促商户对餐品进行统一包装封签，骑手在送餐过程中需确保封签完整。

10.“1+26+1”安全生产专项整治行动：第一个“1”指太仓市深入开展安全生产专项整治行动工作方案；“26”指 26 个行业领域安全生产专项整治实施方案；第二个“1”指太仓市危险化学品安全综合治理实施方案。

11.“十百千”工程：造省级以上十大智能制造示范互联网标杆等企业项目，打造百家苏州市级以上的示范项目，实现太仓市千家企业智能化改造和数字化转型应用。

12. 产业用地更新“双百”行动：苏州划定 100 万亩工业和生产性研发用地保障线，实现 100 平方公里产业用地更新。

13. 公共法律服务“7S 服务”：集全域空间（Space）、基本服务（Service）、智能服务（Smart）、法治共享（Share）、互动社群（Social）、服务枢纽（Store）和服务保障（Safeguard）于一体的全时空全业务公共法律服务站。

年度文件目录

中共太仓市委文件

1	2020 年 2 月 3 日	太委发〔2020〕1 号	关于切实加强党的领导确保打赢疫情防控阻击战的通知
2	2020 年 2 月 3 日	太委发〔2020〕2 号	批转团市委《关于筹备召开共青团太仓市第二十一次代表大会的请示》的通知
3	2020 年 2 月 21 日	太委发〔2020〕3 号	关于新时代加强和改进人民政协工作的实施意见
4	2020 年 2 月 27 日	太委发〔2020〕4 号	关于开展向位洪明同志学习的决定
5	2020 年 3 月 5 日	太委发〔2020〕6 号	中共太仓市委、太仓市人民政府关于 2019 年度综合考核暨作风效能建设工作情况的通报
6	2020 年 3 月 13 日	太委发〔2020〕7 号	中共太仓市委、太仓市人民政府关于授予孙异锋、胡昊、孙志坚同志“太仓市新冠肺炎疫情防控工作先进个人”称号的决定
7	2020 年 3 月 16 日	太委发〔2020〕8 号	中共太仓市委、太仓市人民政府、太仓市人民武装部关于 2019 年度武装工作先进单位和个人的通报
8	2020 年 3 月 30 日	太委发〔2020〕9 号	中共太仓市委、太仓市人民政府关于印发《新时代太仓产业工人队伍建设改革实施方案》的通知

9	2020年3月30日	太委发〔2020〕10号	中共太仓市委、太仓市人民政府关于2019年度农业农村先进单位和先进个人的通报
10	2020年3月30日	太委发〔2020〕11号	关于印发激励干部担当“1+N”系列文件的通知
11	2020年4月3日	太委发〔2020〕12号	关于印发《太仓市人大常委会2020年度工作要点》的通知
12	2020年4月3日	太委发〔2020〕13号	关于印发《政协太仓市第十四届委员会常务委员会2020年工作要点》的通知
13	2020年3月30日	太委发〔2020〕14号	关于印发村干部职业体系建设暨村党组织书记专职五级管理“1+7”系列文件的通知
14	2020年4月3日	太委发〔2020〕15号	中共太仓市委、太仓市人民政府印发《关于开展“作风效能建设提速年”活动的实施意见》的通知
15	2020年4月10日	太委发〔2020〕16号	关于印发《2020年全市各级党委（党组）理论学习中心组专题学习计划》的通知
16	2020年4月18日	太委发〔2020〕17号	中共太仓市委、太仓市人民政府关于印发《2020年“文明太仓”市民大行动实施意见》的通知
17	2020年4月23日	太委发〔2020〕18号	中共太仓市委、太仓市人民政府关于2019年度信访工作情况的通报
18	2020年5月11日	太委发〔2020〕19号	中共太仓市委、太仓市人民政府关于追授凌卫国同志和授予周振清、俞赛华、朱俊同志“太仓市新冠肺炎疫情防控工作先进个人”称号的决定
19	2020年5月7日	太委发〔2020〕20号	中共太仓市委、太仓市人民政府关于印发《太仓市打好污染防治攻坚战2020年工作计划》的通知
20	2020年6月21日	太委发〔2020〕22号	关于加强新时代人大工作和建设的实施意见
21	2020年6月23日	太委发〔2020〕23号	关于进一步加强和改进全市机关党的建设 推进创建模范机关的实施意见
22	2020年6月30日	太委发〔2020〕25号	关于太仓市优秀共产党员、优秀党务工作者和先进基层党组织的通报
23	2020年7月9日	太委发〔2020〕26号	中共太仓市委、太仓市人民政府关于印发《太仓市探索率先基本实现农业农村现代化三年行动计划（2020—2022年）》的通知
24	2020年8月10日	太委发〔2020〕27号	中共太仓市委、太仓市人民政府关于印发《太仓市优化营商环境创新行动2020年》的通知
25	2020年9月7日	太委发〔2020〕28号	中共太仓市委、太仓市人民政府印发《关于深化改革加强食品安全工作的实施方案》的通知
26	2020年9月17日	太委发〔2020〕29号	中共太仓市委、太仓市人民政府关于全市被撤并镇（管理区）三年整治提升工作考核情况的通报
27	2020年11月28日	太委发〔2020〕30号	中共太仓市委、太仓市人民政府关于创建全国文明城市工作先进集体和先进个人的通报
28	2020年12月15日	太委发〔2020〕31号	中共太仓市委、太仓市人民政府关于入选2017—2019年太仓市文明单位、文明镇、文明村、文明社区、文明校园的通报
29	2020年12月17日	太委发〔2020〕32号	中共太仓市委、太仓市人民政府关于2019年度太仓市打好污染防治攻坚战先进集体和先进个人的通报
30	2020年12月17日	太委发〔2020〕33号	关于深入学习宣传党的十九届五中全会精神的通知
31	2021年12月30日	太委发〔2020〕34号	中共太仓市委、太仓市人民政府关于推进美丽太仓建设的实施意见

太仓市人民政府文件

1	2020年1月17日	太政发〔2020〕1号	关于2019年度征兵工作先进单位和个人的通报
2	2020年2月3日	太政发〔2020〕2号	关于应对新型冠状病毒感染的肺炎疫情支持中小企业共渡难关的十二条政策意见
3	2020年2月7日	太政发〔2020〕3号	关于在新型冠状病毒疫情期间支持外贸企业稳定发展的十五条政策措施
4	2020年2月10日	太政发〔2020〕4号	关于应对新型冠状病毒感染的肺炎疫情支持新型农业经营主体共渡难关的意见
5	2020年2月11日	太政发〔2020〕5号	关于应对新型冠状病毒感染的肺炎疫情支持服务业企业共渡难关的十二条政策意见
6	2020年2月11日	太政发〔2020〕6号	关于印发太仓市应对新型冠状病毒感染的肺炎疫情支持企业发展金融政策实施细则的通知
7	2020年2月13日	太政发〔2020〕7号	关于疫情防控期间加强服务有序推进企业复工的若干举措
8	2020年2月19日	太政发〔2020〕8号	关于印发《太仓市2020年度重点项目建设意见》的通知
9	2020年2月19日	太政发〔2020〕9号	关于分解落实2020年政府各项主要工作任务的通知
10	2020年2月26日	太政发〔2020〕10号	关于成立太仓市城市规划委员会的通知
11	2020年3月6日	太政发〔2020〕11号	太仓市贯彻落实苏州开放再出发若干政策意见的80条实施举措
12	2020年3月11日	太政发〔2020〕12号	关于印发《太仓市现代农业产业示范园总体规划（2019—2025年）》的通知
13	2020年2月28日	太政发〔2020〕13号	关于做好太仓市第七次全国人口普查工作的通知
14	2020年3月16日	太政发〔2020〕14号	太仓市人民政府、太仓市人民武装部关于动员民兵力量积极参与疫情防控和复工复产有关任务的通知
15	2020年3月16日	太政发〔2020〕15号	关于调整太仓市安全生产委员会成员的通知
16	2020年3月16日	太政发〔2020〕16号	关于下达2020年全市主要经济指标工作目标的通知
17	2020年3月23日	太政发〔2020〕17号	印发关于实施第四轮生态补偿政策的意见的通知
18	2020年3月25日	太政发〔2020〕18号	关于印发《太仓市创新人才引进三年行动计划（2020—2022年）》的通知
19	2020年3月30日	太政发〔2020〕19号	关于印发《太仓市推进高新技术企业高质量发展实施意见（试行）》的通知
20	2020年4月10日	太政发〔2020〕20号	关于加强和规范活禽交易的通告
21	2020年4月13日	太政发〔2020〕21号	关于印发《2020年太仓市对德合作工作要点》的通知
22	2020年4月21日	太政发〔2020〕22号	关于市长、副市长工作分工的通知
23	2020年4月27日	太政发〔2020〕23号	关于调整市防汛防旱指挥部组成人员的通知
24	2020年4月22日	太政发〔2020〕24号	关于建立经济运行协调保障机制的通知
25	2020年4月30日	太政发〔2020〕25号	关于印发《2020年太仓市法治政府建设工作要点》的通知
26	2020年5月10日	太政发〔2020〕27号	关于确定2020年太仓市级重大事故隐患“挂牌督办”整改单位的通知
27	2020年5月13日	太政发〔2020〕28号	关于下达2020年度市级政府投资项目计划的通知
28	2020年5月13日	太政发〔2020〕29号	关于下达2020年恢复生猪生产目标任务的通知
29	2020年5月13日	太政发〔2020〕30号	关于印发《关于推进存量工业用地高质量利用的实施意见》的通知

30	2020 年 5 月 13 日	太政发〔2020〕31 号	关于印发太仓市工程建设项目审批制度改革实施方案的通知
31	2020 年 5 月 27 日	太政发〔2020〕35 号	关于公布行政规范性文件清理结果的通知
32	2020 年 6 月 11 日	太政发〔2020〕36 号	关于周强同志工作分工的通知
33	2020 年 6 月 12 日	太政发〔2020〕37 号	关于进一步加强全市被撤并镇（管理区）长效管理工作的意见
34	2020 年 6 月 22 日	太政发〔2020〕38 号	关于印发《太仓市居家和社区养老服务创新示范"三年行动计划"实施方案》的通知
35	2020 年 6 月 27 日	太政发〔2020〕39 号	关于印发《关于促进乡村产业振兴推动农村一二三产业融合发展走在前列的意见》的通知
36	2020 年 6 月 29 日	太政发〔2020〕40 号	关于 2019 年度太仓市节能工作先进单位、优秀能管员的通报
37	2020 年 6 月 30 日	太政发〔2020〕41 号	关于印发《太仓市级财政应急保障预案》的通知
38	2020 年 7 月 6 日	太政发〔2020〕43 号	关于印发《关于进一步完善招商引资工作机制的实施办法》的通知
39	2020 年 7 月 6 日	太政发〔2020〕44 号	关于印发《太仓市区镇招商引资绩效奖励办法（试行）》的通知
40	2020 年 7 月 6 日	太政发〔2020〕45 号	关于印发《太仓市招商引资社会化专项激励实施办法（试行）》的通知
41	2020 年 7 月 6 日	太政发〔2020〕46 号	关于调整太仓市现代农业园区管理委员会管辖范围的通知
42	2020 年 7 月 6 日	太政发〔2020〕47 号	关于成立太仓市现代农业产业示范园建设领导小组的通知
43	2020 年 7 月 9 日	太政发〔2020〕48 号	关于调整太仓市价格调控工作领导小组的通知
44	2020 年 7 月 9 日	太政发〔2020〕49 号	关于 2018—2019 年太仓市自然科学优秀学术论文的通报
45	2020 年 7 月 13 日	太政发〔2020〕50 号	关于印发《太仓市政务信息资源共享管理暂行办法》的通知
46	2020 年 7 月 14 日	太政发〔2020〕51 号	太仓市人民政府、太仓市人民武装部关于调整市征兵领导小组成员的通知
47	2020 年 7 月 17 日	太政发〔2020〕52 号	关于印发《太仓市产业引导基金管理办法（试行）》的通知
48	2020 年 7 月 17 日	太政发〔2020〕53 号	关于公布"第二批划转至市行政审批局事项清单"的通知
49	2020 年 7 月 17 日	太政发〔2020〕54 号	关于调整太仓市农业产业强镇示范建设领导小组的通知
50	2020 年 7 月 17 日	太政发〔2020〕55 号	关于印发《太仓市水利工程管理养护实施意见》的通知
51	2020 年 7 月 20 日	太政发〔2020〕56 号	关于公布"乡镇（街道）赋权清单（政务服务及公共服务类）"的通知
52	2020 年 7 月 23 日	太政发〔2020〕57 号	印发《关于全面推进太仓市长江流域禁捕退捕工作实施方案》的通知
53	2020 年 7 月 31 日	太政发〔2020〕58 号	关于确定 2020 年度第一批太仓科技领军人才的通知
54	2020 年 08 月 10 日	太政发〔2020〕59 号	关于调整市食品安全委员会组成人员的通知
55	2020 年 8 月 31 日	太政发〔2020〕60 号	印发《关于聚焦民生补短板推进基础教育高质量发展的实施办法》的通知
56	2020 年 9 月 4 日	太政发〔2020〕61 号	印发《关于加快推进城乡公交一体化发展的实施意见》的通知
57	2020 年 9 月 30 日	太政发〔2020〕62 号	关于部分领导同志工作分工调整的通知
58	2020 年 9 月 30 日	太政发〔2020〕63 号	关于落实就业优先政策进一步做好稳就业工作的实施意见
59	2020 年 9 月 30 日	太政发〔2020〕64 号	关于成立太仓市智慧交通建设工作领导小组的通知
60	2020 年 10 月 19 日	太政发〔2020〕65 号	关于印发《太仓市市级行政事业单位国有资产管理办法》的通知
61	2020 年 10 月 29 日	太政发〔2020〕66 号	关于认定太仓市同维电子有限公司等 3 家企业为太仓市第八批总部企业的通知

62	2020年10月29日	太政发〔2020〕67号	关于公布太仓市征地区片综合地价标准的通知
63	2020年11月2日	太政发〔2020〕69号	关于成立太仓市“双信地”出让模式领导小组的通知
64	2020年11月4日	太政发〔2020〕70号	印发《太仓市推动对德合作产业发展若干政策》的通知
65	2020年11月5日	太政发〔2020〕71号	关于调整太仓市企业上市工作领导小组的通知
66	2020年11月20日	太政发〔2020〕72号	关于太仓市耕地保护责任目标自查情况的报告
67	2020年12月7日	太政发〔2020〕73号	关于印发《太仓市关于引育民生人才助推高质量发展的若干措施》的通知
68	2020年12月7日	太政发〔2020〕74号	关于印发《太仓市关于集聚产业人才助推高质量发展的若干措施》的通知
69	2020年12月7日	太政发〔2020〕75号	关于聘任太仓市人民政府教育督导团第七届总督学、副总督学、专（兼）职督学的决定
70	2020年12月9日	太政发〔2020〕76号	关于印发《太仓市自然资源统一确权登记总体工作方案》的通知
71	2020年12月9日	太政发〔2020〕77号	关于确定2020年度第二批太仓科技领军人才的通知
72	2020年12月14日	太政发〔2020〕78号	印发《关于太仓市既有多层住宅增设电梯的实施意见》的通知
73	2020年12月16日	太政发〔2020〕79号	关于印发《太仓市突发事件总体应急预案》的通知
74	2020年12月20日	太政发〔2020〕80号	关于印发《太仓市城区城市管理领域财政事权和支出责任划分改革方案》的通知
75	2020年12月23日	太政发〔2020〕81号	关于表彰太仓市《全民科学素质行动计划纲要》“十三五”实施工作先进集体和先进个人的通报

中共太仓市委办公室文件

1	2020年2月4日	太委办〔2020〕2号	市委办公室、市政府办公室关于太仓市机关事业单位全力投身疫情防控有序保障城市发展的通知
2	2020年3月9日	太委办〔2020〕4号	市委办公室、市政府办公室关于印发《苏州市第七安全生产巡查组巡查太仓情况的整改方案》的通知
3	2020年3月16日	太委办〔2020〕6号	关于进一步加强太仓市新闻发言人队伍建设的意见
4	2020年3月18日	太委办〔2020〕7号	关于印发《中共太仓市委全面深化改革委员会2020年工作要点》的通知
5	2020年3月18日	太委办〔2020〕8号	印发《关于加强和规范改革试点工作的实施意见》的通知
6	2020年3月25日	太委办〔2020〕9号	关于印发《2020年“郑和杯”中德青年创新创业大赛方案》的通知
7	2020年4月1日	太委办〔2020〕11号	市委办公室、市政府办公室印发《关于推进城市安全发展工作的实施意见》的通知
8	2020年4月2日	太委办〔2020〕12号	关于印发《太仓市关心下一代工作委员会2020年工作要点》的通知
9	2020年4月2日	太委办〔2020〕13号	市委办公室、市政府办公室关于认真办理市十六届人大四次会议代表建议和市政协第十四届四次会议委员提案的通知
10	2020年4月20日	太委办〔2020〕15号	市委办公室、市政府办公室关于印发《太仓市2020年东西部扶贫协作工作计划要点》的通知
11	2020年4月21日	太委办〔2020〕16号	市委办公室、市政府办公室印发《关于推进非诉讼纠纷解决机制建设的实施意见》的通知
12	2020年4月27日	太委办〔2020〕17号	市委办公室、市政府办公室关于调整娄江新城规划建设领导小组和指挥部的通知

13	2020年4月28日	太委办〔2020〕18号	市委办公室、市政府办公室印发《关于进一步加强安全生产工作的实施意见》的通知
14	2020年4月28日	太委办〔2020〕19号	市委办公室、市政府办公室关于印发《2020年太仓市生活垃圾分类处置工作行动方案》的通知
15	2020年5月6日	太委办〔2020〕20号	关于组织开展禁种铲毒集中踏查行动的通知
16	2020年5月14日	太委办〔2020〕21号	关于进一步做好市领导挂钩创建重点项目工作和全国文明城市创建路长制工作的通知
17	2020年5月14日	太委办〔2020〕22号	市委办公室、市政府办公室关于印发《"对标找差、再攀新高"常态化机制实施办法》的通知
18	2020年5月15日	太委办〔2020〕23号	市委办公室、市政府办公室关于成立太仓市推进基层整合审批服务执法力量工作办公室的通知
19	2020年5月15日	太委办〔2020〕24号	市委办公室、市政府办公室关于印发《太仓市关于推进基层整合审批服务执法力量的改革方案》的通知
20	2020年5月15日	太委办〔2020〕25号	关于印发《太仓市委党校搬迁工作协调推进会会议纪要》的通知
21	2020年6月2日	太委办〔2020〕27号	市委办公室、市政府办公室关于成立太仓市市域社会治理现代化试点工作领导小组的通知
22	2020年6月8日	太委办〔2020〕29号	关于深入解决形式主义突出问题深化拓展为基层减负工作的通知
23	2020年6月10日	太委办〔2020〕30号	关于调整市委老干部工作领导小组成员的通知
24	2020年6月12日	太委办〔2020〕31号	市委办公室、市政府办公室关于印发《太仓市城厢镇关于推进基层整合审批服务执法力量的改革方案》的通知
25	2020年6月12日	太委办〔2020〕32号	市委办公室、市政府办公室关于印发《太仓市浮桥镇关于推进基层整合审批服务执法力量的改革方案》的通知
26	2020年6月12日	太委办〔2020〕33号	市委办公室、市政府办公室关于印发《太仓市璜泾镇关于推进基层整合审批服务执法力量的改革方案》的通知
27	2020年6月12日	太委办〔2020〕34号	市委办公室、市政府办公室关于印发《太仓双凤厢镇关于推进基层整合审批服务执法力量的改革方案》的通知
28	2020年6月12日	太委办〔2020〕35号	市委办公室、市政府办公室关于印发《太仓市娄东街道关于推进基层整合审批服务执法力量的改革方案》的通知
29	2020年6月12日	太委办〔2020〕36号	市委办公室、市政府办公室关于印发《太仓市陆渡街道关于推进基层整合审批服务执法力量的改革方案》的通知
30	2020年6月18日	太委办〔2020〕37号	关于调整太仓市社会稳定风险评估工作领导小组成员的通知
31	2020年6月28日	太委办〔2020〕38号	关于印发《太仓市关于全面落实进一步保护关心爱护医务人员若干措施的实施办法》的通知
32	2020年6月29日	太委办〔2020〕40号	市委办公室、市政府办公室印发《关于进一步加强社区工作者队伍建设的实施办法》的通知
33	2020年6月30日	太委办〔2020〕41号	市委办公室、市政府办公室关于印发《2020年太仓市推进长三角一体化发展工作要点》的通知
34	2020年7月2日	太委办〔2020〕42号	市委办公室、市政府办公室关于市安全生产专项整治行动领导小组更名及补充组成人员的通知
35	2020年7月2日	太委办〔2020〕43号	市委办公室、市政府办公室关于成立太仓市国土空间总体规划编制工作领导小组的通知
36	2020年7月7日	太委办〔2020〕44号	市委办公室 市政府公室关于成立太仓市招商引资工作领导小组的通知
37	2020年7月8日	太委办〔2020〕45号	市委办公室、市政府办公室关于成立太仓市农村住房建设管理工作领导小组的通知

38	2020年7月13日	太委办〔2020〕46号	市委办公室、市政府办公室印发《关于全面落实中央决策部署抓"六保"促"六稳"的工作举措》
39	2020年7月9日	太委办〔2020〕48号	市委办公室、市政府办公室关于印发《太仓市贯彻落实国家统计局第6统计督察组反馈意见》的通知
40	2020年7月20日	太委办〔2020〕49号	市委办公室、市政府办公室关于印发《太仓市安全生产专项整治三年行动实施方案》的通知
41	2020年7月27日	太委办〔2020〕50号	市委办公室、市政府办公室印发《关于实施清单式管理规范进校园活动的办法(试行)》的通知
42	2020年7月27日	太委办〔2020〕51号	市委办公室、市政府办公室关于调整全市违法建设治理工作领导小组的通知
43	2020年7月27日	太委办〔2020〕52号	市委办公室、市政府办公室关于成立 全市村(社区)"两委"换届工作领导小组的通知
44	2020年7月30日	太委办〔2020〕53号	关于召开中国共产党太仓市第十三届委员会第十次会议的通知
45	2020年7月31日	太委办〔2020〕54号	市委办公室、市政府办公室关于印发《市安委会成员单位等部门安全生产工作职责任务清单》的通知
46	2020年7月31日	太委办〔2020〕55号	市委办公室、市政府办公室关于印发镇(区)党(工)委、人民政府(管委会)和各安委会成员单位履行安全生产工作责任考核评价指标的通知
47	2020年7月22日	太委办〔2020〕57号	市委办公室、市政府办公室关于印发《太仓市加快推进社会治理现代化工作方案》的通知
48	2020年8月11日	太委办〔2020〕59号	市委办公室、市政府办公室关于转发《苏州市推进国有企业退休人员社会化管理实施办法》的通知
49	2020年8月27日	太委办〔2020〕60号	市委办公室、市政府办公室关于开展太仓市"慈善一日捐"活动的通知
50	2020年8月27日	太委办〔2020〕61号	市委办公室、市政府办公室关于印发《太仓市市级党政机关公务用车加油卡管理暂行规定》的通知
51	2020年9月1日	太委办〔2020〕62号	市委办公室、市政府办公室关于印发《太仓市委市政府党政领导干部食品安全工作责任清单》的通知
52	2020年9月1日	太委办〔2020〕63号	市委办公室、市政府办公室关于印发《苏州市安全生产第三督导组督导太仓情况整改方案》的通知
53	2020年9月1日	太委办〔2020〕64号	市委办公室、市政府办公室印发《关于领导干部外出请示报备工作的若干规定》的通知
54	2020年9月4日	太委办〔2020〕65号	关于市委办公室领导班子分工的通知
55	2020年9月8日	太委办〔2020〕66号	关于成立太仓市排查整顿农村发展党员违规违纪问题工作领导小组的通知
56	2020年9月8日	太委办〔2020〕67号	市委办公室、市政府办公室关于印发《太仓市军队转业干部、由政府安排工作退役士兵安置工作实施意见》的通知
57	2020年9月22日	太委办〔2020〕68号	市委办公室、市政府办公室关于印发《关于加强法治政府建设与责任落实督察工作的实施意见》的通知
58	2020年9月27日	太委办〔2020〕70号	市委办公室、市政府办公室关于印发《关于做好全市村(社区)"两委"换届工作的实施意见》的通知
59	2020年10月10日	太委办〔2020〕71号	市委办公室、市政府办公室关于成立娄江新城建设领导小组的通知
60	2020年10月15日	太委办〔2020〕73号	市委办公室、市政府办公室关于下达2020年太仓市营职以下及专业技术军队转业干部和由政府安排工作退役士兵安置计划的通知

61	2020 年 10 月 21 日	太委办〔2020〕76 号	市委办公室、市政府办公室关于印发《2020 年太仓金秋经贸月活动方案》的通知
62	2020 年 11 月 9 日	太委办〔2020〕79 号	市委办公室、市政府办公室印发《关于推进综合网格 + 社会组织服务实施方案（试行）》的通知
63	2020 年 11 月 16 日	太委办〔2020〕80 号	关于调整市信访工作联席会议组成人员和工作机构的通知
64	2020 年 11 月 23 日	太委办〔2020〕81 号	关于印发《全市各级党委（党组）理论学习中心组学习党的十九届五中全会精神专题计划》的通知
65	2020 年 11 月 25 日	太委办〔2020〕82 号	关于开展太仓市镇（区、街道）、市属国企党内政治生态监测评价与预警工作的通知
66	2020 年 12 月 1 日	太委办〔2020〕83 号	市委办公室、市政府办公室关于印发《苏州康乃德生物医药有限公司新项目建设专题协调会议纪要》的通知
67	2020 年 12 月 14 日	太委办〔2020〕84 号	市委办公室、市政府办公室关于成立太仓市社区矫正委员会的通知
68	2020 年 12 月 16 日	太委办〔2020〕85 号	关于转发《中共江苏省委关于深入学习贯彻习近平总书记视察江苏重要讲话指示精神的通知》的通知
69	2020 年 12 月 17 日	太委办〔2020〕87 号	关于成立市委“四史”学习教育领导小组的通知
70	2020 年 12 月 18 日	太委办〔2020〕88 号	市委办公室、市政府办公室关于做好 2021 年度重点党报党刊征订发行工作严格规范报刊发行秩序的通知
71	2020 年 12 月 18 日	太委办〔2020〕89 号	市委办公室、市政府办公室关于印发《太仓市推进安全发展示范城市创建及城市安全风险评估实施方案》的通知
72	2020 年 12 月 28 日	太委办〔2020〕90 号	关于召开中国共产党太仓市第十三届委员会第十一次全体会议的通知
73	2020 年 12 月 30 日	太委办〔2020〕91 号	市委办公室、市政府办公室关于成立市公共安全视频监控建设联网应用暨新一代雪亮技防工程建设工作领导小组的通知
74	2021 年 12 月 31 日	太委办〔2020〕95 号	印发《关于加强新时代民营经济统战工作的贯彻实施意见》的通知
75	2021 年 12 月 31 日	太委办〔2020〕96 号	市委办公室、市政府办公室关于印发《太仓市城厢镇职能配置、机构设置和人员编制规定》的通知
76	2021 年 12 月 31 日	太委办〔2020〕97 号	市委办公室、市政府办公室关于印发《太仓市浮桥镇职能配置、机构设置和人员编制规定》的通知
77	2021 年 12 月 31 日	太委办〔2020〕98 号	市委办公室、市政府办公室关于印发《太仓市璜泾镇职能配置、机构设置和人员编制规定》的通知
78	2021 年 12 月 31 日	太委办〔2020〕99 号	市委办公室、市政府办公室关于印发《太仓市双凤镇职能配置、机构设置和人员编制规定》的通知
79	2021 年 12 月 31 日	太委办〔2020〕100 号	市委办公室、市政府办公室 关于印发《太仓市娄东街道职能配置、机构设置和人员编制规定》的通知
80	2021 年 12 月 31 日	太委办〔2020〕101 号	市委办公室、市政府办公室关于印发《太仓市陆渡街道职能配置、机构设置和人员编制规定》的通知
81	2021 年 12 月 31 日	太委办〔2020〕102 号	关于聘任第二届市委法律顾问、法律专家库成员的通知

太仓市人民政府办公室文件

1	2020 年 1 月 3 日	太政办〔2020〕1 号	印发《关于扎实推进全市应急广播体系建设的实施意见》的通知
2	2020 年 1 月 5 日	太政办〔2020〕2 号	关于层转《省政府办公厅关于切实做好国务院督导组第二批反馈督办问题整改工作的通知》的通知
3	2020 年 1 月 20 日	太政办〔2020〕3 号	关于印发《太仓市危险化学品安全综合治理实施方案》的通知

4	2020年1月22日	太政办〔2020〕4号	印发《关于改革完善全科医生培养与使用激励机制的实施意见》的通知
5	2020年1月22日	太政办〔2020〕5号	关于成立太仓市新型冠状病毒感染的肺炎疫情防控工作领导小组和工作专班的通知
6	2020年1月27日	太政办〔2020〕6号	关于落实苏州市关于加强新型冠状病毒感染的肺炎疫情防控工作的通告（第3号）的紧急通知
7	2020年1月31日	太政办〔2020〕7号	关于层转《江苏省人民政府办公厅关于切实做好国务院督导组第三批反馈督办问题整改工作的通知》的通知
8	2020年1月21日	太政办〔2020〕8号	市政府办公室党组关于印发《市委巡察反馈意见整改工作方案》《选人用人专项检查反馈意见整改工作方案》《意识形态工作责任制专项检查反馈意见整改工作方案》的通知
9	2020年2月4日	太政办〔2020〕10号	关于印发《太仓市粮食应急预案》的通知
10	2020年2月21日	太政办〔2020〕11号	关于印发《太仓市金融服务顾问工作机制》的通知
11	2020年2月21日	太政办〔2020〕12号	关于成立太仓市征地区片综合地价制定领导小组的通知
12	2020年2月24日	太政办〔2020〕13号	关于在新冠肺炎疫情防控期间对困难群众发放临时生活补贴的通知
13	2020年2月26日	太政办〔2020〕14号	关于印发《2020年太仓市政府行政规范性文件制定计划》的通知
14	2020年2月26日	太政办〔2020〕15号	关于印发《长江太仓段水上搜救应急预案》的通知
15	2020年2月26日	太政办〔2020〕16号	关于印发《长江太仓段防御台风专项应急救援预案》的通知
16	2020年2月27日	太政办〔2020〕17号	关于报送2020年度太仓市政府重大行政决策建议项目的通知
17	2020年2月27日	太政办〔2020〕18号	关于印发《2020年度市政府常务会议学法计划安排》的通知
18	2020年3月5日	太政办〔2020〕20号	关于印发《太仓市职业技能提升行动实施方案（2019—2021年）》的通知
19	2020年3月5日	太政办〔2020〕21号	关于转发苏州市进一步促进恢复生猪生产保障市场供应政策举措的通知
20	2020年3月8日	太政办〔2020〕22号	关于印发2020年“3·15”国际消费者权益日活动指导方案的通知
21	2020年3月9日	太政办〔2020〕23号	关于开展2018—2019年太仓市自然科学优秀学术论文评选工作的通知
22	2020年3月9日	太政办〔2020〕24号	关于印发2020年太仓市行政执法监督工作计划的通知
23	2020年3月17日	太政办〔2020〕25号	关于做好2020年清明祭扫服务管理工作的通知
24	2020年3月16日	太政办〔2020〕26号	关于印发《太仓市优化提升生产性服务业三年行动方案（2019—2021年）》的通知
25	2020年3月18日	太政办〔2020〕27号	关于调整太仓市治理车辆超限超载工作领导小组成员的通知
26	2020年3月19日	太政办〔2020〕28号	关于成立太仓市危险化学品安全综合治理工作领导小组的通知
27	2020年3月21日	太政办〔2020〕29号	印发《关于研究新建万头猪场和梅山猪保种场工作会议纪要》的通知
28	2020年3月23日	太政办〔2020〕30号	关于印发《太仓市长江沿线“三无”船舶专项整治行动方案》的通知
29	2020年3月24日	太政办〔2020〕31号	关于印发《太仓市招才引智激励实施办法》的通知
30	2020年3月24日	太政办〔2020〕32号	关于印发《太仓市民营载体引育人才项目激励办法（试行）》的通知
31	2020年3月24日	太政办〔2020〕33号	关于印发《太仓市政务督查工作规定》的通知

32	2020年3月25日	太政办〔2020〕34号	关于转发《太仓市2019年耕地保护督察整改工作方案》的通知
33	2020年3月26日	太政办〔2020〕35号	关于印发《太仓市科技企业孵化器培育管理办法（试行）》的通知
34	2020年3月28日	太政办〔2020〕36号	关于下达2020年农村河道疏浚任务的通知
35	2020年3月30日	太政办〔2020〕37号	关于成立太仓市大数据和电子政务工作领导小组的通知
36	2020年3月30日	太政办〔2020〕38号	关于印发《沪通铁路太仓段沿线绿化建设和环境综合整治工作实施方案》的通知
37	2020年3月30日	太政办〔2020〕39号	关于成立太仓市“三无”船舶专项整治工作领导小组的通知
38	2020年4月2日	太政办〔2020〕40号	印发《关于沪通铁路太仓站周边区域生态修复及绿化工程建设协调会会议纪要》的通知
39	2020年4月2日	太政办〔2020〕41号	印发《关于城厢镇梅园南弄西侧地块改造工程协调会纪要》的通知
40	2020年4月3日	太政办〔2020〕42号	关于为新冠肺炎疫情牺牲烈士和逝世同胞举行哀悼活动的通知
41	2020年4月8日	太政办〔2020〕43号	关于印发《市委巡察反馈意见整改进展情况的报告》《选人用人巡察反馈意见整改进展情况的报告》《意识形态巡察反馈意见整改进展情况的报告》的通知
42	2020年4月9日	太政办〔2020〕44号	关于印发太仓市银行业服务实体经济绩效考核办法（试行）的通知
43	2020年4月10日	太政办〔2020〕45号	关于做好2020年政风行风热线电视访谈节目《相逢》栏目工作的通知
44	2020年4月7日	太政办〔2020〕46号	关于成立娄东街道“4·6”火灾事故调查组的通知
45	2020年4月14日	太政办〔2020〕47号	关于印发《2020年太仓市食品安全重点工作安排》的通知
46	2020年3月14日	太政办〔2020〕48号	关于印发《2020年太仓市质量强市工作要点》的通知
47	2020年4月14日	太政办〔2020〕49号	关于印发《太仓市房地一体农村不动产登记颁证实施方案》的通知
48	2020年4月15日	太政办〔2020〕50号	关于印发《太仓市义务教育学校教师“县管校聘”管理体制改革实施方案》的通知
49	2020年4月15日	太政办〔2020〕51号	关于公布2020年度太仓市重点货物装载源头单位的通知
50	2020年4月17日	太政办〔2020〕52号	关于进一步规范节假日值班表报备工作的通知
51	2020年4月20日	太政办〔2020〕53号	印发《关于部分授权注资土地处置事宜的会议纪要》的通知
52	2020年4月21日	太政办〔2020〕54号	关于转发《苏州关于进一步加强全市实际使用外资考核的通知》的通知
53	2020年4月22日	太政办〔2020〕55号	关于下达《2020年供给侧结构性改革去产能工作目标任务》的通知
54	2020年4月23日	太政办〔2020〕56号	关于正式启用电子签章的通知
55	2020年4月27日	太政办〔2020〕58号	关于转发《太仓市2019年度本级财政预算执行及其他财政收支情况审计工作方案》的通知
56	2020年2月28日	太政办〔2020〕59号	关于印发《太仓市区镇（街道）空气质量补偿实施办法（试行）》的通知
57	2020年4月29日	太政办〔2020〕60号	关于印发《太仓·玉屏2020年东西部扶贫协作联席会议纪要》的通知
58	2020年4月30日	太政办〔2020〕61号	关于转发太仓市2020年度审计项目计划的通知
59	2020年4月30日	太政办〔2020〕62号	关于下达太仓市“十四五”重点专项规划编制计划的通知
60	2020年4月30日	太政办〔2020〕63号	关于明确土地征收安置补偿主体的通知

61	2020年5月7日	太政办〔2020〕64号	关于印发《2020年太仓市水环境质量提升专项行动方案》的通知
62	2020年5月7日	太政办〔2020〕65号	关于印发《太仓市社会心理服务体系建设试点实施方案》的通知
63	2020年5月10日	太政办〔2020〕66号	关于印发太仓市进一步促进恢复生猪生产保障市场供应的政策举措的通知
64	2020年5月10日	太政办〔2020〕67号	关于下达苏州市级河道“一事一办”及太仓市级河道“一河一策”2020年度任务的通知
65	2020年5月10日	太政办〔2020〕68号	关于建立太仓市农民合作社发展联席会议制度的通知
66	2020年5月14日	太政办〔2020〕69号	关于调整太仓市渔业油价补贴领导小组的通知
67	2020年5月14日	太政办〔2020〕70号	关于印发《太仓市防汛防旱应急预案》的通知
68	2020年5月14日	太政办〔2020〕71号	关于成立市政府根治拖欠农民工工资工作领导小组的通知
69	2020年5月14日	太政办〔2020〕72号	关于进一步落实粮食安全责任制确保粮食稳产增效的通知
70	2020年5月15日	太政办〔2020〕73号	关于调整太仓市供水安全保障工作领导小组的通知
71	2020年5月15日	太政办〔2020〕74号	关于调整太仓市高质量推进城乡生活污水治理工作领导小组的通知
72	2020年5月15日	太政办〔2020〕75号	关于分解下达《太仓市2020年度保障性安居工程、老旧小区综合整治目标任务》的通知
73	2020年5月18日	太政办〔2020〕76号	印发关于促进经济平稳健康发展的若干奖励政策的通知
74	2020年5月22日	太政办〔2020〕77号	关于印发《太仓市气象灾害应急预案》的通知
75	2020年5月26日	太政办〔2020〕78号	关于协调国信金融大厦部分自持商业房产销售事宜的会议纪要
76	2020年5月27日	太政办〔2020〕79号	关于印发《太仓市违法违规“小化工”百日专项整治行动实施方案》的通知
77	2020年5月29日	太政办〔2020〕80号	关于调整太仓市终身教育促进委员会成员单位的通知
78	2020年5月29日	太政办〔2020〕81号	关于印发《太仓市城镇燃气安全事故应急预案》和《太仓市天然气供应应急预案》的通知
79	2020年6月1日	太政办〔2020〕82号	关于成立太仓市社会组织管理工作联席会议的通知
80	2020年6月1日	太政办〔2020〕83号	关于公布2020年度太仓市政府重大行政决策事项目录的通知
81	2020年6月1日	太政办〔2020〕85号	关于建立太仓市违法违规“小化工”百日专项整治行动联席会议制度的通知
82	2020年6月3日	太政办〔2020〕86号	关于印发《关于加快推进第五代移动通信网络建设发展的若干政策措施》的通知
83	2020年6月8日	太政办〔2020〕87号	关于调整太仓市政策性农业保险工作领导小组的通知
84	2020年6月8日	太政办〔2020〕88号	关于调整太仓市困境儿童关爱保障工作领导小组的通知
85	2020年6月8日	太政办〔2020〕89号	关于印发《2020年太仓市服务外企、重点项目推进月实施方案》的通知
86	2020年6月8日	太政办〔2020〕90号	关于印发《太仓市行政机关负责人出庭应诉办法》的通知
87	2020年6月11日	太政办〔2020〕91号	关于扎实推进“有线智慧镇（街道）”建设的通知
88	2020年6月12日	太政办〔2020〕92号	关于印发《太仓市禁毒工作三年规划（2020—2022年）》的通知
89	2020年6月12日	太政办〔2020〕93号	关于做好大风强降雨等灾害性天气防范应对工作的紧急通知
90	2020年6月15日	太政办〔2020〕94号	关于做好2020年度全市减煤工作的通知
91	2020年6月15日	太政办〔2020〕95号	印发《市政府关于应对新型冠状病毒感染的肺炎疫情支持服务业企业共渡难关的十二条政策意见》的实施办法
92	2020年6月15日	太政办〔2020〕96号	关于2019年度全市政务信息工作情况的通报

93	2020年6月17日	太政办〔2020〕97号	关于转发《2019年太仓市新能源汽车推广应用财政补贴实施细则》的通知
94	2020年6月17日	太政办〔2020〕98号	关于印发《第二届太仓市职业技能大赛工作方案》的通知
95	2020年6月19日	太政办〔2020〕99号	关于调整太仓市气象防灾减灾工作领导小组的通知
96	2020年6月19日	太政办〔2020〕100号	关于成立太仓市流动人口积分管理和户籍制度改革工作领导小组及工作专班的通知
97	2020年6月20日	太政办〔2020〕101号	关于下达2020年幼儿园、中小学和职业类学校招生计划的通知
98	2020年6月24日	太政办〔2020〕102号	印发《关于加快太仓市夜间经济发展的实施意见暨"夜太美"实施方案》的通知
99	2020年6月29日	太政办〔2020〕103号	关于印发《2020年太仓市深化"放管服"改革工作要点》的通知
100	2020年6月29日	太政办〔2020〕104号	关于印发《关于太仓市推行"1120"改革的实施意见》的通知
101	2020年6月29日	太政办〔2020〕105号	关于印发《太仓市防御台风应急预案》的通知
102	2020年6月30日	太政办〔2020〕106号	关于调整有关社会保障对象生活救助（补助）标准的通知
103	2020年7月7日	太政办〔2020〕108号	关于调整太仓市城市管理委员会组成人员的通知
104	2020年7月7日	太政办〔2020〕109号	关于调整太仓市数字化城市管理监督指挥中心组成人员的通知
105	2020年7月9日	太政办〔2020〕110号	关于印发《沪宜高速公路金仓湖互通等道路工程协调会会议纪要》的通知
106	2020年7月9日	太政办〔2020〕111号	关于印发《太仓市2020年价格调控目标责任制实施意见》的通知
107	2020年7月14日	太政办〔2020〕112号	关于印发《太仓市城乡生活污水处理提质增效精准攻坚"333"行动实施方案》的通知
108	2020年7月14日	太政办〔2020〕113号	关于调整太仓市水土保持规划实施情况考核工作联席会议制度的通知
109	2020年7月17日	太政办〔2020〕114号	关于调整太仓市水上搜救中心组成人员的通知
110	2020年7月17日	太政办〔2020〕115号	关于印发《太仓市参加苏州市第十五届体育运动会备赛及参赛工作实施方案》的通知
111	2020年7月20日	太政办〔2020〕116号	关于成立太仓市海绵城市建设工作领导小组的通知
112	2020年7月23日	太政办〔2020〕117号	关于印发《太仓市突发环境事件应急预案》等4个预案的通知
113	2020年7月24日	太政办〔2020〕118号	关于成立太仓市尘肺病防治工作领导小组的通知
114	2020年7月27日	太政办〔2020〕119号	关于分解下达2020年度能源消耗总量目标的通知
115	2020年7月27日	太政办〔2020〕120号	关于分解下达2020年度能源消耗强度目标的通知
116	2020年7月30日	太政办〔2020〕121号	关于成立太仓市创建省食品安全示范城市工作领导小组的通知
117	2020年7月31日	太政办〔2020〕122号	关于印发《太仓市小麦和水稻价外补贴实施办法》的通知
118	2020年7月31日	太政办〔2020〕123号	关于调整太仓市殡葬改革领导小组成员的通知
119	2020年7月31日	太政办〔2020〕124号	关于调整市流浪乞讨人员救助管理工作联席会议制度的通知
120	2020年8月6日	太政办〔2020〕125号	关于印发《太仓市创建全国"四好农村路"示范县实施方案》的通知
121	2020年8月6日	太政办〔2020〕126号	关于成立太仓市建设劳动者就业创业首选城市工作领导小组的通知
122	2020年8月10日	太政办〔2020〕127号	关于调整市政府推进政府职能转变和"放管服"改革协调小组组成人员名单的通知
123	2020年8月14日	太政办〔2020〕128号	关于调整市减灾委员会成员单位及组成人员的通知
124	2020年8月19日	太政办〔2020〕129号	关于转发《太仓市长江流域禁捕退捕四个专项行动方案》的通知

125	2020年8月21日	太政办〔2020〕130号	关于印发《关于太仓市“三无”船舶整治的会议纪要》的通知
126	2020年8月28日	太政办〔2020〕131号	印发关于切实加强水稻等生产管理全面夺取秋粮丰收的通知
127	2020年8月30日	太政办〔2020〕132号	印发《关于加快文化养老步伐 推动我市老年教育高质量发展的意见》的通知
128	2020年8月18日	太政办〔2020〕133号	印发《关于太仓海关武警营房处置方案的会议纪要》的通知
129	2020年9月4日	太政办〔2020〕134号	关于印发《关于太仓疏港铁路专用线项目土地指标购买等事宜的会议纪要》的通知
130	2020年9月4日	太政办〔2020〕135号	市政府办公室（大数据管理局）关于调整领导班子成员分工的通知
131	2020年9月4日	太政办〔2020〕136号	关于调整2020年度住房保障相关政策的通知
132	2020年9月8日	太政办〔2020〕137号	关于调整太仓市农业水价综合改革工作领导小组成员的通知
133	2020年9月8日	太政办〔2020〕138号	印发《关于市老年大学消防审验问题的会议纪要》的通知
134	2020年9月8日	太政办〔2020〕139号	印发《关于市殡仪馆提档改造工程问题的会议纪要》的通知
135	2020年9月10日	太政办〔2020〕140号	关于实施浏河闸、仪桥、新丰桥镇“一断面一方案”攻坚行动的通知
136	2020年9月15日	太政办〔2020〕141号	关于成立推动璜泾镇安全隐患百日专项整治市级专项工作组的通知
137	2020年9月15日	太政办〔2020〕142号	印发《关于做优政务服务“好差评”国家标准试点工作提高政务服务水平的实施方案》的通知
138	2020年9月16日	太政办〔2020〕143号	关于印发《太仓市房地一体农村不动产登记工作实施细则》的通知
139	2020年9月16日	太政办〔2020〕144号	关于印发《太仓市房地一体农村不动产登记历史遗留问题处理办法》的通知
140	2020年9月18日	太政办〔2020〕145号	关于成立太仓市房地产长效机制工作领导小组的通知
141	2020年9月21日	太政办〔2020〕146号	关于调整太仓市土壤污染防治工作协调小组成员名单的通知
142	2020年9月22日	太政办〔2020〕147号	关于印发当前政务公开重点工作安排的通知
143	2020年9月11日	太政办〔2020〕148号	关于成立太仓市农村乱占耕地建房问题专项整治工作领导小组及办公室的通知
144	2020年9月23日	太政办〔2020〕149号	关于印发《部分市级机关办公业务用房调剂使用协调会会议纪要》的通知
145	2020年9月28日	太政办〔2020〕150号	关于开展生活无着的流浪乞讨人员救助管理服务质量大提升专项行动的实施方案
146	2020年9月30日	太政办〔2020〕151号	关于印发全面加强太仓市农村道路临水等危险路段安全防护工作的通知
147	2020年10月9日	太政办〔2020〕154号	关于公布2019年度太仓市工业企业资源集约利用综合评价结果的通知
148	2020年9月30日	太政办〔2020〕155号	关于黄小荣等13名同志职务任免的通知
149	2020年9月30日	太政办〔2020〕156号	关于谢军同志任职的通知
150	2020年10月10日	太政办〔2020〕157号	关于2020年“太仓市荣誉市民”“太仓之友”评选工作的通知
151	2020年10月13日	太政办〔2020〕158号	关于持续推进散坟专项整治工作的通知
152	2020年10月13日	太政办〔2020〕159号	关于印发太仓市特困人员照料护理制度的通知
153	2020年10月14日	太政办〔2020〕160号	关于印发《太仓市大院大所创新绩效评价管理办法（试行）》的通知

154	2020年10月19日	太政办〔2020〕161号	关于印发《关于太仓市生物医药产业园规划设计的会议纪要》的通知
155	2020年10月19日	太政办〔2020〕162号	印发《关于进一步加强全市职业健康监管工作的实施意见》的通知
156	2020年10月19日	太政办〔2020〕163号	关于印发《太仓市村庄环境长效管理奖补办法》的通知
157	2020年10月19日	太政办〔2020〕164号	关于印发《太仓市农村生活垃圾分类就地处置工作奖补办法》的通知
158	2020年10月26日	太政办〔2020〕165号	关于印发《太仓市镇（街道）相对集中行政处罚权工作管理规定》的通知
159	2020年10月26日	太政办〔2020〕166号	印发《太仓市旅游公共安全事件应急预案》的通知
160	2020年10月26日	太政办〔2020〕168号	关于印发《太仓市市属国有企业投资监督管理办法（试行）》的通知
161	2020年10月30日	太政办〔2020〕169号	关于印发《太仓市突发重大动物疫情应急预案》的通知
162	2020年11月2日	太政办〔2020〕172号	关于分解下达太仓市2020年度政策性租赁住房（人才公寓）建设目标任务的通知
163	2020年11月3日	太政办〔2020〕173号	关于调整太仓市高校项目工作办公室相关负责同志的通知
164	2020年11月4日	太政办〔2020〕174号	关于调整市防治重大动物疫病指挥部成员的通知
165	2020年11月5日	太政办〔2020〕175号	关于成立太仓市社会保险监督委员会的通知
166	2020年11月9日	太政办〔2020〕176号	关于《调整低保边缘重病困难对象救助范围的意见》的通知
167	2020年11月10日	太政办〔2020〕177号	关于调整太仓市粮食安全责任制联席会议成员的通知
168	2020年11月12日	太政办〔2020〕178号	关于优化调整2020年度全市非电行业规上工业企业减煤目标任务的通知
169	2020年11月16日	太政办〔2020〕179号	关于成立“双十二苏州购物节——乐购太仓”工作领导小组的通知
170	2020年11月20日	太政办〔2020〕180号	关于印发《关于重点处人员调任事宜会议纪要》的通知
171	2020年11月24日	太政办〔2020〕181号	市政府办公室关于成立太仓市养犬管理工作领导小组的通知
172	2020年11月26日	太政办〔2020〕182号	印发《关于进一步加强既有建筑安全管理工作的实施意见》的通知
173	2020年11月26日	太政办〔2020〕183号	关于做好太仓市第一次全国自然灾害综合风险普查工作的通知
174	2020年11月27日	太政办〔2020〕184号	关于成立太仓市森林防灭火这指挥部的通知
175	2020年11月27日	太政办〔2020〕185号	关于推进政务信息资源共享利用的通知
176	2020年11月27日	太政办〔2020〕187号	关于转发《太仓市违建墓地专项整治成果巩固提升行动方案》的通知
177	2020年12月3日	太政办〔2020〕188号	印发《太仓市秋冬季新冠肺炎疫情防控应急预案（试行）》的通知
178	2020年12月4日	太政办〔2020〕189号	关于印发《太仓市保障秋冬季大气环境质量专项督查工作方案》的通知
179	2020年12月7日	太政办〔2020〕190号	关于印发《关于加快推进社会信用体系建设 构建以信用为基础的新型监管机制的实施办法》的通知
180	2020年12月7日	太政办〔2020〕191号	关于2020年三季度太仓市银行业服务实体经济绩效考核结果的通报
181	2020年12月7日	太政办〔2020〕192号	关于2020年度优秀金融机构的通报
182	2020年12月10日	太政办〔2020〕193号	印发《关于对基层供销合作社实行定额补贴的会议纪要》的通知
183	2020年12月10日	太政办〔2020〕194号	印发关于深化体教融合工作的意见的通知

184	2020年12月10日	太政办〔2020〕195号	关于公布2020年太仓市政府部门专项资金管理清单目录的通知
185	2020年12月15日	太政办〔2020〕196号	关于成立太仓市见义勇为人员奖励和保护工作委员会的通知
186	2020年12月15日	太政办〔2020〕197号	关于印发《太仓市高标准鱼池改造实施方案》的通知
187	2020年12月15日	太政办〔2020〕198号	关于印发《太仓市危险化学品使用安全专项治理行动工作方案》的通知
188	2020年12月16日	太政办〔2020〕199号	印发《关于做好“中国最佳楹联文化城市”2023年复检迎检工作的实施意见》的通知
189	2020年12月20日	太政办〔2020〕200号	关于印发《太仓市价格异动应急预案》的通知
190	2020年12月20日	太政办〔2020〕201号	关于印发《关于西北工业大学太仓校区教职员工定向住宅社区项目有关事宜会议纪要》的通知
191	2020年12月20日	太政办〔2020〕202号	关于印发《关于苏州申测检验检测中心改制相关情况会议纪要》的通知
192	2020年12月22日	太政办〔2020〕203号	印发《关于江苏知识产权强省区域示范建设工作计划》的通知
193	2020年12月23日	太政办〔2020〕204号	关于印发《太仓市内河港口码头环保问题整改工作方案》的通知
194	2020年12月23日	太政办〔2020〕205号	关于印发《关于推进太仓市生物医药产业园高质量发展的会议纪要》的通知
195	2020年12月24日	太政办〔2020〕206号	关于印发《关于太仓港协鑫发电有限公司相关事宜会议纪要》的通知
196	2020年12月25日	太政办〔2020〕207号	关于印发《太仓市自然灾害救助应急预案》的通知
197	2020年12月28日	太政办〔2020〕209号	关于印发《太仓市突发地质灾害应急预案》的通知
198	2020年12月28日	太政办〔2020〕211号	关于印发《太仓市内河港口码头环保问题整改工作会议纪要》的通知
199	2020年12月29日	太政办〔2020〕212号	关于明确太仓市驻西藏林周县援藏工作组的通知
200	2020年12月29日	太政办〔2020〕213号	关于下达2021年农村河道疏浚任务的通知
201	2020年12月29日	太政办〔2020〕214号	关于印发《2020年教育工作专题会议纪要》的通知
202	2020年12月29日	太政办〔2020〕215号	关于印发《太仓市20个行业领域危险化学品使用安全专项治理行动实施方案》的通知
203	2020年12月29日	太政办〔2020〕216号	关于建立太仓市职业病防治工作联席会议制度的通知

（市委办、市政府办）

统计表格

太仓市国民经济和社会发展主要指标一览表

表90

指标	单位	2016年	2017年	2018年	2019年	2020年
年末户籍人口	万人	48.30	48.69	49.40	50.17	51.05
其中非农业人口	万人	34.90	35.71	36.31	37.36	38.89
年末常住人口	万人	71.20	71.58	71.92	72.12	83.11
地区生产总值（当年价格）	亿元	1155.13	1240.96	1330.72	1324.97	1386.09

续表 90

指标	单位	2016 年	2017 年	2018 年	2019 年	2020 年
第一产业	亿元	36.76	36.04	34.98	32.59	26.96
第二产业	亿元	593.87	627.88	675.47	651.10	666.53
第三产业	亿元	534.50	577.04	620.27	641.29	692.60
农业总产值	亿元	69.48	68.79	66.97	59.09	48.6
工业总产值	亿元	2550.26	2647.52	2728.29	2838.02	3033.19
其中规模以上工业总产值	亿元	2040.22	2201.96	2283.38	2376.18	2504.53
全社会固定资产投资	亿元	465.00	466.93	368.65	402.59	468.59
其中房地产开发投资	亿元	97.73	128.67	160.72	187.62	216.54
财政收入（预算内）	亿元	335.69	399.88	486.36	504.47	506.75
其中公共财政预算收入	亿元	127.71	140.86	155.06	162.97	171.12
财政支出（预算内）	亿元	229.67	278.10	340.39	365.92	402.27
其中公共财政预算支出	亿元	115.84	126.51	132.59	143.22	151.06
金融机构存款余额	亿元	1395.72	1474.91	1528.11	1610.64	1867.10
其中住户存款余额	亿元	522.74	544.65	593.31	669.74	761.21
金融机构贷款余额	亿元	1245.68	1358.16	1486.92	1581.73	1851.64
跨境收入	亿美元	65.56	67.85	79.53	77.60	76.76
跨境支出	亿美元	78.23	80.76	91.41	95.36	102.76
城镇居民人均可支配收入	元	54099	58458	63076	68204	70592
农村居民人均可支配收入	元	27766	30026	32458	35198	37521
全社会客运量	万人次	2863.5	2847.3	2658	2645	1867
全社会旅客周转量	亿人千米	10.84	11.19	10.75	10.67	6.19
全社会货运量	万吨	1509.4	1665.2	1796	1914	2101
全社会货物周转量	亿吨千米	27.08	30.00	32.11	34.06	50.38
港口航线	条	183	191	200	209	211
港口货物吞吐量	万吨	23204	24903	22884	21586	21606
港口集装箱吞吐量	万标箱	408.1	451.2	507.1	515.2	521.2
全社会用电量	亿千瓦小时	96.93	104.99	107.24	105.17	103.86
其中工业用电量	亿千瓦小时	81.30	86.96	86.84	84.35	82.66
社会消费品零售总额	亿元	287.31	310.15	338.44	363.15	425.04
进出口总额	亿美元	109.64	129.68	145.70	133.57	133.35
其中出口总额	亿美元	54.30	60.85	67.31	63.64	63.36

续表 90

指标	单位	2016 年	2017 年	2018 年	2019 年	2020 年
注册外资及港澳台资	亿美元	6.23	9.16	9.72	11.21	19.46
实际利用外资及港澳台资	亿美元	5.61	4.80	4.85	4.56	8.15
高等院校数	个	1	1	1	1	1
高等院校在校学生数	人	5299	5325	5727	6778	8810
普通中学数	个	19	19	19	19	19
普通中学在校学生数	人	21057	22176	23467	24401	25418
小学数	个	38	38	39	39	39
小学在校学生数	人	44241	46488	48875	50730	52265
医疗卫生机构数	个	247	255	268	291	298
其中医院、卫生院	个	31	33	32	29	29
医疗卫生机构床位数	张	3853	4096	4070	4081	4335
其中医院、卫生院	张	3301	3422	3396	3317	3371
医疗卫生机构人员数	人	5325	5640	6041	6989	7299
其中卫生技术人员	人	4520	4547	4789	5555	5638

说明：2019 年起，“外汇收入”“外汇支出”调整为“跨境收入”“跨境支出”

（市统计局）

2020 年太仓市驰援湖北武汉医疗队员一览表（42 人）

表 91

批次	援助单位	姓名	性别	工作单位	专业	职称 / 职务
第一批	武汉市江夏区第一人民医院	周锦桃	男	太仓市第一人民医院	呼吸科	副主任医师
		陈凯伦	女	太仓市第一人民医院	感染科	护师
		顾晓雯	女	太仓市第一人民医院	呼吸科	护士
		朱红林	女	太仓市中医医院	呼吸科	主管护师
		王言颂	男	太仓市中医医院	重症科	主管护师
第二批	武汉市同济医院光谷院区	钱　平	男	太仓市第一人民医院	ICU	副主任医师
		陆　清	男	太仓市第一人民医院	感染科	主治医师
		陈　龙	男	太仓市第一人民医院	消化内科	主治医师

续表 91

批次	援助单位	姓名	性别	工作单位	专业	职称 / 职务
第二批	武汉市同济医院光谷院区	杨贤君	女	太仓市第一人民医院	呼吸内科	主治医师
		顾丽艳	女	太仓市第一人民医院	呼吸内科	副主任护师（护士长）
		高珍珍	女	太仓市第一人民医院	呼吸内科	护士
		季　怡	女	太仓市第一人民医院	呼吸内科	护士
		贺龙云	女	太仓市第一人民医院	感染科	护师
		周　赟	女	太仓市第一人民医院	急诊科	护师
		陈　圆	女	太仓市第一人民医院	急诊科	主管护师
		陈　琳	男	太仓市第一人民医院	急诊科	护师
		曹　航	女	太仓市第一人民医院	ICU	护师
		刘　婷	女	太仓市第一人民医院	ICU	护师
		刘仁红	女	太仓市第一人民医院	ICU	主管护师
		陈　阳	女	太仓市第一人民医院	新生儿	护士
		韩丽娟	女	太仓市第一人民医院	血液肿瘤科	主管护师
		闵文珺	女	太仓市第一人民医院	心内科	护师
		李　慧	女	太仓市第一人民医院	神经内科	主管护师
		张　琴	女	太仓市第一人民医院	泌尿外科	护士
		李　锋	女	太仓市第一人民医院	肝胆外科	护师
		王　欢	男	太仓市中医医院	ICU	副主任医师
		李　执	男	太仓市中医医院	ICU	主治医师
		陆　兵	男	太仓市中医医院	呼吸科	副主任医师
		陈　波	男	太仓市中医医院	急诊	主管护师
		李雪松	男	太仓市中医医院	ICU	主管护师 / 护士长
		顾溶倩	女	太仓市中医医院	骨科	护士
		沈冰清	女	太仓市中医医院	外科	主管护师
		秦玉娇	女	太仓市中医医院	外科	护师
		冯亚萍	女	太仓市中医医院	外科	主管护师 / 护士长
		徐海玲	女	太仓市中医医院	外科	主管护师
		苏唯一	女	太仓市中医医院	外科	护师

续表 91

批次	援助单位	姓 名	性别	工作单位	专　业	职称 / 职务
第二批	武汉市同济医院光谷院区	钱映晨	女	太仓市中医医院	外科	护师
		王晓燕	女	太仓市中医医院	呼吸科	主管护师 / 护士长
		常黛敏	女	太仓市中医医院	呼吸科	主管护师
		陆蕴樱	女	太仓市中医医院	心内科	护士
		姚　佳	女	太仓市中医医院	儿科	护师
		方薛雯	女	太仓市中医医院	神经内科	护士

（市卫健委）

2020 年太仓市人口统计情况表

表 92　　　　单位：人

镇（区）街道	派出所	户籍人口	流动人口	实有人口
城厢镇	城西派出所	45314	48966	94280
	城中派出所	37864	17232	55096
	金仓湖派出所	7774	4523	12297
科教新城	科教新城派出所	21448	20327	41775
沙溪镇	沙溪派出所	69830	59226	129056
	岳王派出所	12497	14245	26742
浏河镇	浏河派出所	51740	55493	107233
	边防派出所	0	0	0
双凤镇	双凤派出所	31642	47924	79566
璜泾镇	璜泾派出所	43695	40089	83784
浮桥镇	港区派出所	26120	45629	71749
	金浪派出所	21613	13823	35436
	浏家港派出所	23545	30755	54300
娄东街道	高新区派出所	81574	43152	124726
	板桥派出所	14744	41099	55843
陆渡街道	陆渡派出所	21127	38050	59177
合计		510527	520533	1031060

（市公安局）

2020年太仓市户籍人口及其变动情况表

表93

派出所	年末总户数（户）	年末总人口（人）									年度人口变动（人）									
		合计	城镇人口	乡村人口	性别		年龄				出生			死亡			迁入		迁出	
					男	女	0~17岁	18~34岁	35~59岁	60岁及以上	合计	男	女	合计	男	女	省内迁入	省外迁入	迁往省内	迁往省外
合计	166891	510527	388874	121653	245277	265250	72505	89091	190542	158389	3257	1633	1624	4621	2396	2225	3420	8032	361	797
城中派出所	13557	37864	37864	0	18333	19531	8754	8002	14490	6618	323	151	172	149	90	59	179	282	23	84
城西派出所	15816	45314	45314	0	21673	23641	7765	8636	17415	11498	368	181	187	335	187	148	480	821	24	80
高新区派出所	27641	81574	81574	0	39935	41639	22065	19731	31068	8710	919	465	454	216	116	100	1113	2570	133	261
浏河派出所	17301	51740	37140	14600	24791	26949	6467	8633	19381	17259	272	156	116	510	270	240	472	1364	65	73
沙溪派出所	21682	69830	35212	34618	33353	36477	7186	10866	26017	25761	282	139	143	749	370	379	371	822	23	61
科教新城派出所	7066	21448	21448	0	10256	11192	4384	4514	7983	4567	240	113	127	124	56	68	186	291	23	64
陆渡派出所	6427	21127	13805	7322	10098	11029	2643	3201	7912	7371	133	69	64	217	102	115	120	268	5	25
双凤派出所	9658	31642	15331	16311	15202	16440	2609	4896	12580	11557	142	69	73	390	212	178	56	191	4	19
港区派出所	8542	26120	24726	1394	12393	13727	2939	3815	8990	10376	141	69	72	319	179	140	221	811	17	31
璜泾派出所	13934	43695	24748	18947	20920	22775	2556	6010	15812	19317	148	79	69	580	303	277	50	169	11	30
板桥派出所	4590	14744	14744	0	7015	7729	1559	2260	5532	5393	95	55	40	150	76	74	119	282	6	10
金浪派出所	6752	21613	14054	7559	10344	11269	1066	2690	7470	10387	60	24	36	324	158	166	6	25	12	25
浏家港派出所	7550	23545	13362	10183	11260	12285	1466	3229	8540	10310	84	37	47	301	145	156	36	102	8	24
岳王派出所	3869	12497	4271	8226	5993	6504	613	1639	4479	5766	29	19	10	160	81	79	7	19	4	6
金仓湖派出所	2506	7774	5281	2493	3711	4063	433	969	2873	3499	21	7	14	97	51	46	4	15	3	4

说明：该表统计时点为2020年11月30日24时

（市公安局）

2020年太仓市户籍人口姓氏情况表

表94　　　　单位：人

姓氏	人数	姓氏	人数	姓氏	人数	姓氏	人数	姓氏	人数	姓氏	人数
王	38208	张	33238	陈	25598	陆	23763	顾	23607	周	19331
李	17747	朱	17599	徐	17217	杨	15660	吴	14225	沈	13144
黄	9645	刘	9499	钱	8195	孙	7871	赵	6375	高	6310
曹	6075	金	5568	龚	5479	马	5151	胡	4824	冯	4538
唐	4344	何	3955	许	3924	倪	3873	蔡	3603	蒋	3487
潘	3465	施	3416	严	3393	丁	3212	毛	3191	姚	3091
夏	3045	陶	2850	范	2822	浦	2781	俞	2669	邵	2663
薛	2562	苏	2523	袁	2490	戴	2404	宋	2116	汪	2102
叶	2093	郑	2051	谢	2026	盛	1825	闵	1814	闻	1788
董	1736	韩	1735	姜	1727	方	1713	肖	1704	杜	1692
郭	1564	郁	1562	汤	1553	凌	1498	罗	1478	吕	1465
季	1459	林	1429	邹	1398	费	1363	程	1355	秦	1292
梁	1202	殷	1184	瞿	1155	包	1115	石	1104	邱	1059
管	1048	彭	1010	章	920	魏	911	奚	898	江	893
邢	888	崔	868	田	863	侯	858	曾	853	史	852
余	842	任	834	万	802	庄	797	屠	767	时	752
邓	735	洪	703	孟	700	尹	696	熊	679	单	672
谭	659	葛	648	卢	626	霍	604	于	594	项	560
支	530	华	520	孔	514	傅	510	梅	505	吉	473
贾	454	沙	448	居	445	庞	438	樊	424	仇	424
戈	423	钟	419	景	415	付	408	全	407	薄	406
颜	388	虞	381	仲	378	武	377	祝	375	成	359
柏	358	童	346	查	324	韦	323	翟	319	缪	311
翁	298	尤	293	鲍	276	段	275	宣	274	耿	268
柳	268	邬	262	宗	261	屈	259	纪	255	褚	251
戚	250	廖	248	茅	242	乔	241	欧	233	雷	231
卞	228	须	224	谈	223	狄	223	鲁	212	常	212
展	208	左	207	滕	207	诸	206	闫	202	嵇	200
白	196	焦	194	阮	191	柴	188	郝	188	祁	183
向	179	骆	168	贺	168	偶	163	代	163	岳	161
柯	159	齐	158	桂	157	牛	152	卫	147	荣	144
申	143	席	142	印	136	裴	136	毕	133	康	132
楼	132	郏	131	温	131	文	130	房	130	莫	127
伍	124	穆	121	阚	121	后	120	卜	117	郎	117

续表 94

姓氏	人数	姓氏	人数	姓氏	人数	姓氏	人数	姓氏	人数	姓氏	人数
易	116	聂	113	安	113	龙	109	占	106	归	106
路	102	苗	102	艾	101	濮	101	谷	101	乐	100
尚	100	詹	98	桑	98	计	97	储	96	茹	94
杭	93	黎	91	政	89	喻	88	舒	87	涂	86
强	85	司	83	商	82	车	80	解	78	宫	78
应	78	赖	78	窦	77	靳	76	臧	74	束	74
欧阳	73	辛	70	甘	68	关	68	刁	65	池	64
饶	61	冷	59	冉	58	晏	58	胥	58	牟	57
游	56	兰	55	宁	55	花	54	钮	54	符	53
封	51	覃	50	糜	50	丰	49	曲	49	简	48
娄	47	甄	47	匡	47	栾	45	巩	45	佘	45
惠	44	祖	44	沐	43	芮	42	平	41	雍	41
古	40	候	40	贝	40	智	38	丛	37	步	36
芦	36	崇	35	卓	35	鞠	35	树	35	阳	34
裘	34	凡	34	蒯	34	迟	34	滑	33	衡	33
边	33	和	33	蒲	32	仝	32	荀	31	伏	30
干	30	厉	30	麻	30	米	29	燕	29	朴	29
姬	29	苟	28	茆	28	明	28	井	27	侍	27
皮	26	权	26	鲜	25	於	25	鱼	25	鹿	24
师	24	郜	24	仓	24	敖	24	巫	23	练	23
郃	23	寿	23	过	23	萧	22	岑	21	漆	20
鄢	20	班	20	荆	20	远	19	征	19	敬	19
巴	19	邝	19	栗	18	相	18	乘	18	官	18
别	17	阙	17	禹	17	索	17	楚	16	冒	16
端	16	东	16	阎	16	佟	16	隋	16	云	16
帅	16	寇	15	位	15	贡	15	尧	14	宓	14
党	14	上官	14	连	14	皋	14	承	14	豆	13
业	13	修	13	蓝	13	廉	13	水	13	羊	13
戎	13	原	12	渠	12	笪	12	满	12	初	12
年	12	晋	12	皇甫	12	冀	11	雒	11	还	11
蒙	11	端木	11	苑	11	谌	11	伊	10	疏	10
巢	10	郦	10	宛	10	那	9	矫	9	户	9
淡	9	檀	9	都	9	訾	9	赫	9	密	9
蔺	9	慕	9	盖	9	南	9	昌	9	道	8
郗	8	英	8	圣	8	仰	8	怀	8	杲	8
山	8	战	8	化	8	勾	8	况	8	海	7

续表 94

姓氏	人数	姓氏	人数	姓氏	人数	姓氏	人数	姓氏	人数	姓氏	人数
腾	7	咸	7	汲	7	鄂	7	莳	7	回	7
隆	7	开	7	贲	7	义	7	慈	7	公	7
斯	7	呼	7	乙	7	宦	7	眭	7	门	7
幸	6	诸葛	6	辜	6	经	6	布	6	普	6
母	6	危	6	从	6	晁	6	招	6	郇	6
宿	6	习	6	蔚	6	青	6	要	6	纵	6
释	6	博	6	玄	6	粟	6	来	6	达	5
保	5	佐	5	掌	5	玉	5	第	5	藤	5
壮	5	宥	5	随	5	把	5	宇	5	竺	5
亓	5	皇	5	阴	5	种	5	犹	5	府	5
多	5	望	5	谯	5	琚	5	员	5	尉	5
旷	4	庹	4	农	4	卿	4	暨	4	迮	4
筱	4	朋	4	恽	4	衣	4	忻	4	芈	4
隗	4	昝	4	闾	4	韶	4	沃	4	容	4
有	4	弓	4	邸	4	吾	4	寻	3	逯	3
湛	3	银	3	轩	3	及	3	历	3	帖	3
递	3	麦	3	菅	3	庾	3	揭	3	洑	3
哈	3	璩	3	柘	3	羌	3	生	3	缑	3
酆	3	汝	3	粱	3	甫	3	靖	3	蒿	3
禄	3	郗	3	潭	3	竹	3	慎	3	同	3
夷	3	伞	3	凤	3	郅	3	锁	3	操	3
仕	3	司徒	3	闭	3	光	3	庭	3	丘	3
扆	3	璋	2	仁	2	音	2	槐	2	绳	2
天	2	骈	2	扈	2	移	2	戢	2	脱	2
但	2	藕	2	未	2	皎	2	吊	2	补	2
揣	2	果	2	善	2	第五	2	盘	2	骞	2
辅	2	夭	2	裔	2	泮	2	上	2	建	2
由	2	勇	2	綦	2	亢	2	神	2	钦	2
乜	2	校	2	乌	2	亚	2	刑	2	西	2
鸦	2	传	2	敢	2	藏	2	兖	2	呙	2
灰	2	伟	2	英	2	瓮	2	宾	2	橐	2
逄	2	奉	2	营	2	贯	1	行	1	力	1
陟	1	税	1	净	1	介	1	秋	1	国	1
教	1	睢	1	菊	1	瑭	1	雨	1	刀	1
佴	1	库	1	优	1	目	1	颉	1	富	1
倾	1	朵	1	钞	1	阁	1	昕	1	泥	1

续表 94

姓氏	人数	姓氏	人数	姓氏	人数	姓氏	人数	姓氏	人数	姓氏	人数
杏	1	藩	1	徒	1	益	1	桃	1	润	1
逄	1	问	1	职	1	庙	1	伦	1	欠	1
迪	1	拓	1	油	1	司马	1	冼	1	资	1
牧	1	浮	1	簿	1	接	1	扬	1	岂	1
元	1	令	1	祈	1	毋	1	羿	1	茳	1
灵	1	渣	1	也	1	环	1	依	1	佡	1
卑	1	潮	1	真	1	申屠	1	拜	1	坎	1
庆	1	言	1	陕	1	浩	1	岩	1	么	1
怡	1	台	1	将	1	俸	1	闰	1	桓	1
院	1	撒	1	仉	1	留	1	独	1	衷	1
节	1	茌	1	尼	1	木	1	奈	1	夹	1
暴	1	福	1	宝	1	令狐	1	是	1	记	1
郓	1	隽	1	副	1	睦	1	降	1	火	1
扶	1	闪	1	潜	1	巨	1	—	—	—	—

（市公安局）

2020 年太仓市暂住人口（在册）姓氏情况表

表 95　　单位：人

姓氏	人数	姓氏	人数	姓氏	人数	姓氏	人数	姓氏	人数	姓氏	人数
王	38807	张	37200	李	34514	刘	24962	陈	21838	杨	15715
周	11133	赵	10079	朱	9905	吴	9896	徐	9565	孙	8711
黄	8168	胡	7352	马	5647	郭	5203	高	5054	何	4600
汪	4287	丁	4223	郑	4102	宋	3858	余	3665	唐	3567
夏	3557	曹	3540	许	3518	程	3349	韩	3327	罗	3293
沈	3268	彭	3241	潘	3108	谢	2927	袁	2901	冯	2785
邓	2758	蒋	2672	林	2601	董	2526	田	2519	魏	2505
蔡	2493	杜	2331	陆	2307	姚	2302	梁	2238	任	2231
肖	2228	顾	2174	吕	2145	姜	2034	叶	2033	范	2002
金	1932	方	1918	曾	1822	熊	1819	卢	1808	于	1791
石	1776	苏	1764	孟	1690	崔	1647	贾	1634	付	1630
陶	1606	秦	1583	江	1550	钱	1491	邵	1410	葛	1400
邹	1392	戴	1378	尹	1309	谭	1307	鲍	1265	薛	1260
汤	1238	闫	1228	侯	1207	邱	1201	严	1162	万	1134
廖	1112	史	1100	段	1084	钟	1082	施	1074	占	1056
毛	1030	雷	1002	孔	987	龚	986	代	986	白	914
倪	902	武	874	向	841	殷	840	贺	831	常	815
屈	792	耿	766	盛	765	樊	761	文	761	洪	754

续表 95

姓氏	人数	姓氏	人数	姓氏	人数	姓氏	人数	姓氏	人数	姓氏	人数
邢	747	牛	746	鲁	734	翟	710	梅	704	章	701
童	700	龙	697	季	695	郝	673	韦	668	左	651
尚	636	颜	634	单	624	乔	611	岳	600	康	598
齐	593	焦	583	项	579	聂	546	时	538	庄	536
毕	515	安	514	庞	511	易	494	祝	491	管	486
黎	475	纪	473	俞	467	柳	456	路	452	卞	450
伍	445	申	440	莫	439	冉	431	谷	429	裴	417
凌	410	阮	407	霍	406	涂	402	商	399	包	393
詹	392	成	386	温	383	苗	379	华	370	褚	364
缪	358	骆	352	尤	349	欧	349	甘	347	戚	343
靳	342	舒	336	关	327	房	322	祁	317	喻	315
吉	307	费	302	辛	300	解	298	仲	295	覃	291
司	291	兰	285	赖	285	柴	281	候	278	党	275
游	274	傅	273	柯	263	翁	259	宁	253	柏	251
滕	247	娄	245	束	242	饶	242	佘	241	蒲	238
卫	234	卜	233	瞿	233	穆	231	郁	231	宗	228
窦	227	凡	222	桂	221	沙	219	席	215	仇	211
晏	210	牟	209	豆	205	臧	204	桑	201	查	200
车	195	荣	191	艾	191	闵	189	花	187	燕	184
苟	179	符	178	姬	176	景	174	阳	174	卓	174
刁	170	支	167	巩	166	嵇	165	欧阳	164	闻	163
简	162	伏	160	封	159	南	158	郎	157	宫	153
惠	151	谈	148	应	145	冷	144	储	142	仝	134
米	133	麻	128	甄	127	胥	127	虞	126	师	125
匡	122	明	122	雍	118	乐	116	侍	112	贡	111
屠	110	帅	109	奚	109	郇	109	禹	107	戈	105
连	104	芦	104	强	101	阚	101	全	100	相	100
居	99	曲	99	楚	98	古	97	栗	97	计	96
浦	95	蒯	94	沐	94	皮	93	栾	92	祖	91
班	90	权	90	岑	89	普	87	池	87	苑	86
蔺	86	敖	86	郜	83	和	83	蓝	82	汝	82
於	81	荆	80	蒙	80	寇	80	井	79	位	78
衡	77	伊	76	印	75	杭	75	芮	73	原	72
茆	71	狄	71	宣	70	远	69	钮	68	鞠	68
边	67	官	66	来	64	晁	64	阙	62	巫	62
诸	62	冀	61	廉	61	满	60	巴	60	轩	60

续表 95

姓氏	人数	姓氏	人数	姓氏	人数	姓氏	人数	姓氏	人数	姓氏	人数
戎	60	鄢	59	丰	59	年	59	展	59	谌	57
迟	57	况	56	佟	56	母	56	荀	55	郃	55
隋	55	尧	53	从	53	鹿	51	茅	50	门	49
厉	48	宛	48	平	47	凤	47	薄	46	漆	46
圣	45	呼	45	练	45	檀	44	智	44	邸	43
訾	41	化	41	冒	40	渠	39	卯	39	仓	39
海	39	濮	38	赫	38	辜	38	茹	37	慕	37
纵	36	云	36	隆	35	庹	35	滑	35	元	34
习	34	水	34	丛	34	阎	34	敬	33	蒿	33
缑	33	腾	33	刑	32	羊	32	尉	32	索	32
卿	32	揭	32	由	32	危	31	国	30	种	30
崇	30	贲	30	鲜	30	谯	29	皇	29	逯	28
操	28	邝	28	粟	28	晋	28	木	27	郗	27
都	27	农	27	户	26	盘	26	绳	26	裘	26
岩	25	鄂	25	别	25	阴	25	干	25	咸	25
昌	25	楼	24	禄	24	字	24	亢	24	后	24
但	24	麦	23	朴	23	幸	23	娜	22	巨	22
奉	22	靖	22	未	22	宇	21	昝	21	仰	21
盖	21	沃	21	寿	21	刀	21	经	20	郏	20
上官	20	步	20	亓	20	俸	20	把	20	藏	20
冶	20	贝	20	柘	19	隗	19	丘	19	那	19
银	19	第	19	糜	19	台	18	闪	18	郇	18
战	17	仵	17	鱼	17	疏	17	初	17	保	17
开	17	山	17	东	17	旷	16	勾	16	青	16
雒	16	扶	16	乙	16	湛	16	阿	16	续	15
随	15	修	15	怀	15	瓮	15	过	15	生	15
先	14	劳	14	信	14	玉	14	皇甫	14	畅	14
介	14	粱	14	富	14	寻	13	产	13	慈	13
皋	13	仁	13	钦	13	佀	13	杲	13	征	13
申屠	13	员	13	竹	13	萧	13	琚	13	扬	12
可	12	税	12	宦	12	虎	12	容	12	贯	12
公	12	招	11	钞	11	亚	11	密	11	承	11
茶	11	铁	11	汲	11	吝	11	笪	11	扈	11
锁	10	陟	10	拜	10	能	10	荔	10	要	10
巢	10	庆	10	宿	10	斯	10	奈	10	自	9
树	9	令狐	9	籍	9	暴	9	潭	9	蹇	9

续表 95

姓氏	人数	姓氏	人数	姓氏	人数	姓氏	人数	姓氏	人数	姓氏	人数
貟	9	郥	9	念	9	多	9	弓	8	刚	8
哈	9	藤	9	杞	8	稽	8	娇	8	营	8
将	8	黑	8	尼	8	苌	8	顿	8	庾	8
须	8	冼	8	英	8	綦	8	光	7	么	7
各	8	植	8	小	7	毋	7	郦	7	同	7
问	8	眭	7	奎	7	诸葛	7	淡	7	才	7
玄	7	达	7	校	7	雪	7	竺	6	堵	6
类	7	蜂	7	克	6	环	6	泮	6	朗	6
郄	7	英	6	赛	6	禚	6	菅	6	三	6
颉	6	府	6	建	6	蔚	6	迮	6	库	6
庙	6	脱	6	励	6	依	6	帖	5	忻	5
宏	6	欠	6	衣	6	馀	5	逄	5	扎	5
排	6	西	6	阵	5	戢	5	钊	5	寥	5
资	5	布	5	郏	5	槐	5	佐	5	宓	5
彤	5	真	5	凃	5	节	5	底	5	弥	5
栋	5	拥	5	回	5	行	5	催	5	掌	5
主	5	松	5	端	5	宾	5	双	5	线	5
买	5	朋	5	剡	5	折	5	庚	5	宝	4
首	5	苍	5	还	5	格	5	寸	4	伞	4
乜	5	神	4	角	4	赧	4	果	4	起	4
璩	4	让	4	加	4	吁	4	昂	4	憨	4
邴	4	郤	4	静	4	闭	4	褚	4	郅	4
喇	4	棘	4	骈	4	恽	4	浮	4	呙	4
墨	4	镐	4	剧	4	乌	4	淳	4	羌	4
仪	4	接	4	澹	4	腊	4	完颜	4	贠	4
乾	4	上	4	奕	4	栅	4	牧	4	冀	4
汉	4	杏	4	夷	4	暨	4	院	3	仉	3
炊	4	睢	3	太	3	伯	3	哀	3	霞	3
拉	4	裔	3	波	3	逢	3	啊	3	留	3
甫	3	政	3	奏	3	陕	3	名	3	紫	3
纳	3	踪	3	散	3	寮	3	言	3	高	3
仙	3	火	3	疗	3	额	3	勒	3	呼延	3
团	3	察	3	力	3	音	3	天	3	有	3
桓	3	逞	3	雀	3	爱	3	充	3	胜	3
徐	3	区	3	采	3	攀	3	赭	3	皱	3
斐	3	香	3	职	3	归	9	闾	9	磨	3

续表 95

姓氏	人数	姓氏	人数	姓氏	人数	姓氏	人数	姓氏	人数	姓氏	人数
郏	3	历	9	薛	9	药	9	义	9	卲	3
补	3	闰	2	宴	2	潜	2	郓	2	骞	2
夹	2	隽	2	俱	2	友	2	恒	2	少	2
辉	2	赣	2	会	2	弯	2	柒	2	零	2
钏	2	牙	2	畔	2	肇	2	羽	2	宰	2
弘	2	鹏	2	卑	2	犹	2	羿	2	淤	2
偏	2	庭	2	梦	2	沭	2	鳖	2	莒	2
竟	2	越	2	司马	2	陇	2	钭	2	深	2
蓬	2	忽	2	令	2	丽	2	幽	2	绕	2
春	2	宥	2	番	2	考	2	栢	2	其	2
爨	2	偶	2	完	2	侬	2	第五	2	者	2
泽	2	长	2	培	2	遆	2	四	2	硕	2
鉴	2	本	2	僧	2	正	2	夭	2	卡	2
岁	2	洛	2	见	2	弗	2	法	2	呑	2
朝	2	塔	2	敦	2	绍	2	厍	2	工	2
竭	2	是	2	莊	2	昔	2	半	2	徒	2
用	2	直	2	俄	2	禤	2	彩	2	进	1
革	2	泰	2	妥	2	撒	2	供	1	漫	1
板	2	弋	2	嘉	2	司徒	2	苳	1	粘	1
航	2	倘	1	殴	1	箫	1	哎	1	替	1
吕	1	梨	1	谬	1	伦	1	祭	1	旭	1
皎	1	坚	1	菽	1	湕	1	哑	1	德	1
彦	1	决	1	萬	1	优	1	赵	1	威	1
酒	1	岗	1	释	1	宸	1	翅	1	洵	1
兔	1	提	1	蕉	1	冻	1	棍	1	六	1
贤	1	亲	1	伟	1	纠	1	兴	1	苇	1
戌	1	棚	1	八	1	露	1	滚	1	我	1
宸	1	街	1	老	1	榆	1	霭	1	标	1
剑	1	秋	1	大	1	务	1	鬲	1	赴	1
量	1	益	1	慰	1	朵	1	饭	1	你	1
昊	1	芈	1	晨	1	嗟	1	理	1	端木	1
晓	1	兑	1	赏	1	旦	1	宜	1	槽	1
迁	1	县	1	呆	1	盱	1	鸥	1	钟	1
一	1	洑	1	汶	1	翾	1	运	3	晚	1
焉	1	桌	1	叩	1	枚	1	利	3	辫	1

续表 95

姓氏	人数	姓氏	人数	姓氏	人数	姓氏	人数	姓氏	人数	姓氏	人数
鼓	1	悦	3	业	3	降	3	望	2	微	1
桥	3	辩	3	仕	3	千	3	盈	2	浩	1
绪	3	恰	2	辅	2	负	2	丹	2	早	1
次	1	整	1	扣	1	向	1	百	1	查	1
蓉	1	俏	1	雄	1	鸟	1	柬	1	草	1
黄	1	峗	1	七	1	晾	1	鄜	1	哭	1
揭	1	俎	1	哏	1	曾	1	艮	1	袭	1
潮	1	壬	1	省	1	灰	1	畦	1	曳	1
秘	1	稂	1	升	1	慧	1	町	1	蓦	1
影	1	怡	1	允	1	养	1	苫	1	专	1
约	1	传	1	装	1	央	1	亿	1	部	1
倒	1	盂	1	萎	1	广	1	辙	1	嘎	1
湾	1	厢	1	立	1	琼	1	更	1	茸	1
夏侯	1	冠	1	芜	1	口	1	敢	1	殳	1
浏	1	萄	1	奴	1	江	1	慎	1	黟	1
猛	1	瞧	1	情	1	飘	1	浪	1	顶	1
淦	1	懂	1	洋	1	末	1	勃	1	柳	1
歹	1	特	1	菜	1	颛	1	罕	1	细	1
棒	1	钤	1	哪	1	耖	1	鳓	1	治	1
则	1	热	1	改	1	辕	1	苛	1	固	1
博	1	纽	1	录	1	叱	1	蔼	1	度	1
弭	1	茬	1	吐	1	园	1	月	1	芳	1
铙	1	求	1	移	1	蕾	1	镇	1	茚	1
及	1	场	1	侣	1	忖	1	除	1	佴	1
莓	1	豁	1	晃	1	艳	1	雨	1	懒	1
苦	1	叔	1	夔	1	阁	1	豪	1	樽	1
醴	1	奠	1	挚	1	弟	1	虢	1	睦	1
鹏	1	途	1	虹	1	通	1	道	1	媱	1
呷	1	宪	1	岐	1	涌	1	辇	1	祈	1
婪	1	群	1	蚌	1	增	1	们	1	蓟	1
蜜	1	日	1	褥	1	茂	1	锅	1	邑	1
刊	1	下	1	样	1	丑	1	学	1	责	1
坤	1	砦	1	秧	1	汗	1	寺	1	督	1
陔	1	舍	1	膝	1	里	1	敏	1	侏	1
贵	1	儇	1	雅	1	麃	1	锺	1	—	—

（市公安局）

2020 年太仓市百岁老人一览表

表 96

序号	姓名	年龄	镇区街道	序号	姓名	年龄	镇区街道
1	业惠兰	105	城厢镇	34	杨瑞珍	100	浮桥镇
2	陈巧娣	102	城厢镇	35	俞　其	100	浮桥镇
3	陈素贞	102	城厢镇	36	蒋阿宝	100	浮桥镇
4	沈招娣	101	城厢镇	37	杨大妹	100	浮桥镇
5	杜月珍	101	城厢镇	38	姜彩亚	100	浮桥镇
6	邵妹娣	100	城厢镇	39	杨星宝	100	浮桥镇
7	陈秀珍	100	城厢镇	40	高云玉	101	浮桥镇
8	陶静琸	100	城厢镇	41	陆　爱	104	璜泾镇
9	范根妹	100	城厢镇	42	徐阿娥	103	璜泾镇
10	陈四宝	100	城厢镇	43	王蕴玉	103	璜泾镇
11	陆瑞英	105	浮桥镇	44	盛阿和	103	璜泾镇
12	王阿娣	104	浮桥镇	45	吴阿玉	103	璜泾镇
13	唐永明	104	浮桥镇	46	王耀妹	103	璜泾镇
14	周　桃	102	浮桥镇	47	曹秀林	102	璜泾镇
15	顾招娣	102	浮桥镇	48	杨蕴玉	102	璜泾镇
16	谢球弟	102	浮桥镇	49	顾金奎	102	璜泾镇
17	闵秀娟	102	浮桥镇	50	俞惠芬	102	璜泾镇
18	金月娣	102	浮桥镇	51	顾裕南	101	璜泾镇
19	须积生	102	浮桥镇	52	唐　岁	101	璜泾镇
20	陆宝珍	102	浮桥镇	53	顾婉芬	100	璜泾镇
21	浦进成	102	浮桥镇	54	闻阿度	100	璜泾镇
22	王云娣	102	浮桥镇	55	蒋小妹	100	璜泾镇
23	陆娟娣	102	浮桥镇	56	孙根兴	100	璜泾镇
24	费瑞娣	101	浮桥镇	57	陆彩凤	100	璜泾镇
25	顾仕兴	101	浮桥镇	58	张巧英	100	璜泾镇
26	奚阿小	101	浮桥镇	59	张阿妹	100	璜泾镇
27	顾妹娣	101	浮桥镇	60	张伍妹	100	璜泾镇
28	陆彩芬	101	浮桥镇	61	李　藕	100	璜泾镇
29	陶招娣	101	浮桥镇	62	范爱妹	100	璜泾镇
30	周　芶	100	浮桥镇	63	朱阿妹	100	璜泾镇
31	陈小妹	100	浮桥镇	64	王阿荣	100	璜泾镇
32	高招娣	100	浮桥镇	65	马阿弟	100	璜泾镇
33	沈招娣	100	浮桥镇	66	景小和	100	璜泾镇

续表 96

序号	姓名	年龄	镇区街道	序号	姓名	年龄	镇区街道
67	施阿珍	105	科教新城	101	袁杏和	103	沙溪镇
68	沈阿珍	101	科教新城	102	张桂金	102	沙溪镇
69	蒋惠君	100	科教新城	103	杨阿大	102	沙溪镇
70	杨仁林	104	浏河镇	104	曹桂生	102	沙溪镇
71	吴妹芸	102	浏河镇	105	高月娟	101	沙溪镇
72	叶相娥	102	浏河镇	106	朱杏珍	101	沙溪镇
73	刘平山	101	浏河镇	107	徐福麟	101	沙溪镇
74	周月珍	101	浏河镇	108	周阿招	101	沙溪镇
75	王妹宝	101	浏河镇	109	张三梅	101	沙溪镇
76	毛阿英	101	浏河镇	110	杨阿大	101	沙溪镇
77	朱阿三	100	浏河镇	111	李阿珍	101	沙溪镇
78	张林宝	100	浏河镇	112	金爱宝	101	沙溪镇
79	黄林妹	100	浏河镇	113	龚淑娣	101	沙溪镇
80	王杏生	104	娄东街道	114	谭小妹	101	沙溪镇
81	何瑞娥	103	娄东街道	115	萧顺宝	101	沙溪镇
82	戴连娣	103	娄东街道	116	徐惠娥	101	沙溪镇
83	陆杏宝	103	娄东街道	117	顾彩琴	101	沙溪镇
84	黄云芳	102	娄东街道	118	沙炳文	101	沙溪镇
85	谢云娣	101	娄东街道	119	杨梅娣	100	沙溪镇
86	陶小娣	100	娄东街道	120	徐园娣	100	沙溪镇
87	陈桂大	100	娄东街道	121	朱琴娣	100	沙溪镇
88	陶爱娣	100	娄东街道	122	唐丽英	100	沙溪镇
89	吴惠宝	100	娄东街道	123	陆桂观	100	沙溪镇
90	陈宝娣	100	娄东街道	124	王秀英	100	沙溪镇
91	李瑞宝	106	陆渡街道	125	曹宝荣	100	沙溪镇
92	赵月娣	103	陆渡街道	126	马秀英	100	沙溪镇
93	钱金大	102	陆渡街道	127	严秀亚	100	沙溪镇
94	刘三宝	101	陆渡街道	128	马爱娣	100	沙溪镇
95	黄林娣	100	陆渡街道	129	张小娣	100	沙溪镇
96	杨秀英	100	陆渡街道	130	王熟宝	105	双凤镇
97	王杏金	104	沙溪镇	131	戴阿杜	103	双凤镇
98	余汉栋	104	沙溪镇	132	陆四宝	101	双凤镇
99	陆桂娣	104	沙溪镇	133	戴桂珍	100	双凤镇
100	肖德嫒	104	沙溪镇	—	—	—	—

（市民政局）

2020 年媒体报道题录一览表（部分）

表 97

序号	日期	文章（新闻）标题	刊发（报道）媒体
1	2020 年 1 月 1 日	太仓市委十三届九次全会召开 推动产业“跑起来飞起来”	苏州日报
2	2020 年 1 月 2 日	在长江口迎接新年第一缕阳光	苏州日报
3	2020 年 1 月 3 日	太仓：能级双提升 加速大跨越	苏州日报
4	2020 年 1 月 4 日	我市首家适用新《外商投资法》企业落户太仓	苏州日报
5	2020 年 1 月 9 日	城厢镇创新“网格巡查＋定点走访”工作模式	苏州日报
6	2020 年 1 月 10 日	坚定不移贯彻新发展理念“不松劲”“不动摇”，全力以赴实现高质量发展“加速跑”“奋力跳”	苏州日报
7	2020 年 1 月 13 日	太仓：全城行动争先进位	苏州日报
8	2020 年 1 月 15 日	太仓养老经验全国推广	苏州日报
9	2020 年 1 月 16 日	“娄城乡音——定制宣讲”首批课程发布	苏州日报
10	2020 年 1 月 20 日	整改追求实效 确保节前安全生产	苏州日报
11	2020 年 1 月 22 日	太仓启动“BEGI·N”金融沙龙品牌活动	苏州日报
12	2020 年 1 月 28 日	苏州太仓企业研发出新型冠状病毒检测试剂盒	现代快报
13	2020 年 1 月 31 日	“火神山速度”的背后（众志成城控疫情）	人民网
14	2020 年 2 月 8 日	战疫“验出”一条硬核产业链	苏州日报
15	2020 年 2 月 10 日	“返沙通”上线 复工先申报 太仓市沙溪镇织密疫情防控网	苏州日报
16	2020 年 2 月 14 日	太仓高新区 310 家德企全部复工	苏州日报
17	2020 年 2 月 17 日	总投资 1.5 亿美元博泽驱动项目落户	苏州日报
18	2020 年 2 月 18 日	“德企专窗”十项措施优化外商投资环境	苏州日报
19	2020 年 2 月 26 日	她在的地方就是抗疫第一线	苏州日报
20	2020 年 2 月 26 日	太仓港区 4 批共 27 个建设项目全面复工	苏州日报
21	2020 年 3 月 9 日	太仓今年实际利用外资达 3.16 亿美元	苏州日报
22	2020 年 3 月 11 日	疫情下，这些德国友人留在苏州太仓 与中国“家人”共进退	荔枝网
23	2020 年 3 月 11 日	太仓生物医药产业园揽资 33.45 亿元，其中外资 3.8 亿美元	苏州日报
24	2020 年 3 月 13 日	位洪明：将生命定格在抗疫一线	新华日报
25	2020 年 3 月 13 日	精准检验生物医药战“疫”力	苏州日报
26	2020 年 3 月 17 日	笑容还在脸上身体却轰然倒下 位洪明将生命永远定格在抗疫一线	央视网
27	2020 年 3 月 20 日	“9”天跑出太仓项目审批新速度	新华网
28	2020 年 3 月 20 日	太仓上线企业登记档案网上查询系统	苏州日报
29	2020 年 3 月 23 日	55 分钟完成企业开办流程 太仓沙溪深入推进行政审批改革	苏州日报
30	2020 年 3 月 24 日	江苏太仓：水田蔬菜春收忙	新华社
31	2020 年 3 月 26 日	江苏太仓：坚守“疫”线护国门	新华社

续表 97

序号	日期	文章（新闻）标题	刊发（报道）媒体
32	2020 年 3 月 28 日	太仓港区上演签约“连场戏”	苏州日报
33	2020 年 3 月 30 日	太仓：开办企业最便利 全流程 0.5 天常态化零收费	新华网
34	2020 年 4 月 3 日	太仓市城厢镇一季度多项主要经济指标实现增长	苏州日报
35	2020 年 4 月 3 日	太仓开出苏州首张公共资源交易电子保函	苏州日报
36	2020 年 4 月 3 日	江苏太仓：“双信地”为中小企业“供氧”“输血”	澎湃新闻
37	2020 年 4 月 3 日	江苏太仓四位社区书记的战“疫”故事	新华日报
38	2020 年 4 月 7 日	智能制造产业按下“快进键”	苏州日报
39	2020 年 4 月 7 日	红色“引擎”提速项目复工	苏州日报
40	2020 年 4 月 10 日	老党员听上了“学习强国”	苏州日报
41	2020 年 4 月 13 日	太仓港区：智能制造按下“快进键”	江苏经济报
42	2020 年 4 月 16 日	为企业减免关税 397 万美元	苏州日报
43	2020 年 4 月 16 日	太仓首推“三即双信”模式 助力江苏“交地即发证”	中国江苏网
44	2020 年 4 月 19 日	太仓银河湾二期项目开展“防线”警示片观影教育活动	人民网
45	2020 年 4 月 20 日	春风“十条”助企业复元气	苏州日报
46	2020 年 4 月 22 日	“学习强国”苏州学习平台线下系列活动正式启动	苏州日报
47	2020 年 4 月 22 日	太仓市启动市（区）、镇、村三级“学习强国”阅享空间建设	苏州日报
48	2020 年 4 月 23 日	城厢镇：加速跑冲向“火红年代”	苏州日报
49	2020 年 4 月 24 日	在“云”端共享书香芬芳 第十五届太仓阅读节开幕	苏州日报
50	2020 年 4 月 24 日	太仓在苏州首推“一张蓝图”	苏州日报
51	2020 年 4 月 25 日	太仓发放首轮 6 万份消费券	苏州日报
52	2020 年 4 月 25 日	太仓城厢镇再添高质量建设亮点	苏州日报
53	2020 年 4 月 27 日	太仓综保区 进出口实现正增长	江苏经济报
54	2020 年 4 月 27 日	苏州发布全国首个中英版专业技术资格标准	苏州日报
55	2020 年 4 月 29 日	太仓：快马加鞭未下鞍	苏州日报
56	2020 年 4 月 30 日	从地理上真正实现“沪太同城”	苏州日报
57	2020 年 5 月 1 日	太仓全国首创“双信”用地出让	苏州日报
58	2020 年 5 月 3 日	定制六类理论宣讲志愿者太仓推动新思想深入人心	苏州日报
59	2020 年 5 月 5 日	一张积分卡，文明沐万家	苏州日报
60	2020 年 5 月 6 日	太仓市纪委监委依法依规开展验收工作	苏州日报
61	2020 年 5 月 8 日	太仓市水务集团低成本融资模式树标杆 发行 2 亿元超短期融资券	苏州日报
62	2020 年 5 月 12 日	太仓“小药谷”掘金“一号产业”	苏州日报
63	2020 年 5 月 14 日	“厢助企”10 天办出全套证照	苏州日报
64	2020 年 5 月 15 日	苏州建立双元制人才培养标准	苏州日报
65	2020 年 5 月 16 日	1 至 4 月，城镇新增就业 5.23 万人	苏州日报

续表 97

序号	日期	文章（新闻）标题	刊发（报道）媒体
66	2020 年 5 月 18 日	浏河镇企业获 1000 多万元奖励	苏州日报
67	2020 年 5 月 19 日	太仓第一个党支部的故事	腾讯视频
68	2020 年 5 月 20 日	工业投资同比增加近四成 太仓前 4 月完成 47.4 亿元	苏州日报
69	2020 年 5 月 21 日	警用无人机与低空安全技术协同创新中心成立	苏州日报
70	2020 年 5 月 22 日	“三拼一当”奋战火红年代	苏州日报
71	2020 年 5 月 22 日	“四个最少”打造“沙溪最贴心”	苏州日报
72	2020 年 5 月 22 日	太仓港经开区“三向发力”推进垃圾分类	新华日报
73	2020 年 5 月 23 日	太仓港区优化审批服务流程，打造“最亲企”政务服务	苏州日报
74	2020 年 5 月 27 日	太仓出台高企高质量发展实施意见	苏州日报
75	2020 年 5 月 27 日	图书“漂流”抗疫学习两不误	苏州日报
76	2020 年 5 月 30 日	太仓刮起物业管理红绿“双旋风”	苏州日报
77	2020 年 5 月 30 日	娄东街道提升企业安全生产意识	苏州日报
78	2020 年 6 月 1 日	释放“吸引力”送企“定心丸”	苏州日报
79	2020 年 6 月 1 日	太仓税务局主题党课学习抗疫精神	苏州日报
80	2020 年 6 月 5 日	太仓浏河探索“三步闭环法”培训学习新模式	苏州日报
81	2020 年 6 月 6 日	“网聚娄城”品牌正式发布	苏州日报
82	2020 年 6 月 8 日	政务公号这样“炼”成“网红”	苏州日报
83	2020 年 6 月 9 日	“一步式”办理当日出证	苏州日报
84	2020 年 6 月 10 日	太仓构建“3+3+N”红色物业服务管理体系	苏州日报
85	2020 年 6 月 10 日	3 年引进 3 万名企业创新人才	苏州日报
86	2020 年 6 月 11 日	太仓紧盯“四个关键”倡导垃圾分类	新华日报
87	2020 年 6 月 11 日	龙头企业发挥“定海神针”作用	苏州日报
88	2020 年 6 月 12 日	江苏太仓跑出优化营商环境“加速度”	法制网
89	2020 年 6 月 18 日	职业化体系交出村干部管理“太仓答卷”	苏州日报
90	2020 年 6 月 18 日	浏河以党建引领基层治理	苏州日报
91	2020 年 6 月 18 日	两地党员群众线上线下共学习	苏州日报
92	2020 年 6 月 19 日	“太申快航”精品航线首航	苏州日报
93	2020 年 6 月 21 日	“德企之乡”太仓打造“最舒心”营商环境	新华网
94	2020 年 6 月 22 日	太仓利用外资取得历史性突破	苏州日报
95	2020 年 6 月 22 日	太仓进入“轨道上的长三角”实现“下一站上海”	中国新闻周刊
96	2020 年 6 月 24 日	书写文明创建最优答卷	苏州日报
97	2020 年 6 月 25 日	太仓高新区跑出项目建设“加速度”	苏州日报
98	2020 年 6 月 25 日	“绿色答案”解题时代之问	苏州日报
99	2020 年 6 月 25 日	太仓：“娄城飞燕”宣讲“我身边的小康”	名城苏州网

续表 97

序号	日期	文章（新闻）标题	刊发（报道）媒体
100	2020 年 6 月 27 日	“三色”预警强化“三资”监管	苏州日报
101	2020 年 7 月 2 日	太仓开拓新的社会阶层人士统战新格局	新华日报
102	2020 年 7 月 4 日	推进太仓校区建设 深度融入苏州发展	苏州日报
103	2020 年 7 月 4 日	太仓市纪委监委用好“两个建议”深化标本兼治	苏州日报
104	2020 年 7 月 6 日	太仓高新区上半年固定资产投资同比增长 23.3%	苏州日报
105	2020 年 7 月 6 日	城厢镇开展沉浸式实境学习，感悟“三大法宝”精神内涵	苏州日报
106	2020 年 7 月 7 日	江苏太仓干部：“负担轻了，干劲更足了”	人民日报
107	2020 年 7 月 7 日	招引重大项目刷新经济版图	苏州日报
108	2020 年 7 月 8 日	太仓港区优化行政审批服务 上半年新增 911 家市场主体	苏州日报
109	2020 年 7 月 8 日	太仓高新区项目建设跑出“加速度”	苏州日报
110	2020 年 7 月 8 日	太仓：“三色”预警强化“三资”监管	腾讯网
111	2020 年 7 月 9 日	太仓：协同创新打造“环沪新城”	环球时报
112	2020 年 7 月 9 日	清洁能源数字产业园落户太仓	苏州日报
113	2020 年 7 月 10 日	太仓城厢镇“问计于企”优环境	新华网
114	2020 年 7 月 10 日	“郑和杯”中德青年创新创业大赛落幕	苏州日报
115	2020 年 7 月 10 日	逆势上扬促德企加速布局	苏州日报
116	2020 年 7 月 10 日	太仓：高铁+高校造就人才强磁场	腾讯网
117	2020 年 7 月 11 日	太仓“定制村干”风采大赛子活动举行	苏州日报
118	2020 年 7 月 11 日	“执法会客厅”倾听企业诉求	苏州日报
119	2020 年 7 月 13 日	太仓高新区高企培育库入库企业超 200 家	苏州日报
120	2020 年 7 月 14 日	太仓启动党建引领社会组织发展创新周	苏州日报
121	2020 年 7 月 14 日	35 个项目集中签约落户	苏州日报
122	2020 年 7 月 17 日	太仓启动党支部和党员“动力工程”	苏州日报
123	2020 年 7 月 17 日	太仓高新区围绕“三个年”行动凝聚红色力量	苏州日报
124	2020 年 7 月 17 日	太仓城厢镇构建统战“楼宇”新阵地	苏州日报
125	2020 年 7 月 21 日	“点上攻坚”促“面上开花”	苏州日报
126	2020 年 7 月 22 日	浏河聚焦产业转型升级精准招商	苏州日报
127	2020 年 7 月 24 日	苏州圆桌思享汇聚焦太仓产业能级提升	苏州日报
128	2020 年 7 月 27 日	银税互动支持“小微”	苏州日报
129	2020 年 7 月 27 日	沙溪人民医院血液净化中心启用	苏州日报
130	2020 年 7 月 28 日	国际车联网大数据产业园明年 10 月投入运营	苏州日报
131	2020 年 7 月 29 日	太仓市城厢镇吹响招才引智“集结号”	苏州日报
132	2020 年 7 月 31 日	太仓港综保区稳外贸成效凸显	苏州日报
133	2020 年 8 月 1 日	让浏河古镇夜晚亮起来	苏州日报

续表 97

序号	日期	文章（新闻）标题	刊发（报道）媒体
134	2020年8月3日	“红色指数”助燃火红年代	苏州日报
135	2020年8月4日	太仓与顶尖院所签订全面合作框架协议	苏州日报
136	2020年8月5日	“速度与激情”演绎“太仓之变”	苏州日报
137	2020年8月6日	太仓市搭好统战“连心桥”将拳拳报国心化作发展推进力	新华网
138	2020年8月6日	为百姓铺就幸福小康路	苏州日报
139	2020年8月7日	江苏太仓：民营经济发展按下“快进键”	名城苏州网
140	2020年8月7日	太仓浏河启动夜经济系列活动	腾讯网
141	2020年8月7日	规上企业研发费用完成2.78亿元	苏州日报
142	2020年8月11日	9008万元奖励助力复工复产	苏州日报
143	2020年8月11日	双凤勤力推出伏羊节	苏州日报
144	2020年8月11日	构建“全时旅游”新格局 太仓双凤打造伏羊节美食品牌	江南时报
145	2020年8月12日	太仓市大力优化娄江新城人居环境	新华日报
146	2020年8月12日	全国第一个中德企业 合作基地落户太仓	苏州日报
147	2020年8月12日	江苏太仓：精准扶持力保市场主体平稳发展	经济日报
148	2020年8月14日	太仓市场主体增长迅速	苏州日报
149	2020年8月15日	太仓科教新城七夕文化节开幕	苏州日报
150	2020年8月16日	撬动资本为产业“输血供氧”	苏州日报
151	2020年8月18日	太仓“嵌入式”监督推动派驻单位履责尽责	苏州日报
152	2020年8月18日	十三五期间太仓港货物吞吐量同比增长近七成	人民网
153	2020年8月20日	西域供应链华东基地签约落户太仓沙溪	苏州日报
154	2020年8月21日	太仓沙溪：“一村一册”，铺展乡村振兴新画卷	新华网
155	2020年8月21日	为产业发展“输血供氧”太仓成立50亿元基金	新华网
156	2020年8月22日	第五届“美德沙溪 民俗古镇”嘉年华启动	苏州日报
157	2020年8月24日	“绿＋红”绘就小康底色	苏州日报
158	2020年8月25日	太仓国际艺术与乡村振兴主题会议落幕	苏州日报
159	2020年8月26日	太仓沙溪工业经济复苏向好	苏州日报
160	2020年8月26日	太仓港区促进度、重服务、抓实效	苏州日报
161	2020年8月27日	太仓璜泾草庙打造特色田园乡村	苏州日报
162	2020年8月27日	西交利物浦大学（太仓校区）项目吹响全面开工“集合号”	中新网
163	2020年8月28日	2020年中国德国商会“商会之夜”在太仓举行	苏州日报
164	2020年8月31日	太仓海关助力企业打通生产之路	苏州日报
165	2020年8月31日	薄弱村变“小康”村 华丽转身有“密码”	苏州日报
166	2020年9月2日	国家现代农业示范区建设水平太仓全国第一	姑苏晚报
167	2020年9月2日	苏州银行太仓支行筑起实体经济发展“金融后盾”	苏州日报

续表 97

序号	日期	文章(新闻)标题	刊发(报道)媒体
168	2020年9月3日	太仓:古时上海昆曲乡	新华社
169	2020年9月3日	太仓港做大整车物流业 两大物流中心落户	苏州日报
170	2020年9月3日	沪太两地陆渡村开展系列主题党日活动	苏州日报
171	2020年9月3日	骏伟集团总部项目签约落户太仓城厢镇	苏州日报
172	2020年9月4日	港口生产 企稳向好	苏州日报
173	2020年9月4日	璜泾镇早稻开镰新米上市	苏州日报
174	2020年9月5日	太仓学习宣传《习近平谈治国理政》第三卷	苏州日报
175	2020年9月6日	太仓高新区助力科技人才项目发展壮大	苏州日报
176	2020年9月7日	太仓加强基层纪检监察机构规范化建设	苏州日报
177	2020年9月7日	"小积分"助推"大文明"	苏州日报
178	2020年9月8日	鱼米之乡"稻"出新故事	苏州日报
179	2020年9月8日	太仓8月新发展私企452户 同比增加52.70%	苏州日报
180	2020年9月11日	文明诚信之风浸润全城	苏州日报
181	2020年9月12日	嘉昆太携手共筑网络安全防线	苏州日报
182	2020年9月12日	集装箱吞吐量创单月历史最高纪录	苏州日报
183	2020年9月13日	原创沪剧《星火》明晚太仓上演	苏州日报
184	2020年9月17日	为新城开发"腾"出空间	苏州日报
185	2020年9月19日	"新时代大家说"探讨小康话题	苏州日报
186	2020年9月19日	今年第三期"太仓好人"发布	苏州日报
187	2020年9月23日	太仓市2020年中国农民丰收节庆祝活动开幕	苏州日报
188	2020年9月24日	35个项目 198亿元 集中落户城厢镇	苏州日报
189	2020年9月25日	中德智能制造峰会举行	苏州日报
190	2020年9月26日	通快集团亚太区总部落户太仓	苏州日报
191	2020年9月27日	"2020年第十五届太仓啤酒节"闭幕	苏州日报
192	2020年9月29日	太仓创新举措深入推进"知史爱党"教育	苏州日报
193	2020年9月30日	太仓持续推动法治建设走在前列	新华日报
194	2020年9月30日	太仓市打造统战服务"三平台"助力科技园区发展	新华日报
195	2020年9月30日	讲好太仓版中德故事	新华日报
196	2020年9月30日	2020年浏河江海时光旅行节"十一"开启	新华日报
197	2020年10月7日	太仓建立可视化平台实现全过程监督	苏州日报
198	2020年10月9日	一条"生态链"贯通高新进阶路	苏州日报
199	2020年10月11日	太仓璜泾镇行政审批局启用	苏州日报
200	2020年10月13日	太仓市老年大学新校区启用	苏州日报
201	2020年10月13日	太仓市城厢镇经济提质增效再添增长极	苏州日报

续表 97

序号	日期	文章（新闻）标题	刊发（报道）媒体
202	2020年10月14日	太仓港综保区业务逆势上涨	苏州日报
203	2020年10月14日	太仓城厢镇持续推进移风易俗工作	苏州日报
204	2020年10月15日	凝聚精气神 打赢收官战	苏州日报
205	2020年10月16日	非诉解纷护航美丽金太仓	苏州日报
206	2020年10月16日	太仓激发市场主体标准活力	苏州日报
207	2020年10月19日	太仓高新区抓开工扩投资稳定发展“压舱石”	苏州日报
208	2020年10月19日	太仓扎实推进村（社区）“两委”换届工作	苏州日报
209	2020年10月19日	太仓“建新绿”江岸“长”出美丽新内涵	江南时报
210	2020年10月19日	合作共赢 太仓港助力长三角一体化	中国日报网
211	2020年10月20日	太仓市工程建设项目审批“全链改革”案例获全国奖项	苏州日报
212	2020年10月21日	前9个月规上工业产值同比增长4.6%	苏州日报
213	2020年10月22日	江苏太仓：“媒体＋政务＋服务＋商务”激发乡村振兴新动能	人民网
214	2020年10月22日	以“廉情监督”解群众之忧	苏州日报
215	2020年10月22日	“链”出乡村振兴新动能	苏州日报
216	2020年10月23日	沪太同城“融”出未来之城	苏州日报
217	2020年10月26日	“红色之火”孕育“初心使命”	苏州日报
218	2020年10月26日	打造百亿元级空天产业集群	苏州日报
219	2020年10月27日	太仓港区前9月签约48个重点产业项目	苏州日报
220	2020年10月28日	公铁水并进勾勒枢纽门户城市	苏州日报
221	2020年10月28日	从大江起笔，绘幸福画卷	苏州日报
222	2020年10月29日	浏河镇成立慈善会 7家单位共捐款百万元	苏州日报
223	2020年10月29日	太仓今年来整治结案率100%	苏州日报
224	2020年10月30日	太仓高新区：“三拼一当”决战四季度	苏州日报
225	2020年10月30日	太仓：电“靓”多彩小康路	苏州日报
226	2020年10月30日	中德智能制造科技创新合作联盟成立	苏州日报
227	2020年11月1日	2020年太仓金秋经贸月开幕	苏州日报
228	2020年11月2日	太仓金秋经贸月拉开帷幕	腾讯网
229	2020年11月2日	太仓“理论飞燕”理论宣讲员志愿者超230人	苏州日报
230	2020年11月2日	太仓：开创住建事业发展新局面	苏州日报
231	2020年11月4日	太仓高新区打造“廉润高新”勤廉品牌	新华日报
232	2020年11月4日	“金秋看沙溪”系列活动启动	苏州日报
233	2020年11月4日	璜泾镇举办2020年金秋经贸月活动	苏州日报
234	2020年11月5日	太仓港全面打通“沪太通关一体化”	中国江苏网

续表 97

序号	日期	文章（新闻）标题	刊发（报道）媒体
235	2020 年 11 月 5 日	许昆林深入太仓调研并主持召开企业座谈会	苏州日报
236	2020 年 11 月 9 日	以产业链思维促进农文旅融合	苏州日报
237	2020 年 11 月 10 日	太仓全面实施党建“融合力”工程	苏州日报
238	2020 年 11 月 11 日	太仓推进农村人居环境整治	中国江苏网
239	2020 年 11 月 11 日	太仓第九届创新创业推进月活动开幕	苏州日报
240	2020 年 11 月 12 日	集聚发展动能 打造坚强战斗堡垒	苏州日报
241	2020 年 11 月 12 日	交出乡村振兴“硬核”答卷	苏州日报
242	2020 年 11 月 14 日	太仓浏河镇举办招商引资推介会	苏州日报
243	2020 年 11 月 17 日	提升机遇落地承载力	苏州日报
244	2020 年 11 月 17 日	苏企把研发中心建到欧洲	苏州日报
245	2020 年 11 月 18 日	太仓加快“互联网 + 政务服务”模式创新	苏州日报
246	2020 年 11 月 18 日	追江赶海，“天下第一码头”再展雄风	新华日报
247	2020 年 11 月 19 日	太仓沙溪镇十大城乡建设暨民生工程集中竣工投运	苏州日报
248	2020 年 11 月 19 日	太仓城厢镇试点绿色循环渔业	苏州日报
249	2020 年 11 月 20 日	“太阳能马路机器人”上岗	姑苏晚报
250	2020 年 11 月 20 日	2020 年双凤金秋经贸月开幕 5 个重点项目签约	苏州日报
251	2020 年 11 月 20 日	太仓：“思源工程”为发展党员全程赋能	新华日报
252	2020 年 11 月 21 日	古镇建起统战文化一条街	苏州日报
253	2020 年 11 月 23 日	2020 年沪太协同发展推介会举行	苏州日报
254	2020 年 11 月 24 日	太仓，跑起来！	苏州日报
255	2020 年 11 月 25 日	沙溪政协工委创新基层协商议事模式	苏州日报
256	2020 年 11 月 26 日	“双冠”提质幸福金太仓	苏州日报
257	2020 年 11 月 26 日	传承红色基因 培育时代新人	苏州日报
258	2020 年 11 月 27 日	太仓浏河：追波逐浪，当好枢纽门户城市桥头堡	新华日报
259	2020 年 11 月 27 日	首届“长三角”设计教育论坛在太仓举行	新华日报
260	2020 年 11 月 28 日	2020 年“金秋看沙溪”系列活动落幕	苏州日报
261	2020 年 12 月 2 日	太仓高新区筑造科技创新现代产业路	苏州日报
262	2020 年 12 月 3 日	第四届中德中小企业合作论坛暨第十三届“太仓日”在沪举行	中国经济网
263	2020 年 12 月 3 日	道德模范与身边好人现场交流活动走进太仓	苏州日报
264	2020 年 12 月 4 日	太仓启动“宪法宣传周”活动	苏州日报
265	2020 年 12 月 4 日	太仓：中德合作领跑者的问道	苏州日报
266	2020 年 12 月 4 日	太仓 AEO“绿色通行证”助企业畅行全球	新华日报
267	2020 年 12 月 5 日	太仓推出“退役军人一件事”套餐服务	苏州日报

续表 97

序号	日期	文章（新闻）标题	刊发（报道）媒体
268	2020年12月5日	“思源工程”赋能党员发展	苏州日报
269	2020年12月7日	太仓举办生物医药发展高层次人才论坛	苏州日报
270	2020年12月7日	太仓校企联手引才育才	新华日报
271	2020年12月8日	太仓团市委连续五年参与举办“郑和杯”大赛	苏州日报
272	2020年12月10日	政企携手唱响智能制造“大合唱”	苏州日报
273	2020年12月13日	“党建+”链出基层治理新格局	苏州日报
274	2020年12月14日	“廉+”激发廉政宣教活力	苏州日报
275	2020年12月16日	苏州体外诊断行业再添新锐	苏州日报
276	2020年12月17日	海棠潮涌汇流长三角	苏州日报
277	2020年12月17日	太仓港区唱响“凝‘新’聚力 同心共赢”统战品牌	新华日报
278	2020年12月17日	城厢：站位长三角实践农业农村现代化	苏州日报
279	2020年12月18日	太仓市生物医药产业园今年新引进项目47个	苏州日报
280	2020年12月19日	幸福城厢“提速”农业农村现代化	苏州日报
281	2020年12月21日	招大引强升级沿江产业高地	苏州日报
282	2020年12月21日	集结好项目 澎湃新动能	苏州日报
283	2020年12月21日	央视聚焦太仓美丽村庄	苏州日报
284	2020年12月22日	“新毛芋艿”获国字号“双认证”	苏州日报
285	2020年12月22日	强化创新驱动 完善制度机制	苏州日报
286	2020年12月23日	太仓浏河镇新塘医疗服务中心项目开工	苏州日报
287	2020年12月23日	长江经济带、长三角港口论坛在太仓举行	苏州日报
288	2020年12月23日	主流媒体记者来太采访 聚焦高质量发展“太仓经验”	当代商报
289	2020年12月24日	太仓3年投3亿元打赢三大保卫战	苏州日报
290	2020年12月24日	太仓科教新城推进社会民生事业高质量发展	苏州日报
291	2020年12月24日	太仓市浮桥镇：聚智赋能 点燃民企发展“红色引擎”	新华日报
292	2020年12月25日	化初心为动力 以先锋促发展	苏州日报
293	2020年12月26日	太仓花墙自然村获评“江苏省特色田园乡村”	苏州日报
294	2020年12月27日	江苏太仓大数据管好农村环境	人民日报
295	2020年12月28日	高标准打造枢纽门户城市	苏州日报
296	2020年12月29日	后进变优等 太仓有绝招	苏州日报
297	2020年12月30日	太仓港区（浮桥镇）新时代文明实践所（新所）启用	苏州日报
298	2020年12月30日	太仓高新区实现综合实力、创新能力持续跃升	苏州日报

（市委宣传部）

太仓市部分机构全称、简称对照表

表 98

全称	简称	全称	简称
中共太仓市委员会	市委	太仓市自然资源和规划局	市资规局
太仓市人大常务委员会	市人大	太仓市发展和改革委员会	市发改委
太仓市人民政府	市政府	太仓市工业和信息化局	市工信局
政协太仓市委员会	市政协	太仓市科学技术局	市科技局
中共太仓市委办公室	市委办	太仓市人力资源和社会保障局	市人社局
太仓市人大常委会办公室	市人大办	太仓市交通运输局	市交通运输局
太仓市人民政府办公室	市政府办	太仓市文体广电和旅游局	市文体广旅局
太仓市政协办公室	市政协办	太仓市卫生健康委员会	市卫健委
中共太仓市纪律检查委员会	市纪委	苏州市太仓生态环境局	太仓生态环境局
太仓市监察委员会	市监委	太仓市住房和城乡建设局	市住建局
太仓市人民法院	市法院	太仓市城市管理（行政执法）局	市城管局
太仓市人民检察院	市检察院	太仓市教育局	市教育局
太仓市人民武装部	市人武部	太仓市综合治理办公室	市综治办
中共太仓市委组织部	市委组织部	太仓市融媒体中心（传媒集团）	市融媒中心
中共太仓市委宣传部	市委宣传部	太仓市农业农村局	市农业农村局
中共太仓市委统一战线工作部	市委统战部	太仓市政府国有资产监督管理办公室	市国资办
中共太仓市委政法委员会	市委政法委	太仓市地方金融监督管理局	市金融监管局
中共太仓市委机构编制委员会办公室	市委编办	太仓市退役军人事务局	市退役军人事务局
太仓市精神文明建设指导委员会办公室	市文明办	太仓市应急管理局	市应急管理局
中共太仓市委老干部局	市委老干部局	太仓市医疗保障局	市医保局
中共太仓市委党校	市委党校	太仓市口岸管理委员会	市口岸委
太仓市档案馆	市档案馆	江苏省苏盐连锁有限公司太仓分公司	苏盐太仓分公司
太仓市史志办公室	市史志办	太仓市烟草专卖局	市烟草局
中国国民党革命委员会太仓市委员会	民革太仓市委	国网江苏省电力有限公司太仓市供电分公司	市供电公司
中国民主同盟苏州市委太仓支部	民盟太仓支部	中国电信江苏省太仓分公司	太仓电信
中国民主建国会太仓市委员会	民建太仓市委	中国联通太仓分公司	太仓联通
中国民主促进会太仓市基层委员会	民进太仓市基层委员会	中国移动太仓分公司	太仓移动
中国农工民主党太仓市基层委员会	农工党太仓市基层委	太仓市关心下一代工作委员会	市关工委

续表98

全称	简称	全称	简称
九三学社太仓市支社委员会	九三学社太仓支社	太仓市红十字会	市红十字会
太仓市工商业联合会	市工商联	中国邮政集团公司江苏省太仓市分公司	太仓邮政
太仓市总工会	市总工会	中国人民银行太仓市支行	人行太仓市支行
中国共产主义青年团太仓市委员会	团市委	中国工商银行股份有限公司太仓支行	工行太仓支行
太仓市妇女联合会	市妇联	中国农业银行股份有限公司太仓分行	农行太仓分行
太仓市科学技术协会	市科协	中国银行股份有限公司太仓分行	中行太仓分行
太仓市归侨侨眷联合会	市侨联	中国建设银行股份有限公司太仓分行	建行太仓分行
太仓市文学艺术界联合会	市文联	中国农业发展银行太仓市支行	农发行太仓市支行
太仓市残疾人联合会	市残联	交通银行股份有限公司太仓支行	交行太仓支行
太仓市哲学社会科学界联合会	市社科联	中信银行股份有限公司太仓支行	中信银行太仓支行
太仓市民族宗教事务局	市民宗局	中国光大银行股份有限公司太仓支行	光大银行太仓支行
太仓市机关事务中心	市机关事务中心	华夏银行股份有限公司太仓支行	华夏银行太仓支行
太仓市政府外事办公室	市外事办	招商银行股份有限公司太仓支行	招行太仓支行
太仓市供销合作总社	市供销总社	中国民生银行股份有限公司太仓支行	民生银行太仓支行
太仓市市场监督管理局	市市场监管局	兴业银行股份有限公司太仓支行	兴业银行太仓支行
太仓港经济技术开发区	港区	江苏银行股份有限公司太仓支行	江苏银行太仓支行
太仓高新技术产业开发区	高新区	太仓农村商业银行	太仓农商行
太仓市娄东街道办事处	娄东街道办	中国邮政储蓄银行股份有限公司太仓市支行	邮储银行太仓市支行
太仓市陆渡街道办事处	陆渡街道办	苏州银行股份有限公司太仓支行	苏州银行太仓支行
太仓市上市办公室	市上市办	太仓民生村镇银行股份有限公司	太仓民生村镇银行
太仓市行政审批局	市行政审批局	恒丰银行股份有限公司太仓支行	恒丰银行太仓支行
江苏省太仓市税务局	市税务局	东吴证券股份有限公司太仓分公司	东吴证券太仓分公司
中国人寿保险股份有限公司太仓支公司	中国人寿太仓支公司	中国人民财产保险股份有限太仓中心支公司	人保财险太仓中心支公司
中国太平洋财产保险股份有限公司太仓中心支公司	太平洋财险太仓中心公司	中国平安财产保险股份有限公司太仓支公司	平安财保太仓支公司
中国太平洋人寿保险股份有限公司太仓支公司	太平洋人寿太仓支公司	中国平安人寿保险股份有限公司太仓支公司	平安人寿太仓支公司
苏州市住房公积金管理中心太仓分中心	太仓公积金中心		

（市史志办）

索引

说明

一、本索引依照国家标准《索引编制规则(总则)》GB/T 22466—2008 的相关规则编制。

二、本索引以类目、分目、副分目、子目、条目和随文图片、图表等标题为对象,大部分选用主题词。设“主题索引”“随文图片索引”和“图表索引”3个分目,内容按标题首字的汉语拼音字母顺序排列,同音字按声调排列,声调相同则按下一字的音序排列,依次类推。

三、主题词后的数字表示所在页码,数字后的字母a、b、c分别表示版面的第1栏、第2栏、第3栏。类目标题用小标宋表示,分目、副分目标题用黑体表示,子目标题用楷体表示,条目用宋体表示。

四、为便于读者检索,在太仓的企事业单位和在太仓发生的事件、活动名称,除易产生歧义外,均省略“太仓”二字。

主题索引

T

W

X

随文图片索引

A

B

C

D

F

G

T

W

X

Y

Z

图表索引

A

B

C

D

F

《太仓年鉴（2021）》审稿人、撰稿人名单

（按姓氏笔画排列）

审稿人名单

丁湖海	万芬奇	马　帅	王　伟	王文华	王文军	王伟刚	王志坚
王建平	王建宏	王洪斌	王晓东	王晔豪	王雪春	王晨清	毛义明
毛华乾	仇　君	方海宁	邓　逾	叶林军	叶俭洁	冯瑞兴	司　明
成　劼	吕　寅	朱广超	朱凤兰	朱自元	朱李乐	朱晓峰	朱煜伟
刘　芳	刘利民	刘启雄	刘晓军	汤文英	许正明	严　枫	严　浩
严国强	苏静妍	李　壮	李　明	李　炫	李　焱	李云汉	李永川
李宏昌	杨　庆	杨　俭	杨　循	杨建新	吴　龙	吴忠良	吴建洪
何永林	沈　晖	沈玉其	沈向东	沈建青	沈虹健	宋　健	宋　蔚
张　忠	张　锋	张艺玲	张英姿	张国梁	张振新	陆　江	陆　征
陆　群	陆伟光	陆晓红	陈　颖	陈永忠	陈建伟	陈艳萍	陈晓凯
林　隐	林伟东	郁　珽	金　明	金　泉	周　平	周　吉	周　栋
周　彬	周文杰	周建平	周洪海	郑　翎	郑国昌	赵　勇	赵剑毅
钟惠平	俞志钢	姚巍峰	秦建刚	袁　骏	袁志强	夏远峰	顾　松
顾　强	顾宇靖	顾技峰	顾莺燕	顾熙虹	钱　晓	倪　鸣	徐　军
徐　勤	徐向明	徐洪明	高　洁	高　峰	唐生枝	黄　海	黄浩忠
曹　宏	龚金明	彭静梅	董启海	蒋建东	韩志敏	楼晓舟	蔡　健
廖洪军	潘红忠						

撰稿人名单

丁 兰	丁志刚	马一玮	王 欢	王 青	王 亮	王 晶	王 谧
王 鹏	王 溢	王 蕾	王由西	王国福	王岩梅	王佳佳	王春鹰
王思宇	王思诗	王晓晨	王歆怡	王慧敏	牛春艳	方云青	邓 鹏
叶 奕	包丽诗	邢莉萍	成文奇	朱 琪	朱云倩	朱雪斐	任春艳
刘 佳	刘 源	刘天成	许文华	孙 晔	孙 静	孙丽芳	孙鸿宇
花喆辰	严依宁	苏青青	杜静花	李 睿	李艳芳	李晓红	杨 玲
杨子轩	杨志栋	时海炜	吴可菲	余陈刚	邹佳莹	闵 靓	汪彧婧
汪倩倩	沈 滢	沈晨宇	张 超	张 燕	张 懿	张文贝	张永斌
张孝东	张芸芳	张建明	张姝敏	张曼娜	张瑜佳	陆玖庆	陆函钧
陆骊晨	陈 怡	陈 虹	陈 晨	陈启洪	陈怡婷	陈婧雯	陈颖兰
环素珍	武 超	范媛媛	金 蕾	金庆苏	金涛涛	周 倩	周 婷
周书佳	周自恒	房 芸	赵理平	荚恒星	胡 笛	施亮东	施燕秋
洪培源	姚秋红	袁学红	袁宝峰	耿秋艳	夏 雯	顾 阳	顾 俊
顾 晨	顾 燕	顾秋艳	顾婷婷	钱 健	钱凯佳	徐 垠	徐莉莉
奚艳萍	高 颖	郭奕斐	席雅琴	唐 怡	陶陵夏	黄 凯	黄 琼
曹 简	曹 静	曹前程	龚 岚	龚宇倩	龚莺莺	崔贤朕	章昌健
董长根	蒋晓晨	蒋海斌	蒋喜桔	程依依	鲁 云	曾 英	谭华舟
翟晓雨	熊全洪	熊晓峰	缪 斌	缪玉婷	潘 坚	潘建斌	戴晓妍
魏天成	瞿 晨						